Mémoires De La Société Des Lettres, Sciences Et Arts De L'aveyron, Volume 6

Société Des Lettres, Sciences Et Arts De L'Aveyron

MÉMOIRES

DE LA

SOCIÉTÉ

DES LETTRES, SCIENCES ET ARTS

DE L'AVEYRON.

MÉMOIRES

DE LA
SOCIÉTÉ
DES LETTRES, SCIENCES ET ARTS
DE L'AVEYRON.

TOME SIXIÈME.

1846—1847.

Crescunt concordiâ vires.

RODEZ,

Imprimerie de N. RATERY, imprimeur de la Société, place du Bourg.

1847.

AU

CONSEIL-GÉNÉRAL

DU DÉPARTEMENT DE L'AVEYRON.

La Société des Lettres, Sciences et Arts, lui dédie ses Mémoires, comme témoignage de sa reconnaissance pour la protection dont il l'honore.

Le Président : H. de BARRAU.

Les Secrétaires : B. LUNET, L. BOULOUMIÉ.

TABLE

DES PROCÈS-VERBAUX DES SÉANCES DE LA SOCIÉTÉ

Qui ont eu lieu depuis la publication du Tome V^e.

1845.

BUREAU.

MESSIEURS :

L. DE GUIZARD, préfet de l'Aveyron, président honoraire.

H. DE BARRAU, membre du conseil-général, président.

H. DE MONSEIGNAT, conseiller de préfecture, ancien député, vice-président.

B. LUNET, notaire,

L. BOULOUMIÉ, avocat et ancien magistrat, } secrétaires.

HENRI CARCENAC, trésorier.

Membres décédés depuis la publication du Tome Ve.

M. Bory de Saint-Vincent, membre honoraire.

M. Clédon, de Saint-Côme.

M. Murat, de Cransac.

M. Pougenq, de Millau.

M. Géraud, de Saint-Izaire.

M. Lévesque, de Sévérac.

Membre démissionnaire.

M. Bouloumié père, ancien maire de Rodez.

———

Nouveaux Membres titulaires.

MESSIEURS :

MICHEL CHEVALIER, ancien député.

BLONDEAU, professeur de physique au collége royal de Rodez.

BOULET (l'Abbé), professeur à Corbiny (Nièvre).

DELPECH, médecin à Sauveterre.

———

Nouveaux Membres correspondans.

MESSIEURS :

Alfred CABANIS DE COURTOIS.

RICARD (Adolphe), secrétaire de la Société Archéologique à Montpellier.

COHENDY, antiquaire à Clermont (Puy-de-Dôme).

Dieudonné DE MONTCALM-GOZON, à Toulouse.

ARGELIEZ, expert à Millau.

CORNUÉJOULS (Eugène), professeur au collége royal de Limoges.

Henri AFFRE, d'Espalion.

LAPOUJADE, président du tribunal civil de La Réole (Gironde).

MÉMOIRES

DE LA

SOCIÉTÉ DES LETTRES, SCIENCES ET ARTS DE L'AVEYRON.

———◆———

ÉTUDES HISTORIQUES

SUR LA

VILLE DE SAINT-GENIEZ-D'OLT.

AVANT-PROPOS.

Depuis longtemps on soupire après une *Histoire du Rouergue* ; on avoue sans peine, tout en leur donnant des éloges justement mérités, que la *Description du département de l'Aveyron*, par M. A. Monteil ; les *Mémoires pour servir à l'Histoire du Rouergue*, par Bosc, et les *Essais historiques sur le Rouergue*, par M. le baron de Gaujal, laissent à désirer ; qu'ils ne sont pas l'histoire *complète* du Rouergue, et cependant on recule tous les jours devant une entreprise qui serait très honorable à notre province, et qui prouverait à l'étranger que le Rouergue est un pays aussi riche en faits historiques que pittoresque dans ses sites.

Nos antiques et célèbres abbayes, cette multitude d'églises romanes, nos hôpitaux jadis si multipliés, diraient l'esprit religieux de nos ancêtres ; et les ruines de nos anciens châteaux les efforts de l'homme puissant pour tenir sous la main cette famille de serfs qui avaient porté sur leurs épaules les pierres pour construire le donjon seigneurial, à l'ombre duquel ils avaient abrité leur chaumière.

Au milieu de tous ces décombres est cachée l'*Histoire du Rouergue*, parce que dans les couvents et dans les anciens manoirs on écrivait les événemens qui pouvaient intéresser la postérité.

C'est donc dans leurs archives, si riches de documens, qu'on doit fouiller pour exécuter l'œuvre si vivement désirée. Mais, pour ce genre de travail, « il faut avoir du courage : le courage ne suffit pas, » il faut avoir de l'obstination. La gloire est une déesse » qui veut ce genre de sacrifice (1). »

Déjà la *Société des Lettres, Sciences et Arts de l'Aveyron* a donné le mouvement. Persévérante dans ses nobles travaux, elle peut montrer avec satisfaction quatre gros volumes in-8° de *Mémoires* (2) qui attesteront à jamais son zèle, son amour, son dévouement et qui seront pour la postérité la plus reculée un précieux répertoire. Mais il nous semble qu'elle ne devrait pas marcher seule dans cette voie de progrès où elle est entrée avec un si admirable courage : elle devrait être suivie, au moins, de quelques habitans de chaque ville, de chaque village, pleins de bonne volonté pour s'imposer la glorieuse tâche d'écrire l'histoire de leur ville ou de leur hameau.. Car il n'est pas de localité qui ne renferme quelque fait digne d'être transmis à nos neveux. Ici, ce sont les ruines d'une antique forteresse ; là, des dolmen ; ailleurs, une inscription gothique ; plus loin, un champ couvert de

---

(1) Lettre de M. Monteil à l'auteur. Chély, 27 mars 1845.

(2) Un 5ᵐᵉ volume a été publié en 1845 ; il contient, entre autres mémoires, l'ancien Hôpital d'Aubrac, une notice sur le Puech de Buseins et les églises romanes du canton de Peyreleau, par M. l'abbé Bousquet, curé de Buseins. (*Note de l'éditeur.*)

fossiles ou de brique romaine. Tout cela réuni à la description des monumens religieux, du site plus ou moins pittoresque, faciliterait puissamment l'œuvre que médite la *Société* et qu'elle ne pourra exécuter, livrée à elle seule, qu'après de longues années; car on ne doit pas se le dissimuler, le travail est immense !

Vouloir attendre toujours, ou bien vouloir abandonner à elle seule l'exécution de cette vaste entreprise, c'est vouloir laisser tarir des sources que vainement on cherchera plus tard. Le nombre des vieillards va tous les jours diminuant et, par ainsi, la chaîne des traditions n'a plus que quelques anneaux. Si elle achève de se rompre, nous perdrons ces légendes merveilleuses d'où s'exhale un parfum d'antique poésie; nous n'aurons plus cette *clef d'or* qui donne l'intelligence de bien des chartes; nous ne saurons plus l'emplacement de ce monastère, de cette église, de ce *castel*, de cette redoute que nos ancêtres avaient bâtie pour se défendre contre les *Poulacres*, pour nous servir du naïf langage des vieillards, ou contre les Anglais, ces ennemis constans du bonheur de la France. Ensuite les ruines s'en vont pour faire place à d'autres, qui n'offriront jamais le même intérêt. « Il » est temps de les interroger, me disait, il y a quel- » ques mois, un écrivain distingué, bientôt il sera » trop tard. » Et, en effet, l'action dissolvante du temps, les efforts de l'homme pour ajouter quelques pouces de terre à son héritage, la charrue, le hoyau, tout semble conspirer ensemble pour les faire disparaître. On reconnaît à peine la place de certains châteaux, églises ou monastères. Sur l'emplacement et dans les fossés du beau manoir de Gages, on y sème du blé; le château de Sévérac n'offre plus que quelques pans de muraille ou de ses hautes tours; le toit de l'église de Bonneval, si remarquable par son architecture, est déjà couvert d'un bosquet, etc. *Hé-*

tons-nous donc d'interroger les ruines, bientôt il sera trop tard.

Et j'ai dit : je vais les interroger, et j'ai écrit l'histoire de l'*Ancien Hôpital d'Aubrac*. D'un autre côté, j'ai vu le travail immense que s'est imposé la *Société* et je suis accouru pour lui alléger le fardeau. M'imputera-t-on à péché d'avoir choisi de préférence le pays où j'ai vu le jour, l'église où j'ai été fait chrétien, le collége où j'ai fait mes premières études, la ville où je compte bon nombre d'amis? Point je ne le pense. L'amour du pays ne saurait être blâmable, quand il ne va pas jusqu'à l'idolâtrie, jusqu'au mépris de tous les autres lieux. Ce ne sera pas mon crime, je l'espère...

Cependant une pensée affligeante s'est emparée de mon esprit.... Il est si difficile d'écrire, et surtout l'histoire de son pays! Au milieu de mes hésitations, je me suis souvenu qu'*un bon livre est l'ami de l'homme*. Alors j'ai ouvert un volume des œuvres de M. de Châteaubriand, et j'ai lu ces quelques lignes : « Chaque » historien écrit d'après son propre génie : l'un ra- » conte bien, l'autre peint mieux; celui-ci est sen- » tentieux, celui-là indifférent ou pathétique, incré- » dule ou religieux; toute manière est bonne, pourvu » qu'elle soit vraie..... Chacun écrira donc comme il » voit, comme il sent; vous ne pouvez exiger de l'his- » torien que la connaissance des faits (On verra les » sources où j'ai puisé.), l'impartialité des jugements » et le style, s'il peut (1). »

A cette courte lecture, j'ai senti renaître mon désir d'être utile. J'ai fermé le livre, et j'ai écrit mes *Etudes historiques sur la ville de Saint-Geniez-d'Olt*.

(1) *Etudes historiques*, préface.

PARTIE CIVILE.

I.

Après avoir arrosé de ses eaux le département de la Lozère, où il prend sa source, le Lot fait son entrée majestueuse dans celui de l'Aveyron, au-dessus de St-Laurent, et roule ses flots dans une direction générale de l'est à l'ouest, entre des montagnes schisteuses et escarpées. Celles qui s'élèvent à sa droite servent de contrefort à la chaîne d'Aubrac et, de leur plateau ou de leurs flancs, coulent de nombreux ruisseaux qui vont, en murmurant, grossir de leurs eaux celles du Lot.

La vallée du *Serre* court parallèlement à la rive gauche de cette rivière, à partir des frontières de l'Aveyron. Elle n'est séparée de celle-ci, même dans ses points les plus éloignés, que d'une ou deux lieues au plus jusqu'à Saint-Geniez, où elle se dirige vers le sud-ouest, pour aller se confondre avec celle de l'Aveyron.

Dans l'intervalle extrémement étroit où ces deux vallées cessent de courir parallèlement, commence la vallée du *Dourdou*, au col de la Draye, commune de Sainte-Eulalie.

Le tribut que paye au Lot la vallée du *Serre* est peu considérable, ses ruisseaux n'étant pas nombreux et d'ailleurs d'un médiocre volume.

De St-Laurent à St-Geniez, le fond de la vallée du Lot est occupé par le lit de la rivière. Au confluent de Mardon, dit ruisseau de Saint-Pierre, les montagnes de la rive gauche s'écartent subitement au midi pour ne se rejoindre avec celles de la rive droite qu'au confluent du ruisseau dit *de Lous* avec le Lot. L'espace laissé vide par les montagnes forme le vallon de St-Geniez, semé de *villa* (1), entouré de côteaux couverts de vignes et de vergers qui lui donnent un aspect assez pittoresque. La ville de Saint-Geniez occupe la partie *est* de ce vallon; Sainte-Eulalie, la partie *ouest*. Aux deux points extrêmes de ce vallon, le Lot est si profondément encaissé dans les rochers, que son canal, à l'étiage, est tout au plus de deux mètres. Ces passages portent, dans le pays, le nom de *salt* (saut). Et, en effet, un homme les enjamberait facilement, s'il n'était retenu par la frayeur qu'inspire le bouillement des eaux et la difficulté à poser sûrement les pieds sur un roc poli par les flots.

D'après les mémoires de Henri de Richepery, on trouve beaucoup de minerai de fer dans la vallée du Lot, entre St-Geniez et Estaing. Ce métal y est répandu sur les collines de grès; et toute cette vallée est formée par des collines volcaniques de schiste, de granit, de pierres calcaires et de grès.

Les affluents du Lot du côté du nord sont les ruisseaux : 1º de La Vayssière; 2º de La Faugière; 3º de Vayrols; 4º de La Cazette; 5º de La Tourré, sous Pomeyrols; 6º de Mardon; 7º du Barrivès; 8º de Vieillemanenge ou de La Falque; 9º de Lous.

Ces ruisseaux peuvent avoir tout au plus un cours de deux à trois lieues.

_____

(1) Belair, La Falque, La Salle, Plaisance, Les Plantiers, La Boissierre, etc.

Les affluens du côté du midi sont les ruisseaux : 1° de Jouéry ; 2° de Marnhac ; 3° de Déroquats ; 4° le bras souterrain de Serre, dit de Lundane ; 5° le ruisseau de Barage.

Les confluens du nord séparent l'une de l'autre les collines longues et escarpées qui servent de contrefort aux montagnes d'Aubrac, sur le versant méridional.

Le premier de ces contreforts, à l'entrée du vallon de St-Geniez, entre les ruisseaux de Mardon et du Barrivès, est appelé le *Puech del Rey*, dénomination qui provient de ce que cette colline appartenait au roi. Elle fut aliénée en 1793 par la nation.

Le *Puech del Rey* est baigné, au midi, par le Lot, et sa pente de ce côté est très raide. L'arète qui part du sommet de la colline et qui aboutit, du côté de l'*est*, au confluent de Mardon et du Lot, et du côté de l'ouest au confluent du ruisseau du Barrivès et du Lot, est très étroite et fort escarpée. Un large et profond fossé, taillé dans le roc vif, à partir du lit de chaque ruisseau jusqu'au lit de la rivière, sépare les deux extrémités de l'arète du reste de la montagne.

LE CHATEAU DE SAINT-GENIEZ.

Sur le point culminant de l'arète *ouest* du *Puech del Rey*, s'élevait autrefois le château, flanqué sur la gauche d'une haute tour, dont il ne reste que quelques pans de muraille. La partie *nord*, *ouest*, *sud* et *sud-est* est absolument coupée à pic par rocher naturel, mur et terrasse. La partie *est* est séparée de la pente rapide du *Puech* par un plateau de cinq à six cents mètres, seul côté où une attaque fût possible. C'est là où se trouvent creusés, dans le roc vif, le fossé dit *Vallat*, de cinq mètres de largeur, en partie comblé par culture de vignes, et le fossé d'enceinte d'égale dimension, pareillement comblé.

Du côté du *nord*, à partir de la tour, le mur d'enceinte continuait sur l'arète du rocher, et allait se terminer à la façade *nord* de l'ancienne église, dont la maison claustrale fermait l'enceinte du point extrême du *Puech*, baigné par le ruisseau du Barrivès.

Au chevet de l'église s'ouvre une ruelle serpentant sur
l'arête de la montagne et conduisant au château. Elle est si
étroite que deux personnes ne pourraient y marcher de front.
Dans toutes les saisons, elle est arrosée par la source qui devait alimenter le château et dont les canaux qui la condui-
saient ont dû périr dans le laps des siècles. Cette ruelle est
aujourd'hui garnie, de côté et d'autre, de vieilles masures
qui dominent la ville. Leur délabrement lui fait désirer l'enlèvement de cette couronne, si humiliante pour elle. A dix
mètres environ de l'entrée principale, montée droite et raide
sur roc; portail en face; à gauche la tour pour protéger l'entrée; à droite le rocher à pic.

Dans un hommage de 1699, il est dit « que dans l'enclos
» du châsteau, il y a deux jardins, l'un sur les ruines de
» l'ancien bastiment, touchant ladite cour, et l'autre au-des-
» sous dudit bastiment, de contenance le plus haut et le plus
» plus bas de soixante cannes, et le sol de ladite tour de
» huit cannes. »

Les ruines de ce château, sa position, ses fortifications et
sa domination annoncent une origine évidemment romaine.

« Les fortifications romaines, a dit M. de Caumont (1), se
composaient de murailles solidement construites et flanquées
de tours plus ou moins engagées dans les murs. Ces tours
étaient généralement placées à portée de trait les unes des
autres, de sorte que les assiégeants pouvaient être pris en
flanc des deux côtés, lorsqu'ils s'approchaient des remparts,
dont l'abord était d'ailleurs défendu par des fossés profonds. »

On voit tous ces caractères au château de Saint-Geniez.
Murailles solidement construites en schiste et cailloux roulés
du Lot, avec ciment extrêmement dur. *Tour saillante peu engagée dans le mur*, d'où les assiégeants pouvaient être pris
en flanc, et précipités sur le roc à pic, qui remplaçait, à
droite, la deuxième tour. *Fossés profonds*; ils partaient du
lit des ruisseaux de Mardon et du Barrivès jusqu'au lit du

(1) *Histoire sommaire de l'architecture religieuse, civile et militaire
au moyen-âge*, par M. de Caumont, membre correspondant de l'Institut de France, page 208.

Lot ; on a dit la largeur du fossé *Vallat* et de celui de l'enceinte. Celle du fossé de l'arête *est*, dont il sera parlé *aux monumens religieux*, est de dix mètres. On ne peut les considérer sans y reconnaître le travail opiniâtre des Romains ; et l'architecture militaire, au moyen-âge, n'offre rien de pareil. Aussi à la vue de leur largeur, de leur étendue, de la profondeur qu'ils devaient avoir, et du site du château, et du chemin étroit où les soldats ne pouvaient passer que l'un après l'autre, où il était si facile de leur couper le passage, de paralyser leur coups, de les écraser, on demeure convaincu que cette forteresse devait être imprenable, et on comprend pourquoi elle avait été classée parmi les quatre châtellenies du Rouergue, qu'on *regardait comme les quatre clefs de cette province*.

« Il y avait chez les Romains, poursuit M. de Caumont,
» trois sortes de forteresses ; la dénomination de *castrum* ne
» s'appliquait pas seulement à un camp, elle désignait en-
» core une place entourée de murs. Les châteaux désignés
» par le mot *castellum*, paraissent avoir été des places d'un
» ordre inférieur, telles que nos châteaux baronniaux du
» moyen-âge, de même que les *burgi*, qui étaient cepen-
» dant plus petits que les *castella*, si l'on en juge par le
» passage suivant de Végèce : *castellum parvum quod bur-
» gum vocant.* »

Or, dans les vieilles chartes, le château de Saint-Geniez est désigné par le mot *castrum*, et dans celles qui sont en patois, par le mot *lou castré*. Mais ce *castrum*, ce *castre* n'avait-il pas une dénomination particulière ? Mais pourquoi pas celle de *castrum vallis Olti*, le *castre de la vallée du Lot*, pour le distinguer du *castrum vallis Sergii*, du castre de la Roque-Valzergue, et du *castrum Severi*, de Sévérac-le-Château, ainsi appelés du nom de leurs fondateurs, *Sergius* et *Severus*, officiers de César ? L'historien Boso, en rapportant la tradition qui attribue à ces deux officiers la fondation de la Roque-Valzergue et de Sévérac, ajoute : « Ce qui paraît confirmer la vérité de ces étymologies, c'est la dénomination de *camp de César*, qu'on donne encore à quelques plaines *auprès de Saint-Geniez* et de Sévérac-le-Château ; c'est du moins une raison de conjecturer que quelques officiers de l'armée de César et peut-être César lui-même avait campé dans ces cantons pour réduire les Ruthènes (1). » Ne pourrait-on pas aussi conjecturer que César ou quelqu'un de ses officiers a fait construire le *castrum , le castre de la vallée du Lot* ? Cette forteresse ne pouvait être que très avantageuse aux Romains, soit pour contenir dans le devoir les Ruthènes vaincus, soit pour correspondre avec la forteresse de la Roque-Valzergue; de celle-ci avec la forteresse de Sévérac; de celle-ci encore avec celle de Millau qui, d'après la tradition, aurait été construite par un officier de César, du nom d'*OEmilianus ,* d'où l'on a fait *Millau.* Mais comment ce *castre* aurait-il pris le nom de Saint-Geniez?

Quand le christianisme eût été implanté dans nos contrées, plusieurs villes et villages se hâtèrent de prendre la dénomination de quelque saint ou sainte, soit pour effacer un nom qui provenait de quelque divinité du paganisme, soit pour éterniser leur reconnaissance envers l'heureux habitant du Ciel, par la protection duquel ils avaient reçu quelque bienfait signalé; soit enfin parce que ce saint ou cette sainte avait vu le jour dans ce lieu ou qu'il l'avait évangélisé, ou qu'il y était mort, ou qu'une partie de ses reliques y avaient été apportées. Ainsi la ville de Saint-Affrique a pris ce nom du saint évêque de Lyon qui, étant venu dans le Rouergue pour y combattre l'arianisme, fit bâtir une Eglise dans ce lieu, où il mourut peu de temps après : ainsi saint Léon, dans l'arrondissement de Millau, a pris son nom du saint évêque qui trépassa sur ce territoire; ainsi saint Parthem, dans l'arrondissement de Villefranche, parce qu'on avait apporté dans ce lieu une partie des ossemens de ce saint.

Est-ce donc à dire que le *castre de la vallée du Lot* a été appelé *Saint-Geniez,* parce que le saint de ce nom a évangélisé ce lieu, ou parce qu'il y est mort, ou parce qu'il en était originaire? non sans doute. D'abord il n'a pu l'évangéliser, parce que *Genès*, en latin *Genesius,* d'où l'on a fait *Geniez*, n'était que cathécumène; ce n'est pas au *castre* aujourd'hui de son nom qu'il a été martyrisé, mais bien dans la ville d'Arles (Bouches-du-Rhône). Quant au lieu de sa naissance, il paraît fort douteux, bien que ce saint soit appelé *Geniez d'Arles*, dans les martyrologes; ce qui peut provenir soit du nom de la ville où il a été mis à mort pour la foi, soit pour le distinguer de Saint-Geniez, comédien, martyrisé à Rome. Le propre de l'Eglise d'Arles dit seulement : *passus est Arelate sub Rictio-Varo, Galliarum præfecto in persecutione Diocletiani et Maximiani* : il a souffert à Arles sous *Rictio-Varus*, préfet des Gaules dans la persécution de Dioclétien et de Maximien.

Dirai-je maintenant qu'il est né au *castre de la vallée du Lot*, et que ses concitoyens, devenus chrétiens, ont donné son nom à leur ville? Je n'oserais avoir cette témérité; mais cela ne pourrait-il pas être probable, par rapport à un jeune militaire qui, après ses premières armes, a pu se fixer dans une ville où son mérite ou la faveur l'avaient fait parvenir aux fonctions de greffier? Dans le temps M. l'abbé Bessières, curé de Saint-Geniez, a reçu une lettre dans laquelle cette opinion lui était affirmée : où avait-elle été puisée? nous l'ignorons tous deux. Heureux si j'avais pu trancher ce nœud gordien !

VILLE VIEILLE ET MOULIN DE SAINT-GENIEZ.

Au pied et sous la protection du château furent bâties la ville vieille et l'Eglise. Le Lot et le ruisseau du Barrivès leur servaient de fossé, au *sud* et à *l'ouest*; à *l'est*, elles étaient défendues par le fossé du château qui aboutissait au Lot et au ruisseau susdit.

Pons d'Etienne, évêque de Rodez, donna, en 1082, l'Eglise de Saint-Geniez aux moines de Saint-Victor de Marseille. On verra l'acte de cette donation aux *monumens religieux*. Dans les premiers siècles de son existence, la ville de Saint-Geniez tirait toute son importance du château; cependant elle avait déjà des *coutumes* en 1034 et même peut-être long-temps avant, ainsi qu'on va le rapporter.

Immédiatement au-dessous du château, le moulin de la

ville qui existe encore, crénelé et couronné de meurtrières, avec porte donnant sur la rivière et grand portail donnant sur la rue; tout autour de ce portail, longues et étroites rainures pour les chaînes d'un pont-levis. Entre cette porte et ce portail, canal de fuite du moulin, aujourd'hui avec pont.

Primitivement on devait passer le Lot dans des nacelles, ou bien, lors des basses eaux, à quelque gué qui devait aboutir à la porte du moulin, seule entrée de la ville du côté du *sud*, et par ainsi, on explique pourquoi le pont-levis et les crénelures du moulin. Mais dans quel siècle un pont fut-il jeté sur la rivière? Dans *les coutumes* confirmées, en 1345, il est dit : « que les passans sur le pont ou aux barrières ne doivent rien payer au seigneur ni à la cour, et ce depuis *un temps immémorial*, spécialement *du temps du comte de Toulouse*. » Or ce comte de Toulouse doit être Frédélon, comte de Roüergue, qui fut créé comte héréditaire de Toulouse par Charles-le-Chauve et qui mourut en 852; ou bien Raymond IV, descendant par la branche aînée et par mâles d'Eudes VII, comte, qui devint comte de Roüergue en 1060 et qui, par son avénement au comté de Toulouse, y réunit celui du Roüergue, qui n'en fut plus séparé. Ce serait donc au neuvième siècle ou au plus tard au onzième que remonterait la construction du pont.

Ce pont était de bois et avait été fait par la ville : « loqual » la dicha vila... an fah, fondat et bastit et hédificat, de tot » en tot, et alors propres despessés am grans costatgés. » Il avait certaines rentes et autres droits pour son entretien; outre les aumônes (droit de péage) que devaient faire les passans; tous les ans, on nommait un *pontier*. Quand un troupeau devait passer sur le pont, il en prenait une ou plusieurs bêtes qu'il attachait dans la rue ou ailleurs, jusqu'à ce qu'on lui eût payé cinq sols rodanais. Si le pont avait besoin d'être réparé, la communauté de Saint-Geniez pouvait prendre les poutres, les pierres et tout ce qui était nécessaire, sans avoir besoin de recourir à la cour (du seigneur) ni aux gens de la cour; et tous les habitans, sans exception, devaient contribuer à la main-d'œuvre.

Ce pont, fortement ébranlé par les inondations du Lot, fut reconstruit, en 1671, sur un nouveau plan, excepté, peut-être; la première pile sur la rive droite qui est beaucoup plus lourde que les autres. Maître Parate, de Saint-Geniez, en fut l'architecte; sa longueur est de soixante-trois mètres, sur trois mètres cinquante de largeur, non comprise l'épaisseur des parapets. Cinq arches à plein-cintre, piles en éperon très aigü, en amont et en aval; appareil en calcaire, avec quelques pierres de grés; il est percé au juste milieu de la ville neuve, et bâti en face de l'ancienne, à vingt mètres environ au-dessous du moulin.

L'entrée du pont dans la ville vieille était autrefois défendue par une forte tour, sur laquelle on avait placé l'horloge de la ville. Elle fut calcinée, en 1745, par un violent incendie, occasionné par le serrurier chargé de l'horloge. Depuis lors ses restes ont disparu.

A peine eût-on construit un pont sur la rivière, qu'une ville s'éleva bientôt sur la rive gauche du Lot: déjà il y avait çà et là quelques maisons, qui faisaient partie de la paroisse de Marnhac, à quelques kilomètres de Saint-Geniez; elles furent adjointes aux nouvelles constructions.

Cette ville neuve s'entoura de fossés, dont l'emplacement, parfaitement apparent, est aujourd'hui occupé par des rues; ces fossés partaient du Ravieux, *maison Benoît*, où il y avait un portail, longeaient le cours, qu'on appelle encore *le fossé*, jusqu'au portail de la rue des Augustins, situé entre les maisons *Maragon et Laporte*, et détruit, en 1790 (1); et de là suivaient la rue dite autrefois le *Vallat*, aujourd'hui place et rue Raynal, et allaient finir au quai d'Albin, où se trouvait un troisième portail entre les maisons *Giraud et Aldebert*.

Les murs qui ceignaient les fossés sont totalement détruits.

Cependant la ville neuve offrit une singularité assez frappante, quant à la juridiction ecclésiastique; singularité qui a subsisté jusqu'à 1793 et qui a fait croire que Marnhac existait longtemps avant Saint-Geniez.

Les maisons déjà construites et celles qui le furent ensuite

_____

(1) Ce portail, construit en pierre calcaire, flanqué de deux tours, était surmonté des armes de France, au-dessous desquelles cette inscription :

VN DIEV : VN ROY : VNE FOY : VNE LOY.

sur le terrain dépendant de l'Eglise de Marnhac, continuèrent de faire partie de cette paroisse; et celles qui furent
construites sur le terrain où s'étendait la juridiction de l'Eglise Saint-Geniez, relevèrent de cette paroisse. Ainsi les maisons proprement dites sur la rive gauche du Lot, la place
du marché, le quai d'Albin, les rues du Collége et Rivié,
la rue et place Raynal, appartenaient à l'Eglise de St-Geniez;
le foiral, les rues des Victoires et du Commerce, la place du
Fruit, la rue des Augustins et l'aile gauche du Ravieux, en
descendant la rue, dépendaient de l'Eglise de Marnhac. Il y
avait certaines maisons dont le devant était d'une paroisse
et le derrière de l'autre; dans la rue du Commerce, à partir
de l'hôtel *Barri* jusqu'à la maison *Capoulade*, c'était de la
paroisse de Saint-Geniez : tout autant de bizarreries qu'on
n'entreprendra pas d'expliquer.

Dans la juridiction civile, le mandement de Saint-Geniez
était composé de la ville et faubourgs d'icelle, la rivière, le
Barrivès, et la Poujade sur la rive droite du Lot; la Tui-
lerie (rue des Victoires); Pape Bourrine ou carrière Nove (rue
du Commerce); le Lac, le Lacquet (rues Rivié et du Collége); le Ravieux (rue d'Orone), toutes ces rues sur la rive
gauche du Lot formant la ville neuve; du mas du Bruel, des
villages de la Falque, le Goutal, Vanaysiols, les Vayssières,
Saint-Pierre, la Coste, Combastelade, Cansac, Sargnac, Les
Carels, Aubinaguet, la Girmanie, Laval, le Battut, Volmanière, Laspessoles, le Menier-Bas, les Béneseches, le
Menier-Haut, Vieille-Vigne, la Romiguière, le Clapier,
Artigues, La Fage Haute et Basse, Canet (1) et autres. »

« Tous ces lieux, confrontant tous ensemble, du levant,
avec les terres du mandement de Pomeyrols et de la Baronnie d'Aurelle; du midi, terre des mandemens de Marnhac,
de La Capelle et de Pierrefiche, dépendans de la châtellenie
de La Roque-Valzergue; du couchant, terres du mandement de Sainte-Eulalie et de Bise, terres de l'hôpital d'Aubrac et terres encore de la Baronnie d'Aurelle, possédées par
le seigneur marquis de Canillac. »

(1) Canet fut distrait du mandement de Saint-Geniez en 1777, après
neuf ans d'opposition de la part des habitans de la ville.

II.

Consuls de Saint-Geniez. — Leurs privilèges. — Leurs costumes. — Anciennes coutumes et franchises de la ville. — Le Ban. — Le courtage. — Le lieu où se vend le blé. — Du moulin. — Des foulons. — Du four. — Marchés et foires. — Commun de paix. — Emolumens du juge.

Pierre duc de Bourbon, comte de Clermont et de la Marche, camérier de France et lieutenant du roi (Philippe de Valois) dans l'Occitanie et la Gascogne, par ses lettres datées de Cahors, le 22 septembre 1345, avait donné à ses commissaires, Henri de la Grivèle, son chapelain; Bernard Sancius, clerc du roi, et Géraud de Cubrieyres, juge de Sauveterre, plein pouvoir de réformer certains abus, qui s'étaient introduits dans la sénéchaussée de Rodez, et de concéder, moyennant finance, des consulats, des foires, la faculté d'ériger des fourches patibulaires, se réservant le droit de confirmer et d'approuver toute concession faite par eux.

Les habitans de Saint-Geniez (*habitatores castri de Sancto-Genesio*) profitèrent de cette occasion pour demander un consulat, car jusqu'à cette époque les affaires de leur communauté avaient été gérées par deux syndics.

Henri de la Grivèle et Géraud de Cubrieyres, après mûr examen, leur concédèrent, le 21 de novembre de l'an susdit, ce privilège déjà possédé par plusieurs villes du Rouergue et du royaume.

Aux archives de la mairie, on conserve précieusement deux copies en latin de cette concession et une troisième, en écriture romane, sur parchemin. Je classe parmi les notes le texte latin. En voici le sommaire tel qu'il est contenu dans un vieux manuscrit :

« I. Les habitans du castre et de la juridiction de Saint-Geniez esliront chaque année, quatre consuls au plus : lesquels, avant que de faire aucune fonction, presteront serment entre les mains du juge de ce castre ; mais si ce juge refuse de le recevoir, ils exerceront leurs fonctions sans le prester.

» Ces consuls esliront chaque année d'autres consuls et des conseillers qui presteront serment entre leurs mains.

» Les consuls pourront aussi nommer un ou plusieurs procureurs, pour avoir soin des affaires de la communauté.

» Les habitans pourront s'assembler dans une maison commune, au son de la cloche, ou lorsqu'ils seront avertis par les officiers des consuls.

» II. Les habitans de Saint-Geniez nommeront les premiers consuls.

» Les consuls auront le droit d'imposer et de lever sur les habitants, une taille ou plusieurs, selon qu'ils le jugeront à propos, et de faire punir ceux qui refuseront de payer.

» III. On pourra donner ou vendre le droit de Ban, qui appartient à la communauté, laquelle en retirera le profit.

» IV. Les consuls auront l'inspection sur les poids et les mesures, et sur le prix et le poids du petit pain.

» V. Sur les places, les chemins, les ponts, etc.

» VI. L'officier subalterne des consuls pourra condamner à une amende de cinq sols, applicable au roi, ceux qui contreviendront aux ordres des consuls, dans les matières dont la connaissance leur appartient.

» VII. Les consuls pourront avoir un notaire ou un écrivain, pour écrire les roolès des tailles, et les mémoires concernant les affaires qui sont de leur compétence, et ils auront soin qu'on continue à percevoir les aumosnes que l'on a accoutumé de recevoir sur le pont de Saint-Geniez.

» VIII. Les consuls jouiront des privilèges accordés aux consuls des lieux qui appartiennent au roi, dans la sénéschaussée de Rodez, sans cependant que ces privilèges puissent préjudicier à l'autorité royale.

» IX. Les nouveaux consuls feront rendre compte, à ceux qui sortiront de charge et à leurs officiers, de leur administration et des deniers qu'ils auront reçu, et ils leur en donneront une quittance authentique.

» X. On ne pourra faire le procès à un habitant de Saint-Geniez, déféré à la justice comme criminel, qu'après une information préalablement faite d'office par le juge, laquelle sera communiquée au prévenu.

» On ne pourra emprisonner les habitants, pour des délits légers, à moins qu'ils ne puissent ou ne veuillent donner caution de payer ce à quoi ils pourront être condamnés par le jugement qui interviendra.

» XI. L'officier subalterne chargé des ordres des consuls portera un baston ou verge en signe d'autorité, et il pourra condamner à une amende et saisir pour la sûreté du payement.

» XII. Les consuls pourront avoir un trésor commun, où ils mettront les titres et les deniers de la communauté.

» XIII. Les habitants de St-Geniez pourront, en créant les consuls, leur donner une procuration pour toutes leurs affaires, avec pouvoir de nommer en leur place d'autres procureurs et de les destituer.

» XIV. Cet établissement de consulat a été fait moyennant finance de cent petites livres tournois (1). »

Cette somme fut payée le 21 décembre 1345, par Raymond Rigaldy et Déodat *del Corre*, syndics de la ville.

Pierre, duc de Bourbon, approuva la concession faite par Henri de la Grivelle et Géraud de Cubrieyres. Le roi Philippe de Valois la ratifia au mois de mars 1346, en présence du comte d'Armagnac, du maréchal de Denehan et autres. Sous le règne de Jean-le-Bon, alors que ce monarque était prisonnier en Angleterre, il fut délivré une deuxième copie de ces lettres, attendu que la première étalait déjà sa vétusté; elles furent expédiées sous leur première date.

Ce privilège fut encore confirmé le 24 février 1377, par

(1) Voir note A.

Jean Claude, vicomte de Saint-Sauveur, lieutenant-général du pays de France, pour le roi d'Angleterre, seigneur d'Irlande et d'Aquitaine; le 13 juillet 1393, par Bernard, comte d'Armagnac; le 18 août 1594, par Catherine, comtesse de Navarre, duchesse d'Albret, comtesse d'Armagnac et de Rodez; au mois de juin 1614, par Louis XIII, roi de France et de Navarre; enfin le 24 décembre 1699 par Louis XIV.

Les habitants de Saint-Geniez élurent quatre consuls le premier dimanche de septembre 1346, et dès lors leur élection fut fixée à ce jour, pour entrer en fonctions le premier dimanche d'octobre. Cette élection se faisait sous la présidence du juge des montagnes, trois châtellenies du Rouergue.

Le premier consul devait être noble ou gradué, les deux suivants marchands ou notables, et le quatrième paysan.

Au jour de l'élection, chaque consul élisait deux membres, de son état et condition. Cette élection faite, ils la communiquaient à leurs conseillers; et ces derniers, ensemble avec les consuls, élisaient à la pluralité des voix les quatre consuls parmi les huit élus. Acte était retenu de cette élection qui, sur le certificat du secrétaire, était annoncée au prône de l'Eglise paroissiale.

Le lendemain de l'élection, les nouveaux consuls prêtaient serment, et ils élisaient ensuite, chacun trois conseillers, pour être assistés et aidés de leurs lumières, dans les assemblées de la communauté. Pendant l'année de leur consulat, ils étaient exemptés de payer le *commun de paix*. Dans leurs fonctions ils étaient revêtus d'une robe avec chaperon sur l'épaule droite, mi-partie de noir et d'écarlate. On leur passait pour droit de robe, une somme plus ou moins considérable, tantôt 80 livres, tantôt 150. Le jeudi saint ils faisaient leurs Pâques, revêtus de leur costume, et suivis de leurs officiers subalternes, connus aujourd'hui sous le nom de *valets de ville*. Ceux-ci, outre le bâton ou la verge qu'ils avaient à la main pour marque de leur autorité, portaient de plus un manteau bleu de ciel avec un collet d'écarlate.

COUTUMES ET FRANCHISES DE LA VILLE.

En concédant un consulat aux habitants de Saint-Geniez,

les commissaires du duc de Bourbon confirmèrent encore les coutumes, usages, libertés et franchises de la ville de Saint-Geniez. Les lettres d'approbation qui furent données à cette époque nous sont inconnues, si elles existent encore.

Ces coutumes sont contenues en cent soixante-un articles, écrits en langue romane, sur parchemin grand in-4°, formant, avec les lettres du consulat, un volume de vingt-huit feuillets ; en voici le préambule :

« Al nom de Dieu Ihu-Crist nostré Senhor tot poderos, é dé la santa Maria, mayré de Dieu, Vergis benezecta, é de totz los sanchs é sanctas dé paradis, é dé la sancto precioza veraya cros, é dé totos las vertutz dé Dieu, sia comensat, fahs, é finitz a-quest libre é totas las causas en aquel escrichas, dé las costumas, proprietatz, pre-vilegés, libertatz, uzanssas é franquezas del loc é dé la vila dé SanctGenieys dé Ri-va-Dol el evesquat é senes-calsia dé Roergué. »

« Au nom de Dieu J.-C. notre Seigneur tout puissant, et de sainte Marie, mère de Dieu, vierge bénie, et de tous les saints et saintes du para-dis, et de la sainte précieuse véritable croix, et de toutes les vertus de Dieu, soit com-mencé, fait et fini ce livre, ainsi que tout ce qui y est écrit, des coutumes, propriétés, pri-vilèges, libertés, usages et franchises du lieu et de la ville de Saint-Geniez de Rive-d'Olt, évêché et séneschaussée du Rouergue. »

Après avoir dit tous les lieux renfermés dans le mande-ment de Saint-Geniez, déjà énumérés dans le chapitre pré-cédent, l'article premier et suivants contiennent tout ce qui concerne le pont de la ville. On l'a rapporté suffisamment.

« Les ponts des ruisseaux qui sont dans le mandement ainsi que les fontaines, les puits, appartiennent à la commu-nauté ; elle peut les changer, les diriger et en connaître. 9, 10.

» Toute personne peut passer et repasser sur le pont et aux barrières, avec ou sans marchandises, bestiaux et au-tres choses, sans être obligée de payer au seigneur ou à la cour, aucune redevance, et ce, depuis *un temps immémo-rial*, spécialement *du temps du comte de Toulouse*. 11.

« » Tous les pâtus qui sont dans la ville ou mandement d'i-
celle, places, rues, chemins, pâturages, abreuvoirs, eaux,
gués, appartiennent à la communauté. 12, 13, 14.

» Elle possède des pacages (deveza) pour les bêtes de
labour, qu'elle assigne tous les ans, afin qu'on les y mène
paître. On ne peut entrer dans celles qui ne portent pas le
signal ; ces pacages durent depuis le printemps jusqu'à la
fin de l'automne. Si les bestiaux deviennent malades on leur
assignera un autre pacage, pour que la maladie ne puisse
pas se communiquer. 16, 18.

» Les habitants de Saint-Geniez peuvent prendre du bois
dans les terres qui ne sont pas propres à faire du blé. 19.

» Tout homme peut chasser avec chiens, cordes, lances,
filets et autres pièges, sans avoir rien à craindre et sans
être obligé de payer un droit au seigneur, ni à la cour, ni
aux gens de la cour. Si on prend un sanglier, on doit en
donner la tête à celui à qui appartient le terrain sur lequel
il a été pris, pourvu qu'il en possède la seigneurie directe
ou qu'il le tienne en franc fief. 20.

» Chacun, seul ou avec d'autres, sans permis et sans
crainte, peut aller à la pêche, excepté à la chaussée du
moulin. 21.

LE BAN.

» Le ban appartient à la communauté. Les consuls nomment des banniers (gardes-champêtres). Ceux-ci doivent
prêter serment sur les saints Evangiles. Après ce serment,
ils peuvent lever tous les émolumens du ban. Quand ils trouvent une personne ou une bête dans ce qui est du ressort
du ban, ils doivent exiger d'une personne, XII deniers,
quand elle est prise pendant le jour; VII sols, si elle est prise
pendant la nuit. D'une bête grosse, IV deniers; d'une menue, I denier; d'un porc, quand il n'a pas été baillé au porcher, XII deniers (1). Si la personne a été trouvée dans une

(1) Il paraîtrait, d'après cet article, qu'il y avait un porcher destiné
à garder tous les porcs.

vigne ou un bois, elle doit payer VII sols. Le bannier est
cru à son serment, quand même il n'y ait pas de témoins.
22, etc.

LE COURTAGE.

» Le courtage et tout ce qui en dépend appartient à la
communauté. Les consuls nomment le courtier. Il prête serment entre leurs mains. Ils en reçoivent la portion des émolumens qui reviennent à la communauté, pour les employer
à ses besoins. Toutes les marchandises qu'on apporte pour
vendre à la ville sont du ressort du courtage. 32.

LE LIEU OU SE VEND LE BLÉ.

» Le lieu où se vend publiquement le blé, qu'apportent
les étrangers, est situé au bout de la place du Cimetière, sur
le devant de l'église. On doit le vendre publiquement et à
prix commun.

Les mesures sont : la carte, la coupe, la demi-coupe, la
poignerée. Ces mesures doivent être marquées par les consuls. Quatre quartes font le sétier ; deux coupes la quarte,
quatre poignerées la coupe.

» On peut se servir de ces mesures pour le sel, qui en
a une particulière, du nom d'*écuelle*.

» Les mesures du vin sont : la coupe, la demi-coupe, le
quart, demi-quart et la pauque. Les quatre quarts font la
coupe, et les quatre panques le quart.

» Les mesures d'huile : coupe, demi-coupe, bassine, demi-
bassine. La coupe est formée de seize bassines.

» Les poids : livre, demi-livre, quart, demi-quart, quintal qui fait cent livres. Les poids doivent être de plomb ou de
métal et marqués.

» Mesures pour les draps : un pan, demi-pan, canne,
demi-canne.

» Pour ces poids et mesures on ne doit rien donner au seigneur ni à la cour. 34 , 45.

» D'après une ancienne coutume, les habitans ont le droit

d'acheter en place publique le blé et autres denrées, exposées en vente, au même prix qui a été convenu avec un des habitans, pourvu que la chose ne soit ni reçue ni mesurée et ce, à cause du bien public. 46.

» Le vin doit être vendu publiquement à tout le monde, après avoir averti qu'il est de tel crû. Les aubergistes doivent le vendre *sans mélange et sans fraude.* 61.

» Les consuls doivent visiter le pain des boulangers, et voir s'il est vendu selon sa qualité. 64.

DU MOULIN.

» Les habitans doivent moudre le blé au moulin de la ville qui appartient au seigneur. Le meunier ne doit prendre pour ses droits, de chaque sétier, qu'une poignerée de blé, de quelle qualité qu'il soit. S'il y a cinq quartes de blé, il ne peut exiger davantage. Il est obligé de le moudre dans les vingt-quatre heures. Passé ce terme, il est permis à celui à qui appartient le blé de l'apporter à un autre moulin. Il est encore permis aux habitans de faire moudre leurs grains hors la ville. Cette coutume remonte à l'an 1034.

» Le meunier doit bien entretenir les meules du moulin, exercer son métier sans fraude, sous peine d'être condamné à soixante sols d'amende. Ainsi doivent agir les meuniers qui sont hors la ville. 68.

DES FOULONS.

» Les moulins à foulon appartiennent aussi au seigneur. Le foulonier doit soigner les draps et les couvertures, ne pas laver ensemble les blancs et les noirs. Il prendra des draps, deux deniers par canne, et des couvertures, sept deniers rodanais. Pour moudre l'écorce (la rusqua), il prendra quatre deniers rodanais par sétier. 72, 73.

DU FOUR.

» Comme la ville de Saint-Geniez a deux fours, un appartenant au seigneur, l'autre au prieur et à l'église, chaque fournier a ses pratiques. Si par hasard une pratique du four du seigneur allait faire son pain au four du prieur, sans cause et sans permission, le fournier du seigneur peut réclamer ses droits. Même faculté pour le fournier du prieur, si une de ses pratiques va, sans cause et sans permission, au four du seigneur.

» Pour cinq quartes de farine, comme pour un sétier, on paye au fournier trois deniers rodanais ou trois *denayradas de pasta*. Quand on paye avec de la pâte, il y a une mesure, et comme le blé peut augmenter de valeur, il y a plusieurs mesures. C'est pourquoi les consuls doivent visiter les fours, deux ou trois fois l'an, et donner au fournier la mesure qui est nécessaire.

Les fours des hameaux ne sont pas sujets à cette coutume. Il est permis aux habitans de la ville d'y faire cuire leur pain. 77, 83.

MARCHÉS ET FOIRES.

» Le samedi de chaque semaine est jour de marché. Ce jour de marché commence au premier coup des premières vêpres du vendredi, et se termine le dimanche matin après la messe.

» Il y a quatre foires, savoir : le mardi (1) après Pâques, le jour de St Barnabé (11 juin), le jour de St Barthélemi (26 août), et le jour de St Amans (5 novembre.)

» La foire du mardi après Pâques dure trois jours.

» La foire de St-Barnabé dure quatre jours.

» La foire de St-Barthélemi dure trois jours et celle de St-Amans quatre jours (2).

(1) D'après le castulaire c'est le mardi, mais aujourd'hui on la tient le mercredi qui, à cette époque, devait être la grand-foire.

(2) Les unes et les autres ne durent plus qu'un jour. Souvent on est obligé de les renvoyer à cause de la pluie qui survient, et les foires renvoyées ne valent rien. Pourquoi ne pas faire revivre l'ancien usage ? Sur trois ou quatre jours il y en aurait peut-être un de beau, n'importe la pluie qui aurait pu précéder.

Au XVIᵉ siècle nous verrons l'établissement d'une cinquième foire

A la foire de St-Barnabé on ne paye rien au *leudier* ou fermier du seigneur, pour le banc et l'étalage des marchandises. C'est au *leudier* à fournir aux marchands, merciers, drapiers, sabotiers, les bancs nécessaires; à assigner à chacun sa place et à prendre de chaque, aux autres foires et aux jours de marché, XII deniers. Dans tout autre temps de l'année il prend IV deniers rodanais. 84. »

Le droit de *leude* (leida) était un impôt sur le bois, le sel, le fromage, l'huile, les cuirs, la laine, les bestiaux et les lards ou pourceaux salés, lorsque ces espèces de marchandises étaient apportées pour être vendues par des étrangers et gens non domiciliés dans la ville. Ainsi, pour ce droit le *leudier* prenait pour une bête grosse, *IV deniers rodanais*; pour une menue, *I denier*; pour un quartier de porc salé, *I denier*; pour un cuir de bête grosse, *I denier*. Chaque muletier apportant de sel pour vendre, donnait un boisseau sel, comble, et les bouchers égorgeant bœuf, veau ou génisse, étaient tenus à donner la langue de la bête, pourvu qu'elle eût un an accompli. Obligation par conséquent à tenir registre du jour de leur naissance. Sans cela les fraudes devaient être nombreuses.

COMMUN DE PAIX.

Le commun de paix aurait été concédé, d'après certains historiens, par les habitans du Rouergue, à Jean Ier, comte d'Armagnac, soit pour le récompenser de son zèle à défendre cette province contre les Anglais et à les en expulser, soit pour l'engager à y maintenir la paix. Dans notre cartulaire ce dernier motif est clairement énoncé. « Lo comu dé lo pax » qué fo autorizat per las gens dé Roergué al senhor, per so » qué tenguesso lo poys en pax, et per so s'apela *lo comu dé* » *lo pax.* » Cependant il existe des lettres de Hugues II, comte de Rodez, qui exempte, en 1199, le dom et l'hôpital d'Aubrac du commun de paix; peut-être avait-il été sup-

au 20 janvier. Il y a environ une trentaine d'années que la foire du 18 mai a été établie.

primé, et fut-il rétabli au xxve siècle (1). Voici le tarif de ce commun de paix.

« Chaque homme ayant atteint sa quatorzième année devait payer annuellement *six deniers*; chaque homme marié *douze*; pour chaque bête à bât, servant au trafic pour porter denrées ou marchandises, *deux sols*; et *un sol* pour les autres chevaux, bœufs ou vaches; pour un âne ferré, d'un an complet, *six deniers*; s'il était employé au louage, *douze deniers*; pour chaque chèvre, brebis, mouton ou pourceau, *un denier*; pour un taureau, génisse ou autre bête grosse, d'un an complet, *six deniers*; si l'an n'était pas révolu, on ne payait aucun droit; pour un moulin à trois roues, *deux sols*, et pour un moulin à une roue, *un sol*. 96, 100. »

» Ce commun de paix devait être payé à la fête de la Nativité, 8 septembre. Les habitans de St-Geniez avaient le privilège de payer depuis la St-Barthélemi jusqu'à la fête susdite, et si à cette époque ils n'avaient pas payé, on ne pouvait les poursuivre qu'après la St-Luc, 18 octobre, 112.

» Les droits du seigneur sur les ailes de la ville, et dans la ville et mandement de St-Geniez, consistent en quart, quint et autres, par rapport au blé. Toutes les pailles lui appartiennent. 115.

» D'après les coutumes, libertés et privilèges, les habitans de la ville et mandement de St-Geniez ne peuvent mettre en gage les draps de lit, ni les étoffes destinées à leurs habits, ni les outils aratoires; s'ils font le contraire, cela doit être révoqué et annulé. 116.

» L'huissier ni la cour ne peuvent procéder contre un habitant, sans une enquête préalable qui doit être communiquée au juge, ou au sénéchal, ou au lieutenant, qui devront ordonner de poursuivre. 117.

» Personne ne peut être arrêtée ni mise en prison, à moins qu'on ne veuille répondre d'elle. 119.

(1) D'après d'Olive, le commun de paix appartenait primitivement à la couronne. Le Roi Charles V en fit don à Jean Ier, comte d'Armagnac, et passa de celui-ci à ses successeurs, jusqu'à l'extinction de cette famille. Il retourna à la couronne, quand le comté de Rodez et les quatre châtellenies lui furent unis sous Henri IV.

» Pour citer une personne dans l'intérieur de la ville, *un denier* ; pour mettre en gage, *quatre deniers* ; pour faire vendre le gage à l'encan, *quatre deniers* ; pour arrêter une personne, *deux deniers* ; pour une exécution hors la ville, s'il y a une lieue, *douze deniers* ; s'il y a plus d'une lieue, de manière à ce qu'on puisse juger que ce voyage fait à peu près la journée, ou enfin pour la journée, *vingt deniers*, et quand même l'huissier (lo bayle) fasse dans le même jour plusieurs exécutions, il ne peut prendre d'avantage.

» Si une personne est détenue et renfermée dans le château, le châtelain a pour droit *douze deniers* ; si cette personne est noble, *deux sols* ; pour le droit du lit, *quatre deniers*. 140.

L'ENCAN.

» Lorsque l'encan se fait par l'*encantayre* du seigneur, la ville et mandement de St-Geniez lève et prend un droit. L'encan doit être fait de cinq sols un denier, à dix sols deux deniers, de dix sols deux deniers, à quinze sols trois deniers, de quinze sols trois deniers, à vingt sols quatre deniers, toujours par cinq sols avec augmentation de deniers.

» Lorsque l'encan se fait par ordre de justice, il faut qu'avant l'exécution, la partie ait été citée, qu'on lui ait donné quinze jours pour retirer son gage ; et si, passé ce terme, elle n'a pas payé, alors on remet la chose à celui qui est chargé de faire l'encan. Celui-ci ne peut la mettre à l'encan qu'un jour de dimanche ou de fête, et ce, pendant trois dimanches ou trois jours de fête consécutifs ; ne la délivrer, le troisième, au plus offrant, qu'après avoir cherché, en tout, le profit de celui à qui elle appartient. Pendant tout le temps que le gage reste entre les mains de l'*encantayre*, il en est dépositaire à ses frais et périls.

» Si c'est une maison, l'encan se fait tous les dimanches, pendant quarante jours, après qu'elle a été estimée par deux ou trois personnes. 141, 147.

ÉMOLUMENS DU JUGE.

» Le juge a pour un décret judical, *cinq sols.*

Pour droit de sceau aux citations, *six deniers*.

Pour lettres de commission, *douze deniers*.

Pour une cause en appel, *cinq deniers*.

» On appelle du juge au sénéchal, et du sénéchal au roi quand les parties sont du ressort du roi, et de présent au comte d'Armagnac comme seigneur des montagnes. 151.

» Les habitans du Quercy qui conduisent leurs vaches ou brebis aux montagnes d'Aubrac, s'ils ne font que passer à St-Geniez, ne payent rien ; s'ils sont obligés d'y coucher, ils payent *cinq sols rodanais* par troupeau. 155.

» Quand le seigneur ou ses officiers veulent faire réparer le moulin ou le four, comme ses réparations regardent l'utilité publique, la communauté fait faire les mains-d'œuvre ; mais le seigneur est obligé de donner à l'homme ou femme qui fait la main-d'œuvre, assez de pain pour tout le jour et un morceau de fromage qui ait *quatre doigts* de largeur sur *un doigt* d'épaisseur et qui vaille au moins *un denier*. Pour toute autre réparation seigneuriale, la communauté n'est tenue à rien. 159.

» Les officiers et magistrats, à cause de leurs chargés, les consuls, pendant l'annnée de leur consulat, sont exemptés du commun de paix ainsi que tous ceux qui n'ont pas payé ce droit pendant soixante ans. Les consuls gardent les clefs des portails et des tours de la ville. 161. »

Cette dernière coutume ne remente qu'à l'époque de l'établissement du consulat à St-Geniez.

III.

Seigneur haut-justicier, seigneurs directes de St-Geniez. —
Les quatre châtellenies du Rouergue. — Les comtes d'Ar-
magnac, seigneurs de St-Geniez. — Ravages des Routiers.
— Le roi des Merciers. — Successeurs des comtes d'Ar-
magnac dans la seigneurie de St-Geniez.

Les comtes du Rouergue étaient primitivement seigneurs
haut-justiciers de St-Geniez, et c'est d'eux qu'émane la plus
grande partie des coutumes qu'on vient de lire. Après la
mort de Jeanne et d'Alphonse de France, frère de St-Louis,
derniers comte et comtesse du Rouergue, cette province fut
réunie, en 1271, à la couronne, et par cette réunion, le roi
de France devint seigneur haut-justicier de St-Geniez. Cette
suzeraineté fut ensuite concédée aux comtes d'Armagnac, et
retourna à la couronne peu d'années après l'extinction de
cette puissante famille.

Comme seigneur haut-justicier, le roi avait dans St-Geniez : toute justice haute, moyenne et basse; et voici en quoi
consistait cette triple justice. Le seigneur haut-justicier connaissait seul des crimes qui entraînaient peine de mort,
peine afflictive ou peine infamante. Il succédait aussi aux bâtards dans certains cas, et à ceux qui ne laissaient aucuns
héritiers testamentaires. C'est à lui que les biens confisqués
et les amendes étaient adjugés ainsi que les *épaves* et partie des trésors trouvés. Il avait la propriété des rivières
navigables, le droit prohibitif de la chasse, etc.

La justice moyenne renfermait la connaissance des causes

civiles sans distinction et les criminelles lorsque l'amende n'excédait pas soixante sols.

La justice basse n'emportait, dans sa juridiction, que la connaissance des causes civiles jusqu'à trois livres. C'était le dernier échelon de la judicature dans la hiérarchie féodale.

Cette triple justice était établie à St-Geniez en bailliage et s'exerçait, au nom du roi, tous les lundis non fériés, par un juge royal, qualifié du nom de *juge des montagnes trois châtellenies du Rouergue et leurs ressorts* (1), par un lieutenant et un procureur du roi : un greffe royal lui était adjoint.

Le roi possédait le château, il jouissait du commun de paix et du droit de leude. Il prélevait une rente de trente livres sur le four et le *Puech del Rey* qui lui appartenaient. Toutes les langues des bœufs, vaches, veaux, génisses ayant un an complet qu'égorgeaient les bouchers, la hure du sanglier et une épaule du cerf, tués en chasse, lui étaient dues, comme seigneur de St-Geniez. C'était au fermier ou leudier du seigneur que toutes ces choses étaient payées.

Voilà qui composait les droits du seigneur de St-Geniez et qui allait grossir sa liste civile.

Mais l'échelle féodale comprenait encore une foule de petits seigneurs qui relevaient d'un plus grand, et de l'un à l'autre remontaient ainsi au roi. Ces petits suzerains n'avaient que la *directe*, c'est-à-dire le cens, le champart, ou autres droits utiles sans justice, ou bien ils possédaient la justice moyenne ou basse. Aussi avons-nous cru devoir faire connaître en quoi consistait l'une et l'autre. Ils ne pouvaient se qualifier *seigneurs* d'un endroit, sans ajouter la qualification de *seigneur directe*, de *seigneur en la basse ou moyenne justice.*

Parmi les seigneurs *directes* de St-Geniez, on trouve le dom d'Aubrac, l'abbé de Bonneval, le marquis de Beaufort, le prieur de l'Eglise, les prêtres de la Fraternité et autres particuliers, qui étaient, au XVIIe siècle, MM. de Be-

(1) La châtellenie de Cassagnes-Begonhès en avait été distraite à cause de son éloignement ; car pour rendre la justice, le juge était obligé de se transporter à La Roque-Valzergue et à Laguiole.

nôit, Dumas, Fajolé, de Curières de Ste-Eulalie, etc.; ils
percevaient le droit de quart, de quint, sixième, huitième
et dixième, des blés, légumes, etc. Le tout sous *foi et hommage* envers le roi, et sans aucun droit sur les arbres fruitiers, végétant dans les terres et possessions de leurs *directes*.

Aujourd'hui le percepteur remplace, avec usure, tous ces
seigneurs *directes*; et je vous le jure, on ne se rend pas
coupable envers lui des injustices dont on se rendait coupable envers les ci-devant *seigneurs directes*.

CHÂTELLENIES DU ROUERGUE.

Les quatre châtellenies du Rouergue étaient La Roque-
Valzergue, St-Geniez, Laguiole et Cassagnes-Bégonhès. C'é-
tait tout autant de petits gouvernemens militaires, que le roi
confiait ordinairement à quatre ou même à un seul officier,
pour maintenir l'ordre dans la province. Chacune de ces châtellenies avait un fort, dans lequel on entretenait garnison
dans les temps de trouble. Celui de Laroque-Valzergue était
le plus considérable. Le fort ou château de Laguiole fut brûlé,
en 1338, par les Anglais, et celui de Cassagnes-Bégonhès,
en 1584 par les Huguenots.

D'après Bosc, le roi Jean-le-Bon, pendant sa prison en
Angleterre, aurait donné, en 1360, les quatre châtellenies,
à Jean Ier, comte d'Armagnac; d'après M. de Gaujal, le roi
Charles V en aurait fait don, en 1370, à Jean II, dit le
comte *Gras*. Quoiqu'il en soit de cette diversité d'opinions,
la cession réelle n'eut lieu qu'en 1375, faute par le comte
d'Armagnac d'en faire hommage au roi. Cette cérémonie eut
lieu le 1er avril de l'an susdit, et dès lors le roi, en lui trans-
férant les quatre châtellenies, ordonna que désormais on ferait au comte les hommages qu'on devait faire à Sa Majesté.

Comme tous les habitans du Rouergue, ceux de St-Geniez avaient gémi sous le joug d'une domination étrangère;
avec tous, ils se réjouirent d'avoir secoué un joug aussi
odieux. Mais la fin des calamités n'était pas encore venue.
Les Routiers, ces compagnies dites *anglaises*, qui ravagèrent

le Rouergue après l'expulsion de l'étranger, vinrent s'abattre sur un faubourg de St-Geniez. Le *Bort* (bâtard) du Galant, capitaine de Curvale, dans l'Albigeois, revenant de ses courses dans le Gévaudan, d'où il amenait une grande quantité de bestiaux et même des prisonniers, se logea de force, le 21 octobre 1383, dans le faubourg sur la rive gauche du Lot, et soit méchamment, soit par hasard, ainsi qu'ils le prétendirent, ses gens y mirent le feu pendant la nuit. Quatre-vingt-trois maisons situées sur le Mercadil (place du marché) et le long de la rivière, furent consumées par les flammes. Une de ces maisons, récemment construite et couverte en tuile (probablement en ardoise), composée de deux ateliers (*operatoria*), de deux chambres et d'un galetas, avec une écurie, et par-dessus l'écurie une grange à foin, avait coûté au propriétaire qui l'avait fait bâtir quatre-vingts florins.

De semblables calamités se renouvelaient journellement, aussi le Rouergue soupirait-il après l'expulsion de cette horde de bandits! Jean III, comte d'Armagnac, qui avait succédé à son père, s'engagea à préserver cette province de leurs ravages, et fut assez heureux, après maintes négociations, de les diriger, au nombre de quinze mille, sur le Gévaudan.

On n'était cependant pas rassuré sur le succès de cette entreprise! Pour se mettre à l'abri de quelque nouvelle incursion de leur part, on fit garder les ponts de St-Geniez, de St-Côme, d'Espalion et d'Entraygues. Précaution heureusement inutile! les routiers ne revinrent pas sur leurs pas.

Jean III, en mourant, avait laissé de Marguerite de Cominges, son épouse, deux filles et, d'après les testamens des comtes ses prédécesseurs, surtout d'après celui de son père, les filles ne pouvaient être appelées à la succession de la maison d'Armagnac. C'était une ampliation de notre loi salique; c'est pourquoi le comté de Rodez et les quatre châtellenies passèrent à Bernard, frère de Jean.

Le nouveau comte fut couronné, le 21 mars 1391, dans la cathédrale de Rodez, par l'évêque Henri de Sévéry, et partit peu de jours après, pour aller rendre hommage de ses terres au roi, qui était alors au château de Gisors, en Normandie. L'année suivante, il se maria avec Bonne de

Berri, sa cousine germaine, fille de Jean, duc de Berri, et de Mathée d'Armagnac. Son courage le rendit digne des faveurs de son souverain qui le nomma d'abord lieutenant-général de ses armées en Italie ; mais il ternit l'éclat de ses dignités par plusieurs traits de cruauté. Pour quelques légères discussions qu'il eut avec l'archevêque d'Auch, il le fit traîner en prison ; le maréchal Amalric de Sévérac, duc d'Arpajon, fut étranglé et pendu à une des fenêtres du château de Gages ; Vital de Mauléon, évêque de Rodez, eût subi le même sort, sans un pauvre mendiant qu'il rencontra en allant à Gages, et qui lui sauva la vie en criant dans son langage : « Sé mou dé Roudés sapia, jamaï à Gages n'amaría (1). » Cependant le comte d'Armagnac croyait racheter ses crimes en faisant du bien aux monastères. C'était l'esprit de l'époque. Le 25 mars 1398, il accorda aux religieux Augustins, établis à St-Geniez depuis 1345, *un droit d'amortissement pour leur couvent, église, dortoir, cloître, maisons, jardin, près et clôture avec exemptions de toutes charges.*

Plus tard le comte d'Armagnac embrassa le parti du duc d'Orléans contre le duc de Bourgogne, et joua un si grand rôle dans cette fameuse querelle, qui fit verser tant de sang, que les partisans d'Orléans furent distingués sous le nom d'*Armagnacs*, comme ceux du parti opposé sous le nom de *Bourguignons.*

Le duc d'Orléans ayant été assassiné par le duc de Bourgogne, pour mieux venger la mort de son père, le jeune duc d'Orléans épousa Bonne, fille du comte d'Armagnac. Celui-ci partit aussitôt pour Paris, à la tête de ses troupes. Il demanda au roi justice contre les assassins du duc d'Orléans, avec menace de se la faire, si elle lui était refusée. Le roi tenait à cette époque le parti de *Bourgogne* et, irrité de l'arrogance du comte, il le déclara criminel de lèze-majesté, le bannit du royaume et confisqua ses biens.

(1) *Si mons de Rodez savait, jamais à Gagés il n'irait.*
Ce mendiant, en demandant l'aumône au château de Gages, avait entendu les propos du comte contre l'évêque de Rodez, et il contrefit le fou pour avertir le prélat.

Les *Bourguignons* subirent à leur tour le même sort, et d'Armagnac fut absous. La paix ayant été conclue entre les deux partis, il retourna dans ses terres. Heureux s'il y fût demeuré! Nommé connétable par le roi Charles VI, il revint à Paris, s'empara de la personne de tous les princes, des finances, des places fortes, de tout le royaume enfin; fit reléguer la reine à Tours, parce qu'elle contrariait ses projets et la guerre de recommencer. Elle lui fut fatale. D'après certains historiens, il fut massacré par le peuple, en 1418; d'autres prétendent qu'ayant été livré aux Anglais, il fut écorché vif par ce peuple qui ne pouvait oublier ce que les ancêtres de d'Armagnac avaient fait pour le chasser du Rouergue; d'autres enfin veulent qu'il ne soit mort qu'en 1437.

On a dit encore « qu'il avait été enterré à Bonneval; que neuf cents prêtres furent présents à sa sépulture; que l'église fut entourée de cent-quarante draps d'or ou de soie et qu'il y eut onze cent-deux torches allumées. » Mais d'après les recherches de M. de Gaujal, pour éclaircir ce fait, le mausolée qu'on voyait dans le cloître de Bonneval avait été érigé pour le comte Henri II. L'inscription, il est vrai, placée à côté du mausolée, portait que c'était le tombeau de Bernard, comte d'Armagnac; mais les moines, trompés par le testament du comte, qui choisissait sa sépulture ou à Auch ou à Bonneval, suivant qu'il mourrait plus près de l'une ou de l'autre église, avaient pu y faire mettre cette épitaphe, n'ayant plus de traditions dans le monastère, que le mausolée déjà existant était celui du comte Henri (1).

Jean IV, héritier et successeur de Bernard, son père, fut accusé d'avoir recherché l'alliance du roi d'Angleterre, d'avoir pris le titre de *comte par la grâce de Dieu* et de s'être emparé de plusieurs places dépendantes du comté de Co-

(1) Voici cette épitaphe:

Anno ab Incarnationis Dom. MCCCXVIII die XIV septembris, in hoc tumulo conditum est corpus illustrissimi et potentissimi principis Bernardi, comitis Armeniansi, Ruthenæ et stabuli Franci. Exequiis interfuerunt DCCC presbyteri et fuit ecclesia hujus monasterii Bonnevallis CXL pannis cincta aureis vel cericis XIIII ardentibus facibus illustrata.

minges, contre les droits du roi. Il nia le premier article, avoua le second, disant qu'il avait suivi, en prenant le titre de *comte par la grâce de Dieu*, l'usage immémorial de ses prédécesseurs ; et quant au troisième grief, il dit que le comté de Cominges lui appartenait par droit de succession.

Le roi n'eut pas égard à ces réponses ; et le comte ayant refusé de répondre aux sommations qu'on lui fit, ses biens furent saisis, les quatre châtellenies données au dauphin, depuis Louis XI, et lui-même mis en prison à Carcassonne.

Rentré en grâce, ses biens lui furent restitués, à l'exception des quatre châtellenies, qui, après sa mort, furent cédées par le Dauphin à son fils, Jean V, moyennant la somme de vingt-deux mile écus, par un accord que fit ce prince, en 1451, avec Antoine de la Baume, sénéchal du Rouergue, et Jacques de Pouzouls, archidiacre de Rodez, procureurs fondés du jeune comte d'Armagnac.

Mais l'orage qui depuis long temps s'amoncelait sur la tête des comtes d'Armagnac, devait éclater sur celle de Jean V. Aux griefs imputés à son père, dont il se rendit coupable, il joignit un mariage incestueux avec Isabeau, sa sœur. Charles VII indigné d'une conduite aussi infamante, le bannit de son royaume et fit saisir ses biens. Ils lui furent restitués par Louis XI dont il avait favorisé la révolte contre son père. Peu de temps après, ce monarque lui rendit les quatre châtellenies *que on dit estre les clefs de tous les pays et vaillables par an plus de quatre mille livres, avec cent lances et portion des aides de ce pays.*

De nouvelles fautes du comte d'Armagnac furent bientôt un prétexte suffisant à ce prince, pour perdre une famille qui faisait ombrage aux rois de France, à cause de sa puissance, de ses richesses et de ses prétentions. Par arrêt du parlement de Paris, la personne du comte ainsi que ses biens furent mis sous la main du roi, qui fit distribuer toutes les terres à divers seigneurs, pour récompenser leur fidélité. Les quatre châtellenies furent données : St-Geniez, à Gaston de Lyon, sénéchal de Toulouse ; La Roque-Valzergue, au sieur de Beaujeu, gendre du roi ; Laguiole, à Chabannes, comte de Dammartin, et Cassagnes-Bégonhès, à Gilbert de Bourbon, comte dauphin d'Auvergne.

Jean V employa vainement tous les moyens possibles pour rentrer dans les bonnes grâces du roi ; il fut assiégé dans son château de Lectoure et massacré au milieu de sa famille.

Après sa mort, Louis XI, qui avait juré la ruine de toute la famille de d'Armagnac, poursuivit de sa haine le duc d'Alençon, beau-frère de Jean, et Jacques d'Armagnac, son cousin. Le premier mourut en prison, le second fut décapité en 1477. On rapporte que le roi, par un raffinement de cruauté, avait fait placer sous l'échafaud les malheureux enfans de cet infortuné seigneur, afin que le sang de leur père ruisselât sur leur tête.

Les dons de Louis XI n'étaient pas sans repentance : rarement la bonne foi se trouvait dans son cœur. Les seigneurs ou divers officiers à qui il avait donné les terres du comté d'Armagnac en furent dépouillés ; et le 26 juillet 1480, Louis d'Amboise, évêque d'Albi, fut nommé lieutenant-général au gouvernement du Rouergue, y compris le comté de Rodez et les châtellenies. A cette époque il y avait dans ces dernières un *roi des merciers*, dont la principale fonction était de visiter et de vérifier, même dans les terres des seigneurs, les poids, les crochets et les balances de tous les marchands.

Nommé d'abord par le grand chambellan, il le fut ensuite par le roi, de 1545 à 1597, année à laquelle cette royauté éphémère fut supprimée.

Cependant Charles d'Armagnac, frère de Jean V, gémissait toujours à la Bastille, pour avoir participé à la révolte de son frère. En vain les principaux seigneurs du royaume avaient demandé sa liberté à Louis XI ; il ne l'obtint qu'après la mort ce ce prince, en 1483. Alors Charles VIII lui permit de sortir de sa prison, et de rentrer en possession de ses biens : mais ce fut seulement pour le domaine utile, et il n'en jouit jamais en paix.

Ensuite ses malheurs et sa longue captivité lui avaient affaibli la raison. Il eut besoin d'un curateur pour défendre et sa personne et ses biens. Jean-Pierre d'Estaing, dom d'Aubrac, fut nommé, par lettres patentes du 26 décembre 1484, gouverneur du comté de Rodez, des quatre châtellenies, de la vicomté de Creyssels et directeur de la personne et des biens de Charles.

Ce comte infortuné s'éteignit enfin, en 1497, au château de Montmiral, en Albigeois, et avec lui finit cette illustre, mais trop puissante et trop fière famille de d'Armagnac, qui dominait en Rouergue, depuis le commencement du XIV⁰ siècle.

Sous les comtes d'Armagnac les émolumens des capitaines des quatre châtellenies étaient ainsi fixés :

Au capitaine de la Roque-Valzergue,	100 liv.
A celui de Laguiole,	60
A celui de Saint-Geniez,	25
A celui de Cassagnes-Begonhès,	20
Au juge des montagnes, quatre châtellenies du Rouergue,	60

Quelle différence entre ces appointemens et ceux de nos jours !

L'opulente famille d'Armagnac n'était plus, et son immense succession suscita une foule de compétiteurs. Parmi les principaux seigneurs qui en descendaient par femmes, on voit Charles, duc d'Alençon; François Philibert, comte de Châlons, et Alain, sire d'Albret. Tous les trois demandèrent au roi à lui rendre hommage des biens qui avaient appartenu aux comtes d'Armagnac. On leur opposa un arrêt de confiscation de 1470, et une donation de Jean V, en faveur du Dauphin (Louis XI), faite en 1453, donation qui avait été extorquée, d'après Bosc, par la politique de ce prince.

Cet inextricable procès fut enfin terminé, en 1514, sous le règne de François I⁰ʳ; ce monarque céda, à perpétuité, tous les biens de la maison d'Armagnac au duc d'Alençon, en lui donnant en mariage sa sœur Marguerite de France.

Le duc d'Alençon étant mort, en 1525, sans postérité, Marguerite épousa en secondes noces Henri III d'Albret, roi de Navarre; et par ce mariage, elle apporta à cette maison les biens de celle d'Armagnac. En 1535, ils furent couronnés l'un et l'autre, comme comte et comtesse de Rodez, dans l'Eglise cathédrale de cette ville, par l'évêque Georges d'Armagnac, qu'ils établirent intendant et juge du comté et des quatre châtellenies du Rouergue. Au mois d'août de l'année suivante, les religieux Augustins firent hommage par devant « lo honorable home mossen Jehan Cayro,

» en tot drechs licentiat, jutgé de la temporolitat del révé-
» ren payre en Dieu. Mossen Jorgii d'Armaignac, par la
» permissieu de Dieu, évesque de Roudez et jugé de las
» quatré castellanias, » et recònnurent tenir leur couvent
avec ses dépendances, en hommage et perpétuelle pagésie,
« del rey et reyna dé Navarre, comtés dé Roudés et senhors
» dé las quatre castellanias. »

Au roi et comte Henri, mort peu de temps après son
épouse, succéda, en 1555, Antoine de Bourbon, duc de
Vendôme, qui avait épousé leur fille, Jeanne d'Albret; il
nomma, peu de jours après son avènement au comté de Rodez, pour surintendant des quatre châtellenies, à cause de
l'absence du cardinal d'Armaignac, Jacques de Corneillan,
évêque de Vabres, plus tard de Rodez.

Après la mort d'Antoine, en 1562, Jeanne d'Albret resta, sans partage, reine de Navarre et comtesse de Rodez.
Immédiatement après le décès de son époux, elle établit le
calvinisme dans le Béarn; ce fut assez pour lui attirer l'indignation du roi Charles IX. Par ses lettres du 14 octobre et
du 19 novembre 1563, il déclara tous ses domaines et ceux
de son fils Henri confisqués.

Le comté de Rodez et les quatre châtellenies furent ainsi
mis sous la main du roi, et noble Bernardin de la Valette,
seigneur de Copadil, fut nommé capitaine du château de St-
Geniez, d'où il fomenta le feu de la ligue, qui heureusement
n'atteignit pas les habitants de Saint-Geniez.

IV.

Ravage des huguenots. — La peste. — Henri d'Albret donne des lettres de sauvegarde à la ville de Saint-Geniez. — Il y établit la foire du XX janvier. — Nouvelles lettres de sauvegarde. — Destruction du château. — Règlement de police. — Fondations religieuses. — Un hommage à Louis XIV.

Les opinions de Calvin comptaient de nombreux prosé-
lites dans le Rouergue, et ceux-ci, comme leurs coréligion-
naires du nord, portèrent dans notre province le fer, le feu
et la dévastation. Pour se défendre, le catholique répondit
à leurs attaques par des représailles aussi cruelles; et c'était
au nom d'un Dieu de charité, que les deux parties se battaient, se déchiraient et s'immolaient.

Mais fallait-il que le catholique se laissât égorger, parce
qu'il ne voulait pas embrasser le calvinisme? Oui sans doute,
s'il eût été traîné devant un tribunal inique, et que le juge
persécuteur lui eût dit : *ou abjure le catholicisme ou meurs!*
Mais quand une bande de forcenés vient vous assiéger dans
votre maison pour enlever ou votre vie, ou votre liberté, ou le fruit de vos sueurs, la défense n'est-elle pas
permise? Et je vois dans ces bandes de huguenots qui parcouraient nos villes et nos campagnes, des agresseurs farouches. Etait-ce prouver la divinité de la mission de leur
patriarche, que d'aller de hameau en hameau, de village en
village, de ville en ville, une torche d'une main et l'épée
de l'autre, dire au paisible habitant : *pense comme Calvin*

ou mœurs? Temps de déplorable mémoire! l'histoire voudrait le déchirer pour l'honneur de la religion et de la nation française. Car c'est quelque chose de honteux que de voir le frère armé contre le frère, le père contre le fils, l'ami contre l'ami, le Français contre le Français, le chrétien contre le chrétien !

Cependant l'historien des guerres de religion a su rarement conserver, en écrivant, l'impartialité. Catholique zélé, il a tu les excès blâmables des catholiques ; protestant fanatique, il n'a voulu voir, dans ceux de sa secte, que des martyrs ; fataliste, il a déversé à pleines mains le blâme sur la religion catholique, comme si elle n'avait pas gémi sur les égaremens de ses enfans, comme si elle en avait été l'auteur. En un mot dans celle-ci tout a été *fanatisme*; dans la religion prétendue réformée, au contraire, tout a été *justice et vérité*.

Rapporter avec impartialité les faits tels qu'ils se sont passés, puiser aux bonnes sources, se méfier des corrompues, c'est la tâche de l'historien. Quand il se présente sans passion aux deux partis, ils ne sauraient s'en plaindre, ni se dire outragés, puisque *la fils ne porte pas l'iniquité de son père?* Donc la ville de Saint-Geniez qui a su conserver l'unité de croyance a-t-elle eu à gémir des ravages des huguenots ? Les faits parlent trop haut pour avoir le moindre doute, bien qu'on ne puisse préciser l'année. Le 25 avril 1569, les religionnaires de Millau s'emparèrent de l'hôpital d'Aubrac, d'où ils furent chassés peu de temps après par les catholiques. Ne serait-ce pas l'époque où ils surprirent Saint-Geniez ? Une ordonnance d'un vicaire-général de l'abbaye St-Victor de Marseille, en date du 3 juin 1572, enjoint au sieur Guitard de Patrieu, prieur de l'Eglise de St-Geniez, « de faire
» dresser une custode pour tenir le Saint-Sacrement au mi-
» lieu de l'autel et une fontz batismalz..... deux cents livres
» tournois doivent être employées aux *réparations* de l'Egli-
» se et sécutivement cant livres, toutes les années, jusqu'à
» ce que l'Eglise soit *couverta*. »

Il nous semble que c'est dire clairement qu'elle a été spoliée, ravagée et en partie détruite. D'après tous les historiens, les huguenots brignient les tabernacles, mutilaient les statues, incendiaient les édifices sacrés, les abattaient souvent en entier, d'autres fois seulement en partie. L'Eglise de St-Geniez a dû être incendiée, et la chapelle où se voit le mausolée de Mgr d'Hermopolis, détruite, car elle n'a été reconstruite que dans le XVIIe siècle.

Les religieux Augustins ne furent pas traités plus favorablement. Dans une requête présentée en 1620 au conseil d'Etat, « ils remontraient que, par le malheur des guerres, » leur Eglise et couvent avaient été pillés, saccagés, démolis et eux-mêmes dispersés et long-temps absents de leur » monastère. » Or, ces guerres qui leur avaient été si funestes n'étaient point, à coup sûr, celles qui désolèrent le Rouergue dans le XIVe siècle, car ils ne seraient pas restés pendant si longtemps sans asile.

Les dames de Pomeyrols (de Murat de Lestang) ayant été chassées par les huguenots du monastère de La Fage qu'elles y avaient fondé, d'après Bosc, allèrent se mettre sous la protection des prêtres de la Fraternité de l'Eglise de Saint-Geniez, à qui elles cédèrent le fief de Roûvelet que leur père leur avait assigné pour dot, et dont elle a joui jusqu'à 1793. Or, cette expulsion n'avait pu avoir lieu qu'en 1569, lors de l'excursion des religionnaires à Aubrac : en montant de Saint-Geniez, ils durent passer par La Fage, dont le couvent ne leur était pas inconnu.

Ces deux religieuses furent placées, par les prêtres de St-Geniez, à l'ermitage de Saint-Pierre, situé sur l'arête est du Puech del Rey, et la tradition ajoute qu'elles y furent massacrées ou enterrées vives par les huguenots. Donc, ces derniers ont dû faire une deuxième excursion à St-Geniez ou dans ses environs, car l'ermitage aurait été concédé, lors de leur première, en 1569. Mais ici le probabilisme cède la place à la certitude. Sur un parchemin faisant suite au registre des *coutumes* de la ville, on lit : « Lo xviii dé may » 1586 lous hugonaus bolian penré lo bilo, é punsero lesqua- » lada quontro lo moisou dé Peyre Barrié près del for dé la » Pogado, é l'autré fés esqualadérou al portal dél Lac. La » troisiéma fés furent al Pontilou dé la ribieyro, et longè- » rent à Senta-Ovlaria. » Ainsi, le 18 de mai 1586, les huguenots voulaient prendre la ville, et faillirent l'escalader con-

tre la maison de Pierre Barrié, proche le four de la Poujade, et une seconde fois au portail du Lac. La troisième fois,
ils se présentèrent au Pontillot de la rivière, et allèrent de là
à Sainte-Eulalie. Ils descendaient évidemment de nos montagnes d'où ils venaient d'attaquer l'hôpital d'Aubrac, dont
ils pillèrent les archives, n'ayant pu faire autre chose. Le
portail de la Poujade, rue des Feulons, dont les arceaux existent encore, fut assez fort pour résister à leurs coups; ce
qui indique qu'ils ne devaient pas avoir une redoutable artillerie. Ce portail était adossé contre la maison de Pierre
Barrié, à gauche en montant la rue; à côté de cette maison était le four qui appartenait au roi. (1).

Les huguenots furent obligés de passer le Lot à quelque
gué, pour se rendre de là au portail du Lac (rue du Collége),
situé entre les maisons *Girquid et Allebret*, nouveau passage du Lot, pour aller au *Pontillot* de la rivière, où se trouvait encore un autre portail entre les maisons *Murat et Carrière*; c'était annoncer la fureur dont ils étaient animés. Enfin
voyant leurs efforts inutiles, *ils longèrent à Sainte-Eulalie*,
et durent ou repasser le Lot ou suivre le chemin du Goutal,
et, dans ce dernier cas, ils furent obligés de passer encore
la rivière vis-à-vis le village. L'Eglise de Sainte-Eulalie
fut incendiée; elle en porte depuis lors des traces bien évidentes; et à la lueur de ses flammes, les habitants de Saint-
Geniez durent comprendre ce qui leur était réservé, si leur
ville avait été prise. Ils le savaient déjà par expérience.

Mais un fléau plus terrible encore vint décimer, cette
même année, la ville de Saint-Geniez. M. de Gobin, gentilhomme des compagnies du camp du duc de Joyeuse, pair
et amiral de France, qui soumit la ville de Marvejols, ayant

(1) On voit sur ce portail l'écusson de la famille d'Armagnac, qui depuis son alliance avec celle de Rodez, portait 1 et 4 d'argent au lion
de gueules; au 2 et 3 de gueules au léopard lionné d'or. Figures, qui
se ressemblent beaucoup, surtout lorsqu'elles sont sculptées sans beaucoup de soin. Cet écusson, qui porte le millésime de 1554, se rapporte
au temps où le cardinal d'Armaignac était intendant des quatre châtellenies du Rouergue.

été envoyé à Saint-Geniez, y mit la peste. Cet épouvantable fléau, qui éclata dans le mois d'octobre et qui cessa de
sévir vers le commencement du mois de décembre, enleva
dans ce court espace de temps sept cents personnes (1).
« Sire Jean Couret, marchand, consul cette année-là, tint
registre de tous ceux qui périrent de cette affreuse maladie. »
La note qui nous instruit des ravages de cette contagion est
contenue dans le même parchemin où se trouve celle de l'apparition des huguenots; elle est ainsi conçue : « L'an 1586
» et lo premié dé octobré a esta envouya à la présent bila
» Sant-Genieys mousur dé Gobin, gentiloma dé las quom-
» panios du quay de mousur dé Joyeuse, per et amiral dé
» França, et mit à son obeicenza la bila dé Maruégue, et
» mit la pésta al quay et tout lo païs et en sont mors de la
» pesta en la present bila 700 personas, estant consul mou-
» sur André, jugé de la Quanorge; Segon, siré Johan Cou-
» ret, marchant, troësième mestré Lagrifol, notere; et sire
» Johan Fagole, marchant. »

Cependant Henri d'Albret (plus tard Henri IV) s'était ré-
concilié avec le roi de France, Henri III. Devenu suzerain
du comté de Rodez et des quatre châtellenies, par la mort
de sa mère, il avait concédé à Saint-Geniez une nouvelle
foire connue pendant de longues années sous le nom de *foire
du bon Henri*, et des lettres de sauvegarde. Voici le titre
précieux de ces concessions :

*Henri, par la grâce de Dieu, roi de Navarre, seigneur
souverain du Béarn et des terres de Domigan, duc de Vendôme et d'Albret, comte de Foix, d'Armagnac, Bigorre,
Roudez; vicomte de Limoges, de Marsan, Tursan, Gavar-
dan, Nébousan, Creyssels... Chastellain de Lisle en Flan-
dre, pair de France, gouverneur et lieutenant pour le roy,
en Guyenne,* à tous présens et à venir salut.

_____

(1) Ce nombre qui paraît peu élevé vu la population d'aujourd'hui
qui va à trois mille habitans, acquiert de l'importance quand on pense
qu'à cette époque la ville de Saint-Geniez n'avait pas l'étendue actuelle. Un dénombrement fait cent vingt-quatre ans après (1710) ne
porte les habitans qu'à dix-neuf cents.

« Il n'y a rien qui entretienne plus la société entre les hommes que la communication qu'ils ont entre eux, par le moyen du trafic et commerce, et l'aide et secours réciproques qu'ils se rendent, selon que les vues contraires peuvent avoir besoing des vivres et marchandises et danrées des aultres, lesquelles se débitent en certains lieux choisis et aux jours destinés pour cet effaict; et estant notre ville de Sainct-Genieys, Rive-d'Olt, située en l'endroit de pays, en nostre dicte compté de Roudez, des plus servies de vivres et diverses marchandises, qui y sont apportées des environs; pour rendre lesdites, plus aysément et commodement vendues et debitées ung certain jour de l'année, s'il y avait une foire publique en ladite ville, et les droits de nostre domaine accrus et augmentés, nous, pour les causes et autres considérations, à ce, nous enoncées, et inclinant à la très humble prière et supplication que lesdits consuls, manans et habitans de ladite ville de Sainct-Genieys nous ont faicte, avons crée, ordonné et establi, créons, ordonnons et establissons, par ces présentes, une foire publique en ladite ville de Sainct-Genieys, au jour et feste des saints Fabien et Sébastien vingtiesme du mois de janvier, pourvu qu'à quatre lieues aux environs de ladite ville, il n'y ait point foire à mesme jour; dans laquelle foire qui se tiendra toutes les années audit jour, lesdites marchandises, vivres et danrées pourront être estre publiquement exposées et establées en vente, y gardant les franchises et coutumes comme aux autres quatre foires, qui se tiennent en ladite ville. Si donnons en mandement au sénéschal de nostre dite comptée, son lieutenant et à chascung des juges d'icelle qu'il appartiendra, de faire lire, publier et enregistrer ladite création et establissement de ladite foire, en tous lieux de nostre dite comptée; que chascung faira les habitans de nostre ville de Sainct-Genieys jouir pleinement et duhement, et qu'il ne leur soit faict, mis ou donné auscung trouble, destour ou empeschement; au contraire, car tel est nostre plaisir. En témoing de quoi, à ces dites présentes signées de nostre propre main, nous avons faict mettre et apposer sur, le scel de nos armes.

Donné à Nérac le 17e jour d'octobre mil cinq cens septante huit.

HENRY.

Par le roi de Navarre compte de Rouder,

DEVIRE, *Secrétaire.* »

L'enquête fut faite par François de Tholet, seigneur de ce lieu, chevalier de l'ordre du roi et seneschal au comté de Rodez, quatre chatellenies du Rouergue, dont les lettres expédiées le 10 du mois d'août 1579, et « ladite foire fust » commencée à tenir en l'année mil cinq cens huitante en » le jour saints Fabien et Sébastien. »

LETTRES DE SAUVEGARDE.

« Henri, par la grâce de Dieu, roi de Navarre, etc.

» A tous gouverneurs, lieutenans généraulx, baillifs, seneschaulx, mestres de camp, capitaynes, chefs et conducteurs de gens de guerre, tant de chevaulx que de pied, mareschal-de-logis, et tous ceux qu'il appartiendra et auxquels ces présentes seront montrées, salut :

» Nous prions et réquérons, mandons et commandons à tous ceulx sur lesquels nostre pouvoir et aucthorité s'estendra que en nostre ville et chastellenie de Sainct-Genieys de Rive-d'Olt, à nous appartenant, et arroundissement de nostre dite ville et chastellenie, vous n'ayez à louger ni souffrir louger aulcungs de nos gens de guerre, ni en icelle prendre, ni lever, ni fourraiger aulcung bled, vin, chair de lard, villaille, avoisne, foings, paille, fromants ni chose quelconque, sans le gred et consentement des habitans d'icelle, lesquels avec leurs femmes, enfans, biens et famille et généralement tout ce qui leur touche et appartient, avons prens et nous prenons et mettons en et sous la protection et sauvegarde du roi nostre seigneur et maistre.

» A ce que nul ne puisse prétendre cause d'ignorance, nous leur avons permis et permettons, par ces présentes, de faire mettre et appouser aux éminences en terres de nostre chastellenie nos armes et pannonceaulx ; et où il se trouvera, aulcung contrevenant à notre présente sauvegarde, nous vous prions de faire faire telle et si rigoureuse punition quelle soit exemplaire à tous aultres.

» Car tel est le plaisir du roi nostre dit seigneur et maistre.

» Donné à Nérac le 17 octobre mil cinq cens septante huit.

» HENRY.

» Par le roi de Navarre, pair de France, gouverneur et lieutenant général susdit.

» DENICO, *Secretaire.* »

Henri III étant mort en 1589, sous le fer d'un odieux assassin, la branche des Valois fut dès lors éteinte, et Henri IV, roi de Navarre, chef de la branche des Bourbons, monta sur le trône, par droit de naissance en attendant qu'il pût y monter par droit de conquête. La réunion du comté de Rodez à la couronne était la conséquence de l'avénement de Henri IV. Cependant cette réunion n'eut pas lieu et le monarque donna, en 1590, à sa sœur Catherine de Bourbon, la jouissance de tous ses domaines et seigneuries, notamment du comté de Rodez, de la vicomté de Creyssels, de la baronnie de Roquefeuil et Méyrueis, et des quatre châtellenies du Rouergue ; mais jusqu'à 1593 au moins, Jean de Morlhon fit saisir les revenus et en jouit pour la ligue.

Enfin, le 15 du mois de mars 1594, le capitaine du château de Saint-Geniez, Bernardin de la Valette, seigneur de Copadil, fit « de son bon gré et franche volonté, procuration » à mestre Anthoine Garrousse, notaire à Espalion, pour et » à son nom renoncer à son estat de capitaine de la torn » (tour) et chasteau de ladite ville de St-Genieys, ez mains » du roi, de la princesse sa sœur unique, comtesse de Rou- » dez et quatre castellenies, de M. le seneschal et gouver- » neur de ladite comté et tous autres que besoing sera, en » faveur toutesfois des consuls de ladite ville qui sont et se- » ront à l'advenir et non aultrement ni en aultre façon. »

François de Tolet, sénéchal et gouverneur du comté de Rodez ayant donné son consentement à ce que la cession fût faite en faveur des consuls de St-Geniez, le château leur fut remis, le 25 juin de l'an susdit, par le procureur du sieur de la Valette. Cette cérémonie eut lieu au-devant du portail du château, et les consuls ayant prêté serment sur les saints Evangiles « de conserver et non détériorer les droits » domaniaux de leurs majesté roi, et Madame la princesse » sa sœur, comtesse et seignoresse, » prirent possession du château, et y placèrent des soldats pour en faire la garde.

Peu de temps après, Henri IV concéda à la ville de Saint-Geniez de nouvelles lettres de sauvegarde, dont voici la teneur :

De part le roi.

« A tous nos lieutenans-généraulx, gouverneurs de nos provinces, mareschaulx de France, mareschaulx de camp, colloniels, capitaines, chefs et conducteurs de nos gens de guerre tant de cheval que de pied, et à tous les autres auxquels ces présentes seront montrées, salut.

Désirant en faveur de nostre très cher et très amé s^r..... bien et favorablement traicter les habitans de la ville de St-Genieys, en nostre pays de Rouergue, nous bous desfendons très expressement, que bous n'ayez à entreprendre ny souffrir estre entreprins aucune chose contre ladite ville et habitans d'icelle, soit en leurs personnes ou leurs biens, lesquels à ceste fin nous avons pris et mis, prenons et mettons en nostre protection et sauvegarde spécial, par ces présentes. Leur ayant à cette fin permis faire mettre ez lieux de ladite ville que bon leur semblera nos panonceaulx et bastons royaulx, à ce que personne n'en prétende cause d'ignorance, sachant que de tous ceulx qui y contreviendront nous fairons faire telle punitions qu'elle servira d'exemple à tous autres. Car tel est nostre plaisir.

Donné au camp de Montmiral le septième jour de juillet mil cinq cens quatre vingts-quinze.

HENRY.

De part le roi,

SUZE. »

La comtesse Catherine de Bourbon, qui avait épousé, en

1599, Henri de Lorraine, du de Bar, étant morte, en 1604, sans enfans, Henri IV réunit, en 1607, à la couronne, le comté de Rodez ainsi que les quatre châtellenies du Rouergue. Depuis cette époque le roi de France et de Navarre fut seigneur haut justicier de Saint-Geniez, et comme tel, le successeur d'Henri IV, Louis XIII signa le rasement du château de St-Geniez.

Le règne de ce prince fut très funeste à tous les forts qui avaient résisté aux assauts des Anglais, des routiers, des huguenots et des ligueurs. Richelieu leur déclara une guerre ouverte, en faisant détruire ou en laissant s'écrouler ceux qui appartenaient au roi. Ainsi le château de Gages, réparé et embelli par le cardinal d'Armaignac, fut abandonné aux ravages du temps, qui déjà l'avaient mis *en péril imminent de ruine totale*. Ainsi celui de Mur-de-Barrez vit abattre ses murs, en 1620; et celui de St-Geniez qui était comme la couronne de cette ville, eut à subir le même sort, dans la même année. Édifice regrettable! A coup sûr, l'habitant qui en aurait été possesseur, n'aurait pas eu l'idée de transférer ailleurs son domicile. L'air est si pur sur cette arête du *Puech del Rey*; l'œil y jouit d'un panorama si beau, que malgré la difficulté des avenues, il aurait trouvé ce site trop agréable pour lui dire adieu. Ce vieux manoir serait d'ailleurs un monument pour la ville; il dirait son ancienneté; on aimerait à contempler ses crénaux. Mais les pensées de Richelieu n'étaient pas nos pensées, il les avait jugées dangereux; l'expérience l'avait prouvé et leur dernière heure sonna. Six ans après le rasement du château de St-Geniez, celui de la Roque-Valzergue n'offrit plus qu'un monceau de ruines.

Les démolitions du château furent concédées aux religieux Augustins pour la reconstruction de leur couvent. On prétend même que le grand portail de la cour, détruit depuis environ trente ans, et celui du cloître qui existe encore, étaient les portails du château. Cette opinion est détruite par le genre d'architecture, qui annonce évidemment la dernière moitié du XVIIe siècle.

Mais les maux qu'avaient produits l'anarchie du XVIe siècle subsistaient en partie. Les anciennes coutumes n'étaient presque pas observées. L'arbitraire était généralement suivi, et on sait les calamités qui en résultent pour la société. Pour y apporter remède, il fut tenu, en 1638, une assemblée générale des plus notables de la ville, sous la présidence de Guillaume de Régis, docteur et lieutenant de justice, dans laquelle on remit en vigueur les anciennes coutumes et de plus on défendit :

1° « A toutes sortes de personnes d'aller au logis tenir bal, et entretenir jeux de cartes dedans ni dehors, pendant la célébration des grands offices et prédications, à peine de trois livres d'amende pour la première fois, et de dix livres pour la seconde, payable par les contrevenans, et d'interdiction pour les hostes pendant un an.

2° « Aux bouchers de tuer ou faire tuer aucune bête dans l'enclos de la ville; ni de fondre le suif dans icelle, ou ailleurs où il pourrait y avoir danger de feu, à peine de dix livres d'amende. Pareille défense aux tanneurs sous peine, outre de dix livres d'amende, de la confiscation des cuirs qu'on ne doit jamais préparer dans l'enceinte de la ville. »

3° « A tout étranger d'habiter dans la ville, ni tenir maison, sans avoir été préalablement délibéré par les consuls avec leur conseil, sur leur moralité; et dans le cas d'admission, l'étranger est tenu de payer trente livres, au profit de la ville. »

4° « A toutes personnes de blasphémer le nom de Dieu; de dérober, de nuit ou de jour, soit de grandes choses, soit de peu de valeur; de commettre aucun excès, ni insolences et autres actions dépravées et scandaleuses, et au cas quelqu'un sera trouvé contrevenant, les consuls les poursuivront en justice. »

Ces sages règlemens portèrent leur fruit.

Dans la dernière moitié de ce siècle nous voyons la ferveur des fondations religieuses qui fut le caractère du moyen-âge. De 1660 à 1680 furent fondés le monastère de la Bénissons-Dieu de la Falque; le séminaire St-Charles, les couvents des sœurs du Travail et de l'Union. Leur histoire sera partie des *monumens religieux.*

« Mgr Claude Pelot, seigneur du Port-David et Sandars, conseiller du roi en ses conseils, maître des requêtes ordinaire de son hôtel, intendant de la justice, police, finances et généralité de Montauban ; et maître Nicolas de Cammas, conseiller du roi en ses conseils, président-trésorier de France et général des finances, en Guienne, commissaires députés par Sa Majesté Louis XIV, dans la province de Guienne, pour la réformation de ses domaines et liquidation des droits seigneuriaux et féodaux en dépendans, reçurent, le 24 décembre 1669, pardevant et en la maison de Victor de Benoît, conseiller du roi, juge des montagnes, trois châtellenies du Rouergue, des consuls de St-Geniez ; François Bernière, Paul-François Fontanier, bourgeois ; Antoine Ségui, marchand, et Jean Fontanier, paysan de Viellevigne, pour et au nom de leur communauté, l'hommage de tous les biens qu'ils tenaient du roi, la reconnaissance des biens et des droits que Sa Majesté avait à St-Geniez, et la déclaration des coutumes de ladite ville et après ce, promirent d'être bons et loyaux sujets féodataires dudit roi, leur seigneur, et les commissaires baillèrent nouvelle investiture des biens et privilèges desdits consuls et confirmèrent les coutumes de ladite ville.

V

Notes extraites des mémoires laissés par M. de Lestrade, médecin et pharmacien, sur les vingt premières années du XVIIIe siècle. — Construction des casernes. — Réjouissances publiques. — Maire perpétuel, échevins. — Un gouverneur de St-Geniez. — Pavage des rues de la ville. — Consulat de M. Robert Pons-St-Martin. — La révolution de 89. — Jean-François Palangié, prêtre, de St-Geniez, premier martyr de la révolution dans le Rouergue.

« La fin du dix-septième siècle offrit la plus grande inconstance dans la température. La neige et les gelées commençaient dès les premiers jours d'octobre et se prolongeaient jusqu'à l'été. Cet état des saisons dura jusques en 1704. La plupart des vignes souffrirent considérablement : on fut obligé d'en replanter, presque entièrement, un grand nombre. On ne vendangait qu'à la Toussaint, on ne moissonnait qu'au mois d'août. Les contributions étaient excessives. On avait taxé jusqu'à l'enterreur.

» En 1704, les raisins commencèrent à fleurir dès le 20 mai, et c'est en cette année que furent posées les premières pierres de l'agrandissement de l'église paroissiale qui autrefois se composait uniquement de la partie basse. Jean Parate en fut l'architecte. Il en coûta douze cents livres pour les journées des maçons, occupés à couper le roc sur lequel cette augmentation est construite. Le déblayement du sol et la main-d'œuvre se firent par corvée. Chaque quartier de la ville y travaillait à son tour gratuitement. Les paysans fournissaient des journées de bœufs.

» En 1705, une gelée survenue le 28 mai détruisit les pampres des vignes déjà longs d'un pouce et demi. La récolte fut perdue, excepté aux quatre vignes du quartier de *Las Besseries*. Il revint du nouveau bois aux vignes maltraitées. Les raisins nouveaux parurent vers la St-Jean. Ils parvinrent à maturité, mais ils étaient en très petite quantité.

» Cette même année fut remarquable par quatre inondations de la rivière du Lot.

» La première eut lieu à l'entrée de la nuit du 19 août. La crue des eaux avait, dans l'après-midi, jeté du poisson sur la grève. Plusieurs habitans le ramassaient *entre chien et loup*, dit le naïf historien, lorsqu'un torrent, suite sans doute de quelque orage dans le Gévaudan, vint surprendre nos imprudents pêcheurs sur grève. Les musards de la ville stationnés sur le pont, pour voir couler l'eau, les avertirent par leurs cris de se soustraire au danger. Quatre enfans de dix à douze ans, deux hommes et une servante furent entraînés et noyés. Un enfant de douze ans fut aussi entraîné, mais jeté vivant au fond du ravieux. Tous ceux qui furent ainsi surpris recueillaient du poisson sur la chaussée du moulin.

» Cette inondation détruisit la plus grande partie des poissons de la rivière, et le lendemain, on en ramassa sur les bords une grande quantité. L'eau passait sur la place de la Halle ou place de la Pierre, et avait plus de deux pieds d'élévation sur ce point.

» La seconde inondation eut lieu le 18 octobre, entre deux et trois heures du matin. Les rues du Ravieux et de la Rivière furent inondées. Elle fit peu de ravages.

» La troisième inondation fut la plus forte. (L'auteur n'en précise pas la date.) Elle survint entre deux et trois heures du soir. Elle s'accrut pendant trois heures; on puisait l'eau sur le pont avec une coupe ou bassine de ménage. Les arbres venaient se briser contre les piles du pont; une partie du parapet fut emportée par un arbre qui se dressa. Le pont résista contre toute espérance; celui de Pomeirols fut détruit. Une terrasse formée des déblayes de l'église, et chargée de cent charretées de pierre de taille fut entièrement enlevée et il n'en resta rien. Personne ne périt à St-Geniez, mais deux hommes furent noyés à Espalion, et beaucoup de marchandises emportées ou gâtées. La crue d'eau qui avait paru à St-Geniez, entre deux et trois heures de l'après-midi, ne parvint à Espalion qu'à l'entrée de la nuit.

» La quatrième inondation eut lieu le 15 novembre. Elle ne fut que moitié de la précédente, et le torrent fut stationnaire pendant quatre heures.

» Les crues d'eau furent générales, cette année, dans la France et l'Italie.

» Les pluies continuèrent jusqu'au 20 janvier. Il survint ensuite un temps sec et doux jusqu'au 27 avril. Déjà, dès le 4 de ce mois, les vignes commençaient à pousser. La sècheresse nuisit aux blés.

» En 1706, les arbres fruitiers, les noyers, les vignes et les femmes furent d'une fertilité extraordinaire. M. Lisle, curé depuis vingt ans, n'avait jamais baptisé une quantité aussi considérable d'enfans. L'hiver qui survint fut très doux. Le vent de Midi régna constamment et le vin qu'on avait recueilli, en quantité prodigieuse, tourna presque tout pendant l'hiver.

» En 1707 la douceur de la température de l'hiver précédent nuisit à la récolte en grains. La crête-de-coq (argélide) étouffa les épis du seigle, et la Montagne nous fut d'un grand secours. Grâce à l'abondance de la récolte, le prix du seigle n'excéda pas *trois livres le sétier*, quoiqu'il eût entièrement manqué dans notre vallon. En revanche notre récolte en vin fut extraordinaire. Les propriétaires n'avaient pas la moitié des tonneaux nécessaires pour le contenir, et presque tous furent obligés de vendanger en deux reprises, faute de caves vinaires nécessaires. Le prix du vin de première qualité fut de *dix à douze livres la pipe*. On ne s'attendait pas à une récolte si abondante. La grande quantité de feuilles cachait les raisins. L'hiver fut doux.

» La petite vérole emporta cette année cent-soixante enfans; ce qui rémédia, dit *notre observateur*, à l'excessive fertilité des femmes, pendant l'année précédente.

» Rien sur 1708. En 1709, l'hiver fut extrêmement froid.

Le givre pénétrait dans les appartemens, blanchissait les murailles et couvrait les lits. Le pain gelait dans les armoires, au point de ne pouvoir être coupé qu'avec la hache. On ne pouvait soutirer le vin des tonneaux qu'avec le secours d'une braisière, et pour le boire il fallait tenir la bouteille auprès du feu ; beaucoup de tonneaux crevèrent et le vin fut perdu. L'intensité du froid fut surtout remarquable pendant les quinze jours qui suivirent la fête des Rois. Les noyers, les châtaigniers, la plus grande partie des pommiers et des vignes furent détruits. Ces calamités furent communes à presque tout le royaume. On prit une grande quantité de lièvres et on les vendait *douze sols* pièce y comprise la peau qui se revendait *quatre sols et demi*. »

(A part cette dernière ligne, on dirait l'histoire du rigoureux hiver de 1829.)

« Au mois de novembre le prix du vin fut cent livres la pipe, ce qui de mémoire d'homme ne s'était plus vu. Le seigle qui l'hiver ne valait que *quatre livres* se vendit *dix livres* et jusqu'à *onze*, en été. Le froment qui coûtait *six livres le sétier*, à Pâques, se vendit jusqu'à *treize*, l'été. Le prix de l'orge s'éleva jusqu'à *sept livres*, et celui de l'avoine à *cinq livres six sols*.

» La fabrique était dans la plus grande stagnation, le prix des cadis tomba jusqu'à sept livres et demie pièce.

» Pour comble de maux, la dissenterie enleva *trois cents personnes* dans le mois de septembre et d'octobre. Cette épidémie ne sévit que sur les pauvres. Aucun bourgeois, à l'exception d'un prêtre, n'en fut atteint. Une épidémie semblable et tout aussi meurtrière avait eu lieu dans les mêmes mois, en 1661.

» 1710. Les consuls firent au mois de décembre le dénombrement de la population. Le nombre des habitans s'éleva à dix-neuf cents, dont 700 enfans ou filles et cent-cinquante veuves.

» Par suite de la perte des châtaigniers, le prix de la quarte des châtaignes s'éleva jusqu'à trente sols, prix le plus élevé du sétier dans les années précédentes. Le 9 octobre, il fit un orage terrible avec grêle et tonnerre.

» En 1712, rien. En 1713, le blé fut très cher. Le froment

à *huit livres et demi*, le sétier, le seigle à *sept livres et demi*. Une brebis et son agneau se vendaient jusqu'à *dix livres*. La cherté du blé dépendait de l'inconstance du temps qui ne permettait pas de dépiquer. L'automne fut pluvieux. Les vendanges ne commencèrent qu'au cinq novembre. Elles furent suspendues le 10, par une forte gelée qui dura huit jours. Lorsqu'on reprit les vendanges, il fallait allumer du feu aux vignes. Le vin resta jusqu'à deux mois dans les cuves pour acquérir un degré suffisant de fermentation. Il fut mauvais et louche.

» En 1714 la boucherie était très chère. Le mouton *quatre sols et demi* ; la brebis, *trois sols et demi* ; la genisse, *deux sols et demi*... Les autres subsistances suivaient ce renchérissement. Une paire de poulets coûtaient *quinze sols* ; une paire de pigeons, *douze sols* ; le beurre, *sept sols et demi* la livre. On ne donnait que *trois* œufs pour un sol, au lieu de *six* ou *sept* ; de mémoire d'homme on n'avait vu pareille cherté. Le vin seul était à bon compte, *un sol* la chopine.

» 1716. Grande sècheresse au printemps. Il ne pleut pas une seule fois, depuis le 15 mars jusques au 24 mai. On se servait de la massue pour faire entrer les échalas. Les bestiaux mouraient de faim. Le foin se vendait *quinze livres* la charretée. Les aubergistes le faisaient payer *deux liards* la livre, la paille était à vingts sols le quintal. L'été fut aussi très sec. Une paire de bœufs qui se vendaient autrefois jusques à *cent quatre-vingts livres* ne se vendaient plus que *quatre vingt-dix livres*. Le prix des chevaux et autres bestiaux avait aussi diminué de moitié. Le blé se maintint à un prix raisonnable : *quatre livres et demi* le froment ; *trois livres et demi* le seigle.

» 1717, rien. 1718. Sècheresse encore plus considérable qu'en 1716. Depuis le 15 avril jusqu'au 15 juin, et depuis le 16 juin jusques au 16 septembre, il ne pleut pas. Cependant la récolte en vin, en châtaignes et en fruits fut très bonne. Le froment ne se vendit pas au-delà de *six livres* le sétier ; mais le foin valut jusques à *vingt livres* la charretée.

» En 1719 sècheresse encore plus forte. Du 15 avril à la St-Jean il ne tomba aucune goutte de pluie. Le couvent de Bonneval fut brûlé. La peste ravagéa La Canourgue et quel-

ques villages du Gévaudan, mais ne pénétra pas en Rouergue, grâces aux soins de M. le marquis de Bonas, maré-
chal-de-camp que le roi envoya et qui s'établit à St-Geniez,
où il fit construire la partie du cours entre la rue de ce nom
et la maison de M. Séguret. Variation du prix des monnaies.
Système de Law. »

CONSTRUCTION DES CASERNES.

La ville de St-Geniez fut comprise dans le cantonnement
des troupes de cavalerie ; lorsque les dragons commandés
par le marquis de Bonas formaient encore le cordon sanitaire.
Cette ville avait beaucoup de fourrages, et les lieux circonvoisins en fournissaient de plus abondans encore. A défaut de
casernes, on avait loué des maisons et des écuries à divers
particuliers. Pour éviter ces frais, on résolut, en 1737, de
faire construire des casernes. Il fallait l'autorisation de l'intendant de la généralité de Montauban : avant de l'avoir reçue
les consuls à cette époque, MM. Brunet, docteur en médecine; Guillaume Balat, Guillaume Planque et Jean Gabriac,
paysan, ordonnèrent à chaque particulier, ayant bœufs ou
vaches, de fournir chacun deux journées pour le transport
des matériaux ; et à ceux qui n'en avaient pas, trois journées
de manœuvres chaque : « Et, attendu que la construction des
» dites casernes était infiniment avantageuse aux habitants de
» la Roque-Valzergue, à ceux de la terre d'Aurelle et à ceux
» de la communauté de Ste-Eulalie-d'Olt, à cause du foin,
» avoine et autres denrées qu'ils allaient vendre à la ville, on
» supplia M. l'intendant d'ordonner aux habitants qui au-
» raient bœufs ou vaches de fournir deux journées. »

La ville s'obligeant à fournir les matériaux nécessaires à
cette construction, et les prestations en nature lui venant en
aide, l'imposition pour payer les maçons et autres ouvriers
devenait, par suite, de peu d'importance. C'est pourquoi l'intendant de la province ayant approuvé les vœux de la communauté de St-Geniez, elle s'imposa une somme de trois mille
livres et de cent livres pour la communauté de Canet. Plus
tard, elle fut obligée de s'imposer encore une nouvelle somme

de douze cents livres. Avant qu'on eût perçu les fonds, les ouvriers avaient commencé de bâtir ; mais la confusion de Babel présida à cette construction. Divers architectes furent employés, et chacun voulut corriger le plan de son prédécesseur. L'édifice traîna en longeur ; l'œuvre demeura imparfaite ; la garnison ne l'occupa jamais. Seulement on logea aux écuries quelques vingtaines de chevaux.

Dès lors cet édifice fut regardé avec mépris et presque avec indignation. On voulut, en 1745, y transférer ou l'hôpital ou l'église de la paroisse de Marnhac, mais bientôt on reconnut qu'il ne pouvait servir ni à l'un ni à l'autre. Peu de temps après on eut l'idée d'en faire un abattoir, et les bouchers refusèrent d'y aller égorger les bestiaux. Enfin on résolut à l'unanimité de détruire ce bâtiment inutile, « occupant un local » précieux sur une belle place » ; et, un an après (1788), « il fut délibéré à l'unanimité que la démolition des casernes » n'aurait pas lieu, et on envisagea qu'il était plus utile pour » la ville de les conserver, attendu qu'on travaillait avec » beaucoup d'activité aux grandes routes qui donneraient une » plus grande utilité à l'existence de ce bâtiment. »

Cependant si on eût déposé toute antipathie, il eût été facile d'utiliser ce corps-de-logis, soit pour y placer la troupe qui passait son quartier d'hiver à St-Geniez, soit pour une maison commune, à cette époque située dans une rue peu agréable et dans un local froid et humide. Mais vint la révolution de 89 qui, sur cet objet, concilia tous les esprits. Les casernes furent vendues quatre mille quatre cent cinquante livres, et aujourd'hui on y voit de beaux appartemens (1).

RÉJOUISSANCES PUBLIQUES.

On aime toujours à se rappeler l'affection de nos ancêtres envers leur souverain. Quand il recevait quelque bienfait signalé de la Providence ou lorsque la victoire le couronnait de

_____

(1) Cet édifice a 32 mètres 17 lignes de longeur sur 12 mètres 19 centimètres de largeur.

lauriers, dociles à la voix de la religion qui les appelait au pied des autels du Dieu des armées, ils chantaient avec un pieux enthousiasme ce *Te Deum*, autrefois prière nationale (1), mais, aujourd'hui comme toujours, seulement prière d'un cœur reconnaissant. Puis venaient des feux de joie qui réunissaient tout autour un peuple heureux du triomphe de son roi et de ses armées.

Alors, pour l'inviter à la joie, on se gardait bien de lui donner un morceau de pain ou quelques cuillerées de soupe. On n'avait pas encore imaginé de lui jeter cette couronne d'humiliation du milieu des fêtes nationales. Aussi, dans ces temps de nombreuses victoires, point de distribution de soupe ni de pain. Les registres des consuls de St-Geniez n'en relatent pas; et cependant ils étaient d'une exactitude remarquable à noter la moindre dépense.

Le 3 août 1744, Louis XV fut saisi à Metz d'une fièvre maligne qui le réduisit en peu de jours à l'extrémité. Cette nouvelle, répandue rapidement, porta la désolation de province en province. Les maisons des hommes en place étaient sans cesse assiégées par le peuple. On s'assemblait dans les carrefours, sur les places publiques; on questionnait les courriers, les voyageurs; chacun disait: *S'il meurt, c'est pour avoir marché à notre secours*. Les églises ouvertes ne désemplissaient pas... Enfin, le 19, tout danger eut disparu. Le courrier qui en apporta la nouvelle à Paris fut embrassé, presque étouffé par le peuple. Toutes les rues retentirent de ces paroles: *Le Roi est guéri!*

Et ces paroles furent répétées dans toutes les provinces. Partout on célébra l'heureuse convalescence du *Roi bien aimé*. Le pétillement des flammes des feux de joie qu'on alluma dans les hameaux répondit au pétillement des flammes de ceux des villes, et j'aime à transcrire l'état des dépenses faites à cette occasion par la ville de St-Geniez.

(1) Sous l'empire, il fut chanté, par ordre de Napoléon, *vingt Te Deum*; sous la restauration *six*, et depuis 1830, *deux* pour la conservation du roi, et *deux* à l'occasion de la naissance et du baptême du comte de Paris.

État des dépenses du feu de joie fait pour la convalescence du Roi.

Pour cinq flambeaux,	23 liv.	5 s.
Plus à quarante fusiliers, à raison de 10 sols chacun,	11	10
Plus à un trompette et deux tambours,	3	
Plus pour l'arbre du feu de joie ou pour la construction d'icelui,	3	15
Plus pour bois dudit feu,	6	
Plus pour les fusées ou pétards,	18	
Plus au porte-enseigne,		12
Plus pour la poudre,	13	19
Total,	79	11

La prise de Fribourg, de Tournai, de Gand, d'Oudenarde, etc., couronnèrent la valeur de nos guerriers, et cette heureuse nouvelle fit éclater en tous lieux les transports de la joie.

Le prix des flambeaux, fusiliers, porte-enseigne, tambours, fusées, bois et poudre, employés aux feux de joie allumés pour célébrer ces diverses victoires, s'éleva à la somme de deux cent quatre livres douze sols.

MAIRE PERPÉTUEL, ÉCHEVINS.

L'office de *Maire de l'Hôtel-de-Ville* de St-Geniez avait été créé par édit du mois d'août 1693, et, au 27 du mois d'octobre suivant, messire Jean Fajole, prêtre, docteur en Sorbonne, en avait été « pourveu; pour iceluy office, ledit » Fajole avoir, jouir et dorénavant exercer, et jouir, et user, » ses héritiers ou ses ayant cause héréditairement, aux gages » de cent soixante livres, pour chacun an à prendre par pré- » férence sur les deniers matrimoniaux d'octroy et imposi- » tions de ladite ville, et aux honneurs, authorité, rang, » séance, droit, prérogatives, fonctions et attributions ap- » partenant audit office. »

Mais, d'après un édit qui fut rendu au mois d'août 1701,
il lui fallut payer certaine somme « pour être maintenu et
» confirmé dans la possession, jouissance et hérédité de sondit
» office, jouir du bénéfice dudit édit et lui tenir lieu d'aug-
» mentation de finance; » et le 5 juin 1703, cet office fut
taxé six cent soixante-six livres treize sols quatre deniers,
somme qui fut payée par le susdit maire au mois d'août suivant.

Mort en 1711, il eut pour successeur son neveu et héritier,
M. Jean Fajole, sieur de la Ferrière, conseiller du roi, con-
trôleur en la chancellerie du parlement de Toulouse. Les lettres patentes du roi portent la date du 28 novembre 1711.

A l'exemple de son aïeul, Louis XV créa, en 1733, à
titre d'offices, différentes charges, entre autres celle d'échevin.

L'échevinage devait remplacer le consulat, et par suite
abroger les anciens privilèges. La communauté de St-Geniez
tenait du fond de ses entrailles à son antique droit d'élire ses
consuls. Pendant quelques années elle lutta avec vigueur et
repoussa avec force les nouveaux offices. Guillaume de Benoît, bailli, juge des montagnes, trois châtellenies du Rouergue, embrassa le parti de la cour et prétendit, dans une requête présentée au parlement de Toulouse, en 1741, que les
consuls de St-Geniez n'étaient que de simples collecteurs des
deniers royaux et demanda à les poursuivre. A cette requête,
les consuls opposèrent qu'ils avaient, comme les consuls des
autres communautés, la qualité de véritables consuls, avec
celle de collecteurs, qu'il leur importait de se maintenir dans
leurs anciens droits et privilèges.; et le premier consul,
Pierre-Joseph Couret, fut autorisé à poursuivre cette affaire
qui d'abord n'eut pas de suites fâcheuses. Mais l'harmonie ne
s'étant pas rétablie entre le juge et les consuls, ceux-ci suc-
combèrent enfin, et la communauté de St-Geniez fut dépouillée
d'un droit dont elle jouissait depuis quatre cents ans. Elle en
usa encore le premier dimanche de septembre 1745, et ses
derniers élus furent Antoine Laquerbe, notaire; Jean-Antoine
Foulquier, Guillaume Batut, marchands, et Joseph Laymayous, paysan de Vieille-Vigne. Ils n'achevèrent pas l'année de leur consulat. Au mois d'avril 1746, le roi nomma
pour échevins de St-Geniez, Pierre Foulquier et Pierre

Cayrol. Force fut de se soumettre, mais toujours on donna le nom de *Consul* aux nouveaux échevins et leurs successeurs se signèrent ainsi. La robe des deux échevins ou consuls fut noire; le chaperon seul fut mi-partie de rouge et de noir. On leur passa pour droit de robe cent soixante livres, et au maire quarante livres.

Le premier acte de leur administration concerne les écoles des enfants du peuple. Toujours on inscrit avec joie le zèle des magistrats à faire donner à la jeunesse une bonne et solide éducation. C'est sur cette base que repose le bonheur de la société. L'enfant bien élevé, quand il a grandi, fuit le désordre, respecte les lois et honore les dépositaires de l'autorité du prince. Rarement on trouvé ces dispositions dans le jeune homme brute ou à mauvaise éducation. Il ne connaît pas de frein, il brave les lois, n'aime que l'insurrection, et, dans son fol orgueil, il croit qu'elle est le plus saint des devoirs. Mais voici le titre précieux de la sollicitude du maire perpétuel et des consuls de St-Geniez :

« Nous, maire et consuls de la ville de St-Geniez, baillons la régence des écoles, suivant l'usage, à maîtres Pierre-Jean Combarel, clerc tonsuré, et Pierre-Jean Pautard, habitants audit St-Geniez, à commencer cejourd'hui et à finir à pareil jour, pour et moyennant l'honoraire en tout de cent septante livres à se les partager entre eux, payable de quartier en quartier, et, outre ce, pourront exiger de chaque écolier trois livres pour tout l'an, aussi de quartier en quartier, c'est-à-dire quinze sols de trois mois en trois mois, moyennant que lesdits sieurs Combarel et Pautard seront tenus, comme ils promettent de prendre et enseigner tous les écoliers de ladite ville et taillable, à lire et écrire le latin et le français, même de faire composer le latin à ceux qui voudront l'apprendre, et d'enseigner gratis, suivant l'ancien usage, les quatre clercs de l'église paroissiale dudit St-Geniez, et de leur faire la doctrine chrétienne deux fois par semaine; d'avoir encore soin de les faire aller, de deux en deux, entendre la messe, tous les jours ouvriers, et en tout procéder en Dieu et conscience, tout de même qu'en bon père de famille. Demeurant convenu qu'en cas lesdits sieurs Combarel et Pautard ne satisfairaient pas au deu de leur charge, il sera permis à nous, maire et consuls, de les faire désister, en leur payant leur honoraire temps pour temps; en témoin de quoi nous sommes soussignés avec lesdits sieurs Combarel et Pautard.

Fait à St-Geniez, ce vingt-troisième novembre mil sept cent quarante-six.

Gaubert, maire; Foulquier, consul; Cayrol, consul; Combarel, Pautard.

Par messieurs les maires et consuls,

PLOMBAT, secrétaire.

UN GOUVERNEUR DE SAINT-GENIEZ.

Le gouvernement ne se lassait pas de créer de nouveaux offices pour grossir des finances que dissipaient les Pompadour et les du Barri, et ces places vénales conféraient une arrogance intolérable. M. de Pl..., dont la famille n'existe plus à St-Geniez, avait acheté la place ou l'office du gouverneur de la ville, et il exigeait des honneurs et des hommages. Ceux du peuple qu'il écrasait par ses vexations ne lui suffisant pas, il voulut être encensé à l'église. Le curé (M. Rouquayrol) répondit au gouverneur qu'il ne pouvait lui accorder les honneurs de l'encensement sans avoir consulté son évêque. A cette époque, le siége de Rodez était occupé par M. de Grimaldi, et le prélat se trouvait dans ce moment à Paris. La lettre du curé de St-Geniez lui fut remise comme il allait rendre visite à Louis-François de Vignerod du Plessis-Richelieu, maréchal de France, gouverneur de la Guienne. L'occasion ne pouvait être plus favorable. Le prélat se met en route; chemin faisant, il rencontre la voiture de Richelieu et demande à lui remettre une lettre. Celui-ci se hâte de la lire, approuve la conduite du curé, lui donne des éloges et promet à l'évêque de mettre à la raison le petit gouverneur.

En effet, rentré dans son hôtel, Richelieu expédie un ordre au lieutenant de justice de Rodez, et, à sa réception, quatre cavaliers de maréchaussée partent pour St-Geniez et vont signifier à M. de Pl... son arrestation. Il fut conduit à Rodez dûment escorté, et, après quelques mois de séjour, en revint

simple particulier. Inutile d'ajouter qu'il n'eut pas de successeur, et par ainsi il eut la gloire d'être l'*alpha* et l'*omega* des
gouverneurs de St-Geniez.

Cet exemple refroidit momentanément cette ardeur dont
on brûlait pour les nouveaux offices; cependant il ne fut pas le
mobile du refus que firent, en 1772, les consuls, d'acheter
les offices municipaux. Ils exposèrent que la communauté de
St-Geniez ne le pouvait, vu l'obligation où elle était de s'imposer une somme de trois mille six cents livres pour réparer
le pont considérablement dégradé, en 1766, par une forte
inondation. Depuis cette époque, on avait vainement entre-
pris de faire cette urgente réparation. L'intendant de la province avait toujours différé l'envoi d'un architecte. Ce n'est
donc pas d'aujourd'hui que datent les lenteurs administratives.
On en voit de fréquentes dans les siècles passés, et cependant
on ne cesse de nous dire : *Ainsi n'agissait-on pas avant la
révolution ?*

PAVAGE DES RUES DE LA VILLE, CONSULAT DE M. PONS.

Jusques vers la fin du dix-huitième siècle, les rues de
St-Geniez, aujourd'hui si belles et si larges, n'avaient offert
qu'un passage fort désagréable. Constamment couvertes de
fumier, retrécies par les tas amoncelés devant chaque maison, boueuses dans toutes les saisons, il eût fallu, pour y
passer, un trottoir au milieu; encore l'odorat aurait-il eu
toujours son supplice. En 1638, il est vrai, on avait ordonné
à chaque habitant de paver le devant de sa maison; mais
le pavage, s'il fut fait, n'eut pas de solidité, ou bien il fut
négligé, ou plutôt il ne s'était pas trouvé de consul assez ferme
pour faire exécuter un arrêté aussi important. Robert Pons-
St-Martin, doué de courage civil, et par dessus tout animé
d'un vrai zèle pour le bien public, ayant été réélu consul, le
7 du mois d'août 1784, réalisa les projets qu'il avait conçus
pendant son consulat de 1767 et 1768. Les rues furent pa-
vés aux frais des habitans, et il leur fut enjoint de les ba-
layer, chacun au-devant de sa maison, les mercredi et samedi de chaque semaine.

Ferme à maintenir son ordonnance, Pons-St-Martin la fit exécuter avec zèle et avec persévérance. Soixante-cinq habitans, parmi lesquels les plus notables de la ville, ayant négligé le balayage, furent traduits devant les tribunaux et condamnés, chaque, à cinq sols d'amende. Cet acte de vigueur eut un plein succès, et les ordres du premier consul ne furent plus méconnus. Il voulait le bien de ses administrés, on en fut bientôt convaincu; aussi fut il, dès lors, constamment élu premier consul jusqu'en 1790, époque où l'échevinage ou consulat fut remplacé par un seul administrateur, auquel on donna le nom de maire, et Pons St-Martin fut encore appelé à ces fonctions, qu'il remplit avec son zèle ordinaire jusqu'à 1792. Peu d'années après, il fit partie du conseil des Cinq-Cents.

Mais rien n'échappait à la sollicitude du premier consul et de son collègue (1). Le 28 octobre 1785, ils firent défense à tous habitans et autres possédant vignes dans l'étendue de la communauté, de vendanger avant le dix-sept du courant, sous peine de confiscation de vendanges et de dix livres d'amende. Il y eut bien des murmures et un seul infracteur. On ne fit pas attention aux premiers et on punit le second. Ce fut assez pour faire respecter le *ban* des vendanges, qui fut aboli en 1789. Depuis lors, il n'a pas été rétabli, et il arrive bien souvent que certains propriétaires se hâtent de vendanger avant que le raisin soit mûr, et qui se plaignent ensuite de la mauvaise qualité de leur vin. A qui la faute?

Aucun étranger ne pouvait résider dans St-Geniez, sans la permission des consuls, qui n'autorisaient la résidence que d'après un certificat de bonne vie et mœurs, délivré par les consuls du lieu où l'on avait habité précédemment.

Cette coutume, qui remontait bien au-delà du XIIᵉ siècle, avait été négligée pendant quelques années; Pons-St-Martin la fit revivre, et bientôt on apprécia toute son utilité.

Mais déjà se préparait dans le silence une commotion qui devait bouleverser la France et faire des monceaux de

(1) M. Palangié, constamment réélu jusqu'à l'extinction de l'échevinage.

ruines. En 1788, la communauté de Rodez résolut de demander au roi le rétablissement des anciens états de Rouergue. Avant d'envoyer sa supplique, elle réclama l'adhésion
de la communauté de St-Geniez. Celle-ci motiva ainsi sa délibération : « Le rétablissement des états du Rouergue offrant
» des avantages qu'on ne pourrait trouver dans le régime de
» l'administration provinciale (1) de Haute-Guienne ; par
» conséquent, on ne saurait trop s'empresser de sollici-
» ter de la justice et de la bonté de notre auguste monarque
» la réintégration de la Province dans les anciens droits et
» privilèges, et quoique la communauté de St-Geniez ne
» puisse qu'adhérer à la délibération de celle de Rodez, elle
» pense néanmoins que, pour le bien général du pays, elle
» doit mettre les conditions suivantes à son entière adhésion
» à la susdite délibération de Rodez:
   « 1° Que les députés du tiers-état soient en égal nombre
» aux députés des deux premiers ordres;
   « 2° Que la moitié des membres de la commission inter-
» médiaire soit prise dans l'ordre du tiers-état.

(1) La province du Rouergue eut des états particuliers jusqu'à 1651,
qu'ils furent supprimés par Louis XIV. Réunie au Quercy, cette province forma la généralité de Montauban, et fut administrée par un
intendant qui avait sous lui des subdélégués répartis sur différents points
de l'arrondissement. Dans le Rouergue il y avait six subdélégués, dont
les résidences étaient Rodez, Villefranche, Millau, Laissac, Vabres,
Saint-Antonin et le Mur-de-Barrez.
   En 1779, le ministre Necker fit établir, dans cette généralité, une
administration provinciale; mais elle ne fut chargée que de répartir
les contributions, et de diriger l'emploi des fonds destinés au soulagement ou à l'amélioration des deux provinces. Cette administration
était composée de dix députés du clergé, de seize députés de la noblesse-
se, de vingt-six du tiers état et de deux procureurs-généraux syndics.
Elle s'assemblait tous les deux ans, pendant un mois. Dans l'intervalle,
une commission formée de huit membres et des deux procureurs-généraux syndics, administrait sous le nom de commission intermédiaire.
L'intendant qui restait au milieu de cette nouvelle organisation, sur-
veillait avec un zèle amer l'exercice des attributions dont il avait été
dépouillé.
   Cet ordre de choses dura jusqu'à la révolution qui brisa les grandes
provinces en départemens.

« 3° Que le syndic général de la province soit élu dans le
» tiers-état. »

C'était bien là les doctrines du célèbre abbé Sièyes qui
avait publié un écrit intitulé : *le Tiers-Etat.* Qu'est-ce que
le Tiers-Etat ! demandait l'auteur ; *tout*, répondait-il aussitôt avec laconisme. Qu'a-t-il été jusqu'à ce jour ? *Rien* ; que
veut-il ? *être quelque chose.* La délibération de la communauté de St-Geniez le prouve.

« 4° Que l'assemblée des états soit invariablement fixée
» dans la ville de Rodez.

« Et lorsqu'il aura plu à Sa Majesté de rendre à sa fidèle
» province du Rouergue le bienfait précieux de ses états, la
» ville de St-Geniez se réserve de représenter dans une meil-
» leure forme, qu'étant une des villes principales par son
» enceinte et par sa population, ainsi que la plus commer-
» çante de la province, elle est en droit de demander, qu'il
» lui soit constamment accordé deux députés particuliers
» aux assemblées des états, l'un comme représentant de la
» ville, l'autre comme représentant du commerce. »

Ce fut un moment de beau rêve. L'orage, depuis longtemps amoncelé, éclata enfin ; et le 11 juillet 1790, une terreur panique se répandit au même instant jusques dans le
moindre hameau de la France. A St-Geniez on annonça que
Rodez et Mende avaient été incendiés par les ennemis ou les
brigands ; que tous les villages de ses alentours étaient devenus la proie des flammes, et aussitôt de craindre pour ses
murs. On improvise une garde nationale ; chaque fenêtre devient un pierrier ; les femmes elles-mêmes, le tablier plein
de cendres, attendent avec courage l'ennemi. Ici on pleure ;
là on pousse des cris. L'on dirait que la dernière heure a
sonné pour tous les habitans... Au milieu de ces alarmes on
voit arriver les paysans de Lunet, de Pomayrols, de Buseins, de St-Saturnin qui viennent au secours de St-Geniez.
C'étaient des troupes de nouvelle espèce, armées de vieilles
carabines, de hallebardes, de fourches, de faux. On eût dit
un musée ambulant. En tout autre moment, on eût pamé de
rire, mais on craignait, on tremblait et on fut reconnaissant.
Les exprès envoyés à Rodez et à Mende apportèrent des pensées
rassurantes. Cependant on crut prudent d'établir un corps de

garde. Faible ressource contre un ennemi qui faisait irruption de toutes parts, et qui poussait la France vers un abîme de maux !!! Enfin tout fut aboli : la France n'eût plus de souverain , et l'Eternel permit qu'on fermât ses temples et qu'on proscrivît son culte.

Dès lors ce fut un temps de vertige et , comme Français , je déplore le malheur de ceux qui se laissèrent emporter par la tourmente révolutionnaire : comme chrétien , comme prêtre, je pleure sur l'apostasie de ce moine qui , après avoir vécu à l'ombre du cloître , échangea sa robe de bure pour devenir la victime des principes qu'il avait embrassés (1). Mais, par mes larmes , je ne prétends pas vouloir laver une prétendue ignominie que certains historiens semblent faire peser sur ma patrie. Depuis quand une ville est-elle responsable de l'iniquité d'un de ses membres ? Qu'il devrait être long ce crêpe d'ignominie , si on voulait l'étendre sur toutes les villes de France qui ont payé un triste tribut à la révolution de 89 ! Paris avec le boucher Legendre, Santerre et autres; Limoges avec Vergniaux ; Arras avec Lebon et ses deux Robespierre; Tarbes avec Torné; Fréjus avec Sièyes; Yolai, près Aurillac, avec Carrier ; Chartres avec Pétion de Villeneuve , et autres villes et autres bourgs dont les célébrités, tristement célèbres à cette époque , n'ont pas dépassé le rayon de leur territoire , se trouveraient englobés dans ce vaste réseau ! Chaque état, chaque condition, le sacerdoce, le cloître, la magistrature, l'armée, le trône lui-même y trouveraient leur gerbe, et chacun, en la reconnaissant, de répondre avec le prophète Ezéchiel : *le fils ne doit pas porter l'iniquité du père ; filius non portabit iniquitatem patris* (2).

Cependant la ville de St-Geniez compte, parmi le clergé de cette époque, des illustrations dont elle peut se glorifier avec juste raison. C'est elle qui a fourni le premier martyr de la révolution française, dans la province du Rouergue. M. Jean-François Palangié , jeune prêtre de vingt-sept ans, que les juges voulaient sauver et qui, pouvant échapper à la

(1) Voir dans le dictionnaire historique , par FELLER , art. CHABOT.
(2) Ch. XVIII , 20.

mort par un léger mensonge, préféra porter sa tête sur l'échafaud plutôt que de blesser la vérité. L'abbé Carron, Mgr Guillon, évêque de Maroc, dans leurs ouvrages intitulés les *Martyrs de la Foi*, le citent avec éloge. Voici comment le premier de ces écrivains raconte l'histoire du martyre de M. Palangié.

« M. Palangié, de la ville de St-Geniez, département de l'Aveyron (né en 1766), prêtre, guillotiné à Rodez en 1793.

« Cet ecclésiastique, âgé de 27 ans, se trouva le premier qui, dans ce département, confessa la foi par l'effusion de son sang. A l'instant où il fut arrêté, on le conduisit au tribunal de Rodez, qui le condamna à la peine de mort. Quand on eût lu sa sentence, la victime leva les yeux au ciel et fit à genoux le sacrifice de ses jours, en l'unissant à celui de l'adorable Sauveur. Un spectacle aussi nouveau n'aurait-il pas dû toucher de compassion ceux qui l'environnaient? Autrefois on plaignait les plus insignes scélérats, lorsqu'ils étaient entraînés au supplice : mais hélas! depuis longtemps les aveugles démagogues avaient adjuré tout sentiment d'humanité, surtout envers les ministres du Seigneur. Qui le croirait, si ce fait n'était attesté par des témoins dignes de toute confiance? Les gendarmes et les révolutionnaires accablèrent l'homme de Dieu d'outrages. Ils le jetèrent par terre, le frappèrent à coups redoublés avec la crosse de leurs fusils; les barbares auraient achevé de l'immoler à leur fureur, si enfin quelqu'une des autorités ne se fût avancée pour suspendre cette scène horrible; deux heures après que la condamnation eût été prononcée, la ville de Rodez compta un juste de moins et le ciel, sans doute, un saint de plus (1). »

M. Guillon, dans le tome IV, page 180, de son ouvrage, s'exprime ainsi : « Palangier (François), jeune prêtre du diocèse de Rodez, né à Saint-Geniez-de-Rive-d'Olt, en 1766, était vicaire dans la ville d'Entraygues, près Mur-de-Barrez (2). Il refusa de prêter le serment schismatique et fut

_____

(1) Les Confesseurs de la foi, etc., t. 1. p. 271, 272.

(2) M. Palangier était vicaire non à Entraygues, mais à Marnhac, l'une des paroisses de St-Geniez.

expulsé de cette paroisse; il vint demeurer auprès de sa famille, à St-Geniez, et le désir de ne pas s'éloigner des catholiques de cette contrée l'emporta sur les craintes que lui
inspirait la loi de la déportation. Il fut arrêté et traduit devant le tribunal criminel du département de l'Aveyron qui,
siégeant à Rodez, le condamna à mort, comme prêtre ré-
fractaire. Lorsqu'il eût entendu cette sentence, il leva les
yeux au ciel, se mit à genoux et offrit à Dieu le sacrifice de
sa vie, en l'unissant à celui de Jésus-Christ, par les mérites de qui le sien devait acquérir une si grande valeur. Ce
spectacle, aussi touchant qu'il était édifiant, excita contre
le jeune vicaire toute la rage dont étaient capables les ennemis des prêtres. Il fut accablé d'outrages par une populace effrénée; les gendarmes même qui le gardaient le frappèrent sans pitié avec la crosse de leurs fusils. Déjà renversé
par terre, il aurait expiré sous leurs coups, si un juge ne
fût venu leur représenter que la loi s'était chargée de leur
vengeance. Deux heures après le jugement on conduisit l'abbé Palangier à l'échafaud et son martyre y fut consommé. »

C'est là sans doute un beau titre de noblesse pour la respectable famille de l'illustre martyr, mais aussi c'est une
belle gloire pour la ville qui l'a vu naître, d'avoir avec lui
un puissant protecteur auprès du trône de l'Eternel; et on
peut dire de lui comme du pontife Onias : *il aime ses frères;
il prie beaucoup pour le peuple et la ville* : *hic est fratrum
amator, hic est qui multùm orat pro populo et universâ ci-
vitate.*

Mais outre l'enfant de perdition et le glorieux martyr, la
ville de St-Geniez comptait encore, à cette époque, soixante
dix-huit prêtres, nés dans ses murs, qui conservèrent et
défendirent le dépôt de la foi, sous le fer de la persécution.
Le nom de chacun mériterait un éloge; les citer serait pour
nous un bonheur, mais cette illustre nomenclature devant
être trop longue, je me borne à quelques-uns :

1o Jean-Baptiste de Fajole, docteur de Sorbonne, chanoine
ouvrier et vicaire-général du diocèse de Rodez;

2o Jean-André de Fajole, frère du précédent, docteur de
la faculté de Paris, chanoine et grand-vicaire de Rennes,
ancien pricipal du collége de cette ville;

3° L'abbé Glandi, prédicateur ordinaire du roi;

4° L'abbé Laquerbe, docteur de Sorbonne, professeur de philosophie à la faculté de Montpellier;

5° Le R. P. Lestrade, ancien jésuite, excellent prédicateur;

6° L'abbé Albin, curé de la cathédrale de Senlis;

7° Le R. P. Rivié, docteur de Sorbonne, religieux Augustin et provincial de Narbonne.

8° Mgr Borderies, mort évêque de Versailles;

9° Le R. P. Barrié, dominicain, vicaire apostolique à St-Domingue;

10° Jean Pestre, docteur en théologie, dom de Compuac et curé de la cathédrale de Rodez (1).

On raconte de ce dernier qu'au moment d'aller dîner chez une famille des plus honorables de la ville, il reçut la visite d'un jeune fashionable de Paris, ami de son neveu l'abbé Pestre, alors habitant la capitale. « Je vais dîner en ville, » lui dit le vénérable curé, venez avec moi vous serez reçu » avec plaisir, » et le jeune fashionable de suivre sans peine. Or, c'était dans le carnaval, époque de l'année où l'on se livre à une plus franche joie, et cette respectable famille conservait toujours les usages du bon vieux temps. A la fin du repas la dame de la maison commença le chant de quelques couplets, et puis chacun à son tour de l'imiter. Vint celui du jeune Parisien; il s'excusa d'abord, céda ensuite, et chanta une chanson, vraie diatribe contre la religion et ses ministres. Au premier couplet, la rougeur couvrit tous les fronts, le gentilhomme en fut interdit. « Continuez, lui dit » l'abbé Pestre : » et il continua et il eut la constance de chanter ving-deux couplets, l'un plus infâme que l'autre. A peine a-t-il terminé, que le curé bat des mains et demande *bis*; la compagnie ne peut revenir de la surprise. Imperturbable, le jeune fashionable répète sa chanson. Après lui, ce fut le tour du curé et par autres vingt-deux couplets, vers de la même mesure, il combat victorieusement les pa-

(1) L'abbé Pestre avait résigné son titre de curé, peu d'années avant la révolution, à M. l'abbé Serres, son premier vicaire.

radoxes du gentilhomme ; ce furent des bravos continuels. La chanson fini, le parisien se lève. « Messieurs , leur dit-il, » je ne m'attendais pas à trouver dans le Rouergue autant » d'esprit et de facilité, je vous fais mes excuses, adieu. » « Adieu, répliqua le curé, dites à votre bonne ville de Paris » qu'on n'est pas aussi sauvage dans le Rouergue qu'elle » le pense; dites-lui la leçon que vous venez de recevoir. » Adieu, murmura de nouveau le jeune fashionnable, et il partit.

On comprit alors pourquoi M. Pestre avait demandé *bis*, il n'avait pu saisir dans une seule fois le sens de tous les couplets.

Mais je laisse *au livre de vie* le nom de mes autres con-frères mes compatriotes, non moins illustres par leurs talents et l'éclat de leurs vertus.

VI.

Description de la ville de St-Geniez, par M. Monteil. — Dra-
perie, tanneries. — Fabriques de coton. — Grandes rou-
tes. — M. Simon Rogéry, maire du St-Geniez. — L'abbé
Bonnaterre, naturaliste. — Histoire philosophique de Ray-
nal. — Esprit public des habitans de St-Geniez. — Salles
d'asiles. — Les Frères des écoles chrétiennes. — Hôtel-de-
Ville. — Portraits des hommes célèbres nés à St-Geniez.
— Mort de M. Rogéry. — Liste chronologique des con-
suls, échevins et maires de St-Geniez.

Dans les siècles que nous venons de parcourir, nous avons
toujours vu l'industrie, le commerce occuper sans cesse les
habitans de St-Geniez, et si nous avons passé outre, sans
leur payer un tribut d'éloge et d'admiration, c'est que nous
attendions ce siècle, où le savant auteur *de l'histoire des*
Français des divers états devait le faire dans sa *Description*
du département de l'Aveyron, avec des paroles si gracieuses.

« La chaîne des montagnes d'Aubrac, dit l'illustre M. Monteil, se termine au point où le Lot entre dans le département. Non loin de là, cette rivière va diviser en deux parties la ville de St-Geniez, patrie de Raynal.

» Telle est la gloire à laquelle les lettres élèvent un grand
écrivain, que sa célébrité s'étend jusques sur les lieux qui
l'ont vu naître; le nom de St-Geniez a été porté avec celui
de Raynal dans les deux mondes.

» Les environs de St-Geniez sont très agréables, le beau

vallon au fond duquel est située cette ville, offre un des tableaux les plus riants : les côteaux en sont couverts de vignes, de vergers et de bois. Du haut des montagnes, se précipitent plusieurs ruisseaux, qui mettent en mouvement des moulins à foulon. Sur le chemin de ces moulins à la ville, vous rencontrez continuellement des bêtes de somme, chargées de flanelles et de cadis. Vous voyez çà et là un grand nombre d'hommes occupés, les uns à bêcher les terres, les autres à étendre ou à plier les étoffes; ceux-ci à battre les laines, ceux-là à les laver; spectacle piquant, unique peut-être, que celui d'artisans et de laboureurs se coudoyant pour ainsi-dire, dans leurs travaux. Enfin les troupeaux qui dans les prairies paissent à côté de leur toison filée et tissue, le chant ou le cri des oiseaux qu'attirent les belles plantations de noyers, le bruit de la rivière, le bruit de la ville : tous ces objets réunis sur un petit espace fixent longtemps avec plaisir les yeux et l'imagination.

» L'enceinte de Saint-Geniez a la forme d'une étoile, les quartiers séparés par la rivière communiquent entre eux par un beau pont. Les rues sont larges, bien alignées, bien pavées, les maisons en général belles et d'un aspect frais et riant.

« Jusqu'à la fin du XVIIe siècle, St-Geniez n'a été qu'un bourg obscur; en moins de cent ans, le commerce en a fait une ville, la première du département par ses fabriques, la quatrième par sa population, qui s'élève à près de 5,000 âmes (1).

« On ne voit pas dans cette ville ces nombreux groupes d'oisifs qui, chez les modernes comme chez les anciens, passent tout le jour sur les places publiques à s'entretenir de la politique des princes ou de nouvelles de gazette. Ici l'on ne se demande point : *qu'y a-t-il de nouveau? Philippe est-il malade, Philippe est-il mort?* mais bien : *comment vont les cadis? les flanelles? les impériales?* Le commerce fixe exclusivement toutes les idées.

(1) Le commerce avait attiré à St-Geniez beaucoup d'étrangers qui abandonnèrent la ville à la chute des cadis. Aujourd'hui la population renfermée dans l'enceinte de St-Geniez ne s'élève qu'à 3,000 âmes environ. La paroisse en renferme 4,000.

» Les jours de marché, la place de St-Geniez est couverte de pièces d'étoffes ou de chaînes de laine, apportées de 3 ou 4 lieues à la ronde, car la fabrication de l'intérieur de la ville n'est rien en comparaison de celle des environs.

» Il ne faut pas cependant se le dissimuler que, depuis la révolution, le *maximum* et la chute des assignats ont réduit de plus de la moitié le commerce de cette ville.

» Les fabriques de Saint-Geniez ont obtenu les éloges de Necker dans son administration des finances. Elles le méritent par le bas prix et la qualité de leurs étoffes, très propres surtout à la doublure de l'habillement des troupes......

» St-Geniez offre le spectacle d'un vaste atelier. On y voit le peuple sans cesse en mouvement, aux lavoirs, aux séchoirs, aux fouleries; on entend continuellement le bruit des rouets, des métiers, des peignes et des cardes. Cette ville est la plus active et la plus industrieuse de tout le département; c'est de ses mains qu'il reçoit une grande partie de son numéraire, c'est elle qui achète ses laines, multiplie ses troupeaux et vivifie ses campagnes. Par l'impulsion donnée aux filatures, elle utilise les forces naissantes de l'enfance, et ranime par l'ardeur du gain les bras débiles de la vieillesse; qu'elle suspende un moment ses opérations commerciales, trente mille fuseaux sans cesse en mouvement sont arrêtés dans les mains de trente mille individus réduits à la dernière misère. Elle est vraiment le comptoir général de l'Aveyron; elle en nourrit une partie et en féconde une plus grande. Ne lui envions pas ses richessses : son or est pur, il est extrait de l'industrie (1).

DRAPERIE DE SAINT-GENIEZ.

La draperie de St-Geniez était connue bien avant le XIVe siècle; ce n'était, il est vrai, que des étoffes assez grossières, appelées *cordelats*, mais leur bonté les rendait précieuses à la classe ouvrière, à qui le luxe était inconnu. Dans le XVe

(1) Description du département de l'Aveyron; par M. Alexis Monteil, t. 1er, p. 29., etc.

siècle, on se mit à fabriquer les cadis et on en fit de cinq qualités. Les deux premières étaient de huit à neuf portées; les dernières de sept portées et demie. Chaque cadis avait trente-quatre mètres de longueur, mais il variait dans la largeur depuis quarante-six jusqu'à cinquante-un centimètres. Le prix du double mètre (la canne) était de 1 f. 85 c.; teint, 2 f. 20 c.

Ces étoffes eurent un succès rapide, les tisserands se multiplièrent et fabriquèrent plusieurs autres genres de draperie, tels que *flanelles*, *impériales*, *rases*.

Les flanelles ou double cadis étaient aussi connues dans le commerce sous le nom de *longelles*; il y en avait d'étroites et de larges. Les flanelles larges étaient à dix-huit portées: leur longueur, trente quatre mètres, sur un mètre de largeur. Le prix du double mètre, si elles étaient teintes, 4 fr.; imprimées, 4 fr. 75 c.

Les impériales appelées aussi *sempiternes*, étaient à quinze portées : longueur, vingt-un mètres sur soixante-quatre centimètres de largeur. Prix du double mètre, 3 fr.; imprimées, 3 fr. 50 c.

L'imprimerie de ces étoffes se faisait autrefois à Toulouse ou à Montpellier. Plus tard on en établit une à St-Geniez, et ses dessins étaient beaux et variés. Elle pouvait rivaliser avec celles des villes déjà nommées.

Les rases étaient la plus forte de toutes les étoffes qu'on fabriquait; la chaîne avait treize portées : longueur, trente mètres sur cinquante-quatre centimètres de largeur. Prix du double mètre, 3 fr. 50; teinte, 4 fr.

Pour la confection de ces diverses étoffes, on employait les laines qui venaient du côté du levant, car celles du pays ne pouvaient suffire. Elles étaient filées au rouet ordinaire, rarement à la quenouille. Ainsi que l'a observé M. Monteil, les habitans de la campagne s'occupaient à ce genre d'industrie. Les hommes tissaient, et les femmes, les filles, les jeunes garçons filaient, ou pour leur compte ou pour celui des négocians de St-Geniez. S'ils travaillaient pour leur compte, quand ils avaient fabriqué une ou plusieurs pièces d'étoffe, ils les portaient au marché, où les négocians susdits les achetaient et les faisaient préparer. Ce genre de commerce faisait fleurir nos campagnes; alors les espèces d'or n'y étaient pas inconnues comme aujourd'hui. La filature en a disparu, et ce n'est qu'à force de sueurs qu'ils gagnent une modique somme dont le percepteur a le soin de les débarrasser bientôt.

A l'exception des cadis, toutes les autres étoffes étaient croisées et faites à quatre marches. Elles ne différaient les unes des autres que par la force, les dimensions et l'apprêt. Les cinq sixièmes passaient dans le commerce après un simple foulage. On apprêtait les autres de la manière suivante.

Sortant du métier, les étoffes étaient portées aux fouleries : elles étaient dégorgées et foulées sans terre ni savon; ensuite teintes, lustrées, pressées et emmagasinées.

On faisait blanchir au soufre un assez grand nombre de pièces. Le soufrage était précédé d'un bain à la craie.

Toutes ces étoffes avaient leurs principaux débouchés dans les villes du Midi. On en faisait de fréquens envois dans le Lyonnais, en Provence, en Languedoc, et surtout en Espagne. Il s'en vendait une grande quantité aux foires de Beaucaire, d'où elles étaient exportées en Italie. Nos colonies d'Amérique consommaient aussi beaucoup de cadis de St-Geniez; on les employait à des *tanga*, espèce de ceinture à l'usage des Nègres : et notre ancien gouvernement avait assujetti les conseils d'administration des régimens à n'employer que des cadis de St-Geniez pour la doublure des habits.

Un moment avant la révolution de 89, ce commerce si important avait éprouvé une baisse considérable, occasionnée par l'établissement de la marque et du plomb. Les habitans des campagnes, pour ne pas s'y soumettre, allèrent vendre leurs cadis à la Canourgue (Lozère), où cet impôt n'était pas encore établi. Les consuls firent des réclamations : on menaça de ne pas payer la taille royale; on demanda la suspension de la marque jusqu'à ce qu'elle serait établi dans le Gévaudan. Rien ne fut écouté. La marque et le plomb furent maintenus. Les paysans s'y soumirent enfin et le commerce reprit sa vigueur.

Celui qui était chargé d'imprimer la marque et d'appliquer le plomb était connu sous le nom de *commis des cadis*, vulgairement appelé *marqueur*. Jean-François Borderies, de

Montauban, fut pourvu de cet office en 1760. Deux ans après (29 novembre 1762), il fut père d'Etienne-Jean-François, mort, en 1832, évêque de Versailles. D'après Feller, cet illustre prélat serait né en 1764, à Montauban, où son père exerçait *la profession de pharmacien*. Nous ignorons qu'elle était la profession de M. Borderies avant d'arriver à St-Geniez, mais toujours est-il certain que depuis qu'il fut préposé au bureau du commerce, à St-Geniez, il ne quitta plus cette ville, qu'il y mourut ainsi que son épouse pendant la révolution; qu'il y laissa beaucoup de dettes, ainsi que son fils aîné qui était borgne et qui mourut dans l'émigration, dettes qui furent exactement payées par l'abbé Borderies quand il était vicaire de St-Thomas-d'Aquin, à Paris. Outre la certitude que nous donnent les registres de la mairie, d'après lesquels Etienne-Jean-François est né les jour, mois et an susdits, de J.-F. Borderies, commis des cadis, et de Perette Pagès, son épouse, nous avons le témoignage de l'évêque même. Au moment où il faisait sa retraite à Issy, pour se préparer à recevoir la consécration épiscopale, un de nos amis, M. l'abbé G... faisait sa solitude pour entrer dans la Congrégation de St-Sulpice. Un jour se promenant dans le parc, il aperçut le prélat qui s'y promenait aussi. Soit par respect, soit pour ne pas troubler ses méditations, il prenait un autre sentier. M. Borderies l'appela à lui. « Pourquoi donc » me fuyez-vous, lui dit-il avec bonté, ne sommes-nous pas » tous deux de l'Aveyron? Je suis né à St-Geniez. »

A mon tour je dirai : pourquoi donc le portrait de ce vénérable pontife, de cet illustre enfant de St-Geniez, ne décore-t-il pas la salle de notre mairie? Ne serait-il pas le digne pendant de celui de Monseigneur d'Hermopolis? Ce vœu nous l'avions déjà manifesté à M. Rogéry, ancien maire de St-Geniez. La mort ne lui a pas permis de le réaliser. Puisse son successeur accomplir cette tâche si honorable pour lui! Déjà il a placé dans cette galerie le portrait de l'abbé Jean Mercadier, premier supérieur et l'un des fondateurs du Petit-Séminaire de St-Geniez, et on l'en a béni : qu'il y place celui de Mgr Borderies et il recueillera de plus amples bénédictions. La famille Borderies avait de nombreux amis à

St-Geniez : plusieurs vivent encore, ils seront tous réjouis de voir ainsi honorer la mémoire de ceux qu'ils ont aimé.

Vers le commencement du XIX siècle, le commerce des étoffes, se relevant de la chute qu'il avait éprouvé sous les *assignats*, s'accrut avec une rapidité étonnante. En 1812 on comptait dans la ville six cents métiers de tisserand. Huit ans plus tard on n'en compta que cent vingt. La substitution de la toile de coton aux cadis, pour doublure des habits du soldat, porta un échec irréparable à nos manufactures. Elles tombèrent enfin totalement. Quatre mille deux cent douze personnes employées au tissage, à la filature, à l'imprimerie, à la teinturerie, au foulage n'eurent plus une ressource, pour eux, si abondante, et regrettèrent bien vivement leur pain quotidien. A cette époque les principaux négocians étaient MM. Fajole, Muret ; Solanet, Palangié ; Taulon, Nadal, Massabuau, Thédenat, Couret, du Terrail, Glandi, Perségol et autres qu'il serait trop long d'énumérer.

Mais bientôt deux belles filatures ou mécaniques, l'une à MM. Palangié et compagnie, l'autre à MM. Massabuau et compagnie firent revivre en partie l'ancien commerce. Les étoffes, les couvertures, etc., que ces négocians font fabriquer sont dignes de tout éloge soit à cause de leur bonté et de leur finesse, soit à cause de la solidité de leur couleur. Leur débouché est immense. La troupe s'en habille et les mille bras qu'ils emploient sont heureux d'avoir pour vivre cette précieuse ressource. Dans le même siècle, les sieurs Jean Serre aîné et Jaudon avaient établi à St-Geniez deux belles fabriques de coton.

Celle du premier était la plus considérable. On y filait tous les ans cinquante-cinq quintaux de coton, qu'on vendait en fil après l'avoir teint : et puis on en employait une plus grande quantité au tissage des bas et de la bonneterie.

De la seconde fabrique il sortait tous les ans environ cent cinquante couvertures en coton, du poids de 5 à 10 livres. Jaudon n'employait au cardage, à la filature et au tissage que les membres de sa famille.

A cette même époque, le sieur Faudet devint possesseur d'une mécanique pour carder et filer le coton. Dans un jour on y cardait quarante livres de coton et on en filait cinq.

Au commerce des étoffes qui étaient pour St-Geniez une corne d'abondance., il faut joindre les tanneries, qui comptaient de trente-six à quarante maîtres tanneurs. Vers 1800, un d'eux essaya de fabriquer du cuir fort, façon de Pézénas, et son entreprise réussit parfaitement. Dans la première année, il sortit de sa tannerie plus de deux cents cuirs qui furent vendus plus cher que ceux de Pézénas. Sa méthode était la même que celle des tanneurs de cette ville. Jusqu'alors les tanneurs de St-Geniez s'étaient bornés à préparer la basanne, la vache lissée et les peaux de mouton.

Cependant une chose manquait au débouché des étoffes de St-Geniez : les grandes routes ! on en sentait l'importance ; on savait les richesses dont elles sont la source pour les villes qui les possèdent ; aussi ne cessait-on de soupirer après elles ! De concert avec les principaux habitans, les consuls avaient présenté , en 1789, une supplique au maréchal duc de Biron, pour obtenir une route de St-Geniez à Sévérac. Peu d'années après , mêmes vœux pour une route de Rodez à St-Laurent-d'Olt , passant par St-Geniez. De toutes, elle a été celle qui a été sollicitée avec le plus de constance , et pour laquelle la communauté de St-Geniez s'imposa de fortes sommes. Parmi les protecteurs qu'elle employa pour l'obtenir, on voit M. Bouchel , inspecteur des ponts-et-chaussées ; l'abbé Raynal , alors jouissant à Paris d'une grande influence ; M. de Cicé, évêque de Rodez , et son successeur, M. de Colbert.

Mais telle est l'inconstance du cœur, il désire avec ardeur, et quand il est sur le point d'obtenir il repousse le bienfait , si son intérêt est tant soit peu froissé. C'est ce qui arriva au sujet de la route royale passant par St-Geniez. Ici nous laisserons parler M. Rogéry, ancien maire de St-Geniez, dont le zèle a fait terminer l'œuvre commencée sous le consulat de M. Robert Pons-St-Martin.

« Ce courage civil, disait-il, cette fermeté inébranlable , » cette constance dans la poursuite des vues d'utilité pu- » blique, M. Pons eut aussi à les exercer contre l'opposition » autrement puissante des propriétaires le plus influens. » L'estime qu'il avait inspiré à l'administration de la province » lui fit obtenir la direction , vers notre ville , de la route » royale qui va enfin être terminée (1833). L'utilité locale

» des grandes voies de communication était bien moins ap-
» préciée que de nos jours , surtout par les habitans , dont
» elles devaient scinder les propriétés , sans grand espoir
» d'indemnité. Dans cette circonstance , M. Pons ne craignit
» point de heurter les intérêts apparens des personnes aux-
» quelles il portait, d'ailleurs, toute estime, toute affection et
» dont il devait redouter l'influence. Il présida lui-même au
» milieu des menaces et avec quelque danger , à l'ouverture
» des travaux, dans les propriétés de ses meilleurs amis , et
» nous devons à cette fermeté, à ce sacrifice de tout senti-
» ment étranger à ses devoirs, cette route royale qu'on re-
» poussait alors , et qu'on regarde aujourd'hui comme le plus
» sûr moyen de prospérité. Oui, Messieurs , c'est à lui que
» nous la devons et ce bienfait est inappréciable (1). »

M. ROGÉRY, MAIRE.

Né à St-Geniez, le 19 juillet 1773, Simon Rogéry avait fait
une partie de ses études à Ste-Barbe. Destiné par ses parens
à l'état ecclésiastique, il était à la veille d'entrer dans les ordres , lorsque survint la révolution. La patrie était alors en
danger, et l'honneur français s'était réfugié dans les camps.
Rogéry ne balança pas à s'y réfugier lui-même. Il fut promu
rapidement au grade d'officier et concourut à la défense de
nos frontières dans les momens les plus critiques. Mais cette
carrière que plus tard son jeune frère devait parcourir d'une
manière si honorable , n'était pas celle à laquelle il était destiné. Au milieu du tumulte des camps , il se sentait entraîné
vers l'étude de la médecine. C'est pourquoi il sollicita et obtint son congé, pour se rendre à la Faculté de Montpellier.
Ses études terminées , on tenta vainement de l'attirer à Paris , faisant entrevoir une belle perspective. Il préféra la
modeste ambition de se dévouer au bonheur de ses concitoyens.

---

(1) Heureuse d'avoir la route royale qui va à Rodez et la route départementale qui va à Millau, la ville de St-Geniez n'a plus qu'à faire
des vœux pour la création de la grande route de Bordeaux au Rhône
par la vallée du Lot. Elle est l'objet d'une étude sérieuse et l'avant-
projet a été déjà transmis à l'administration supérieure.

Nommé adjoint au maire de St-Geniez, vers la fin de
l'an XI de la République (1803), il devint maire de la ville,
le 3 complémentaire an XII (20 septembre 1804).

Nous ne le suivrons pas dans tous les actes de sa paternelle administration. Notre plume n'est pas assez éloquente
pour lui décerner tous les éloges qu'il a si justement mérités. Dans les *Monumens Religieux*, on verra son zèle pour
l'hospice, le collège, l'œuvre de la Miséricorde et le couvent
des religieuses de Notre-Dame.

L'abbé Bonnaterre, naturaliste distingué, étant mort le 21
septembre 1804, après avoir reçu tous les secours de la religion, M. Rogéry écrivit *aux rédacteurs du Journal Officiel
et des Débats* la lettre qui suit :

« La mémoire des savants appartenant en quelque sorte
» au pays qui les a vu naître, je crois qu'il est de mon de-
» voir de retracer, par la voie de votre journal, les titres que
» s'est acquis à l'estime publique un de mes concitoyens,
» dont la perte nous cause les plus justes regrets.

« M. l'abbé Bonnaterre (Pierre-Joseph), membre de plu-
» sieurs académies savantes, a été enlevé aux sciences, le 4
» complémentaire an XIII. Né à St-Geniez, département de
» l'Aveyron, d'une famille honnête, mais peu fortunée, il
» ne dut qu'à lui-même les succès qui ont honoré sa carrière
» littéraire. N'ayant reçu, dans son pays natal, d'autre édu-
» cation que celle qu'on donnait autrefois aux prêtres de
» campagne, il partit pour Paris, âgé de vingt-six ans, et
» bientôt son aptitude naturelle et son amour pour le travail
» fixèrent l'attention de M. Roquelaure, membre de l'Aca-
» démie française et premier aumônier du roi, aujourd'hui
» archevêque de Malines (1). Cet homme respectable se plut
» à seconder les heureuses dispositions d'un ecclésiastique de

____

(1) Jean-Armand de Bessuéjouls de Roquelaure, né en 1721, au château de Roquelaure, au-dessus de St-Côme, évêque de Senlis en 1754 ;
aumônier du roi en 1764; membre de l'Académie Française, commandeur de l'ordre du St-Esprit; nommé archevêque de Malines, en 1802 ;
démissionnaire en 1808, mourut chanoine de St-Denis, le 24 avril 1818.
Sa dépouille mortelle fut portée à Senlis, où il avait désiré d'être inhumé.

» son pays , et le fit employer à l'édition des Œuvres de
» Fénélon, que le clergé de France faisait paraître. Passionné
» pour les sciences naturelles , il partageait son temps entre
» leur étude et les occupations auxquelles il s'était voué. Son
» illustre concitoyen, l'abbé Raynal, lui prodigua toute sorte
» d'encouragemens et le jugea digne de son amitié. Bientôt
» ses rapides progrès le firent admettre au nombre des sa-
» vans collaborateurs de l'Encyclopédie méthodique, et nous
» lui devons quatre tomes d'*ornithologie*, deux d'*ophiologie*,
» deux de *cétologie* et un d'*astrologie*.

« La tourmente révolutionnaire vint arrêter la plume de
» ce laborieux écrivain. Proscrit et fugitif, il eut à s'occuper
» de sa propre conservation. Lorsque des jours plus sereins
» appelèrent les sciences dans notre patrie, on s'empressa de
» lui offrir la chaire d'histoire naturelle, près l'école centrale
» de notre département, qui lui doit un cabinet d'histoire na-
» turelle, un jardin botanique, aussi riches que bien distri-
» buées, et ce qui vaut mieux sans doute, un grand nombre
» de bons élèves dans une science peu cultivée autrefois dans
» nos contrées.

» Au moment où, retiré dans sa famille, il allait jouir en
» paix du fruit de ses veilles, et s'illustrer encore par de nou-
» veaux écrits, il vient d'être enlevé, à l'âge de cinquante-
» quatre ans, par une affection chronique du foie.

« Il laisse à sa famille une fortune honnête et beaucoup de
» manuscrits, parmi lesquels se trouvent plusieurs cahiers
» destinés à l'Encyclopédie ; une flore du département de
» l'Aveyron, non terminée ; divers mémoires d'agriculture,
» de botanique, etc.

« Je vous prie, MM., d'insérer ma lettre dans votre jour-
» nal et de me croire votre dévoué serviteur,

Simon ROGÉRY, *maire.*

On avait établi, l'an X (1802), un peseur, jaugeur et
mesureur public, pour mesurer, peser et jauger les denrées
et marchandises, moyennant rétribution ; à son tour M.
Rogéry fit établir l'octroi, en 1810, qui produit, à ce moment, un revenu annuel de quatre mille quatre cents francs.
La proposition de cet établissement fut faite au conseil muni-

cipal, dans la séance du 26 décembre 1809. Immédiatement
après M. le maire ajouta : « Plusieurs de nos concitoyens,
» ont acquis des droits à la reconnaissance de la postérité,
» soit par leurs succès littéraires, soit par leurs services ren-
» dus à l'Etat. Nous nommons avec orgueil, parmi les plus
» célèbres écrivains du dernier siècle, Guillaume-Thomas
» Raynal, cet éloquent écrivain du commerce des deux Indes,
» dont la plume énergique attaqua tour-à-tour les abus du
» gouvernement, sous l'ancien régime, et les excès de l'a-
» narchie naissante, sous la première assemblée nationale.
» Nous pouvons présenter à l'estime des savans, dans la per-
» sonne de Pierre-Joseph Bonnaterre, un naturaliste distin-
» gué, d'autant plus recommandable, qu'étant né de parens
» peu fortunés, il sut se faire un nom par des travaux uti-
» les. Nos jeunes concitoyens appelés à l'honneur de vaincre
» pour la patrie, trouveront toujours des modèles de con-
» duite dans les colonels Rivié et Higonet. Rivié, bon écri-
» vain, brave guerrier, citoyen aimable, auquel son mérite
» tint lieu de naissance, et qui parvint aux premiers gra-
» des dans un corps et dans un temps où la naissance ex-
» cluait si souvent le mérite. Higonet, l'ami de notre enfance,
» dont la bravoure fut louée par le héros du siècle, et qui,
» arrêté au milieu de la carrière la plus brillante, laisse
» dans nos cœurs des regrets si récens et si bien mérités.
» Frappés l'un et l'autre au sein de la victoire, ils sont tom-
» bés avec honneur dans les rangs des héros français, lé-
» guant à la ville qui les a vu naître, une portion de la
» gloire acquise au prix de leur sang. Il nous est enfin per-
» mis de rendre un hommage public à la mémoire de ces
» deux braves guerriers et de ces auteurs justement esti-
» més. Il est temps d'honorer notre patrie, en transmettant
» à nos neveux l'image de ceux de ses enfans qui l'ont il-
» lustrée par leurs écrits et par leurs exploits. M. le préfet
» m'autorise à vous proposer de placer leurs portraits dans
» la salle des séances du conseil municipal. Puisse ce témoi-
» gnage de reconnaissance et d'admiration que nous ren-
» dons à leur mémoire devenir pour nos jeunes concitoyens
» un motif d'émulation qui les porte à mériter un jour un
» semblable honneur ! »

Etienne-Pierre Rivié, colonel au corps de génie, chevalier de St-Louis, était né en 1733, et mourut au champ d'honneur, en 1791, âgé de cinquante-neuf ans.

Joseph Higonet, commandant de la Légion-d'Honneur, colonel du 108ᵉ régiment, né en 1772, mourut à la bataille d'Iéna, 14 octobre 1806, âgé de trente-quatre ans.

Guillaume Thomas Raynal, né à La Panouse où ses parens avaient leur maison de campagne, s'est rendu plus célèbre par son érudition et son esprit que par ses fautes et, sous ce point de vue, son nom est plein de gloire pour la cité qui l'a toujours revendiqué comme son enfant. Quant à ses erreurs, il les a hautement désavouées par le blâme sévère qu'il a infligé aux actes du gouvernement révolutionnaire. L'éloquente letttre qu'il adressa à l'Assemblée nationale et dont il est rapporté des fragmens dans le dictionnaire de Feller, sera toujours un monument de son repentir. Dès lors revenu de cet esprit de vertige qui l'avait égaré, il consacra ses dernières années à revoir et à corriger l'*Histoire philosophique des deux Indes* (1), dans laquelle il avait inséré des paradoxes, des déclamations contre les rois et les prêtres, tribut d'impiété que lui avait apporté Diderot et qu'il avait eu la faiblesse d'admettre dans le corps de son ouvrage. Aussi il nous est doux de pouvoir dire, d'après M. Monteil, jurisconsulte, frère de l'illustre historien, qui le tenait lui-même de M. Couret, alors habitant Paris, que Raynal est mort le 16 mars 1796, entre les bras de la religion, assisté de deux prêtres qui reçurent de ses lèvres mourantes l'aveu de son repentir et la rétractation de ses impiétés. Qui sait si ces dignes ministres, qui eussent fait parvenir jusqu'à nous cet acte authentique, ne périrent pas dans la tourmente révolutionnaire?

(1) Dans une lettre adressée, en 1809, à M. le préfet de l'Aveyron, M. Rogéry parle ainsi de l'*Histoire d'Afrique*, par Raynal : « Le public aura surtout à regretter son Histoire d'Afrique, ce sujet encore neuf et qui traité par un tel écrivain n'aurait pas besoin de ce mérite pour être recommandable. » Elle devait former un gros volume in 8°. Le sénateur Garat et l'abbé Morellet, de l'Institut, en avaient revu le style et la partie littéraire. La partie historique et commerciale avait été enrichie de notes précieuses par MM. Bertrand et Monneron, qui avaient fait un long séjour sur les lieux.

Ses héritiers firent don à la ville de St-Geniez de tous ses manuscrits, et je lis dans les registres des délibérations du conseil municipal le discours suivant : « Notre célèbre com-
» patriote Guillaume-Thomas Raynal, cédant à l'esprit de son
» siècle, dépara par des déclamations coupables contre la re-
» ligion et par des récriminations souvent outrées contre les
» gouvernemens établis, *son histoire philosophique et politique*
» *des établissemens et du commerce des Européens dans les*
» *deux Indes*. Il vécut assez pour apprécier les fruits amers
» que produisit, au commencement de nos troubles civils,
» l'abus des principes de la secte philosophique, et il eut le
» courage trop rare de reconnaître ses erreurs et ses exagé-
» rations, à la face de l'Europe. Son exemple fut suivi depuis
» par La Harpe et Marmontel, qui partagèrent avec lui le
» triste avantage d'être les témoins et presque les victimes
» des effets des fausses doctrines qu'ils avaient propagées.

« En décorant de son image la salle de nos séances, nous
» l'avons offert à l'hommage de nos concitoyens, dans ce mo-
» ment le plus beau de sa vie où il écrivait cette sublime lettre
» à l'Assemblée Nationale, dans laquelle il tentait, avec plus
» de courage que de succès, d'arrêter les premiers pas de
» l'anarchie naissante.

« Dès ce moment il consacra sa vie à revoir son grand ou-
» vrage, et à en préparer une édition, écrite avec plus de
» modération et de sagesse. La mort le surprit avant que
» son travail pût être livré à la presse. Sa famille hérita de
» ses manuscrits, et presque tous ses membres en ont cédé
» la propriété à notre mairie, sous réserve qu'en cas de pu-
» blication des ouvrages de cet auteur, deux exemplaires en
» seront délivrés à chaque cohéritier et le reste du produit
» de l'édition consacré à une fondation honorable pour la mé-
» moire de Raynal et utile pour sa patrie.

« Le moment est arrivé où la gloire de cet auteur célèbre
» les intérêts de notre ville, *ceux bien* plus précieux de la mo-
» rale publique exigent la publication de l'*Histoire Philosophi-*
» *que* telle qu'elle a été corrigée ou refaite par Raynal. Le sieur
» Costes, libraire à Paris, vient d'ouvrir une souscription pour
» une nouvelle édition de cet ouvrage, en tout conforme à
» celles qui existent dans le commerce. Si nous ne nous

» hâtons de le prévenir, vainement notre illustre compatriote
» aura voulu léguer à la postérité son ouvrage amélioré par
» *des suppressions nécessaires*, par des corrections utiles,
» par des additions très étendues; le bien qui doit en résul-
» ter pour son honneur, pour les intérêts de la religion, de
» la morale publique sera indéfiniment ajourné. »

Et M. Rogéry conclut qu'il fallait envoyer le manuscrit au
sieur Costes. Sa proposition fut acceptée à l'unanimité et le
manuscrit remis en 1818. L'éditeur fut-il fidèle à publier
l'*Histoire Philosophique corrigée*? Je le pense, mais je ne puis
l'affirmer. Toujours est-il vrai qu'on acheta, du produit, une
rente sur l'Etat pour l'école primaire.

Par les quelques lignes qu'on vient de lire, le lecteur a dû
être convaincu de l'affection de M. Rogéry pour la ville de
St-Geniez. En lisant les registres municipaux, nous nous sommes dit bien souvent : *comme cet homme aimait son pays!*
A chaque ligne, en effet, on admire une sagesse profonde
dans ses vues, une rare prudence, un zèle éclairé, un amour
constant pour ses administrés et le bien de la commune.

Cependant un historien doit tracer un tableau de l'esprit
qui anime les habitans de la ville sur laquelle il fait *des étu-*
des. Cette tâche eût été, pour nous, très délicate, si l'illustre magistrat ne fût venu à notre aide.

« Les habitans de St-Geniez réunissent, écrivait-il en
» 1823, des qualités bien précieuses qui rendent faciles les
» fonctions des magistrats appelés à l'honorable devoir de les
» administrer. Attachement sincère aux principes religieux ;
» soumission sans bornes à l'autorité qui sait se concilier leur
» affection ; générosité dans les sacrifices qui leur sont de-
» mandés pour le bien public ; union, amour de l'ordre et
» respect pour les lois, tels sont les principaux traits de leur
» caractère. La rapidité avec laquelle ont été réparées les
» pertes causées par la révolution à nos établissemens de
» charité et d'instruction, la ville embellie, les revenus com-
» munaux augmentés, la parfaite concorde qui n'a cessé de
» régner parmi eux et que n'ont pu troubler les diverses
» nuances d'opinions politiques; le petit nombre des délits
» relativement à la population; l'exactitude dans le paiement
» des contributions; la ponctualité avec laquelle nos jeunes

» soldats se rallient sous les drapeaux et leur restent fidèles ,
» au point qu'on ne compte dans notre commune aucun
» retardataire, aucun déserteur , tout concourt à démontrer
» le bon esprit de nos concitoyens. »

Mais toujours , de plus en plus passionné pour la prospérité de la ville de St-Geniez, M. Rogéry voulut la doter de
deux établissemens qui, seuls, suffiraient à immortaliser son
nom. En 1835, il ouvrit deux salles d'asile pour les enfans des
deux sexes, dont il confia la direction aux religieuses de
Nevers. On sait assez combien ces salles sont admirables ;
pour être dispensé d'en faire l'éloge.

Le deuxième établissement qu'on désirait vivement , depuis de si longues années , était une école primaire dirigée
par les frères des écoles chrétiennes. Mais que de difficultés
à surmonter pour obtenir ce précieux bienfait ! La demande
de la ville de St-Geniez était la cinquante-troisième en ins-
tance ! Mgr d'Hermopolis, Mgr l'archevêque de Paris , M.
Clauzel de Coussergues, ancien député, MM. l'abbé Boyer et
Faudet, curé de St-Etienne-du-Mont, furent priés d'employer
leur protection pour obtenir un heureux succès. Bientôt on
vit un rayon d'espérance et les habitans de St-Geniez s'empressèrent aussitôt d'ouvrir une souscription qui produisit
neuf mille francs. C'était pour les premiers frais de l'établissement ; le surplus, qui s'élève à une somme de cinquante
mille francs, fut fourni soit par la ville, soit par des dons particuliers. Parmi ces derniers , cinq mille francs légués par M.
l'abbé Delbosc , ancien curé de St-Geniez, qui salua , plein
de joie, l'aurore du beau jour qui allait luire sur son troupeau , objet de ses plus chères affections. Enfin, la petite colonie du *bienheureux* Jean-Baptiste de La Salle arriva à St-
Geniez , vers le commencement de 1837 et, autour d'eux , se
rangèrent plus de deux cents enfans, avides de retracer, dans
leurs jeunes cœurs, les leçons et les vertus de leurs modestes
instituteurs. Les premières vacances furent reçues avec regret ; mais ce fut une touchante solennité que celle de la distribution des prix. La foule se pressa compacte dans la salle
du tribunal : tous les cœurs étaient épanouis de joie ; on
n'avait pas d'expression pour bénir assez dignement le bien
que les frères avaient déjà opéré. A M. Rogéry d'être l'organe

de ces sentimens unanimes, et il s'acquitta, en ces termes, de cette tâche honorable et si douce pour son cœur !

Mes révérends frères ,

« Il m'est enfin donné de vous rendre un public hommage » de reconnaissance pour le bien que votre présence, si ré- » cente dans notre ville, a déjà opéré au milieu de nous. Par » vos soins éclairés et affectueux , vous avez changé les ha- » bitudes jusques-là oiseuses et turbulentes de notre jeune » population ; substitué l'instruction à l'ignorance ; l'amour » de l'étude à une insouciance funeste , les principes consola- » teurs de la religion à une indifférence plus funeste encore. » Sensibles à l'enthousiasme avec lequel votre arrivée parmi » nous fut accueillie, vous avez supplée par votre zèle à l'in- » suffisance du nombre. Plus de deux cents enfans ont reçu » de deux seuls instituteurs, et en quelques mois , un degré » d'instruction et d'éducation qui ne peut être apprécié » que par ceux qui en sont les heureux témoins. Par votre » inaltérable douceur , unie à la plus sage fermeté , vous avez » captivé, soumis tous ces cœurs, et, grâces à la respectueuse » affection que vous savez inspirer à vos élèves, ce que l'é- » tude et la discipline avaient pour eux d'inaccoutumé , de » pénible , s'est converti en une occupation agréable, en un » véritable plaisir. Vous avez entièrement changé leur ma- » nière d'être sous le rapport social et religieux. Certes, nous » avions conçu de grandes, de hautes espérances sur le con- » cours des membres de votre respectable institut ; mais je » je dois le dire avec vérité, elles ont toutes été dépassées » par vos succès. Ah ! sans doute, ce n'est pas de ce monde » que vous attendez votre récompense , mais vous ne sauriez » rester insensibles à l'expression d'unanime reconnaissance » dont je me rends l'organe au nom de mes concitoyens.

« Et vous aussi, mes enfans chéris, vous avez de beaucoup » dépassé les espérances que nous fondions sur vous. Votre » amour, votre vénération pour vos maîtres révèlent la bonté » de votre cœur ; votre assiduité, votre empressement à vous » rendre à leurs leçons ; votre attentive application à les écou- » ter, à vous en pénétrer ; la noble émulation d'apprendre » et de bien faire qui vous anime tous , sans exception , ont

» mérité, pour chacun de vous, les couronnes et les prix
» que quelques-uns seulement vont recevoir. Vous avez tous
» montré une égale bonne volonté, une égale soumission,
» une même ardeur pour l'étude: mais Dieu n'a pas réparti
» à chacun le même degré d'intelligence et d'aptitude. Chacun
» de vous a fait de son mieux pour profiter de l'instruction
» qui lui était offerte, et, sous ce rapport, vous avez tous
» mérité nos éloges. Puissent-ils consoler ceux qui, moins
» heureux aujourd'hui, peuvent plus tard se distinguer à
» leur tour; et ceux aussi qui, doués de peu de moyens natu-
» rels, ont peu d'espoir d'atteindre un jour à ces honorables
» récompenses ! Leur persévérance leur fera du moins acqué-
» rir le degré d'instruction nécessaire pour exercer avec suc-
» cès les professions auxquelles leur position sociale les des-
» tine, et les principes de morale et de religion qui devront
» diriger leur conduite, les consoler dans l'infortune, et leur
» assurer dans toutes les positions l'estime des gens de bien et
» le témoignage d'une bonne conscience. Ces avantages, mes
» chers amis, sont à la portée de ceux qui n'auront point part
» à nos couronnes, comme de ceux qui vont les recevoir.
» Pour les obtenir, il faut seulement persévérer dans la bonne
» voie qui vous est ouverte, et je le dis avec la plus entière
» conviction, aucun de vous ne consentirait aujourd'hui à l'a-
» bandonner pour rentrer dans la voie de dissipation et d'oisi-
» veté dont nos bons frères vous ont retirés.

» Vous pouvez mieux que personne rendre témoignage du
» bien qu'ont opéré ces dignes instituteurs, vous, heureux
» parents de ces jeunes enfans, qui vous pressez autour d'eux
» dans cette circonstance solennelle; vous qui, appelés pour la
» première fois à une jouissance jusqu'ici réservée à des clas-
» ses plus aisées, sentez aussi palpiter votre cœur ému par
» l'espoir de voir vos enfans participer à des distinctions si
» bien méritées. Dites-nous si, depuis qu'ils fréquentent nos
» écoles, vous ne les trouvez pas plus soumis, plus respec-
» tueux, plus empressés de remplir leurs devoirs envers
» vous ? Dites-nous si aucun de vous regrette le sacrifice de
» leur temps, si bien employé, quoique la malheureuse posi-
» tion de quelques-uns d'entre vous pût rendre leur jeune
» concours nécessaire à la famille ? Non. L'amélioration de leur

» conduite et l'espoir d'un meilleur avenir, vous console de
» cette privation dont vous ne tarderez pas à recueillir les
» fruits. Continuez à encourager leur assiduité à la classe et
» à fortifier par vos exemples les pieux enseignemens qu'ils y
» reçoivent.

» Respectables ecclésiastiques, et vous tous, mes estima-
» bles concitoyens, qui honorez de votre présence cette inté-
» ressante réunion; vous, dont le dévouement et les généreux
» sacrifices ont doté notre ville de sa plus utile institution;
» vous, qui allez partager avec moi le bonheur de distribuer
» des couronnes bien méritées, je puis le dire avec la plus
» entière conviction, avec une douce émotion que vous éprou-
» vez comme moi : votre belle œuvre est accomplie! La mo-
» ralité des générations à venir dans notre ville est assurée;
» nos enfans ont dignement répondu à tout ce que vous avez
» fait, à tout ce que vous serez toujours disposés à faire pour
» eux; le zèle et le succès de leurs modestes instituteurs se
» sont montrés supérieurs aux vœux que nous osions former.
» Maîtres, élèves, parens, protecteurs, tous ont rivalisé de
» zèle et de dévouement, et nous sommes assez heureux pour
» n'avoir rien à désirer de plus que ce qui existe, et pour
» n'avoir à demander que la persévérance. »

C'est encore au zèle de M. Rogéry que la ville doit ses embellissemens. C'est lui qui a fait construire la belle façade de
l'Hôtel-de-Ville, ornée d'un fronton, dans le tympan duquel
le cadran d'une horloge indiquant, outre les heures, les phases
de la lune, et frappant sur une cloche supportée par un
beffroi qui couronne l'édifice. C'est lui qui présida à la distribution des appartemens de ce vaste édifice (1), aux décorations de la salle des audiences et du tribunal de commerce,
de la magnifique salle des séances du conseil municipal où,
entre autres ornemens, on voit un buste de Raynal en marbre, dû au ciseau de son ami Espérieux, de Marseille; les portraits de l'abbé Bonnaterre, des colonels Rivié et Higonet,
de Pierre Thédenat, ancien recteur de l'Académie de Nîmes

_____

(1) L'Hôtel-de-Ville est l'ancien couvent des Augustins; les Frères
en occupent encore une partie et la gendarmerie une autre.

et auteur de plusieurs ouvrages très estimés sur les mathématiques, par Valentini père ; de Robert Pons, consul, par Richard, de Millau ; de Guilaume Thomas Raynal, par Mme Delzers, née Girou de Buzareingues. C'est à lui qu'on doit la belle place, en face de l'Hôtel-de-Ville ; celle qu'on trouve à l'avenue de la route de Millau ; la régularité des rues ; l'enlèvement des avancements des façades des maisons en torchis ; l'abattoir, très bel édifice. Enfin il n'est pas de pierre ou de monuments de charité ou d'instruction qui ne portent l'empreinte du nom de Rogéry ! Que ce nom vive donc à jamais dans la mémoire de ses concitoyens ! Rome païenne lui eût érigé une statue : que les habitans de St-Geniez l'érigent dans leur cœur, plein de reconnaissance. Leurs larmes l'accompagnèrent à sa dernière demeure, le quatorze décembre 1843. Elles furent une belle oraison funèbre : qu'elle ne soit jamais oubliée !

Les restes de ce digne magistrat furent déposés dans le petit cimetière. Un tombeau en pierre calcaire les recouvre. On lit sur une table de marbre noir : *Ici repose Simon Rogéry, docteur en médecine, maire de la ville de St-Geniez, mort le 13 décembre 1843, emportant les regrets de ses concitoyens, dont il a été le bienfaiteur.*

LISTE CHRONOLOGIQUE DES CONSULS, DES ÉCHEVINS, DITS CONSULS, ET DES MAIRES DE LA VILLE DE ST-GENIEZ.

Si le vandalisme avait su respecter les vieux registres, les anciennes chartes, vrais trésors de l'histoire, nous pourrions offrir une nomenclature de tous les consuls de la ville de St-Geniez ; mais il ne nous reste que des regrets et quelques noms que nous avons, en partie, ramassés dans des papiers épars.

1547.

M. de Frézals, licencié en droit ; maître Jamme Guery, bachelier en tout droit ; Roquete, teinturier, et N..., firent bâtir, le 7 du mois d'août de l'an susdit, le pont du Barivès. Avant cette époque, il n'y en avait pas eu sur ce ruisseau ; aussi les habitans de St-Geniez craignirent-ils pour la sûreté de la ville ; mais *les cossols diru velo garda lo pont et tota la parocha*. Le secrétaire qui écrivit, sur parchemin, cette note, eut le soin d'ajouter *Amen*.........................

....

1578.

M. Masson, licencié en médecine; *sire* Antoine Gaubert et Jehan Couret, marchands et N.............................

Henri, roi de Navarre, comte de Rodez, etc., accorda à la demande de ces consuls et des habitans de St-Geniez, la foire des SS. Fabien et Sébastien (20 janvier)...........

1580.

M. Balat, licencié ez droits; *sire* Bernard Valéry........
Ce fut sous leur consulat qu'on commença à tenir la susdite foire.

1586.

M. André, juge de la Canourgue; *sire* Jehan Couret, marchand; Jean de Lagriffol, notaire, et *sire* Jehan Fajole, marchand.

Sous leur consulat, la peste ravagea la ville de St-Geniez, depuis les premiers jours d'octobre jusqu'au mois de décembre de l'an susdit. Sept cents habitants furent victimes du fléau, et le cimetière ne pouvant les contenir, on les enterra dans un terrain qu'on appelle le *Cimetière des pauvres*......
Jadis on devait dire *des pauvres pestiférés*. Mais le temps efface bien des souvenirs. M. André mourut de la peste....,

....

....

1594.

M. Antoine de Balat, licencié ez droits; *sire* Jean Régis; Guillaume Benoist, marchand, et M. Guillaume André, notaire.

Mre Antoine Guerrousse, procureur fondé de noble Bernardin de la Valette, seigneur de Copadil, capitaine du château de St-Geniez, pendant la Ligue, remit cette place, le 25 juin de l'an susdit, entre les mains des consuls susnommés..

....

....

1604.

Pierre Dumas; Guillaume Benoist, marchand; Antoine Dumas et N. . . . .
. . . .

1637.

Pierre Rotgier, bourgeois; Guillaume Lille; Guillaume Nogaret et Jean Sabbatier.

1638.

M. Raymond Duzilis, docteur ez droits; Antoine Privat; Pierre Bernier et Guillaume Massabuau.

Ils firent un règlement de police dont on a rapporté quelques fragmens. . . . .
. . . .

1657.

Jacques Delestrade, docteur en médecine; Durand Fajole, Pierre Bonnaterre, marchands, et Jacques Laymayous, paysan de Vieille-Vigne.

Sous leur consulat, construction du rétable de l'*Olta-Biel.*
. . . .

1660.

Pierre Privat, docteur et avocat; Pierre Balat, bourgeois; Jean Couret, marchand, et Pierre Massabuau, paysan de Pessoles.

Ils s'opposent à la fondation du monastère de la *Bénissons-Dieu*, de la Falque. . . . .
. . . .

1667.

Marc-Antoine de Benoist; Pierre Paul Solanet. . . . .
. . . . firent hommage à Louis XIV, le 20 février de l'an susdit. . . . .

1669.

François Bernier; Paul-François Fontanier, bourgeois;

Antoine Séguy, marchand, et Jean Fontanier, paysan du village de Sarnhac.

Le 24 décembre, en susdit, ils firent hommage à Louis XIV, en la personne de Mgr Claude Pellot, seigneur du Port-David et Sandars, conseiller du roi, maître des requêtes ordinaire de son hôtel, intendant de la justice, police, finances et généralités de Montauban.........................

....

1676.

Pierre Talon; Pierre Vernière; Jean Perségol et Jean Delous..

1698.

Pierre Vernière; Pierre Massal; Jean Majorel et Jean Gabriac.

1699.

Raymond Cerda; Jean Sabbatier; Simon Cambaulas et Jean Trousselier.

Les susdits huit consuls firent couper le rocher qui dominait la vieille église paroissiale, pour faire l'emplacement de la nouvelle. Ce travail coûta mille cinquante-six livres neuf sols huit deniers: la journée des maçons étant à 8 sous; dans le mois de février, à 10; en avril, à 14; en mai, juin et juillet, à 15.

Lacune considérable........................

1733.

Jean-Antoine Courret de la Sagne, avocat en parlement; Pierre Albin, bourgeois; George Palangié, marchand, et Valentin, paysan de Sarnhac.

1735.

Étienne Vernhet, avocat en parlement; Adam Bastide Fajole, bourgeois; Étienne Lacombe, chirurgien, et Jean-Jacques Mercadier, paysan du Minier-Haut.

1735.

Jean-Antoine Foulquier, marchand; Pierre Cayrol, marchand; Paul-François Gay, notaire, et Jean Hermes, paysan de Laval.

Ils font interdire le cimetière qui était sur le devant de l'église paroissiale.

1736.

Simon Camboulas, avocat en parlement; Jean Combes, marchand; Guillaume Albin, bourgeois, et Joseph Bouscari, paysan de la Girmanie.

1737.

Jean François Séguret, marchand; Bernard Serre, marchand; Jean-Raymond Vilaret, orfèvre; Antoine Verlaguet; paysan du Batut.

1738.

Maurice Brunet, docteur en médecine; Guillaume Balat, de la Garde, marchand; Guillaume Planque, marchand; Jean Gabriac, paysan des Pessoles.

1739.

Jean de Benoist, bourgeois; Antoine Dumas, marchand; Guillaume Entraygues, fils, marchand; Jean Ampoulier, de la Volmanière.

Sur la demande de M. Balat, procureur du roi, on renouvelle les anciens règlemens de la communauté au sujet des grades du consulat, et on arrête qu'aucun habitant ne pourra être premier consul, s'il n'est pas noble ou gradué, ou s'il n'a pas été deux fois consul: que le second consul pourra être réélu plusieurs fois pour le même rang et non le troisième consul.

1740.

Pierre-Joseph Couret, bourgeois; George Palangié, marchand; Antoine Cornuéjuols; Pierre Roux, paysan d'Artigues.

Désaccord entre les consuls et Me Guillaume de Benoist, bailli, juge des montagnes, trois châtellenies du Rouergue, successeur de Victor de Benoist, conseiller du roi , bailli, etc. On a dit la cause de la désunion. . . . .
. . . .

1742.

Guillaume Raynal, avocat; Antoine Laquerbe, notaire; Guillaume Conil, marchand; Pierre Ginestes, paysan d'Artigues.

1743.

Pierre-François de Girels; Pierre Cayrol, négociant; Claude Saleil, marchand; Jean-Pierre Bernier, paysan du Minier-Haut.

1744.

Guillaume de Lille, conseiller du roi et son lieutenant ès-judicatures royales de St-Geniez et la Roque-Valzergues; Guillaume Combacau; Jean-Guillaume Thédenat; Jean-Pierre Radoc, paysan de La Remiguière.

1745.

Maurice Brunet, docteur en médecine; Jean-Antoine Foulquier, marchand; Pierre Bonnaterre, chirurgien; Joseph Laymayous, paysan de Vieille-Vigne.

Incendie de la Tour de l'Horloge.

1746.

Antoine Laquerbe, notaire; Jean-Antoine Foulquier, marchand; Guillaume Balat, marchand; Joseph Laymayous, paysan de Vieille-Vigne.

Extinction du consulat concédé par le duc de Bourbon, en 1345. Les habitans de St-Geniez avaient usé de ce glorieux privilège pendant trois cents quatre-vingt-onze ans.

ÉCHEVINS, DITS CONSULS.

Fin de 1746.

Pierre Foulquier , Pierre Cayrol , nommés par Louis XV.

1747.

Pierre Cayrol ; Pierre Fontanié.
Autre lacune.

1767.

Robert Pons-St-Martin, avocat ; François Rouquayrol, notaire.

1768.

Robert Pons-St-Martin, avocat; Jean-Louis Palangié, marchand.

1769.

Jean-Baptiste Costy, médecin ; Jean-Louis Palangié, marchand.

1770.

Jean-Baptiste Costy, médecin ; Jean-Guillaume Tédenat, marchand.

1771.

François Solanet, avocat en parlement; J.-G. Tédenat, marchand.

1772.

François Solanet, avocat en parlement; Guillaume Cayrol, renommés jusqu'en 1784.

1784.

Robert Pons-St-Martin, avocat en parlement, et M. Palangié, dont on a parlé à l'article du consulat de M. Pons, prorogés jusqu'en 1790.

MAIRES DE SAINT-GENIEZ.

1° Messire Jean Fajole, prêtre, premier maire perpétuel, 1693.

2° Jean Fajole, sieur de la Ferrière, conseiller du roi, maire perpétuel, en 1711.

3° Amans Gaubert, conseiller du roi, maire perpétuel, en 1746.

4° A. Raynal, conseiller du roi, maire perpétuel, en 1761.

5° Robert Pons, ancien consul, maire en 1790.

6° Costy, maire, en 1791.

7° Pascal Couret, fils aîné, maire en 1793.

8° Simon Rogéry, docteur-médecin, chevalier de la Légion-d'Honneur, membre du conseil général de l'Aveyron, maire de St-Geniez, en 1804.

9° Jean-Louis-François-Marie-Thérèse-Jacques-Philippe Séguret, membre du conseil général, maire depuis 1844.

Appelé à recueillir le bel héritage que lui a légué son prédécesseur auquel il était adjoint depuis de longues années, M. Séguret se montre constamment digne de la confiance et de la considération de ses administrés. Par ses soins, un nouvel établissement de charité va être fondée dans une ville où ils sont si nombreux, mais où celui-là semblait laisser une lacune, un Hôtel-Dieu. Déjà la maison est achetée et on possède les fonds nécessaires pour cette œuvre éminemment catholique.

MONUMENS RELIGIEUX.

—

XI SIÈCLE.

—

Eglise paroissiale dédiée à saint Geniez, martyr à Arles.

———◆●◆———

La ville de Marseille possédait autrefois une célèbre abbaye de Bénédictins, du nom de Saint-Victor, qu'un de ses abbés, Guillaume de Grimoard, de Grisac, fils d'un seigneur de Gévaudan, élu pape en 1362 sous le nom d'Urbain V, rendit plus illustre encore. La multitude de ses sujets, la profondeur de leur science, l'éclat de leurs vertus, lui attirèrent l'affection et la vénération des évêques, dans des siècles surtout où le clergé séculier était peu nombreux. Pons d'Étienne, évêque de Rodez, à son retour de Rome, en 1082, où il avait assisté à un concile tenu en présence du pape Grégoire VII, et où sa foi et son zèle s'étaient retrempés aux tombeaux des saints apôtres, lui fit don d'un certain nombre d'églises, dont le dénombrement est contenu dans l'acte qu'on va lire, avec traduction littérale à côté du texte :

In nomine omnipotentis Dei, ego Pontius, Dei gratiâ, licet immeritus, Ruthenensis ecclesiæ præsul, servorum Dei justis petitionibus annuere sitiens, atque eorum sacris precibus præsentem futurumque promereri salutem, ex his quæ ad eorumdem servorum Dei utilitatem proficere possint, aliquid ip-

Au nom de Dieu tout-puissant, moi Pons, par la grâce de Dieu, évêque, quoique indigne, de l'église de Rodez, désirant acquiescer aux justes demandes des serviteurs de Dieu, et voulant, par leurs prières, mériter le salut présent et avenir, ai résolu, autant que ma pauvreté peut me le permettre, de leur donner quelque chose de ce qui peut leur être utile et servir à leurs usages, à savoir : l'église de Saint-Amans et toutes celles qui lui appartiennent, qui sont les églises de Bozouls, d'Estaing, de Saint-Chély, au-dessous de Belvédèze (1) et plusieurs autres qui lui appartiennent, quelque part qu'elles soient situées.

« En outre je donne l'*église de Sainte-Marie de Haute-Fage*, et l'église de Rivière, et l'église de Saint-Pierre de Colnoz.

« Je donne aussi l'église de Sainte-Marie de Luzençon et celle de Mostuéjouls.

« Je donne de même l'église de Saint-Michel de Castelnau, et l'église paroissiale de Sainte-Marie, et l'église de Saint-Bauzély.

« Je donne et approuve et confirme le monastère de Vabres, et les monastères et les églises qui lui appartiennent, savoir : de Nant et de Ferret

sorum usibus deserviendum tradere, prout possibilitas paupertatis meæ sinit, decrevi : videlicet ecclesiam Sancti Amantii cum ecclesiis et omnibus quæ ad eamdem ecclesiam pertinent, videlicet ecclesiam de Boadone, et ecclesiam de Stagno, et ecclesiam Sancti Electi, decembtus Belveder et multis aliis quocumque fuerint loco, ad se pertinentibus.

Dono etiam *ecclesiam Sanctæ Mariæ de Haltâ-Fagiâ*, et ecclesiam de Riveriis, et ecclesiam Sancti Petri de Colnoz.

Dono prætereà ecclesiam Sanctæ Mariæ de Limentone, et ecclesiam de Mustogol.

Dono etiam ecclesiam Sancti Michaelis de Castelnovo, et ecclesiam Sanctæ Mariæ parochialem, et ecclesiam Sancti Bandilii.

Dono et laudo et confirmo Vabrense monasterium, cum monasteriis et ecclesiis ad se pertinentibus, videlicet Nantese et Ferret, et Sancti Se-

(1) Il ne paraît pas que les Bénédictins de Saint-Victor aient accepté toutes ces églises. En 1266, on voit l'évêque Vivian unir l'église de Mostuéjouls au monastère de la Canourgue ; et en 1278, l'évêque Raymond de Calmont céder au Dom d'Aubrac l'église de St-Chely. D'après la donation de cette dernière église aux Bénédictins, il est facile de conclure que l'hôpital d'Aubrac n'existait pas encore. L'évêque de Rodez eût chargé les moines de ce monastère de desservir l'église de Saint-Chély, comme le fit plus tard l'évêque Raymond de Calmont.

veri, et Sancti Hippolyti, et monasterium de Verniâ, cum appenditiis eorum; monasterium Sancti Caprasii de Petra, cum ecclesiis ad se pertinentibus, videlicet ecclesiam de Verzols et aliis ecclesiis.

Dono etiam similiter *ecclesiam Sancti Genesii, in valle Olti*, et ecclesiam de Fijaguet, et *ecclesiam d'Amarnhac*, et ecclesiam Sancti Salvatoris de Grandifolio, et ecclesiam Sancti Victoris de Cambolas.

« *Dono et monasterium Sancti Petri*, et Sancti Leontii, cum ecclesiis Sancti Petri de Alsobre, et Sancti Stephani ad Vivarium, et ecclesiam Sanctæ Mariæ de Ecclesiâ Novâ et ecclesiam de Mauriaco.

« Dono similiter monasterium Sanctæ Mariæ de Amiliano.

« Hæc omnia supradicta cum aliis omnibus legaliter et legitimè ad se pertinentibus trado, cedo, dono et confirmo cum consensu et voluntate canonicorum meorum et Ecclesiæ filiorum, scilicet: Bernardi Ysarni, archidiaconi; et Oldarici, archipresbiteri; et Deodati, diaconi; et Deodati, sacristæ; Ingelberti et nepotis ejus

et de Saint-Séver, et de Saint-Hippolyte et le monastère de la Vernhe, avec leurs dépendances; le monastère de Saint-Caprais de Peyre, avec les églises qui lui appartiennent, savoir : l'église de Versols et autres églises.

« Je donne, de même, *l'église de Saint-Geniez dans la vallée d'Olt*, et l'église de Fijaguet, et *l'église de Marnhac*, et l'église de Saint-Sauveur de Grandfueil, et l'église de Saint-Victor de Camboulas.

« *Je donne le monastère de Saint-Pierre* et celui de Saint-Léon, avec les églises de Saint-Pierre d'Alsobre; de Saint-Étienne au Vivier (aujourd'hui Veriusque), l'église de Sainte-Marie de Gleise-Nove, et celle de Mauriac.

« Je donne également le monastère de Sainte-Marie de Millau.

« Tous ces biens avec tout ce qui leur appartient légalement et légitimement, je les livre, cède, donne et confirme, avec le consentement et volonté de mes chanoines et enfans de l'Église, savoir : Bernard Ysarn, archidiacre, et Oldaric, archiprêtre; et Deodat, diacre; et Deodat, sacristain; Ingelbert et Bernard, son neveu; et Déodat, diacre; et Raymond de Pierre, comme Dom Grégoire, pape, les avait, de son autorité, donnés et confirmés à Saint-Victor, et au monastère de Marseille, et à Ricard, abbé, et aux moines présents et avenir, avec tous les biens et honneurs qu'ils avaient déjà acquis dans l'évêché de Rodez.

« Si quelqu'un, évêque, clerc ou laïque, ose entreprendre d'annuler cette charte émanée de mon autorité, qu'il ne puisse le faire en aucune manière, mais qu'elle conserve à jamais sa force et sa stabilité ; et celui qui voudra l'enfreindre, qu'il soit séparé de l'assemblée des fidèles, à moins de repentir, et de plus qu'il soit condamné à une amende de cent livres d'or.

« Cette charte a été faite, l'an de l'incarnation du Verbe, 1082, par moi, évêque pécheur, revenant du concile Romain, tenu en présence de Dom Grégoire VII, pape. »

Bernardi; et Deodati, diaconi; et Raymondi Petri, sicut Dompnus papa Gregorius, suâ auctoritate donaverat et confirmaverat Sancto Victori et Massiliensi monasterio; et abbati Ricardo, et monachis præsentibus et futuris, cum aliis omnibus quæ in Ruthenensi episcopatu adquisierint, tàm in ecclesiis quàm in honoribus.

Si quis autem episcoporum, clericorum aut secularium, hanc auctoritatis nostræ cartam annulare tentaverit, nullatenùs hoc agere possit, sed hæc, auctoritatis meæ, carta, firma et stabilis in perpetuum maneat, et qui hanc irrumpere voluerit, à consortio fidelium Dei alienus existat; nisi resipuerit, insuper componat in vinculo, auri pondus C. librarum.

« Facta est carta hæc anno ab incarnato Dei verbe MLXXXII, revertente me peccatore episcopo à concilio romano, sub presentiâ et auctoritate Dompni papæ Gregorii VII celebrato (1). »

Dès lors quatre moines de Saint-Victor desservirent l'église de Saint-Geniez. Un était sacristain, un autre recteur, le troisième panetier et le quatrième clerc perpétuel. Leur

---

(1) *Gallia Christ. nova.* T. I instrumentæ ecclesiæ Massiliensis, p. 118.

costume était une toge blanche. Leur maison claustrale se trouvait vis-à-vis le presbytère actuel. Il n'en reste plus que la salle dite aujourd'hui du billard.

L'église même qui leur fut donnée n'existe plus ; ou elle tomba de vétusté, ou elle fut reconstruite, dans le XIII° siècle, pour les besoins de la population qui allait s'augmentant. Elle fut encore agrandi dans le XV° siècle de toute la partie qui forme la chapelle d e Notre-Dame-du-Rosaire.

Prieur de l'église Saint-Geniez, le chapitre de Saint-Victor en percevait les revenus qui s'élevaient, en 1515, à quatre cents livres. Une partie servait à l'entretien des religieux susdits, et l'autre partie rentrait dans la mense abbatiale. Quelques siècles plus tard, il lui sembla bon de mettre ce prieuré en commande. Le prieur éta't à la nomination du chapitre susdit, et le curé à celle du prieur. Les émoluments du curé s'élevaient à vingt livres en sus de la nourriture, c'est ce qu'on appelait : *être à la congrüe* (1).

PRIEURS.	CURÉS.
1343.	1343.

1. *Moussen Peyré d'Estang : oncien ébesqué dé Sent-Flour, archébesqué dé Bourjos, cordinal et priou dé la billo mousur Sent Genieys.*

1. *Moussen Estevé dé Verlaguet, curat dé lo prison billo dé mousur Sent Génieys.*

Pierre d'Estaing était quatrième fils de Guillaume, troisième de nom, baron d'Estaing, l'une des plus anciennes et des plus illustres familles du Rouergue, et d'Esmengars de Peyre, dame de Valentines et vicomtesse de Ceylane. A peine fut-il sorti de l'enfance, qu'il prit l'habit de bénédictin dans l'abbaye de Saint-Victor de Marseille, y fit profession le 13 octobre 1341 et fut nommé, peu de temps après, prieur de Saint-Geniez. Évêque de Saint-Flour après la mort de Dieudonné de Conillac, il fut transféré de ce siége à l'archevêché

(1) Prior et rector prioratûs, est ad collationem abbatis Massiliæ et valet IIII libras. Iste prioratus est regularis, ordinis sancti Benedicti cum veste albâ. Rector est mensalis prioris. *Ancien Pouillé du diocèse,* 1513.

de Bourges, et créé cardinal-prêtre du titre de Sainte-Marie-
au-delà-du-Tibre par Urbain V. Ce pape l'emmena à son
voyage d'Italie, alors cruellement déchirée par les factions, où
il le nomma camerlingue, son légat et vicaire-général. Grégoire XI, successeur d'Urbain, lui confirma les mêmes pou-
voirs. Le cardinal traita avec les révoltés de Pérouse, les seigneurs de Ferrare de la maison d'Est, les empereurs d'Orient
et d'Occident, et eut le bonheur et la gloire de pacifier l'Italie.
Il s'efforça ensuite, de concert avec sainte Catherine de
Sienne, à déterminer le pape à revenir à Rome, et l'y reçut
enfin le 17 janvier 1377. Le 15 de novembre suivant, le cardinal cessa de vivre, étant alors évêque d'Ostie et de Ferrare.
Son corps fut inhumé dans l'église de Sainte-Marie-au-delà-
du-Tibre. Profond théologien, il avait présidé une assemblée
de vingt docteurs pour examiner les ouvrages de Raymond
Lulle, qui furent condamnés par Grégoire XI sur le rapport
qu'en fit le cardinal d'Estaing.

Certes, c'est une belle gloire pour l'église de Saint-Geniez
d'avoir eu pour prieur un prélat, un prince de l'église aussi
éminent en vertus. Il la combla de bienfaits, et, parmi les
dons qu'il lui fit, le plus riche, le plus magnifique de tous,
était une croix processionnelle en vermeil, ornée de pierreries
d'un très grand prix. Inutile d'ajouter qu'elle est devenue la
proie des vandales du siècle dernier.

Le cardinal d'Estaing s'était démis du prieuré de Saint-Geniez, en 1364, du moment qu'il se vit obligé à demeurer à
Rome.

PRIEURS.	CURÉS.
1365.	**1377.**
II. Guilhen Clavel, reli-gieux de Saint-Victor, né à Marseille, prieur de Saint Gé-niez.	II. Pierre Parayre, curé de Saint-Geniez.
1417.	**1409.**
III. Noble Pierre de Cay-rodes, religieux de Saint-Victor, prieur de Saint-Ge-niez.	III. Noble Guilhen de Lala, curé de Saint-Geniez, nommé l'an susdit par le prieur de Cayrodes.

PRIEURS.

CURÉS.

1459.

1422.

IV. Noble Pierre de Gor-sac, prieur de Saint–Geniez.

IV. Élie Filhac, curé de Saint-Geniez.

1520.

1530.

V. Noble Pierre de Gorsac, neveu du précédent, prieur de Saint-Geniez.

V. Pierre Soulié, curé de Saint-Geniez.

1551.

1550.

VI. Messire André de Grand-Mont, pronotaire du Saint - Siége apostolique , prieur de Saint-Geniez.

Noble Antoine de Gorsac ; curé de Saint-Geniez , rési-gne son titre , vers la fin du mois d'août 1586 , en faveur de Bernard Pomarède , et meurt de la peste le 28 octo-bre suivant.

1570.

VII. Noble Guitard de Pa-trieu, prieur de Saint-Geniez.

On peut juger de l'état où se trouvait, à cette époque de dé-solation et de guerre civile , le clergé et l'église de Saint-Ge-niez , par l'ordonnance suivante qui « fut lue et donnée à « entendre le 13 juin 1572, dans le monastère de la Canour-» gue , à frère Jacques la Vonguier, sacristain de la ville de » Saint–Geniez :

« Nous Jacques Martin , prieur de Saint-Nicolás et reli-gieulx du monastère Saint-Victor-les-Marseille, vicaire gé-néral substitué dudit monastère , entendant la réquisition à nous faicte par messire Antoine Prunet , religieulx et syndic du monastère de Nant , prieur de Saint-Sauveur, en Larzac , maistre-procureur fiscal, qu'est de prononcer tant sur le ser-vice dans l'entretenement des personnes qui le font, que l'ad-ministration des biens et réparations nécessaires de l'esglise et maison claustrale du prieuré Saint-Genieys-de-Rive-d'Ol , adhérant à la réquisition, avons ordonné et ordonnons : que d'hors en là , le service divin sera faict bien honorablement en ladite esglise Saint-Genieys, suivant l'ancienne coustume, par le sacristain , recteur, panatier et clerc perpétuel , en disant toutes les heures canonicales , depuis mastines jusques à com-plies , grandes et petites messes, aultre office accoustumé dans la dite esglise, et ce à haulte voix , bien distinctement et honorablement à peine d'*interdiction* et *aultres* que de droit :

« *Item*, avons ordonné et ordonnons que le prieur messire Guithard de Patrieu faira dresser une custode pour tenir le Saint Sacrement, au milieu du grand autel de ladite esglise Saint-Genieys : aussi faira dresser une fontz batismalz (1), le tout honneste et honorable entre ci et Saint-Michel prochain, à peines.

« *Item*, avons ordonné et ordonnons, que ledit Guithard de Patrieu, prieur-seigneur, tiendra la main de faire bien et dument toutes et chacunes les charges, tant par son recteur perpétuel, et sacristain, et que la parole de Dieu soit preschée en ladite esglise tous les dimanches, outre les dimanches du caresme, tout ainsi qu'est de coustume, constraignant tous ceux qui sont tenus contribuer auxdites prédications, suivant les coustumes ou transactions sur ce faictes, si point en y a, à peine que de droit, et prévoyant auxdites réparations de ladite esglise et maison claustrale, lesquelles ne se pourront faire sans une grande somme de déniers, voire plus grande que ne paroist monter le revenu dudit prieuré de dix à douze ans.

« Avons ordonné que pour finir et suppléer ces toutes réparations, tant de ladite église et maison claustrale, seront prins et livrés deux cents livres tournoises seulement, et cent livres l'année proschaine., et séqutivement toutes les années cent livres, jusqu'à ce que l'*église soit couverte* et réparée ensemble ladite maison claustrale, afin que le sacristain, recteur, panetier et aultres concernant en ladite église, puissent loger. Lesquelles deux cents livres, pour la présente année, et cent livres chacune des années suivantes, voulons estre prinses des fruits et revenus dudit prieuré, du plus liquide et ce, par les consuls qui sont à présent, et seront par choix, jusques à ce que lesdites réparations soient entièrement achevées. Et de plus et enfin requérir la faveur et authorité de

(1) Il fallait bien que les Huguenots eussent déjà ravagé l'église de St-Geniez, car comment croire qu'elle eût été dépourvue d'un tabernacle et de fonts baptismaux ?

justice , main forte. Et si, défendons très expressément audit
prieur ou autres pour lui de n'empêcher lesdits consuls en
façon , et ce , en enjoignant très expressément au sacristain
dudit Sainct-Genieys , d'en avertir l'abbé et chapitre Saint-
Victor , si telles sommes sont employées toutes les années
auxdites réparations *à peine d'excommuniément*.

« *Item* , avons ordonné que lesdits sacristain, recteur, panatier et clerc perpétuel, mangeront et demeureront ensemble dans la maison claustrale dudit prieuré, *à peine d'inobé-
diance*. Enjoignant très expressément audit Patrieu , prieur
susdit, ne donner aulcunes vivres auxdits sacristain, recteur,
panatier et clerc, hors de ladite maison claustrale , ni moinié
aucung argent. Défendant en oultre auxdits sacristain , recteur, panatier et clerc, n'accorder en aulcune façon que ce
soit audit prieur un sursis touchant lieux dits et entertien :
et en cas que lesdits sacristain , recteur , panatier et clerc
accordent avec iceuls , le prieur et entertien, et qu'ils man-
gent en aultre lieu qu'en la grande salle de ladite maison
claustrale , les déclarons dès à présent, *pour toujours excom-
muniés , inhabiles à jouir auculn bien , et privation de leurs
offices présens* et autres peines que de droit.

« *Item*, avons ordonné et ordonnons que ledit prieur nour-
rira lesdits sacristain, recteur , panatier et clerc , dans ladite
maison claustrale bien honorablement, leur donnant *bon pain*,
et *meilleur* vin et *pitance* , suivant l'ancienne coustume, à
peine que de droit.

« *Item*, avons ordonné que ledit sacristain portera ordinairement en ladite église de Sainct-Genieys , en disant
les heures , le grand froc Saint-Benoist avec sa grande
couronne et bonnet carrat, à peine de *privation de leurs pi-
tances et distribution du jour* qu'ils failliront. Lesquelles voul-
lons estre distribuées aux pauvres, en ledit prieuré, en son
entier (1).

« *Item* , avons ordonné que le prieuré dudit Sainct-Genieys
qui est et sera à l'advenir , sacristain, recteur, panatier et

_____

(1) Par cet article on voit que l'autorité résidait dans le sacristain et
qu'il était le supérieur des autres trois religieux.

clerc ne respondront ni seront tenus respondre ni interpelleront les uns les autres par devant aultres juges et supérieurs, concernant l'estat et charges dudit service divin et tous aultres affaires dudit prieuré, que par devant le seigneur abbé et chapistre du monastère Sainct-Victor-les-Marseille ou ses vicaires, *à peine de leurs distributions de trois mois*, lesquelles voulons et seront données aux pauvres pour la première et seconde fois : ensuite pour *l'entière privation* de leurs dites places, et ce, en suivant les priviléges et statuts, libertés dudit monastère Sainct-Victor (1).

Item, ordonnons que le susdit Patrieu, prieur susdit, mettra en cause tous ceux qui tiennent les biens dudit prieuré, induément aliénés par ses prédécesseurs, et de ses diligences de faire apparoir audit abbé et chapistre Sainct-Victor ou le vicaire, dans juing prochain : enjoilgnant en oultre et très expressément acomandant, de aliéner ni bailler novel achapt des biens de sondit prieuré, ni soit par édit et ordonnance du roi, ni sans consentement dudit chapistre Saint-Victor ou son vicaire, *à peine d'excommunication*, et aultres censures ecclésiastiques portées de droit.

« Enjoignons auxdits de Patrieu, prieur susdit ; sacristain, recteur, clerc et aultres qu'il appartiendra, d'entièrement et de point en point, garder et observer nostre ordonnance et tout le contenu d'icelle, suivant la forme et teneur ; et sera loisible et permis aux consuls et paroissiens dudit Sainct-Genieys de prendre des fruits et revenus dudit prieur, sacristain, recteur, de nostre authorité, pour frais de la facture et réparation de tout ce que dessus, et segon les termes et délays de nostre ordonnance. Faisant inhibitions et défenses, sur *peine d'inobédience et d'excommuniément*, d'empêcher de faire lesdites réparations audit prieuré, en l'esglise et maison claustrale d'iceluy. Qu'ils n'aient à empescher ni troubler lesdits consuls et paroissiens à prendre

---

(1) C'est dire que le prieuré de Saint-Geniez n'était et ne devait être composé que de quatre religieux, sur lesquels l'évêque de Rodez n'avait aucune juridiction.

des fruits dudit prieur , sacristain et recteur jusques à la con-
currente somme susdite. »

MARTIN, *vicaire-général substitué, signé à l'original.*

1588.

VII. Bernard Pomarède , né à Cassagnes-Bégonhès , curé
de St-Geniez.

Il commença son registre d'administration le 1er janvier
1587 , et mit en tête la date du jour et de l'année où il avait
reçu quelque ordre ou bénéfice ecclésiastique. Je copie.
« ... Tonsuré le 18 octobre 1551 par le cardinal Georges d'Armagnac , minoré le 20 septembre 1567 par l'évesque Jacques
de Corneillan ; sous-diacre par *idem* le 10 mars 1571 ; diacre
par *idem* , le dernier mars ; prestre par *idem* , le 14 avril suivant ; dit sa première messe le 15 août suivant , au grand autel de l'église Saint-Julien de Cassagnes-Begonhès ; le 7 mai
1576 il reçoit de l'official de l'évesque d'Alby une chapellenie
perpétuelle dans l'église cathédrale d'Albi ; il résigne ce bénéfice le 4 décembre 1584 ; bachelier en droit canon , à Toulouse le 25 mars 1580 ; en droit civil , le 21 juin 1581 ; le
pape Sixte-Quint lui donne , le 23 septembre 1586 , la rectorie de Saint-Geniez-d'Olt , par résignation de noble Antoine
de Gorsac , mis en possession le 7 novembre 1586 ; le 24 avril
1587 , il fut pourvu par M. Cousin , bourgeois , de la chapellenie de Saint-Pierre ; le 8 aoust 1599 de celle de Gramonds
par les consuls de Cassagnes-Bégognès. »

Il mourut le 17 décembre 1619 et fut enterré dans le chœur
de l'église , au tombeau des curés de St-Geniez.

Les moines bénédictins sont retirés de St-Geniez. De temps
à autre quelque religieux y fut envoyé en qualité de sacristain
ou de panetier , fonctions qui furent plus tard confiées à des
prêtres séculiers , nommés par le chapitre de St-Victor-de-
Marseille. Cette célèbre abbaye tendait déjà vers sa décadence.

PRIEURS.	CURÉS.
1611.	1620.
VIII. Messire Chatelin Mo-	VIII. Pierre d'Espancy ;

nestier, religieux de St-Victor, prieur de St-Geniez.

curé. Il ne parut pas à St-Geniez. Antoine Sonilhac, panetier, exerça, en cette qualité, la charge de recteur pendant six mois; et après lui, Jean Bonaterre exerça la même charge, en sa qualité de vicaire, l'espace d'un an, au bout duquel M. d'Espancy donna sa démission ou résigna en faveur du suivant.

1622.

IX. Messire Antoine Sonnilhac, panetier, religieux de St-Victor et curé de St-Geniez.

1645.

X. Raymond d'Annequin. Sous ce curé fut fait le rétable de l'autel de l'ancienne église, dit l'*olta-biel*.

1669.

IX. Messire Jean Joachim de Verdelin, prieur de St-Geniez.

1662.

XI. François Lisle, de St-Geniez, docteur en théologie, prieur de Canillac et curé de St-Geniez.

Il fonda la bénédiction du St-Sacrement pour tous les jeudis de l'année, céda, en 1666, la chapelle de Notre-Dame-de-Jouëri, pour l'établissement du séminaire; transigea avec M. Mercadier, supérieur, au sujet des droits qu'il avait sur cette chapelle, et obtint, en 1676, de M. François d'Adhémar de Monteil, archevêque d'Arles, des reliques de saint Geniez, martyr. Toute la communauté de la ville s'était jointe à son curé pour obtenir du prélat ce précieux bienfait. L'acte qui en fut dressé est ainsi conçu : « L'an mil six cent sep- » tante-six et le vingt-quatrième jour du mois de mars, après » midi, à la ville de Saint-Geniez-Rive-d'Olt, en Rouergue,

» dans la maison de ville d'icelle, par devant monsieur Me
» Victor de Benoist , conseiller du Roi , juge bailly des mon-
» tagnes trois chastellenies de Rouergue et leurs ressorts, as-
» semblés en corps de communauté, les sieurs Pierre Talon,
» Pierre Vernière, Jean Perségol et Jean Dalous, consuls modernes de ladite ville et mandataires d'icelle, assistés de
» M. Pierre Rotgier, procureur du roi en ladite ville et de
» leurs conseillers et bourgeois habitans de ladite ville. »

« S'est présenté monsieur me François Lisle, docteur en
» théologie, prestre, curé de l'église paroissiale de la présent
» ville, assisté de MM. François Séguret et Pierre Ollier,
» prestres syndics, et d'austres prestres de l'honorable frater-
» nité des messieurs prestres de ladite église, qui ont dit à
» l'assemblée que Me Pierre Galtier , prestre en ladite église ,
» leur zélé confrère, ayant fait dessein de partir, un de ces
» jours, pour aller en dévotion visiter les lieux saints de la
» sainte Baume en Provence (1), et de là, passer à Arles
» pour visiter le corps du glorieux martyr saint Geniez, nostre
» patron, il serait nécessaire, pour inciter davantage le peu-
» ple de cette ville à honorer nostre patron, sous le nom du-
» quel l'église paroissiale est dédiée, de mesme que la présent
» ville, de donner un pouvoir exprès audit Me Galtier de, au
» nom et humble supplication de cette assemblée, prier mon-
» seigneur l'archevesque d'Arles et, en son absence, MM. ses
» grands vicaires, ou MM. du chapitre , de vouloir nous
» faire part des reliques et ossements de nostredit glorieux
» patron saint Geniez, martyr, pour les exposer dans un reli-
» quaire d'argent à demi corsage qui représente ledit saint
» Geniez, lequel par l'antiquité du temps se trouve sans au-
» cune relique dudit saint.

« Sur quoi perquises les voix par ledit Me Victor de Benoist,
» juge, a esté unanimement délibéré par ladite assemblée

---

(1) La sainte Baume, ou la sainte caverne , située sur une montagne
escarpée entre Aix, Marseille et Toulon , à deux lieues de St-Maximin,
est un pèlerinage très fréquenté, parce que, selon la tradition, sainte
Marie-Madeleine y passa trente ans.

Voir la notice sur la sainte Baume, par M. le comte de Villeneuve,
préfet des Bouches-du-Rhône en 1817.

» que ledit Me Pierre Galtier, prestre, priera instamment
» au nom de toute cette ville monseigneur l'archevesque
» d'Arles, et, en son absence, MM. les vicaires généraux ou
» chapitre, de vouloir nous accorder telle portion des reli-
» ques dudit saint nostre patron, qu'il plaira à sa grandeur,
» pour, à l'arrivée de Me Pierre Galtier, les enchasser dans
» ledit reliquaire, et porter par ce moyen les familles de la
» présent ville à réclamer, dans leurs besoins, l'assistance
» de ce grand saint, et principalement le jour de sa fête, qui
» se célèbre avec grande solennité, le vingt-cinquième aoust,
» et tous les supplians qui se sont subsignés imploreront les
» mérites dudit saint nostre patron pour la santé de sa gran-
» deur. »

LISLE, *curé.* SÉGURET, *prêtre et syndic.* OLLIER,
prêtre et syndic. GIRBAL, *prêtre.* PRIVAT,
prêtre. MASSABUAU, *prêtre.* FABRE, *prêtre.*
ROQUEST, *prêtre.* PERSÉGOL, *prêtre.* GAU-
BERT, *prêtre.* VERNIÈRE, *consul.* PERSÉGOL,
consul. DALOUS, *consul.* TALON, *consul.*
ROTGIER, *procureur du roi.* BENOIST, CAM-
BON, DUMAS, PRIVAT, GARDES, MERCADIER,
BONATERRE, DE BENOIST, *juge, etc.*, signés
à l'original précieusement renfermé dans le
reliquaire de St-Geniez.

LÉGENDE.

Après avoir fait ses premières armes dans la fleur de sa
jeunesse, Genès, en latin *Genesius*, exerçait dans la ville
d'Arles les fonctions de greffier public. Rictiovare, préfet des
Gaules, secondant la haine des empereurs Dioclétien et Maximien contre les disciples du Christ, voulut étendre, sur les fidèles d'Arles, cette cruelle persécution qui fit un si grand
nombre de martyrs. Le tribunal du préfet était dans l'Amphithéâtre, monument qui existe encore. Tout autour du tribunal étaient rangés une foule de bourreaux qui n'attendaient
que des ordres, pour chercher des victimes; les lions et les
léopards rugissaient déjà au fond de leurs cages : Genès tenait

en main ses tablettes ; quelque chose qu'il ne comprenait pas encore se remuait dans son cœur ; déjà il était cathécumène. Le préfet lui dicta un ordre de persécution. A ces mots pleins d'injustice, la lumière se fait pour Genès, qui comprend les agitations de son cœur. Sa main se refuse à transcrire une sentence de mort ; il jette ses tablettes, prend la fuite et va se cacher hors la ville. Rictiovare irrité ordonne à ses satellites de le poursuivre, et leur commande, sous les peines les plus graves, de lui trancher la tête aussitôt qu'on l'aura trouvé. Le jeune néophite en est instruit, et de changer aussitôt de retraite, non par pusillanimité, mais par la crainte de n'être pas assez ferme dans la confession de la foi. Du fond de sa retraite, il fait demander le baptême à l'évêque d'Arles. Les vœux de Genès ne sont pas exaucés ; il est écrit qu'il sera baptisé dans son sang ! Soit à cause des dangers du temps, soit à cause de la jeunesse du néophite, l'évêque ne peut aller à lui, mais il lui fait dire d'être sans crainte, que l'effusion de son sang lavera les souillures de son âme et lui ouvrira les portes de la cité céleste. Ainsi arriva-t-il ! Genès fut découvert et, se voyant poursuivi, se jeta, par inspiration divine, dans le Rhône, confiant à l'impétuosité des flots un corps déjà sanctifié par le Saint-Esprit. Les satellites l'atteignent sur l'autre bord de la rivière, le saisissent, lèvent le bras ; ils frappent et le martyr s'envole dans le ciel. Accourent aussitôt des chrétiens qui obtiennent des bourreaux les précieuses reliques, et vont les enterrer contre les remparts de la ville. Enfin, après bien des persécutions, l'Église essuya ses larmes ; elle vit s'élever des temples magnifiques, et ses enfants rivaliser de zèle pour honorer les cendres des martyrs. Les pieux fidèles d'Arles consacrèrent à saint Genès une église sur le lieu même où il avait répandu son sang, et une petite chapelle dans l'amphithéâtre où il avait confessé la foi. La première n'existe plus depuis la révolution de 89, mais elle a été remplacée par une colonne de granit, où se rend en procession la paroisse de Trinquataille, chaque premier dimanche de septembre, jour auquel se célèbre, dans la ville d'Arles, la fête du saint martyr. La chapelle de l'amphithéâtre a été démolie depuis environ vingt ans, lors du déblaiement de ce vaste édifice. En 93, on enleva de la cathédrale d'Arles les châsses dont les unes étaient d'or, les autres d'argent, et quelques autres en cuivre doré. Portées au district, les sceaux furent rompus, et les saints ossements jetés pêle et mêle, avec les authentiques, dans une caisse de bois. Un homme de foi ayant suivi les iconoclastes et vu avec douleur la profanation, osa demander la caisse de bois; on la lui donna. Ainsi furent sauvées les reliques de l'église d'Arles, mais on n'a pu les distinguer ni savoir qu'elles sont celles de saint Trophime, de saint Genès, de saint Césaire, de saint Julien, etc.

Peu de temps après son martyre, le nom de Genès devint célèbre dans toute l'église. Saint Paulin, évêque de Nôle, saint Hilaire d'Arles; saint Eucher, évêque de Lyon; saint Grégoire de Tours, saint Prudence, firent son panégyrique. On l'appela *la gloire de la ville d'Arles*. L'église de Lodève le prit pour patron, ainsi que plusieurs autres églises. Des prieurés, des hameaux, des villes furent placés sous son invocation, et prirent le nom de *Saint-Geniez*. Dans notre diocèse nous trouvons encore St-Geniez-de-Bertrand, St-Geniez-des-Ers, etc.

Le don de l'archevêque d'Arles fut reçu avec grande vénération par les habitans de St-Geniez. L'église le conserve encore, mais non le *demi-corsage* qui représentait le saint. Il était d'argent, c'est dire qu'il a subi le sort des châsses d'Arles.

L'année d'après, le même Pierre Galtier fit un pèlerinage à Rome et en rapporta des reliques des SS. MM. Victor, Justin, Vénérand, Constance, Grat, qui avaient été extraites du cimetière ou catacombes de Saint-Calixte, et qui lui furent données, le 22 janvier 1677, par Gaspard de Carpinéo, cardinal-prêtre du titre de St-Sylvestre *in capite*, vicaire-général du St-Père. L'authenticité de ces reliques fut constatée, le 26 mars de l'an susdit, par Thomas Regnoust, vicaire-général de M. de Paulmy, évêque de Rodez.

François Lisle résigna ses bénéfices de St-Geniez et de Canillac, dans le mois d'août 1687, à son neveu Antoine Lisle, et mourut le premier novembre suivant. Il fut enterré le lendemain dans le tombeau des curés de St-Geniez.

PRIEURS.

1685.

X. Messire Victor de Fré-
zals, abbé et chevalier de
Beaufort, prieur de St-Geniez et de Clairefage, cède
quelques cannes du jardin du
prieuré, pour l'emplacement
de la nouvelle église.

1708.

XI. Simon Mouffle, Bache-
lier en théologie de la Faculté
de Paris, chanoine de l'église
cathédrale de Rodez, prieur
de St-Geniez, afferma, en
1715, les biens de son prieuré, dix-huit cent quarante-
quatre livres argent et cent-
vingt setiers seigle, revenu
qui devait être ainsi départi :

Au prieur,   878 liv.
Au Curé pour la
pension, celle de
ses deux vicaires
et pour l'entretien
des ornemens,   514
Au sacristain,   1100
Pour son vestiai-
re, s'il est reli-
gieux,   20
Au panetier, cha-
pelain ou curé de
Lafage,   110
Plus, au même,
30 setiers seigle.
Au clerc,   20
Au prédicateur,   200

CURÉS.

1687.

XII. Antoine Lisle prit possession de la cure de St-Geniez, le 12 décembre 1687.
Sous lui, on commença, en
1704, à bâtir la nouvelle église, qu'on adjoignit à la vieille,
beaucoup trop petite pour la
population. Cette construction fut faite lentement, on y
mit quinze ans. Etait-ce la
faute du curé ou de la ville ?
On ne le sait. On peut croire
néanmoins que M. Lisle n'a-
nimait pas de ses exemples
ni de ses paroles l'ardeur des
ouvriers. Janséniste appelant,
il ne s'occupait que d'ergoter
sur la bulle *Unigenitus* et né-
gligeait tellement le soin de
son église, que M. de Tourouvre, évêque de Rodez,
l'ayant visitée en 1723, fut
obligé de le faire condamner
par le parlement de Toulouse,
« à fournir à l'église deux or-
» nemens complets de cha-
» que couleur, dont quatre
» en soie et quatre en camé-
» lot; plus, six aubes, douze
« amicts, six ceintures, dix
» corporaux, douze purifica-
» toires, six nappes d'autel
» et douze essuie-mains. »
Le parlement fit saisir les
biens du prieur, afin que celui-ci n'eût pas à payer au

80 livres à la fin de l'Avent et 120 aux fêtes de Pâques.

Aux pauvres de la ville, selon la coutume, quatre-vingt-dix setiers seigle.

Cette aumône se distribuait les lundi et vendredi de chaque semaine. Le morceau de pain devait avoir en longueur 120 lignes sur 100 de largeur et peser demi-livre. Le modèle en était conservé, peint sur parchemin. En tête on lit : « Le portrait de la amorne de la claustre, que fault que péze miège lieure, que le prieur de St-Genieys est tenu de donner deux fois la sepmaine, savoir : et le lundy et vendredy. »

1720.

XII. Guillaume Boyer, né à Millau, religieux de St-Victor, prieur conventuel, curé primitif de l'église paroissiale de Notre-Dame-de-l'Espinasse de Millau et prieur de St-Geniez.

Il n'eut pas de successeur. A sa mort on augmenta le traitement du curé, et le reste du revenu du prieuré fut uni à la mense du chapitre de St-Victor, sécularisé en 1743, sous le pontificat de Benoît XIV.

curé sa pension. Enfin l'abbé Lisle s'exécuta, mais au lieu de quatre ornemens en soie, il n'en acheta que deux de toute couleur, prétextant que ni à Rodez ni à Lyon il n'avait pu trouver d'étoffe à couleur verte et violette assez solide. Les consuls plaidèrent la cause du curé et l'évêque se montra satisfait.

Le chef de la famille Lisle avait été anobli vers le commencement du XVIII siècle. Plus tard elle transféra son domicile à Marseille.

1744.

XIII. Guillaume de Lisle, neveu du précédent, fut nommé curé de St-Geniez peu de temps après la mort de son oncle. En 1757 il fut fait grand-chantre de l'église cathédrale de Rodez, et résigna son titre de curé en faveur du suivant.

1758.

XIV. Jean-Louis Rouquayrol, né à Montjaux, fit construire le rétable de la nouvelle église, refusa de lire, en 1791 (13 juin, jour de dimanche) *la lettre pastorale de M. Debertier, évêque apostolique et constitutionnel du département de l'Aveyron.*

« Et sur le refus que le sieur Rouquayrol, curé de ladite
» ville de St-Geniez, avait fait au sieur Costy, maire, qui
» lui en avait fait la réquisition, la municipalité s'étant trans-
» portée avec un grand nombre de gardes nationaux, sans
» armes, et de citoyens de l'un et de l'autre sexe, dans l'é-
» glise paroissiale, ils n'ont vu arriver que le sieur Veyres,
» vicaire, avec les ornemens sacerdotaux, lequel a dit une
» messe basse, au lieu d'une grand'messe qu'on célèbre à la
» même heure, les jours de dimanche et fêtes chômables,
» très solennellement, et lorsque ledit sieur maire se dispo-
» sait à lire ladite lettre pastorale à la fin de l'Evangile,
» comme il lui était enjoint par la lettre du procureur syn-
» dic, ledit Veyres a continué sa messe, au sortir de la-
» quelle nous nous sommes retirés dans la maison commune
» pour y dresser le présent procès-verbal. »

Dans le même jour, M. Rouquayrol, MM. Veyres et
Lestrade, ses deux vicaires, furent déclarés réfractaires et
dans le cas d'être remplacés. Cependant l'amour et la vénération que les habitans de St-Geniez avaient pour leur pasteur, furent assez puissants pour empêcher la nomination
d'un pasteur schismatique, et ce fut pour l'église de St-Geniez un bienfait inestimable! La santé de M. Rouquayrol,
depuis quelques années chancelante, allait dépérissant tous les
jours. Forcé de se cacher, n'entendant raconter que les maux
de l'église, séparé de ses vicaires que la terreur avait dispersés, il se hâta d'aller habiter une patrie plus heureuse.

L'église de St-Geniez subit le sort de toutes les églises:
ses vases sacrés, ses ornemens, tous ses biens-fonds furent
enlevés, vendus, profanés; les statues, les tableaux brûlés;
le maître-autel lui-même, si beau de sculptures, sur le point
d'être détruit. Au premier coup qu'on porta à la gloire qui le
couronne, un craquement se fit entendre, et les nouveaux
iconoclastes, craignant d'être écrasés, s'enfuirent épouvantés
et n'osèrent plus entreprendre de l'abattre.

Outre le curé et les vicaires, il y avait, dans l'église de St-
Geniez, une fraternité composée de cinq prêtres et dix chapellenies qui toutes devaient être possédées par des prêtres
enfans de la ville.

L'origine des chapellenies remonte au XVe siècle. C'était

des bénéfices simples, fondés pour secourir les prêtres qui n'avaient pas de bénéfices à charge d'âmes, et qui pour vivre étaient obligés d'exercer un art mécanique. Aujourd'hui il n'y a plus de chapellenies... Qui voudrait imiter la piété de nos religieux ancêtres, et donner un revenu pour l'entretien d'un prêtre, à la charge par lui de prier pour la rémission des péchés du donateur ?

Nous éprouvons le regret de ne pouvoir dire le nom de tous les fondateurs des dix chapellenies de l'église de St-Geniez. Trois seulement nous sont connus.

1° Chapellenie de Malaval, fondée le 3 du mois d'octobre 1416, par Pierre Malaval, marchand de St-Geniez. Les consuls de la ville en étaient collateurs.

2° Chapellenie de Notre-Dame, fondée le 12 février 1459. par Pierre Falc, marchand de St-Geniez, père d'autre Pierre, fondateur de la Falque. Collateurs, les consuls de St-Geniez. Elle devait être donnée au prêtre le plus pauvre de la ville.

3° Chapellenie de Bellicadry, fondée le 2 mars 1487, par Pierre Belcayre, notaire de St-Geniez. Collateur, le chef de la famille Couret.

On ne peut dire quels étaient leurs revenus. Des biensfonds étaient affectés à ces fondations, et ils ont passé, depuis long-temps, en bien des mains.

L'église de St-Geniez comptait encore dans son sein plusieurs confréries, chacune possédant de riches revenus. Les confréries des tisserands et lainiers, des forgerons, serruriers, orfèvres et cloutiers ; des maçons, des charpentiers et menuisiers, etc., marchant chacune sous sa bannière : bannières du moyen-âge représentant les rouets, les marteaux, les enclumes, les scies, que sais-je encore ? Mais la plus remarquable de toutes était celle des *Patriarches*. Son origine remontait au XIVe siècle. A la prière du cardinal d'Estaing, qui en fut le premier patriarche, le pape Urbain V l'avait établie en l'honneur du St-Sacrement. Cette confrérie, unique dans le diocèse et peut-être dans toute la France, n'était composée que de trois membres, dont le plus ancien était renouvelé tous les ans. Ils étaient obligés d'assister aux fêtes et aux processions les plus solennelles, revêtus d'une tunique blanche avec ceinture violette, chape et mître de drap d'or ou d'argent. Aux processions , ils étaient précédés d'une espèce de pavillon en forme de chapeau chinois , richement décoré et tournant sans cesse sur son bâton , couvert de velours cramoisi. Un enfant de chœur suivait, faisant tinter une sonnette, pour avertir le peuple de la présence des patriarches, à côté desquels marchaient autres trois enfans de chœur, revêtus de tuniques, pour porter la mître quand la cérémonie exigeait que les patriarches eussent la tête découverte.

Mais pourquoi n'a t—on pas rétabli cette imposante confrérie ? Prêtres et laïques pouvaient en être membres, et c'était un grand honneur d'être patriarche de l'église de St-Geniez ! Dans les diptyques de la Confrérie, on y voit figurer des procureurs du roi, des avocats en parlement, des écuyers conseillers secrétaires du roi, des juges, des négocians, des notaires, des chanoines, des vicaires-généraux, etc. Il eût été beau de voir ajouter à tous ces noms... Nous avons classé, parmi les notes (note B) la liste de tous les patriarches, depuis 1348 jusqu'à 1790. Elle sera lue avec intérêt, nous n'en doutons pas.

Cependant, aussitôt que l'orage se fût apaisé , un besoin de religion ramena tous les habitans de St-Geniez aux pieds des autels du Dieu de leurs pères. M. Vidal, docteur en théologie, ancien supérieur du séminaire de St-Geniez, et plus tard missionnaire du diocèse , exerça parmi eux les fonctions de pasteur et, secondé par MM. Gély, Bonnaterre et autres prêtres de la ville, il prépara les voies au pasteur bien aimé dont le nom suit.

1803.

XV. Antoine-Joseph Delbosc, né à Rodez, le 20 juillet 1751, ancien curé de Carcenac-Peyralès, fut nommé curé de St-Geniez, lors de la restauration du culte. Son arrivée au milieu de son troupeau fut un jour de fête. La foule se pressa dans le temple du Seigneur, pour écouter les paroles de vie qu'allait leur annoncer le nouveau pasteur. Son texte fut pris dans le psaume 133 : *Ecce nunc benedicite Dominum , omnes servi Domini. Bénissez maintenant le Seigneur, vous tous qui êtes ses serviteurs.* Il traça avec des paroles brûlantes , mais pleines de prudence et de modération, le tableau des malheurs dont ils avaient été les victimes ; il peignit sous les plus belles couleurs le guerrier magnanime qui était accouru du fond de l'Egypte pour saisir les rênes du gouvernement ; il célébra avec une vive reconnaissance les vertus, la sage administration de M. l'abbé Fajole, vicaire-général de M. de Colbert, ancien évêque de Rodez, et continué dans ses fonctions par M. l'évêque de Cahors ; il dit les espérances dont son cœur était agité, en voyant ses nouveaux paroissiens l'écouter avec respect et avec le désir de profiter des miséricordes du Seigneur, et à la vue de tous ces bienfaits de la Providence, il les invita à bénir le Seigneur. Les devoirs du pasteur, les devoirs des paroissiens furent ensuite développés avec onction. La douceur de sa voix, son geste naturel, l'éloquence de ses paroles, les quelques larmes qui coulèrent de ses yeux lui gagnèrent le cœur de ses nombreux auditeurs. Bientôt il se les attacha par sa bonté du cœur, son âme compâtissante, sa charité sans bornes, son esprit enjoué, riche de vives reparties, de mots heureusement choisis. Aussi a-t-on pu avec juste raison lui appliquer ces paroles sacrées : *on trouvait du plaisir dans son amitié. Sa conversation était pleine de charmes, on y goûtait la satisfaction et la joie* (1). *Il ne disputait pas, il ne criait pas et personne n'entendit sa voix sur les places publiques. Il ne brisa pas le roseau cassé et n'acheva pas d'éteindre la mèche qui fumait encore* (2). *Ses pas étaient semés de bienfaits* (3) *et l'assemblée des fidèles publia l'abondance de ses aumônes* (4).

Par ses soins, l'église fut bientôt pourvue de vases sacrés et d'ornemens, et avec l'heureux concours de ses vicaires,

---

(1) Et in amicitiâ illius delectatio bona. *Sag., c. VIII*, ỳ 18.

Non enim habet amaritudinem conversatio illius, nec tædium convictus illius, sed lætitiam et gaudium. *Ibid.*, ỳ 16.

(2) Non contendet neque clamabit, neque audiet aliquis in plateis vocem ejus, arundinem quassatam non confringet, et linum fumigans non extinguet. *Math., c. XII*, ỳ. 19, 20.

(3) Pertransiit benefaciendo. *Act., c. X*, ỳ 38.

(4) Eleomosinas illius enarravit omnis Ecclesia Sanctorum. *Eccl., c. XXXI*, ỳ 11.

il ramena dans le cœur de ses paroissiens toutes les pratiques de la religion, interrompues à cause du malheur des
temps. Il reçut, en 1809, M. de Grainville, évêque de Cahors; En 1824, M. de Lalande, évêque de Rodez; en 1829,
les missionnaires de France; en 1833, M. Giraud, évêque
de Rodez. Lors de cette dernière visite, l'abbé Delbosc était
déjà cassé de vieillesse; cependant il voulut accompagner le
prélat au moment de son départ. La garde nationale, suivie
d'une foule immense, était venue recevoir Monseigneur aux
portes du presbytère. Il fallait traverser toute la ville et le
trajet était assez long pour le vénérable vieillard. On l'invite
à ne pas s'exposer à cette fatigue, il insiste; alors le prélat
lui offre son bras et le mène, comme en triomphe, aux acclamations d'un peuple tout joyeux de voir ainsi honorer son
bien aimé pasteur.

Enfin, couronné de mérites et de vertus, il cessa de vivre
le 6 du mois de septembre 1837, après avoir légué tous ses
biens partie aux pauvres et à l'hospice, partie aux frères des
écoles chrétiennes et à son église. Il fut enterré dans le petit
cimetière. Une modeste pierre calcaire surmontée d'une croix
de fer couvre ses restes précieux. Elle porte cette inscription :
*Ci gît M. A.-J. Delbosc, curé et bienfaiteur de la paroisse,
mort le 6 septembre* 1837. *Ora pro eo.*

Ses vicaires ont été MM. Gély, Bonnaterre, Céré, Pestre,
Bastidé et Turq. A l'exception du dernier, tous étaient enfans
de la ville.

XVI. M. Jérôme Bessières, né le 14 mars 1798, à La
Roque, paroisse de St-Amans de Rodez, curé de Villecem-
tal, nommé curé de St-Geniez peu de temps après la mort
de M. l'abbé Delbosc, et installé le 26 novembre 1837. A
son arrivée, les paroissiens n'allèrent pas le recevoir tam-
bour battant, enseignes déployées, armes aux bras. C'eût
été outrager la mémoire de son vénérable prédécesseur et
dire au nouveau pasteur qu'il ne laisserait pas, à son tour,
des regrets dans le cœur de ses paroissiens. L'abbé Bessières,
précédé de l'éloge de ses vertus, de ses talens, de son aimable bonhomie, fut accueilli avec une joie indicible. Il prit pour
texte de son discours d'installation ces paroles de Moïse :
Qui est, misit me. Celui qui est m'a envoyé vers vous. Mis-

sion divine d'un pasteur ; idée avantageuse de la docilité de
son troupeau ; éloge du bien aimé Delboso, son prédécesseur ;
douce espérance de voir fructifier les avis qu'on va donner ;
confiance dans le concours de l'honorable magistrat qui administre la cité avec prudence et bonheur ; dans les secours
des prières des communautés religieuses ; dans la coopération,
le zèle éclairé de ses dignes collègues, telles sont les pensées
que M. Bessières développa avec onction, avec esprit et avec
des termes heureux et choisis. Tout l'auditoire était appendu
aux lèvres de ce bon pasteur, dont les espérances n'ont pas
été vaines. Déjà un bien immense s'est opéré parmi des
ouailles tendrement chéries. Daigne le Seigneur conserver
longtemps à leur affection cet excellent père qu'il leur a envoyé !

Deuxième visite pastorale de M. Giraud, évêque de Rodez, 4 février 1839. Monseigneur y prêche l'oraison des 40
heures : le dimanche sur l'amour de Dieu ; le mardi sur l'enfant prodigue. — Carême de 1839, prêché par M. l'abbé
Constans, chanoine honoraire de Rodez, aujourd'hui curé de
Millau. — Association des jeunes demoiselles de la ville pour
prier et faire, tous les lundis, dans une salle de l'hospice,
des habits pour les petits enfans des pauvres. A la prière de
M. le curé, le pape Grégoire XVI a confirmé de son autorité cette association et a daigné accorder à ses membres : 1°
une indulgence *plénière* le jour de leur admission et le jour de
la fête de l'Association ; 2° une indulgence *partielle* de soixante
jours pour toute œuvre pie qu'on y fera. —Rétable et autel en
marbre, pour la chapelle du Rosaire. — 21 décembre 1842,
funérailles de M. Frayssinous, évêque d'Hermopolis. —Croix
processionnelle en vermeil. — Rétablissement des Confréries
du St-Sacrement et du Rosaire. — Etablissement de celle du
Sacré-Cœur de Jésus, placée à l'*Olta-Biel* restauré et embelli.
— Ostensoir et ciboire en vermeil. — Carême de 1842, prêché par le R. P. Neyraguet, jésuite. — 14 septembre 1842,
première visite de Mgr Croizier, évêque de Rodez. Sa Grandeur y prêcha sur l'amour du prochain. —25 septembre 1845,
inauguration du mausolée de Mgr l'évêque d'Hermopolis, pré-
sidée par Mgr l'évêque de Rodez, qui fit l'éloge de l'illustre Pontife. —Chaire en bronze. —Chapelle en vermeil. —Anniversaire

de l'inauguration du mausolée de Mgr l'évêque d'Hermopolis. — Troisième visite (première pastorale) de Mgr Croizier, évêque de Rodez. — Ornement complet de drap d'or brodé en bosse. — Mission, prêchée pendant l'Avent de 1845, par les RR. PP. Bouix, Guzi et Mondésert, jésuites, couronnée des plus beaux succès.

Vicaires de M. Bessières, MM. Céré, Bastidé, Turq et Souques.

DESCRIPTION DE L'ÉGLISE PAROISSIALE DE ST-GENIEZ.

L'adjonction de la nouvelle église au mur *nord* de la vieille

1

a donné à tout l'édifice la forme d'un T renversé. Nous

2

désignons par n° 1 la vieille église et par n° 2 la nouvelle.

Vieille église.

L'abside de cette église est rectangulaire parfaitement orientée. Elle est percée d'une ouverture ogivale, étroite et longue sans meneaux. La voûte d'arêtes à nervure très saillante, peu délicate, avec clef ronde sans ornemens, était divisée en cinq travées dont deux, n° 1 et n° 5, existent encore. Les trois autres ont disparu à cause de la construction de la nouvelle église. Chaque travée est séparée par des colonnes demi-cylindriques, engagées dans le mur. Ces colonnes, avec chapiteau à cône tronqué renversé et simple tailloir supportent la retombée d'un arc doubleau, large et épais, de forme ogivale très aiguë. La travée n° 1 est flanquée de deux chapelles, dont les murs *Est* sont sur la même ligne que celui de l'abside. Toutes les deux ont été évidemment percées après la construction de l'église.

A la chapelle du côté de l'Evangile, dédiée autrefois à Notre-Dame-de-Pitié, aujourd'hui succursale de la sacristie, arcade d'ouverture très lourde; fenêtre du même style que celle de l'abside; voûte d'arête à nervure très saillante et lourde; niche à fond plat au-dessus de l'autel, de forme ogivale avec moulure tout autour, simple et élégante ; quatre ou cinq ouvertures en forme de placard, d'ogive élégante, dont deux géminées. Vers la première moitié du dix-huitième siècle, on construisit au-dessus de cette chapelle le clocher. Il est percé sur chaque face de deux arcades géminées à plein-cintre. Son toit est octogone, plombé au centre, déprimé vers le haut et surmonté d'une lanterne de même genre.

La chapelle du côté de l'Epitre, dédiée primitivement à St Blaise, et vers le milieu du XVIIe siècle à St Joseph, dite autrefois *des Frésars*, aujourd'hui de *Monseigneur l'évêque d'Hermopolis*, à cause de son mausolée, a été reconstruite en partie dans le dix-septième siècle. L'arcade d'ouverture, à moulures lourdes, est plus basse que celle de la chapelle de Notre-Dame-de-Pitié. Voûte d'arête en moëllon. Fenêtre à plein-cintre très mal construite. Sous cette chapelle une crypte, dont il sera parlé *aux monumens funèbres*.

Appareil de la travée n° **1**, des deux chapelles et du stillicide *est* de la nef en grès bigarré.

La cinquième travée a la même forme que n° **1** : encoignure de murs, colonnes engagées, arc doubleau, nervures, œil-de-bœuf sans menaux, tous en calcaire de même qualité que celui de la nouvelle église. Le reste de la construction en moëllon. Nervures plus élégantes. Sur clef de voûte, un cœur sculptée en creux. Inscription tout au tour en lettres majuscules modernes.

C'est la partie où se trouve la chapelle de Notre-Dame-du-Rosaire ; l'entrée de la vieille église, aujourd'hui murée, n'offrait qu'une vaste arcade à ogive sans ornemens, correspondant à la quatrième travée du côté du *sud*.

Longueur de cet édifice, vingt-neuf mètres quatre-vingt-dix centimètres, sur cinq mètres soixante-dix de largeur.

Hauteur, y comprise l'épaisseur de la voûte, dix mètres quarante centimètres.

Ornementation du maître-autel dit l'Olta-Biel.

Vaste rétable appuyé contre le mur de l'abside, et divisée par quatre colonnes torses, en trois compartimens, celui du milieu beaucoup plus large que les deux autres, le tout doré à plein.

Dans les compartimens latéraux, deux vastes et longues niches, dont les statues furent brûlées pendant la révolution.

Au compartiment du milieu, tableau représentant la Cène, acheté à Livourne en 1650, et donné par MM. Dumas, Pajole et compagnie.

C'est une toile de vaste dimension, dont le dessin est très correct, la draperie largement jetée, les têtes d'un beau style avec variété de pose sans affectation. La tête du Sauveur et celle de St Jean particulièrement remarquables.

Si ce tableau n'est pas original, c'est au moins une très belle copie.

Chapelle de Notre-Dame.

Le rétable qui la décorait, déjà vermoulu et très grossièrement sculpté, a été remplacé depuis deux ans environ, par un rétable et un autel en marbre. Au milieu, niche avec statue de la Vierge en bois doré.

Description de la nouvelle église désignée par nº 2.

Abside à cinq pans, percée de quatre fenêtres à plein-cintre, très longues et très étroites, dont le vitrail est couvert d'un transparent, représentant les quatre Évangélistes. Au premier coup d'œil on croirait des vitraux peints.

Voûte d'arête à plein-cintre. Arcs doubleaux retombant sur pilastres. Quatre travées, dont la quatrième, vis-à-vis l'entrée de l'église, plus large que les autres, occupant l'emplacement de l'ancienne église et le porche intérieur, surmonté d'une tribune en amphithéâtre.

A l'extérieur de l'abside, quatre contreforts en calcaire. Pierre en partie de moyen, en partie de grand appareil.

A l'intérieur, profusion de décorations en plâtre doré à plein. Fresques représentant St Geniez, du côté de l'Évangile, refusant d'écrire l'injuste sentence de persécution contre les chrétiens; du côté de l'épitre, son martyre. Les trois pans du fond de l'abside sont occupés par l'autel et ses décorations.

Au pan du milieu, tombeau de l'autel, tabernacle, deux panneaux formant consoles, le tout avec incrustation de marbre de diverses couleurs et surmonté d'un tableau représentant le Christ. Les consoles sont surmontées de deux séraphins en adoration, ailes déployées, mains croisées sur la poitrine ; et le tabernacle, d'une gloire, du milieu de laquelle s'élance un ange portant dans une main un bouquet de fleurs et dans l'autre une couronne qu'il semble vouloir poser sur l'ostensoir.

Un soubassement en pierre calcaire de la hauteur du tombeau de l'autel et d'un mètre de largeur, garnit les deux pans latéraux. De ses quatre angles s'élèvent quatre colonnes composites avec piédestal et entablement complet au-dessus du chapiteau. Isolées les unes des autres, elles sont unies deux à deux par une guirlande de roses. Quatre consoles partant du sommet de chacunes d'elles, soutiennent à leur point de réunion une gloire, sur laquelle la statue de St-Geniez entrant au Ciel.

Dans l'entrecolonnement, deux statues colossales représentant Ste Luce et Ste Catherine, avec les instrumens de leur martyre.

L'exécution des sculptures est admirable de délicatesse, d'élégance et de fini. L'ensemble de cet autel est vraiment majestueux.

Dans la nef, six chapelles, trois de chaque côté, entre l'espace des trois premières travées. Au-dessus de chaque chapelle, une fenêtre à arc surbaissé.

Lors de la construction de l'église, les fonds ayant manqué, on offrit de céder des chapelles avec droit d'y placer un banc, tombeau de famille et écusson, moyennant la somme de trois cents livres.

Première chapelle à gauche en montant au sanctuaire, dédiée à St François-de-Paule, achetée en 1717 par « noble » Jean-Antoine Térondel, conseiller du roi et lieutenant criminel au sénéchal et présidial de Rodez. » Elle est décorée d'un tableau de moyenne dimension, représentant St François-de-Paule passant, avec deux de ses religieux, sur son manteau, le détroit de Messine. Est-ce l'effet de la vétusté ou le genre du coloris ? ce tableau est très sombre. Les draperies sont d'ailleurs noires. Les trois têtes, surtout la principale, sont magnifiques.

Seconde chapelle, dédiée à St Eloi, évêque de Noyon, entretenue par la corporation des orfèvres, des forgerons et des serruriers. Troisième chapelle, dédiée à St Eutrope, entretenue par la corporation des tisserands.

Première chapelle à droite, achetée l'an susdit, par « messire Jean Fajole, seigneur de Fabrègue, conseiller du roi » et maire perpétuel de la ville de St-Geniez, » dédiée à St Jean-François-Régis.

Une branche cadette de la famille de ce saint s'est fondue dans la famille Fajole.

Entre cette chapelle et celle qui suit, sur le pilastre qui soutient l'arc doubleau de la seconde travée, est suspendu un tableau représentant St Sébastien, martyr, beaucoup plus grand que nature, beau de dessin et de coloris, acheté vers la fin du dix-huitième siècle à un artiste Italien, pour la somme de quinze cents francs, par M. Rivié aîné, frère du colonel qui avait formé à grands frais une galerie de tableaux. Il a été donné à l'Eglise de St-Geniez par Madame Monteil, sa sœur.

Le sentiment religieux manque complètement dans ce tableau, comme dans toutes les œuvres de l'époque ; c'est tout simplement une belle étude d'atelier.

Seconde chapelle, achetée également l'an susdit, au nom « de M. Pierre-Joseph Couret, bourgeois, habitant pour le » moment à Livourne, par Mademoiselle Marie-Rose de Rogéry, sa mère. » Elle est dédiée à l'Ange Gardien.

Troisième chapelle, dédiée à Notre-Dame-de-Pitié. C'était dans cette chapelle où était placé le banc des consuls.

Le roc taillé sert de muraille à ces trois chapelles. Aussi sont-elles très humides !

Longueur de l'église dans œuvre, trente-cinq mètres cinquante-deux centimètres, sur neuf mètres quarante de largeur.

Hauteur de la voûte y compris son épaisseur, treize mètres quarante centimètres.

Epaisseur du mur , un mètre.

Profondeur des chapelles , deux mètres soixante-dix centimètres.

Largeur , cinq mètres.

Hauteur , sept mètres.

Entrée de l'Eglise regardant le sud. Portail carré. Perron
de trente-deux marches , divisé en deux parties par un palier, dont le couvert est soutenu par deux gros piliers en
calcaire.

XIe SIÈCLE.

Ermitage de Saint-Pierre.

Il est des personnes qui regardent encore les ermitages
comme la demeure d'un misanthrope , pieux fainéant, ennemi de la société. Cependant, à bien étudier ces fondations ,
il en résulte des pensées plus avantageuses pour celui qui
avait le courage de les habiter. On ne tarde pas à découvrir
leur côté sublime, et on se sent porté à s'agenouiller d'admiration devant les quelques pierres des vieux ermitages.

Nos contrées, semées de rochers, de précipices ou bien
couvertes primitivement d'épaisses forêts, offraient au voyageur un passage difficile , souvent dangereux. Malheur à celui que la nuit surprenait dans leurs défilés ! A chaque pas,
il pouvait ou tomber dans un abîme , ou s'égarer encore plus
et devenir la proie des bêtes féroces.

Mais, toujours attentive aux besoins de ses enfans, la religion
avait placé dans les lieux dangereux une de ses vedettes d'où
venait le secours à celui qui n'avait plus d'espérance. Au milieu
de l'obscurité de la nuit, au moment où les étreintes du désespoir saisissaient son cœur , il entendait tout-à-coup la voix
argentine d'une petite cloche. Ranimé par ce son , le voyageur gravissait aussitôt la colline ou le rocher d'où était parti
ce signe de salut. Bientôt il apercevait la flamme pétillante
d'un feu de broussailles, et à la lueur de ces flammes, comme
un fantôme à longue barbe et à robe monacale qui, d'une main
faisait tinter la petite cloche et de l'autre attisait le feu de
broussailles. Tout haletant, il parvenait à la vedette d'où,

jusques au Lot et au ruisseau de Mardon. Ce fossé avait dû
être probablement creusé pour la défense de quelque redoute
construite par les Romains, lors de leur domination dans le
Rouergue, afin d'empêcher le passage de la rivière, à l'entrée
de la vallée du Lot. Il avait dix mètres de largeur, sa profondeur devait être en rapport. Aussi la charité évangélique
avait-elle prévu le danger qu'offrait cette profondeur, et fait
sur le point culminant de l'arête une de ses vedettes

St-Geniez. Dans l'acte de donation, elle est désignée par les mots *Monasterium Sancti Petri*, mot qui dérive du grec et qui signifie l'habitation d'un seul (1).

On parvenait à cet ermitage par un chemin taillé dans la roc, dont une partie subsiste dans le bois contigu; l'autre qui était celle de l'entrée, est couverte par une vigne. Ce chemin aboutissait d'abord à une terrasse de 4 mètres de longueur regardant le midi, d'où l'œil jouit d'un tableau tout-à-fait pittoresque. Sous les pieds de l'ermitage, le Lot coule majestueusement ses flots. Au nord-est, le ruisseau de Mardon qui, par le murmure de ses eaux, semble se plaindre de ce que les cailloux retardent son tribut à la rivière dans laquelle il va se confondre. Sur le côteau qui domine le ruisseau, les ouvriers de la filature du hameau de Saint-Pierre qui se croisent en tout sens pour faire sécher les draps dont la couleur rouge tranche sur la verdure des bois; à l'ouest, la ville de St-Geniez, surmontée de tourelles et dont les habitans passent et repassent sur le pont qui la partage. Ici des côteaux couverts de vigne; là des vergers; plus loin des collines ombragées par d'antiques châtaigniers. Cette solitude enfin, qui n'est troublée que par le gazouillement des oiseaux, vous enchante, et cet enchantement ne cesse que lorsque les yeux se reposent sur les ruines de l'ermitage; car c'est quelque chose de bien triste que des ruines, surtout quand elles proviennent des mains de l'homme en délire.... Sur la terrasse se trouve l'ermitage, construit sur l'arête vive de la montagne dont on a taillé le roc pour le nivellement du sol. Chapelle orientée; abside carré oblong de trois mètres, quatre-vingts centimètres de longueur sur deux mètres quatre-vingts centimètres de lar-

_____

(1) Nous possédons le sceau de l'ermite de St-Pierre qui a été trouvé, au mois de juin dernier, dans les déblais d'un aqueduc de la ville de St-Geniez. Il est en cuivre jaune. Au milieu le coq, à la voix duquel le prince des apôtres reconnut son acte de faiblesse. Tout autour cette inscription : *Domus apost. S. Pet. et S. Paul.* Ces lettres sont à demi-gothiques, et ce caractère fait remonter le sceau au XIV° siècle.

Dans le testament de Hugues Bonnafous, prêtre, fondateur du prieuré de Naves, sous la date du 1er novembre 1328, il est dit : *Item lego et dimisi minoribus domus beati Petri de Mardone spondaticia Reichensæ...*

gueur. Au levant, une longue et très étroite fenêtre à plein-cintre, descendant jusques sur le tombeau de l'autel ; au midi, deuxième fenêtre dont on ne peut préciser le caractère, parce que toutes les pierres de taille ont été enlevées ; au nord, petite niche oblongue, en grès rouge et à plein-cintre. Pour tout ornement, un boudin circulaire.

Voûte de l'abside : plein-cintre normal à la naissance de la voûte ; du côté de l'évangile, trois vases en poterie, dont la cassure est très brune, incrustés dans le mur. Du côté de l'épître, trois vases de même dimension sur même ligne ; de plus, autres trois sur une ligne parallèle et à égale distance de la naissance du cintre à son point culminant. La fenêtre du levant en était entourée comme d'un chapelet.

Hauteur de la voûte, sous clef, cinq mètres. Crépissage intérieur, disparu par les eaux pluviales. Traces d'ornementation intérieure, dont les quelques fragments qui existent portent fonds blancs à ornements rouges.

Nef, carré oblong ; longueur en œuvre, sept mètres quarante centimètres sur quatre mètres de largeur. Le mur du nord, entier, avec fenêtre ou porte murée à plein-cintre sans ornements. Mur couchant, la moitié ; mur midi, détruit pour vigne depuis vingt ans, autrefois avec porte à plein-cintre de grande dimension.

Point de voûte à la nef, mais un plafond plus élevé que l'arcade de l'abside, d'au moins un mètre.

Appareil : schiste très dur tiré du nivellement du rocher ; mortier de chaux et gros sable très mal délayé, car on trouve dans les constructions mises à nu beaucoup de grosses parties de chaux détrempée, dans son état naturel.

Ce fut à cet ermitage que se retirèrent les dames de Pomayrols, après que les huguenots les eurent chassées de leur monastère de La Fage. Elles y furent massacrées ou enterrées vives par ces religionnaires, ainsi qu'il a été rapporté, d'après la tradition, au chapitre IV des *Études historiques*. Du reste, à côté de l'église on voyait autrefois leur tombeau en auge, construit en maçonnerie. La cloche de l'ermitage fut roulée dans le Lot, au gouffre dit du *Peintier*, et le peuple, qui suppose partout du merveilleux, prétend qu'on l'en

XIVe SIÈCLE

Maison de Templiers

Dans la rue Rivié, autrefois faubourg du Las-Bast, on voit une vieille maison, ornée de deux rangées de gros modillans en calcaire, dont quatre à figures grimaçantes, ce qui lui a fait donner le nom d'*oustal dels Borognaus*. La tradition porte que c'était une commanderie des Templiers dont l'ordre fut détruit, en 1312, par le pape Clément V. Cette fondation remonterait au douzième siècle, époque où cet ordre célèbre établit une de ses maisons à Espalion et une autre à Rodez. Malgré toutes nos recherches, nous n'avons pu découvrir aucun titre pour constater la vérité de cette tradition. Il nous semble néanmoins qu'un simple particulier n'eût pas employé, dans la construction de sa maison, ce luxe inutile, si toutefois on peut donner ce nom à des pierres assez lourdes et grossièrement sculptées.

XIVe SIÈCLE

Hôpital et Commanderie d'Aubrac

La fondation des hôpitaux est encore une des sublimes créations de la charité catholique. Leur origine remonte à la naissance de l'église. Avant cette époque, a dit M. de Châteaubriand, les anciens qui n'avaient point d'hôpitaux, avaient, pour se défaire des pauvres et des infortunés, deux moyens que les chrétiens n'ont pas : l'infanticide et l'esclavage. Les premiers fidèles, instruits dans la grande vertu de charité, mettaient en commun quelques deniers pour secourir les nécessiteux, les malades et les voyageurs, ainsi commencèrent les hôpitaux. Devenue plus opulente, l'église fonda pour nos maux des établissements dignes d'elle. Dès ce moment, les œuvres de miséricorde n'eurent plus de retenue : il y eut comme un débordement de la charité sur

» les misérables jusqu'alors abandonnés sans secours par les
» heureux du monde (1).

Dans une ville où la bienfaisance est, pour ainsi dire, naturelle et qui pourrait, ce semble, prendre pour devise : Charité, ce secours ne pouvait manquer aux pauvres de Jésus-
Christ. Les soins affectueux que leur prodiguaient les moines
d'Aubrac avaient du retentissement dans tout le Rouergue.
Rodez les avait placés à l'hospice de Ste-Marthe ; l'évêque
Guillaume de Calmont leur avait confié l'hôpital St-Georges
de Bozouls ; Millau, Najac, Taussac, étaient heureux de les
posséder ; les provinces voisines les avaient appelés pour diriger leurs hôpitaux et, vers la fin de février 1324, Robert
Verlaguet, notaire à St-Geniez, leur donna sa maison, jardin,
vigne et tous les biens qu'il possédait au village de Puech-
Bert, à la charge par eux d'y fonder un hôpital pour y recevoir
les pèlerins et pauvres passans, les y loger, nourrir, faire
coucher pendant trois jours et trois nuits. Bientôt la charité
des habitans eut grossi les revenus de l'œuvre par excellence,
et l'hôpital de St-Geniez devint une des plus belles comman-
deries d'Aubrac, dont le commandeur était à la nomination du
dom de cette célèbre abbaye. Quand la ferveur des pèlerinages eut cessée, les pauvres de la ville trouvèrent un asile
dans l'hôpital Robert-Verlaguet ; mais les besoins allant s'augmentant, et la maison n'étant pas assez vaste pour contenir
tous les malheureux, la ville fonda, vers le commencement du
dix-huitième siècle, un autre hospice pour y recevoir à vie
les vieillards et les pauvres hors d'état de travailler.

De nouveaux dons accueillirent cette fondation, et le 22
juin 1712, « messire Jean Fajole, sieur de la Ferrière, con-
» seiller et secrétaire du roi, maison et couronne de France,
» en la chancellerie de la souveraine cour du parlement de
» Toulouse, habitant de la ville de Saint-Geniez, pour secon-
» der les louables desseins de demoiselle Marie de Régis, sa
» mère, veuve au sieur Jean Fajole, son père, fonda en
» l'honneur et sous le vocable de saint Jean-Baptiste, une
» messe en basse note, à célébrer annuellement et à perpé-

de leurs Père

» tuité, chaque jour de dimanche et fête chômable, aux qua-
» tre fêtes des morts et le jour du patron de la paroisse, dans
» l'oratoire qui sera fait et bâti dans l'hôpital qu'on construit
» actuellement dans la ville de St-Geniez, joignant la chapelle
» de MM. les pénitens de la Miséricorde et à l'heure qui sera
» plus commode aux pauvres dudit hôpital. »

Il donna en même temps les biens nécessaires pour cette
fondation; s'en réserva, pour lui et ses héritiers, la collation
avec la clause que les prêtres ses parents seraient toujours
choisis de préférence.

La fondation du nouvel hospice fut approuvée, en 1745, par
lettres patentes du roi et les revenus des deux hospices réunis,
sous le titre d'*Hôpital général*. L'administration en fut confiée
à un conseil composé du bailly, du curé, des consuls et de
cinq principaux habitants, non compris le trésorier et le syndic.

A l'époque de la révolution, les biens de ces deux hospices
furent mis en vente et « on ose à peine croire, dirons-nous
» avec M. Monteil, qu'il se soit trouvé des acquéreurs. »

Voici le relevé de leurs biens et revenus, évalués, en 1787:

Biensfonds, capital,	79,900 liv.	Revenu, 2,490 liv.,	
Rentes supprimées,	11,700	389	4 s.
Rentes sur bien vendus,	19,400	6,080	
Créances versées au trésor,	21,047	1,052	8 s.
Rentes sur les corporations,	3,230	1,615	
Total,	135,877	Total, 11,616	12

En vendant les biens, on eût dû imposer à chaque acquéreur l'obligation de prendre chez lui et d'entretenir avec soin
et amour, un ou plusieurs malheureux; il n'en fut pas ainsi.
Les biens furent enlevés à l'hospice, mais les malheureux lui
restèrent. On leur adjoignit de plus en l'an V de la république (1796) les enfants trouvés, dont le tour ne fut supprimé
qu'en 1811.

Sur les réclamations des administrateurs de l'hospice, on
céda à cet établissement les bâtiments de l'hospice d'Aubrac
et le pré du Grès. Cette concession lui apporta un fort mince
revenu avec les dix-sept malheureux, inconsolables de la perte
de leurs Pères, et qui languissaient au milieu des neiges d'Au-

bra. Encore n'en jouit-il pas longtemps; le pré lui fut disputé et enlevé, et l'administration forestière obtint les bâtiments de l'hospice pour y placer ses gardes.

Cependant on ne cessait de demander une compensation des revenus enlevés, et un arrêté de l'administration centrale, en date du 19 nivôse an VI (8 janvier 1798), « délégua à l'hospice, la maison, cour et jardin du ci-devant séminaire, et le pacage dit Bois de Galinières, Combelanau et le Raynaldière. »

Le séminaire lui apporta le revenu du jardin, et on conçoit sans peine, qu'il dut être fort médiocre en rapport avec les besoins. Heureusement ces bâtiments ne furent pas aliénés malgré l'idée qu'on eut de le faire. Quant au bois de Galinières, M. Clausel de Coussergues, député au corps législatif, et l'administrateur de l'hospice, M. Monteil, frère du savant historien, firent de vains efforts pour obtenir la faculté de les aliéner : Il leur fut répondu, le 4ᵉ août 1807, « que cette » forêt ayant plus de trois cents hectares d'étendue, devait » être considérée comme inaliénable. »

La détresse allait toujours croissant dans l'hospice, il ne subsistait qu'à force d'emprunts. C'était toujours de la part des administrateurs de nouvelles sollicitations, et toujours on leur donnait des réponses évasives, ou bien de faibles secours. Le 23 février 1809, on leur concéda une rente de huit cents francs à prélever sur quatre-vingt-dix-sept débiteurs de diverses communes. Les quatre cinquièmes environ de cette rente ne dépassaient pas dix francs pour chaque justiciable; la moitié était de cinq francs et au-dessous jusqu'à dix centimes. La prescription avait éteint une grande partie des titres, et cette cause, jointe aux difficultés de la perception, réduisait peu près de moitié le produit réel de cette rente.

Cependant le préfet de l'Aveyron avait été autorisé à mettre l'hospice de St-Geniez en possession des bois dits de Benavent, de Cabrespines, Roumégouse, Montecasenou, La Fage-Comtal, Le Delmon, St-Véran, Roquecière, Lagrifoulade, restant de Nonenque, Camboulas, Mémer, Villeneuve et Compeyre, formant en tout quatre cent soixante-huit hectares, estimés ensemble soixante-douze mille neuf cent soixante-dix-sept francs. Un décret impérial du 17 avril 1812 en autorisa la maison de Rose Ribhard, ...

... Deux membres furent envoyés à
Conseryques pour offrir des ... de ... à M. Clausel, ...

avec plusieurs communes , des sommes énormes dépensées;

...	4,850 fr.
Roumigou et Montejaseno... canton de Laguiole	4,620
Lesage, commune de Montézic, ...	1,090
... canton de St-Sernin, ...	5,020
Restant de Nonenque, canton de Cornus,	3,000
Camboulas, canton du Pont-de-Salers,	565
TOTAL	18,145 fr.

Heureux si on avait ...

Cet établissement reçoit à vie, selon l'esprit de sa fondation,
les vieillards et infirmes. Il comprend deux salles, une de
treize lits pour les hommes et une de treize lits pour les femmes, en tout vingt-six pauvres. Autrefois il était desservi par
les sœurs du Travail, qui ont été remplacées, depuis le 1er janvier 1837, par deux sœurs de la Charité de Nevers. Un médecin (M. le docteur Vesin) et un chirurgien (M. Salvan)
donnent gratuitement leurs soins. Les fonctions d'économe
sont aussi gratuites; le receveur seul jouit d'un traitement ...

Les chanoines réguliers et les Augustins reconnaissent pour
père le saint évêque d'Hyppone. Pour prouver sa généalogie,
chaque branche a publié des in-folio, savants traités aujourd'hui perdus dans l'oubli. Qu'ils y dorment en paix !

Au moyen-âge, les ermites ou Augustins formaient diverses congrégations, à usages et costume différents, mais toutes
à vertus éminentes. Le pape Alexandre IV les réunit, en 1254,
sous une règle, un costume, et un général communs.

L'ordre fut divisé en quatre provinces, du nom de France,
d'Allemagne, d'Espagne et d'Italie ; chaque province, sous-
divisée en d'autres provinces, et chacune gouvernée par un
provincial sous la dépendance du général dont le siége fut fixé
à Rome.

A la règle de Saint-Augustin que leur donna le souverain
pontife, on ajouta, entre autres constitutions, celle de s'abs-
tenir de manger de la viande le mercredi de chaque semaine,
excepté dans le temps pascal ; et de jeûner, outre les jours
commandés par l'Église, tous les vendredi de l'année, le
lundi et mardi de la quinquagésime, la veille de la fête de
saint Augustin et tout le temps qui s'écoule depuis la Toussaint jusqu'à la fête de Noël.

Quant au costume, il fut statué que sa matière ainsi que
celle des chemises et des linceuils serait toujours de laine.

Le costume était composé d'une robe blanche avec scapulaire de même couleur, pour l'intérieur du couvent. Au
chœur et en ville, les ermites devaient porter une espèce de
coule noire, et par-dessus un grand capuce se terminant en
rond par devant, et en pointe par derrière jusqu'à la ceinture qui était de cuir.

L'étude, la prédication, la psalmodie, une prière conti-
nuelle devait former le tissu de la vie des Augustins qui, lors
de leur existence en France, pour parvenir au doctorat,
étaient obligés d'aller faire leurs études au couvent de Paris,
dit les *Grands-Augustins.*

Le pape saint Pie V mit, en 1567, cet ordre au nombre des ordres mendiants qui, malgré cette dénomination, possèdent des rentes et des biensfonds (1).

Parmi les priviléges que leur concédèrent les souverains pontifes, le plus honorable de tous est l'office de sacristain de la chapelle du pape.

Cet office ne peut être conféré qu'à un religieux de cet ordre qui toujours est évêque de Porphyre in partibus. Il prend le titre de préfet de la sacristie du pape et a, sous sa garde, tous les ornements, les vases d'or et d'argent, les reliquaires et autres choses précieuses.

Quand le pape dit la messe, soit pontificalement, soit en particulier, il fait, en sa présence, l'essai du pain et du vin, ce qui se pratique de cette manière : si le pape dit la messe en particulier, Sa Sainteté, avant l'offertoire, lui présente deux hosties dont il en mange une, et un camérier lui verse dans une coupe de vermeil de l'eau et du vin des burettes ; si le pape célèbre la messe pontificalement, le cardinal qui lui sert de diacre présente au sacristain trois hosties, dont il en mange deux.

Il doit toujours entretenir dans la principale chapelle du palais qu'habite le pape, et la renouveller tous les sept jours, une hostie consacrée, de la grandeur de celle dont on se sert à la messe.

Cette hostie est destinée à servir de viatique au Saint-Père, lorsqu'il est en danger de mort. Ce viatique ainsi que l'extrême-onction lui sont administrés par le sacristain, comme étant le curé du pape.

Lorsque le Saint-Père entreprend un long voyage, deux estafiers, l'un domestique du pape, l'autre du sacristain, tiennent par la bride la mule qui porte le Saint-Sacrement. Ces estafiers sont présentés au pape par le sacristain, et Sa Sainteté les confirme dans cet emploi par un bref.

Le sacristain exerce encore une espèce de juridiction sur tous ceux qui accompagnent le pape dans ces sortes de voyage

(1) Il y a quatre ordres mendiants : les Dominicains, les Frères mineurs, les Carmes et les ermites de Saint-Augustin.

et, pour marque de sa juridiction, il porte à la main un bâton. Il distribue aux cardinaux les messes qu'ils doivent célébrer solennellement et, aux prélats assistants, celles qu'ils doivent célébrer dans la chapelle du pape.

Quand le pape est présent dans cette chapelle, il tient rang parmi les prélats assistants, s'il est évêque ou constitué en dignité; en son absence, il siége parmi les prélats, selon rang, après le dernier évêque ou après le dernier abbé mitré.

Après la mort du pape, il entre dans le conclave en qualité de premier conclaviste, et tous les jours il dit la messe en présence des cardinaux et leur administre les sacrements ainsi qu'aux conclavistes.

Cependant, au milieu de tous ces honneurs, une pensée attriste les ermites de Saint-Augustin... **Luther!!!** qui fit ses vœux en 1507, dans leur couvent d'Erfurt et qui, quelques années après, leva l'étendard de la révolte et déchira le sein de l'Église.

Primitivement les Augustins n'habitaient pas dans l'enceinte des villes; c'était toujours dans un lieu désert qu'ils bâtissaient leur cellule. Vers le commencement du XIV siècle, ils allèrent abriter leur couvent derrière les remparts des villes ou de quelque gros bourg, car déjà se faisait entendre un bruit sourd de cette guerre qui devait avoir son théâtre dans le cœur de la France et devenir, pour le Rouergue, une source de calamités.

Sur la rive gauche du Lot, à l'ouest de St-Geniez, s'élève le village du nom de Ste-Eulalie, que domine son antique église, remarquable par son architecture. Presque aux portes de ce village, vis-à-vis une croix dite *del Toumbourel*, était autrefois un couvent d'Augustins, dont l'origine se perd dans la nuit des temps. Encore de nos jours, en creusant la terre, on découvre quelques pans des anciens fondements, ainsi que les ossements des anciens ermites ou des habitants de Ste-Eulalie, qui, en mourant, avaient demandé, selon l'usage de ces temps, d'aller dormir leur dernier sommeil à côté de la cendre des pieux cénobites. De là, peut-être, l'étymologie de la croix *del Toumbourel*.

Ce couvent était appelé *Pierre Forte*, *Conventus de Petra Ferti*. Ce nom a disparu avec les masures du vieux

« lettre qui, probablement, tombèrent de vétusté ou furent
détruites par les Routiers ou pendant les guerres de religion.
« Noble et puissant seigneur Raymond de Saint-Estienne,
» habitant du lieu de Saint-Geniez, avait légué, aux reli-
» gieux de ce couvent, un ayral sis dans un sien jardin dans
» la paroisse de Marphac, pour y construire et bastir une
» église et cimetière. » Ce legs fut acquitté le 17 novembre
1345, par « nobles Bernard de la Tour et son fils Raymond
» de la Tour, autrement de Saint-Estienne, tous deux da-
» moiseaux, habitants de St-Geniez, originaires du chasteau
» de Canilhac; » et ils donnèrent à Fr. Bernard du Val,
procureur et syndic du couvent de Pierre-Fort, « tous leurs
» droits, noms, actions, usages, censes, revenus, seigneu-
» rie directe, hommages et autres droits qu'ils pouvaient
» avoir sur les jardins, places, ayrals et possessions envi-
» ronnantes l'ayral légué par Raymond de Saint-Etienne. »

Dès lors les Augustins de Pierre-Fort achetèrent ces maisons et jardins, y jetèrent les fondemens d'une belle église
et y construisirent un couvent « de bois et de terre » (en
torchis), où ils allèrent habiter en 1347.

Bientôt ils comptèrent de nouveaux bienfaiteurs. On lit
dans leurs cartulaires les noms de nobles Jory et Hugues
d'Aurelle, damoiseaux de St-Geniez, de nobles Raymond et
Guy de Prévinquières, de N. de Vezin chevalier, seigneur
de Vezin; de Guyon de la Panouse, seigneur de Febrègues,
de Hugues de Barthélemi, de la ville de Saint-Flour.

Astorg de la Tour, frère de Bernard, chanoine de Lodève
et camérier du cardinal de Canilhac, leur lègue par son testament daté d'Avignon en 1361, soixante florins d'or et son corps
en sépulture. Guillaume de Solages, chevalier, seigneur de The-
let, leur donne, en 1408, deux cents livres tournois pour la
construction du sanctuaire de leur église, aussi y voit-on la
clef de voûte son écusson qui est d'azur au soleil d'or. Bonne
de Berri, comtesse d'Armagnac, leur fait don, en 1415,
de quatre cents livres d'or pour construire le chœur et la chapelle de saint Paul; et avant les bienfaits de son épouse,
Bernard, comte d'Armagnac et de Rodez, leur avait accordé
des lettres d'amortissement, dont voici le texte et la traduction littérale.

teurs, par ces présentes, que nous donnons de science certaine et par faveur spéciale, le sol où se trouvent construits l'église, le cloître, le réfectoire et les autres maisons dudit couvent, ainsi que cet espace de terre qui contient le jardin et le pré contigus audit cloître, le tout formant une étendue de cent vingt cannes carrées, les déclarant franc et libre de toute prestation, cens, revenus, droit d'actions, de conseil, de louanges, de domaine direct, d'avantages, d'incursions, d'hommages, de droits rustiques et bourgeois, corporels et incorporels; le domaine direct desdits biens provenant des acquisitions faites autrefois par eux ou par leurs prédécesseurs, de Bernard de la Tour, et de son fils Raymond de la Tour, de Jony d'Aurelle et de Hugues d'Aurelle, damoiseaux, et de Guy de Prévinquières, oncle et tuteur de Raymond de Prévinquières, chevalier et autres ci-dessus exprimés, comme il conste d'après les actes dignes de foi qui ont été exhibés, à nous ou à notre secrétaire soussigné, et ce, à cause de la promesse qui nous a été faite par lesdits prieur et frères, pour eux et leurs successeurs, dont les lettres patentes ont été confirmées par le prieur général

siâ, laudibus, assertio, nocte ac die honorantur, solum in quod constructa sunt, ecclesia, claustrum, refectorium atque aliae domus dicti conventûs; necnon illud terrae spatium quod continet hortus, et viridarium seu pratum, dictis claustro et domibus contigua, usque ad centum viginti cannarum spatium in quadraturâ, francum et liberum, ab omni praestatione, censu, redditu, jure actionum, consiliorum, laudeminum, aventagiorum, incursionum, homagiorum, jurium rusticorum et urbanorum, corporalium et incorporalium; ex acquisitione per eos seu praedecessores suos factâ à Bernardo de Turre et Raymundo de Turre ejus filio, et à Jonyo de Aurellâ et Hugene de Aurellâ, domicellis, et à Guydone de Prevenquerys, milite, quondam de dicto directo dominio, et aliis suprà expressis, prout de dictâ acquisitione nobis seu secretario nostro infrà scripto fecerunt promptam fidem publica instrumenta, pro nobis et nostris perpetuè haeredibus et successoribus, amortissamus, per praesentes, de nostris septi scien-

tâ et gratiâ speciali, attento quod dicti prior et fratres, pro se et suis successoribus et ... mediantibus pa-
tentibus litteris, per Priorem generalem totius eorum or-
dinis confirmatis, promise-
runt facere celebrare, die quâlibet, perpetuis tempo-
ribus, in dicto conventu, unam missam, pro nostrâ salute ac redemptione pec-
caminum nostrorum, et il-
lorum pro quibus tenentur; et ultra hoc, dilecto et fideli nostro, domino Joannis Dailhardery, magistro pro-
visionum hospitii nostri quinquaginta libras turo-
nenses realiter exsolverunt; volentes et concedentes prae-
dictis priori et fratribus, qui nunc sunt in dicto con-
ventu et qui futuris erunt temporibus, ut ipsi possint et valeant, et eis liceat liberè in dictis solo et terrae spatio construere, aedifica-
re et plantare quidquid eis expediens videbitur, eccle-
siamque, claustrum, refec-
torium, dormitorium, cae-
teraque infra dictae terrae spatium constructa et cons-
truenda cum residuo terrae non constructo, tenere, possidere, et retinere tanquam rem suam, propriam, ecclesiasticam, publicè et

de l'ordre, de célébrer tous les jours, à perpétuité, dans leur couvent, une messe pour notre salut et la rémission de nos péchés et de ceux de nos parens; et outre cela, à cause de cinquante livres tournois, qu'ils ont réellement payées à notre fidèle et amé, maître Jean Dailhardery, économe de notre maison, voulant et accordant aux susdits prieur et frères qui sont présentement, ou qui se-
ront à l'avenir dans ledit cou-
vent, la liberté de construire, bâtir et planter sur ledit sol et terrain tout ce que bon leur semblera, de tenir, posséder, retenir publiquement et tran-
quillement, comme biens ecclé-
siastiques et leur appartenant, l'église, le cloître, le réfectoire, le dortoir et toutes les autres constructions déjà existantes sur ce terrain ou qui sont à construire, ainsi que l'espace de terre qui est vide; et même de les vendre ou aliéner, sans qu'ils soient tenus de payer finance à nous ou à nos succes-
seurs : car, si au-delà des cin-
quante livres tournois déjà payées et de la messe à dire à perpétuité ils doivent finance pour les susdits biens, par ces présentes, nous la leur donnons, remettons et les en tenons quittes, nonobstant inhibitions, ordres, ordonnances, défenses

autres, ordonnant à nos sénéchal, juges, procureurs,
trésoriers et autres, ... nos
justiciers et officiers de la comté
et Montagnes de Rodez, présents et futurs, et à chacun
d'eux, et à leurs lieutenans, de
tenir la main et de faire en sorte
à ce que les susdits prieur et
frères du susdit couvent, présents et à venir, jouissent de
notre présente concession et faveur spéciale, selon sa teneur,
si quelque chose lui est contraire, de la rendre, ... et ...
de faire en sorte qu'elle lui
devienne; et afin de la rendre
... et afin de la rendre
à perpétuité ferme et stable
nous avons fait apposer ... nos
lettres, notre sceau, imprimé
sur ... verte, attachée ...
... la jaune, travaillée ...
notre droit ... toute ...

tum debitum reducant, seti
ficiat quisque ipsorum , ut
ad eum pertinuerit, reduci ;
quòd ut firmum et stabile
perpetuò perseveret præ-
sentibus litteris nostrum in
cerâ et cerico viridi fecimus
apponi sigillum , salvo aliàs
jure nostro....

Datum Ruthenæ die vi-
cesimâ quintâ martii, anno
millesimo trecentesimo no-
nagesimo octavo.

Per dominum comitem ,
præsente Petro Valeta.

F. DE MAYRES. (1).

Donné à Rodez , le 25 de
mars, l'an de notre Seigneur
1398.

Par le seigneur comte,
Présent Pierre Valette ,

F. DE MAYRES.

Comme le comte d'Armagnac, tous les bienfaiteur du couvent des Augustins n'avaient en vue, dans leurs donations,
que les prières des ermites : tant était vive la foi de ces
siècles! Dans ces temps reculés le moine était considéré
comme ministre plénipotentiaire auprès du Très-Haut, et
de là ces nombreux bienfaits dont il était l'objet. Autre temps,
autres mœurs. On ne voit plus ni comtes, ni seigneurs, ni
riches prolétaires consacrer une partie de leur fortune à
bâtir un asile pour de pieux cénobites ou de timides colombes. Ils descendent dans la tombe et leur nom périt avec
eux , tandis qu'un ingrat héritier se pare fastueusement de
leurs dépouilles.

Cependant il n'était pas d'âme généreuse qui ne léguât
quelque souvenir aux Augustins. Pendant près de trois siècles , cette ferveur de donations se maintint. Ce n'était pas,
il est vrai, de gros domaines, de sommes considérables qui
étaient légués aux ermites, c'était une obole qui emportait
avec elle la célébration d'un anniversaire. De ce grand nombre de testamens que nous avons sous les yeux, nous en rap-

(1) Manuscrits de Doat.

porterons deux pour faire connaître l'esprit de l'époque. Au 17 janvier 1443, Bernard Boissonnade, cordonnier, de la ville d'Espalion, après avoir recommandé son âme à Dieu, à la bienheureuse Marie et avoir choisi sa sépulture dans le cimetière de l'église paroissiale de Perse, veut et ordonne qu'on appelle à son enterrement *trente prêtres* (certes c'était du luxe pour un disciple de Saint Crepin, mais il était riche), afin que tous célèbrent la messe et autres offices pour le salut de son âme, et qu'on donne à chacun *deux sols six deniers tournois*. Il lègue à l'œuvre de la bienheureuse Marie de Rodez *quatre deniers tournois*, et aux Augustins de St-Geniez *vingt écus d'or*, fabrique de Toulouse, afin qu'ils célèbrent à perpétuité l'anniversaire de son décès.

Le 11 mars 1530, Jean Bousqueti, marchand de St-Geniez, veut être enterré dans l'église des Augustins, sur le devant du chœur, proche la chapelle dédiée aux cinq plaies de notre Seigneur, et porté à sa dernière demeure par six ermites, ayant chacun à la main un cierge de la valeur de *dix deniers tournois ;* de plus, doivent assister à son enterrement noble Pierre de Gorsac, prieur de l'église de St-Geniez, Pierre Soulié, curé d'icelle, *avec dix-sept prêtres* qu'il nomme et qui tous font partie de ladite église. Aux six ermites qui porteront son corps, on donnera *douze sols tournois* à se partager, à chaque prêtre et aux autres ermites *vingt deniers, sine refectione corporali*. Enfin, il lègue aux Augustins *dix livres tournois* pour acheter un fond de terre ou censives, afin que le revenu soit employé à perpétuité pour la célébration de l'anniversaire de son décès.

Cependant un bonheur temporel ne fut pas toujours le partage des Augustins. Dans un répertoire des titres de leur maison il est dit : « 1° Les religieux produisent une copie des lettres patentes de Louis XIII, en date du 9 mars 1620, par lesquelles Sa Majesté, confirmant les bienfaits du comte d'Armagnac, amortit les six vingts cannes carrées de terre, ci-devant amorties par le susdit comte, à la charge par les religieux de dire et célébrer chaque année une messe pour Sa Majesté, outre la messe quotidienne qu'ils doivent célébrer pour le susdit comte. Et *comme par les guerres arrivées » au royaume de France*, les dits religieux auraient été trou-

» blés en cette jouissance pendant longues années, et qu'au
» moyen de ces guerres, *leur couvent et église auraient été*
» *pillés, saccagés et les religieux dispersés et longtemps absents*
» *de leur monastère*, en cette consideration, ladite Majesté
» rétablit lesdits religieux dans leurs droits. »

« 2º. Les dits religieux produisent une copie d'arrêt du
» conseil d'état qui, en date du 13 avril 1620, leur accorde
» les démolitions provenant du rasement du chasteau de la
» ville de St-Geniez, à la charge de les employer à *la réédi-*
» *fication et rétablissement de leur église et couvent* et non
» ailleurs, et ce, par la requête qui avait été présentée au-
» dit conseil d'état, où les dits religieux remontraient que
» *par les malheurs des guerres leur église et couvent auraient*
» *été démolis* et les dits religieux réduits à telle nécessité qu'il
» leur était devenu impossible de parvenir aux frais qu'il
» leur aurait convenu faire pour les réparer. »

Probablement l'église avait été incendiée, car on reconnaît à partir des combles que l'édifice a été exhaussé. Mais
le couvent de *terre et de bois*, comme portent les cartulaires,
n'avait pu résister à l'ouragan qui s'abattit sur ses murs.
Aussi fut-il reconstruit dans son entier avec les démolitions
du château. Ce nouveau couvent formait un carré au milieu
duquel un beau cloître. Il n'en reste plus qu'une aile, sur
le devant de laquelle un grand portail carré, orné de sculptures et surmonté de l'écusson d'Armagnac, *d'argent au lion*
de gueules.

Comme toutes les maisons religieuses, les Augustins étaient
sous la dépendance d'un prieur qui lui-même était sous celle
du provincial de Narbonne. On en compte trente-deux. Les
nommer, ce serait offrir une froide nomenclature. Nous citons
seulement Fr. Bernard du Val, procureur et syndic du couvent de *Pierre Fort*, premier prieur de celui de St-Geniez,
en 1347 ; Fr. Jean de *Vite*, douzième prieur qui, en 1516,
transigea avec les consuls de St-Geniez, au sujet des fossés,
qui s'étendaient du portail de la *Teulière* jusqu'à celui du
Ravieux.

D'après cette transaction, il fut permis aux Augustins de
construire un mur, afin que les passans sur les fossés ne
pussent les voir dans leur enclos, et d'ouvrir une porte à côté

de chaque portail, « desquelles le public ne devait avoir le passage qu'en temps d'hostilités, de guerre et de danger imminent. *Nisi in tempore hostilitatis, guerræ et periculi imminentis.* »

Fr. Jean-François-Régis Rivié, né à St-Geniez le 15 septembre 1745, profès le 13 octobre 1762, fut nommé prieur à l'assemblé capitulaire de Narbonne, le 1er du mois de mai 1787. Il n'eut pas de successeur.

Primitivement le personnel du couvent était de vingt-cinq religieux, parmi lesquels cinq frères laïs. Il fut ensuite réduit à neuf à cause de l'extinction des fondations et *du mauvais temps.* En 1787 ils n'étaient que cinq. Fr. J.-F.-R. Rivié, prieur; Fr. Joseph Thédenat, sous-prieur; Fr. Victorin Brunet, chantre; Fr. Antoine Vilatte, procureur, et Fr. Amans Rames, sacristain.

Biens et revenus des Augustins.

Un Beau petit domaine du nom de Bouyssettes aux portes de St-Geniez; un grand pré, un bois assez étendu, quelques vignes, quelques petites maisons attenantes à l'église formaient leurs biens fonds.

Les revenus des loyers et des rentes constituées, non compté le blé, qu'ils percevaient de leur domaine ne s'élevaient qu'à la somme de deux mille soixante-six livres huit sols quatre deniers. Les censives leur produisaient sept livres dix deniers et cinq pites (1). Ajoutons encore à ces revenus une rente de deux sétiers seigle et trois quartes de froment que leur donnait annuellement Madame la maréchale de Biron, marquise de Sévérac, et on aura une idée des richesses des Augustins de St-Geniez.

Eglise des Augustins.

Lors de la suppression des ordres religieux, on vendit le couvent des Augustins 28,250 livres qui, probablement, ne furent jamais payées en espèces; l'acquéreur le céda quel-

(1) La pite valait un quart de denier.

que temps après à la commune. On destina l'église pour y transférer la paroisse de Marnhac; il y eut le 21 février 1791 une délibération à ce sujet; enfin, elle fut totalement dévastée en 1793 et changée en temple de la déesse *Raison !!!*

Après les jours de la terreur, l'administration locale conçut la pensée de la démolir pour faire une vaste place. A cette nouvelle, tous les cœurs religieux furent glacés de consternation, et une femme forte alla seule, de porte en porte, réclamer la conservation d'un monument aussi précieux. Bientôt la pétition fut couverte d'honorables signatures. Mais la femme forte fut arrêtée et conduite devant l'officier civil qui tenta vainement de l'intimider. Elle plaida courageusement sa cause, et eut le bonheur de voir conserver un temple où, depuis, elle alla bien souvent s'agenouiller pour rendre grâces au Seigneur et demander cette couronne de gloire que depuis de longues années le juste Juge a dû lui donner. Douce espérance ! elle seule peut essuyer les larmes qu'on aime à répandre sur la tombe d'une mère vertueuse et bien aimée.

Le 3 frimaire an XIII (24 novembre 1805), MM. Talon, Labessière, Adam Fajole et Monteil, homme de lois, se présentèrent à la mairie au nom d'une très grand partie des habitans de la ville, spécialement de ceux qui étaient jadis de la ci-devant paroisse de Marnhac, pour demander que l'église des Augustins fût érigée en succursale, offrant de faire les réparations nécessaires. Après une longue discussion,

« Le conseil considérant que l'église paroissiale de St-Ge-
» niez n'était pas assez vaste pour contenir dans les grandes
» cérémonies la population à laquelle elle est destinée, portée
» à trois mille sept cents âmes, par l'adjonction de la ci-de-
» vant paroisse de Marnhac, arrêta à l'unanimité, que M. le
» maire solliciterait auprès des autorités civiles et religieuses
» l'établissement d'une succursale dans la ville de St-Geniez,
» et que l'église des Augustins servirait de local pour la suc-
» cursale. »

Les prêtresses de la déesse *Raison*, peu soigneuses de son temple, avaient vu sans douleur que la toiture menaçait ruine prochaine. Leur ferveur républicaine ne leur avait point inspiré de veiller à la conservation d'un monument dont toutes les pierres élevaient la voix pour condamner leur culte sacrilége. Il n'en fut pas ainsi des enfans de l'Évangile. L'église fut bientôt restaurée , et donnée pour annexe à l'église paroissiale. Les Pénitens y font aujourd'hui leurs offices.

Cette église , le plus beau monument de la ville, forme un carré oblong. Style ogival pur. Voûte d'arête à nervure très lourde. Cinq travées séparées par des arcs doubleaux retombant sur des piliers, engagés dans le mur. A la première et cinquième clef de voûte , écusson de Bonne de Berri , comtesse d'Armagnac , qui porte d'un côté , *de France* , du chef de cette princesse du sang royal de France ; de l'autre , 1 *d'argent au lion de gueules* , qui est *Armagnac,* 2 *au léopard lionné d'or* qui est *Rodez.* A la clef de voûte du sanctuaire l'écusson des Solages, seigneurs de Tholet, *d'azur au soleil d'or.* Troisième clef, une simple rose.

Six chapelles, trois de chaque côté.

Première chapelle, du côté de l'Évangile , en entrant , autrefois dédiée à saint Paul, construite par Bonne de Berri, dont on voit l'écusson à la clef de voûte.

Seconde chapelle , dédiée à Notre-Dame-de-Pitié. Niche dans le mur, cintre en accolade, ornemens très simples. Style du XV° siècle. Statue de la Vierge , en pierre ; style de la même époque.

Troisième chapelle, autrefois dédiée aux Cinq Plaies de Notre-Seigneur , aujourd'hui à la Vierge Marie.

A chaque chapelle, toutes trois d'une dimension en rapport avec la nef , fenêtre ogivale, dont les menaux ont été détruits.

Chapelles du côté de l'Epître, beaucoup moins profondes, beaucoup plus basses , avec des baies carrées sur le cloître.

En entrant , seconde chapelle dédiée à sainte Anne.

Troisième chapelle, dédiée à saint Nicolas de Tolentin, religieux de l'ordre des ermites de Saint-Augustin, encore en grande vénération dans cette église. Au jour de sa fête on fait bénir de petits pains que le peuple conserve comme paratonnerre.

Au-dessus des deux premières chapelles deux fenêtres ogivales , fermées aujourd'hui par des constructions sur la terrasse du cloître, partagées en deux ogives, par un pied droit, au-dessus duquel un quatre-feuille.

Orientation de l'église, sud-sud-est.

Longueur, trente-six mètres sur huit mètres cinquante-cinq centimètres de largeur, dans œuvre. Hauteur de la voûte, épaisseur comprise, 10 mètres 40. Portail au fond. Pignon triangulaire, en pierre d'appareil, grès bigarré. Fenêtre carrée, à croix, éclairant les combles. Rose sans meneaux, surmontée du monogramme du Christ, éclairant le haut de la nef. Au-dessous, portail ogival à trois nervures retombant sur piliers qui forment les archivoltes dans l'épaisseur du mur. Même style que l'intérieur de l'église. Aux angles, deux pyramides sculptées s'élèvent à même hauteur qu'une troisième au milieu, mais plus courte, surmontée de l'écusson de Bonne de Berri. Ces trois pyramides couronnent le sommet de l'arc.

Porte partagée en deux vantaux par un pied droit avec chapiteau à feuillage. Le tympan, remplissant l'arcade au-dessus de la porte, à trois consoles, sur lesquelles autrefois trois petites statues, la Vierge, saint Augustin et saint Nicolas de Tolentin. Au-dessous des consoles sur toute la longueur du linteau, on aperçoit des débris d'écussons peints.

A l'extrémité droite et en dehors de l'église, clocher. Tour carrée en grès bigarré aux angles et aux fenêtres, le remplissage en cailloux roulés du lot. Simple cordon saillant en grès, sur lequel s'appuient quatre fenêtres ogivales aujourd'hui murées. Exhaussement de la tour à même appareil. Les arcades du campanille actuel à plein-cintre. Bouquets ordinaires en pierre de taille soutenant le stillicide. Toit octogone et pyramidal tronqué, couronné d'une lanterne avec toit en coupole.

Dans la sacristie, un rétable fermé par deux volets, de 1 mètre de hauteur sur 70 centimètres de largeur, rempli par la scène de l'adoration des Mages, comprenant dix figures de rond de bosse, en bois doré. La moitié supérieure de la niche, sa base et l'intérieur sont occupés par un ensemble d'ornemens découpés à jour, portant le caractère bien précis du gothique dit flamboyant.

Les deux volets décorés de peintures à l'extérieur et à

l'intérieur; à l'extérieur du volet gauche, l'ange Gabriel, cheveux longs, ailes déployées, mais jointes; sur celui de droite, la Vierge Marie debout, un livré ouvert entre ses mains. Une banderole partant de l'ange et coupant la ligne de partage des deux volets retombe devant la Vierge. Couleur monocrone jaune sur fond noir.

A l'intérieur sur le volet gauche, au centre d'une fabrique antique, ouvertures à plein-cintre, l'enfant Jésus nu, couché à plate terre sur de la paille. Devant lui la Vierge Marie en cheveux déployés et les mains jointes. Saint Joseph, genoux en terre. Entre la divine mère et son époux, un ange enfant, ailes déployées, cheveux épars, mains jointes, aube blanche, adore le nouveau né. A travers les ouvertures, les bergers étonnés regardent.

Volet de droite, intérieur d'une rotonde, avec ouvertures à plein-cintre. Colonnes rondes engagées dans les murs. Sur une table deux vieillards circoncisent l'enfant Jésus présenté par deux femmes. Peinture de couleur.

Nous croyons que le département possède très peu de peintures de cette valeur, datant probablement de la seconde moitié du XV° siècle. La scène de la Nativité surtout offre, quant à son idée, une expression tellement religieuse que, sans être artiste, on en est fortement frappé. L'exécution, il est vrai, a les défauts de l'époque; toutefois elle est d'un grand fini, quant au détail; et l'ensemble de la couleur, quoique un peu sombre, nous a paru fort bonne. A ce titre, ce monument devrait être précieusement soigné et sortir de l'obscurité où il paraît être condamné.

XVII° SIÈCLE.

Monastère de la Bénissons-Dieu de La Falque.

Sur la rive droite du Lot, à l'ouest de St-Geniez, s'élève sur un tertre formé par des jardins et des terrasses en amphithéâtre, une *villa* du nom de La Falque, ainsi appelée du nom de son fondateur Pierre Falc, marchand de St-Geniez. En 1461, il avait acheté « d'Isabeau Grosse, fille de Georges Gros, épouse de noble Louis Bompar, du hameau de Salelle, paroisse de Banassac, diocèse de Mende, quelques prés et champs, confrontant, du levant, avec ruisseau des Mazes, autrement dit *Vieillemanenge*, d'autre part, c'est-à-dire du côté de la métairie des Mazes, avec chemin public allant de la ville au hameau du Goutal. » Deux ans après, il avait acheté encore du susdit Bompar quelques autres prés, et une maison de la métairie des Mazes, et du *Conservateur du Domaine* encore d'autres prés et maisons. Dès lors le hameau des Mazes perdit son nom avec ses vieilles mazures, et fut remplacé par la métairie de La Falque.

Pierre Falc s'était marié avec *damoiselle* de Resseguier. De ce mariage naquit Jeanne Falc, qui fut fille unique et héritière de son père.

François de Thorène épousa Jeanne Falc, et ils eurent un garçon qui fut appelé François-Dalmas.

François-Dalmas s'étant marié avec N..., n'eut de son mariage que des filles. *Damoiselle* de Thorène, sa fille aînée, épousa Pierre de Benoist et, par ce mariage, la métairie de La Falque passa dans cette dernière famille.

La famille de Benoist, d'ancienne noblesse, était originaire de Montauban. Ses chefs, dans le seizième siècle, étaient Brenguié et Jean. Les enfants de Jean ayant embrassé le calvinisme, deux cadets, fidèles à la foi catholique, pour éviter toute persécution, se réfugièrent dans le Rouergue et allèrent se fixer, un (Antoine de Benoist) à St-Geniez; l'autre, à Millau où sa branche est éteinte.

Antoine de Benoist était marié avec Rose Vidale. Guillaume, leur fils, épousa, en 1571, Marie Fontanié, fille à Guillaume Fontanié et à Gabrielle Roquette.

De ce mariage naquit Pierre, premier de nom, qui fut marié avec *damoiselle* de Thorène. Il eut entre autres enfants Pierre qui suit. Son épouse étant morte, il se remaria, en 1614, avec Marie Valden.

Pierre, deuxième de nom, épousa, en 1610, Philipa de Jory, de Campagnac, et eut, de son mariage, Pierre, qui suit, et Marie. Après la mort de Philipa, il se remaria, en 1614, avec Françoise d'André, fille à noble d'André et Marie de Boisset, de La Borie de Prades.

Pierre, troisième de nom, sieur d'Alausière, épousa *da-*

moiselle Marie de Tubières-Morlhon-de-la-Vacquaresse, testa
à La Falque, le 30 août 1651, et fut enterré dans l'église des
Augustins, à côté de son père, décédé en 1643.

Marie de Tubières, son heritière universelle, pour acquiescer aux prières de Françoise et de Marie de Benoist,
ses filles, qui voulaient se faire religieuses dans l'ordre des
Clteaux, fit proposer à Hélix-Marie de Carrier, religieuse
bernardine au couvent de Leyme, en Quercy, et nièce d'E-
tienne de Carrier, abbé de Bonneval, en Rouergue, de fonder
un couvent de son ordre à La Falque. Hélix ayant accepté,
Hardouin de Péréfixe, évêque de Rodez, et Louis, duc d'Arpajon, marquis de Sévérac, pour lors seigneur haut justicier
de St-Geniez, comme *engagiste* du domaine du roi, en ce
pays, approuvèrent, dans le mois d'août 1659, la future fondation. L'abbé de Clteaux, dont l'approbation était encore
nécessaire, donna les lettres qui suivent :

« Nous, Fr. Claude Vaussin, abbé de Cisteaux, docteur
en théologie de la faculté de Paris, Conseiller du roi en ses
conseils d'Estat et supérieur général de tout l'ordre de Cisteaux, ayant l'entier pouvoir du chapitre général d'icelui, à
tous présents et avenir, salut :

» Savoir faisons que, sur la requeste à nous présentée par
nostre R. confrère et coabbé de Bonneval, tendante à ce qu'il
nous pleust agréer, approuver, consentir et confirmer l'establissement d'un nouveau monastère de religieuses de nostre
ordre, en la ville de St-Genieys, diocèse de Rodez, soubs
nostre jurisdiction et autorité et, sous la filiation et dépendance dudit R. abbé de Bonneval suppliant et de ses successeurs en ladite abbaye, tant qu'ils seront réguliers, veu par
nous le consentement des personnes intéressées dans ledit establissement, et estant bien informé de la commodité d'iceluy
et de l'estat des revenus y affectés, suffisans pour y entretenir nombre compétant de religieuses, désirant aussi contribuer volontiers tout ce qui dépend de nous pour la gloire de
Dieu, l'accroissement de nostre ordre et salut des âmes, et
louant la piété de notre révérend coabbé, nous, de nostre authorité paternelle et celle de nostre chapitre général, dont
nous avons l'entier pouvoir, avons approuvé, consenti et
confirmé comme par ces présentes nous agréons, approuvons,

consentons et confirmons l'eslection et l'establissement d'un nouveau monastère de religieuses, en la ville de St-Genieys, diocèse de Rodez, en titre de prieuré, sous le nom de *Nostre-Dame-de-la-Bénissons-Dieu-les-St-Genieys*, de nostre ordre de Cisteaux, soubs nostre jurisdiction et authorité, et soubs la filiation et dépendance immédiate de nostre dit révérend coabbé de Bonneval, en qualité de père immédiat et de ses successeurs, tant qu'ils seront réguliers. Ladite paternité immédiate, au défaut d'abbé régulier dans ledit Bonneval, reversible à nous ou au plus immédiat père abbé dudit Bonneval, suivant les lois et la coutume de nostre ordre de Cisteaux, consentant et aggréant que nostre révérend coabbé nomme, institue et establisse pour prieure titulaire et perpétuelle dudit nouveau monastère nostre très chère fille en Notre-Seigneur, sœur Hélix-Marie de Carrier, religieuse de nostre abbaye de Leyme, au diocèse de Cahors, lui permettant à cet effet de s'y transporter, accompagnée et assistée de sœur Marie de Saluel et autres religieuses dudit Leyme qu'il conviendra, suivant l'advis de ladite dame prieure dudit lieu. Et le cas advenant du décès ou de la résignation de ladite sœur de Carrier, eslection se fera canoniquement par les religieuses professes dudit prieuré, d'une capable pour lui succéder en ladite qualité de prieure titulaire et perpétuelle, à laquelle eslection le R. abbé, père immédiat, comme dit est ci-dessus, présidera par lui ou par ses commissaires et confirmera ladite eslection. Ledit prieuré demeurant ainsi eslectif à perpétuité.

» Donné à Gisly-les-Cisteaux, le trentième jour du mois d'octobre, mil six cent soixante, soubs nostre sceing manuel, soubscription de nostre secrétaire et impression de nostre secrétaire et impression de nostre scel.

» CLAUDE, *abbé général de Cisteaux*.

Place du sceau.

« Par commandement de mondit Seigneur Révérendissime abbé général de Cisteaux.

François DESTRECHY. »

En conséquence, Hélix de Carrier se transporta au château

de Masses, dépendant de l'abbaye de Bonneval, et le 22 du mois de janvier 1660, Marie de Tubières-Morlhon de la Vaccaresse, veuve de Pierre de Benoît, sieur d'Alausière, lui fit donation de La Falque avec toutes ses dépendances, aux conditions : 1° qu'elle établirait à La Falque un couvent de son ordre, qu'elle en serait prieure et qu'elle y résiderait sa vie durant ; 2° qu'après son décès, il serait procédé à la création d'une autre supérieure, selon les statuts de l'ordre de Citeaux ; que l'abbé de Bonneval, tant qu'il serait régulier, serait prieur titulaire et père immédiat de La Falque ; qu'à défaut d'abbé régulier, l'abbé général de Citeaux présiderait, ou par lui-même, ou par ses députés, à l'élection de la nouvelle prieure et la confirmerait de son autorité ; 3° qu'elle recevrait en la religion de Citeaux Françoise et Marie de Benoît, et qu'elle renoncerait à tous les droits qu'elles pourraient avoir ou prétendre sur tous les autres biens provenant tant du chef maternel que du chef paternel ; 4° enfin qu'elle payerait : 1° une somme de sept mille livres à Marie de Benoît, sœur de Pierre, sieur d'Alausière, épouse du sieur Antoine de Nuéjuols, conseiller à l'élection de Figeac, à elle due, pour reste de constitution ; 2° une somme de huit cents livres à Françoise d'André, femme en seconde noces du sieur de Benoît, père du susdit pierre de Benoît, à elle due sur l'hérédité.

Après acte public de cette donation, Hélix de Carrier alla prendre possession de La Falque. Mais on avait négligé de demander le consentement de la communauté de St-Geniez, et le nouveau monastère devant être exempt des tailles et autres deniers municipaux, la ville allait être grevée de la quotité des impôts que payait La Falque. C'est pourquoi les consuls firent opposition à l'établissement de la Bénissons-Dieu. Pour lever cette difficulté inattendue, la prieure appela à son secours l'abbé de Bonneval. Étienne de Carrier, ne pouvant, à cause de ses infirmités, aller à St-Geniez, y envoya son coadjuteur, dom Aymar Frayssinous, religieux de Bonneval, docteur en théologie, professeur royal à l'université de Toulouse et grand oncle de l'illustre évêque d'Hermopolis, qui, ayant obtenu le consentement des consuls, fit affranchir à perpétuité le bien-fonds de La Falque, moyennant une somme de trois mille deux cents livres.

Dès lors le monastère de La Bénissons-Dieu ouvrit un pensionnat pour l'éducation des demoiselles de familles distinguées. Plusieurs se présentèrent pour entrer eu religion. Tout semblait concourir à leur donner de l'attrait pour ce nouveau genre de vie. Le site du lieu offrait un séjour plein de charmes : il n'avait pas cet air de sombre solitude empreint sur les fondations du moyen-âge. Le costume des religieuses n'avait rien de rebutant ; c'était une tunique ou robe blanche avec un scapulaire noir et une ceinture de même couleur ; au chœur , elles se couvraient d'un manteau noir. Les sœurs converses étaient habillées de couleur tanée et les novices de blanc.

Parmi les jeunes pensionnaires qui furent amenées à La Bénissons-Dieu, on en voit figurer une d'un nom qui paraît mystérieux, Catherine de *La Personne.* Son père habitait St-Martin de Lenne. D'où provenait son origine ? c'est ce que taisent les vieilles chartes ; la tradition locale seule nous l'apprend. Au commencement du XVIIᵉ siècle, un jeune enfant fut placé en nourrice à St-Martin. Il était plein d'amabilité et d'une figure où se peignaient des traits de noblesse ; ses layettes étaient précieuses. Toutes les commères de l'endroit , d'aller lui rendre visite ; de s'extasier devant ses grâces enfantines ; de s'informer de son origine, du nom de ses parents , et la mère nourricière de répondre : Il est fils *d'une personne,* et chose remarquable ! de se taire après ces paroles. Le charmant enfant grandit et on l'appela *M. de La Personne.* Son père qui était duc d'Arpajon lui acheta un fief à St-Martin. De ce fief faisait partie une châtaigneraie qu'on traverse en allant de Buseins à St-Geniez, et qu'on appelle la châtaigneraie de *La Personne.* Ne voulant pas démembrer son fief qu'il voulait transmettre intact à son fils aîné , M. de la Personne exigea de sa fille Catherine qu'elle prît le voile à La Bénissons-Dieu. La pauvre fille ne voulait pas être religieuse ; elle résista , céda ensuite, vaincue par mille promesses. Pendant son long noviciat, elle donna d'assez fortes preuves qu'elle n'était pas appelée à un état aussi sublime. N'importe, le père voulant toujours en faire une religieuse, alla lui-même solliciter l'abbé de Bonneval, alors Aymard Frayssinous , dont nous avons déjà parlé, de députer un religieux de son ordre, si lui-même ne pouvait , pour aller présider la cérémonie de profession de

Catherine de La Personne. Dom Lauguier fut envoyé à la Bénissons-Dieu, le 28 juin 1665. Le lendemain la cérémonie
commence. La novice paraît entourée de la communauté.
Elle s'avance vers la grille du chœur. Elle écoute avec attention le révérend père qui lui fait un discours sur les *lauréoles
de la virginité.* Il cesse de lui parler, et Catherine de lui répondre : « que jamais elle n'avait eu aucune vocation à l'état
» religieux ; qu'elle n'avait pris l'habit de religieuse que pour
» adhérer à ses parents qui l'avaient sollicitée et obligée à cela,
» particulièrement Madamoiselle sa mère qui l'avait forcée
» nonobstant sa résistance, lui disant qu'elle n'était pas pro-
» pre pour le monde et lui faisant beaucoup de promesses
» de la venir voir de quinze en quinze jours, de lui fournir
» tout ce dont elle aurait besoin, de lui donner divers pré-
» sens de temps en temps, à quoi pourtant elle n'a pas satis-
» fait ; au contraire, la première fois que sa mère la vint
» visiter, s'étant informée si elle était contente, elle avait
» témoigné que non, et ajouté qu'elle s'ennuyait fort, et que
» sa mère lui avait dit de continuer pour l'amour d'elle et lui
» donner cette satisfaction. »

À cette réponse fut grande la surprise de toute l'assemblée.
Le spectacle était nouveau, le révérend père le continua.
L'abbé de Bonneval lui avait donné des instructions secrètes, avec ordre d'ouvrir les portes du monastère si la novice
persistait à refuser sa profession.

Dom Lauguier reprit la parole et peignit à Catherine les
avantages, les prérogatives, les douces joies de la vie religieuse, et à ce tableau si suave pour le cœur qui en a l'intelligence, il opposa une sombre esquisse des dangers, des
usages tyranniques du monde. « Vous me prêchez en vain,
» répliqua la novice : depuis que je suis à la Bénissons-Dieu,
» je n'ai jamais ressenti aucun mouvement, aucune volonté
» pour l'état religieux ; c'était toujours avec grande répu-
» gnance et contrainte que j'ai pratiqué les exercices de la
» règle ; je l'ai témoigné en toutes rencontres, je l'ai dit plu-
» sieurs fois à mon père, je l'ai instamment supplié de me
» laisser sortir du couvent. Mais toujours rebutée, pour le
» forcer à m'accorder cette permission, j'ai par deux fois

» jeté mon habit et j'ai tenté de sortir furtivement du mo-
» nastère. »

C'était parler avec courage et ne pas craindre d'offenser son
père. Mais ce père aurait pu dire que sa fille n'avait refusé
d'acquiescer à sa volonté que parce qu'elle avait vu qu'on
ne pratiquait pas avec zèle, à la Bénissons-Dieu, les exercices de la religion, ou parce que la prieure et sa communauté n'avaient pas employé à son égard des procédés pleins
de douceur? Le révérend père le prévit, et de présenter
toutes ses objections à la novice. Elle, de répondre avec
calme et dignité, la main sur la conscience, « que Madame
» la prieure vivait en parfaite communauté, union et cha-
» rité avec ses religieuses; que les exercices de la religion
» s'y pratiquaient avec grande candeur et exactitude; qu'on
» vivait dans ce monastère fort exemplairement; que pendant
» son séjour elle avait bien eu quelques reproches, corrections
» et mortifications, mais que toujours ces pénitences lui
» avaient été imposées, avec un esprit d'amour et de charité;
» que ses *déportemens* méritaient des peines plus grièves et
» que, si elle s'était portée à quelque excès, c'était afin qu'on
» lui *moyenât* plus facilement son congé; que le principal
» motif qu'elle avait de quitter, était qu'elle avait reconnu
» clairement n'être pas appelée de Dieu, par la répugnance
» qu'elle avait éprouvée pour tous les exercices de là reli-
» gion, qu'elle n'avait pris le voile que par force et pour
» plaire à ses parens et qu'enfin, puisqu'il avait commission
» de M. l'abbé de Bonneval, elle le priait très instamment
» de la renvoyer dans le monde, *sachant bien que dans la*
» *religion on ne retient personne par force.* »

Ce fut assez de ce dialogue dont procès-verbal fut dressé. Les
portes du monastère s'ouvrirent, et la colombe prit son vol.
Heureuse si elle trouva dans le monde où reposer son pied !..

Trois mois après (octobre 1665), l'abbé de Bonneval alla
recevoir les vœux de Marie de Benoît, fille de damoiselle
de Tubières (1), et à cette occasion il fit don au monastère
d'une somme de six mille quatre cents livres.

_____

(1) Ego soror **Maria** de **Benoist** promitto stabilitatem meam sub clau-
surâ perpetuâ, et conversionem morum meorum, et obedientiam secun-

Les témoignages honorables donnés à la Bénissens-Dieu par Catherine de la Personne portèrent leur fruit. Hélix de Carrier cessa de vivre en 1678, après avoir donné le voile à dix-sept religieuses, pendant son priorat.

II. le 1er octobre de l'an susdit, Marie de Benoît fut élue prieure, et son élection fut confirmée par l'abbé de Bonneval qui, en envoyant l'acte d'approbation, l'accompagna de cette lettre :

« Nos très chères sœurs en Nostre-Seigneur,

« J'ai veu, leu et examiné l'élection que vous avez faite d'une nouvelle prieure, laquelle ayant trouvée bien et canoniquement faite, nous l'avons confirmé de nostre authorité paternelle, comme vous verrez par l'acte de confirmation qui vous sera capitulairement leu. Je prie Dieu que ce soit pour sa plus grande gloire, le salut de vos âmes, bien et advancement de votre maison. C'est le souhait,

Nos très chères sœurs en Nostre-Seigneur,

De vostre très humble et très affectionné serviteur en Jésus-Christ.

FRAYSSINOUS, *abbé de Bonneval.*

A La Roquette, ce 3 octobre 1678. »

Marie de Benoît fit plusieurs acquisitions pour agrandir le domaine de La Falque, eut la douleur de voir incendier, par la malveillance, les granges de son monastère où périrent, avec les fourrages, tous les bestiaux qui étaient enfermés, fit bâtir le cloître dont il ne reste qu'une aile et entourer de murailles l'enclos des religieuses.

III. Marie-Thérèse de Curières, de Ste-Eulalie-d'Olt, élue prieure en 1713, fit construire l'église qui existe encore.

dùm regulam Sancti Benedicti, abbatis, coram Deo et omnibus sanctis ejus quorum reliquiæ hic habentur, in loco qui vocatur *de Benedictione Dei,* vulgò *La Falque les St-Geniès,* Cisterciensis ordinis constructo in honorem beatissimæ Dei genitricis semperque Virginis Mariæ, in presentiâ Domni Domni Aymardi Frayssinous, abbatis regularis Beatæ Mariæ Bonnævallis, patris nostri immediati, nec non et Domnæ Mariæ Hélix de Carrier priorissæ.

MARIE DE BENOIST, *signée.*

Elle fut bénie, le 25 novembre 1715, par dom Jean Mazeau, prieur de l'abbaye de Bonneval, avec permission de M. de Lusignan, évêque de Rodez.

IV. Françoise de Dijols, de la Cassagne, paroisse de Gabriac, prieure en 1720. A cette époque le personnel de la Bénissons-Dieu était composé de onze religieuses, deux sœurs converses et deux tourières. En 1728, Louis XV accorda une pension aux quatre plus anciennes religieuses de divers monastères. La prieure de la Bénissons-Dieu, désirant obtenir pour sa maison un semblable bienfait, fit présenter au roi un placet dans lequel elle exposait ses revenus avec *déficit* de quatre cents livres. Pour toute réponse, elle reçut défense d'admettre de nouveaux sujets.

V. Trojécie de Bonaure, qui lui succéda en 1748, reçut, en 1751, une lettre de cachet qui supprimait le monastère. Cette lettre était basée sur un édit de Louis XIV, qui supprimait tous les couvents non autorisés par lettres patentes du roi, et la Bénissons-Dieu se trouvait de ce nombre, quoique l'édit eût été rendu six ans après sa fondation. Mme de Bonaure fit valoir cette raison, donna une déclaration de ses biens et revenus, pour prouver que la maison pouvait se suffire à elle-même; promit de donner à la communauté de St-Geniez une somme de deux mille quatre cents livres, si elle parvenait à faire lever la lettre; mais tout fut inutile, la lettre de cachet ne fut pas révoquée (1).

Voici la déclaration des biens et revenus de la Bénissons-Dieu présentée au roi par Madame de Bonaure :

(1) On ne réussit pas mieux en demandant l'union du monastère de Coste-Jean à celui de la Bénissons-Dieu ; on répondit que l'un et l'autre devaient être supprimés.

Le monastère de Coste-Jean, ordre de Cîteaux, près de St-Antonin, alors diocèse de Rodez, fut fondé en 1292, par Isabeau Del Valat, fille d'Armand del Valat, veuve de Bernard de Besford, qui en fut la première prieure.

La nomination de la prieure de ce monastère, hors le cas de résignation, appartenait aux héritiers de la famille Del Valat; qui usèrent de ce privilège jusque vers le milieu du dix-huitième siècle.

11

Art. I.

« Un domaine situé au même lieu, non affermé, consis-
» tant :

» 1º En 92 sétérées de terre labourable
» qui peuvent produire par chacun an,
» semence distraite, 285 sétiers de blé de
» toute espèce, savoir :

« Soixante sétiers de blé froment, le sé-
» tier selon l'évaluation commune du pays,
» à 6 liv. le sétier ,   300 liv.

» Cent-trente sétiers seigle, à 5 liv. le
» sétier ,   650

» Soixante sétiers orge , à 4 liv. le sétier,   240

« Vingt sétiers avoine , à 3 liv. le sétier,   60

Quinze sétiers blé noir, à 3 liv. le sétier,   45

« 2º En prairies qui peuvent produire,
» communes années, cent charretées de foin,
» la charretée évaluée à 12 liv.,   1,200 liv.

« 3º En vignes qui peuvent produire
» par chacun an quinze pipes de vin , à 25
» liv. la pipe ,   375

» Fruits de toute espèce, communes
» années ,   150

                                                          _____

Revenu du domaine ,   3,020 liv.

Art. II.

Rentes constituées.

« Une rente de vingt livres au principal
» de 400 liv., sur Jean-Antoine Saignier,
» de Ste-Eulalie, contract retenu par Fa-
» brégou , notaire royal de St-Geniez , le
« 8e janvier 1722 ,   20 liv.

« Une rente de quinze livres au principal
» de 300 sur Mlle Girou, contract retenu
» par Fabrégou, notaire royal de St-Geniez,
» le 1er mars 1732 ,   15 liv.

« Une rente de 90 liv. au principal de
» 1,800 liv., sur M. de Grun, par acte de
» seing privé, du 14 avril 1734,   90 liv.

« Une rente de 30 liv. au principal de
» 600 liv., sur le sieur Jean Calmettes, de
» Flaujac, contract retenu par Joseph Soto-
lin, notaire royal de St-Côme, le dernier
» août 1736, ci   30 liv.

« Une rente de 30 liv. au principal de
» 600 liv., sur M. de Malescombes, par
» acte de seing privé, du 12 août 1736, ci   30 liv.

« Une rente de 15 liv. au principal de
» 300 liv., sur Pierre Laviale, de Ste-Eulalie, contract retenu par Delzers, no-
» taire royal de Ste-Eulalie, du 5 sep-
» tembre 1742, ci   15 liv.

Art. III.

Rentes obituaires.

« Une rente de 7 liv. 10 sous, payable
» annuellement par les héritiers de Toi-
» nette de Benoist, portée par son testa-
» ment du premier novembre 1688, reçu
» par Jean Flandrin, notaire royal de Con-
» dom, assise sur un pré dépendant de sa
» métairie de la Borie, paroisse de Prades-
» d'Aubrac, pour laquelle rente la dite
» prieure et religieuses sont tenues de
» faire dire, chacun an, six messes, et de
» chanter à la fin de chacune le *Libera me*
» et l'absoute, et en outre, de chanter les
» litanies de la Vierge à chaque premier
» dimanche de l'année et après les premiè-
» res vêpres de ses quatre principales fê-
» tes, ci   7 liv. 10 s.
                                                    _____

Total des rentes,   237 liv. 10 s.

Art. IV.

» Toutes les pièces composant le susdit
» domaine ont été duement amorties, sui-
» vant les différentes quittances du trésor
» royal.

Revenu dudit prieuré.

« 1°. Du domaine, ci	3,020 liv.
« 2°. Des rentes, ci	237 liv. 10 s.
Total,	3,257 liv. 10 s.

« Sur laquelle somme il doit être faite
» déduction des charges ci-après énoncées.

Savoir :

» Pour l'entretien des maisons, cloître, » clôture dudit prieuré, église, luminaire, » ornemens, la somme de ci	200 liv.
« Pour l'entretien des domestiques, trois » bouviers, un vigneron, deux bergers, » deux servantes et leurs gages, ci	900 liv.
« Pour l'entretien des charrettes, es- » sieux et tous autres outils nécessaires » pour travail du domaine, ci	100 liv.
« Pour ouvriers extraordinaires, à fau- » cher, féner, moissonner, dépiquer et au- » tres travaux de vigne, ci	300 liv.
« Pour médecins, drogues, etc., ci	60 liv.
« Aumônes ordinaires ou extraordinai- » res, ci	80 liv.
« Pour le paiement des tailles des nou- » velles acquisitions, capitations des do- » mestiques et décimes, ci	70 liv.
« Contributions pour l'ordre, ci	3 liv.
« Cencives à la mai, ci	15 s.
« Pour le paiement de la dîme par abon- « nement avec MM. les prieurs de St-Ge- » niez, ci	31 liv.

« Pour la nourriture de trois paires de
» bœufs en foin ou sel, ci   300 liv.

« Total des charges,   2,044 liv. 15 s.

« A déduire sur le revenu total de
» 3,257 liv. 10 s.; reste   1,212 liv. 19 s.

« Il y a, dans le dit prieuré, huit religieuses de chœur,
» deux sœurs converses et un directeur.

« Nous prieure titulaire et religieuses de la Bénissons-
» Dieu, certifions et affirmons la présente déclaration vérita-
» ble, de laquelle déclaration nous avons remis le présent
» double à M. le prieur de Bonneval, vicaire-général de l'or-
» dre de Cîteaux.

En foi de ce nous avons signé le présent à la Bénissons-
» Dieu, le trente-un janvier mil sept cens-cinquante-un.

SR. DE BONAURE, *prieure.* SR. DE LA CASSAIGNE, *sous-
prieure.* SR. DE SALGUES. SR. DE GISCARD. SR. DE DIJOLS.
SR. DE BALAT. SR. DE GALY. SR. DELZERS, *signées à l'original.*

VI. Jeanne-Claire de Lebrun, des environs de Toulouse,
élu prieure au mois d'avril 1779. Son élection fut confirmée
le 4 mai suivant, par François, abbé général de Cîteaux.

Sous cette prieure, le personnel de la Bénissons-Dieu alla
s'éteignant de plus en plus. Leurs biens devaient passer à
toute autre communauté religieuse. C'est pourquoi les consuls
prirent, le 30 janvier 1786, la délibération suivante :

. . . . .« La Communauté assemblée en la forme ordinaire
» par M. Pons, premier consul, a été exposé que vers la
» fin du siècle dernier, la piété de certaines demoiselles de la
» ville de St-Geniez les engagea, sous la direction de la dame
» de Carrier, religieuse Bernardine de la maison de Leyme,
» à former l'établissement des Dames religieuses Bernardines
» de La Falque, situé près la ville de St-Geniez, pour l'a-
» vantage et utilité de ses habitans. Mais cet établissement
» n'ayant pas été duement autorisé par des lettres patentes,
» Sa Majesté aurait, depuis longues années, fait défense à ces
» religieuses de recevoir de nouveaux sujets et, par arrêt de
» son conseil du. . . . . . 1751, elle aurait autorisé Mensel-

» gneur l'évêque de Rodez à supprimer cette maison, pour en
» réunir les biens à un autre communauté ; que dans le cas
» où cet arrêt serait mis en exécution, cette ville serait en-
» tièrement privée de tous les avantages que les pieuses fon-
» datrices de cet établissement eurent en vue.

« La Communauté des Dames de l'Union-Chrétienne, qui
» est la seule maison de filles située dans cette ville, étant
» assez nombreuse et suffisamment dotée, la réunion des
» biens de La Falque à la maison desdites Dames ne serait
» d'aucune utilité publique, tandis que cette ville éprouve
» des besoins spirituels auxquels il serait très essentiel de
» remédier.

« L'éducation des enfans du peuple est fort négligée, faute
» de ressources pour fournir aux honoraires des maîtres
» d'école. On a la douleur de voir quantité de pauvres qui,
» par paresse et sous le prétexte de défaut de travail, s'a-
» bandonnent à la mendicité et à tous les vices qui en font
» la suite : l'hôpital de cette ville est si peu renté et si mal
» bâti, qu'il ne peut suffire à la dixième partie des miséra-
» bles qui auraient besoin de cette ressource dans leurs in-
» firmités.

« Une partie des revenus de la maison de La Falque, jointe
» à l'imposition que cette Communauté fait annuellement pour
» un maître d'école, fournirait à l'*établissement des Frères de*
» *la Doctrine Chrétienne qui remplissent le double avantage*
» *de former la jeunesse à la piété et à lui enseigner à lire,*
» *écrire et calculer; objet d'une considération particulière*
» *dans une ville tout occupée du commerce.*

« Une autre partie des mêmes revenus employée à fournir
» du travail dans une des salles de l'hôpital, aux orphelins
» et aux autres mendiants de la ville qu'on occuperait à la
» filature de la laine, ferait naître l'heureux espoir de bannir
» la mendicité en lui ôtant le prétexte qui lui sert d'excuse,
» et on procurerait en même temps un accroissement à une
» manufacture très intéressante pour la province.

« La maison de ces religieuses serait très commode, soit
» par sa situation, soit par son étendue, à former le logement
» des pauvres et épargnerait des sommes très considérables
» pour le rebâtir sur le local désigné dans les lettres paten-

» tes, obtenues de Sa Majesté, en l'année 1784, par les soins
» et à la sollicitation de Monseigneur de Colbert, évêque de
» Rodez. Cet hôpital sera d'ailleurs exposé à de nouvelles dé-
» penses et à des surcharges considérables lorsque les gran-
» des routes seront achevées ; et il trouverait dans l'u-
» nion des biens de La Falque, des ressources, tant pour
» les supporter que pour éviter les frais qu'entraînerait l'ad-
» ministration de ses biens. Il serait à propos de la confier
» au bureau, formé dans ledit hôpital, par les lettres patentes
» de son établissement. Les officiers de justice et les officiers
» municipaux y étant réunis, assureraient l'exécution d'une
» destination si louable.

« Ces considérations étant bien puissantes pour mériter
» d'être secondées par le zèle et la bienfaisance de Monsei-
» gneur l'évêque de Rodez, qui a toujours honoré cette ville
» d'une protection spéciale, il serait bien essentiel de l'y in-
» téresser et d'obtenir ses bons offices dans une pareille cir-
» constance.

« Sur quoi, perquises les voix, l'assemblée a unaniment
» délibéré qu'elle autorise M. Pons de présenter requête,
» au nom de cette Communauté, à Monseigneur l'évêque de
» Rodez, pour le supplier très humblement de solliciter un
» nouvel arrêt du conseil qui, en confirmant celui de 1751,
» et l'interprêtant en tant que besoin, autorise ledit seigneur
» évêque à faire la suppression de la maison de La Falque,
» et à unir les biens qui en dépendent à l'hôpital de St-Ge-
» niez, à la charge par le bureau d'administration de cette
» maison, de payer annuellement telle somme qui sera trou-
» vée convenable et déterminée par ledit seigneur évêque,
» sous le bon plaisir de Sa Majesté, tant *pour l'établissement*
» *des Frères de la Doctrine Chrétienne*, que pour fournir à
» un atelier de charité dans ledit hôpital, à l'effet de procurer
» du travail aux orphelins et autres pauvres mendiants.

PONS, *premier consul* ; DE PALANGIER, *consul* ; BENOÎT,
BAILLY, FAJOLE, RIVIÉ, PALOUS, *docteur-médecin* ; SOLA-
NET, PESTRE, HIGONET, *etc.*, signés.

Certainement les projets de M. Pons méritaient d'être bénis. La philanthropie ne va pas ainsi à la racine du mal. Ses

pompeux paradoxes ne tendent qu'à poser un appareil sur
la plaie qui ronge le corps social : impuissant à la guérir ,
elle s'envenime de plus en plus et s'annonce déjà pour être
incurable.

Cependant la révolution de 89 dilata ses abîmes , et dans
quelques années tout fut englouti.

Suivi de plusieurs officiers municipaux , M. Costy, maire
de St-Geniez , se transporta, le 15 avril 1791 , à la Bénissons-
Dieu , pour demander aux religieuses *si elles entendaient
sortir de leur maison ou si elles préféraient de continuer la
vie commune.* Elles étaient seulement au nombre de quatre :
Jeanne-Claire de Lebrun , prieure ; Marie-Gabrielle de Mon-
repos , fille d'un capitoul de Toulouse ; Marie-Anne de Galy
et Marie-Anne Delzers. Chacune répondit *qu'elle voulait
vivre en commun dans l'état de vie qu'elle avait embrassé.*
Heureuses si quelques-unes d'elles ne s'étaient pas inclinées
devant la constitution civile du clergé !

Cette acte de faiblesse hautement condamnable ne les sauva
pas... Une nouvelle loi les chassa de leur pieux asile , et
dès lors La Falque perdit le nom de la Bénissons-Dieu.

Tous les propriétaires qui ont possédé, depuis cette époque , ce beau domaine, ont respecté un vieux coffre qui renferme encore une partie des archives de l'ancien monastère.
M. Railhac , percepteur à St-Geniez , aujourd'hui possesseur
de La Falque , a bien voulu nous confier ces papiers , qui
nous ont fourni les documens qu'on vient de lire. Je le prie
d'agréer ici mes remercîmens.

Eglise de la Bénissons-Dieu.

Cette église forme un carré oblong , voûte d'arête à plein-
cintre avec arcs doubleaux peu saillants , retombant sur des
pilastres. Au fond, chœur et tribune par-dessus, séparés de
la nef par une grille. Du côté de l'Evangile , chapelle latérale. Porte d'entrée, carré oblong, avec ornemens très simples. Au milieu du linteau, les armes du monastère, écarte-
lées 1 et 4 d'argent au chêne de sinople , terrassé de même,
qui est de Frayssinous ; 2 et 3 d'azur à un lis de jardin d'argent , tigé, feuillé et terrassé de sinople qui est de Carrier ,

fondateurs et bienfaiteurs du monastère ; par-dessus, une niche avec statue de bois, représentant la Vierge. Tout autour de la coquille, cette inscription : *Notre-Dame de la Bénissons-Dieu*. (1).

Cette église a été rendue au culte et bénie, le 12 mars 1842, sous l'invocation de Saint-Augustin. La chapelle latérale a été destinée pour la sépulture des membres de la famille de M. Railhac.

Au maître-autel, tableau de moyenne dimension représentant la mort de saint Bruno. La figure du saint et celle de ses religieux peignent admirablement l'esprit de foi, d'amour et de mortification chrétienne. En le considérant, on est frappé au premier coup d'œil d'un effet magique de clair obscur, produit sur toute cette scène par la lumière d'une faible lampe, d'où part toute la lumière qui éclaire ce tableau (Copie de Lebrun).

Dans le parterre attenant à l'ancienne chambre du prieur, se trouve un bassin qui mérite d'attirer les regards, à cause de sa primitive destination. Ce bassin était la marmite dans laquelle les moines d'Aubrac faisaient la soupe des pauvres. Elle est en fer de fonte, a un mètre de diamètre et quarante-cinq centimètres de profondeur. Sur ses côtés, quatre poignées de onze centimètres de longueur sur six de diamètre. Elle pèse deux cent-cinquante kilogrammes.

XVIIe SIÈCLE.

Séminaire Saint-Charles-Borromée, aujourd'hui collége communal.

Le séminaire Saint-Charles-Borromée fut fondé en 1666, par M. François Rotgier, bourgeois de St-Geniez, qui obtint, pour cette fondation, de M. François Lisle, curé de cette ville et prieur de Canilhac, la chapelle de Notre-Dame de Jouéry.

Jamais emplacement ne fut mieux choisi pour une mai-

(1) On voit cette niche sur le portail de l'église de Notre-Dame-de-Lenne, à laquelle Madame veuve Lauterd l'a donnée.

son d'études. Situé à l'extrémité *est* du vallon de St-Geniez ,
il se rattache à la ville par une belle allée de peupliers. Tout
autour de l'édifice , des vergers magnifiques lui communiquent un aspect de solitude. Le gazouillement des oiseaux ,
le doux murmure du ruisseau de Jouéry, qui coule à quelques pas des bâtimens : des petits sentiers qui conduisent
dans de sombres châtaigneraies ; des nappes de verdure
qui semblent inviter à reposer sur le gazon , vous élèvent le
cœur et prêtent leurs charmes à l'imagination. On comprend
aisément, à la vue de ce site, que l'étudiant doit s'y plaire ,
le professeur s'y attacher et que tous à l'envi doivent rivaliser de zèle pour remplir leurs obligations.

Deux membres du séminaire de Carman, à Toulouse, MM.
Mercadier, prêtre, et Jacques Mercadier, clerc acolyte ,
tous deux de St-Geniez, furent appelés pour diriger le nouvel établissement ; et , à peine arrivés dans leur ville natale,
plusieurs prêtres s'offrirent à eux pour former, avec l'agrément
de M. de Voyer de Paulmy, évêque de Rodez, une communauté séculière sous le titre d'*oblats de Marie*. En attendant la
construction du nouveau bâtiment, ils affermèrent une maison où bientôt se groupèrent autour d'eux une foule d'élèves. Instruit du succès de l'entreprise, M. de Paulmy approuva , le 5 octobre 1667, la future construction , et , à la
prière du directeur de l'établissement , il donna à la communauté naissante le réglement suivant :

« Réglement par nous donné à M. Mercadier, prêtre , et
autres ecclésiastiques unis pour pratiquer les louables exercices qui se pratiquent dans le petit séminaire de St-Charles , comprins en huit articles de la teneur qui s'en suit.

I. « L'esprit et la fin de la Congrégation est de former des
ecclésiastiques, lesquels vivans en communauté se destinent à
l'éducation des jeunes clercs, selon l'institution du Concile
de Trente , les formant aux vertus ecclésiastiques et leur enseignant le latin de l'Eglise (1) selon la particulière méthode ,

_____

(1) Par ces mots *enseignant le latin de l'Eglise selon la particulière
méthode* , il faut comprendre 1° qu'on doit bannir de nos séminaires les
auteurs profanes, et enseigner, suivant l'intention du St-Concile, *libros
ecclesiasticos*, s'attachant particulièrement à enseigner l'intelligence de

et la pratique du travail manuel joint à l'estude, dont on a fait expérience et remarqué le bon succès et profit ; comme aussi en les instruisant des autres choses que le seigneur prélat diocésain trouvera bon, sans pourtant exclure les ecclésiastiques plus avancés en âge, au cas ils aient besoin d'apprendre le latin, offrant ladite Congrégation d'en recevoir un tiers de ladite qualité. »

II. « Conformément à ce dessein et visée de la Congrégation, elle aura la Ste Vierge présentée au temple pour protectrice et advocate, et pour patron et instituteur, saint François-de-Salles, évêque et prince de Genève. »

III. « D'autant que Messeigneurs les prélats ne retirent pas peut-estre des congrégations déjà establies tout le secours qu'ils désireraient pour leur diocèse, ne leur estant pas absolument et immédiatement soumises, ayant des supérieurs-généraux, ce qui n'est pas conforme à la pratique et ancienne discipline de l'Eglise, c'est la cause que la présente Congrégation désirant suivre ladite pratique ancienne, renouvelée par saint Charles, en l'institution des oblats, etc., de saint Ambroise, et se lier par une inviolable dépendance à Messeigneurs les prélats diocésains, elle veut et entend qu'il n'y aura pas en icelle aucun supérieur-général, mais que chaque seigneur prélat dans le diocèse duquel il y aura quelque maison de l'institut sera seul l'unique et l'absolu supérieur, sans l'exprès congé duquel ou de son vicaire-général ou autre par lui député, aucun confrère ne pourra sortir du diocèse, non seulement pour habiter en un autre, mais mesme pour un voyage hors du diocèse quelque petit qu'il puisse estre, et tous en outre fairont vœu de perpétuelle et particulière obéissance au seigneur prélat diocésain afin qu'ils demeurent inséparablement liés à lui et dépendants indispensablement de ses volontés et commandemens. »

l'Ecriture-Sainte, du bréviaire, dont les hymnes doivent être notre Virgile et notre Horace, du missel, du rituel, du catéchisme *ad parochos* et du Concile de Trente, faisant aussi expliquer quelques traités des Pères de l'Eglise. 2°. *Par la particulière*, etc., il faut entendre la méthode que l'expérience fait trouver plus facile, plus courte et plus utile. (Conférences de M. l'abbé Bonald.).

IV. « Il y aura deux rangs de confrères en la Congrégation. 1º les uns seront destinés pour perpétuer et faire sub-
sister la Congrégation et seront dits de la Communauté et ceux-
là seuls prendront le gouvernement et charges importantes
d'icelles, entreront en chapitre et y auront voix délibérative,
après néantmoins y avoir demeuré et vescu avec édification
l'espace de trois ans. 2º Les autres seront les frères domestiques n'ayant pas voix active ni passive et ne portant pas
soutane, mais un habit court et de couleur obscure, simple
et modeste, servant ez offices domestiques, comme n'estant
pas destinés pour estre d'église. »

V. « De trois ans en trois ans la Congrégation eslira par
suffrages secrets deux du corps de la Communauté capables
pour estre présentés au seigneur prélat diocésain, lequel en
choisira l'un d'iceux pour estre le directeur et supérieur de la
communauté. Il pourra estre réélu, après lesdits trois ans,
pour un autre trienne seulement, après lequel pourtant il
demeurera un an pour le moins dans sa déposition pour vaquer à lui et servir la Communauté par l'oraison et bon exemple sans aucune charge.

VI. « Les affaires fort importantes comme sont les récep-
tions des confrères, les fondations d'autres maisons, les achats
et acquisitions de conséquence et choses semblables se résoudront par la pluralité des voix, et les autres affaires se délibé-
reront et résoudront par le directeur avec le conseil de l'assistant et de l'économe. »

VII. « Aucun ne sera reçu dans la Communauté qu'il ne
soit prestre effectif et sans avoir demeuré estant prestre,
durant deux ans dans l'approbation (1). »

(1) Formule de réception : Ego N. omnipotenti Deo, coràm beatissimâ
Dei Genitrice Virgine Mariâ, sancto Francisco Salesio episcopo con-
fessori, totoque beatorum cœtu, ac tibi RR. Dº Domino episcopo, tuisque successoribus et vestris vicariis generalibus, spondeo, voveoque
me perpetuam obedientiam præstiturum, in his omnibus quæ mihi à
te tuisque successoribus in posterùm præcipientur ad Dei gloriam augendam et animarum salutem procurandam, adjuvandam et promoven-
dam juxta constitutiones ejusdem Congregationis.

L'évêque répondait : Dominus noster J.-C. pro cujus amore et gloriæ propagandæ studio, hanc oblationem fecisti tibi benedicat et gra-

VIII « Tous les Confrères se soumettront cordialement à la conduite du directeur tant pour les choses de la vie spirituelle que pour leur estude et tous les autres emplois, sans préjudice néantmoins de le dépendance qu'ils doivent au légitime supérieur qui est le seigneur prélat ez choses susdites et en toutes autres. »

GABRIEL DE VOYER-DE-PAULMY, par la grâce de Dieu et du Saint-Siège apostolique, évêque et seigneur de Rodez, à tous ceux qui ces présentes verront, salut et bénédiction.

« Sur ce qui nous a été représenté par M^tre Jean Mercadier, prestre, et Jacques Mercadier, clerc acolyte du présent diocèse, disant que le mois d'octobre de l'année précédente mil six cents soixante-sept ils nous auraient présenté requeste aux fins de favoriser l'establissement d'un petit-séminaire de Saint-Charles-Borromée dans la ville de St-Geniez, et que la ville de St-Geniez aurait député vers nous le sieur François Rotgier, bourgeois, et autres pour nous supplier de favoriser une si bonne œuvre, et que le sieur Rotgier a contribué pour l'achat d'un sol la somme de trois cents livres, et veut contribuer selon qu'il est contenu dans ladite requeste de lui signée et desdits MM. Mercadier, d'autre somme de quinze cents livres, à raison de cinq cents livres par an, pour servir à la baptisse d'une maison propre pour lotger ledit séminaire, et en outre l'entretien d'un cheval de charette pour servir à ladite baptisse pendant trois ans, outre plusieurs autres libéralités que divers particuliers de ladite ville et environs font espérer pour ledit établissement ; en conséquence de quoi nous aurions par nostre appointement de ladite requeste du cinquième octobre mil six cens soixante-sept permis aux dits suppliants de dire leur messe journellement et faire leurs autres exercices de dévotion dans la chapelle dite de Jouéry, ce qu'ils auraient fait depuis avec grande béné-

tiâ suâ perpetuò te custodiat et Beatissima Virgo Maria in templo præsentata quàm hodiè patronam elegisti, ac sanctus Franciscus Salesius, suis precibus et meritis gratiam tibi impetrent, quâ in hujus Congregationis instituto *oblas* factus ad Dei gloriam et animarum salutem, proferas Ruthenensi ecclesiæ et ego tibi benedico teque in numerum sacerdotum Sanctæ Mariæ recipio.

diction et avec plusieurs autres ecclésiastiques qui se seraient associés à eux pour cet effet. Mais d'autant qu'il importe pour augmenter les biens et les fruits qu'on doit attendre de la continuation desdits exercices qu'il y ait des réglemens qui lient ceux qui les veulent pratiquer pour l'uniformité de conduite qu'il nous plaise leur en donner.

Veu la requeste et délibération du vingt septiesme septembre mil six cens soixante-sept et les dons tant de l'achat du sol que d'une fondation qu'il a pleu à M. Rotgier de leur faire sur l'autel que nous avons dédié à l'honneur de saint François de Sales, patron dudit séminaire, désirant favoriser la continuation desdites pratiques et exercices pour le bien de nostre diocèse, suivant l'esprit du Concile de Trente et l'exemple de saint Charles-Borromée et de plusieurs autres très illustres prélats, avons approuvé et approuvons les règlemens ci-dessus contenants huit articles, de nous paraphés page par page, *ne varietur*, selon leur forme et teneur, enjoignons à tous ceux qui y sont unis et qui y seront à l'advenir, de les garder et observer exactement, leur faisant inhibitions et défenses d'y ajouter, changer ou diminuer, à peine de désobéissance, sauf à nous de le faire pour le bien et utilité desdits ecclésiastiques unis, et pour l'avancement de l'estat de cette union ainsi que nous aviserons bon estre.

Donné à Rodez dans nostre palais épiscopal, le premier décembre mil six cent soixante-huit.

GABRIEL, *évesque et seigneur de Rodez.*

Cependant, comme les prêtres *oblats de Marie* auraient pu être troublés « dans la jouissance et possession de la chapelle de Notre-Dame de Jouéry, tant par ledit sieur Lisle, curé dudit St-Geniez, et, en cette qualité, directeur d'icelle comme dépendante de ladite cure, que par les successeurs advenir, bien qu'elle leur ait esté assignée par ledit seigneur révérendissime évesque, sans entendre préjudicier aux droits d'aucuns; pour éviter tout procès et contention qui pourraient subvenir à raison de leurs prétentions respectives, il a esté convenu le 7 novembre 1669, entre le susdit curé et le directeur du séminaire :

1° « Que le sieur Mercardier, directeur, reconnaît que

ladite chapelle dite de Jouéry-les-St-Geniez, où ledit séminaire est establi, appartient et est la dépendance de ladite
cure de St-Geniez, et que ledit séminaire y a esté établi de
l'autorité du révérendissime seigneur évesque, et de l'aveu
et consentement du sieur Lisle, curé du susdit;

2° » Que les ecclésiastiques dudit séminaire fairont désormais et à perpétuité dans ladite chapelle les exercices spirituels convenables audit séminaire et austres services divins,
comme messes basses, solemnelles, chant de Vespres, caté-
chismes et prédications, à l'exclusion du prosne, sans préjudice toutes fois de la paroisse dudit St-Geniez et pour lesdits
services divins solemnels ne pourront être faits dans ladite
chapelle pendant le temps qu'ils seront célébrés dans ladite
paroisse;

3° » Le sieur curé pourra se servir de son droit pour aller
dire la messe, soit haute, soit basse, dans la chapelle de
Jouéry, et y faire ou faire faire telle autre fonction de sa
charge, toutes les fois qu'il y sera appelé, comme enterre-
ments, mariages et autres, et ce, par préférence à tout autre
prestre dudit séminaire, auquel cas ledit séminaire sera tenu
de fournir audit sieur curé les ornements et autres choses nécessaires pour cet effet.

4° « Il sera loisible audit sieur curé et autres prestres obituaires de la paroisse dudit St-Geniez, de faire dans la chapelle de Jouéry le service des fondations faites avant l'establissement dudit séminaire, le revenu desquelles appartiendra auxdits sieur curé et prestres obituaires, et quant à celles
qui seront fondées désormais à ladite chapelle, elles seront
sérvis par les prêtres dudit séminaire; le revenu desquelles
sera affecté audit séminaire.

5° » Toutes les fois que les sieurs prestres de la paroisse
voudront aller célébrer par dévotion la sainte messe dans ladite chapelle, les prestres dudit séminaire seront tenus de les
recevoir avec honneur, sans préjudice pourtant des exercices
publics dudit séminaire.

6° » Ladite communauté sera tenu de députer, à tout le
moins, six ecclésiastiques pour aller assister ledit curé à la célébration des offices divins de la messe de paroisse et vêpres
les jours des quatre solennités de l'année et du patron, et de la

Dédicace de ladite église, que y assisteront en surpelis et bonnet quarré et y fairont telles autres fonctions qui leur seront désignées par ledit curé, et ce sans aucun émolument.

7º » Toutes les fois qu'il y aura procession générale, les prestres de la communauté du séminaire seront tenus d'y assister en surpelis et bonnet quarré, estant à cet effet avertis par ledit sieur curé.

8º « Les prestres de la paroisse de St-Geniez auront la préséance devant tous les prestres dudit séminaire, même du directeur d'icelny, tant dans ladite église parroissielle que dans ladite chapelle de Jouéry.

9º » Ladite communauté sera tenue de députer à perpétuité un ecclésiastique pour faire la doctrine chrétienne tous les dimanches de l'année dans ladite église parroissielle, lorsque ledit sieur curé ne sera pas en estat de la faire par lui-mesme.

10º » Les questes qui se fairont dans ladite chapelle pour réparations ou luminaire d'icelle ne pourront estre faites que par l'ordre dudit sieur curé et dudit sieur directeur du séminaire devant lesquels les questeurs seront tenus de rendre compte de ce qu'ils auront perçeu, toutes et quantes fois qu'il sera trouvé à propos par lesdits sieurs curé et directeur dudit séminaire, pour le tout estre employé à la réparation et ornemens de ladite chapelle, et lorsqu'il s'agira d'employer ledit revenu en quelque chose de considérable, ledit sieur directeur en avertira ledit sieur curé.

11º » Ledit séminaire sera tenu de bailler audit sieur curé pour tout droit que lui peut appartenir comme curé et en cette qualité de directeur de ladite chapelle, soit des oblations ou autre casuel, qui se percevra à l'advenir dans icelle *la somme de vingt livres* : et *la quantité de six livres cire jaune et suffisante annuellement* à chaque feste de saint Jean-Baptiste, dont la première solution écherra à celle de l'année prochaine mil six cent septante, se réservant de plus ledit sieur curé toutes les offrandes, cires et autres émolumens à lui donnés dans ladite chapelle pour toutes fonctions curiales qu'il faira par soi-même ou par autruy : comme enterrement, neuvaines, bout d'an, mariages et autres droits curiaux.

12° » Toutes autres oblations, messes votives, messes basses des annuels, le cas échéant, fondation et autres dons qui seront faits auxdits ecclésiastiques dudit séminaire, tant pour leur subsistance que pour les bastimens et réparations de leur maison, appartiendront audit sieur directeur et prestres de la Communauté dudit séminaire, sans que pour ce ledit sieur curé puisse leur rien demander.

» Fait à Rodez, au palais épiscopal et récité en présence de monseigneur l'évesque et témoins souscrits les jour, mois et an que dessus. »

GABRIEL, évesque et seigneur de Rodez. Le prieur DE LISLE, curé de St-Geniez. J. MERCADIER, directeur du séminaire, TÉRONDEL, prestre du séminaire, assistant. MAZEAU, prieur de Ceignac. SINGLADE, curé de St-Estienne de Milhars. SCALIER, notaire royal, signés à l'original.

M. François Rotgier voyait son œuvre bénie de Dieu et des hommes, quand il cessa de vivre en 1675. Sa dépouille mortelle fut déposée dans la chapelle de Notre-Dame de Jouéry, et il n'est pas de pierre tombale qui indique où reposent ses précieux restes. Par son testament, il légua tous ses biens au séminaire, parmi lesquels le domaine de Belnom (1), sis dans la paroisse des Crouzets-d'Aubrac ; à la charge par le séminaire : 1° de célébrer annuellement cinquante-deux messes hautes solennelles de *Requiem* avec absoute, et cinquante-deux en basse note ; 2° de nourrir, habiller et élever à l'état ecclésiastique, deux enfans de la ville de St-Geniez, pris à l'âge de 13 à 14 ans, et de donner dix écus à celui qui, au sortir du séminaire, ne serait pas propre à l'Église (2) ; 3° de distribuer tous les ans aux pauvres de la ville une somme de cinquante livres, le tout à *perpétuité*.

Les succès qu'obtenaient tous les jours les prêtres du sémi-

---

(1) Ce domaine s'appelait primitivement *Merdailhac*. On rapporte qu'un voyageur égaré ayant demandé le nom de ce domaine, s'écria en l'entendant prononcer : *Oh ! lou bel noum*. Et depuis lors on l'appelle *Belnom*.

(2) Ces deux enfans devaient se rendre utiles dans le séminaire, comme servir à table, aider à faire les lits, etc.

naire Saint-Charles , engagèrent M. de Paulmy à demander
au Roi des lettres patentes pour en rendre la fondation per-
manente. Elles furent données à Versailles au mois d'octobre
1677. En voici la teneur :

« Louis, par la grâce de Dieu, roi de France et de Na-
» varre, à tous présens et avenir salut.

» Notre amé et féal conseiller en nos conseils, le sieur Ga-
» briel de Voyer de Paulmy, évesque et comte de Rodez ,
» nous a fait exposer que les séminaires des ecclésiastiques sé-
» culiers produisant des grands fruits dans l'Église , l'on ne
» peut assez en procurer l'establissement conformément au
» concile de Trente et à nostre édit de décembre 1666 , ce
» qui nous aurait obligé à en accorder la permission aux ar-
» chevesques et évesques de notre royaume , aux conditions
» les plus convenables à l'estat des lieux. Et comme par nos
» lettres patentes du mois dernier, nous aurions confirmé et
» approuvé l'establissement d'un grand séminaire en la ville
» dudit Rodez pour les ecclésiastiques qui ont des dispositions
» prochaines à estre promus aux ordres sacrés, à l'instante
» prière qui nous en a été faite par l'exposant qui en connaît
» les besoins ; il a dans le même esprit recours à nous, pour
» lui permettre l'establissement d'un petit séminaire en la ville
» de St-Geniez , située près les montagnes, aux extrémités
» de son diocèse, où le peuple a besoin d'instruction plus que
» dans aucun autre, et où les jeunes ecclésiastiques pourront
» aussi estre plus commodément instruits de leurs devoirs et
» fonctions, à quoi nous sommes excités avec d'autant plus de
» raison qu'il a été commencé, en exécution du concordat fait
« dans le 7 septembre 1669 , entre maistre François de Lisle,
» prestre, docteur en théologie, prieur de Canilhac et recteur
» de ladite ville, d'une part ; et maistre Jean Mercadier ,
» aussi prestre, docteur en théologie et directeur dudit sé-
» minaire , d'autre ; du consentement dudit sieur évesque et
» des habitans, au lieu où est la chapelle de Jouéry , dédiée à
» l'honneur de la sainte Vierge , située au faubourg de ladite
» ville ; et que François Rotgier, bourgeois dudit St-Geniez ,
» y a déjà charitablement contribué par ses libéralités en ar-
» gent, comme ont fait d'autres personnes pieuses qui ont
» acheté un fonds dans le voisinage de ladite chapelle ; sur le

» quel la maison dudit séminaire a esté bastie , en laquelle les-
» dits ecclésiastiques font la fonction de leur charge , confor-
» mément aux statuts et réglements qui leur ont été donnés
» par ledit sieur évesque, et si encore que ledit Rotgier qui
» en a reconnu l'utilité durant sa vie, leur a laissé, après sa
» mort, partie de ses biens qui consistent en une métairie de
» deux paires de bœufs de labourage dans la paroisse des Crou-
» zets-d'Aubrac, à deux lieues de St-Géniez et en quelques
» pièces de terre dans d'autres paroisses voisines. Sur quoi
» l'exposant nous a requis nos lettres nécessaires.

» A ces causes, de l'avis de nostre conseil qui a vu les pièces
» justificatives de ce dessus, attachées sous nostre contre-
» seing, et désirant seconder les desseins et pieuses intentions
» dudit sieur évesque et des autres bienfaiteurs dudit sémi-
» naire, avons de nos grâce spéciale, pleine puissance et au-
» torité royale, loué, approuvé et confirmé, louons, approu-
» vons et confirmons, par ces présentes signées de nostre
« main , l'establissement dudit séminaire en nostre dite ville
» au faubourg de St-Geniez, ensemble tous les actes faits pour
» raison de ce ; voulons et nous plait qu'ils sortent leur plein
» et entier effet, aux charges, clauses et conditions y conte-
» nues, et que les ecclésiastiques qui y sont à présent et leurs
» successeurs à l'advenir puissent accepter et recevoir tous
» actes de donations, fondations et dispositions, mesme par
» union de bénéfices, acquérir, tenir et posséder biens meu-
» bles et immeubles, nobles ou ruraux, de même que les au-
» tres communautés de prestres establies dans nostre royaume.
» En outre nous avons amorti et amortissons à perpétuité les
» fonds sur lesquels ledit séminaire a été establi, enceinte et
» closture, pour en jouir franchement et quitement sans nous
» en payer ni aux rois nos successeurs, aucune finance dont
» nous lui avons fait et faisons don, à la charge seulement de
» payer les indemnités, droits et devoirs dont lesdits héritages
» pourront estre tenus envers d'autres seigneurs que nous, et
» d'acquitter les autres droits, devoirs et services dont ils pour-
» ront être chargés, et à condition qu'auxdits contracts et
» décrets dudit sieur évesque, il n'y ait rien de contraire aux
» constitutions canoniques, droits et libertés de l'église gal-
» licane.

» Si donnons en mandement à nos amés et féaux con-
» seillers, les gens tenant nostre cour du parlement de
» Toulouse, chambres de nos comptes à Montpellier et à Pau,
» et autres nos justiciers et officiers qu'il appartiendra, que
» ces présentes ils aient à faire registrer, et du contenu en
» icelles jouir et user ledit séminaire; pleinement, paisible-
» ment et perpétuellement cessant et faisant cesser tous trou-
» bles et empeschement, non obstant tous édits, ordonnances,
» réglements et lettres à ce contraires, auxquelles nous avons
» dérogé et dérogeons par ces présentes; car tel est nostre
» plaisir et afin que ce soit chose sûre et stable à toujours,
» nous avons fait mettre nostre scel auxdites présentes.

» Donné à Versailles, au mois d'octobre, l'an de grâce mil
» six cent soixante dix-sept et de nostre règne le trente cin-
quiesme.

LOUIS.

Par le Roi :

PHILIPEAUX.

Ces lettres furent enregistrées en la cour du parlement de
Toulouse, le 21 février 1678, et à la chambre des comptes
de Navarre, le 29 août de la même année.

Dès lors le séminaire alla toujours florissant. Le nombre
des élèves qui accouraient de toutes parts attestaient les succès qu'ils y obtenaient dans les sciences et la piété. De nouveaux
sujets demandaient tous les jours à être agrégés à la fervente
communauté et, le local n'étant pas assez vaste pour recevoir
tous les postulants, on créa des *confrères honoraires du séminaire de St-Geniez*, et cet honneur fut vivement recherché.

Ces confrères honoraires participaient à tous les biens spirituels de la communauté, jouissaient des mêmes priviléges,
donnaient leurs suffrages pour toutes les affaires importantes,
votaient à l'élection du supérieur et devaient suivre les statuts et réglements de la maison. Leur réception était solennelle. Acte en était dressé, dont copie leur était remise.

Mais de nouvelles donations vinrent grossir le temporel du
séminaire. M. l'abbé Truc, de St-Geniez, lui légua deux maisons sises dans la ville, trois vignes, un bois planté de chê-

nes, partie haute futaie, partie en taillis, deux jardins, deux châtaigneraies, un verger, des champs, etc.

Aux donations se joignirent des fondations. M. Vidal, curé de Verlac, donna trois mille livres pour l'éducation d'un jeune homme se destinant à l'état ecclésiastique, dont la nomination lui appartiendrait sa vie durant, et après sa mort, à ses héritiers. M. l'abbé Blasy, prêtre du séminaire, donna autres trois mille livres pour l'entretien d'un missionnaire qui irait donner des retraites dans les paroisses du diocèse, et cette fondation en attira d'autres. Il y eut une fondation faite par M. Parade, au capital de neuf cents livres, pour une retraite dans l'église paroissiale de St-Geniez. Semblable fondation, par M. Puech, religieux d'Aubrac et curé de Lunet, au capital de huit cent cinquante livres, pour une retraite à Lunet. Autre fondation par M. Bonaure, de Sévérac-l'Eglise, au capital de onze cents livres, pour deux retraites, l'une à Gaillac et l'autre à Sévérac-l'Eglise : autre fondation encore, par M. Costes, prêtre du séminaire, au capital de *cent pistoles* pour deux retraites à Pomayrols. Toutes devaient être prêchées de cinq en cinq ans.

Et tous ces bienfaits n'existent plus ! La révolution de 89 vint détruire l'œuvre de MM. François Rotgier et Jean Mercadier, dont les noms étaient dignes de revivre dans la postérité (1). Fermes cependant dans leurs principes religieux, aucun oblat de Marie ne prêta serment à la constitution civile du clergé ; aussi furent-ils chassés de leur saint asile vers la fin de 1791. Les bâtimens du séminaire furent concédés à l'hospice. Heureuse concession qui les préserva d'une aliénation qui eût été peut-être irréparable pour la ville !

Cependant l'hospice ne jouit pas long temps du modique revenu qu'il en percevait. Un arrêté du 24 prairial an XI

(1) Bosc, dans le t. 2 de ses *Mémoires*, p. 328, dit que le séminaire de St-Geniez avait « été établi sous la direction des *Bonalistes*, ainsi » appelés du nom de leur fondateur *Bonald*. » Il suffit de ce qui précède pour prouver que cet auteur n'avait pas compulsé les titres concernant cet établissement. M. Bonald, chanoine de Villefranche, ayant fondé, en 1632, dans cette ville, la congrégation des prêtres de Sainte-Marie. M. de Paulmy donna aux *oblats* de St-Geniez la règle que suivaient les *Bonalistes* de Villefranche.

(1803) affecta au placement de l'école secondaire les bâtimens de l'ancien séminaire. Quelques années après, les administrateurs de l'hospice les ayant réclamés, M. de Goyon,
préfet de l'Aveyron, répondit, le 25 septembre 1809, au
maire de St-Geniez : « Je ne vois pas qu'il soit possible d'es-
» pérer en ce moment aucun résultat avantageux pour obte-
» nir à l'hospice de St-Geniez la concession des bâtimens de
» l'ancien séminaire de cette ville. En ôtant cette propriété
» à l'école secondaire, on doit craindre qu'elle ne soit rendue
» au domaine national, et ce serait une grande perte pour
» votre commune dont les intérêts ne doivent pas être étran-
» gers à l'administration de l'hospice. Les moyens que vous
» voudrez bien me proposer pour concilier les intérêts de
» l'hospice et ceux de la commune seront, j'en suis sûr, les
» plus avantageux à l'un et à l'autre. Ce motif m'engage à
» réclamer votre avis sur cet objet. »

Enfin, un décret impérial, du 3 octobre 1811, érigea en
collége communal, l'école secondaire de St-Geniez, la première qui eût été établie dans l'arrondissement d'Espalion.

Directeurs de l'école secondaire et principaux du Collége communal de St-Geniez.

En 1802, M. l'abbé Vidal, ancien supérieur du séminaire.
Collaborateurs, MM. Cassagnes, professeur de théologie ;
Alazard, Chauchard, Bastidé, Pouget et Salesses, économe.
Tous ces Messieurs, qui étaient prêtres, dirigeaient la maison
sous forme d'association.

En 1808, départ de M. Salesses, nommé directeur du collége du Mur-de-Barrez. La direction de la maison passe sur
la tête de M. l'abbé Alazard, auquel restent associés MM.
Chauchard, Bastidé et Pouget.

En 1811, entrée de M. l'abbé Alric, comme nouveau so-
ciétaire, et départ de M. l'abbé Pouget.

1819. M. l'abbé Salesses, ancien principal des colléges du
Mur-de-Barrez et de St-Flour, ancien proviseur du collége
royal d'Orléans, est nommé principal du collége de St-Geniez.

MM. Alric, Bastidé et Mélac, prêtres, professeurs.

Fin de 1823, M. l'abbé Mélac, principal, auquel se joignirent M. l'abbé Bastidé et M. l'abbé Lacoste.

Fin de 1828. M. l'abbé Fabre, principal, sous l'administration duquel se trouvèrent son frère, l'abbé Louis Fabre, et l'abbé Lacoste, remplacé en 1829 par l'abbé Louis Palangié, de St-Geniez, remplacé à son tour, en 1831, par l'abbé Jacob. M. l'abbé Olier, professeur de rhétorique.

1834. M. Dalous, principal. M. Thibaut, aumônier, et M. l'abbé Disdaret, son collaborateur.

1838. M. Roques, principal. MM. Durand et Cabaniols, prêtres, professeurs; M. Thibaut, aumônier.

1843. M. Maurice, natif d'Angoulême, ancien principal du collége de Tonnerre, officier de l'Université, principal du collége de St-Geniez. M. l'abbé Thibaut, toujours aumônier.

Chapelle de Notre-Dame de Jouéry ou du Collége.

Abside carrrée à voûte d'arête sans caractères. Petite nef presque carrée avec plafond en bois. Chapelles dédiées au Sacré-Cœur de Jésus et de saint François de Salles, à droite et à gauche, dans la partie du mur qui joint l'abside aux murs latéraux de la nef. Porte d'entrée au couchant, en pierre, sculptée avec profusion. Niche par-dessus avec statue de pierre représentant la Vierge portant l'enfant Jésus. Au-dessous, cette inscription : N—RE. DAME DE IVERL 1665.

Dans la sacristie tableau, sur toile de grande dimension, mauvais sous le mérite de la peinture, représentant saint François de Salles revêtu des ornemens pontificaux. Deux anges soulèvent les côtés de la chape et en couvrent trois prêtres agenouillés du côté droit. Costume : Surplis à larges manches non plissées; manchettes en toile; large rabat en toile retombant sur les épaules; cheveux très courts, calotte assez grande, moustache, barbe courte venant en pointe. (1.)

A la gauche du saint, Religieuses de la Visitation. Costume : robe noire; croix d'argent; guimpe et premier voile blanc; voile de dessus, noir; banderoles, du côté des pré-

---

(1) D'après le *directoire* composé par M. Bonald, c'était le costume des *Bonalistes*.

tres avec cette inscription *filii tui de longè venient* : du côté
des religieuses, *et filiæ tuæ de latere surgent.*

XVIIᵉ SIÈCLE.

Chapelle des Pénitents-Noirs, aujourd'hui de l'hospice.

« L'an de l'Incarnation de Notre-Seigneur, mil six cents
» soixante-douze, et le douzième jour du mois de janvier, la
» vénérable Compagnie des Pénitens acheta des religieux
» Augustins, moyennant la redevance annuelle de dix sols,
» une maison et pigeonnier et petit jardin joignant, dans le
» sol de laquelle maison et pigeonnier fut bâtie leur chapelle,
» contenant le sol de ladite chapelle treize cannes, et le jardin
» vingt-neuf dextres ou environ. »

En 1791, cette chapelle servit de conventicule ; enfin, la
municipalité y tint ses séances. Vendue quelques temps après
à un particulier de la ville, elle cessa d'être le théâtre des
bacchanales de l'époque. Celui-ci la céda à M. l'abbé Alric,
qui la vendit « le 10 germinal an XIII (1805) à l'hospice
» pour la somme de trois cent soixante francs, une fois payée,
» à condition que ce bâtiment serait toujours destiné au culte
» et que la faculté de se servir de cette chapelle lui serait
» réservée sa vie durant. » Après la mort de ce saint prêtre,
les trois quarts de cette chapelle ont été consacrés aux salles
d'asile.

Cette chapelle forme un carré oblong. Abside à trois pans
de même élévation que la nef. Voûte en bois à courbures sur-
baissée, entièrement peinte. Sur l'abside, la Trinité ; dans le
milieu de la voûte en partant du sanctuaire, Elie enlevé dans
un char de feu ; ensuite l'Assomption de la Vierge et au fonds
de la voûte, le jugement général. Aux quatre coins, les
quatre Évangélistes. Entre les deux Évangélistes, du côté
droit, saint Paul, ermite, saint Antoine et la Présentation
de la Vierge. Entre les deux, placés au côté gauche, saint
Jérôme, saint Guillaume, duc d'Aquitaine, et la décollation
de saint Jean-Baptiste.

Vaste rétable en bois doré occupant tout le fonds de l'abside, partagé en trois compartimens d'égale hauteur, par

quatre colonnes composites torses avec sarment de chêne. Au
centre, sous un fronton circulaire, grand tableau sur toile
représentant la décollation de saint Jean-Baptiste. Dans les
deux compartimens voisins, deux niches. A droite, sainte
Anne; à gauche, saint Jean-Baptiste.

Cette boiserie est en général bien sculptée, les deux statues sont de main différente. Celle de saint Jean nous a
paru excellente.

Dans la nef, un tableau sur toile représentant la sépulture
de Notre Seigneur, probablement copie d'un maître habile.
Les figures ont une expression frappante de douleur par le
jeu de la lumière. Elles sont encore d'un relief frappant. Le
peintre original n'avait pas étudié l'antique, mais fortement
la nature.

Ce tableau a été donné à la chapelle par M. l'abbé Alric.

Henri III, roi de France et de Pologne, fut le fondateur
des Pénitens, en France. Il les établit sur le modèle de ceux
qu'il avait vus en passant par Avignon à son retour de Pologne. « La singularité de leur extérieur, a dit un historien,
était analogue au goût de ce prince. Ils portaient, sur
leur habit ordinaire, une espèce de sac ceint d'une corde
où pendaient un gros chapelet; des têtes de mort et une discipline, et sur la tête ils avaient un capuchon qui leur couvrait tout le visage excepté les yeux, à l'endroit desquels on
avait pratiqué des trous pour laisser la vue libre. »

A peine le prince eût-il mis en vogue cette singulière Confrérie, que, pour lui plaire, tous les grands s'empressèrent
d'en faire partie. Il y eut des Pénitens Blancs, des Pénitens
Noirs, des Pénitens Bleus et des Pénitens Verts, ainsi nommés de la couleur de leur sac. Henri III était le chef des
Pénitens Blancs.

De la Cour, les confréries des Pénitens se répandirent
dans les provinces. Le Midi s'empressa surtout de les adopter, et chaque ville choisit la couleur analogue à ses goûts
ou à son site. A l'époque où St-Geniez voulut avoir ses Pénitens, cette ville, par ses murs et ses maisons en torchis,
était sombre comme le moyen âge, et c'est pourquoi elle
choisit la couleur noire. Mais vint la révolution, et avec elle,
plus de Pénitens. Enfin, le torrent dévastateur s'étant écoulé,

lés quelques restes des vieux Pénitens demandèrent humblement à M. de Grainville, évêque de Cahors et de Rodez, de leur permettre de reprendre leur sac noir. La couleur lugubre n'était pas, m'a-t-on dit, la couleur favorite du prélat, aussi ne donna-t-il son consentement qu'à la condition expresse que les Pénitens seraient, dorénavant, Blancs. Heureuse idée ! car aujourd'hui la ville de St-Geniez est riante comme le ciel du Midi.

L'église de la vieille Congrégation ayant été vendue, on leur permit de s'assembler dans celle des Augustins ; et c'est là, où ils chantent tous les dimanches l'Office de la Sainte Vierge. Pendant quelques années, cette Confrérie a été languissante ; il nous a paru aujourd'hui qu'il y avait résurrection. Au fond, cette aggrégation pourrait être très édifiante, et servir l'Eglise par la pratique des œuvres de charité.

La Confrérie des Pénitens fait, dans l'année, plusieurs processions ; les églises ou chapelles stationnales sont : la chapelle de Notre-Dame-des-Buis, du Collége, enfin celle de la Bénissons-Dieu de La Falque, et le choix de cette dernière est digne d'éloges. On aime toujours à voir vénérer les lieux consacrés par la piété de nos ancêtres. Ces processions n'ont de bien remarquable que le recueillement et l'ordre qui y règnent. Mais il n'est pas ainsi de celle du Jeudi Saint. Outre le recueillement et l'ordre, on y trouve le cachet du moyenâge et l'enthousiasme d'une procession de Pénitens, sous le règne d'Henri III (1).

Vers les quatre heures du soir du Jeudi Saint, alors que la cloche ne fait plus entendre ses douces ondulations ni ses joyeux carillons, qu'elle demeure silencieuse en signe du deuil que répandit sur la terre la mort de l'Homme-Dieu, on entend toutà-coup, dans la rue des Augustins, un chant lugubre qui an-

(1) Les troubles de la ligue avaient forcé ce prince à se retirer à Chartres. Revenus de leur emportement, les Parisiens lui députèrent une procession de Pénitens, portant les insignes de la Passion, présidés par frère Ange (dans le monde, comte du Boucage), représentant notre Sauveur, portant, sur ses épaules la Croix. Elle entra dans la cathédrale pendant que le roi assistait à vêpres. Le pardon fut obtenu.

nonce le départ des Pénitens pour aller visiter, dans les diverses églises de la ville, le Dieu de l'Eucharistie. Aussitôt la foule d'accourir, de se presser, ou par motif de religion ou par motif de curiosité ; elle est compacte, car les étrangers accourus, eux aussi, pour voir la procession, grossissent de beaucoup le nombre des habitans de la ville. A la suite d'une croix voilée, on voit défiler, deux à deux, les pénitentes, couvertes d'un long voile blanc. Les deux dernières tiennent, chacune, par un bout, un linge blanc sur lequel sont peintes trois figures représentant celle du Christ. Il est juste de faire rejaillir sur le sexe dévot un peu de cette immortalité qui couronne la Véronique, cette femme courageuse qui, à travers la foule des soldats, alla essuyer la face de Jésus, couverte de sueur, de poussière et de sang. D'après une pieuse tradition, le portrait du Sauveur resta empreint sur le linge dont elle s'était servie. Ce linge, plié en trois, eut, sur chaque compartiment, la même image et, de là, la représentation portée par les deux pénitentes. Suivent, deux à deux, les pénitens, précédés aussi par un autre croix de bois, couverte d'un voile funèbre, et portée par un des confrères, à pieds nus. Chaque Pénitent porte une représentation en relief de quelque instrument de la Passion. Enfin, deux pénitens, dont le premier représentant le Sauveur ; le second, Simon le Cyrénéen, portent sur leurs épaules et pieds nus, une énorme croix ; imitant une marche pénible et succombant par fois sous le poids de leur fardeau ; viennent ensuite une foule d'hommes et de femmes qui, par leur présence, redisent ces paroles sacrées : *or, il était suivi d'une grande multitude de peuple et de femmes qui le pleuraient avec de grandes marques de douleur.*

Toutes les stations visitées, la procession rentre à l'église des Augustins, lorsque la lune a commencé de répandre sur la terre sa faible lumière, et que le moment est venu de chanter le *Stábat*, cette hymne sublime qui redit les douleurs de Marie au pied de la Croix.

XVII° SIÈCLE.

Couvent des Sœurs du Travail (1).

« L'an mil six cent septante-deux, au commencement
» du mois de juillet, en la ville de St-Geniez-d'Olt, diocèse
» de Rodez, firent société et union pour vivre et mourir en-
» semble, se servir et assister en tous leurs besoins et né-
» cessités tant en maladie qu'en santé, mettant en commun
» leurs biens et travaux, les filles ci-inscrites, savoir : Toi-
» nette Andrieu, de la ville de St-Geniez ; Toinette Enfrugue,
» de Trélans, diocèse de Mende ; Jeanne et Gabrielle Delmas,
» de Pomayrols ; Toinette et Jeanne Bertrand, de St-Anian ;
» Magdelaine Combarel, de Lunet ; Magdelaine Navulle, de
» St-Anian ; Marguerite Sadoul, de Salses ; Hélix Nadal, de
» Palmas. »

La fin de cette Congrégation était de mener une vie vérita-
tablement chrétienne, en imitant les premiers fidèles qui
mettaient tout en commun et n'avaient qu'un cœur et qu'une
âme. Ses principaux patrons étaient la Sainte-Famille, Jésus, Marie, Joseph et saint François de Sales, évêque et
prince de Genève. Le costume était une robe grise les jours
ouvriers, et une robe noire les dimanches et fêtes. La supérieure ne prenait que le nom de *sœur première* ; elle avait
une assistante. Le temporel était administré par un économe,
qui avait encore une assistante. Elles étaient élues, tous les
trois ans, à la pluralité des voix, pouvaient être réélues
pour une autre trienne, et devaient ensuite passer une année
sans charge. Aucune ne pouvait être choisie pour *sœur pre-*

(1) Le peuple appelle ce couvent *des Cathérinottes*, mais bien impro-
prement. L'origine de ce nom vient de ce qu'on renfermait autrefois
dans une grotte de ce couvent les filles dont la conduite était scandaleuse, désignées, dans nos campagnes, par le nom de *Cothorinos*. Con
damnées à jeûner tous les jours au pain et l'eau, pendant six mois,
elles recevaient de plus, tous les matins, une rude discipline. Rarement
on était obligé de les y renfermer deux fois. Inutile d'ajouter que depuis la révolution cet usage n'est plus en vigueur.

mière ou économe, si elle n'avait passé deux ans dans la Congrégation.

Leur règle était admirable de simplicité, de sagesse et de charité. Aussi fut-elle approuvée par M. de Paulmy, évêque de Rodez, et par plusieurs de ses successeurs. Le texte en sera lu avec plaisir, nous n'en doutons pas. Des anciennes créations, il s'exhale un parfum qu'on cherche vainement dans celles de nos jours. L'antiquité est si pleine de noblesse qu'elle imprime son caractère à tout ce qui porte son image!

« La sœur première, est-il dit, parlera trois ou quatre fois l'an et toutes les fois qu'il sera nécessaire, à chacune des sœurs en particulier, pour voir si elles ont aucune peine d'esprit.

« L'économe aura soin de tout ce qui est nécessaire pour la despence et les habits, et pourvoira aux nécessités de chacune, n'attendant pas qu'elle le demande.

» Elle couchera par escrit ou faira escrire ce qu'elle achetera, et ce qui se gagnera par le travail, pour en rendre compte tous les ans, et plus souvent, s'il est bespin, à l'assemblée en présence du père spirituel.

« Elle prendra soin de faire travailler, et marquera le travail. Lorsqu'elle voudra vendre ou acheter, elle le communiquera à la sœur *première* et aux deux assistantes, et dans les choses importantes, elle le communiquera à toute l'assemblée.

« La sœur *première* et l'économe avec le conseil de leurs assistantes bailleront les charges de la maison, comme lingière, cuisinière, bolangère, jardinière, à celles qu'elles jugeront les plus propres.

« Elles se leveront tous les jours à quatre heures et demi; et fairont demi-quart d'heure de prière vocale, liront la méditation, et fairont demi-heure tout en travaillant, excepté les jours de feste et dimanches, la faisant toutes ensemble à genoux.

« Elles entendront la messe tous les jours à sept heures, excepté qu'elles feussent malades ou ne peussent quitter l'occupation.

« Elles travailleront tous les jours ouvriers, à l'exclusion des malades, faisant capital du travail, et pour cela elles éviteront. tout ce qui peut les en détourner, soubs prétexte de plus grand bien.

« Elles fairont quelques prières en commun à toutes les heures du jour ; excepté l'heure de la récréation, selon qu'il leur sera marqué dans le réglement particulier des prières de la journée.

« Toutes passeront par rang pour faire les prières pendant la semaine, comme aussi celles qui savent lire à faire la lecture.

« On lira demi-cart d'heure au commencement du repas et lorsqu'il y en aura quatre qui sauront lire, elles liront tout le repas. On faira aussi un cart-d'heure de lecture spirituelle en commun pendant le gousté. On ne lira aucun livre sans l'avoir fait voir au père spirituel.

« Elles jeusneront les jeusnes de commandement, excepté les infirmes.

« Elles se confesseront une fois la semaine et communieront tous les dimanches, excepté que le père spirituel ne le jugeât pas à propos. Pour les autres communions ce sera au jugement du père spirituel.

« Toutes se confesseront d'un même, et lorsque quelqu'une voudra confesser d'un autre, elle le demandera à la sœur première.

« On ne possèdera rien en propre, mais on mettra tout en commun, excepté celles qu'on y recevra pendant la première année.

« Les robes grises ou noires seront de drap cadis ou tout au plus de rase.

« Celles qui seront en charge ne seront pas privilégiées pour la nourriture, habits et travail.

» On ne recevra aucune sœur sans l'avoir proposée à l'assemblée et veu son sentiment, les deux tiers des voix y estant pour cela nécessaires. Le tout se faira par suffrages secrets, en présence du père spirituel.

« Avant de recevoir celles qui se présenteront, on leur remontrera de quelle façon on vit, et on leur donnera du temps pour y penser. On se réservera une année d'espreuve ; après laquelle on verra de rechef le sentiment de l'assemblée avant de les agréger ; et lorsqu'elles seront reçues, elles mettront tous leurs habits en commun comme les autres. Que s'il arrivait que quelqu'une vînt à quitter, on lui baillera ce que le supérieur jugera à propos.

« Quand on en recevra quelqu'une, on n'aura pas égard si elle est pauvre ou riche, mais si elle a bonne santé et bon naturel. Quant à sa dot, on usera de modération dans le cas de pauvreté. Si quelque infirme se présentait et qu'elle eût de quoi, pour suppléer au défaut du travail, on la pourrait recevoir pourvœu qu'elle eût les autres qualités. Il faut excepter les maladies réservées, à cause de leur communication.

« Quoiqu'on ne fasse pas vœu d'obéissance, on obéira pourtant à celles qui sont en charge, se souvenant que le Sauveur estait soumis à la sainte Vierge et à saint Joseph ; et que leur obéissance sera agréable à Dieu et fort méritoire, si elle se fait sans retardement et sans raisonner ou murmurer, et quand même on verrait que les personnes qui commandent la chose y manquent elles-mesmes, parce que le Sauveur a dit : *Faites ce qu'ils vous commandent et non pas ce qu'ils font.*

« Lorsque quelqu'une des sœurs sera malade, on la servira fort cordialement, et on n'ira rien demander dehors que dans l'extrême nécessité, vendant plutôt les meubles pour l'assister. On aura soin de la bien servir, et pour cela les officières destineront la plus propre pour infirmière et veilleront que rien ne manque tant pour le corps que pour l'âme.

« Que si il arrivait que celle qui a le soin du temporel excédât en trop ou en peu, pour ce qui regarde la dépense, *la sœur première* en donnera avis au père spirituel pour y pourvoir.

« Le dîner sera à neuf heures, le goûter à deux et le souper entre six et sept, et hors d'iceux repas on ne mangera rien que dans de grandes nécessités.

« Tous les jeudis, depuis une heure jusqu'à deux, elles auront un peu de relâche du travail pour se rapiécer.

« On assistera tous les dimanches aux offices de la paroisse.

« On mangera un morceau de pain avant d'aller à la messe de paroisse, et toutes sortant d'icelle se trouveront au dîner comme aussi le soir au souper.

« Lorsqu'elles sortiront, elles n'iront point sans compagne ni sans permission.

« On gardera le silence depuis la prière du soir jusques à la fin de celle du matin.

« Tous les vendredys au soir on faira un peu de chapitre pour s'avertir charitablement des défauts qui se pourraient estre glissés durant la semaine.

« Elles fairont tous les ans les exercices spirituels pendant huit jours, au temps que le père spirituel trouvera le plus propre. »

I. Gabriel de Voyer de Paulmy, par la grâce de Dieu et la miséricorde du St-Siège, évesque et comte de Rodez.

Nous approuvons les statuts et réglement susdits. Enjoignons aux filles associées du travail establies dans la ville de St-Geniez, de les observer de point en point, comme estant très-utiles pour leur salut et pour l'édification du public.

Fait à Rodez, ce huitiesme juillet 1682.

GABRIEL, *évesque de Rodez.*

Place † du sceau.

II. Paul-Louis-Philippe de Lusignen-Lesay, évesque de Rodez.

Nous approuvons les susdits statuts et ordonnons qu'ils seront observés selon leur forme et teneur par les susdites filles, pour le bon ordre de leur maison et salut de leur âme.

Donné à Rodez, ce 15 mai 1704.

PAUL-PHILIPPE DE LUSIGNEN,
Évesque et comte de Rodez.

Par Monseigneur,

Place † du sceau.

VAMTROUX, *Sec.*

III Jean-Armand de la Voye de Tourouvre, par la permission divine, évêque et comte de Rodez.

Estant bien informé de la bonne conduite de nos chères sœurs les filles du travail de St-Geniez et de la ferveur avec laquelle elles se soutiennent dans l'esprit de leur institut, nous avons approuvé, par ces présentes, leur établissement dans ladite ville de St-Geniez, conformément aux ordonnances de nos prédécesseurs et les réglements ci-dessus auxquels nous voulons qu'elles continuent de se conformer sous notre direction et de ceux que nous commettrons à cet effet.

Donné à Rodez, le 31 août 1722.

†. J. ARMAND, *évêque de Rodez.*

Par Monseigneur.

Place † du Sceau.

SERVOLE, *Sec.*

Vingt-quatre jours après, ce prélat leur concéda, par les lettres ci-après, la faculté d'avoir une chapelle domestique.

Jean-Armand, évêque et comte de Rodez, conseiller du roi en tous ses conseils et en son parlement de Toulouse :

Avons permis et permettons, par ces présentes, aux filles dites *du Travail*, établies et situées au faubourg du Lac-Bas de la ville de St-Geniez, de notre diocèse, d'avoir chez elles une chapelle domestique ou oratoire, où il sera permis de célébrer la sainte messe, entendre en confession lesdites filles du *Travail*, et leur administrer le sacrement d'Eucharistie. N'entendons pas pour cela les dispenser de l'assistance qu'elles doivent à la paroisse, ni priver M. le curé de ses droits et fonctions.

Donné à St-Geniez, dans le cours de notre visite, ce 24 septembre 1723.

† J.-ARMAND, *év. de Rodez.*

Par Monseigneur,

Place † du sceau.

SERVOLE, *Sec.*

IV. Jean Dize de Saléon, évêque de Rodez :

Nous approuvons, autorisons et confirmons les statuts et réglements contenus dans le présent cahier, et recommandons aux filles du *Travail* de les observer exactement.

Donné à St-Geniez, dans le cours de notre visite, le 30 août 1739.

JEAN, *évêque et comte de Rodez.*

Place † du sceau.

V. Charles de Grimaldi d'Antibes, par la grâce de Dieu; évêque et comte de Rodez :

Nous approuvons les règlements ci-dessus, en nostre cours

13

de visite, et comme ayant veu par nous-mesme l'utilité des filles du *Travail* qui ont fait le catéchisme en nostre présence aux pauvres filles qu'elles ont la charité d'instruire.

A St-Geniez, le 3 septembre 1750.

† CHARLES, *évesque et comte de Rodez.*

Place † du sceau.

C'était de bien honorables approbations ; aussi les Sœurs du Travail ont-elles conservé avec soin et respect les authographes de ces illustres prélats. La révolution les surprit en faisant le bien et ne put s'emparer de leur asile, attendu qu'il était propriété de la sœur Gardes, alors *sœur première*; mais la communauté fut dispersée. Quand le calme se fût rétabli, elles se rassemblèrent de nouveau et reprirent avec une sainte ferveur leurs pieux exercices, se dévouant de plus au service des pauvres malades. Lors de la première visite de Mgr de Lalande, évêque de Rodez, elles lui présentèrent leurs règlements, et le prélat joignit son approbation à la suite de celles de ses prédécesseurs :

« Nous approuvons les règlements ci-dessus.

« A St-Geniez, où nous sommes en cours de visite, le 4 août 1824.

† CHARLES, *évêque de Rodez.*

Place † du sceau.

Sous l'épiscopat de Mgr Giraud, ancien évêque de Rodez, on a cru devoir donner aux Sœurs du Travail une règle et un costume nouveaux.

XVIIe SIÈCLE.

Couvent des Dames de l'Union, aujourd'hui des Religieuses de Notre-Dame.

La fondation du couvent de l'Union est due au zèle et à la piété de Mlle Catherine de Campels, d'une ancienne famille de St-Geniez. En 1680, elle réunit dans sa propre maison cinq autres demoiselles de la ville, afin d'imiter ensemble les mœurs des premiers chrétiens et de former à la vertu les jeunes personnes de leur sexe: M. de Paulmy, évêque de Rodez, approuva cette congrégation sous le titre des *Sœurs de l'Union Chrétienne*, et leur donna des règles le 8 juillet 1682.

Les habitants de St-Geniez, édifiés de la piété et du zèle avec lequel ces demoiselles formaient les jeunes filles à la vertu et au travail analogue à leur état, supplièrent M. de Lusignen, évêque de Rodez, de vouloir bien rendre stable cet établissement. Le prélat applaudit à leurs désirs et agit auprès du roi pour obtenir des lettres patentes qui furent accordées au mois de novembre 1700 et enregistrées au parlement de Toulouse, le 6 avril 1701. Il est dit dans ces lettres : » que les susdites demoiselles vivent en commun sous cer- » taines règles et statuts qui les engagent, sans être à charge » au public, à enseigner gratuitement les jeunes filles de la- » dite ville, à lire, à escrire et à travailler à des ouvrages » convenables à leur sexe; à instruire les nouvelles catholi- » ques qui sont en assez grand nombre aux villes et autres « lieux du voisinage de ladite ville de St-Geniez; à remplir les » devoirs du christianisme, soit pour visiter et consoler les » malades, quand elles y sont appelées, et soit pour prendre » soin des pauvres, tant de ceux qui sont à l'hospital, que » des autres qui regardent la confrérie de la charité establie » en ladite ville, et à recevoir dans leur maison toutes les » personnes de leur sexe qui veulent se recueillir ou faire des » retraites; que dans cette vue, demoiselle Castherine de » Campels, en qualité de fondatrice de cette œuvre de piété, » a donné une maison consistant en deux grands corps de » logis, un enclos, jardin et pré joignant ledit enclos; que » leur bonne conduite leur a attiré l'estime et la confiance de » MM. Guillaume Privat, prêtre, docteur en théologie et » curé de St-Maurice de Marnhac; les maire, consuls mo- » dernes et habitants de St-Geniez : et pour donner moyen à » ladite communauté de s'establir de mieux en mieux, nous » lui permettons de recevoir tous dons, d'acquérir tels hé- » ritages, maisons et lieux qu'elle jugera à propos pour y édi- » fier une chapelle et austres bastiments nécessaires, mettant » ladite communauté et maison en nostre protection et sau- » vegarde spéciales, à condition néanmoins que ladite com- » munauté ne pourra être changée en communauté et maison

» de profession religieuse, mais demeurera toujours en état
» de séculier. »

Ici nous emprunterons les paroles de M. l'abbé Rouquayrol,
ancien curé de St-Geniez : « Les sœurs de l'Union ont resté
sans faire des vœux jusqu'à 1744, que M. de Saléon, évêque
de Rodez, leur conseilla de faire trois vœux simples, de stabilité, de chasteté et d'obéissance. Depuis ce temps-là, elles
l'ont exigé de celles qu'on a reçu et qu'on y reçoit.

» Mgr de Grimaldi, dans le cours de sa visite, s'étant fait
présenter leur règle et leurs constitutions, jugea à propos de
les faire rédiger en un corps de règle plus simple et plus clair,
pour obvier aux difficultés qui auraient pu naître de certains
points obscurs et mal énoncés. La communauté reçut avec reconnaissance la règle qui lui fut envoyée, et dès lors la suivit
avec édification.

» Les sœurs sont sous l'entière soumission et dépendance
de Mgr l'évêque de Rodez. Leur maison fut incendiée le trois
de septembre 1770. L'incendie fut si violent, que la plupart
des murailles furent calcinées. Elles réparèrent bientôt leur
perte avec la charité des fidèles et le zèle industrieux du curé
de Marnhac qui dirige cette communauté.

» Leur bienfonds peut produire trois cents livres. Leur
revenu en rentes constituées se porte à deux mille deux cents
livres. La commune leur passe, pour les écoles, trente livres.
« La communauté se compose de vingt-trois sœurs. »

Mais vint l'orage qui devait tout détruire. Les sœurs de
l'Union, chassées de leur asile, se retirèrent auprès de leurs
parents, et quand l'orage se fût apaisé, elles ne purent se
réunir : la nation avait vendu leur maison...

Cependant la ville de St-Geniez ne cessait de soupirer après
une maison religieuse pour l'éducation des jeunes personnes du
sexe. Les sœurs du Travail instruisaient, il est vrai, la fille
du peuple. Parfois elles appelaient à leur secours des institu-
trices distinguées ; n'importe, la lacune n'était jamais remplie.
Le préjugé de la naissance ou de la fortune est fortement
gravé dans l'esprit de la jeune demoiselle. N'allez pas lui parler
de cette égalité qu'on prôna avec tant de zèle vers la fin du dix-
huitième siècle et qui produisit de si épouvantables leçons.
Tant qu'elle conservera son cœur de femme, jamais elle n'ad-

mettra ce pompeux paradoxe. Dans ses études de collège, le jeune milord oubliera ses riches espérances pour se lier avec l'enfant du peuple qui, bien souvent, se distingue par ses talents et ses succès. Ainsi n'agit pas la jeune demoiselle. Bonne, aimable, tant que vous voudrez, mais intime avec la fille du peuple, *rarement* pour ne pas dire *jamais*. La robe de bure la révolte; et comme le soleil écarte par l'éclat de ses rayons ces petits nuages qui voudraient l'obscurcir, de même la jeune demoiselle, par l'éclat, la richesse de sa toilette ou le ridicule des modes, tient à un éloignement respectueux la fraîche paysanne ou artisanne.

Indulgente comme une bonne mère, la religion appelle dans ses bras toutes les conditions; elle dit à toutes : *Venez, mes enfans, je vous apprendrai à craindre le Seigneur, à vous aimer, à vous secourir mutuellement. Dans le ciel où vous devez toutes tendre, il n'y a de diverses demeures que pour les divers degrés de mérite.* Et, pour réaliser ses promesses, elle suscite de temps à autre quelque âme forte, avide d'humiliations et remplie de zèle, qui va, de porte en porte, demander une obole, afin d'ouvrir l'école de la sagesse. C'est ce qui arriva à Saint-Geniez en 1817. Madame Ballat, née du Terrail, sœur de la très révérende mère Thérèse du Terrail, supérieure du couvent de Notre-Dame, à Toulouse, entreprit de fonder un couvent de cet ordre. Bientôt elle eut ramassé une somme de treize mille francs pour un premier paiement de l'ancien couvent, et le 2 du mois de juin 1818, M. Rogéry, maire de la ville, annonça, en ces termes, aux membres du conseil municipal l'arrivée de la pieuse colonie :

« Notre ville, privée par sa position peu centrale des établissements administratifs et judiciaires auxquels lui donnent droit le rang qu'elle occupe parmi celles du département, le nombre de ses habitans et les ressources qu'elle offrirait avec tant d'avantage, soit pour le logement, soit pour le personnel des administrations et des tribunaux, a dû chercher une sorte de compensation dans les modestes et utiles institutions pour lesquelles la circonscription territoriale n'est d'aucune importance, et qui, fondées aux frais des localités, ne recevant rien du gouvernement, n'ont à lui demander que son autorisation. Déjà, dès les premiers temps de la réorganisation de l'instruction publique en France, nos démarches multipliées et les sacrifices de nos concitoyens nous obtinrent la première école secondaire qui ait été ouverte dans l'arrondissement et qui, conservée sous le nom de collége communal, assure aux enfants de notre ville et des cantons voisins les moyens faciles et peu dispendieux de recevoir une bonne éducation, religieuse et littéraire.

» Nous avons fait en vain de longs et pénibles efforts pour procurer à nos jeunes demoiselles et aux filles de nos artisans les mêmes avantages. La providence vient enfin récompenser, par le succès le plus complet, notre persévérance dans ce louable projet, et comme s'il était dans les décrets que notre ville ne doit rien espérer que de la protection et du dévouement de ses habitans, elle a daigné choisir une de nos concitoyennes pour en faire l'instrument de ce nouveau bienfait.

» Madame Couret du Terrail (1), supérieure et fondatrice du couvent de Notre-Dame, de Toulouse, l'un des meilleurs établissements d'éducation, dont la famille a rendu l'important service à notre ville par l'introduction d'un commerce qui la fit longtemps prospérer, vient de se rendre au milieu de ses compatriotes pour fonder, en leur faveur, un couvent de son ordre dans lequel nos jeunes demoiselles recevront, pour une rétribution modérée, une éducation propre à en faire des épouses aimables et vertueuses, des mères de famille respectables et économes. Les filles de nos artisans et de nos ouvriers trouveront gratuitement, dans des classes séparées, l'enseignement religieux et les principes de la lecture, de l'écriture et du calcul. Madame Couret nous cède six des religieuses les plus distinguées de son couvent de Toulouse (2). Les dons généreux de nos concitoyens, recueillis avec le zèle

(1) Elle était née à St-Geniez en 1759.

(2) Madame Saint-Xavier, née du Clusel, d'une famille distinguée de Toulouse, fit partie peu de temps après de ce nombre. Les talents de cette religieuse égalaient sa piété, et sa modestie égalait ses talents. Elle dirige aujourd'hui avec de brillants succès le pensionnat du couvent de Notre-Dame, à Rome ; mais sa louange sera toujours, à St-Geniez, dans toutes les bouches. »

le plus méritoire par madame Vallat, ont produit les fonds
nécessaires pour faire face aux premiers paiements de l'ancien couvent des sœurs de l'Union, qui va être rendu à son
ancienne destination, et aux dépenses du premier établissement. De nouveaux dons, le profit qui sera fait sur le pensionnat, et, au besoin, les secours de la Maison de Toulouse,
auront, en peu d'années, consolidé cette institution, et si des
circonstances, qu'il n'est plus permis de redouter sous le gouvernement paternel de nos rois légitimes, privaient nos descendants du bien que nous leur préparons, toutes les précautions sont prises pour que les fonds consacrés à cette pieuse
fondation deviennent la propriété des hospices de notre
ville (1).

» Tout se dispose pour que le pensionnat et les écoles gratuites puissent s'ouvrir au premier novembre prochain. Madame du Terrail n'a rien demandé à la caisse communale,
mais vous pensez, sans doute, avec moi, qu'il est convenable de nous charger de disposer, pour leur utile destination,
les deux salles reservées pour les écoles gratuites de charité.
J'ai fait dresser et j'ai soumis à la commission désignée par le
conseil, le devis estimatif de cette dépense, et, comme il est
urgent de s'en occuper, je vous propose d'affecter à la restauration de ces deux salles une somme de six cent treize francs,
prise sur les fonds qui demeurèrent disponibles sur l'exercice
de 1817. »

(1) Probablement précaution inutile. La révolution de 89 ne respecta
pas plus les biens des hospices que ceux des couvents. Mais, pour assurer
contre tout événement possible l'instruction gratuite des filles du peuple,
madame du Terrail et les trois religieuses qui firent avec elle l'acquisition
de l'ancien couvent des sœurs de l'Union, souscrivirent un acte par lequel
elles s'engagent de tenir à jamais des classes gratuites dans leur maison à
St-Geniez, et au cas où, pour une cause quelconque, les classes viendraient à cesser d'être ouvertes, elles font donation pour leur rétablissement d'une somme de treize mille francs égale au produit de la souscription qu'elles ont reçu de la ville.

Cependant la communauté prétend qu'il y a dans cette clause une erreur grave, que la souscription ne s'éleva qu'à la somme de sept mille
francs, et que la donation du surplus fut un effet de la générosité de la
révérende mère du Terrail.

.· Inutile d'ajouter que la proposition de M. le maire fut accueillie à l'unanimité.

Enfin, au mois de septembre suivant, les filles de Notre-
Dame arrivèrent à St-Geniez. A leur entrée dans la ville,
toutes les cloches furent mises à la volée et tous les habitants
se pressèrent sur le cours pour voir les chastes colombes qui
venaient adopter leurs filles. Le surlendemain eut lieu, dans
l'église paroissiale, une prise de voile. Et ce fut un spectacle
bien nouveau pour la ville, que de voir une jeune personne,
avec toutes les grâces du bel âge, s'avancer d'un pas ferme
vers l'autel pour déposer les pompes du monde et se revêtir
de l'humble livrée de la religion. Mais l'émotion fut à son
comble quand se fit entendre la voix éloquente de M. l'abbé
Savy, alors vicaire-général de Toulouse, plus tard évêque
d'Aire. Heureux si nous pouvions retracer toutes les beautés
dont scintillait son discours ! Nous ne nous souvenons que de
l'éloge des deux vertueuses sœurs qui avaient, ou préparé les
voies aux filles de Notre-Dame, ou couronné tous les vœux ;
de M. du Terrail qui, malgré sa vieillesse très avancée, s'é-
tait fait porter à l'église pour voir sa vénérable fille donner le
voile à la jeune novice ; du digne pasteur de la paroisse (l'abbé
Delbosc), qu'une maladie de cœur retenait dans son presbytère, et dont l'absence fut le seul nuage de cette pompeuse
cérémonie ; du magistrat distingué qui avait si bien secondé
les élans d'une population qui, elle-même, s'était imposé des
sacrifices pour obtenir un aussi précieux établissement.

Au 1er novembre suivant, les classes s'ouvrirent, le nombre des élèves fut immense, et depuis ce jour le pensionnat
n'a cessé d'être florissant.

Première supérieure, Madame Jalabert, née à Carcassonne,
d'une famille très distinguée et dont l'unique frère est mort
vicaire-général, archidiacre de Notre-Dame de Paris. Elle
était appelée en religion : *Sœur Saint-Cernin*. Son éducation était soignée, son tact fin et délicat, son jugement sain.
Sa rare prudence et sa bonté lui gagnaient le cœur et la confiance de toutes celles qui avaient le bonheur de vivre sous sa
conduite ; sa douceur la faisait aimer, chérir et respecter ;
la tendresse maternelle qu'elle avait pour chacune de ses filles,
la portait à prévenir leurs moindres besoins et à compâtir à

leurs peines. Jamais elles ne se retiraient d'auprès de cette bonne mère sans se sentir consolées et animées d'une nouvelle ardeur pour mieux remplir leurs devoirs.

Constamment réélue supérieure, elle a donné le voile à quarante-sept demoiselles ; enfin, pleine de vertus et couronnée de mérites, elle s'endormit dans le Seigneur, le 22 mai 1838, âgée de quatre-vingts ans six mois. Déjà la mère du Terrail l'avait précédée dans la maison de l'éternité. Elle était morte à Rome, le 19 juillet 1834, où elle avait été élue canoniquement et proclamée par le cardinal Zurla, vicaire de Sa Sainteté Grégoire XVI, supérieure du couvent de Notre-Dame qu'elle avait fondé dans la capitale du monde catholique, peu de mois auparavant.

Deuxième supérieure, Madame Delzers, dite en religion *Sœur Saint-Étienne*, née à Besodes, paroisse de Recoules, d'une famille honorable. Elle fit ses vœux, en 1819, avec une de ses sœurs, Virginie Delzers, dite en religion *La Vierge*. Cette dernière est morte à l'âge de trente-trois ans, le 18 avril 1332. Rien de plus touchant que la circulaire qu'adressa, aux couvents de l'ordre, madame Jalabert, dont nous venons de parler. « De toutes les vertus, celle qui a brillé avec le plus d'éclat et que nous avons pu admirer à loisir, disait cette vénérable supérieure, c'est son héroïque patience dans une maladie chronique qui a duré dix ans et qui s'est enfin terminée par une hydropisie générale. Pas une plainte, pas un soupir ! Toujours le même sourire sur les lèvres .. Comme il n'y avait rien de jeune en elle que son âge ; et que ses talents, ses lumières, son adresse et surtout la solidité de son jugement la rendaient capable de toutes les charges et emplois de la maison, dans sa trop courte carrière, elle en a rempli successivement plusieurs avec tout le zèle, le succès et l'édification possibles ; et c'est dans la charge de première maîtresse des novices que la mort l'a trouvée. » Et une mort si prématurée plongea dans l'affliction la plus amère sa respectable famille ainsi que toute la communauté. Mais avec quel bonheur la sœur *Saint-Étienne* ne recueillit-elle pas le précieux héritage de ses vertus ? Son humilité nous impose ici silence, comme elle lui a imposé de solliciter auprès de ses supérieurs de la décharger du gouvernement qu'elle exerçait depuis six ans et auquel l'avait appelée toute la communauté...

Troisième supérieure, Madame Boscari, en religion sœur *Sainte-Mélanie*, de la paroisse de St-Geniez. Chérie de ses nombreuses filles et de toutes les élèves, elle conduit sa fervente communauté avec une douceur et une prudence au-dessus de nos éloges.

Les bâtiments du couvent sont vastes, spacieux, très bien aérés. L'enclos est magnifique, entouré de vignes, percé de belles allées d'arbres fruitiers; regardant le sud-sud-ouest.

L'église, située dans un rez-de-chaussée, n'a rien de remarquable sous le rapport de l'architecture. Elle est petite mais éclatante de propreté. A côté du sanctuaire, un beau et vaste chœur pour les religieuses et les pensionnaires; au fond de l'église, une tribune pour les élèves externes.

XVIIIᵉ SIÈCLE.

Chapelle Saint-Antoine de Padoue.

Vers la fin de juin 1721, Antoine Serres, fabriquant, faisait sécher dans le pré que domine l'oratoire susdit, une grande quantité de laine. Survint tout-à-coup une crûe du Lot, par suite d'un épouvantable orage tombé sur la Lozère. L'eau qui s'avançait avec force, mit en fuite toutes les personnes qui se trouvaient sur le bord de la rivière. Serres seul osa braver le danger, et il fut emporté par les flots. Heureusement il peut se saisir des branches d'un saule, mais l'eau allant toujours se débordant, rendait son salut impossible. Le peuple rassemblé poussait des cris d'effroi; les larmes coulaient de tous les yeux; le prêtre était accouru pour donner à l'infortuné une dernière absolution et pour le soutenir dans son effroyable agonie, ne cessait de lui montrer l'étendard sacré, quand un libérateur osa se présenter. A cette époque, une compagnie de dragons formait à St-Geniez un cordon sanitaire pour empêcher toute communication avec la Lozère où la peste exerçait ses ravages. Un de ces braves se présente au marquis de Bonas, maréchal de camp, et lui dit : « Je fais, » Maréchal, le sacrifice de ma vie pour sauver le malheureux

» Serres ; voulez-vous faire , vous-même , le sacrifice de mon
» cheval ? — Ta vie m'est plus précieuse que celle de ton
» cheval, lui répond le marquis de Bonas ; va, et sauve cet
» infortuné. » A peine a-t-il dit , que le dragon s'élance sur
son cheval, traverse la ville , se jette dans la rivière, va
passer contre Serres , et lui ordonne de se prendre à la queue
du cheval. Le danger redouble les forces : Serres s'y cram-
ponne. Le dragon dirige le cheval vers la chaussée du Moulin
et parvient sur la grève au milieu des acclamations du peuple.
Serres était sauvé ! Sans doute, il dut témoigner sa reconnaissance à son libérateur, et il est regrettable de ne pas en
connaître le nom ; mais il devait des actions de grâce à celui
qui avait inspiré le généreux dragon. Aux prises avec la mort,
il avait fait le vœu de construire une chapelle vis-à-vis l'endroit
où il était envahi par les eaux. Et ce vœu, il l'accomplit
en faisant bâtir la chapelle dédiée à saint Antoine de Padoue ,
dont l'Eglise solennise la fête le 13 du mois de juin. Dévastée
en 93, elle étala ses ruines pendant de longues années. Enfin
elle fut restaurée, le campanille reconstruit , et la petite
cloche redit encore l'action courageuse du dragon et la reconnaissance d'Antoine Serres.

XIXᵉ SIÈCLE.

Réorganisation de l'œuvre de la Miséricorde.

Semblable au soleil qui, après avoir été caché par un lourd
nuage, reparaît plus radieux, l'œuvre de la Miséricorde reparut après nos orages politiques plus belle et plus bienfaisante ! Les niveleurs de 93 ne purent promener leur marteau
sur ses fondements, parce qu'ils étaient posés dans le cœur du
sexe dévôt. Il les conserva avec amour, les transmit avec
zèle, et vainement la mort a détaché, de temps à autre, de
cet arbre magnifique quelque rameau précieux : toujours il en
a surgi un autre. Aussi si les dames de la Miséricorde voulaient se créer des armes, il nous semble qu'elles devraient
les choisir de sinople au rameau d'or , portant sur le tout ces
mots de Virgile : *Uno avulso, non deficit alter.*

Nous emprunterons , pour faire connaître cette œuvre par

excellence, les paroles du docteur Rogery, ancien maire de St-Geniez.

Au 26 juillet 1821, l'église des Augustins n'avait plus de place pour recevoir la foule qui se pressait dans son enceinte. Le sanctuaire était occupé, d'un côté par le clergé de la ville; de l'autre, par les membres du bureau et par les dames et demoiselles de St-Geniez. La nef était garnie de plusieurs rangées de pauvres qui n'étaient séparés de leur mère que par la Table-Sainte. Après eux, venaient toutes les classes de la société. Le spectacle était nouveau ; tous les honneurs retombaient sur les pauvres. Ils étaient les bijoux de nos dames ; tout le monde voulait les contempler. Au milieu du profond silence qui régnait dans cette assemblée, M. Rogéry lut, d'une voix émue, le discours suivant :

« MESDAMES,

» La ville de St-Geniez doit à votre sexe pieux et compâtissant la plus utile, la plus honorable de ses institutions, l'*Œuvre* si bien nommé *de la Miséricorde*. Son origine se perd dans la nuit des temps ; elle a traversé les siècles, elle a survécu aux orages de la Révolution, elle nous est restée avec tous ses bienfaits, parce que sa conservation fut confiée à vos vertus.

» Oui, Mesdames, depuis un temps immémorial, les indigens de notre ville ont possédé dans les personnes des Dames de Miséricorde qui se sont succédées sans interruption jusqu'à ce jour une Providence vivante, qui, sans attendre des sollicitations toujours pénibles, mit tout son zèle à découvrir leurs besoins et tout son bonheur à les soulager.

» Par leurs soins généreux, ceux qui étaient sans asile ont trouvé un abri, ceux qui étaient nus ont reçu des vêtemens, ceux qui souffraient ont été secourus, ceux qui étaient dans l'affliction ont entendu des paroles consolantes, et leur cœur attristé a été doucement ému par le tendre intérêt qu'on leur a montré. L'aspect repoussant des infirmités humaines, l'ingratitude et les murmures de quelques-uns de ceux qui ont reçu nos secours, n'ont servi qu'à accroître leur compassion, qu'à redoubler les efforts de leur charité envers des êtres assez malheureux pour joindre les vices de l'âme aux souffrances corporelles. Aucun de nos concitoyens, privé de sa famille ou délaissé par elle, n'a pu se croire isolé et sans appui; aucun n'a été privé des soins affectueux de la mère des pauvres.

» Tout ce bien a été opéré sans autres ressources, jusqu'à ces derniers temps, qu'une dotation presque nulle (1), et nous avons vu des Dames plus riches en charité qu'en fortune, rechercher les fonctions alors très-dispendieuses de la Miséricorde, pendant les années les plus calamiteuses, et mettre autant de soins à cacher leurs sacrifices, que d'abandon et de générosité à suppléer l'insuffisance des fonds de secours.

» La longue suspension des travaux de nos fabriques ayant multiplié le nombre des indigens, et porté de graves atteintes aux fortunes les mieux établies de notre ville, les devoirs des Dames de Miséricorde sont devenus très-onéreux, et, malgré le zèle qui vous anime toutes au même degré, plusieurs de vous allaient être privées de la possibilité d'aspirer à ces nobles fonctions. J'ai dû recourir à la générosité de nos concitoyens, et, dans l'espace de quelques mois, les revenus fixes de l'OEuvre ont été considérablement augmentés. J'ai même tout lieu d'espérer que, dans peu d'années, la Dame de Miséricorde n'aura plus de sacrifices pécuniaires à s'imposer.

» Cet accroissement de revenus a rendu nécessaire la for-

(1) Une Dame de Miséricorde, élue chaque année par les Dames de la ville, était chargée de pourvoir aux besoins de tout genre des indigens malades!, des vieillards, des infirmes, des femmes en couche, des pauvres, dits honteux. Elle disposait de la dotation de l'OEuvre de Miséricorde, qui, jusqu'à ce jour, n'avait pas excédé cent-cinquante francs de revenu, et du produit des quêtes faites aux portes des églises par les jeunes demoiselles. Ces quêtes ont toujours été abondantes; car qui pourrait résister aux grâces de la jeunesse et de l'innocence, sollicitant, au nom de Dieu, pour la misère et le malheur? Elle suppléait de ses propres fonds à la modicité de ces ressources. Plusieurs Dames ont accepté jusqu'à cinq fois les fonctions de la Miséricorde; il n'est pas d'exemple qu'aucune s'y soit refusée, ou les ait mal remplies. (Note de M. Rogéry.)

mation d'un Bureau de Bienfaisance et de Charité pour leur administration. Vous eussiez désigné vous-mêmes les membres qui le composent : leurs vertus et leur dévouement pour tout ce qui est bien, leur ont acquis à jamais l'estime générale et la confiance publique. Le Monarque si désiré que Dieu rendit et que Dieu conservera long-temps à nos vœux et à notre amour, ayant mis au rang de ses devoirs les plus chers, le soin de protéger les intérêts des pauvres, ses sages ordonnances ont confié aux seuls Bureaux de Charité le recouvrement et la distribution des fonds de secours à domicile.

» Mais pouvions-nous déshériter notre ville de son antique et précieuse institution de la Miséricorde ? Pouvions-nous rompre ce lien de gratitude et d'affection entre l'indigent et le riche, que des diverses classes de nos concitoyens semble ne former qu'une seule famille ? Pouvions-nous ravir à nos pauvres les soins que vous leur avez si long-temps prodigués ?

» MM. les membres du Bureau savent trop qu'avec un zèle égal au vôtre, ils ne pourraient faire le même bien, en répandant les mêmes secours. Le ciel a doué votre sexe, Mesdames, d'un fonds inépuisable de sensibilité et de compassion et de la plus touchante délicatesse pour offrir et faire accepter des secours. L'aumône double de prix, offerte par vos mains, parce qu'elle marche toujours accompagnée d'égards et de consolations. Nous avons dû chercher à vous conserver vos utiles fonctions, en faisant concorder avec les lois existantes l'institution de l'OEuvre de la miséricorde. Des recherches ont été faites pour retrouver vos statuts et vos règlemens; mais on s'est convaincu que ces règlemens, ces statuts ne sont écrits que dans vos cœurs bienfaisans, et qu'ils se sont ainsi conservés pendant plusieurs siècles dans vos familles, parce que la charité qui les dicta y fut toujours héréditaire.

» Il serait heureux sans doute de pouvoir encore confier nos indigens à votre tendre sollicitude, sans autres règles que les inspirations de votre piété compâtissante; mais il est reconnu que tout service qui n'est pas régulièrement organisé peut languir et se perdre, surtout s'il doit s'effectuer

,sans aucun engagement préalable. Déjà cette absence de toute
organisation a produit sur l'Œuvre de la Miséricorde quelques-uns de ses effets ordinaires : plusieurs des titres de vos
rentes ont été atteints par la prescription , et le service des
quêtes éprouve les plus grandes difficultés. A la nécessité
d'obvier pour l'avenir à ces inconvéniens , vient se joindre
celle de mettre l'institution en rapport avec les ordonnances
de Sa Majesté.

» Tels ont été le but et les motifs du règlement que nous
vous proposons, et dans lequel le Bureau de Charité s'est
seulement réservé le soin de veiller à la conservation des titres de vos revenus, d'en percevoir les produits qui seront fi-
dèlement remis à la Dame de Miséricorde, et de les accroître
graduellement. Vous y trouverez tous vos anciens usages ,
toutes les dispositions traditionnelles de l'Œuvre de Miséricorde, sanctionnées par de si longs succès. Il a reçu l'approbation de Monseigneur l'Evêque et de M. le Préfet. En
vous empressant de le souscrire, vous assurerez à jamais
l'existence d'une institution toute divine, qui se perpétuera
d'âge en âge, dans vos familles, comme un saint patrimoine
de vertus et de charité.

» Notre respectable pasteur, votre digne chef, va bientôt
vous dire quel trésor de récompenses vous est réservé dans
un meilleur monde, par celui qui a promis de ne pas laisser
en oubli un seul verre d'eau donné en son nom. Je dois me
borner à des considérations moins élevées, en vous faisant
observer que même ici-bas vous recevez le prix du bien
que vous faites. En effet, Mesdames, la bonté divine attache à tout acte de bienfaisance une satisfaction intérieure
qui n'est pas instantanée et passagère, comme les autres
joies de ce monde, mais qui, survivant à sa cause, embellit
encore les momens les plus fortunés de la vie, et verse un
baume consolateur sur les plus poignantes afflictions : douce
et pure jouissance, que n'éprouveront jamais les infortunés
qui vous la procurent, les malheureux qui n'ont rien à donner ! Combien de fois vos cœurs attendris par les larmes
reconnaissantes de la souffrance soulagée, n'ont-ils pas ressenti ces émotions délicieuses, bien supérieures à tous vos
sacrifices ? Et dans ce moment où je vous remercie du lustre

que votre charité répand sur notre ville, de l'heureuse union qu'elle y maintient ; dans ce moment où je vous apporte le tribut des bénédictions des pauvres qui nous entourent , en est-il parmi vous qui ne trouvent quelque satisfaction à se rendre la justice d'avoir mérité cet hommage public ? En est-il parmi celles qui n'ont pas encore été appelées aux fonctions que vous avez si dignement remplies, qui ne se sentent pénétrées de la plus sainte émulation , qui ne se promettent de vous égaler un jour , en marchant sur vos traces et en suivant les nobles exemples des deux augustes Princesses pour lesquelles vous professez un si tendre respect, et que la Providence a placées sur les marches du trône de St-Louis, pour compâtir à toutes les douleurs , pour soulager toutes les infortunes ? »

Inutile d'ajouter à ces éloquentes paroles : elles disent assez l'excellence de cette œuvre et le zèle des Dames associées, zèle qui va toujours croissant et qui produit les plus beaux fruits.

XIXe SIÈCLE.

Chapelle de Notre-Dame-des-Buis.

A côté du chemin qui conduit à l'ermitage de St-Pierre, s'élève un modeste oratoire consacré à l'auguste Mère de Dieu, sous le vocable de Notre-Dame-des-Buis. C'est aux pieds de cet autel, riche de simplicité, que bien des infortunes vont puiser des consolations; que les mères pieuses courent solliciter le bonheur de leurs enfans et les infirmes la délivrance de leurs maux.

D'après une légende populaire, l'origine de cette dévotion remonterait vers le milieu du XVIIIe siècle, alors que l'église de St-Geniez avait pour pasteur Guillaume de Lisle. « Un habitant du hameau de St-Pierre , non loin de la ville, » homme aux vertus patriarchales, plein d'une foi vive et » distingué par son tendre amour pour Marie, aperçut un » jour un inconnu dans une attitude de respect et qui sem- » blait absorbé dans les douceurs de la contemplation. Igno- » rant que c'était l'ange du Seigneur, notre bon villageois ne

» pensait pas à le saluer, lorsqu'il entendit prononcer son nom.
» En même temps une voix lui indiqua un *riche trésor*, ren-
» fermé dans le rocher attenant à sa maison, et aussitôt après
» l'inconnu disparut. Le villageois tout impressionné de la
» voix qu'il vient d'entendre, se hâte de chercher le trésor
» mystérieux et il trouve dans une fente de rocher une sta-
» tue en pierre assez grossièrement travaillée, de la hauteur
» de douze pouces, toute entourée de longs buis et représen-
» tant l'auguste Marie, portant sur un de ses bras le divin
» Enfant. A cette précieuse découverte sa joie fut indicible !
» Saisi d'admiration, il se prosterne devant la statue de
» Marie, il vénère en elle la puissante reine du Ciel, et vole
» auprès de sa famille pour lui annoncer ce *riche trésor*.

« Bientôt cette nouvelle s'ébruita dans la ville, son digne
» pasteur alla constater la découverte, et déjà il méditait
» dans son cœur d'élever dans ce lieu un oratoire à Marie,
» lorsqu'il fut appelé à remplir les fonctions de grand chan-
» tre à la cathédrale de Rodez. M. l'abbé Rouquayrol, son
» successeur, exécuta ses pieux projets. Arrivé aux pieds
» du rocher pour faire la translation de la statue miraculeuse,
» il ordonna qu'on hissât une échelle, et un jeune homme
» de se hâter d'y monter ; mais la statue se trouva si pesante
» qu'il ne put la soulever. On soupçonna un nouveau
» prodige. Avant ce moment elle avait été plusieurs fois
» déplacée... Le jeune homme descend ; le prêtre monte
» sur l'échelle, il rend ses hommages à Marie et sans peine
» soulève sa statue ! Il redescend et fait remonter le jeune
» homme qui, cette fois, charge avec joie ses épaules d'un
» fardeau si glorieux. Le peuple en fut dans l'admiration, et
» son amour pour Marie n'en devint que plus tendre. »

Depuis cette époque, le culte de Notre-Dame-des-Buis alla
toujours croissant. Des années de désolation et de terreur
vinrent l'interrompre. Les temples du Dieu vivant furent
fermés, l'oratoire de Marie dépouillé de *son riche trésor*...
Enfin le Seigneur jeta sur la France un regard de miséricorde!
et la statue miraculeuse de Notre-Dame-des-Buis, sauvée du
marteau des iconoclastes de 93, fut rendue à son oratoire.
Alors fut grande la joie des enfans de Marie, lorsqu'ils pu-

rent aller librement, et loin du tumulte de la ville, se pros-
terner aux pieds de son image.

Cependant tous les vœux n'étaient pas satisfaits! On ne
pouvait offrir le saint sacrifice dans l'oratoire de Notre-Dame-
des-Buis. L'édifice était trop étroit et un agrandissement
était comme impossible... Où trouver d'ailleurs les fonds nécessaires pour élever une nouvelle chapelle? Le Seigneur
vint en aide. Il suscita une âme éminemment vertueuse
(Mlle Marie Sales) qui, enflammée d'un saint zèle pour la
gloire de Marie, eut le bonheur d'obtenir, des habitans de
la ville, des offrandes suffisantes pour lui consacrer un autel. M. Antoine Rouquayrol, neveu de ce digne pasteur qui
avait fait bâtir le premier oratoire, se hâta de donner un emplacement convenable, et bientôt avec l'autorisation de M.
de Lalande, évêque de Rodez (1), une nouvelle chapelle fut
érigée en l'honneur de Notre-Dame-des-Buis. La bénédiction
solennelle en fut faite par M. l'abbé Gély, premier vicaire
du bien aimé Delbosc, curé de la ville, alors malade. L'acte
de cette cérémonie en fut dressé ainsi qu'il suit :

« Le vingt-trois octobre de l'an mil huit cent vingt-sept,
sur l'invitation de M. Delbosc, curé de St-Geniez, malade,
nous Joseph Gély, vicaire de la paroisse, muni des pou-
voirs nécessaires, assisté de MM. Céré et Bastidé, mes collègues, et de M. l'abbé Raynal, professeur au collége royal
de Rodez, avons béni la chapelle dite de Notre-Dame-des-
Buis, dont l'érection a été autorisée par Mgr de Lalande,
évêque de Rodez, qui en a fixé la fête principale au jour de
Notre-Dame-des-Neiges, six août.

« Cette chapelle a été enrichie d'une parcelle de la vraie
croix, apportée de Rome par M. l'abbé Coudrain, vicaire-général de Son Éminence le cardinal prince de Croï, archevêque de Rouen. Mgr de Lalande, évêque de Rodez, après
avoir reconnu l'authenticité de cette précieuse relique, en a

_____

(1) Nous autorisons Mademoiselle Sales à construire sur l'emplacement qu'on lui a cédé, la chapelle de Notre-Dame, dite des Buis.

Rodez, 29 janvier 1827.

† CHARLES, évêque de Rodez.

mis l'exposition dans ladite chapelle ; de plus Sa Grandeur a approuvé et autorisé une neuvaine de prières en l'honneur de Notre-Dame-des-Buis.

» En mémoire de ce, avons signé le présent acte.

GELY, *vicaire.* CÉRÉ, *vicaire.* BASTIDÉ, *vicaire.* RAYNAL, *prêtre, professeur.*

Depuis ce jour , ni la distance des lieux , ni la rigueur des saisons, ne sauraient interrompre dans ce saint oratoire la célébration des divins mystères.

Notre Saint Père le pape, Grégoire XVI, par un indult donné à Rome, sous l'anneau du pêcheur, le 20 avril 1841, a daigné, à la prière de M. Bessière, curé de St-Geniez, enrichir la chapelle Notre-Dame-des-Buis des indulgences suivante :

1º Indulgence *plénière* pour toutes les personnes qui, après s'être confessées et avoir communié, visiteront la susdite chapelle et prieront pour les fins ordinaires, les jours : 1º de la Conception ; 2º de la Nativité ; 3º de la Visitation ; 4º de l'Annonciation ; 5º de la Purification de la Bienheureuse Vierge Marie ; 6º de St Joseph ; 7º de St Joachim ; 8º de Ste Anne ; 9º de St Dominique ; 10º de St Augustin ; 11º le dimanche dans l'Octave de la Nativité ; 12º le vendredi après le dimanche de la Passion ; 13º le troisième dimanche de septembre.

2º Le premier samedi de chaque mois, pour tous les fidèles qui auront rempli les obligations ci-dessus, *sept années et autant de quarantaines* ;

3º Chaque samedi de l'année quel qu'il soit, pour ceux qui auront rempli les obligations ci-dessus, *trois cents jours.*

4º Chaque jour de l'année, *cent jours.*

Toutes ces indulgences sont *à perpétuité* et applicables aux âmes du purgatoire. Toutes autres indulgences accordées à la susdite chapelle sont révoquées et cessent de plein droit. (1).

(1) Voir la note C.

MONUMENS FUNÈBRES.

Tombeau des Frézals.

Les mausolées, les tombeaux surmontés d'une niche avec cintre en accolade, les cryptes, les pierres tombales avec inscription sont des monumens précieux pour nos églises. Qui n'aime, dans la visite d'un temple catholique, à s'arrêter devant eux, à examiner les détails de leur architecture, à déchiffrer l'épitaphe gothique, si le temps ou la main des hommes en a respecté les caractères? Après un moment de méditation religieuse, artistique, historique, le cœur s'en éloigne satisfait. Aussi à celui qui ira visiter l'église paroissiale de St-Geniez est-il réservé de douces émotions, de touchans souvenirs, à la vue d'un superbe mausolée, élevé par une piété et une reconnaissance vraiment filiales, doublement cher au cœur de l'Aveyronnais, et par le mérite du célèbre artiste qui l'a sculpté, et par les restes vénérables de l'illustre prélat que ce marbre renferme.

Avant l'inauguration du tombeau de Mgr l'évêque d'Hermopolis, on voyait, à la place qu'il occupe, un monument, en pierre de grès, orné de quelques tores, ayant environ deux mètres de longueur sur un mètre cinquante de profondeur. Au-dessus du pavé de la chapelle, à un mètre soixante environ, s'ouvrait une niche vide, d'un mètre d'élévation, de même dimension que le dessous, entourée, pour tout ornement, d'autres tores se rejoignant au centre en accolade. La cavité inférieure formait un tombeau. Les corps revêtus de leurs habits y étaient déposés, sans cercueil, sur des barres de fer, en forme de gril.

De qui était ce tombeau? On disait d'une princesse de Navarre, décédée à St-Geniez, lors de son passage dans cette ville. Nous avions adopté cette erreur, d'après la tradition populaire (1), mais plus tard nous avons lu dans un bouquin, tome 2, page 182, de l'histoire de l'Albigeois, par un

(1) Notice sur la chapelle de Notre-Dame-des-Buis de 1840, page 29.

Dominicain , imprimée vers la fin du XVII⁣e siècle, que ce monument était le tombeau de Simon de Frézals , petit ne-veu du pape Clément VI , et d'Eléonore de Frézals , comtesse de Sommerset.

La qualité de cette dernière avait pu , par la suite des temps , devenir le fondement de la tradition susdite.

En rapportant l'épitaphe gravée en lettres gothiques , l'historien susdit ajoute qu'elle est surmontée d'un écusson portant trois fleurs de frèze , qui est *Frézals* , et dans un quartier du même , un lion rampant, le tout chargé d'une couronne de baron , et qu'au bas de l'inscription , il y a un autre écusson avec pont-levis à dix planches , entre deux rochers , chargé d'une couronne de marquis.

Cette épitaphe et ces écussons avaient disparu , et dans St-Geniez point de famille du nom de Frézals. Cependant , une famille de ce nom avait pu exister dans cette ville ; et trou-ver les preuves de son existence passée ; c'était, ce nous sem-blait , acquérir la certitude que le tombeau de l'église de St-Geniez était celui du petit neveu de Clément VI , et de la comtesse de Sommerset. Bientôt , dans les registres de la Mairie ou dans les archives de quelques familles nous eûmes puisé des documens suffisans , pour nous convaincre qu'une famille d'ancienne noblesse , du nom de Frézals, avait ha-bité , pendant des siècles , la ville de St-Geniez , et nous apprendre que la chapelle dite , dans ces derniers temps , de *St-Joseph* , était autrefois sous l'invocation de *St-Blaise* , et qu'elle était communément appelée *la chapelle des Fré-zals*.

Parmi les noms qui sont passés sous nos yeux , nous ai-mons à citer Casimir de Frézals , époux d'Elizabeth de Cé-naret, morte en 1531 ; Paul de Frézals , conseiller à la sou-veraine cour du parlement de Toulouse , en 1593 , marié , avec dispense du pape , à Damoiselle de Jory , sa parente ; Anne de Frézals , fille à noble Anselme de Frézals , décédé en 1619 , épouse de noble Charles d'Arbaud , baron de Mis-sal ; Jean de Frézals , docteur en droit , fils à Victor , juge des quatre châtellenies du Rouergue , et d'Antoinette de Be-noist , tué , en 1628 , d'un coup de dague , dans la porte dite de la Tuilière , enseveli le lendemain 20 janvier dans la cha-

pelle de St-Blaise, dite des Frézals, où sa mère aussi repose :
Hélips de Frézals, veuve à Pierre Colrat, bachelier, enseve-
lie dans le tombeau des Frézals, le 27 septembre 1632 :
Victor de Frézals, juge des quatre châtellenies du Rouergue,
époux de Marie de Noyé, mort en 1643, et enterré dans la
chapelle de St-Blaise, au tombeau des Frézals; Anne de
Frézals, fille unique et héritière de Victor et de Marie de
Noyé, mariée en 1613, avec Marc de Benoist, sieur de la
Garde et de Marignac, et par ce mariage, l'illustre famille
de Frézals s'éteignit dans celle de Benoist (aujourd'hui de la
Salle), non moins distinguée par son antique noblesse et ses
vertus religieuses et civiques.

Dans les dyptiques de l'église cathédrale de Rodez on
trouve encore, Guillaume-Victor de Frézals, prieur de Naves
et grand archidiacre, mort en 1682 et enseveli dans le tombeau de sa famille, à St-Geniez; en 1685, Victor de Frézals,
abbé et chevalier de Beaufort, prieur de St-Geniez et de
Claire-Fage; en 1699, Guillaume de Frézals, neveu des précédents, archidiacre de St-Antonin, et dans la même année,
Charles, frère de Guillaume, archidiacre de Conques.

Cependant la pierre ou se trouvait écrite l'épitaphe était
toujours l'objet de nos regrets. Croyant qu'elle avait été cachée dans l'intérieur du tombeau, à l'époque de la révolution
de 89, nous le fîmes ouvrir. L'intérieur nous apparut tel
que nous l'avons décrit. Des ossemens de toutes les dimensions, parmi lesquels d'ossemens de femme, un assez grand
nombre de crânes, des lambeaux de damas rouge, des restes
de souliers en cuir et des pantoufles de soie, c'est tout ce
que nous y trouvâmes.

Peu de temps après on nous annonça qu'une pierre avec
inscription gothique servait de jambage à la grande ouvertures de la boutique de M. Temple, coutelier à St-Geniez;
et que cette pierre avait été enlevée de l'église, lors de sa
dévastation par l'ancien propriétaire de cette maison. A cette
nouvelle, notre joie fut grande; mais elle le fut davantage,
quand nous reconnûmes les écussons décrits par l'historien
des Albigeois et que nous lûmes l'épitaphe ainsi conçue :

HIC : IACET : NT (NOTBILE) : COR :
PUS : SIMONIS : F :
RESARII (1) : CLEMEN :
TIS : P : VI : PRONEP :
OTIS : E : CASTRIS :
DELATUM *Anno* :
M : IIII : II ET : ELEO :
NORÆ : FRESARIÆ :
DESPONSATA : CO :
MITI : DE : SOMME :
RSET : COSANGU :
NEO : SUO : ANNO :
M : IIII : XXII :

———

Ci-Gît
le noble corps de Simon de Frézals,
petit neveu du Pape Clément VI,
apporté des camps (2) l'an 1402 :
et d'Eléonore de Frézals,
mariée au comte de Sommerset
son parent, morte,
l'an mil quatre cents vingt deux.

Reste à savoir, si Simon de Frézals est petit neveu de

———

(1) Dans les actes latins, *de Frézals* est rendu par le mot *Fresarii* ou *Fredaldi*. Certains copistes l'ont traduit *par de Frézars ou de Frédal*, entre autres l'historien cité. Cependant la vraie orthographe de ce nom est *de Frézals* qui, quelques fois encore, est écrit avec un Z au lieu d'un S. L'historien des Albigeois avait omis les mots soulignés, dans l'épitaphe, ce qui prouverait qu'il ne l'avait pas lue lui même; et le copiste, n'ayant pu les lire, passa outre.

(2) Nous avons été embarrassé pour traduire le mot latin *Castris*. Nous avons pensé que Simon de Frézals était sous les drapeaux. A-t-on voulu dire qu'il est mort dans la ville de Castres ? Mais Castres se dit en latin *Castra*. Pourquoi l'aurait-on mise au pluriel ? Du reste il est libre à un chacun de traduire comme il l'entendra. Nous pensons que le corps d'Eléonore a été rapporté à St-Geniez en 1422, et qu'on ajouta son épitaphe à celle de Simon.

Clément VI. Pour cela, il suffit de faire la généalogie de la famille de ce pape, né à Maumont (Haute-Vienne), élu le 7 mai 1342, et connu avant son élection sous le nom de Pierre Roger ou Rotgier, ou Rogéry. Son père, Guillaume, 1er du nom, seigneur de Rosiers, mort avant l'an 1313, avait épousé *Guillemette* de la Monstre, de laquelle il eut *Guillaume II*, qui perpétua la branche et fut père de Pierre, élu pape, en 1370, sous le nom de Grégoire XI; *Pierre*, moine de l'ordre de St-Benoît, successivement abbé de Fécamp et la Chaise-Dieu, évêque d'Arras, archevêque de Sens et de Rouen, cardinal en 1337, enfin élu pape, en 1342, sous le nom de Clément VI; *Hugues*, moine à Tulle, abbé de St-Jean-d'Angéli, évêque de Tulle, créé cardinal par son frère; *Guillemette*, mariée avec Jacques de la Jugie, et *Bertrande Almodie* avec Nicolas-Jacques de Besse.

Or, une fille de ce dernier, appelée Eléonore de Besse, fut mariée, en 1337, avec Simon de Frézals. Entre autres enfans, ils eurent de leur mariage Simon, enterré en 1402, dans l'église de St-Geniez. Il est donc évident qu'il était petit-neveu du pape Clément VI, et petit-neveu, en mode de Bretagne, de Grégoire XI.

Les titres qui prouvaient la noblesse des Frézals étaient autrefois déposés aux archives du Roi, à Rodez, d'où ils furent transportés à Montauban. Sur un parchemin, était écrit un hommage rendu, en 1285, au roi Philippe-le-Hardi, par Simon de Frézals, de la baronnie d'Avèze, située dans les Cevennes, près la ville du Vigan, sénéchaussée de Nîmes, et des autres terres qu'il possédait en Guyenne. Un second renfermait une assez longue procédure de certain don fait, en 1370, par le roi Charles V, à Simon de Frézals, père du petit-neveu du pape Clément VI, et autres lettres du duc d'Anjou, adressées à Arnaud de Landorre, sénéchal du Rouergue. Dans cette procédure se trouvait le contrat de mariage d'Eléonore de Besse avec Simon de Frézals.

La branche aînée de cette famille demeura toujours en France et posséda le marquisat d'Avèse et la baronie de Beaufort de Vabres.

La branche cadette s'établit en Ecosse où elle posséda les premiers emplois du royaume. D'après le testament d'Eléonèce de Besse, Simon, son époux, est neveu de Guillaume de Frézals, archevêque de St-André, en Ecosse, régent de ce royaume, sous la minorité du roi Alexandre VI. Dans l'histoire de ce royaume, il est très souvent parlé des seigneurs de la maison de Frézals. Il en reste encore deux ou trois familles, dit notre historien, entre autres celle de Milord, vicomte de Louvet.

» Il faut remarquer, ajoute-t-il, que l'inscription qui se trouve sur le tombeau de l'église de St-Geniez, où il est dit : *Eleonore Fresaria desponsata comiti de Sommerset conjungunca suo*, fait un point d'histoire très curieux ; c'est que les anciens Edouard de Lancastre, rois d'Angleterre, descendaient de Marguerite de Beaufort ou de Vabres ; ce que l'on voit être à la même chose par les anciens titres.

» Le maréchal qui a écrit l'histoire d'Angleterre fait un long récit des amours de cette Marguerite de Beaufort, avec un duc du Gan, comte de Sommerset, et comme quoi elle eut trois enfans, dont l'un fut cardinal et archevêque de Cantorbéry ; les descendants des autres parvinrent à la couronne d'Angleterre, et le souvenir de cette Marguerite de Beaufort fut si cher aux Anglais, que par un bill du parlement d'Angleterre, il fut ordonné que tous les rois à l'avenir porteraient le nom de Beaufort, et dans leurs armes un pont-levis à dix planches entre deux rochers, qui est le même qu'on voit au château en Cevennes, où s'était passée toute l'intrigue entre cette Marguerite et le duc de Gan, comte de Sommerset. Les rois d'Angleterre ont continué de porter, dans leurs armes, ce pont-levis à dix planches entre deux rochers. Et dans les annales d'Henri VIII, roi d'Angleterre, il est parlé de la déclaration du parlement, par laquelle il fut ordonné que les rois d'Angleterre porteraient le nom de Frézals.

« Tout ce détail, fondé sur des titres incontestables et qui ont été vus et approuvés par les commissaires du roi (Louis XIV) nommés par Sa Majesté, pour la recherche de la noblesse, justifie invinciblement les alliances de la maison de Frézals non seulement avec les papes Clément VI et Grégoire XI, mais encore avec les rois d'Angleterre et avec les grands du royaume d'Ecosse, et prouve clairement l'union de ces deux maisons, de Frézals et de Beaufort de Vabres, dans les ancêtres du seigneur marquis de Beaufort, qui seul reste de cette ancienne et illustre maison (1) parce que son frère, qui se nomme l'abbé de Beaufort (Victor de Frézals, abbé et chevalier de Beaufort, prieur de St-Geniez et de Claire-Fage, déjà nommé), a pris le parti de l'Eglise et s'est si fort distingué dans le monde des belles lettres que, dans un voyage qu'il a fait en Angleterre, il a mérité par son esprit d'être reçu à l'Académie royale qui le considère comme un de ses plus beaux ornements. »

Enfin cet historien conclut que la famille de Frézals, l'une des plus illustres du Languedoc et de la Guienne, était alliée non seulement avec la famille des papes ci-dessus nommés, avec les rois d'Angleterre, les maisons de Sommerset et de Stuart, mais encore avec celles de Landorre, de Roquefeuil, de Flandres, de Beaufort, de Vabres, de Cénaret, de Gabriac, de Budos, de Joërie del Claus et de la Tour-d'Auvergne.

Une inscription gravée sur une dalle de l'église de Ste-Eulalie-d'Olt, prouve la parenté des Frézals avec la famille de Cénaret qui avait donné, en 1304, un dom à Aubrac.

HÍC : JACET :

IN HC : PAGO : DIE : XXX : NV :

ANNI : M : D : XXXI : ANNOS : NATUS : XLII

EGREGIÆ : DNÆ : ELISABET :

DE : CENARETO : VIDVÆ :

POTENTIS : VIRI : CASIMIR :

I : FRESARII :

CORPUS :

POST MORTEM : VT : HIC :

JUSTA : FILIVM : SVVM :

BRVM : DEFVNCTVM : REQVI :

ESCERET :

M : D : XXX : II :

(1) on a vu que la branche de cette famille à St-Geniez s'était éteinte en 1613, par le mariage d'Anne de Frézals, héritière de Victor, avec Marc de Benoist.

Ci-Git
le corps
d'illustre dame Élisabeth de Cénaret,
veuve
de puissant homme Casimir de Frézals,
âgée de 41 ans,
morte le 30 novembre 1531,
transporté dans ce village,
Afin qu'il reposât, après sa mort,
à côté de son fils Bertrand,
décédé en 1532.

A toutes ces illustrations, il faut joindre encore celle que répand sur cette famille saint Frézals, évêque de Mende. L'auteur de l'*Histoire des Albigeois* dit : « que les titres de la maison de Frézals s'accordent si bien avec la tradition, que dans aucun temps ni dans aucun siècle, on n'a jamais douté que ce saint évêque ne fût de cette maison. »

LÉGENDE.

Saint Frézals, élu évêque de Mende sous le règne de l'empereur Louis-le-Pieux, fils de Charlemagne, eut la douleur, en arrivant dans son diocèse, d'y trouver des restes du paganisme. D'un autre côté, son cœur de pasteur fut vivement affligé de voir les chrétiens, languissans dans le service de Dieu et sans zèle pour sa gloire. Plein d'une sainte ardeur, il commença à faire revivre dans les enfans de l'Evangile le feu sacré de l'amour divin; ensuite il s'efforça de gagner à la religion du Christ les adorateurs des fausses divinités. Et Dieu bénit ses pieux efforts; il écouta les prières du saint évêque. En peu d'années, le Gévaudan offrit un tableau de la vie primitive de l'Eglise, et les miracles que saint Frézals opérait, par la vertu d'en haut, affermirent la foi de son heureux troupeau. Ses vœux étant satisfaits, il ne soupirait plus qu'après la couronne d'immortalité. Ce moment qui devait combler tous ses désirs, ne tarda pas à venir. Une mort précieuse, mais prématurée, le ravit à la terre. D'après le bréviaire de Mende, un neveu du saint évêque, désireux de s'enrichir de ses dépouilles , lui aurait donné le coup mortel non loin de la Canourgue, où l'on fait voir le lieu témoin de ce forfait. A peu de distance de ce lieu, repose le corps de St Frézals, renfermé dans une petite église du style roman , construite dans le XIe siècle. Sur le devant coule une magnifique source , ombragée par d'arbres séculaires , qui rendent ce pèlerinage tout à fait pittoresque.

Sous l'épiscopat de M. Sylvestre de Crusy de Marcillac , évêque de Mende , en 1628 , on voulut transférer ces précieux restes dans l'église cathédrale du diocèse. On demanda et on obtint le consentement de M. l'abbé de Frézals, grand-archidiacre de la cathédrale de Rodez , pour lors chef de la famille , à cause de la minorité des enfans de feu de Beaufort de Frézals. Le saint corps fut trouvé parfaitement conservé ; mais , ajoute notre historien, il fut impossible de le sortir de la chapelle. A ce miracle, poursuit-il , l'évêque , le clergé et le peuple reconnurent que Dieu voulait qu'il restât dans le lieu où il avait été inhumé. Alors on le rapporta avec facilité dans l'ancien tombeau, placé sous l'autel, et Dieu ne cesse d'y manifester la gloire de son serviteur (1).

Mausolée de Monseigneur l'évêque d'Hermopolis.

Denis-Antoine-Luc, comte de Frayssinous , évêque d'Hermopolis, ancien pair de France , ministre des affaires ecclésiastiques, commandeur de l'ordre du St-Esprit, précepteur d'HENRI de Bourbon , s'était retiré , depuis un an et quelques mois , auprès de son frère, Aymard Frayssinous , qu'il aimait tendrement , et de Françonnette Benoît , sa belle sœur ; pour laquelle il professait la plus cordiale estime. Heureux de le posséder , les habitans de St-Geniez s'attendaient à jouir, pendant quelques années encore, du touchant spectacle de ses pieux exemples, lorsque la mort mit fin à une si belle vie, le 12 décembre 1841 ; et ce jour fut , pour toute la ville , un jour de tristesse et de deuil !

Après avoir été lavé , selon les prescriptions de l'église, et

(1) En 1822, nous visitâmes l'église de St-Frézals et on nous raconta la tradition que nous avons lue plus tard dans l'*Historien des Albigeois*.

revêtu des ornemens épiscopaux par M. l'abbé de Laforest, secrétaire intime, qui, depuis trois ans, était devenu le Timothée du vénérable prélat, le corps de Mgr d'Hermopolis fut exposé sur un lit de parade, dans une chambre convertie en chapelle ardente où fut célébré, pendant deux jours, le saint sacrifice de la messe. Tous les habitans de la ville, les communautés, les enfans des écoles, allèrent se presser auprès de l'illustre défunt, bien plutôt pour réclamer sa protection que pour prier le Seigneur de le recevoir dans l'éternelle paix. Sur sa noble figure, en effet, il n'y avait plus rien de terrestre ; toutes les infirmités avaient disparu, on ne voyait plus que l'espérance et la gloire !

Après l'embaumement, le corps fut transféré dans l'église des Augustins, où la foule se pressa, plus nombreuse encore, jusqu'au 21 décembre, jour où les derniers honneurs lui furent rendus sous la présidence de Mgr de Marguerye, évêque de St-Flour.

Vers les dix heures du soir, quand il n'y eut plus personne dans l'église paroissiale, MM. Grimal, vicaire général du diocèse de Rodez ; Fajole, curé de Ste-Eulalie ; Tarcq ; vicaire de St-Geniez, et de Laforest, secrétaire toujours fidèle et dévoué à celui qu'il avait aimé comme un père, déposèrent, de leurs propres mains, le corps du prélat, revêtu de ses habits pontificaux, dans un triple cercueil (1).

La première caisse était de bois. On mit près de la tête un petit tube en verre renfermant un parchemin qui porte cette inscription :

Dans ce tombeau repose, en attendant la résurrection glorieuse, le corps de Denis-Antoine-Luc, comte de Frayssinous, évêque d'Hermopolis, né à la Vayssière, le 9 mai 1765, mort à St-Geniez, le 12 décembre 1841. — Auteur des conférences, évêque, premier aumônier des rois Louis XVIII et Charles X, membre de l'Académie française, Grand-Maître et Ministre de l'instruction publique et des affaires ecclésiastiques ; Précepteur, dans l'exil, du duc de Bordeaux. — GRATUS DEO ET HOMINIBUS.

(1) Soutane, bas, pantoufles, gants et chasuble violette, aube de dentelle brodée, mitre en soie blanche. Point de bijoux.

Ce premier cercueil fut ensuite fermé, enveloppé d'un ruban de soie scellé à cinq endroits, en forme de croix, aux armes de l'évêque (1) ; un second cercueil en plomb et un autre en chêne couvrirent le premier.

Ces restes précieux furent ensevelis dans la chapelle de St-Eutrope, vis-à-vis l'autel, près la porte du cimetière qui donne dans l'église. Les entrailles du prélat avaient été ensevelies séparément, suivant la prescription du pontificat, dans une chapelle de la même église. Le cœur fut remis à M. Amable Frayssinous, neveu de l'illustre évêque, qui, plus tard, lui a fait élever un monument dans l'église de St-Côme.

La ville de St-Geniez, de concert avec la famille de M. d'Hermopolis, se proposaient déjà de consacrer un monument en marbre à la mémoire du pontife, l'une des gloires de l'Eglise et l'ornement de son pays, quand l'auguste élève écrivit, le 4 février 1842, à M. le marquis de Clermont-Tonnerre, ces quelques lignes reproduites par tous les journaux :

« ..... Je ne puis assez vous dire combien la nouvelle de la
» mort du saint évêque d'Hermopolis m'a rempli de douleur.
» C'est à vous, l'un de ses amis les plus chers, à qui il portait
» une si tendre affection, que je viens exprimer tout mon
» chagrin. J'ai perdu en lui un père, un ami dévoué et un
» guide fidèle. Son cœur, toujours jeune, savait vraiment
» aimer et avait inspiré au mien une affection toute filiale.
» Dieu l'a rappelé à lui, il faut se soumettre : mais c'est un
» grand sujet de regrets pour moi de n'avoir pas pu lui ex-
» primer de vive voix ma reconnaissance, et que ma position
» présente ne me permette pas, comme je l'aurais voulu, de
» rendre publiquement à sa mémoire les hommages qui lui
» sont si bien dus. Je lui fais élever un monument dans l'église
» de St-Geniez, où ses vénérables restes ont été déposés, et
» j'espère que la Providence m'accordera un jour la grâce de
» pouvoir aller prier sur sa tombe.

» HENRI. »

(1) Les armes de famille de Frayssinous portent : écartelé 1 et 4 d'or au lion d'azur, armé et lampassé de gueules ; 2 et 3 d'argent au frêne de sinople, terrassé de même qui est de Frayssinous.

Peu de jours après, on apprit avec joie que l'exécution du mausolée avait été confiée à M. Gayrard, célèbre artiste avey-ronnais, dont la digne et vertueuse épouse a vu le jour à St-Geniez. Dès lors on s'attendit à posséder un chef-d'œuvre, et les espérances n'ont pas été vaines.

La chapelle de St-Eutrope ne se trouvant pas assez dis-posée pour recevoir ce précieux monument, on exhuma le corps du prélat et on le transféra dans la *Chapelle des Frézals*, d'où l'on fit disparaître le tombeau de cette illustre famille pour y placer celui du saint évêque d'Hermopolis. On ignorait encore à qui il avait appartenu. Les anciens ossements furent placés sous la tête de l'évêque et bientôt ils recouvreront leur pierre tombale.

Il nous semble que le sommeil, même celui de la mort, doit être plus doux quand on repose à côté de ceux à qui on est lié par les liens de la reconnaissance. Or, ce lien doit unir aux Frézals M. d'Hermopolis. Son aïeule maternelle était une Flandrin, originaire de St-Chély-d'Aubrac, dont la branche descendait des Flandrin, de Viviers. Et dans l'histoire on lit : que Grégoire XI, oncle de Simon de Frézals, décora de la pourpre romaine et créa, en 1371, cardinal du titre de St-Eustache, Pierre Flandrin, de Viviers.

Enfin, le magnifique mausolée fut inauguré, le 25 septem-bre 1844. Monseigneur Croizier, évêque de Rodez, présida cette inauguration, y pontifia entouré d'un nombreux clergé, et, après la messe, il fit, avec des paroles pleines d'onction et avec les termes les plus heureux, l'éloge de l'illustre défunt.

La mémoire de ce jour ne devait pas périr. C'est pourquoi M. le curé de St-Geniez en a fait célébrer l'anniversaire avec pompe et, par un choix bien flatteur pour nous, il nous con-fia l'honorable tâche de célébrer, au nom de nos concitoyens, les vertus de Mgr d'Hermopolis (1).

Description du mausolée.

Ce monument, en marbre blanc, forme un carré long et

(1) Voir, note *C*, le discours prononcé à cette occasion.

d'aplomb, avec soubassement orné d'une corniche rentrant en dedans et supportant le tombeau.

L'évêque, dans l'attitude solennelle de la mort, repose sur sa couche de marbre; sa tête, appesantie par l'éternel sommeil, fait fléchir un coussin qui s'est assoupli sous le ciseau; l'artiste a vaincu la rigidité de la pierre pour reproduire toute la mollesse du velours.

Les traits sont exprimés dans le calme du dernier repos, avec une fidélité que M. Gayrard a su trouver dans sa reconnaissance pour celui qui lui fut si bienveillant aux jours de sa puissance.

Puis le regard se perd dans la reproduction variée des ornements épiscopaux; le marbre y prend toutes les formes: ici se sent des galons d'or relevés en bosse sur la moire et le satin; là de transparentes dentelles, de délicates guipures; ailleurs les plis ondoyans d'un tissu souple et fin; le ciseau s'y montre enfin le rival des travaux d'aiguille les plus délicats.

Les pieds de l'évêque s'appuient sur un lévrier. L'imitation des formes, de la pose et de l'expression de l'emblème de la fidélité est admirable de perfection. Jamais on n'a rendu avec autant d'intelligence et de bonheur la vivacité et la tendresse du regard, la vigilante et inquiète sollicitude de l'animal, ami de l'homme, veillant pour que rien ne vienne troubler le sommeil de son maître.

Cet emblème explique en détail le sujet du relief qu'on voit sur le devant du tombeau divisé en trois compartiments égaux. Le relief occupe celui du milieu. Il représente Charles X. accompagné du Dauphin, de la Dauphine, de la duchesse de Berri et de Mademoiselle, présentant Mgr le duc de Bordeaux à M. d'Hermopolis accompagné de M. l'abbé Trébuquet.

La figure la plus remarquable est celle de l'évêque. Il est impossible, d'après les personnes qui l'ont vu dans ses derniers jours, d'avoir de portrait qui rende avec une plus rigoureuse exactitude ses traits, mais surtout sa physionomie,

Voici l'inscription gravée sur les deux compartiments latéraux :

Heic situs est
DIONYSIUS ANTONIUS LUCAS FRAYSSINOUS,
Pontifex Hermopolitanus,

In quo doctrina, prudentia, auctoritas, eloquentiæ robur
Summa fuêre, modestiâ pari ;
Quem rerum divinarum assertorem ac præconem clarissimum.
Indigenæ hospitesque, per annos ferè viginti, concionantem suspexêre:
Multi à vero aberrantes magistrum virtutis reducemque invenêre :
Nunc scriptis et veluti è tumulo adhuc loquentem omnes mirantur,
Ac sera mirabitur posteritas ;
Idem suavitate morum, antiquâ simplicitate, imò et aspectu solo.
Quemvis inducebat in amorem ac venerationem sui :
Honoribus ad quos sua in rempublicam merita invitum evexerant ,
Post regni vicem, lubentissimè caruit.
Eum, deflexâ jam ætate, sed fide immobili,
Diù sponte exulem,
Pium exules solatorem, pupilli parentem sensêre ;
Quo supremo munere sanctè perfunctum,
Patriæ redditum et suis,
Quotidiano in egenos liberalitas, assiduum orandi studium.
Ac mirus imprimis ergâ Genitricem Dei amor
Ad suaviorem in dies cœlestis præmii spem erudiverunt.
Heu ! quanto inopum gemitu ac luctu civium omnium.
Decessit pridiè idûs dec. anno M. DCCC. XLI. annos natus LXXVI,
Famam sibi et familiæ mansuram adeptus,
Gloria nominis Rhutenensis auctâ.
Hoc monumentum posuit , honoris pietatisque causâ,

HENRICUS
Seni optimo, sanctissimo, desideratissimo
Quem habuit vitæ institutorem ,
Cultorem ingenii, teneræ ætatis custodem diligentissimum.
Ave, Pater venerande, et vale in pace. D.

—

Ci-gît
Denis-Antoine-Luc Frayssinous,
évêque d'Hermopolis,
dont la science , la sagesse , l'autorité , la mâle éloquence,
égalèrent la modestie;
que, pendant près de vingt années, ses compatriotes et les étrangers,
attentifs à sa parole, applaudirent comme illustre apologiste
de la Religion;
Et qui ramena à la vérité et à la vertu beaucoup d'esprits errans loin d'elles:
maintenant, on l'admire
et la postérité la plus reculée l'admirera,
parlant encore par ses écrits, et comme élevant la voix du fond de son
[tombeau.

La douceur de ses mœurs, sa simplicité antique, son aspect seul
lui gagnaient l'amour et la vénération de tous.
Après la tempête,

il supporta sans peine la perte des honneurs auxquels l'avait élevé,

malgré lui,

son actif dévouement à la chose publique.

Affaissé déjà par l'âge, mais d'une fidélité inébranlable,

il s'exila,

et en lui les exilés trouvèrent un pieux consolateur ; les orphelins, un père.

Après s'être acquitté saintement de cette mission suprême,

rendu à sa patrie et aux siens,

ses quotidiennes libéralités envers les pauvres, son assiduité à l'Oraison,

et surtout son admirable amour peur la mère de Dieu,

'habituèrent de plus en plus à avoir une douce espérance dans les rému-
[nérations célestes.

Hélas !

C'est au milieu des larmes des malheureux et des regrets de ses concitoyens,

qu'il est mort, la veille des Ides de décembre 1841, âgé de 76 ans,

après avoir acquis un renom

qui restera à sa mémoire et à sa famille,

et qui ajoute à la gloire du Rouergue.

HENRI

a fait élever ce monument, comme témoignage d'honneur et de piété
[filiale,

à l'excellent, au très saint, au très regretté vieillard

qui fut le guide de sa vie,

qui cultiva son esprit et veilla avec sollicitude sur son jeune âge.

Adieu, vénérable père, et reposez en paix (1).

Crypte et ossuaire.

Sous la chapelle des Frézals, aujourd'hui de Monseigneur d'Hermopolis, se trouve un crypte qui, dans le principe, devait servir d'oratoire pour la station des processions. Elle était environnée, des trois côtés, par le cimetière, et avait, sur chaque face (est, sud et ouest), une ouverture ; celle du milieu à ogive, beaucoup plus vaste que les deux latérales à plein-cintre ; voûte en moëllon ; tombeau d'autel, à côté une petite niche ; ouvertures *sud* et *ouest* murées, depuis qu'on a construit la halle sur le devant de cette crypte. C'est dans l'épaisseur de la voûte qu'était construit le tombeau des Frézals.

(1) On travaille, dans ce moment, aux décorations de la chapelle de Mgr d'Hermopolis. Les grillages seront exécutés d'après le plan fait par M. Boissonade, architecte du département, et les statues des saints Denis, Antoine, Luc, seront du ciseau de M. Gayrard.

Quand on défonça, en 1735, le terrain du cimetière, on ramassa tous les ossements, et on les jeta pêle et mêle dans cette crypte. Que de générations entassées les unes sur les autres! Ces ossemens, mis en ordre, eussent donné à cette crypte un air de catacombe. On les eût visité avec respect, et on eût béni la mémoire de l'ancien curé de St-Geniez, à qui la garde des morts et des vivants était également confiée.

APPENDICE.

Canton de St-Geniez. — Les communes et les succursales qui le composent. — Nombre de ses habitans. — Des électeurs censitaires. — Des électeurs et membres du jury. — Superficie en hectares. — Églises — de Marnhac; de Pierrefiche; de Ste-Eulalie-d'Olt; de Lunet; de Prades-d'Aubrac; d'Aurelle; de St-Martin-de-Monbon; de Naves; de Verlac; de La Fage; de Pomayrols. — Château de Pomayrols.

Le canton de St-Geniez renferme six communes : St-Geniez, Aurelle, Pomayrols, Pierrefiche, Prades-d'Aubrac, Sainte-Eulalie-d'Olt, et quatorze succursales, Marnhac, Pierrefiche, Sainte-Eulalie-d'Olt, Lunet, Prades-d'Aubrac, les Crousets, Naves, La Fage, St-Martin-de-Monbon, Verlac, Pomayrols, Born, Vieurals et Laboulescq. Ces trois dernières n'existaient pas avant la révolution de 89.

Le nombre de ses habitans s'élève à 9,302, parmi lesquels 700 électeurs censitaires; 69 électeurs et membres du jury, dont 47 de la ville de St-Geniez.

Ce canton a une superficie de 18,987 hectares, ainsi réparties :

Aurelle	5,311 hect.
Pierrefiche	1,671
Pomayrols	2,183
Prades-d'Aubrac	4,435
Ste-Eulalie-d'Olt	1,749
St-Geniez	3,638
Total	18,987.

Nous avons cru devoir donner une notice sur les églises les plus remarquables du canton, comme complément de nos recherches et de nos travaux.

St-Maurice-de-Marnhac.

Nous plaçons, en première ligne, l'église St-Maurice-de-Marnhac, comme ayant été église paroissiale d'une partie de la ville de St-Geniez, dont six cents habitants étaient paroissiens.

Le style roman règne dans cet édifice. Abside rectangulaire à plein-cintre, avec arcade d'ouverture lisse en fer à cheval; nef, sans traces de voûte ni de plafond mais portant sur la pierre non taillée, employée à la maçonnerie, des traces évidentes d'incendie. Deux fenêtres à plein-cintre, très étroites à l'extérieur de l'édifice, larges à l'intérieur de deux mètres au moins. Encoignures parfaitement taillées. Le plafond actuel les partage par le milieu, ce qui leur enlève leur beauté.

Portail orné de deux tores godronnés se prolongeant des deux côtés, et s'unissant à la naissance de l'ogive. Autres deux tores transversaux servant de chapiteau aux premiers.

Ce portail est postérieur à la construction du reste de l'église.

Le clocher, placé sur l'abside, est une tour carrée, percée de quatre arcades ogivales, en grès bigarré, pris sur place, et surmontée d'un toit pyramidal obtus.

Cloche fondue en 1505, avec cette inscription en lettres gothiques : J. H. S. MARIA : S. AMANS L'AN MIAL. C. C. C. C. C. E. V.

Au maître-autel, tableau représentant le Christ en Croix. Aux pieds du sauveur, la Vierge Marie, saint Jean-l'Évangéliste, saint Benoît et saint Maurice. Bon coloris. La figure de saint Jean et celle de saint Benoît, avec les draperies de ces deux saints, d'un naturel frappant. Dévotion populaire dite *lo Réno*. Depuis un temps immémorial, tous les enfants hargneux étaient apportés dans cette église. Un tableau résumant cette dévotion, très mal peint, et qu'on a cru, pour cette cause, devoir enlever, représentait trois femmes à genoux. Au milieu d'elles, un berceau. Au haut du tableau, des anges sonnant de la trompette et versant les coupes de la colère de Dieu. Un peu au-dessous, la vierge Marie et l'évêque St Didier, intercédant pour l'enfant. Deux banderoles, sortant de la bouche de deux des femmes, portent pour inscription, l'une en Français, l'autre en latin : *Saint Didier, priez pour nous. Sancte Desideri., ora pro nobis.*

L'église de Marnhac, donnée, en 1082, par Pons d'Étienne aux Bénédictins de Saint-Victor de Marseille, fut cédée par ceux-ci à leurs frères de l'Adorade de Toulouse, et faisait partie, ainsi que St-Martin-de-Lenne, Sévérac-l'Église et St-Martin-de-Cormières, du prieuré régulier de Lugagnac, situé dans cette dernière paroisse. Ce prieuré, qui n'avait point charge d'âmes et n'obligeait pas à résidence, valait, en 1515, mille livres au titulaire. Celui-ci nommait aux quatre cures susdites, et donnait à chaque recteur quarante livres.

Dans l'église de Marnhac, il y avait une *prestimonia* ou chapellenie, dont la nomination appartenait à la famille Gardes, habitant dans le village.

165 paroissiens. M. l'abbé Ginestes, de St-Geniez, curé.

Saint-Pierre de Pierrefiche.

Comme plusieurs de nos églises, celle de Pierrefiche porte le caractère de diverses époques.

Abside à cinq pans, entourée d'arcades simulées dont le plein-cintre retombe sur des colonnettes monolithes avec base et chapiteau formé de deux ou trois longues feuilles. Trois de ces arcades, percées d'une baie, étroite à l'extérieur, s'élargissant considérablement à l'intérieur.

Voûte de l'abside pareillement à cinq pans, séparés par cinq gros boudins, se réunissant à leur partie supérieure à un demi-cercle adossé contre un arc doubleau peu saillant, retombant sur pilastre avec cable pour chapiteau.

A partir de cet arc doubleau, la voûte de l'abside se prolonge d'une travée, terminée par un arc doubleau très épais, supporté, de chaque côté, par une colonne demi cylindrique avec chapiteau à cône tronqué renversé.

Chaque pan de l'extérieur de l'abside est séparé par une colonne demi-cylindrique avec chapiteau de même forme que le précédent, reposant sur un stylobate qui règne dans le pourtour.

Sous les combles, modillons unis.

Cette partie, entièrement du style roman, date du onzième siècle.

La nef offre un carré long, avec voûte ogivale à nervures saillantes, beaucoup plus basse que celle de l'abside.

Deux chapelles à gauche et une à droite. Dans toutes les trois, au-dessus du tombeau, de l'autel et dans le mur, une niche. Deux seulement visibles. Dans une, arc à anse de panier; dans l'autre, arc en accolade avec clochetons aux angles, couronnés ainsi que l'arcade par des feuilles de chou très frisées. Clefs de voûte (même style que celle de la nef) en placage, dont la seule qui existe a la forme d'une croix à feuillage avec monogramme du Christ.

Fenêtre de la nef avec arcade trilobée.

Toute cette construction remonte évidemment au quinzième siècle.

Portail à plein-cintre normal, orné de deux tores, faisant retraite l'un sur l'autre, supportés par des colonnettes monolithes avec chapiteau à feuilles très simples. Linteau carré; tympan demi-circulaire.

Sur le mur du portail, clocher en bâtière, percé de quatre arcades à plein-cintre, et portant des caractères d'une construction postérieure à celle de la nef.

Sur le devant du portail, porche très bas, avec voûte d'arête d'une assez mauvaise construction. Appareil général en pierre calcaire prise sur place.

Bernard d'Arpajon avait donné, en 1181, à Pierre I, abbé de Bonneval, et à ses religieux, l'église de Pierrefiche avec certaines terres qui en dépendaient. Hugues, évêque de Rodez, leur permit, en 1183, *d'y percevoir les dîmes et les prémices provenant de leur travail.* Six ans après, Guy de Sévérac confirma la donation faite par son père, Bernard d'Arpajon.

Restaient cependant certains droits sur l'église de Pierrefiche qui appartenaient à un habitant du lieu dont le nom,

dans les cartulaires : *Petrus de petrâ fixâ,* Pierre de Pierrefiche.

« Celui-ci, pour l'amour de Dieu et pour le salut de son
âme et de celle de ses parents, fit don, en 1191, à Sicard,
abbé de Bonneval, de sa personne et de ses droits sur l'église
de Pierrefiche, à condition que chaque année l'abbé susdit et
ses successeurs donneraient aux moines deux festins, l'un à
Notre-Dame de septembre, l'autre au dimanche des Rameaux. » Dès lors l'église de Pierrefiche fut unie à la mense
abbatiale de Bonneval, et l'évêque Hugues, déjà nommé, confirma, de son autorité, cette union. A dater de cette confirmation, l'abbé de Bonneval en fut prieur, et la nomination
du recteur lui fut dévolue. Celui-ci recevait un traitement
annuel de *vingt-cinq livres* qui lui étaient payées par le monastère. Ce traitement fut augmenté dans le XVIIe et XVIIIe
siècles.

L'abbé de Bonneval distribuait tous les ans aux pauvres de
Pierrefiche douze sétiers deux cartes de froment et tout autant d'orge et avoine. Qui sait si les successeurs des moines
ont perpétué cette aumône ? Je ne cherche pas à résoudre la
question, préférant féliciter l'église de Pierrefiche d'avoir,
avec M. Bouissou, un pasteur vénérable, éminemment pieux,
et dont la charité ne connaît pas de bornes.

Dans cette église, il y avait autrefois quatre chapellenies
qui n'obligeaient pas à résidence. Une était toujours possédée
par un moine de Bonneval ; la deuxième était à la nomination
du chef de la famille Guyesse. Les familles Truel et Bouissou
nommaient conjointement à la troisième, et la fraternité des
prêtres de St-Geniez à la quatrième.

630 âmes et un vicariat occupé, en ce moment, par
M. Évesque, de Campagnac.

Pierrefiche se glorifie d'avoir eu pour pasteur, après le concordat, M. l'abbé Balat, de St-Geniez, prêtre à vertus éminentes, à science profonde, colonne de vérité et soutien de la
foi catholique dans son pays natal, pendant la révolution, et
devenu, après ces années de désolation, l'oracle de la contrée.

Sainte-Eulalie-d'Olt.

Les plus belles églises romanes du canton de St-Geniez sont celles de Ste-Eulalie-d'Olt, et de Verlac, comme les plus belles en style ogival sont celles des Augustins de St-Geniez et de Prades-d'Aubrac.

» Une inscription découverte par M. l'abbé de Fajole, curé de Ste-Eulalie, fait naître quelques difficultés sur l'époque probable de la fondation de cette église. Cette inscription, en latin barbare, se trouve gravée en creux autour de la table d'un vieux autel (1), depuis longtemps arraché à sa destination primitive et qui sert aujourd'hui de support à un autel nouveau. Elle porte d'un côté :

Aldemarus ac si indignus sacerdotus ædificavit hic domum Domini pro animâ Odœrii arkidiaconi.

De l'autre : *Deusdedit episcopus dedicavit hanc ecclesiam septimo idus, madii anno ab incarnatione, Domini Ugone, sacerdote, Rainaldo levitâ.*

» On voit d'après ce monument paléographique que l'église de Ste-Eulalie, construite par un certain Adhémar pour le salut de l'âme d'Odœrius, archidiacre, fut consacrée par l'évêque Deusdedit, sous le ministère du prêtre Hugues et de Raynal, lévite. Reste à savoir à quel Deusdedit se rapporte cette dédicace, car l'inscription qui précise les ides de mai n'indique point l'année, et trois évêques du nom de Deusdedit ont gouverné l'église de Rodez : Deusdedit 1er, au commencement du septième siècle ; Deusdedit II, vivant en 922, et Deusdedit III, en 960. M. de Fajole pense que l'évêque consécrateur doit être Deusdedit deuxième du nom, et voici comment il motive son opinion :

« Aldemarus, prêtre, frère d'un archidiacre, première di-

---

(1) Cet autel est en pierre calcaire tirée des carrières de Malescombes, à une lieue de Ste-Eulalie. Il a 1 mètre de longueur, 80 centimètres de largeur et 30 centimètres d'épaisseur. Au centre et aux quatre angles se trouvent gravées cinq croix en creux. L'inscription qui règne aux bords de la face supérieure est séparée par trois filets gravés de même.

gnité du diocèse, après l'évêque, possède une assez grande
fortune pour bâtir et doter une église; il la fonde dans sa patrie. Quelques années avant la révolution de 89 , le chapitre
de la cathédrale aliéna un domaine de la paroisse de Ste-Eulalie, appelé encore les *Azémars*. En 935, on trouve un Adhémar, évêque de Rodez, second successeur de Deusdedit II.
Dans l'hypothèse de M. de Fajole, Aldemarus, prêtre, que
son frère l'archidiacre appela sans doute près de lui pour le
service de la cathédrale de Rodez et qui, dans tous les cas,
ne résidait pas à Ste-Eulalie, puisqu'il établit un prêtre et
un lévite pour la desserte de l'église fondée par lui, aura
été donné pour successeur à Jores ou Georges, évêque après
Deusdedit II. En montant sur le siège épiscopal de Rodez ,
ou à sa mort, il aura laissé à son église sa terre patrimoniale,
dite des *Azémars*, que le chapitre aliéna peu de temps avant
la révolution.

» Cette conjecture acquiert un haut degré de vraisemblance, si l'on interroge la forme des caractères employés
dans l'inscription. Elle se compose de majuscules romaines et
de quelques-unes de ces lettres onciales qui furent si fort en
usage dans les temps de la basse latinité. Le C, le D, l'H et
l'N se rapportent particulièrement au dixième siècle. Quant
à l'O, qui est carré, c'est le premier exemple que nous trouvons de cette forme dans les monumens du pays.

» Mais l'église actuelle de Ste-Eulalie est-elle la même que
celle que consacra Deusdedit et d'où fut tiré le vieux autel?
Nous ne le pensons pas non plus que M. de Fajole. Le chœur
seul de l'église et les absides sont romans. La nef est ogivale (1). » Sa construction est de 1530 à 1562, sous l'é-
piscopat de George, cardinal d'Armaignac, évêque de
Rodez. A droite du tympan du portail de cette église on voit
l'écusson de ce prélat. Cet écusson est écartelé au 1 et 4 d'argent au lion de gueules qui est Armagnac; au 2 et 3 de gueules au léopard lionné d'or, qui est Rodez.

Cette église offre dans son plan trois nefs, dont les deux

_____

(1) **Monumens religieux**, par M. H. de BARRAU, dans le tom. IV des
Mémoires de la Société, etc., p. 179.

latérales font le tour du chœur. Le chevet est orné de trois chapelles absidales en fer à cheval, séparées l'une de l'autre par trois fenêtres à plein-cintre, à l'extérieur et à l'intérieur, dont les archivoltes retombent sur des colonnettes monolithes. Chaque abside est éclairée par des baies de même forme ; avec colonnettes seulement dans l'intérieur.

L'hémicycle du sanctuaire est formé par six colonnes cylindriques avec chapiteau non taillé, en forme de cône tronqué renversé. Ces colonnes sont jointes l'une à l'autre par de petites arcades à plein-cintre. Le mur superposé s'élève à la hauteur d'un mètre environ, et forme autant de pans qu'il y a d'arcades. Sur un cordon, se profilant en saillie tout autour de ce mur, reposent des colonnettes monolithes qui supportent la retombée de cinq arcades à plein-cintre. Deux de ces arcades, nº 2 et 4, sont pleines ; les autres trois sont percées d'une baie également à plein-cintre. Au-dessus, autre cordon se profilant en saillie. Voûte à cul de four.

Les trois nefs de l'église sont déterminées par deux rangées de piliers, trois de chaque côté. Les deux premiers, à partir du chœur, sont carrés et portent, à demi engagé, sur chacune de leurs faces, du côté de la nef principale, un pilastre qui soutient l'arc triomphal ; et sur le côté, qui forme arcade avec le second pilier, une colonne à demi-cylindrique. Les autres piliers offrent la plus grande analogie, quant à leur forme, avec ceux de la cathédrale de Rodez. C'est au deuxième pilier que commence la partie de l'église construite dans le seizième siècle. Elle est composée de deux travées en ogive très élancées avec nervure et arcs doubleaux prismatiques ; cette partie forme la nef principale. Pour conserver l'uniformité avec les voûtes du pourtour du chœur, celles des bas côtés ont été construites à plein-cintre. Elles sont coupées par des arcs doubleaux très épais, retombant sur des colonnettes, appliquées contre le mur, très maigres eu égard à leur hauteur. Un cordon qui se profile en saillie, tout autour des bas côtés, et qui traverse le fut desdites colonnettes, en augmente la maigreur.

Autrefois les deux arcades de l'avant-chœur étaient murées jusqu'au tiers de leur ouverture avec porte vis-à-vis la la sacristie. On voit encore à la hauteur de ce mur la base

de la demi colonne. En face de ces arcades, deux portes,
hautes et étroites, avec linteau carré et tympan circulaire
formé par le cordon susdit. A droite, sacristie (très rare dans
les constructions du XII⁰ siècle) avec voûte à plein-cintre,
et arcades simulées sur les murs intérieurs, dont les cintres
retombent sur des pieds droits. A côté de la sacristie et à la
place de la première fenêtre du pourtour du chœur, chapelle
ogivale de la même époque que la nef. Du côté de l'Evangile,
en face de la porte de la sacristie, ouverture de l'escalier du
clocher à vis, dit de St-Gilles, construit dans l'épaisseur
d'un contrefort.

Portail de l'église avec pied droit à moulures prismatiques ;
linteau carré à mêmes moulures ; tympan ogival flanqué de
deux pyramides à crosse végétale. Au centre, console supportant une niche. A droite, écusson du cardinal d'Armaignac ; à gauche, autre écusson qu'on n'a pu décrire ; à cause
de l'absence des émaux, probablement de quelque seigneur
de la contrée, qui contribua de ses libéralités à la construction de la nef.

Clocher. Tour carrée et massive, avec arcades à plein-cintre supportées par les quatre piliers du chœur.

Galerie sur les bas-côtés circulaires du chœur, aussi large
qu'eux, recevant le jour par les trois baies donnant dans
l'intérieur de l'église. La voûte de cette galerie bâtie sur arcs
doubleaux à ogive, comme dans les deux arcades de l'avant-
chœur, annoncent l'époque de transition, c'est-à-dire le XII⁰
siècle.

A la partie romane, l'appareil extérieur et intérieur des
trois absides jusqu'à la hauteur des voûtes, est d'une taille
très soignée. Au-dessus des voûtes, petit appareil en pierre
calcaire, non taillée, à assises régulières. La façade du portail est en pierre calcaire de grand appareil, mais irrégulier ;
dans tout le reste des murs de la nef, cailloux roulés du
Lot ou schiste du sol.

Le portail, l'escalier du clocher, les galeries supérieures
portent des traces très profondes d'une calcination violente.
On a déjà dit que les Huguenots, en descendant de St-Geniez,
avaient mis le feu à cette église.

A côté du chevet de l'église, bâtie sur les bords escarpés

du Lot, vieille pile de pont, dont le revêtement a été enlevé de temps immémorial. Cîment indestructible.

Cimetière sur le devant du portail de l'église plus élevé que le sol de celle-ci de deux mètres environ. Pavé de l'église remanié après la révolution de 89. Sur une dalle, épitaphe d'Elizabeth de Cénaret, déjà rapportée. Sur un autre, écusson, dont l'écu de forme ordinaire est environné de deux palmes. Sur le champ, un lion rampant. Pour couronnement une grosse boule avec une grande feuille de chaque côté.

Sous l'épiscopat de Bertrand de Chalençon, qui commença en 1457, s'accrédita l'abus vraiment déplorable de partager un bénéfice à charges d'âmes en cure et en prieuré simple ou commandataire. Le curé, obligé de porter le poids du jour et de la chaleur, ne percevait qu'une très minime portion du bénéfice : le prieur au contraire en prélevait la plus grosse, et n'était pas tenu à la résidence (1). Cependant les paroisses de Ste-Eulalie, de Naves et des Crouzets, dans le canton de St-Geniez, avaient conservé intact leur bénéfice qu'on appelait *prieurés-cures*, tandis que St-Geniez, Pomayrols et St-Martin-de-Monbon étaient des prieurés commandataires. Les prieurés de Pierrefiche, de Prades-d'Aubrac, de Lunet et de Verlac étaient unis à la mense abbatiale, le premier, de Bonneval, les deux seconds, d'Aubrac, et le troisième, de la Chaise-Dieu. De tous ces bénéfices, le prieuré-cure de Ste-Eulalie était le plus riche. Il valait, en 1515, *douze vingt livres*, pour me servir des termes d'un *pouillé* de ce siècle.

Parmi les prieurs-curés de cette paroisse, on cite avec éloge l'abbé Pierre Térondels, prêtre de St-Geniez. Voici ce qu'on lit dans les registres de la commune de Ste-Eulalie : « Le 8 octobre 1703 a été enseveli, par moi prieur de Ste-Eulalie, dans l'église de ladite paroisse, mtre Pierre Térondels, âgé de soixante-huit ans, mon prédécesseur, mort le jour précédent après avoir été muni des sacremens, qui a conduit le troupeau que Dieu lui avait confié, pendant quinze ans, avec une charité et un zèle digne d'un véritable pasteur, l'instruisant par ses paroles et beaucoup plus par ses exem-

(1) Voir note D.

ples. Sa charité pour le prochain était si grande qu'on pourrait l'appeler *le père des pauvres*, puisque non seulement elle s'étendait sur ses paroissiens, mais encore sur les nécessiteux de tous les environs qui venaient à lui en foule pour trouver un remède salutaire à leurs maux soit spirituels soit temporels. *Venerant ut audirent eum et sanarentur à languoribus suis.* Ont assisté à sa sépulture vingt-quatre curés ou prêtres, son frère, Jean Térondels et Dieulofés, prêtre, vicaire audit lieu. *Alibert, prieur, signé.* »

La paroisse de Ste-Eulalie, la plus populeuse du canton de St-Geniez, compte mille soixante-dix âmes. M. de Fajole en est curé, et M. Gervais vicaire.

Ancienne juridiction civile.

L'évêque de Rodez était primitivement seigneur haut justicier de Ste-Eulalie. Cette seigneurie fut vendue à la famille de Curières, vers 1720, par M. de Tourouvre, évêque de Rodez, qui en employa le prix de vente à l'achat des vignes de Grand-Combe. Le château du seigneur-évêque occupait une partie du cimetière actuel. Dans le cadastre fait en 1660 par les consuls de Ste-Eulalie, on donne, au commencement du registre, la note des fonds de terre appartenant à l'évêque de Rodez, seigneur de la paroisse, et on indique un pâtus occupé par de vieilles masures et voûtes de l'ancien château des seigneurs-évêques, confrontant avec l'église, cimetière et voie publique. Et dans son testament, M. de Curières, prieur de Ste-Eulalie, donne, vers 1735, à la paroisse, pour la régente des écoles de filles, le jardin et la maison qu'il a fait bâtir sur une partie de ce pâtus, qu'il a acheté de son neveu, seigneur de Ste-Eulalie.

Du reste, toute la partie du cimetière, en avant de l'église et sur l'alignement de ladite maison, est occupée par une série de fondemens de mur, très larges et construits avec un ciment aussi dur que la pierre.

D'après le susdit cadastre, il existait encore un autre château qui occupait l'emplacement de la grande écurie dite aujourd'hui *du château.*

Le château actuel, qu'on ne peut considérer sous aucun

rapport comme construction militaire, est simplement une vaste maison, dont les croisées accusent, par leurs formes et leurs moulures, la fin du quinzième siècle pour le plus tard. C'était la résidence de M. de Curières, seigneur haut justicier de Ste-Eulalie, dans le dix-huitième siècle. Il jouissait de tous les honneurs que le droit de ce temps-là accordait aux seigneurs hauts justiciers. Il faisait rendre la justice, percevait le commun de paix, rentes et champarts, recevait l'hommage des seigneurs directes et percevait une taille annuelle.

M. Daygouy des Caylarets était seigneur haut justicier de Malescombes, village de la paroisse.

Le prieur curé, MM. Vassal, Bernat Millavis, Villeneuve de Planard, le commandeur de St-Geniez en étaient seigneurs directes.

Sainte-Madeleine-de-Lunet.

Sur la rivière de Lioule, aux confins du Bourbonnais, à sept lieues (Nord) de la ville de Clermont, existait autrefois une abbaye de Bénédictins, du nom du Ménat, en latin *Menatum*, ou *Menatensis cellula*. Cette abbaye avait été fondée, dès les premiers siècles de l'église : détruite par les païens, elle avait été rétablie, dans le huitième siècle, par St Ménolée, religieux de St-Chaffre, en Velay. Parmi les bénéfices qu'elle possédait, était le prieuré de Lunet. Quand et par qui lui avait-il été uni ? c'est ce que nous ignorons.

Dans le même diocèse de Clermont, il y avait une chapellenie, dite de la Moutette, assez riche bénéfice, qui fut résigné en 1322, à Jean des Clapiers, dom d'Aubrac. Celui-ci fit proposer à l'abbé de Ménat d'échanger la Moutette avec le prieuré de Lunet. L'abbé accepta les offres du dom, et les évêques de Rodez et de Clermont ayant donné leur consentement à cet échange, il fut consommé en 1339. L'année d'après, Gilbert de Cantobre, évêque de Rodez, unit définitivement l'église de Lunet à la mense domale de l'hôpital d'Aubrac.

Le prieuré et la cure de Lunet étaient réguliers, c'est-à-dire que le dom d'Aubrac, et vers les derniers temps le chapitre, en étaient prieur , et un religieux de ce couvent recteur. Il percevait une pension de *vingt-cinq livres.*

La paroisse de Lunet recevait , chaque année, de l'hôpital d'Aubrac , une aumône de quarante setiers de seigle et de deux cents vingt-cinq livres d'argent, à distribuer aux pauvres. Il y avait encore une autre aumône de quinze setiers et demi de seigle, que le curé distribuait en pains, tous les dimanches du Carême , le jour de Pâques et le dimanche de *Quasi_modo.* Riches et pauvres avaient droit de prendre , chacun, leur pain.

Le style ogival domine dans l'église, plusieurs fois remaniée. Le portail seul est roman. Le clocher a été construit dans le XVIIIᵉ siècle.

Avant la révolution , Born était une annexe de Lunet, desservie par le second vicaire de cette paroisse, qui comptait vingt-deux hameaux. Depuis le Concordat, il a été érigé en succursale.

Dans la paroisse de Lunet , 570 âmes. M. Tournemire, curé; M. Arnal, vicaire.

Saint-Laurent-de-Prades-d'Aubrac.

Cette église dépendait encore de l'hôpital d'Aubrac. Le dom ou le chapitre en était prieur, et en nommait le curé, qui était toujours un religieux d'Aubrac. Comme celui de Lunet, il recevait un traitement de *vingt-cinq livres.*

Hugues , évêque de Rodez, avait donné, en 1179, St-Laurent-de-Prades à ce célèbre hôpital , et cette donation avait été confirmée , l'année suivante, par le cardinal Henri, évêque d'Albano, légat du Saint-Siège.

Comme toutes les églises dépendantes d'Aubrac, celle de Prades recevait, pour ses pauvres, une aumône annuelle de quatre vingts setiers de seigle et de deux cent cinquante-deux livres d'argent.

L'édifice donné par Hugues n'existe plus ; ou il tomba de vétusté ou il fut détruit pour être remplacé par un plus vaste. Antoine André, né à la Borie, paroisse de Prades, bachelier en droit civil, dom d'Aubrac, fit construire, en 1541, l'église actuelle. On voit dans l'intérieur ses armes, qui portent une croix dite de Saint-André.

Ce monument, un des plus beaux du canton de St-Geniez, appartient au style ogival tertiaire et ses fenêtres sont décorées de ces ornemens flamboyans, encore en usage vers le milieu du seizième siècle. La pierre calcaire des arcs doubleaux et des nervures tranche, par son jaune vif, sur la couleur grisâtre des laves qui constituent l'appareil des voûtes.

Au sanctuaire, cinq clefs de voûte en placage. A celle du milieu, le Sauveur du monde : aux latérales, les Evangélistes avec leurs emblêmes. Trois chapelles. Deux, du côté de l'Epitre, de la même époque que l'église, remarquables par leurs sculptures et leur voûte à nervures saillantes, formant des losanges rattachées par cinq pendentifs.

A côté du tombeau de l'autel de Notre-Dame-du-Rosaire, petite niche, avec couronne surmontée d'un bouquet de fleurs, admirable de sculpture,

Antoine André ne vit pas son œuvre terminée. George d'Armaignac, évêque de Rodez, son successeur dans la domerie d'Aubrac, fit construire le porche et la porte d'entrée de l'église. De la voûte de ce porche se détache un pendentif d'une délicatesse et d'une légèreté remarquables. La porte est si jolie, si gracieuse, si coquette, qu'elle ne déparerait pas le plus élégant boudoir. On y voit les armes et le chiffre de d'Armaignac, et sur le linteau, on lit ce verset : *Nisi Dominus ædificaverit domum, in vanum laboraverunt qui ædificant eam.*

Une énorme flèche octogone surmonte l'édifice vers le bas de la nef.

1000 âmes. M. Jouéry, curé; M. Verdier, vicaire.

A peu de distance de Prades, l'église des Crouzets, jadis prieuré. Le tabernacle du maître-autel est un bloc de pierre calcaire, richement sculptée par un ancien moine de l'hôpital d'Aubrac.

240 âmes. M. Boissonnade, curé.

Chapelle de la baronnie d'Aurelle.

Elle s'élève sur un tertre, au milieu d'un désert rocailleux, de difficile abord , coupé par des collines granitiques , sur l'une desquelles une vaste nappe de basaltes. Quelques maisons, groupées autour de la chapelle, constituent tout le village, dominé par des rochers qui forment le pic de cette colline, contre lesquels était construit le château de la baronnie. On n'en retrouve plus de traces.

Cette chapelle, de 14 mètres de longueur sur 4 de largeur, est du style bysantin de transition avec abside semi-circulaire. La nef est partagée en trois travées , par des arcs doubleaux , peu saillants, retombant sur des colonnes demi-cylindriques, avec chapiteau sans ornemens. L'arc doubleau de la troisième travée repose sur des pilastres d'une construction postérieure. Un cordon se profile en saillie tout le tour de l'édifice, à partir du chapiteau des colonnes.

Trois baies éclairent l'église. Elles sont encadrées à l'extérieur , dans une arcade simulée à plein-cintre.

Deux colonnes semi-cylindriques, avec cable pour chapiteau, partagent en trois compartimens l'extérieur de l'abside, construit en grès de moyen appareil. Une corniche, supportée par des modillons unis, fait le tour des combles de l'abside.

La nef est flanquée de cinq contreforts en moëllon épais et carrés. Porte ogivale, ornée de deux tores formant retraite l'un sur l'autre, et s'unissant à la naissance de l'ogive. Figure grimaçante sur le pignon.

Clocher en bâtière sur la jonction de la nef avec l'abside. Belle cloche, singulièrement chère aux habitans , à cause, disent-ils, de sa vertu à dissiper la grêle. Tout autour, en lettres demi gothique, caractères qui annoncent le XIVe siècle : *Ave Maria gra plena Dnus tecum.*

Appareil de la nef, en schiste, encoignures en grès, gros sable avec pouzzolane.

A côté et à peu de distance de la porte de l'église, petite croix en grès blanc, dont l'arbre cylindrique a cinquante-cinq centimètres de hauteur ; le croisillon, quarante ; le socle dix-huit de diamètre.

Au milieu le Christ, et sur le derrière la Vierge Marie, couronnée par deux anges. Aux quatre coins du socle, les

Évangélistes, à demi corsage, tenant dans leurs mains une banderole.

Aurelle fait partie de la paroisse de St-Martin-de-Monbon, jadis prieuré commendataire, possédé, en 1772, par l'abbé de Grimaldi, chanoine de Rodez, cousin germain de l'évêque ce nom.

Prieuré et cure valaient, en 1515, aux titulaires, *cent livres.*

La nef de cette église est du style bysantin de transition. Abside rectangulaire à plein-cintre. A l'extérieur, sous les combles, modillons historiés, à figures grimaçantes et nattés. Chapelles de diverses époques.

250 âmes : M. Ayriguac, curé.

Sainte-Marie-de-Naves.

Naves, de *navis*, parce que le site de ce village présente la figure d'un vaisseau. A un kilomètre environ du chef-lieu, on voit des basaltes en grand nombre.

L'abside de l'église de cette paroisse est rectangulaire, à voûte d'arête avec nervures saillantes. Petite rose à la clef de voûte, plus basse que la nef, de deux mètres environ. L'arc d'ouverture de l'abside, de style bysantin de transition, retombe sur des colonnes demi-cylindriques avec chapiteaux à feuilles de vigne.

La nef, également du style bysantin, est partagée en trois travées, par deux arcs doubleaux expirant à la naissance de la voûte et reposant sur des culs de lampe enclavés dans une large corniche qui surmonte les murs latéraux.

Trois chapelles de postérieure date. Celle de Notre-Dame construite en 1688. A cette chapelle et au maître-autel, bas relief en bois ; à la première, représentant les Mystères du Rosaire ; au second, Marie couronnée par les trois Personnes de l'adorable Trinité.

Portail ogival en grès. La nef et l'abside en tuf. Sur le devant du portail, un porche qui supporte le clocher. Tour, carré oblong, construite vers le milieu du XVIIIe siècle ; au midi et au nord, percée de deux arcades geminées à plein-cintre. Un peu au-dessous de ces arcades, sur le devant du

clocher, autres deux petites arcades à plein-cintre; et au-
dessous de celle-ci, une petite niche. A l'est et à l'ouest, une
seule arcade.

Naves était un prieuré-curé fondé, en 1326, par Hugues
Bonafous, prêtre, originaire de ce lieu. Par son testament,
il fit à cette église des dons considérables, soit en vases sacrés, ornemens et livres, soit en biends-fonds; à condition
1º que ce bénéfice serait occupé par un prêtre de sa famille,
quand il y en aurait; 2º que le curé de St-Geniez en serait
collateur. Il paraît que ce dernier fut dépouillé de ce droit,
car ce bénéfice était à la collation de l'évêque de Rodez. C'est
sans doute à la première clause qu'il faut attribuer cette
succession de prieurs, tous parents, y compris M. Tayssier,
curé actuel, qui, depuis 1650, ont dirigé cette paroisse.

Le prieur de Naves jouissait du privilége d'installer le curé
de St-Geniez; et le curé de St-Geniez, de celui d'installer le
prieur de Naves.

Ce lieu est devenu célèbre par un évènement déplorable
dont il a été le théâtre en 1845. Vers les deux heures de
l'après-midi, samedi 21 février au susdit, le vent du nord-
ouest, soufflant avec violence, avait apporté toute la neige
du plateau Des Cats, sur une pente rapide et sur un pré,
arrosé par les eaux de plusieurs fontaines, aux pieds desquels
se trouve situé le hameau de la Molière. La neige amonce-
lée sur ce terrain humide glissa, entraînant avec elle une
partie du pré, et emporta quatre maisons du village, qui
croulèrent à peu de distance et ensevelirent leurs habitans
sous une immense quantité de décombres. Le premier moment de stupeur passé, les autres habitans se mirent à l'œuvre avec courage et, au bout d'une demi-heure, ils avaient
pu arracher à la mort une femme et sa fille. Ce succès re-
doubla l'ardeur de tous; mais les travailleurs étaient peu
nombreux et, par le temps qu'il faisait, la neige tombant avec
abondance et rendant tous les chemins impraticables, il n'y
avait pas de secours immédiat à espérer. Cependant des gé-
missemens prolongés se firent entendre et, dès ce moment,
les travaux prirent une meilleure direction. La voix devint
bientôt plus distincte; c'était celle du nommé Malrieu, qui
s'efforçait de diriger et d'encourager les travailleurs. Mais

les forces de ces derniers commençaient à s'épuiser et les difficultés devenaient telles qu'il y eut un moment d'hésitation. On proposa même de renoncer à une entreprise impossible, et Malrieu put entendre cette proposition, à laquelle il répondit par un dernier cri de détresse. Ce cri déchirant, ce cri d'angoisse ranima le courage des plus timides; l'on parvint enfin, à minuit, après des efforts inouïs, à retirer Malrieu du milieu des ruines.

La fatigue et le mauvais temps forcèrent les travailleurs à prendre un peu de repos. Le point du jour étant arrivé, un exprès fut envoyé à Naves, pour y annoncer cette triste nouvelle et demander du secours. M. l'abbé Niel, vicaire, était au moment de commencer sa messe. Ce digne ecclésiastique s'empressa d'annoncer aux fidèles rassemblés dans l'église que l'office divin n'aurait pas lieu, que son devoir l'obligeait de se rendre au village de la Molière et qu'il engageait tous les hommes valides à le suivre pour aller porter du secours aux victimes de cette terrible catastrophe. Sa voix fut entendue, et bientôt il arriva sur les lieux, suivi de nombreux travailleurs qu'il ne cessa de diriger pendant deux jours et deux nuits, les encourageant de la voix, les aidant de son bras robuste et de son sang froid intelligent, et leur faisant même distribuer, à ses frais, pour rétablir leurs forces, de copieuses rations de vin et de liqueurs.

Ce dévouement fut en partie récompensé : vers midi on parvint à sortir deux enfans encore vivans, qui avaient passé vingt-quatre heures accroupis sur la pierre du foyer : l'un d'eux avait le poignet écrasé, et l'on fut obligé de lui faire l'amputation de la main.

Sur seize personnes, on avait eu déjà le bonheur d'en retirer cinq pleines de vie ; on espérait encore, mais on ne retira que le cadavre des autres. Non loin d'un vieillard de 80 ans, on trouva une jeune mère tenant un petit berceau sur ses genoux, la bouche de son enfant encore entr'ouverte ; la mort l'avait surpris sur le sein maternel.

A peine cette désolante nouvelle fut-elle parvenue à St-Geniez que MM. les docteurs Vesin et Sabut se firent un devoir, malgré un temps affreux, d'accourir aux secours des malheureux habitans de la Molière. Les blessés furent l'objet de leurs soins affectueux, et à la vue des cadavres des onze victimes, ils durent dire avec l'empereur Théodose : *que n'ai-je le pouvoir de ressusciter les morts !*

Sensibles à l'infortune des survivans à cette catastrophe, les habitans de St-Geniez désiraient pouvoir l'adoucir, lorsque la voix de leur bien aimé pasteur vint seconder les désirs de leur cœur. Au sortir de l'église, 9 février, jour de dimanche, M. l'abbé Bessières et M. le maire de St-Geniez firent une quête qui produisit six cents francs. Ce premier soulagement fut reçu avec reconnaissance et effusion de cœur, au nom des malheureux, par MM. les curé et vicaires de Naves. L'exemple de St-Geniez fut imité par le diocèse ; une souscription fut ouverte au secrétariat de l'évêché ; et Mgr l'évêque s'inscrivit, le premier, pour une somme de cent francs.

Les cadavres des onze victimes ont été déposés dans une fosse commune, et le vénérable pasteur de la paroisse a fait graver sur la pierre tombale : *Ci-gisent les onze victimes de l'affreuse catastrophe qui eut lieu à la Molière, le 1er février 1845. Requiescant in pace.*

L'église de Naves compte cinq cent vingt paroissiens. D'après un acte de 1292, il y avait cinq hameaux du nom de Las Chilbaldes, Cazalets, les Bouldoires, les Hermes et l'Hermitanie. On ne voit plus que des ruines des Hermes, dont les habitans, à l'exception de deux, furent emportés, dit-on, par la peste.

Sainte-Marie-Madeleine de La Fage.

La Fage, de *Fagus*, parce que cette église était autrefois au milieu d'une forêt de hêtres, rappelle par son site ces lieux d'affreuse solitude où l'on avait construit les anciennes abbayes. Depuis des siècles sans doute, les hêtres sont tombés sous les coups de la cognée et, de là peut-être, le nom de Claire-Fage, *Clara-Fagia*, qu'on lui donne dans des cartulaires qui remontent au XVIe siècle.

Ce village est divisé en Haute et Basse-Fage. La Haute-Fage, à quelques pas de la Basse, n'est composée que de deux maisons. D'après l'acte de donation de cette église à l'abbaye de Saint-Victor de Marseille, il paraîtrait qu'elle était construite à la Haute-Fage, tandis qu'aujourd'hui elle est à la Basse. Probablement elle dût être détruite par les Huguenots, quand ils firent leurs incursions sur nos montagnes et qu'ils détruisirent le monastère de La Fage dont on a parlé.

Quoi qu'il en soit de ces probabilités, l'église actuelle porte des caractères d'un remaniement dans lequel on n'a pas consulté les règles de l'art. Abside rectangulaire à plein-cintre, ainsi que l'arc d'ouverture et la fenêtre formée de deux cintres formant retraite l'un sur l'autre. Voûte et fenêtre en tuf; grand arc en grès, tiré du village de Plagnes, paroisse de Trelhans.

Au rez de chaussée d'une salle du presbytère, on voit une assez grande porte qui, par ses caractères romans, atteste qu'elle a été ajustée à l'édifice, d'ailleurs peu remarquable. Elle est à plein-cintre et l'arc qui le forme repose de chaque côté sur des colonnes monolythes avec chapiteau natté. Dans le jardin, on retrouve les ruines de l'ancien monastère.

Il est dit dans un *pouillé* du diocèse, fait en 1515, sous l'épiscopat du *bienheureux* François d'Estaing, évêque de Rodez : « que la nomination du recteur de Claire-Fage appartient au prieur de St-Geniez, rive d'Olt, et que le prieur de St-Geniez est prieur et même seigneur temporel de Claire-Fage; que la pension du recteur de Claire-Fage est de *dix* ou *quinze livres;* que dans cette paroisse il n'y a que deux paroissiens, un cimetière et non de fonts baptismaux et qu'on dit dans cette église ordinairement la messe, les jours de dimanche (1) »

Aujourd'hui La Fage a 280 paroissiens; M. Galy en est curé.

(1) Claræfagiæ præsentatio Rectoris dicitur pertinere priori Sancti Genesii Ripæ-Olti, et prior Sancti Genesii est prior de Clarafagia et etiam Dominus temporalis, sed Rector habet certam pensionem valoris X vel XV lib. et non sunt in totâ parochiâ nisi duo parochiani. Ibi est cimeterium, sed non fontes et ibi dicitur missa communiter in diebus dominicis.

Saint-Jacques de Verlac.

L'église de Verlac avait été donnée à l'abbaye de la Chaise-Dieu, en Auvergne. M. de Grimaldi, évêque de Rodez, y établit un vicariat par ordonnance datée du 10 juillet 1751, qui fut signifiée le 21 suivant aux religieux de la susdite abbaye. Le traitement du vicaire fut d'abord fixé à cent cinquante livres et ensuite à deux cents. Cependant le vicaire ne fut pas, comme le curé, à la nomination du chapitre de la Chaise-Dieu.

L'église de Verlac appartient au style roman. L'élégance de ses colonnettes, de leurs chapiteaux, des modillons qui soutiennent les combles, la rend vraiment remarquable et digne d'être entretenue avec zèle.

Deux chapelles ogivales, ajoutées postérieurement, forment le transept et donnent à l'édifice la forme d'une croix latine. Le clocher, carré oblong avec arcades à plein-cintre, a été construit, dans le XVIIIe siècle, par le même maçon qui construisit ceux des églises de Naves et de Lunet.

Il y avait dans cette église une chapellenie dite de *Saint-Blaise*, dont la collation appartenait au dom d'Aubrac.

Verlac faisait partie, quant au civil, de la baronnie d'Aurelle, et M. de Layroles, baron d'Aurelle, en était seigneur haut justicier.

MM. de Layroles, président à Montpellier; Fajole, sieur de la Ferrière, de St-Geniez; Vergnet, de St-Geniez; les moines de la Chaise-Dieu et de St-Victor de Marseille, et M. de Planard, de Millau, en étaient seigneurs directes.

360 paroissiens. Curé, M. Palangier, de St-Geniez, neveu de l'illustre martyr Jean-François Palangier.

Château et église de Pomayrols.

Construit sur une colline, à montée très raide, dont le pied est baigné par le Lot, et dominé par une autre colline sur laquelle on a bâti un petit calvaire. Pomayrols, vu de loin, attriste l'âme par les imposantes ruines de son château.

Cet édifice, de forme carré oblong, est flanqué sur la façade méridionale de deux grosses tours, de vingt-huit mètres de hauteur, non compris les créneaux. Elles ont à leur socle extérieur dix-neuf mètres de circonférence.

Dans la tour *est*, quatre appartements avec voûte, l'un sur l'autre, et citerne de six mètres cinquante de profondeur, éclairée par une baie très étroite, à côté de laquelle une porte conduisant, par un couloir obscur, à un souterrain servant de cave vinaire, vers la partie *nord* du château.

Dans la tour *ouest*, six appartements également voûtés, avec souterrain qui n'a plus que quatre mètres soixante de profondeur; à cause des déblais qu'on y a jetés. Il était éclairé par une baie, à la naissance de la voûte, au milieu de laquelle un orifice pour descendre ou précipiter dans ce *vade in pace* les malfaiteurs condamnés ou à mort, ou aux douceurs du régime cellulaire.

Épaisseur du mur au premier appartement, un mètre; intérieur de l'appartement, quatre mètres de circonférence. A la tour *est*, six ouvertures; à la tour *ouest*, dix. Petites fenêtres ou carrées ou en accolade.

Au milieu du château, parterre entouré d'une galerie, d'où l'on entrait dans les appartements. Escalier à côté de la tour *est*.

Dans le corps de l'édifice, trois étages. Fenêtres du premier, garnies de grilles de fer, en panier.

Façade *midi* percée de quinze fenêtres d'inégale dimension; façade *est*, de quatorze; façade *ouest*, onze; façade *nord*, entièrement détruite. Celle-ci était flanquée de deux simulacres de tours en massif.

Les murs du château ainsi que les tours étaient crénelées.

Entrée vers l'*ouest*. Encoignures du portail enlevées; chapelle par-dessus; petit œil-de-bœuf donnant sur le tombeau de l'autel en marbre.

Fossés faisant le tour du château.

Vis-à-vis le portail, écuries, dont la façade *ouest* avec cinq arcades à plein-cintre et à meurtrières, reposant sur de grosses colonnes demi-cylindriques en moëllon.

Appareil. Schiste noyé dans le mortier délayé avec gros sable du Lot. Mortier très dur, car il est plus facile de couper que d'arracher la pierre. Encoignures des portes et fenêtres en grès bigarré, pris aux carrières de la Capelle-Bonance. Pour en faciliter le transport, le seigneur de Pomayrols avait fait construire un pont sur le Lot, emporté en 1705. On n'en voit plus que deux piles.

La suite des seigneurs de Pomayrols qui ont occupé ce beau manoir depuis le XIIIe siècle, est divisée en cinq branches.

1o Cayrodès ou Cœrodes.

En 1408, Hugues de Cayrodes institua pour héritier Marquès de la Romiguière son parent.

2o La Romiguière, famille d'ancienne chevalerie, originaire des bords du Tarn.

Gabrielle de la Romiguière, héritière de sa maison, épousa, en 1452, Bérard de Murat-de-l'Estang.

3o Murat-de-l'Estang.

Antoine de Murat-de-l'Estang, deuxième du nom, marié le 18 juin 1581, avec noble Jeanne de Bérail, fille unique et héritière d'Antoine de Bérail, seigneur de Paulhac et autres lieux, eut une fin bien déplorable, sans doute justement méritée par sa tyrannie envers ses vassaux. Voici ce qu'on lit dans les registres de la mairie de St-Geniez : « Le 26 septembre 1613, fut accompagné le corps de messire de Paulhac, sieur de Pomayrols, par MM. les prestres de l'église parochielle et frères Augustins, depuis le pont du Rabieux jusqu'au couvent, où fut visité par les messieurs médecins et chirurgiens, parce que avait été meurtri le 25, par le prévost et ses gens, près Roudez, comme est le bruit : et après avoir été visité, fut accompagné par lesdits ecclésiastiques jusques à la chapelle du Bot-du-Lac, dite de Jory, avec une fort belle compagnie de gens de bien, où fut donné à chaque prestre et religieux *trois sols*; fut accompagné jusques à Pomayrols par huit ou dix prestres ou religieux avec une croix et clerc; et estait passé ledit sieur de Paulhac, audit St-Genieyz, ledit jour 25, à la dinée, bien gaillard. »

Le 14 novembre suivant, Claude Murat de l'Estang-de-Bérail, seigneur et baron de Pomayrols, de Paulhac, de Belpech, du Cambon, de Bozouls, etc., gentilhomme ordinaire de la chambre du Roi, fils d'Antoine susdit, épousa Gabrielle de la Valette-Cornusson. Cette noble famille, issue du château de l'Estang, près Cassagnes-Comtaux, se perpétua à Pomayrols jusqu'en 1687, époque à laquelle Anne de Lurat, fille de Jean et d'Anne Marthe de Brunet-Panat, épousa noble Jean Baptiste de Roux, seigneur de la Loubière, et lui apporta la terre de Pomayrols.

4° De Roux de la Loubière.

Jean-Baptiste de Roux eut une fille, Marie, qui fut unie, le 31 mai 1712, à Antoine Dupont, seigneur de Ligounès.

5° Charles Gabriel Dupont, chevalier de Ligounès, vendit, en 1800, à M. Aymard de Jabrun, le château de Pomayrols, dont les ruines appartiennent encore à cette famille.

Droits du seigneur.

Il avait dans Pomayrols la justice haute, moyenne et basse; le droit de fourches, de corvée, d'acapte et d'arrière-acapte. Il percevait censives, champarts, lots et ventes et commun de paix (1).

M. Valette des Hermaux était seigneur haut justicier du village de Ginestes.

Le prieur de Pomayrols, dont le dernier a été l'abbé Calvayrac, chantre de la cathédrale de Vabres, le prieur de St-Geniez, la fraternité de St-Geniez et le commandeur de St-Jean de Jérusalem étaient seigneurs directes de Pomayrols.

---

(1) A la mort du seigneur, l'emphytéote était obligé de payer certain droit à ses héritiers, et ce droit s'appelait *acapte*.

Si l'amphytéote venait à mourir le premier, ses héritiers étaient obligés de payer au seigneur autre droit qu'on appelait *arrière-acapte*.

Les *lods* et *ventes* étaient un droit dû au seigneur par celui qui faisait acquisition d'un bien, dans sa censive.

La *censive* était une redevance annuelle en argent ou en denrées, due à un seigneur de fief.

Le *fief* était généralement une terre, une seigneurie, un comté, une baronnerie ou un simple manoir noblement tenu.

Le *champart* était le droit qu'avaient quelques seigneurs de fief de lever une certaine quantité de gerbes dans leurs censives.

La *corvée* était le travail et service qui était dû gratuitement au seigneur par ses vassaux.

Le droit *de fourches* était le pouvoir qu'avaient certains seigneurs de dresser sur leurs terres, des gibets à plusieurs piliers, en signe de la justice qu'ils exerçaient ou qu'ils avaient sur ces lieux.

Eglise Saint-Jean-Baptiste de Pomayrols.

Hugues de Calmont en avait fait don, sous le règne d'Henri I, à l'abbaye de Conques. Celle-ci l'avait cédée, quelques siècles après, à l'évêque de Rodez qui en était collateur. En 1515, le prieuré valait *huit vingt livres*, et la rectorie, *quarante*.

Cette église se compose d'une abside et d'une nef. La nef est un carré long et, par une singularité étonnante, l'abside se trouve à l'angle droit, et le clocher, sous lequel la sacristie, à l'angle gauche.

Abside très petite, à trois pans, avec voûte à cul-de-four. Dans chaque pan, une baie très étroite. Une corniche fait le tour de l'abside, à partir de l'arcade d'ouverture. Elle est appuyée sur quatre colonnes à demi-engagées dans le mur, supportées par un stylobate qui règne dans le pourtour. Chapiteau de ces colonnes : cône tronqué renversé.

Le grand arc de l'abside à plein-cintre repose sur deux grosses colonnes demi-cylindriques avec chapiteaux historiés.

Trois pilastres, en grès bigarré et en pierre calcaire, partagent l'extérieur de l'abside. Un quatrième est caché par la base du clocher. Aux trois baies qui éclairent l'abside, arc à plein-cintre, dont la retombée est appuyée sur des colonnettes monolythes, en grès, avec cable pour chapiteau.

Plafond en plâtre à la nef.

Deux chapelles latérales d'inégale dimension et de diverses époques, mais toutes les deux construites de 1452 à 1687, ainsi que l'indique l'écusson de Murat-de-Lestang, écartelé de celui de la Romiguière, aux 1 et 4 d'azur à trois faces crénelées d'argent. La première à quatre creneaux, la seconde à trois et la troisième à deux, qui est Murat-de-Lestang : aux 2 et 3 d'azur à cinq fleurs de lis d'or, qui est la Romiguière. Un lion bronche sur le tout.

Chapelle du Rosaire à gauche, en entrant, avec grand arc d'ouverture à plein-cintre, orné de plusieurs tores formant retraite l'un sur l'autre, et avec voûte à plein-cintre et à losanges, à nervures saillantes, se rattachant les unes aux autres par des clefs de voûte portant des traces de placage.

Un peu au dessus de l'autel, grande niche avec cintre en accolade. Au milieu du cintre, écusson déjà décrit. Une dentelle en pierre, délicatement sculptée, fait le tour de la niche couronnée de trois pyramides. Celle du milieu, chargée de feuilles de chou très frisées; sur son pied, une figure de monstre. Les deux latérales se perdant dans la voûte, sont ornées de crosses végétales.

Dans le mur *ouest* deux tombeaux avec arcades à plein-cintre, géminées; probablement tombeaux des seigneurs de Pomayrols.

A la chapelle du Sacré Cœur, autrefois dite de Saint-Joseph, arc d'ouverture ogival, voûte d'arêtes à nervures saillantes. A la clef de voûte, écusson décrit.

Portail aux mêmes caractères que celui de l'église de Marnhac.

Clocher, tour carrée, percée de quatre arcades à plein-cintre, avec toit pyramidal.

Dans cette église, il y avait deux chapellenies du patronage de l'évêque de Rodez qui n'obligeaient pas à résidence. Une était appele de St-Joseph; l'autre de *Baldrac*.

626 paroisssiens. M. Daladoire, curé; M. Cornuéjouls, vicaire.

L'ABBÉ BOUSQUET,
Curé de Buzeins.

NOTES.

NOTE A.

Lettres du duc de Bourbon, lieutenant du roi dans l'Occitanie, par lesquelles il confirme la création d'un consulat dans la ville de St-Geniez.

Joannes, Dei gratiâ Francorum rex, notum facimus universis, tam præsentibus quam futuris, nos infrà scriptas litteras vidisse, formam quæ sequitur continentes.

Petrus dux Borbonensis, comes Clarmontensis et Marchiæ, camerarius Franciæ, ac locum tenens domini mei Franciæ regis in partibus Occitaniæ et Vasconiæ,

Universis præsentes litteras inspecturis salutem :

Litteras D. Henrici de Grivele, capellani nostri, et Geraldi de Cabriesre, clerici nostri, et judicis Salvaterræ, domini mei regis commissariorum per nos super hoc deputatorum, eorumque sigillis sigillatas cum cerâ rubrâ, et prout primâ facie apparebat, necnon et quamdam litteram dicti D. Henrici de Grivele dictis litteris annexatam, nos vidisse noveritis sub his verbis :

Universis præsentes litteras inspecturis, Henricus de Grivele, capellanus excellentissimi principis domini ducis Borbonensis, et Geraldus de Cabrieyre, clericus et judex Salvaterræ, domini nostri Franciæ regis commissarii in hâc parte per dictum, do-

minum ducem Borbonensem , locum tenentem dicti domini
nostri Franciæ regis , in partibus Occitanis et Vasconiæ , depu-
tati unâ cum discreto viro magistro Bernardo Sancii , dicti domini nostri Franciæ regis clerico , cum illâ clausulâ *vobis aut
duobus vestrum et salutem et præsentibus fidem adhibire* , litteras patentes dictæ nostræ commissionis nos recepisse noveritis
sub hiis verbis :

Petrus, dux Borbonensis , comes Clarmontensis et Marchiæ ,
ac camerarius Franciæ locúmque tenens domini mei regis Franciæ , in partibus Occitanis et Vasconiæ, dilectis et fidelibus nostris magistris Henrico de Grivele, capellano nostro, et Bernardo
Sancii, dicti domini regis clerico, ac Geraldo Cubrieyre, judicis Salvaterræ salutem.

Cùm prout relatu fide dignum percepimus, in senescalliâ
Ruthenensi et ejus ressorto plures spurii sive bastardi non ex
legitimo matrimonio procreati , plures hæreditates , forsitan
contra juris tramites , nec non quàm plures innobiles et per-
sonnæ ecclesiasticæ, plura feuda nobilia, allodia et retrofeda,
sine regiâ licentiâ , in dicti domini regis præjudicium atque
damnum detinent o upata. Nos siquidem volentes damnis
dicti domini regis , prout nobis est possibile obviare , vobis aut
duobus vestrum de quorum fidelitate et diligentiâ plenè confi-
dimus , mandamus et committimus, quatenùs ad loca dictæ
senescalliæ et ressorti ejusdem ; de quibus videritis expediri ,
vos personnaliter transferentes et captis hujusmodi bonis realiter ad manum dicti domini regis , detentores eorumdem ad
finandum vobiscum juxtà ordinationes dicti domini regis compel-
latis dictis spuriis sive bastardis legitimationes, necnon consulatus de novo. Nundinas forosque furchas habentibus omni-
modam jurisdictionem concedendo , ac de jure regio recelatis
diligenter inquiratis et financiat de prædictis à quibusvis per-
sonis recipiatis, vestras, si opus fuerit , litteras per nos postmo-
dum confirmandas concedendo. Super quibus omnibus et singulis plenariam vobis aut duobus vestrûm concedimus potestatem. Volumus tamen quòd in dictis financiis faciendis, volunta-
tem dicti domini regis atque nostram in omnibus servetis ,
mandantes omnibus subditis et justiciariis dicti domini regis ,
ut vobis aut duobus vestrûm in præmissis et ea tangentibus
pareant efficaciter et intendant.

Datum Cadurci, die vigesimâ secundâ septembris anno Domini millesimo trecentesimo quadragesimo quinto,

Per dominum ducem in suo concilio. H. MENGIN.

1. Cumque homines et habitatores Castri et mandamenti de Sancto Genesio Ripæ-Oltis, nobis significaverint quòd ipsi et habitatores ejusdem Castri et mandamenti ejusdem quòd est sub altâ et bassâ dicti domini regis juridictione, indigent consulatu ad finem ut gentes universitatis dicti Castri et mandamenti et bona ejusdem universitatis tutiùs et diligentiùs gubernentur, regantur et defendantur, et jus regium in futurum meliùs observetur, et habere in consules certos homines bonos et idoneos ad prædicta peragenda : quem consulatum ipsi homines et habitatores, repertâ priùs utilitate regiâ etiam reipublicæ in præmissis, per nos dictos commissarios sibi dari et concedi petierunt et supplicando requisiverunt instanter, cum franchisiis et libertatibus infrà scriptis. Nos verò commissarii prædicti, factâ priùs informatione summariâ de commodo et incommodo regio præmissorum, per quam informationem repertum fuit quòd non est aliquod prejudicium seu damnum dicto domino nostro regi, seu alteri cuicumque, si dictus consulatus concedatur ipsis hominibus et habitatoribus dicti Castri et mandamenti ejusdem : imò per dictam informationem reperitur quòd jus regium augmentabitur in custodiendo franchisias et libertates eorumdem, et in limitando cum circumvicinis juridictionem et caussas habitantibus circumquaque dictam Castrum, usurpantibus jus regium et dictorum significantium et in regendo bona et res ejusdem universitatis dicti Castri immediatè subjecti domino nostro regi, cum libertatibus infrà scriptis concessimus et tenore presentium concedimus juxtà potestatem nobis super attributam, videlicet quòd dicti homines ipsius Castri et universitatis hominum ejusdem et ejus mandamenti habeant per in perpetuum consulatum et consules bonos et idoneos, per eosdem, anno quolibet, faciendos, nominandos, constituendos et creandos usquè ad numerum quatuor et infrà : qui consules in manus judicis dicti Castri, seu ejus locum tenentis, absquè aliquo emolumento salarii dicto judici exolvendo, habeant post dictam nominationem et creationem, anno quolibet, antè aliqualem administrationem de bonis dicti consulatûs, et universitatis dicti Castri, per ipsos consules sic nominatos et creatos,

jurare se bene, justè et ritè et legitimè habere in dicto officio
consulatûs et in custodiendo, servando et deffendendo jus regium et universitatis prædictæ et habitantium in eâdem. Si
verò judex dicti Castri seu ejus locum tenens, debitè requisitus
per omnes consules tunc nominatos et creatos, recipere dictum
juramentum negaverit, recusaverit seu distulerit, voluimus et
concedimus quòd factâ dictâ præsentatione ac requisitione et
denegatione et recusatione per instrumentum publicum aperue-
rit et constiterit, ipsi consules sic requirentes et præsentantes
possint et valeant, per annum eis præfixum per nominantes,
creantes et constituentes, uti eorum officio consulatûs ac si dictum juramentum dicto judici seu ejus locum tenenti præstitis-
sent, absque pœnâ aliquali et absque diminutione previlegio-
rum dictorum consulum et consulatûs prædicti : qui consules
nomine dicti consulatûs habeant potestatem singulis annis perpetuò bene et legaliter alios consules et consiliarios creandi,
nominandi et constituendi : qui consiliarii jurent in manibus
dictorum consulum, eosdem consules et universitatem et quæ
eis per ipsos consules revelabuntur, secreta tenere et alia facere
quæ per cousiliarios consulum sunt fieri consueta.

Procuratorem verò unum vel plures semel et pluriès nomine
universitatis faciendi, constituendi et creandi, substituendi et
destituendi. Et quòd possint dicti homines universitatis semel
et pluriès pro eorum libito voluntatis ad somationem dictorum
consulum seu alterius eorumdem, famulum dum per eorum famulum seu nuntium mandabantur, seu ad sonum campanæ se con-
gregare in uno loco communi, per eos destinando in loco communi
le Mercadil, dùm et quandò voluerint et aliter prout eis videbitur
faciendum, secundum merita causarum emergentium universitati
prædictæ, et quòd in dicto loco communi *duel Mercadil* possint et
valeant liberè et sine pœnâ construere seu ædificare unam domum
communem infrà quam possint et valeant suam dictam facere
congregationem, vel alibi ubi voluerint infrà dictam villam et
pertinentias ejusdem : quam domum infrà quinque annos à die
datæ præsentium computandos, ædificare faciant vel aliter
unam domum acquirere in dicto Castro ad prædicta peragenda et
quòd nullam in dictâ domo nec alibi faciant illicitam congregationem, ut potè contra dictum dominum regem et ejus cu-
riam : quam domum possint construere et ædificare in dicto

loco communi *del Mercadil*, vel alibi in loco communi infrà pertinencias et metas dicti Castri usquè ad decem cannas in longitudine et quatuor cannas in latitudine et infrà. Interim verò quam dictam facere congregationem pro libito voluntatis et ibi quòd in ecclesiâ vel alibi sine prejudicio cujuscumque possint suum dictum officium exercere.

II. *Item.* Quòd consules primi per homines dictæ universitatis seu per majorem partem eorumdem nomineantur, creentur et constituantur usquè ad numerum quatuor et infrà : consequentur verò futuris annis et temporibus, anno quolibet in termino per eos eligendo possint et valeant suos consules et conciliarios nominare, constituere et creare, qui ad et per annum tantam habeant potestatem, sicut et consules prænominati, et creati : et quod ipsi consules per imperpetuum prout nominati, creati et constituti extiterint, seu alter eorum mandato, habeant potestatem indicendi, perequandi et levandi per certos suos nuncios, talliam seu tallias hominibus et habitatoribus dicti Castri et ejus mandamenti, tociens quociens expedierit et eis visum fuerit faciendum, perequataque et indicta levandi et percipiendi seu fieri faciendi per certos nuncios super hiis per eos destinandos : Rebelles verò ad solvendum dicta perequata et indicta compellantur per eorum nuncium, per clausuram hostii domûs cujuslibet habitationis ejusdem vel alterius, eorumdem, et crucis appositionem, pignorumque mobilium captionem et per venditionem eorumdem faciendam per inquantatores dicti loci ut in talibus est fieri consuetum.

III. *Item.* Quòd bannum suum ab antiquo consuetum possint et valeant tanquam suum, annis singulis dare vel vendere et emolumenta ejusdem universitati prædictæ appropriare, quòd bannum antiquum et consuetum tenore præsentium eidem universitati ratificamus et approbamus ac etiam alias suas libertates, franchisias et consuetudines veteres et antiquas, et quod etiam consules prædicti annis singulis corraterios in eodem Castro instituere et destituere possint et valeant, et juramentum ab eisdem recipere de fideliter se habendo in eorum dicto corrateriæ officio, emolumentumque ipsius corrateriæ dictæ universitati appropriando pro suis plenariè voluntatibus faciendi.

IV. *Item.* Etiam concedimus quòd consules dicti loci possint et valeant bladi, salis, olei et vini mensuras, ac alnas pannæ

rum et telarum et ponderum et aliarum rerum mercimoniarum
pro libito voluntatis prout reformare indigebant, et in mensuris
ac alnis et ponderibus, eorum signum apponere, ad finem, ut er-
ror seu falsitas qui et quæ in dictis mensuris, alnis et ponderibus
fieri posset, totaliter evitetur, et quòd ipsi consules seu alter
eorum dùm panis parvus contrà modum et lucrum debitum ven-
deretur, seu venalis in dicto loco ad vendendum teneretur,
possint et valeant talem panem parvum scindere et pauperi-
bus eroguare tociens quociens opus prædictum eveniret.

V. *Item.* Quod possint et valeant dictum Castrum Sancti Genesii videlicet plateas et carreyrias et pontes facere, mundare et
auferre *femoraria sucos* et alias orduras prout indigebant, repa-
rareque *gradaria*, *techs* et *bestalinos* (le texte roman porte aussi
ces deux derniers mots), passus, pontes et itinera ipsius Castri
et totius mandamenti aliis commissariis super hoc deputandis et
mittendis nullam habentibus potestatem.

VI. *Item.* Quòd noncius ipsorum consulum ad prædicta peragenda possit et valeat pœnam imponere ex parte consulum,
hominibus dicti Castri et ejus mandamenti, eisdem inobe-
dientibus usquè ad summam quinque solidorum Turonensium,
domino nostro regi applicandam.

VII. *Item.* Concedimus quòd possint et valeant ipsi consules
habere et tenere unum notarium seu scriptorem ad scribendas
eorum tallias et alias simplices scripturas et quòd possint emo-
lumentum elemosinarum pontis Sancti Genesii levare et facere
levare, prout hactenùs ab antiquo est fieri consuetum.

VIII. *Item.* Concedimus quòd consules dicti Castri in eorum
personnis gaudere possint et valeant privilegiis aliorum consulum, locorum regis senescalliæ Ruthenensis, jure tamen juris-
dictionis dicti domini regis illæso remanenti.

IX. *Item.* Quòd ipsi consules in futurum ut suprà nominati,
nominandi et creandi posssint recipere computum seu computa
à præteritis tunc consulibus et ab aliis officiariis suis, de admi-
nistratione pro dictâ universitate et arreragiorum ejusdem et
dare et concedere quittanciam seu quittancias cum instrumento
publico de eisdem.

X. *Item.* Concedimus quòd Bavilus seu alii curiales dicti
Castri et ejus mandamenti, non possint nec debeant procedere
contrà aliquam personnam dicti mandamenti ad inquestam nisi

priùs factâ de crimine legitimâ informatione, et eâ visâ maturè per judicem dicti Castri vel ejus locum tenentem pronunciatum fuerit, an erit procedendum nec nè? Quæ pronunciato possit ostendi ipsi delato in et cum sufficienti scripturâ et relatione, et quòd aliquis ipsius mandamenti non debeat incarcerari seu arestari levibus excessibus et injuriis, dum tamen possit et velit cavere ydonec de judicato solvende.

XI. *Item*. Concedimus ut suprà quod ipsi consules possint et valeant perpetuò vel ad tempus, habere et tenere unam noncium, defferentem baculum signo per ipsos consules semel eligendo signatum, qui nuncius habeat potestatem pignorandi et compellendi pœnas quæ pro ipsis cousulibus et parte eorum imponendi ut superiùs est exprimatum ad perceptum dictorum consulum vel altero eorumdem.

XII. *Item*. Quod possint ipsi consules tenere archas, sivè mastras communes ubi possint et valeant tenere instrumenta sua, pecuniam et alia tangentia dictam universitatem.

XIII. *Item*. Concedimus quod dicti homines et habitatores dicti Castri et ejus mandamenti, dum consules per eos nominabuntur et creabuntur, possint et valeant eis dare et concedere licentiam et potestatem, præter et ultrà superiùs scripta, utendi officio procurationis generalis vel specialis, cum potestate substituendi et destituendi tàm in agendo quàm in deferenda in et coràm quibuscumque curiis ecclesiasticis vel mundanis.

Prædictum vero consulatum et omnia alia suprà scripta ipsis hominibus et habitatoribus dicti Castri et ejus mandamenti et universitatis eorum, concedimus, mediante financiâ centum librarum Turonensium parvarum dicto domino locum tenenti domini nostri regis, seu ab eo deputatis seu deputandis, semel soluturas: dantes et concedentes eisdem plenam et liberam potestatem suprà dicta omnia faciendi, tenendi et exercendi *perpetuò* absque aliâ financiâ pro premissis de certo faciendis, nec dicto domino regi vel alteri ejus nomine exsolvendi, dictorum dominorum regis et locum tenentes ejusdem in omnibus et per omnia voluntate retenta ecclesiæ parochialis (1) dicti Castri.

_____

(1) Il paraît qu'il manque là quelques mots ou quelques lignes, car cette phrase n'a pas de sens.

Actum et datum Ruthenis sub sigillis nostris, die vigesimâ primâ mensis novembris anno Domini millesimo trecentesimo quadragesimo quinto.

Universis præsentes litteras inspecturis, nos, Henricus de Grivelle, capellanus excellentissimi principis domini ducis Borbonensis, locumque tenentis domini nostri Franciæ regis in partibus Occitanis et Vasconiæ, receptor financiarum in Senescaliâ Ruthenensis deputatus per dictum dominum locum tenentem super certis articulis contentis in litteris hiis nostris presentibus annexatis, salutem.

Notum facimus quòd nos nomine dicti Domini locum tenentis, habuimus et recepimus ab hominibus et habitatoribus Castri de Sancto Genesio Ruppe-Oltis et mandamenti ejusdem, per manus Raymundi Rigaldi et Deodati del Corre, sindicum dicti Castri et vice et nomine dicte universitatis solventium, centum libras Turonenses, ratione financie in supra dictis litteris contente, de quibus ipsos homines et eorum bona nomine quo suprà absolvemus et quictamus.

Datum Ruthenis, sub sigillo nostro, die vigesimâ primâ decembris, anno Domini millesimo trecentesimo quadragesimo quinto.

Nos autem omnia et singula contenta in suprà scriptis litteris, rata et grata atque firma et stabilia et perpetuò valitura habentes, ea laudamus, approbamus, ratificamus ex nostrâ scientiâ, auctoritate regiâ nobis attributâ cum litteris nostræ potestatis, cujus tenor est inferiùs et insertus est de nostrâ graciâ speciali: mandantes tenore presentium, precipiendo senescallo Ruthenensi ceterisque justiciariis, officiariis et commissariis dicti mei Regis, qui nunc sunt et qui pro tempore fuerint, quatenùs homines et habitatores Sancti Genesii prenominatos, contrà tenorem prescriptarum litterarum nullatenùs impediant seu perturbent, impediri seu perturbari à quicumque permittant: quinimò ipsos et eorum quemlibet dictis litteris et contentis in eis juxtâ ipsarum seriem et tenorem uti et gaudere pacificè faciant et permittant sine impedimento et contradictionibus quibuscumque. Tenor verò dictæ nostræ potestatis sequitur in hiis verbis.

« Philippe, par la grâce de Dieu roi de France, à notre très cher et féal frère, Pierre duc de Bourbonnais, salut et dilection.

Nous confiant à plein de votre sens, loyauté et diligence vous faisons, ordonnons et établissons par ces lettres notre lieutenant en toutes les parties de la Langue-d'Oc et de Gascogne, et vous donnons pouvoir de mander et assembler gens d'armes et de pied, de les croistre et aménuisier, toutes et quantes fois que bon vous semblera, de quicter et pardonner meffaiz et crimes ja soit ce que aucun touchassent crime de lèze-majesté, de rappeler bannis et de leur quicter leurs meffaiz et de les rétablir à leurs biens, pays et renommée, de donner lettres d'estat à ceulx qui seront soubs votre gouvernement en nos guerres esdites parties, jusqu'à un mois après leur retour, de souspendre à nos officiers leurs offices, à temps ou à volonté et de y establir autres, se ils n'estaient suffizans, et de faire généralement et espécialement toutes les choses que faire pourrions se présens estions : ja soit ce qu'elles ou aucunes d'icelles requeissent mandement espécial, non obstant que cy dessus ne soient exprimées, et que passées ne fussent par la Chambre de nos Comptes. Et aurons ferme et agréable tout ce qui, par vous sera faict de par nous esdites parties.

Mandons par ces présentes à tous séneschaux, trésoriers, receveurs, juges, baillifs, prèvos et à tous nos aultres justiciers, officiers et subjiez desdictes parties, de quelque estat qu'ils soient à vous comme à notre lieutenant esdictes parties, obéissent et entendent diligemment.

En tesmoing de ce nous avons faict mettre notre scel à ces lettres. Donné à Sably, le huitième jour d'aoust, l'an de grâce mil trois cens quarante-cinq.

Ad majorem roboris firmitatem habendam omnium permissorum præsentibus litteris confirmatoriis signum nostrum proprium ut in perpetuum robur obtineat, duximus apponendum.

Datum Agenni, die vigesimâ octavâ mensis decembris anno domini millesimo trecentesimo quadragesimo quinto.

Quas quidem litteras suprà transcriptas et omnia singula in eis contenta rata habemus et grata, ea volumus, laudamus, ratificamus, approbamus et de nostrâ auctoritate regiâ, certâ scientiâ et gratiâ speciali confirmamus per presentes. Mandantes tenore presentium senescallo Ruthenensi, cæterisque justiciariis nostris presentibus et futuris, vel eorum loco tenentibus et cuilibet eorum ut adipsum pertinuerit, quatenùs universitatem et habitatores dicti castri Sancti Genesii, presentes et futuros, nostrâ presenti gratiâ juxta sui et dictarum litterarum suprâ transcriptarum seriem et tenorem uti et gaudere pacificè faciant et permittant. Quod ut firmum et stabile permaneat in futurum, sigillum castelleti nostri Parisius nostro majore absente, presentibus apponi fecimus et appendi, salvo in aliis jure nostro et in omnibus quolibet alieno.

Datem Parisius, anno domini millesimo trecentesimo quadragesimo sexto, mense marcii. Alias signata. Per regem ad relationem consilii in quo erant D. D. comes Ermaniaci, Marescallus Dodenchan, de Garenceriis et plures alii, et renovata sub istâ datâ propter antiquitatem datæ alterius.

De precepto concilii :

ROUGEMONT.

Collatio facta est cum originali.

NOTE B.

Liste chronologique des patriarches de l'église de St-Geniez.

« Sen ségou lous coufraires bious et mors que son estats potriarchos, que on pagados los capos, on countribuat ò l'occoumplissomen de los qualos, en la festa que se fay cadun an, en la bila dé Mousur Sent Genieys dé Ribadol, lou jour del benesech prècious corps dé Dious, fundada l'an 1347.

1348. Mousseu Peyré d'Estang, èbesque de St-Fleu, archebesquè de Bourjos, cordinal et priou de la presen bila de mousur Sent Genieys.

1349. Moussen Estevé de Verlaguet, curat de la bila de mousur Sent Genieys.

1350. Bernat de Lalo.

1351. Mestré Guiral de Bosquet.

1352. Lou noblé Jory d'Aurella.

1353. Peyré del Puech.

1354. Lou noblé Guy dé Loponouso.

1355. Sicard Riols.

1356. Hevé Senrau.

1357. Stevè Boquiè.

1358. Ramond Nicoulau.

1359. Astruc-Astruc.

1360. Guilhen Strèbal.

1361. Bernat Truc.

1362. Lou noblè Astors dé Fanols.

1363. Durand dè Paris.

1364. Moussen Peyrè Bouquiès , mourguè dè St-Victor.

1365. Moussen Guilhen Clavel , mourguè dè St-Victor , priou
dè soïns (prieur d'ici).

1366. Mestrè Guilhen Girels, notari.

1367. Moussen Peyrè Bounet.

1368. Peyrè Andriou.

1369. Robert Costa.

1370. Segnen Peyrè Rigal.

1371. Peyrè Dioudè.

1372. Segnen Dondè del Serrè.

1373. Segnen Peyrè Falc.

1374. Segnen Joan Roubert.

1375. Joan Losala.

1376. Lou noblè Guy de la Panosso.

1377. Moussen Peyrè parayrè , curat de soïns.

1378. Jamme Valery.

1379. Mestrè Brèmond Calmettas.

1380. Lou noblè Bertrand de Gorsac , seignour de Velescura et
de Mézerac.

1381. Jean Guiral del Jo.

1382. Raymon Nielh.

1383. Guilhen Boissy.

1384. Peyrè Melly.

1385. Bernat Vialettas.

1386. Pons Roubert, d'Espaliou.

1387. Segnen Peyrè Malaval.

1388. Mestrè Bernat Girels.

1389. Peyrè del Bousquet.

1390. Huc Senrau.

1391. Guilhen de la Costa.

1392. Deaudè Falc.

1393. Moussen Brenguié de la Panouso.
1394. Segnen Peyré Falc, nébout del premio.
1395. Bertran Delpuech.
1396. Moussen de Pomayrols.
1397. Lou noblé guy de Clara.
1398. Peyré Brolhet.
1399. Noblé moussen Guilhen de la Roumiguièro, cavalier.

XVe Siècle.

1400. Noblé Ramon de la Panousa.
1401. Noblé Louis d'Espinasse.
1402. Segnen Jean Andrieu.
1403. Guilhen Plagaben.
1404. Ramon Frézal.
1405. Bernat Vidal.
1406. Mestre Peyré Alaman.
1407. Moussen Astor Melia, sacresta (sacristain).
1408. Noblé Peyré de Verieyras.
1409. Segnen Peyré Gaubert.
1410. Mestré Jean Falgueyras.
1411. Ramon Linièras.
1412. Moussen Guilhen de Lala, curat de soïns.
1413. Ramon Falc.
1414. Moussen Jean Gardas.
1415. Bernat Plagaben.
1416. Mestré Jammé Joly.
1417. Moussen Peyré de Cayrodes, priou de soïns.
1418. Bernat Truc, fils de Bernat.
1419. Joan Monen.
1420. Joan Falc.
1421. Guari Banbot.
1422. Moussen Helias Filhac, curat de soïns.
1423. Segnen Peyré del Serré.
1424. Noble Guy del Servieras.
1425. Segnen Beral Roubert.
1426. Mestré Joan Molièras, notari.
1427. Moussen l'obbat de Bonneval (Jean III de Géral).
1428. Aliot Boubal.

1429. Joan Courles.

1430. Guilhen Castan.

1431. Mestrè Joan de Bouvialar.

1432. Moussen Joan Frézal, sacrista dè soïns.

1433. Joan Guiral.

1434. Gaus-n Agret.

1435. Mestrè Guilhen Bonafè.

1436. Payrè Andriou.

1437. Moussen Peyrè del Hermet.

1438. Mestrè Joan Nègrè, notari.

1439. Jean Nègré.

1440. Joan Alaman.

1441. Mestrè Joan Janfrè.

1442. Peyrè Rigal.

1443. Joan Bousquet, merchan.

1444. Guilhen Bousquet.

1445. Moussen Brenguia Falc, rectour de la Panoussa.

1446. Segnen Peyrè Falc.

1447. Huc Falc, son frayrè.

1448. Peyrè Castan.

1449. Segnen Deordè Roux, merchan.

1450. Guilhen Henrau.

1451. Augustin Règis (de la famille de Saint-Jean-François Règis.)

1452. Joan Roussignol.

1453. Mestrè Peyrè, mourguè, mestrè dè los escolas.

1454. Mestrè Deordè Girels, notari.

1455. Segnen Joan Manen.

1456. Segnen Joan Malet.

1457. Peyrè Falc, fils de Deordè.

1458. Noblè Deordè de Verieyras.

1459. Noblè Peyrè de Gorsac, priou dè seïns.

1460. Moussen Ramon Deudè, panatier de soïns.

1461. Joan Gay.

1462. Bernat Falguieras.

1463. Bernat Majorel.

1464. Mestrè Ramon Guiral, mestrè de las escolas.

1465. Noblè Joan de Pervinquières.

1466. Noblè Joan de Verieyras.

1467. Mestré Peyré Belcayre, notari.
1468. Segnen Peyré Falc, merchan.
1469. Moussen Peyré Falc, Capéla (prêtre).
1470. Peyré Bousquet, merchan.
1471. Peyré Bousquet, fils de Guilhen.
1472. Peyré Agret.
1473. Moussen Joan Benezech , capéla.
1474. Moussen Bernat Agret, capéla.
1475. Segnen Peyré Rouber, merchan.
1476. Segnen Antoni Alouziéra.
1477. Moussen Guilhen Calmels, commondaire (commandeur).
1478. Joan Fontania d'Albignac.
1479. Segnen Peyré Laucia.
1480. Noblé Guilhen de Pervinquieras, priou d'Olargas.
1481. Mestré Peyré, notari.
1482. Antoni Charlot.
1483. Moussen Bernat Fabré.
1484. Segnen Peyré Rouquette , merchan.
1485. Segnen Guilhem Balat.
1486. Mestre Guilhem Belcayre , sacresta et cameria (camérier.)
1487. Moussen Joan Melet , rectour de Lassouts.
1488. Moussen Gaillard Delfau , capela et commondaire.
1489. Moussen Guilhen Truc , sacresta.
1490. Moussen Ramon Delmas , capela dé Gaillac.
1491. Moussen Joan Senrau , priou de Santa Oularia (Ste-
  Eulalie.)
1492. Segnen Deordé Roux , merchan.
1493. Segnen Joan Girels , merchan.
1494. Guilhen Valery, sabatié.
1495. Rigal Ayral , sabatié.
1496. Segnen Peyré Gay.
1497. Segnen Dordé Falc.
1498. Segnen Guilhen Jolia.
1499. Segnen Joan Lamic, de Vaqueyssiols.

XVI° Siècle.

1500. Segnen Ramon Lamic , son frayré.
1501. Joan Raynal , merchan.
1502. Honorat Agret , merchan.
1503. Segnen Joan Couret , merchan.
1504. Antoni Chapat.
1505. Bernat Senrau.
1506. Moussen Antoni Fajole , capela.
1507. Noble Peyré del Verdia, capela.
1508. Mestré Joan Fontania.
1509. Segnen Joan Malet , merchan.
1510. Segnen Payre Falc , merchan.
1511. Segnen Peyre Olia , merchan.
1512. Segnen Bernat Privat , merchan.
1513. Peyré Valery , mazelia (boucher).
1514. Segnen Ramond Bousquet , parayré.
1515. Segnen Joan Vignal , hosté (aubergiste).
1516. Guilhen Verlaguet, labouradou (labouteur).
1517. Joan Capaniel , fabré (forgeron).
1518. Moussen Guilhen Seguret, capela.
1519. Moussen Bernat Solia , capela.
1520. Moussen Ramon Aleman, capela.
1521. Segnen Peyré Falc , merchan.
1522. Mestre Guilhen Fabré , notari.
1523. Segnen Joan Bousquet , merchan.
1524. Moussen Peyré Rouquonière , capela.
1525. Moussen Guilhen Olia de Loval, capela.
1526. Segnen Julien Roux , merchan.
1527. Mestré Antoni André, notari.
1528. Segnen Frezal Victor, merchan.
1529. Mestré Peyré Fabré, notari.
1530. Mestré Peyré Privat , notari.
1531. Segnen Antoni Lagriffoul, merchan.
1532. Segnen Joan Bousquet , merchan.
1533. Mestré Guilhen Graffandi , notari.
1534. Segnen Guilhen Courtés , merchan.
1535. Joan Verdia, basania.

1536. Joan Bousquet, sabatia.

1537. Moussen Guilhen Verniè, capéla.

1538. Moussen Joan Frayssinous, capela dé Sévérac-lo-Gleisa.

1539. Peyre Roubert, merchan.

1540. Moussen Ramon, capela.

1541 Segnen Joan Conil, fustia.

1542. Moussen Peyré Vernia, rectour dé Cambou.

1543. Moussen Joan de Mézérac, rectour de Lo-Fage.

1544. Segnen Béral Costé, merchand.

1545. Moussen Peyre Sollé, panatier et vicari.

1546. Moussen Guilhen Malet, capela.

1547. Segnen Payré Locam, merchan.

1548. Noblé Frère Jacques de la Veissiera, bachelier et sacresta.

1549. Moussen Peyré Rouquetto, bachelier-ez-drechs.

1550. Noble Antoni de Goursac, bachelier et rectour de soïns.

1551. Segnen Joan Bousquet, moulenia (meunier).

1552. Segnen Guilhen Gaubert, merchan.

1553. Segnen Joan Colrat, merchan.

1554. Moussen Joan Cahusac, Capela dé Caysac.

1555. Moussen Peyre Combacau, capela de la Bourgade.

1556. Antoni Duc, alias lou Veyria.

1557. Moussen Guilhen Massabuau, capela.

1558. Moussen Peyré Rouquetto, notari.

1559. Guilhen Moseran, dé Pomayrols.

1560. Ramon Soulia, dé Las Fessouyras.

1561. Moussen Bernat Papilhou, capela.

1562. Moussen Guilhen Ayral, capela.

1563. Moussen Guilhen Rouquetto, capela et panatié.

1564. Guinou Serré, menuisia.

1565. Moussen Joan Serré, capela, son fraïré.

1566. Moussen Guilhen Conil, capela dé Puech-lou-Frou.

1567. Laurens Valery, pairairé.

1568. Segnen Laurens Guilhen Des Carels.

1569. Moussen Peyré Gaillard, capela.

1570. Moussen Antoni Raynal, capela.

1571. Segnen Bernat Bonaterre, merchan.

1572. Bernat Mas, costuria (couturier ou tailleur).

1573. Peyré Falguières, merchan.

Joan Massabuau, de las Pessolas.

Guilhen Rayral, fabré (forgeron).

Jehan Aleman, couturia.

Frère Joan Colrat, capela et sacrista.

Guilhen Colrat, charpentié.

Guilhen Tédenat, bouché.

Antoni Roquanière, bouché.

Peyré Sonilhac, blanchié.

Mestré Guilhen Graffandi, notari.

Mestré Guillaumes Costé, notari.

Mestré Raymond Uzilis, notari.

Langue française.

M^{tre} Jean de Melet, bourgeois.

M^{tre} Guillaume Lagriffoul, notaire.

Messire André, prêtre.

Guillaume Brunet, cordier.

Jean Fabre, hôte.

Antoine Lacaze.

M^{tre} Antoine Marc, notaire.

Jean Fabre, chapelier.

Guillaume Capoulade, blanchier.

Antoine Massabuau.

Antoine Clavel, dit *Fumat*, du Lac.

Jean Clavel, dit *Fumat*, du Lac.

Jean Gay, cordier.

Arnaud Verdure, teinturier.

Messire Antoine Benoît, recteur de Beuos.

XVIIe Siècle.

M^{tre} Jean Graffandi, notaire.

M^{tre} Antoine Graffandi, prêtre, panetier.

Jacques Belhuel, penchenier.

Pierre Parate, hôte.

Daniel Coutard.

Guillaume Montels Masson, du village du Mazet, paroisse de St-Just, diocèse de St-Flour, en Auvergue.

Guillaume Roquanière, de Vieillevigne.

1607. Pierre Conil ,, praticien.

1608. Mtre Antoine Hiscard , prêtre, a donné un pluvial de camelot rouge.

1609. Messire François de Frézals , conseiller du roi, a donné un pluvial de satin violet.

1610. Guillaume Lacan, *dit* d'Agret , a donné un pluvial de satin blanc.

1611. Messire Chatellin Monastier, religieux et prieur de cette ville, a donné un pluvial blanc.

1612. Messire Bernard Pomarède , bachelier-ez-droits et recteur de la présente ville, a donné un service de satin blanc avec le recteur de La Fage.

1613. Messire Pierre Vernié , recteur de La Fage.

1614. Jean Chatelin , apothicaire.

1615. Messire Jean Dumas , prêtre de Combatelade.

1616. Mtre Guillaume Plagaven , recteur de Magnac.

1617. Mtre Pierre Delzers , prêtre et clerc de la présente église.

1618. Messire Antoine Sonnilhac, panetier et religieux.

1619. Jean Gros , Mtre tailleur.

1620. Antoine Mas, marchand.

1621. Pierre Coste, hôte.

1622. Pierre Gély, tisserand.

1623. Antoine Monastié , tanneur.

1624. Antoine Roux, marchand.

1625. François Fontanié, marchand, a donné une chape avec deux roquets.

1626. Antoine Delzers, marchand.

1627. Messire Antoine Amilhac , sacristain.

1628. Jean Mas Boissonade , charpentier du Mènier-Bas.

1629. Messire Jean Melet , prêtre.

1630. Messire François Melet, recteur de St-Chtne.

1631. Antoine Ol'er, tanneur.

1632. Pierre Dumas , marchand.

1633. Messire François Dumas , prêtre.

1634. Pons Pautard, meunier.

1635. Antoine Privat , marchand, a donné un pluvial de damas rouge cramoisi, comme aussi la somme de cent livres , le revenu de laquelle doit être employé aux frais d'une Octave.

1636. Jean Sabatier, marchand.

1637. Guillaume Brunet, marchand.

1638. Bernard Farrat, boucher.

1639. Guillaume Coste, *dit* Montagnac, hôte.

1640. Mre Pierre Cornet, prêtre.

1641. Mre Antoine Bernat, curé de Verlac.

1642. Sr Pierre Rotgier, bourgeois, a donné un pluvial de satin blanc.

1643. Mre Guillaume Capoulade, prêtre, clerc de la présente église.

1644. Mre Raymond d'Annequin, docteur en théologie, recteur de la présente église, a fait rétablir la chapelle de St-Joseph à ses dépens, et a donné un ciboire d'argent, pour porter le Saint Viatique à la campagne.

1645. Antoine Cayrel, marchand, a donné conjointement avec Jean Berniè, tanneur, une lampe d'argent.

1646. Jean Berniè, tanneur.

1647. Jean Privat, tanneur.

1648. Augustin Augui, tanneur.

2649. Jean Massabuau, tanneur.

1650. Pierre Mas, de Combatelade, consul, a donné pour la réparation du m^{re} autel 30 livres.

1651. Jean Coste, marchand, du lieu de Varès.

La même année, MM. Dumas, Fajole et Ci^e, ont donné à la Confrérie du Très-Saint-Sacrement un ornement complet de velours bleu garni en or, et un tableau à l'autel de la Confrérie représentant la Cène, à la gloire de Dieu et augmentation de ladite Confrérie.

1652. Sr Pierre Delzers, chirurgien.

1653. Mre Antoine Gardes, prêtre et commandeur.

1654. Pierre Nozeran, marchand.

1655. Antoine Gaubert, marchand.

1656. Pierre André, marchand cardier.

1657. Pierre Frayssignou, marchand.

1658. Mre Antoine André, prêtre de Pomayrols.

1659. Pierre Bourrel, marchand.

1660. Mre André Caussonnel, prieur de St-Maurice de Cahors.

a donné à la Confrérie la somme de 300 livres, pour le revenu être employé aux frais de l'Octave du Très-Saint-Sacrement.

1661. Sr Jean Balat, marchand, a donné pour les chapes 22 livres.

1662. Jean Bonal, lainier.

1663. Pierre Unal, pareur de draps, a donné pour les chapes 22 livres,

1664. Gabriel Lacas, menuisier, a donné pour les chapes 11 livres.

1665. Bernard Combarel, cordier, 11 livres.

1666. Etienne Bouquiès, 10 livres.

1667. Guillaume Lacroix, lainier, 20 livres.

1668. Guillaume Montels, lainier, a donné pour l'achat d'un pluvial rouge 25 livres.

1669. Guillaume André Bonneterre, marchand.

1670. Baptiste Majorel, boucher.

1671. Mre Pierre Frèzal, prêtre de St-Geniez.

1672. Mre Pierre Galtier, prêtre.

1673. Mre Raymond Massabuau, prêtre et clerc de la présente église.

1574. Jean Agret, marchand.

(Lacune.)

1680. Mre Guillaume Girbal, prêtre.

1681. Mre François Lisle, curé de la présente ville, a fondé la bénédiction du St-Sacrement tous les jeudis et a donné les bourdons d'étain.

1682. Mre Pierre Olier, prêtre.

1683. Mre Guillaume Privat, curé de St-Martin-de-Monbon.

1684. Mre Jacques Magne, prêtre de Magne.

1685. Mre Antoine Guyesse, curé de Pierrefiche.

1686. Mre Pierre de Rogier, prêtre, ancien procureur du roi à St-Geniez.

1687. Sr Jean Lestrade, de Vaquayssiols.

1688. Sr Pierre Massal, marchand.

1689. Sr Pierre Campels, bourgeois.

1690. Sr Pierre de Girels, procureur du roi.

1691. Sr Anselme Fajole, marchand, a donné un ornement blanc de damas complet.

2. Sr François Solanet, bourgeois.

3. Noble Louis de Durre, sieur de Mézérac.

4. Sr David Cayrel, a donné pour l'achat du soleil, 50 livres.

5. Sr Jean Jalenques, marchand.

5. Sr François Olier, marchand, a donné une chape de damas.

7. Pierre Bernier, tanneur.

8. Pierre Vernière, marchand, a donné pour l'achat du soleil, 100 livres.

9. Sr Guillaume Chauchard, marchand, a donné une chasuble de damas à fleurs.

XIIIe Siècle.

0.- Mtre Antoine Lestrade, prêtre de Vaquayssiols.

. Sr Jean Negré, banquier, a donné une chape tabis.

2. Jean Baptiste Cahusac, prêtre de La Garrigue.

. Mtre Claude Rotgier, avocat en parlement, a donné une chasuble de brocard rouge.

. Messire Marc de Benoît, sieur de Cézals, écuyer, conseiller, secrétaire du roi, maison et couronne de France.

. Noble Jean Antoine de Térondels, conseiller du roi et lieutenant de robe courte, a donné trois mitres en argent.

. Mtre Jean-François Nozeran, prêtre.

. Messire Antoine de Benoît, sieur d'Altayrac, juge de la présente ville.

. Messire Jean Fajole, sieur de la Ferrière, écuyer, conseiller secrétaire du roi.

. Mtre Marc-Antoine de Benoît, curé de La Fage et panetier de la présente église.

. Mtre Jean Verlaguet, prêtre et sacristain.

. Sr Gay, notaire.

. Antoine Mas, hôte.

. Guillaume Antraygues, marchand, a donné 12 livres.

. Sr Pierre Lestrade, bourgeois, a donné le rayon de la châsse de St-Geniez.

1716. Pierre Bonaterre , hôte.

1717. Sr Victor de Benoit, juge de cette ville.

1718. Sr Etienne Vernhet, avocat en parlement , du Mazet , paroisse du Roucous, diocèse de Mende, a donné 24 livres.

1719. Guillaume Raynal , marchand.

1720. Antoine Brunet , marchand.

1721. M[tre] Geniez Serre , prêtre, a donné pour les chapes 48 livres.

1722. Messire Antoine Couret, sieur de la Sagne , avocat en parlement, 48 livres.

1723. Pierre Paulard , marchand.

1724. Pierre Chauchard, marchand.

1725. M[tre] Guillaume Boyer , religieux de St-Victor, prieur de St-Geniez et de Millau.

1726. Messire Gaspard d'Esteing , marquis du Terrail , brigadier des armées du roi, a donné une chasuble garnie d'argent.

1727. M[tre] Jean-Antoine Lestrade, prêtre.

1728. Pierre Cayrol, marchand, 24 livres.

1729. Antoine Bonaterre , marchand.

1730. George Palangié , marchand , 10 livres.

1731. Antoine Talon , marchand, 8 livres.

1732. M[tre] Guillaume Girbal , prêtre, a fait dorer le soleil et a donné pour les chapes 24 livres.

1733. Sr Amans Gaubert , bourgeois, 12 livres.

1734. Guillaume Combacau, teinturier, 6 livres.

1735. Sr Pierre-Jean Paraté, bourgeois, 12 livres.

1736. Pierre Antoine Talon , marchand, 18 livres.

1737. Pierre-Alexandrin Mercadier , notaire, 12 livres.

1738. Jean Cayrel , marchand, 60 livres.

1739. Sr Antoine Cayrel , bourgeois, 24 livres.

1740. Sieur Pierre Foulquier a donné , pour faire dorer le tabernacle , 70 livres.

1741. Sieur Antoine de Lisle, négociant de la ville de Marseille, 240 livres.

1742. Sieur Victor Lestrade.

1743. M[tre] Hyacinthe Chauchard, prêtre, pour les chapes, 24 liv.

Joseph Bouscari , foulonier de la Germanie, 30 liv.

Antoine Bousquet , de Pomayrols, 60 liv.

François Solinhac, de Caysac , 60 liv.

Jean-Pierre Dalous , de la Draye , paroisse de Ste-Eulalie, 60 liv.

Jean Forestier, du Minier , à présent de Saint-Geniez ,
30 liv.

Guilhaume Mas , de Lalausel, paroisse de Canet, 100 liv.

Mᵗʳᵉ Dominique Serda , prêtre et marguillier de la confrérie, 60 liv.

Sieur Etienne Rivié , bourgeois, 40 liv.

Mᵗʳᵉ Guillaume de Lisle , lieutenant ez-judicatures de St-
Geniez et la Roque Valsergue , 12 liv.

Sieur Pierre Bernard Bonaterre , chirurgien, 12 liv.

Pierre Boulet , de Pomayrols , 12 liv.

Sieur Jean Ayral , bourgeois de la Tourré , près Pomayrols, 12 liv.

Jean Hermet , de Laval, 12 liv.

Jean-Jacques Mercadier, du Minier , 12 liv.

Pierre-Joseph Cahusac , de Sarnhac, 12 liv.

Pierre-Jean Ginestes, de Cantalouve, 30 liv.

Sieur Jean-Antoine Dumas , marchand, 24 liv.

Jean Brunet , teinturier, 12 liv.

Antoine Malet , tondeur , 12 liv.

Sieur Alexis Lestrade, de Vacayssiols , 24 liv.

Antoine Faye, cordier.

François Bernard Combarel , 9 liv.

Pierre-Jean Majorel, 7 liv.

Sieur Simon Gardes , tanneur, 48 liv.

Pierre-Jean-Méric , boucher, 6 liv.

Etienne Pouget , facturier, 12 liv.

André Dupré , aubergiste , 12 liv.

Pierre-Paul Téron , facturier, 12 liv.

Guillaume Courtines, 12 liv.

Pierre Courtines , 12 liv.

Antoine Massabuau , de la Romiguière , 12 liv.

Jean-François Bougnol , cardier, 6 liv.

Mᵗʳᵉ George-François Palangié , docteur en théologie ,
prieur d'Entraygues.

1777. M^{tre} Jean-Antoine Naudan, prêtre, 24 liv.

1778. Jean-Antoine Gardes, tanneur, 24 liv.

1779. Joseph Palangier, cordonnier, 12 liv.

1780. Jean-Antoine Salzés, tanneur, 30 liv.

1781. M^{tre} Jean-Antoine-Onuphre Couret, avocat en parlement.

1782. M^{tre} François Rouquayrol, notaire, a donné deux nappes fines pour l'autel de la confrérie.

1783. M^{tre} Pierre-Frézal Delzers, avocat et notaire à Sainte-Eulalie.

1784. M^{tre} Augustin Muret, négociant.

1785. Messire Guillaume de Lisle, ci-devant curé de la présente ville, grand chantre de la cathédrale et vicaire-général de Rodez, a donné une chasuble d'étoffe d'or et brocard.

1786. Messire Jean-Baptiste de Fajole, docteur de Sorbonne, chanoine ouvrier de la cathédrale et vicaire-général du diocèse de Rodez.

1787. Messire Anselme de Viguier de Gros, docteur de Sorbonne, prieur de Parisot, chanoine de la cathédrale de Rodez, official du diocèse, vicaire-général.

1788. Messire Henri de Grimaldi, des princes de Monaco, abbé de Vérin, chanoine de la cathédrale de Rodez, vicaire-général du diocèse de Mende.

1789. M^{tre} Jean-Antoine Vidal, docteur en théologie, supérieur du séminaire de Saint-Geniez et prieur de Cuzac.

1790. M^{tre} Antoine Rigal, dom d'Aurières, syndic du séminaire de St-Geniez.

Et tout cela n'existe plus !

NOTE **C.**

DISCOURS *prononcé, le* 25 *septembre* 1845 *, dans l'église de Saint-Geniez-d'Olt, pour l'anniversaire de l'inauguration du tombeau de Mgr* L'ÉVÊQUE D'HERMOPOLIS,

In omni opere dedit confessionem SANCTO *, et* EXCELSO *in verbo gloriæ.*

Dans toutes ses œuvres, il a rendu grâces au Dieu saint, et il a béni le Très-Haut avec des paroles de gloire. (ECCL., c. 47., v. 9.)

MES FRÈRES,

Ces paroles de l'Esprit-Saint ne disent-elles pas l'éloge de l'illustrissime et révérendissime DENIS-ANTOINE-LUC, COMTE DE FRAYSSINOUS, Evêque d'Hermopolis, ancien pair de France, Ministre des affaires ecclésiastiques, Commandeur de l'Ordre du Saint-Esprit, Précepteur d'Henri de Bourbon ? Quelle vie si belle, si admirable, si pleine ! Sous quelques rapports qu'on l'envisage, n'y voit-on pas briller son unique pensée, le mobile de ses nobles efforts ; entourer de gloire le culte du Tout-Puissant, poursuivre ses ennemis, les ramener à la vertu, assurer leur bonheur par des enseignemens divins ? Et, dans cette étude, comment ne pas répéter avec l'Esprit-Saint : *Dans toutes ses œuvres, il a rendu grâces au Dieu saint, et il a béni le Très-Haut avec des paroles de gloire* : IN OMNI OPERE DEDIT CONFESSIONEM SANCTO, ET EXCELSO IN VERBO GLORIÆ ?

Aussi elle fut grande la douleur de l'Eglise en voyant descendre dans la tombe son illustre défenseur ! Et il vivra dans nos souvenirs, et la génération actuelle le redira à la génération future ; il vivra ce jour où nous vîmes déposés dans un temple auguste (1) les restes précieux du vénérable Pontife, foulant à ses pieds les insignes des honneurs de ce monde, qu'il n'avait jamais recherchés, et portant sur sa poitrine la croix qu'il avait

(1) L'église des anciens religieux Augustins.

si glorieusement défendue ! Il vivra ce jour où nous vîmes tous
les âges, tous les états, toutes les conditions se presser autour
du modeste catafalque, baiser avec respect l'anneau sacré de
l'illustre défunt, se retirer le cœur plein d'une sainte tristesse
et comme agité d'un souffle divin, qui persuadait les douceurs
de la vertu, les joies d'une bonne conscience, le bonheur d'une
sainte mort ! Il vitra ce jour où nous vîmes, avec émotion,
ces mères éminemment pieuses soulever les objets de leur tendresse, pour leur faire toucher les vêtemens du saint évêque
qui, par un doux sourire que la mort n'avait pu effacer de ses
lèvres, semblait leur dire : *laissez venir à moi les petis enfants !*
Enfin, il vivra ce jour où nous vîmes une immense population
se développer dans les rues de notre ville, marchant silencieuse
à la suite de l'étendard sacré, et suivie de deux pontifes, dont
l'un, hélas ! n'était plus de ce monde ; l'autre, au contraire,
plein de grâce et de jeunesse (1), accompagnant avec douleur
celui qu'il avait regardé comme un père, et toujours étudié comme le plus beau des modèles ; repassant, dans le fond du cœur,
les vertus qui avaient brillé d'un si vif éclat pendant son long
apostolat, et redisant avec l'Esprit-Saint : *Dans toutes ses œuvres, il a rendu grâces au Dieu saint, et il a béni le Très-Haut
avec des paroles de gloire :* IN OMNI OPERE DEDIT CONFESSIONEM
SANCTO, ET EXCELSO IN VERBO GLORIÆ. Oh ! que n'avons-nous
la touchante éloquence, la douce persuasion du pieux pasteur
qui fait toutes nos délices, et nous ne succomberions pas sous
la grandeur d'un sujet qui confond toutes nos pensées, et sous
lequel il est néanmoins glorieux de succomber toujours ! Mon
Dieu, daignez soutenir la faiblesse de votre ministre !

I.

« Vers le milieu du dix-huitième siècle une secte impie et sé-
» ditieuse éleva la voix avec l'éclat de la trompette pour crier
» aux peuples que le christianisme est une superstition, et la
» royauté une tyrannie (2). » Et, docile à ces funestes leçons,

(1) Monseigneur de Marguerye, Évêque de Saint-Fleur.
(2) Oraison funèbre de Louis XVIII.

le peuple couvrit notre belle France d'un monceau de ruines. On ne voyait çà et là que les débris épars du trône et de l'autel ! Toute éplorée ; la religion contemplait *ses temples détruits* , *ses prêtres dispersés* , *ses vierges chassées de leurs saints asiles*. Seul , Jérémie eût été capable d'égaler les lamentations aux calamités. Assis sur ces ruines, il se serait écrié comme autrefois : *à qui vous comparerai-je, ô fille de Jérusalem ? A qui dirai-je que vous ressemblez ? Où trouverai-je quelque chose qui égale vos malheurs ? Et comment vous consolerai-je, ô vierge, fille de Sion ? Le débordement de vos maux est semblable à une mer ; qui vous donnera quelque remède* (1) ?

Enfin, touché de compassion , pour consoler de ses maux notre infortunée patrie, le Seigneur envoya du haut du ciel sa divine religion ! Elle reparut dans nos temples , et des larmes d'allégresse coulèrent des yeux du chrétien qui n'avait pas fléchi le genou devant Baal. Son âme , absorbée par la douceur de ce bienfait , avait perdu le souvenir du passé !

Mais la nouvelle génération n'accourait pas nombreuse à ses solennités. Les veaux d'or du philosophisme voyaient encore à leurs pieds une foule d'adorateurs, que la vue même de ses ravages n'avait pu faire rougir de son impiété et abjurer son culte ! Qui le détruira, se demandait, dans le silence, le chrétien fidèle ? Qui lui opposera *ce front d'airain* dont parle l'Ecriture (2) ? Qui perfectionnera l'œuvre que vient de commencer un illustre écrivain, dont les sublimes pages ont fait luire l'aurore du beau jour qui se lève pour le Christianisme ? Ce sera ce prêtre dont vos lèvres murmurent le nom à jamais couronné d'immortalité. Pendant les jours de la désolation , il a médité l'œuvre sainte. Couvert du *bouclier de la foi* , armé du *glaive de la divine parole* , il attaquera les sophismes de l'impiété , et si , par la force de sa dialectique , il ne peut refouler ses funestes doctrines dans le puits de l'abîme, d'où elles sont sorties, du moins il lui arrachera de glorieuses conquêtes. Le voilà

(1) Cui comparabo te ? vel cui assimilabo te, filia Jerusalem ? Cui exæquabo te, et consolabor te , virgo filia Sion? Magna est enim velut mare contritio tua : quis medebitur tui ? (Lam. Ierem., 2, 13).

(1) Frons tua ærea. Isaïe , 48 , 4.

qui part de nos montagnes, roulant dans son esprit les preuves
du Christianisme que bientôt il développera au sein de la première ville du monde. « O Éternel, veillez sur lui, et vous,
» anges saints, rangez à l'entour vos escadrons invisibles (1) ! »

Enfin, l'heure est venue ! Il sort de Saint-Sulpice, il paraît
sur la chaire de vérité et, à sa voix « une nombreuse et bril-
» lante jeunesse se réunit dans le lieu saint, s'arrache à la dissi-
» pation du siècle et pour un temps à des études sérieuses, se
» presse autour de la chaire évangélique pour nourrir son esprit
» et son cœur des vérités religieuses et morales (2). »

Mais n'attendez pas, M. F., que, pour la ramener à la vertu
ou la préserver de la corruption du monde, il lui expose « les
» mystères de la foi, les préceptes de l'Evangile, les devoirs
» et la pratique de la piété, ainsi que le faisaient nos pre-
» miers orateurs (3) : » non, il s'ouvre à lui un genre tout
nouveau. Il a mesuré la plaie de son siècle, « et il faut bien
» que le médecin approprie ses remèdes au tempérament du
» malade : or, telle est la maladie des esprits, qu'on ne peut
» bien opérer leur guérison qu'en suivant une marche nou-
» velle ; » et cette marche nouvelle, il se hâte de l'indiquer :
« nous nous bornerons à considérer uniquement la religion dans
» ses principes fondamentaux, dans les preuves qui en établis-
» sent la vérité, dans les reproches généraux que lui font ses
» ennemis, et, sous tous ces rapports, nous chercherons à la
» venger des attaques de l'incrédulité (4). »

Et ces cœurs avides de vérité reçoivent ces naïves paroles,
comme le calice d'une fleur reçoit les gouttes de la rosée céleste. Aussi l'orateur laisse-t-il percer un rayon de cette douce
espérance qui est venue le réjouir et, après avoir représenté
l'Apôtre des nations au milieu de l'aréopage, « Messieurs, leur
» dit-il, le sort de saint Paul sera toujours celui de tous les
» prédicateurs de la vérité. La doctrine qu'il annonçait autre-
» fois dans Athènes, dix-huit siècles après lui, nous l'annon-

(1) Oraison funèbre de la reine d'Angleterre.
(2) *Conférences* de M. Frayssinous; Discours d'ouverture.
(3) Ibidem.
(4) Ibidem.

» çons dans cette capitale qui , par ses goûts, ses mœurs, ses
» embellissemens , passe pour l'Athènes des âges modernes.
» Mais qu'arrivera-t-il ? Aujourd'hui, comme autrefois, il se
» trouvera des esprits moqueurs, qui se joueront de notre doc-
» trine, comme d'une fable vaine ; il en est qui, touchés
» mais faibles, mais amateurs de leurs plaisirs, voudront
» renvoyer à une saison de la vie plus avancée les réflexions sé-
» rieuses : *audiemus te de hoc iterům*. Mais il en est aussi, nous
» osons l'espérer du Dieu des miséricordes, qui rentreront
» dans le chemin de la vérité et seront fidèles à y marcher jus-
» qu'à la fin ; et n'y eût-il dans cette immense cité qu'un seul
» jeune homme qui vînt aux pieds de cette chaire abjurer
» ses erreurs, nous serions payes avec usure de nos travaux
» et de nos efforts (1). »

O prêtre du Seigneur, vos vœux ont pénétré les cieux, et bientôt vous verrez de nouveaux Denis quitter l'aréopage et , foulant aux pieds l'orgueil et les systèmes d'une raison égarée hors
de ses voies, venir s'asseoir , humbles disciples , à l'école de
Jésus-Christ.

D'ailleurs , M. F., tout concourt à présager ce triomphe.
« Trois choses, d'après Bossuet, contribuent à rendre un orateur agréable et efficace. La personne de celui qui parle, la
beauté des choses qu'il traite, la manière ingénieuse dont il
les explique : et la raison en est évidente, car l'estime de l'orateur prépare une attention favorable, les belles choses nourrissent l'esprit, l'art et l'agrément dans la manière de les expliquer les font doucement entrer dans le cœur (2). » Qui ne voit
dans ces paroles un portrait fidèle de l'abbé Frayssinous ? Une
jeunesse passée sous le joug du Seigneur l'avait préparé aux
immolations qu'exige le sacerdoce. Constamment attaché à son
Dieu , enfant de l'Eglise, toujours docile à ses décisions , il s'é-
tait conservé sans tache, pendant nos troubles politiques et religieux. De hautes vertus , des études couronnées des plus heureux succès le précédaient dans la carrière qui s'ouvrait devant
lui. L'éloge de la religion chrétienne coulait de ses lèvres; ses

(1) Ibidem.
(2) *Panégyrique de* Saint Paul.

paroles , exemptes de fiel et d'amertume , peignaient là candeur de son âme ; la clarté de ses idées ajoutait aux charmes de son élocution et aux grâces de son débit ; enfin la douceur de ses mœurs , sa simplicité antique , son aspect seul lui gagnaient l'amour et la vénération de tous : *suavitate morum , antiquâ simplicitate , imô et aspectu solo , quemvis inducebat in amorem et venerationem sui* (1).

Et j'en appelle, M. F., à votre propre témoignage. Trop jeune encore, nous ne pûmes nous presser autour de cette chaire, quand il développa les grandeurs de la foi (2), au jour où l'église solennise le triomphe du martyr dont cette ville se glorifie de porter le nom ! Mais il en est parmi vous (et le nombre en est grand encore) qui n'ont jamais oublié ni l'éloquence de ses paroles , ni la dignité de son attitude, ni ce charme entraînant qu'il excitait dans les cœurs. Faut-il s'étonner si les conquêtes de la foi devinrent pour lui le plus beau titre de gloire ? Religion de mon Dieu, puissiez-vous les voir s'accroître et se multiplier par la lecture de ses immortelles Conférences !

Cependant ce n'était pas sans crainte que l'abbé Frayssinous poursuivait ses admirables enseignemens. Pour ne pas les voir interrompus , il avait béni la Providence d'avoir suscité l'*homme* qui avait relevé les autels , lorsqu'enfin un ordre supérieur en vint suspendre le cours ! Le temps s'assombrissait et semblait présager pour la France de nouvelles calamités. Le vaisseau de l'Eglise voyait son pilote traîné loin de la ville éternelle , et quoi qu'il soit écrit que *les portes de l'enfer ne prévaudront jamais contre elle* (3) , les hommes de *peu de foi* commençaient à chanceler. Ensuite *on entendait dans Rama des pleurs et des lamentations : c'était Rachel qui pleurait ses enfans, et ne voulait aucune consolation parce qu'ils n'étaient plus* (4) ! *Levez, vous , Seigneur, pourquoi paraissez-vous plongé dans un sommeil mystérieux* (5) ? Il suffit d'une de vos paroles pour com-

(1) .... Epitaphe.
(2) En 1811.
(3) Et portæ inferi non prævalebunt adversùs eam. (Math. 16, 18.)
(4) Vox in Ramâ audita est , ploratus et ululatus multus, Rachel plorans filios suos et noluit consolari, quia non sunt. (Math., 2, 18).
(5) Exurge, quarè obdormis, Domine ? (Ps. 43 ; 23).

mander *aux vents et aux orages ;* parlez, et *il se fera un grand
calme* (1). Une prière aussi pure touche le cœur de Dieu ; et
celui qui est assis sur le trône dit : *voild que je fais de nouvelles
choses.* ET DIXIT QUI SEDEBAT IN THRONO , ECCE NOVA FACIO OM-
NIA (2).

Dès lors les peuples, las et fatigués de combats et de victoires
sanglantes, goûtent. les douceurs d'une paix depuis longtemps
inconnue. O paix ! de tous les biens le plus précieux, puissiez-
vous être à jamais le partage de tous les cœurs ! Mais *qu'ils sont
beaux*, s'écrie l'Esprit-Saint, *les pieds de celui qui évangélise
la paix, qui évangélise le vrai bonheur* (3) *!* L'abbé Frayssinous
reparaît sur la chaire de la vérité : il reprend avec une sainte
ardeur le cours de ses discussions lucides et profondes, coupées
et relevées par des peintures saisissantes, des pensées fortes et
des mouvements entraînants. A cette nombreuse jeunesse qui se
presse toujours autour de la chaire de celui qui se glorifie d'être
son ami le plus sincère, se joint tout ce que la capitale possède
de distingué dans les arts, les lettres et les sciences, dans toutes les croyances et dans toutes les opinions. Les miséricordes
du Seigneur éclatent et celui qui, comme Augustin, n'était venu
que pour admirer l'éloquence du nouvel Ambroise, s'en retourne convaincu qu'en Dieu seul repose la vraie félicité et que
Jésus-Christ, son Fils unique, est *la voie, la vérité et la
vie* (4).

Ces triomphes réjouissaient les heureux habitans du ciel,
mais aussi ils redoublaient la fureur de l'ennemi de l'homme,
et l'incrédulité, sa fille bien aimée, secondant ses pensées ho-
micides, livre de nouveaux combats au Christianisme. L'attaquer à front découvert n'est pas toujours sa tactique ; se voiler,
s'effacer à propos et surtout faire des diversions, voilà ses manœuvres et ses ressources, quand elle est en détresse. *C'en est*

(1) Imperavit ventis et mari, et facta est tranquillitas magna. (MATH.
8, 26.)

(2) APOC. 31., 5.

(3) Quam speciosi pedes evangelizantium pacem, evangelizantium
bona. (2 *ad Rom.*, 10, 7.)

(4) Ego sum via, veritas et vita. (St-Jean, 14,6.)

fait des libertés de l'Eglise gallicane ! tel son nouveau cri de guerre, et, chose étonnante ! des esprits sensés, des hommes profondément religieux, partagent ces craintes. O Eglise de mon Dieu ! si vous eussiez été l'œuvre de l'homme, existeriez-vous encore sur cette terre d'exil ? Vos enfans, élevés avec tendresse, nourris d'une chair divine, comblés de toutes vos faveurs, vous ont abreuvée d'amertume : et quelle ne serait pas votre désolation si, parmi cette foule d'ingrats, vous n'aperceviez quelque enfant fidèle pour *être votre joie et votre couronne* (1) ?

Sensible aux maux de cette bonne mère et ne voulant que son bonheur, l'abbé Frayssinous redescend dans l'arène. Athlète vigoureux, il combat l'ennemi en traitant avec délicatesse, avec prudence, une matière si féconde et si fameuse en fausses conséquences ; et la clarté de ses preuves, et la force de ses raisons, et son tendre amour pour l'Eglise, dissipent bien des erreurs, éclairent bien des esprits, et mettent sur les lèvres du vrai chrétien ces paroles à jamais célèbres : « Quelle est belle » cette église gallicane, pleine de science et de vertus, mais » qu'elle est belle dans son tout, qui est l'Eglise catholique, et » qu'elle est belle saintement et inviolablement unie à son chef, » c'est-à-dire au successeur de Pierre (2) !

Mais après avoir montré dans notre illustre compatriote l'apôtre et le docteur de la nation la plus éclairée de l'univers, devons-nous maintenant essayer de vous le montrer sur un théâtre plus éclatant aux yeux du monde ?

II.

Les grandeurs de ce monde n'avaient jamais parlé au cœur de l'abbé Frayssinous. Constamment il avait refusé les honneurs de l'épiscopat. La seule pensée du fardeau qu'il impose à la faiblesse humaine, le remplissait d'une frayeur que tous les raisonnements ne purent vaincre, et Dieu, pour exalter l'humilité de son serviteur, parut se complaire à réunir dans sa per-

(1) Gaudium meum et corona mea. (St-Paul aux Phil., 4, 1.)
(2) Discours d'ouverture de l'assemblée de 1682, sur l'unité de l'Eglise.

sonne les dignités de ce monde. Le voilà premier aumônier du roi, et ce qu'il « trouve de plus extraordinaire dans cette place, c'est de s'y voir: » parole qui met dans tout son jour la candeur, la franchise de son âme. Il s'incline sous la main qui le consacre évêque d'Hermopolis, parce que ce titre ne lui impose pas cette responsabilité que sa foi redoute et à laquelle son humilité se refuse. Toutes les dignités enfin dont il est revêtu et qui viennent s'accumuler sur sa tête (exceptez-en la pourpre romaine que l'autorité du monarque ne put jamais lui faire accepter), toutes ces dignités, son zèle ne les envisage que comme un moyen d'accomplir le bien qui est dans son cœur : et sa haute raison, éclairée par les plus pures lumières de la foi, n'y *voit que vanité et affliction d'esprit* (1). Aussi c'est toujours ce caractère à part d'une vie simple dans sa sagesse, modeste dans son élévation, paisible et tranquille jusques dans l'embarras et le tumulte des affaires, uniforme dans ses conditions différentes, toujours louable, toujours utile et toujours, quelque bonheur qui l'accompagne, plus heureuse pour le public que pour lui-même.

Ce bonheur d'une vie si admirable, il le puise dans cette divine religion, sans cesse combattue et toujours triomphante : mais il gémit de voir grandir cette secte qui ose se mesurer avec le Christianisme, c'est-à-dire avec la pensée et l'œuvre du Tout-Puissant ; il gémit de voir qu'elle hait une religion si pure et si belle de cette haine incomparable qu'on ne ressent que pour la vérité. Le but où elle tend avec une ardeur qui ne connaît pas de repos, il l'a vu, c'est d'arriver à la destruction de la foi, par la corruption des mœurs, par l'anéantissement de tous les principes, par l'abolition violente des autorités légitimes; et voulant préserver du naufrage qui la menace, cette génération sur laquelle reposent les destinées de la France, autant que peut le lui permettre le malheur du temps, il en éloigne tout ce qui est suspect ou dans les doctrines ou dans les mœurs. « Trop ami de la jeunesse pour en être le flatteur, depuis vingt » ans, il lui a fait entendre des vérités utiles, quelquefois sé-

(1) Vidi in omnibus vanitatem et afflictionem animi. (Eccl. 2, 11.)

» vères, et toujours il en a recueilli les témoignages de grati-
» tude, parce qu'elle a senti qu'il lui parlait un langage plein
» d'affection comme de franchise. Ce qu'il a été, il le sera tou-
» jours. *D'autres plus adroits que moi*, ajoute-t-il, *pourront*
» *bien essayer de caresser dans vos jeunes cœurs l'amour de l'in-*
» *dépendance, moi j'aurai le courage de vous parler de vos de-*
» *voirs, pour vous rendre capables d'exercer un jour des droits,*
» *sans danger pour vous comme pour vos semblables* (1). »

A la tribune, devant l'élite de la nation, c'est le même courage, la même franchise; c'est toujours l'évêque qui parle.

Ici, M. F., nous n'avons pas à prononcer sur le mérite littéraire ou politique des discours de Mgr d'Hermopolis; nous ne
voyons que la pureté de ses intentions, la noble fin qu'il se propose. Et certes, à quoi bon prodiguer des flots d'éloquence ou
développer de longues vues politiques, si le résultat en est étranger au bonheur des peuples? Et « le bonheur du peuple repose
» surtout dans la religion, et la religion ne peut pas plus exister
» sans autels et sans ministres, que la justice sans tribunaux et
» sans magistrats. » Placé par la confiance du roi à la tête des
affaires relatives à la religion catholique, il en expose brièvement
ment la situation véritable, « et ce tableau abrégé mais fidèle»
» *il le doit* à la Chambre pour qu'elle connaisse bien les be-
» soins et les ressources de cette église de France, qui a tou-
» jours été et qui, *il l'espère*, sera toujours une des plus belles
» portions du monde chrétien; *il le doit* au clergé qui, impa-
» tient peut-être de voir se réaliser des améliorations désira-
» bles, s'étonne qu'elles s'opèrent si lentement; *il le doit* aux
» amis et en quelque manière aux ennemis de la religion : aux
» uns, afin que connaissant mieux ce qu'il y a à craindre et aussi
» à espérer, ils ne cessent de seconder de leur zèle les efforts du
» gouvernement; aux autres, persuadé qu'en dissipant quelques
» préjugés, on peut les rendre plus raisonnables et plus justes,
» et qu'une fois éclairés, ils seront touchés plutôt qu'envieux
» du sort du clergé (2); » il dit que « si la religion est le pre-

(1) Discours de Mgr d'Hermopolis, prononcé à la dernière solennité
littéraire qu'il présida.
(2) Discours prononcé à la Chambre des députés, dans la séance du
10 mai 1828.

» mier besoin des peuples , le premier devoir de ceux qui gou-
» vernent est de la mettre avant tout dans leurs pensées , de lui
» rendre l'honneur et le respect qui lui sont dus ; » il avoue que
« jamais peuple civilisé n'a pu , sans elle , se conserver , se per-
» pétuer , prospérer sur la terre ; » il ajoute que « elle seule
» peut donner la vie sociale au peuple barbare qui la cherche,
» et la redonner au peuple policé qui l'aurait perdu (1) ; » il
allège ce poids d'accusations qui pèse sur l'Episcopat , sur le Sacerdoce , sur les coopérateurs au saint ministère (2) ; enfin , il
ne craint pas de prononcer un nom dont on a voulu faire , pour
me servir de l'expression d'un écrivain célèbre , *le roi des
épouvantemens* (3) , et bien qu'il aperçoive dans un avenir prochain les tristes conséquences de ses aveux , il dira l'éloge (4) de
cette société si admirable par sa douce piété , par l'intégrité de
ses mœurs , par l'austérité de sa discipline , si illustre par l'étendue de ses travaux et de ses lumières , et toujours regrettable
par le vide qu'elle a laissé parmi nous.

Mais , ô Dieu ! que vos décrets sont impénétrables , et qu'il
avait bien raison ce saint roi , quand il s'écriait : *Vos jugemens
sont des abîmes* : JUDICIA TUA ABYSSUS MULTA (5) ! Toujours soumis, Mgr d'Hermopolis les adore. Il rentre comme dans une vie
privée où il poursuivra toujours l'œuvre sainte , en présentant
à la nomination du Roi des sujets qui , par la sainteté de leur
vie et la supériorité des talens , seront la gloire de l'Episcopat
français et les soutiens de l'édifice sacré.

Sans doute dans ces choix son cœur est oppressé de sollicitude :
la seule idée de nommer un évêque ne lui inspire que des sentimens de crainte et le rend inaccessible à toute considération
humaine ; il ne suit que les inspirations de Dieu et de sa conscience. Il peut tout avec le secours d'en haut. Sans dédaigner
l'illustration de la naissance , il cherche le Pontife partout où
reluisent la piété et le savoir ; il le choisit dans cette classe

---

(1) Ibidem.
(2) Discours prononcé à la Chambre des députés , dans les séances des
25 et 26 mai 1826, et 18 mai 1827.
(3) Châteaubriand.
(4) Discours à la chambre des Pairs. Séance du 19 janvier 1827.
(5) Ps. 35, 7.

d'ouvriers évangéliques qui *portent le poids du jour et de la chaleur* (1) , et votre cœur redit, en ce moment , toute sa reconnaissance pour le bonheur qu'il a goûté sous la houlette de l'illustre successeur de saint Amans , aujourd'hui successeur de
l'immortel Fénélon !

Cependant le Seigneur a résolu de secouer la France , comme
on secoue un vêtement : « et rien n'arrête le cours de ses desseins , a dit Bossuet : ou il enchaîne, ou il aveugle, ou il dompte
tout ce qui est capable de résistance (2). »

Au milieu de tant de vicissitudes , « au bruit de ce fracas effroyable , » Mgr d'Hermopolis reste immobile et tranquille, se
confiant en cette Providence qui n'a promis l'éternité qu'à un
seul empire , à celui de la religion. Sans chagrin , il voit terminée sa carrière politique ; avec amour il tend les bras vers le
sol qui l'a vu naître : heureux et paisible , il y vivait *méditant
les années éternelles* (3), confirmant par ses exemples les enseignements divins qu'il avait publiés , quand une voix auguste
l'appela pour former à la vertu la jeunesse de son petit-fils..
Comme Paul , *il ne consulte ni la chair ni le sang* (4) ; il semble
oublier les infirmités de l'âge , pour n'écouter que la voix de la
reconnaissance et du dévouement. Bientôt il touche la terre de
l'exil , il s'applique à faire de son auguste élève « un honnête
homme , un chrétien qui sache supporter la bonne comme la
mauvaise fortune (5). » Le modèle qu'il met sous ses yeux , c'est
l'immortel Louis IX, que l'église a placé sur ses autels ; et ce
beau modèle est vivement retracé ; et les vertus du saint roi
deviennent l'apanage de l'auguste élève ! Avec quelle joie le vénérable précepteur ne le voit-il pas *croître en sagesse , en âge et
en grâce , devant Dieu et devant les hommes* (6) ? Quelle consolation pour son cœur de recevoir les témoignages de sa filiale re-

(1) Qui portavimus pondus diei et æstus. (St-Math., 20, 12.)
(2) Oraison funèbre de la reine d'Angleterre.
(3) Annos æternos in mente habui , Ps. 76, 6,).
(4) Continuò non acquievi carni, et sanguini. (St-Paul aux Gal.
1, 16.)
(5) Paroles de Mgr d'Hermopolis.
(6) Puer autem crescebat, proficiebat sapientiâ, et ætate, et gratiâ
apud Deum et homines. (St-Luc, 2, 40, 52.)

connaissance et de sa tendre affection ! Ah ! ces sentimens ne seront pas momentanés ! Henri de Bourbon portera grave dans son
cœur le souvenir des sollicitudes de Mgr d'Hermopolis, et un jour
il écrira à « son cher évêque, » qu'il n'a pas assez de tout son
cœur pour lui dire le bonheur qu'il puise dans ses sages leçons !
Heureux le précepteur qui trouve dans son élève ces sentimens
de tendresse, de vénération et de dévouement ! Heureux aussi
nous-mêmes, M. F., de ce que l'illustre évêque s'est souvenu de
nous dans la terre de l'exil ! Heureux St-Geniez, en le léguant
un souvenir et un gage de son estime (1), il l'a environné
d'une auréole de gloire ! Encore quelques années et, devenu sa
patrie adoptive, tu pourras contempler ses vertus et bénir le
Très-Haut de l'avoir donné avec ce saint Pontife une seconde
providence pour tes pauvres.

En effet, sa tâche accomplie, il regagne sa patrie, et, après
avoir donné une dernière bénédiction aux cendres de sa vertueuse mère (2), n'écoutant plus que les désirs et les affections
de son cœur, il vient se fixer au milieu de nous (3). Nous le
possédions à peine, que *l'assemblée des justes publiait ses abondantes aumônes* (4) ! Que de larmes taries ! que d'infortunes se-
courues ! Mais combien de vives alarmes de perdre un père si
tendre et si bienfaisant ! Des mains suppliantes s'élevaient, il
est vrai, vers le trône de l'Éternel, pour tenir encore longtemps suspendue sur sa tête vénérable la couronne due à une si
belle vie ! Hélas ! l'heure était venue où il devait retourner au
Dieu qui l'avait envoyé ; et celui qui avait dit aux rois de la
terre, *partez de ce monde*, entendit une voix qui lui ordonnait
de monter au ciel !

Bientôt les feuilles de la capitale et celle de notre province
publièrent les soupirs d'Henri de Bourbon, et les âmes recon-

(1) Par son testament, fait à Prague, Mgr d'Hermopolis a donné à
l'église de Saint-Geniez la belle chape qu'il portait au sacre de Charles X.

(2) La mère de Mgr l'évêque d'Hermopolis est enterrée à St-Côme.

(3) Auprès d'un frère qu'il aimait tendrement, et d'une belle-sœur pour
laquelle il professait la plus cordiale estime.

(4) Eleemosinas illius enarrabit omnis Ecclesia sanctorum. (Eccl.
31, 11.)

naissantes furent émues en lisant ces touchantes lignes : « J'ai perdu en lui un père, un ami dévoué, et un guide fidèle. Son cœur toujours jeune savait vraiment aimer, et avait inspiré au mien une affection toute filiale. Dieu l'a rappelé à lui, il faut se soumettre ; » et notre cœur, M. F..., au milieu de sa tristesse, fut pénétré d'un sentiment de joie quand nous entendîmes : « Je » lui fais élever un monument dans l'église de Saint-Genies où » ses vénérables restes ont été déposés ; » et nous le possédons, ce monument *d'une affection toute filiale,* ce monument, riche d'ornementation, mais plus riche encore, parce que le pinceau du célèbre artiste (1) a su retracer sur le marbre des traits profondément gravés dans son cœur! Il nous est « donné d'aller » prier à cette tombe, » d'y recueillir d'importantes leçons ; car du fonds de son sépulcre le Pontife nous parle encore (2), avec saint Jean il nous dit : *N'aimez point le monde, ni ce qui est dans le monde. Si quelqu'un aime le monde, l'amour du Père Céleste n'est pas en lui* (3) ; avec l'illustre évêque de Meaux, « Nous ressemblons tous à des eaux courantes. De quelque su- » perbe distinction que se flattent les hommes, ils ont tous la » même origine, et cette origine est petite. Leurs années se » poussent successivement comme des flots ; ils ne cessent de » s'écouler, tant qu'enfin après avoir fait un peu plus de bruit » et traversé un peu plus de pays les uns que les autres, ils vont » tous ensemble se confondre dans un abîme où l'on ne recon- » naît plus ni princes, ni rois, ni toutes ces autres qualités su- » perbes qui distinguent les hommes (4) ; » enfin avec le pieux au- teur de ce livre admirable, *le premier et le plus beau qui soit sorti des mains de l'homme :* « Donc, tout est vanité hors aimer Dieu, et le servir lui seul ! »

Non, elles ne seront pas vaines ces touchantes leçons. Gra- vées profondément au fond de notre cœur, elles dirigeront, sanctifieront ses affections. Elles tourneront vers un monde meilleur toutes ses espérances. Daignez, du haut du ciel où

(1) M. Gayrard.
(2) Defunctus adhuc loquitur. (St-Paul aux Héb., 11, 4.)
(3) Nolite diligere mundum, neque ea quæ in mundo sunt. Si quis di- ligit mundum, non est charitas Patris in eo. (1 Ep. de St-Jean, 2, 15.
(4) Oraison funèbre d'Henriette d'Angleterre, duchesse d'Orléans.

vous régnez sans doute, bénis cette précieuse semence, ô Pontife vénéré ! Et puissiez-vous agréer ce faible hommage déposé sur votre tombe au nom de mes chers concitoyens, heureux de posséder vos restes mortels, plus heureux, s'ils héritent de votre zèle, de votre amour pour notre sainte religion ! Alors ils s'écrieront dans les douceurs de leurs transports : « Chose admirable ! la religion chrétienne qui ne semble avoir d'objet que la félicité de l'autre vie, fait encore notre bonheur dans celle-ci (1) ! »

NOTE D.

GREGORIUS, PP. XVI.

Ad perpetuam rei memoriam.

Ad augendam fidelium religionem et animarum salutem, cœlestibus ecclesiæ thesauris piâ charitate intenti, oratorium Vulgò *Notre-Dame-des-Buis* nuncupat. Sub parochiali ecclesiâ S. Genesii Ruthen. Diœcesis, in Conceptionis, Nativitatis, Visitationis, Annunciationis, Purificationis B. M. V.; S. S. Josephi Sp. B. M. V., Joachim, Annæ, Dominici, Augustini festivitatibus, ac dominica infrà octavam Nativitatis ejusdem B. M. V.; feria sexta post Dominicam Passionis; Dominica tertia septembris nec non Dominica prima octobris, à primis vesperis usque ad occasum solis, dierum hujusmodi, singulis oraterium devotè visitaverint, ibique pro christianorum principum concordiâ, hæresum extirpatione ac S. matris Ecclesiæ exaltatione pias ad Deum preces effunderint, quò die piorum id egerint, plenariam omnium peccatorum suorum indulgentiam et remissionem misericorditer in Domino concedimus : primo autem Sa-

(1) Montesquieu.

batho cujuslibet mensis Christi fidelibus iisdem præmissa omnia peragentibus, septem annos totidemq. quadragenas : in quolibet vero ex reliquis sabbatis totius anni, saltem contritis, dictam capellam visitantibus, et ut supra orantibus, trecentum dies : in quocumque denuo anni die, centum dies de injunctis eis, seu aliàs quomodolibet debitis pœnitentiis in forma Ecclesiæ consueta relaxamus : quas omnes et singulas indulgentias, peccatorum remissiones ac pœnitentiarum relaxationes etiam animabus Christi fidelium, quæ Deo in charitate conjunctæ ab hâc luce migraverint, per modum suffragii applicari posse in Domino indulgemus.

In contrarium facientibus non obstantibus quibuscumque, præsentibus, perpetuis futuris temporibus valituris. Volumus autem, ut si alia Christi fidelibus in quocumque alio anni die dictam capellam visitantibus aliqua alia indulgentia perpetuò vel ad tempus nondum elapsum duratura concessa fuerit, illa revocata sit, prout per præsentes auctoritate apostolicâ revocamus.

Datum Romæ apud S. Petrum, sub annulo Piscatoris, die XX aprilis MDCCCXLI, pontificatûs nostri anno XI.

Pro Dno Cardinali Lambruschini :

A. PICCHIANI, *Substitutus.*

Executioni mandetur.

Ruthenis, 25 junii 1841.

GRIMAL, Vic. Gen.

Loco † Sigilli.

NOTE bibliographique des manuscrits auxquels des emprunts ont été faits ou qui ont été consultés :

La liste bibliographique des ouvrages imprimés que nous avons consultés, est la même que celle que nous avons publiée dans l'*Ancien Hôpital d'Aubrac.*

Archives de la Mairie de Saint-Geniez.

1. Manuscrit en parchemin, relié en basane, in 4°, contenant les coutumes de la ville, les lettres du duc de Bourbon, portant concession du consulat et plusieurs actes concernant le château, la ville, etc.

2. Trois cartulaires de titres des anciens religieux Augustins, in-folio; reliés en basane; 1 en parchemin.

3. Délibérations des anciens consuls, 3 vol. demi-reliure; 1er vol. de 1732 à 1738; 2e vol. de 1767 à 1790; 3e vol. de 1790 à 1793.

4. Délibérations municipales depuis 1804 jusqu'à 1844.

Archives de Rodez.

1. 16 liasses de papiers concernant le séminaire de Saint-Geniez;

2. 9 liasses idem, concernant les sœurs de l'Union;

3. 5 liasses concernant les Augustins;

4. Registres in 4° des reconnaissances du prieur de St-Geniez, de 1551 à 1671;

5. Petit registre des reconnaissances de la ville en 1682;

6. Autre idem, de la chapellenie de Belfleary;

7. *Pouillé du diocèse*, 2 vol. in-folio, 1771;

8. Autres deux *Pouillés du diocèse*, appartenant, l'un à M. H. de Barrau; l'autre à M. Luluel, notaire à Rodez.

Plusieurs personnes, et surtout M. Fajole, curé de Ste-Eulalie-d'Olt, ont eu la bonté de me prêter plusieurs papiers qui m'ont été très utiles. Je les prie d'agréer ici mes sincères remercîments.

Archives de Marseille.

Consultées pour l'église de St-Geniez, données en 1082, par Pons d'Etienne, évêque de Rodez, aux Bénédictins de St-Victor de Marseille.

Office de St-Geniez, en usage dans la ville d'Arles.

Documens sur les monumens religieux, consacrés dans cette ville, en l'honneur de ce saint martyr.

Bibliothèque royale de Paris.

Manuscrits de Doat. (*Nota*. A la Mairie de St-Geniez, on a copié tous les manuscrits qui concernent les Augustins.)

MÉTÉOROLOGIE DE L'AVEYRON.

*RÉSUMÉ général d'une première année d'observations faites
à l'école normale de Rodez (1845-1856.)*

OBSERVATIONS. — Les tableaux ci-contre donnent lieu aux remarques suivantes :

Température moyenne de Rodez.

La température moyenne de Rodez n'a point été jusqu'à présent déterminée d'une manière directe. M. Boisse a été conduit par la mesure de la température des sources qui sortent des plateaux calcaires environnans, à porter cette température à 10 ° 35. Comme toute eau qui traverse le sol est exposée à rencontrer dans sa marche des substances capables de donner naissance à des réactions chimiques, les observations de la nature de celles dont nous venons de parler ne peuvent conduire qu'à une première approximation qu'il est toujours nécessaire de contrôler par une expérience directe.

Les observations thermométriques qui nous ont servi à déterminer la température moyenne de Rodez, ont été continuées pendant une année entière et faites régulièrement aux heures importantes de la journée ; c'est-à-dire à 9 heures du matin , à midi , à 3 heures du soir et à 9 heures du soir.

La température moyenne d'une localité peut s'évaluer de plusieurs manières : on peut prendre la moyenne des mois d'avril et d'octobre, moyenne que des expériences nombreuses nous ont appris être la même que celle de l'année : ou bien encore on peut prendre la moyenne de toute l'année, en ayant soin, dans l'un et l'autre cas, d'observer le thermomètre à 9 heures du matin. Appliquant ce qui nous venons de dire aux observations consignées dans les tableaux précédens, nous trouvons :

	OCTOBRE.		GÉNÉRAL.	
Hauteurs n...	Matin	713ᵐ 25	709ᵐ 58	
	Midi	713 24	709 35	
	Soir	713 01	709 08	
	Soir	713 37	709 43	
Temp...	Matin	† 9° 4	† 11° 8	
	Midi	11 9	13 6	
(en d...	Soir	13 5	14 2	
	Soir	9 1	11 5	
	...ximum	† 20 0		
Nombre ...	20		98	
où le ciel a ...	5		39	
ralement...	6		47	

dire aux observations consignées dans les tableaux præce-
dens, nous trouvons :

	A[V]RIL.	[...]RAL.
TA[...]Rodez, sou[u]e [...]s mois de l[...]		
Hauteurs m[...]	702^m 47	)6^{mm} 73
	702 08	)6 44
	702 14	)6 20
	702 58	)6 76
Temp[é] (en dem[...] n	† 9° 6	10 ^{o} 0
	11 5	11 8
	10 7	11 9
	7 9	8 9
	† 16 5	18 5
	2 5	9 5
J[...] 24, 26, 29.	[,] 8, 9, 17, 18, 24, 26, 29.	
Jours	[,] 8, 9, 11, 12, 18, 19, 23, 24.	

Température moyenne du mois
d'octobre 1845.......... 11 º 5.
                              Moyenne 10º 2.
Température moyenne du mois
d'avril 1846............ 9 º 0.

Température moyenne de tous
les mois de l'année.............   10 º 8.

De ces deux nombres on est en droit de conclure que la température moyenne de Rodez est d'environ 10º 5, laquelle ne serait inférieure que de 0 º 1 à celle de Paris, et seulement supérieure de 0 º 15 à celle trouvée par M. Boisse.

An premier abord on a de la peine à comprendre comment il se fait que la température moyenne de Rodez, étant à peu près égale à celle de Paris, on ne puisse cependant se livrer aux mêmes genres de culture dans l'une et l'autre localité. Ainsi, tandis que la vigne et le mûrier sont cultivés avec succès aux environs de la capitale, ces deux plantes ne croissent qu'avec peine aux alentours de Rodez. En y réfléchissant un peu, on comprend que la possibilité d'une culture ne dépend pas seulement de la température moyenne de la localité, mais encore de la limite des variations de température. Dans un pays où les journées seraient plus chaudes qu'à Paris et les nuits plus froides de la même quantité, la température moyenne resterait la même, et malgré cela la température des nuits pourrait s'abaisser à un degré nuisible pour les plantes qui prospèrent sous la latitude de Paris. Tel est l'effet qui se produit à Rodez. Le sol de cette ville et de ses environs doit à sa situation élevée d'absorber avec facilité les rayons du soleil pendant le jour, et de rayonner promptement pendant la nuit la chaleur ainsi absorbée ; d'où il résulte que, tandis qu'à Paris les variations diurnes de température n'atteignent que 3 º en minimum et 11 º en maximum, les mêmes variations s'élèvent à Rodez en minimum à 16 º, et atteignent en maximum 19 º.

On nomme *climats constans* ceux dans lesquels les variations de température sont compris entre des limites peu étendues, et on nomme, au contraire, *climats variables* ceux tels que Rodez, dans lesquels ces variations s'élèvent à un grand nombre de degrés.

Il résulte encore des observations précédentes que la température va en diminuant, depuis le mois de juillet jusqu'au mois de décembre. Pendant les mois de juillet, août, septembre, la diminution est peu sensible ; elle est au contraire très rapide pendant les mois d'octobre, novembre, décembre. C'est dans ce dernier mois que la température atteint son minimum, puis elle va croissant, depuis le mois de janvier jusqu'au mois de juillet, où elle atteint son maximum. D'après cela, le mois le plus froid de l'année est le mois de décembre, et le plus chaud est le mois de juillet. La différence de température entre le mois le plus chaud et le plus froid de l'année a été de 17°. Et cette grande variation vient confirmer ce que nous avons dit du climat de Rodez, qui, suivant nous, doit être classé au rang des *climats variables*, en raison des fortes variations de température auxquelles il est soumis.

De la pression barométrique moyenne à Rodez.

D'après les observations consignées dans les tableaux précédents, on trouve:

Pression barométrique moyenne des six derniers mois de 1845.............. 709ᵐᵐ 35

Pression barométrique moyenne des six premiers mois de 1846.............. 706ᵐᵐ 44

Pression moyenne de l'année.............. 707ᵐᵐ 89.

On aperçoit immédiatement que la pression moyenne des mois de juillet, août, septembre, octobre, novembre, décembre, est supérieure de 2ᵐᵐ 91 à la pression moyenne des six premiers mois de l'année suivante.

La plus grande hauteur barométrique que l'on ait observée est de.............. 718ᵐᵐ 58

La plus basse de.............. 695ᵐᵐ 78

Différence.............. 22ᵐᵐ 80

Et comme la pression barométrique moyenne est de 707ᵐᵐ 89, il en résulte que le baromètre s'élève quelquefois de

10 mm 69 au dessus de la moyenne et s'abaisse de 12 mm 14 au dessous.

Variations diurnes du baromètre. — La hauteur barométrique varie dans le courant de la journée. Le baromètre descend depuis 9 heures du soir jusqu'à 4 heures du matin, où il atteint un premier minimum, puis il remonte depuis 4 heures du matin jusqu'à 9 heures du matin où il atteint son premier maximum, puis il redescend jusqu'à 4 heures du soir, où il atteint un second minimum pour remonter ensuite jusqu'à 9 heures du soir, époque du second maximum.

On nomme *période du matin* la différence de hauteur du baromètre à 9 heures du matin et à 3 heures du soir, et *période du soir* la différence de hauteur du baromètre à 9 heures et 3 heures du soir. Ces deux périodes sont à peu près égales à Rodez, et diffèrent peu d'un demi-millimètre. C'est ce que prouve le tableau suivant.

ÉPOQUE de L'OBSERVATION.	PÉRIODE du MATIN.	PÉRIODE du SOIR.	DIFFÉRENCE.
Année 1845.	0 mm 50	0 mm 35	0 mm 15
Année 1846.	0 mm 55	0 mm 50	0 mm 05

De la Pluie.

D'après les résultats consignés dans les tableaux précédens, on serait en droit de conclure que le climat de l'Aveyron est très pluvieux, car dans l'espace de 365 jours, il a plu 112 fois, c'est-à-dire un tiers environ de l'année, et pendant ces jours de pluie, il est tombé une quantité d'eau qui, mesurée dans un pluviomètre, a donné une hauteur de 1,055 mm 05 d'eau. Dans le courant d'une année, il est tombé à Rodez plus d'un mètre d'eau, tandis que, dans le même laps de temps, on n'a recueilli dans le pluviomètre de l'observatoire de Paris que 621 mm 09. Malgré cette dif-férence en faveur de Rodez, le climat de cette dernière ville est moins humide que celui de la capitale, car si d'un côté il y tombe plus d'eau, l'évaporation y est plus rapide, et l'humidité ne séjourne pas si longtemps dans les couches inférieures de l'atmosphère.

Les mois les plus pluvieux de l'année sont avril et mai; les mois les plus secs ont été juillet, février et octobre.

Pendant l'hiver dernier, il est tombé 239 mm d'eau; pen-dant le printemps, 380 mm, pendant l'été, 204 mm, et pen-dant l'automne, 182 mm. D'après cela, la saison la plus plu-vieuse de l'année serait le printemps, et la plus sèche, l'au-tomne.

Gelée et Neige.

L'hiver dernier ayant été peu rigoureux, nous n'avons eu à signaler qu'un petit nombre de jours pendant lesquels il a neigé.

Les jours de gelée ont été au nombre de 41, mais il est probable que dans les années ordinaires ce nombre doit être de beaucoup dépassé.

Orages.

L'année a été peu orageuse. 15 jours d'orages dans le courant d'une année doit être considéré comme un nombre inférieur à celui que l'on trouverait dans une année ordi-naire.

Vents.

Il résulte des observations continuées pendant 11 mois que les vents régnans à Rodez sont les vents du sud-est et d'ouest. Les vents du sud-est paraissent dominer pendant la première moitié de l'année, et les vents d'ouest pendant la seconde moitié. L'un et l'autre de ces vents souffle avec une grande violence, mais ce sont en général les vents d'ouest qui amènent la pluie.

Les vents ont soufflé de l'ouest pendant 90 jours, et les vents du sud-est pendant 74 jours.

Après ces vents régnans, ceux qui soufflent le plus fréquemment, ce sont ceux de nord-ouest et du nord. Les plus rares sont ceux d'est et de nord-est.

Les mois pendant lesquels les vents soufflent avec le plus de violence paraissent être les mois de janvier, février, mars, avril.

Beaux jours.

Pendant une année d'observation, nous avons constaté 189 beaux jours. Cela prouve qu'il a fait à Rodez plus souvent beau que mauvais, dans un intervalle de temps que l'on peut considérer à bon droit comme ayant été très-pluvieux.

NOTE

Sur les dépôts gypseux des environs de Saint-Affrique

(Aveyron).

Les carrières de gypse que je me propose de décrire, sont situées dans l'arrondissement de St-Affrique, vers l'extrémité sud, du département de l'Aveyron. Elles sont également dignes d'attention et d'intérêt, soit qu'on les considère sous le point de vue industriel, soit que l'on étudie leur gisement au point de vue géologique.

L'abondance, la bonne qualité des produits exploités, l'étendue considérable du gîte, leur donnent, en effet, une importance industrielle qui n'attend, pour grandir et se montrer dans tout son jour, qu'une exploitation plus intelligente, que des débouchés plus nombreux et plus faciles. Pour ce qui est de leur intérêt géologique, il ressortira suffisamment des détails que nous aurons à donner sur leur gisement encore peu connu.

Le gypse des environs de Saint-Affrique se trouve, soit en bancs épais de 1 à 2 et quelquefois jusqu'à 3 mètres, soit en petits lits, en veinules ou en rognons, disséminés dans une argile dont la couleur présente les nuances les plus variées. Le plâtre provenant des lits minces et des rognons, presque toujours souillé par le mélange d'une quantité plus ou moins grande d'argile, est généralement abandonné à cause de son impureté, ou réservé pour les besoins de l'agriculture. Mais celui que fournissent les couches principales rivalise par sa beauté, et surtout par la finesse de son grain, avec les meilleurs plâtres connus.

Sa couleur, d'un blanc laiteux légèrement rosé, plaît généralement moins, il est vrai, que la couleur blanc bleuâtre du plâtre de l'Ariége; mais il rachète ce défaut par la merveilleuse facilité avec laquelle il se prête à tous les travaux de décoration et de moulage.

Les plâtrières sont situées, pour la plupart, sur les flancs d'une montagne appelée la *Loubre*, qui s'étend dans la direction N.N.O., sur une longueur d'environ trois lieues, entre les vallées de la Sorgue et de la Nuéjouls. Les travaux, presque toujours fort irréguliers, ont lieu par grandes tranchées à ciel ouvert: de là, des frais d'exploitation considérables, et l'impossibilité de pénétrer bien avant dans les dépôts gypseux. — Des déblais énormes deviennent en effet nécessaires, pour suivre ces dépôts, à une distance de quelques mètres seulement, vu la grande déclivité de la montagne. Le front des tranchées taillées à pic, dans une argile peu consistante, et sur une hauteur qui atteint souvent 15 à 20 mètres, se soutient d'ailleurs difficilement pendant les saisons pluvieuses. Des éboulemens considérables ne tardent pas à recouvrir les affleuremens mis à nu, et lassant la persévérance et le courage des exploitans, les forcent à abandonner leurs carrières pour aller chercher plus loin un affleurement nouveau. Aussi, les travaux d'exploitation n'offrent-ils, en général, qu'un faible développement.

Les carrières les plus importantes sont aujourd'hui celles de Montaigut, de la Pize, des Pascals, de Vandeloves, de Saint-Caprazy et de Gissac; mais l'on a découvert et exploité beaucoup d'autres gîtes dans diverses localités, et notamment à Vareilles, à Roquaubel, à Saint-Félix-de-Sorgues, à Saint-Amant, à Montagnol, à Vailhausy, etc.

Les carrières, ouvertes sur des talus à pentes rapides, donnent presque toujours lieu à d'immenses déblais, à de grandes coupures de terrain dans lesquelles on peut étudier avec facilité la disposition des masses gypseuses, ainsi que l'allure et la composition des roches auxquelles ces masses se trouvent associées. Ces roches sont, comme je l'ai déjà dit, des argiles marneuses, dont les couches épaisses de 0m,10 à 0m,30, présentent dans leurs couleurs des nuances diverses. Cette variété de couleurs, rendue plus sensible encore par l'interposition des couches de gypse, donne à l'ensemble de la formation argileuse un aspect rubané qui met bien en relief sa stratification.

A part quelques irrégularités locales, qui paraissent dues à la forme même des amas gypseux sur lesquels les couches argileuses se sont moulées, la stratification est fort régulière, et présente une identité parfaite dans tous les lieux où il m'a été permis de l'observer. Le plan des couches, considérées dans leur ensemble, est presque horizontal, et n'offre qu'une faible inclinaison de 8 à 10° vers l'E. N. E.

La conformité de stratification n'est pas, du reste, le seul trait de ressemblance commun à tous les gîtes qui font l'objet de cette note, la formation gypseuse, partout où elle a été mise à nu, a présenté une constance fort remarquable dans tous ses caractères. Aussi ne peut-on douter que tous les dépôts exploités ne soient, malgré leur défaut de continuité et leur indépendance apparente, le produit d'un seul et même phénomène géologique, et telle est leur identité, que pour les faire connaître tous, il me suffira d'en décrire un seul.

Je choisirai, de préférence, le dépôt sur lequel a été ouverte la carrière de la Pize; soit parce qu'il est un des plus importans, sous le double rapport de la beauté et de la puissance des couches exploitées; soit, surtout, parce que, grâce à des travaux récemment exécutés, j'ai trouvé dans ce lieu plus de facilité que dans tout autre pour étudier en détail les circonstances de gisement.

Cette carrière, située à environ trois kilomètres au Sud de Vabres, sur le flanc occidental de la montagne de la Loubière, a été ouverte dans un point où le talus de la montagne présente une pente fort rapide. Comme toutes les autres plâtrières de la même contrée, elle est exploitée à ciel ouvert : le front de la tranchée fraîchement taillée présentait, à l'époque où je l'ai visitée, une hauteur de 20 mètres environ sur 40 mètres de largeur. Les tranches des couches s'y dessinent par le contraste de leurs couleurs. Les marnes argileuses, qui forment la roche encaissante et l'élément essentiel et dominant du terrain, sont compactes, et non point schisteuses comme les marnes rouges qui constituent la base de la montagne. Leur couleur est généralement grise, avec des nuances plus ou moins tranchées de brun, de rouge, de vert et de bleu. Le gypse forme, indépendamment de deux grandes couches exploitées, un grand nombre de lits, minces, parfaitement stratifiés et très réguliers. Il existe en outre, à l'état de mélange intime, en fragmens presque imperceptibles, dans l'argile qui en est parfois presque entièrement imprégnée, et il constitue enfin des rognons et des veinules qui, disséminés sans ordre, s'entre-croisent dans tous les sens, et donnent à la masse entière l'apparence d'un stockwerk.

La *fig*. 6, *Pl. I*, représente une coupe verticale des couches mises à découvert par les travaux d'exploitation de la Pize. Les couches exploitées sont eu nombre de deux : la couche inférieure G a environ 1 mètre d'épaisseur ; elle est composée d'un gypse blanc, compacte, saccharoïde, un peu translucide sur les bords, et repose sur une couche mince, mais très régulière, de gypse rubané, semé de blanc et de noir, que les ouvriers carriers regardent comme servant de base à la formation gypseuse. Une série de couches d'argile aux couleurs irisées recouvre la couche G, sur une épaisseur de 2^m,50, et la sépare de la deuxième couche exploitée G. L'épaisseur de celle-ci est de 1^m,20. Le gypse qui la compose est d'un blanc un peu moins pur que celui de la couche inférieure. Sa texture est d'ailleurs plus grenue, sa cassure moins compacte, et, au lieu de former une masse continue, il est souvent criblé de cavités irrégulières, et se divise en fragments tuberculeux de 1 à 2 pieds de diamètre, dont les formes arrondies rappellent les masses concrétionnées déposées par les eaux incrustantes des sources calcaires. La partie supérieure de l'escarpement n'offre, sur une hauteur de plus de 12 mètres, qu'une alternance, plusieurs fois répétée, de couches argilo-marneuses de couleurs diverses, dans lesquelles sont intercalés des lits minces de gypse, et que sillonnent dans tous les sens des veinules de la même matière. Ces veinules sont loin d'être régulières : tantôt épaisses de 3 à 4 centimètres, tantôt réduites à une épaisseur à peine appréciable, elles s'infléchissent, se ramifient de mille manières, et donnent souvent lieu, par leurs renflemens, à des nodules ou rognons dont le volume atteint quelquefois 2 et 3 décimètres cubes.

Le gypse, ainsi disséminé en petite partie dans les argiles, est presque toujours rougeâtre, à cassure terreuse, et moins pur que celui qui provient des couches principales. On trouve cependant, surtout dans la partie supérieure de la formation, des veines et des rognons entièrement composés de gypse

bleu, fibreux, cristallisé en longs faisceaux d'aiguilles trans-
lucides, d'un état nacré, d'une pureté parfaite; mais cette
variété, fort rare d'ailleurs, donne un plâtre moins estimé
que la variété compacte (1).

Les détails que je viens de donner sur la carrière de la Pize,
peuvent, avec de très-légères modifications, s'appliquer à
toutes les autres carrières; car il existe entre elles, comme
je l'ai déjà fait remarquer, une analogie complète; et à part
le nombre, et surtout la puissance des couches qui varie
souvent dans des points même très rapprochés, il est impossible de saisir la moindre différence entre les divers dépôts
exploités.

J'ai désigné jusqu'à présent, par le nom de couches, les
masses gypseuses des environs de Saint-Affrique, comme si
les masses formaient réellement des couches régulières et
continues. Telle est, en effet, l'idée que l'on pourrait se former
à priori, par l'inspection des carrières; car les masses exploitées, parfaitement parallèles aux plans de stratification,
offrent, quand on les considère sur une petite étendue, une
épaisseur à peu près constante; mais lorsqu'on les poursuit à
une plus grande distance, l'on s'aperçoit qu'elles s'amincissent
peu à peu, s'étranglent et disparaissent parfois entièrement;
de sorte que les grands dépôts gypseux constituent non une
couche régulière d'épaisseur uniforme, mais une série d'amas
lenticulaires très aplatis, dont les grands axes, parallèles
aux plans de stratification, et tous compris à peu près dans
un même plan, atteignent parfois une longueur de 150 à 200
mètres, tandis que la longueur des petits axes est généralement
au-dessous de 3 à 4 mètres. De cette disposition que j'ai cherché
à rendre sensible dans la fig. 5, tout en exagérant beaucoup
les dimensions verticales, il résulte qu'il n'y a pas toujours
continuité, liaison directe entre les dépôts exploités dans deux
carrières voisines, mais ces dépôts ne doivent pas pour cela
être considérés comme indépendants les uns des autres, et à
cause de la conformité que nous avons déjà signalée dans les

conditions de gisement, il suffirait de comparer leurs positions relatives pour reconnaître la communauté de leur origine, et se convaincre qu'ils sont tous le résultat d'une même action géologique, dont les produits, irréguliers dans leurs formes, offrent du moins une régularité parfaite dans leur distribution et dans leur ensemble.

Si l'on étudie, en effet, la position relative des divers gîtes exploités jusqu'à ce jour, l'on voit que le plus grand nombre de ces gîtes, et les plus importans, se trouvent placés sur les deux flancs opposés de la montagne de la Loubière et sur la rampe orientale de la vallée de la Sorgue, faisant face à cette même montagne. (Voir la carte, *fig.* 1, et les coupes, *fig.* 2, **3** et 4, *Pl. I.*)

Les principaux affleurements sont donc distribués sur trois zônes parallèles, dirigées à peu près suivant le méridien magnétique, et cette première considération nous fait pressentir déjà une loi de symétrie qu'il nous sera facile de mettre en évidence par l'examen du niveau relatif de ces affleurements. Ce niveau est à très peu près le même pour tous les gîtes situés sur une même ligne parallèle au méridien magnétique; mais il n'en est plus ainsi lorsque l'on compare deux ou plusieurs gîtes placés sur une ligne plus ou moins oblique au même méridien. L'on reconnaît alors, en effet, ce qui suit:

1• La ligne qui joindrait ces gîtes n'est plus horizontale, mais inclinée constamment vers l'Est.

2• L'inclinaison de cette ligne est d'autant plus grande qu'elle approche plus de la direction E. N. E.

3º L'inclinaison maximum correspondant à la direction que je viens d'indiquer, est d'environ 8 à 10•.

De sorte que la zône d'affleurement de la formation gypseuse autour de la montagne de la Loubière, serait déterminée par un plan incliné de 8 à 10• vers l'E. N. E. L'intersection de ce plan, avec le versant de la vallée de la Sorgue, opposé à la montagne de la Loubière, forme une autre ligne d'affleurements, qui se trouvant plus à l'est, doit être aussi à un niveau plus bas.

Une observation analogue à celle que nous venons de faire au sujet du niveau relatif des gîtes explorés peut être faite relativement à leur richesse; et l'on reconnaît que l'abondance des dépôts diminue , à mesure que l'on s'éloigne de la montagne de la Loubière , laquelle paraît correspondre au point où s'est fait sentir, avec le plus d'énergie, l'action des phénomènes qui ont donné naissance aux dépôts gypseux.

Ce que nous avons dit , sur la distribution topographique des carrières à plâtre exploitées aux environs de St-Affrique, ne nous permet guère d'admettre l'opinion assez généralement accréditée d'après laquelle les gypses de cette contrée appartiendraient à la formation des grès et marnes rouges, qui constituent les plaines du Camarès. Il serait bien difficile en effet de concilier cette opinion avec la disposition symétrique que nous avons signalée.

Les grès rouges qui forment la base et les contre-forts de la montagne de la Loubière , sont en couches inclinées de 25 à 30° vers le S. S. O. — Si la formation gypseuse dépendait de ces grès, ses affleurements, sur les flancs de la montagne, devraient former des lignes dont l'inclinaison concorderait avec celles des couches de grès, et ne pourraient point être distribuées, comme nous avons vu que cela a lieu, sur un même plan à peu près horizontal.

Cette considération , qui m'avait frappé depuis longtemps, m'avait inspiré des doutes sur la position vraie de ces dépôts, avant même qu'il m'eût été possible de les visiter; et les études géologiques auxquelles je me suis livré récemment aux environs de Saint-Affrique , dans le but de compléter la carte géologique de l'Aveyron, dont je m'occupe depuis plusieurs années , ont pleinement confirmé les idées que j'avais préconçues à cet égard. Néamoins, avant d'exposer ces idées, il ne sera pas inutile de préparer la justification et la preuve, en faisant connaître par un aperçu rapide la composition géologique de la contrée environnante.

Le gypse de Saint-Affrique est principalement concentré vers l'extrémité sud-ouest d'un bassin secondaire, lequel est limité, au sud, par les montagnes de Lacaune, à l'ouest, par celles du Lauradou , au nord, par la chaîne du Lagast; ouvert à l'est, ce bassin se rattache, par les plateaux calcaires du Larzac et de l'Hérault , au vaste bassin secondaire du sud-est de la France. Sa composition géologique est fort simple, car elle ne comprend que trois éléments principaux , trois

formations aussi distinctes par la nature des roches constituantes que par la stratification des couches.

Ces formations sont :

Le terrain de transition ;

Le terrain de trias ;

Et le terrain jurassique.

Peut-être devrions-nous comprendre dans cette énuméra-
tion, comme composant un terrain distinct et le plus intéres-
sant pour nous, la formation de grès et de marnes dans
laquelle se trouvent enclavés les dépôts gypseux ; mais ses
proportions rétrécies et la faible influence qu'elle exerce sur
la constitution physique de la contrée ne me permettaient
point d'assimiler cette formation aux trois grandes divisions
géologiques que je viens d'indiquer, et d'ailleurs elle se lie
d'une manière si intime à la partie inférieure de lias, base de
terrain jurassique, qu'il est presque impossible de l'en séparer,
meme artificiellement. Quoi qu'il en soit, comme la connaissance de ce terrain est directement liée à la détermination du
gisement, objet principal de cette note ; comme il est d'ailleurs
fort probable qu'il ne dépend pas de la formation jurassique,
malgré ses rapports intimes avec le lias ; je l'étudierai séparément, après avoir jeté un coup d'œil sur les trois grandes
formations qui se partagent presque exclusivement le bassin
de Saint-Affrique.

Le terrain de transition forme les limites ouest, sud et
sud-ouest du bassin ; il se compose de trois éléments essen-
tiels : le schiste argilo-talqueux, le calcaire et la grauwacke ;
mais ces deux dernières roches sont comparativement fort
rares, et le schiste talqueux forme à lui seul dans la plupart
des lieux la masse entière du terrain. Les couches, fortement
redressées, offrent dans leur direction une constance remarquable.

Cette direction est parallèle à l'axe granitique de la chaîne
de Lacaune, elle coïncide à très peu près avec la ligne E. N.-E.
qui caractérise l'époque de soulèvement comprise entre les
deux dépôts de transition. De nombreux filons sillonnent ce
terrain. Composés principalement de quartz et de baryte
sulfatée, ces filons sont souvent imprégnés de minérais
cuprifères, et la matière métallique devient parfois assez

abondante pour donner lieu à des travaux d'exploitation. Tels sont les minérais exploités dans la concession de Senomes. La source thermale de Sylvanès appartient aussi au terrain cambrien : elle est située à une centaine de mètres seulement de la limite des grès rouges et à une distance à peu près double, d'un filon puissant de quartz et de baryte sulfatée avec indices de cuivre.

Sur les couches déjà soulevées du terrain cambrien, s'est déposée une formation arénacée composée de grès rouges, de psammites et de marnes de même couleur, alternans avec quelques couches minces de calcaire magnésien. Tous les géologues qui ont étudié ce bassin et qui en ont fait mention dans leurs écrits, s'accordent à considérer ces grès rouges comme représentant la formation du *grès bigarré* et des *marnes irisées*. Peut-être pourrait-on objecter contre ce classement : 1° la direction des couches qui court presque constamment de l'Ouest 10 à 20° Nord, à l'Est 10 à 20° Sud, direction bien plus rapprochée de celle du vieux grès rouge que de celles qu'affectent habituellement les grès bigarrés; 2° les traces de grandes dénudations opérées sur les grès rouges, avant le dépôt de terrain jurassique, et même de la formation gypseuse, dénudations dont la conséquence naturelle serait l'hypothèse d'une interruption dans les dépôts sédimentaires.

Mais ces considérations ne sauraient suffire, pour nous faire abandonner une opinion qui, fondée sur les analogies de ce terrain avec des terrains d'un âge bien connu, s'appuie d'ailleurs sur l'autorité des noms les plus imposants en géologie (1). Je considérerai donc, ainsi qu'on l'a fait jusqu'à ce

(1) Voir la Carte géologique de la France par MM. Dufrénoy et Elie de Beaumont ;

Le mémoire de M. Dufrénoy sur le plateau central de la France et sur les terrains secondaires qui recouvrent les pentes méridionales de ce plateau *(Annales des mines*, 2° série, t. V, p. 199 et suiv.);

Le mémoire de M. Combes sur les formations calcaires de l'Aveyron *(Annales des mines*, 1re série, t. VIII);

La Statistique géologique et minéralogique de l'Aveyron, par M. Blavier *(Journal des mines*, t. XIX.)

jour, les grès et marnes rouges du bassin de Saint-Affrique, comme représentant le grès bigarré, et je les décrirai sous le nom aujourd'hui plus généralement admis de *Trias*, me réservant néanmoins de détacher de ce terrain, pour la décrire séparément, la formation gypseuse, que sa stratification semble en séparer d'une manière bien tranchée, quoiqu'elle en fasse réellement partie.

Recouvert, en partie, par les dépôts plus récents des formations gypseuse et jurassique, le terrain de trias se montre à nu dans la partie Ouest du bassin, dont il constitue presque exclusivement le sol, sur une étendue d'environ 28 lieues carrées. Il est limité, au Nord, à l'Ouest, et au Sud, par le terrain cambrien, sur lequel il s'appuie, à l'Est par le terrain de lias, sous lequel on le voit plonger. On peut le diviser en deux parties, selon la nature ou le mode d'aggrégation des roches dominantes. La partie inférieure, principalement composée de grès, se montre presque sur tout le pourtour du bassin ; mais elle acquiert son plus grand développement, dans la partie N.-O. ou elle constitue une région excessivement accidentée. De nombreuses collines, alignées de l'Ouest 10 à 20° N. à l'Est 10 à 20° S., accusent, par la direction de leurs crêtes rectilignes, la direction des couches qui les composent; et qui inclinent presque toujours vers le S. S.-O. sous un angle de 20 à 40°. La partie supérieure est composée de psammites, de marnes, et de calcaire magnésien. Ces roches disposées en lits minces, et généralement peu consistantes, offrent la même orientation que les grès de la partie inférieure ; elles abondent surtout au centre et vers l'extrémité Sud-Est du bassin, où elles forment les plaines de Camarès, et quelques-unes des collines aux formes arrondies, qui servent de contre-fort à la montagne de la Loubière. Ces mêmes couches, après avoir un instant disparu sous les terrains plus récents qui constituent la partie supérieure de la montagne, reviennent au jour au fond de la vallée de la Sorgue, et vont se perdre enfin sous le plateau calcaire de Larzac.

La division que je viens d'indiquer, dans la formation du trias, est moins une division géologique, qu'une division topographique : elle ne repose en effet que sur les caractères mécaniques des roches dominantes ; et sur les différences que ces caractéres doivent nécessairement apporter dans le relief et l'aspect général du sol. Les grès durs et résistants de la partie inférieure forment une région montueuse , des collines aux pentes rapides , aux formes anguleuses , disposées en lignes parallèles dont l'orientation coïncide avec celle des couches. Les marnes friables de la partie supérieure forment au contraire des plaines basses, à peine accidentées par quelques collines aux pentes adoucies et mamelonnées. Du reste , à part la prédominance des roches dures dans l'étage inférieur, et celle des roches tendres et friables dans l'étage supérieur, il y a identité géologique complète, dans toute l'étendue de la formation. Partout mêmes caractères minéralogiques, dans les éléments constituant des roches, même stratification ; enfin , mêmes accidents des couches.

Ces accidents sont nombreux, et profondément marqués : ils attestent la violence des bouleversements qu'a éprouvés le sol de la contrée, dans l'intervalle de temps qui s'est écoulé , entre le dépôt de trias , et celui de la formation gypseuse. Des failles nombreuses , des filons généralement peu puissants, sillonnent ce terrain. La matière dominante des filons est la baryte sulfatée, et le spath calcaire : l'on y trouve souvent du fer sulfuré , et aussi des indices de minerais cuprifères; mais aucun de ces indices n'a paru ancore assez important pour donner lieu à une exploitation (1). Ces filons, abondamment distribués sur toute la surface du terrain de trias , sont fréquents; surtout dans les collines arénacées du N.-O. comprises entre Coupiac, Esplats, Rebourguil, Vabres et Broquiès. Vers l'extrémité S.-E. les failles ne sont pas moins nombreuses mais elles sont souvent dépourvues de roches de remplissage; et leurs traces, manifestées alors uniquement par la dislocation des couches, deviennent très difficiles à suivre au milieu des roches friables qui constituent le sol de cette partie

(1) Une permission de recherches avait été accordée , il y a près d'un demi-siècle , à M. Guiez, pour les minerais de cuivre des communes de Ségonzac , Inous, le Viala-du-Dourdou, Brousse, Esplats ; Broquiès et Rebourguil. Il ne paraît point que ces recherches, si elles ont eu lieu , aient produit aucun bon résultat.

du bassin. La direction des failles diffère peu habituellement de la direction des couches redressées : comme celle-ci elle oscille entre l'Ouest 10° N. et l'Ouest-Nord-Ouest.

Un fait remarquable, et sur lequel je crois devoir appeler particulièrement l'attention, c'est l'abondance des sources minérales dans la portion S.-E. du bassin qui nous occupe. Ce n'est point ici le lieu de donner la description de ces sources; ce travail a d'ailleurs été déjà exécuté (1). Et je me contenterai de poser ici quelques faits importants, en ce qu'ils semblent établir une certaine dépendance entre les dépôts gypseux et les sources minérales des environs de Saint-Affrique. Ces faits sont relatifs à la position topographique, au gisement, à l'origine de ces sources et à la nature de leurs produits. Ils peuvent se résumer de la manière suivante :

1° *Position des sources minérales du bassin de St-Affrique.* — Ces sources minérales, dont les principales sont celles d'Andabre, de Prugnes, de Sylvanès, de Valhauzy et de Mas-Rival, sont toutes groupées autour des montagnes de la Loubière, centre des dépôts gypseux.

2° *Gisement des sources.* — A l'exception des eaux thermales de Sylvanès, qui se trouvent, comme nous l'avons déjà dit, dans le terrain cambrien, à une petite distance du trias, toutes ces sources prennent naissance dans ce dernier terrain.

3° *Origine probable des sources.* — Elles paraissent être en rapport de position, et peut-être d'origine, avec des tailles ou filons situés à de petites distances. Ainsi, la source de Prugnes vient au jour, à quelques mètres seulement d'un filon assez puissant fortement imprégné de pyrites et dirigé O.-N.-O. Près de celle d'Andabre, se trouve aussi une faille présentant la même direction; nous avons vu qu'il en était de même de celle de Sylvanès, et si nous n'avons pu constater le même fait, pour les sources de Valhauzy et de Mas-Rival, cela tient sans doute à ce que dans les points où elles naissent, le trias

(1) Voir le Mémoire de M. H. de Barrau, sur les eaux minérales du département de l'Aveyron (*Mémoires de la Société des lettres, sciences et arts de l'Aveyron*, tome III, page 232).

est en grande partie caché par les éboulis provenant des escarpements calcaires qui couronnent la vallée de la Sorgue.

4° *Age des filons auxquels les sources paraissent être subordonnées.* — Ces filons, au voisinage et à l'influence desquels les sources dont nous parlons doivent probablement leurs propriétés minérales, n'atteignent pas les terrains supérieurs au trias, et sont par conséquent le résultat d'une dislocation survenue avant le dépôt de la formation gypseuse.

5° *Nature des eaux minérales.* — Enfin, les eaux de ces sources tiennent toutes en dissolution une quantité assez considérable de sulfates alcalins : ainsi, pour ne parler que de celles dont la composition chimique a été constatée par des analyses rigoureuses, la quantité de sulfate de soude contenue dans un litre d'eau, a été trouvée de :

grammes.

0,037 pour l'eau de Sylvanez (1).
0,200 pour l'eau d'Andabre (2).
0,130 pour l'eau de Prugues (3).

De tout ce qui précède, nous devons nécessairement conclure qu'une dislocation violente s'est fait sentir après le dépôt du terrain de trias, et avant le dépôt du terrain gypseux, dislocation qui a eu pour résultat, dans la contrée dont nous nous occupons, le glissement des couches préexistantes et la formation de failles et filons, dans le voisinage, et probablement sous la dépendance desquels se trouvent des sources minérales dont les eaux sont chargées de sulfates alcalins. — Ces conclusions sont importantes, car les faits qu'elles constatent pourraient bien, comme nous le verrons plus loin, ne pas avoir été sans influence sur la formation des gypses de Saint-Affrique.

Immédiatement au-dessus des grès rouges que je viens de décrire, se trouve le terrain gypseux : c'est donc ici que devrait prendre place la description de ce terrain ; mais il nous

(1) Analyse du docteur Coulet.
(2) Analyse de M. Laurent. — D'après M. Bérard, la proportion de sulfate de soude serait beaucoup plus forte : elle irait à 0 gr, 6954.
(3) Analyse de M. Limousin-Lamothe.

sera plus facile de saisir ses rapports avec la formation liasique à laquelle il se lie intimement lorsque nous aurons étudié celle-ci ; et je dois me contenter d'indiquer sa place en passant, me réservant de revenir plus tard sur sa description.

La composition du terrain jurassique est bien moins simple, bien moins homogène que celle des terrains que j'ai précédemment décrits. Des changemens brusques, dans la nature des roches constituantes, établissent à différents niveaux des lignes de démarcation, nettes et parfaitement tranchées, qui permettent de diviser la formation en plusieurs séries de couches ou étages distincts.

L'on ne compte, dans le terrain jurassique de cette partie de la France, que deux étages, le *lias* et l'*oolite inférieure*, mais chacun de ces étages peut à son tour se subdiviser en deux parties, eu égard à la structure et à la composition des roches dont il est formé : de sorte que l'ensemble du terrain comprend quatre séries distinctes, qui sont :

Etage inférieur. { 1. Le grès et les marnes infrà-liasiques. . . . . } **Lias.**
{ 2. Le calcaire liasique. . . . . }

Etage supérieur. { 3. Les marnes suprà-liasique ou sables de l'oolite inférieure } **Oolite inférieure.**
{ 4. Le calcaire oolitique infér. }

Chaque étage a pour base, comme on le voit, un dépôt mécanique arénacé ou argileux, généralement peu consistant, tandis que sa partie supérieure est composée de roches calcaires d'une grande compacité. Cette double alternance de roches faciles à désagréger, et de roches résistantes, combinée avec la stratification presque horizontale des couches, fournit une explication facile des accidents nombreux, des traits larges et fortement accusés qui caractérisent le relief de ces terrains.

Le calcaire oolitique, partie supérieure de la formation, constitue le sol du Larzac, plateau vaste et élevé, par lequel le bassin que nous étudions se rattache aux terrains secondaires du Languedoc et de la Provence. Des escarpements coupés à pic sur une hauteur de 300 à 400 pieds, entourent ce plateau presque de toutes parts, et forment autour de lui une sorte de rempart inaccessible. Au pied de ces escarpe-

ments, se montrent les marnes suprà-liasiques, offrant tantôt des talus rapides profondément ravinés, tantôt des pentes douces, qui viennent se perdre sur un étage inférieur de
plateaux calcaires formés par le lias. Ces plateaux inférieurs
présentent vers l'Ouest une zône de une à deux lieues de largeur; ils se terminent aussi par des escarpemen ts; mais ceux-ci
sont beaucoup moins hauts que ceux qui limitent le plateau
oolitique. La vallée de la Sorgue forme, depuis Cornus jusques
à Vabres, la limite naturelle du calcaire du lias; cependant
quelques lambeaux de ce même terrain, couronnant des collines de grès rouge, se montrent encore à l'Ouest de la vallée
et témoignent de l'étendue primitive de cette formation. Les
plates-formes calcaires qui couronnent ces collines, les font
reconnaître de loin, et les signalent comme autant de témoins destinés à constater les effets des dénudations profondes, qui ont dû progressivement resserrer les limites du terrain jurassique.

C'est sur les flancs de ces collines, dont la plus considérable est la montagne de la Loubière, et aussi au pied des
escarpemens qui dominent la rive droite de la Sorgue, que
se montre la formation gypseuse, intimement liée par sa stratification, aussi bien que par la nature des roches constituantes, à l'étage inférieur du lias. Ainsi, en suivant les terrains
dans leur ordre de superposition, l'on trouve au-dessus du
grès rouge.

1º Une série de couches arénacées et argileuses, dont les
dépôts gypseux font partie, et qui se lie par une gradation
insensible aux couches inférieures du lias;

2º Le grès infrà-liasique;

3º Le calcaire liasique ou lias proprement dit, composé de
couches minces de calcaire souvent dolomitique, alternant
avec des lits d'argile ou de marne;

4º Les marnes suprà-liasiques qui représentent les sables
de l'oolite inférieure, et se font remarquer par l'abondance
des fossiles, tels que térébratules, bucardes, peignes, pla-
giostomes, pinnes, gryphées, huîtres, ammonites, nautiles,
bélemmites, etc., qui se trouvent surtout répandus avec une
grande profusion dans les couches inférieures.

5º L'oolite inférieure, composée principalement d'un cal-

caire compacte mal stratifié, souvent dolomitique et caverneux.

Je ne m'arrêterai pas à décrire les caractères géologiques
de chacune de ces divisions; mais je dois donner quelques
détails sur ceux du terrain le plus important pour nous, du
terrain gypseux.

Ce terrain est composé, comme nous venons de le dire,
d'une série de couches arénacées et argileuses, avec calcaire
et gypse subordonnés. Il repose en stratification discordante
sur le grès rouge, dont il diffère d'ailleurs par la plupart de
ses caractères; tandis que, par le parallélisme de la stratification autant que par le passage graduel des roches consti-
tituantes, il se lie d'une manière intime aux couches aréna-
nacées qui forment habituellement la base du lias.

La formation gypseuse se détache donc bien nettement
des terrains de grès rouge que nous avons considérés d'accord
en cela avec MM. Combes, Dufrénoy, Elie de Beaumont,
comme représentant le *grès rouge*; et si nous devions le clas-
ser dans l'un ou l'autre des deux terrains qui le supportent et
qui le recouvrent, ce serait nécessairement au lias que nous
devrions le rapporter. — Néanmoins, nous ne devons pas
trop nous hâter d'admettre une pareille conclusion; s'il est
vrai que des dépôts gypseux ont été reconnus dans les parties supérieures du lias (1), jamais, que je sache, de semblables dépôts n'ont été signalés dans les couches arénacées inférieures de ce même terrain; mais il existe dans la Lorraine, l'Alsace, le Jura, et en Allemagne, au même niveau géologique, un terrain composé de grès de marnes argileuses et
de calcaire, dans lesquels on trouve aussi de nombreux dépôts de gypse. Ce terrain a été décrit sous le nom de *Marnes
irisées* par MM. Charbault, Voltz, Levallois, Elie de Beaumont, et classé dans la formation du trias, dont il compose-
rait la partie supérieure. — Leur position géologique, leur
liaison fréquente avec les grès inférieurs du lias, établissent

(1) Voir le mémoire de M. Dufrénoy, sur l'existence du gypse dans
la partie supérieure du lias du S. O. de la France (*Annales des Mines,*
2e série, tome II.)

une grande analogie entre les marnes irisées de l'Allemagne et de l'est de la France, et la formation gypseuse de Saint-Affrique. Analogie qui devient surtout frappante lorsque l'on étudie et que l'on compare en détail la composition des deux terrains.

Le terrain gypseux des environs de Saint-Affrique, peut, eu égard à la nature des roches dominantes, admettre plusieurs divisions que j'ai indiquées dans la *fig* 5, et qu'il est facile de distinguer sur les flancs de la montagne de la Loubière. — L'on voit en effet, lorsque l'on parcourt cette montagne avec quelque attention, qu'elle se compose d'une série d'assises superposées dans l'ordre suivant :

Nº 1. Couches inclinées de grès et marnes rouges formant la base et les contre-forts latéraux de la montagne.

Nº 2. Grès quartzeux blanc, compacte, en bancs puissants, presque horizontaux.

Nº 3. Grès blanc, nuancé de vert, de rouge et de jaune, à structure lâche, en banc généralement peu épais, alternant avec des marnes rouges. La pâte de ces grès, habituellement tendre et presque terreuse, devient parfois gypseuse dans les bancs supérieurs.

Nº 4. Alternances plusieurs fois répétées de marnes grises, brunes, violettes, vertes, contenant des amas conches, des veinules et des rognons de gypse. Cette substance abondante, surtout dans les couches inférieures, devient de plus en plus rare à mesure que l'on considère des couches plus élevées. Les marnes argileuses d'abord, et argilo-sableuses, deviennent calcaires vers le haut de la formation, et passent enfin à un calcaire dolomitique caverneux et tuberculeux, formant un banc peu épais, mais fort régulier.

Nº 5. — Grès quartzeux blanc, à ciment rare, passant au macigno et présentant tous les caractères du grès infrà-liasique.

Nº 6. — Série d'assises calcaires jaunâtres et fissiles, alternant avec des marnes de couleur verte et lie-de-vin, et passant insensiblement à un calcaire gris compacte, qui constitue la plate-forme supérieure de la montagne.

Ces deux dernières assises appartiennent évidemment à la formation liasique, car elles existent toujours semblables à elle-même, à quelques légères modifications près, dans tous les points du département où le lias a été reconnu ; et elles se lient toujours de la manière la plus intime aux couches calcaires si riches en coquilles caractéristiques de ce terrain. Mais pouvons-nous dire que le grès blanc inférieur, les marnes gypseuses et le calcaire jaunâtre caverneux appartiennent encore à la même formation ? Je ne le pense pas.

En effet, s'il est vrai que ces trois assises qui composent la formation gypseuse semblent, partout où j'ai pu les observer, se rattacher au lias, tant par la concordance de stratification, que par une certaine analogie dans les caractères extérieurs des roches constituantes , qui paraissent s'enchevêtrer et se fondre, pour ainsi dire, les unes dans les autres ; il est vrai aussi que ces assises sont loin de présenter la même régularité que les couches du lias proprement dit , et qu'elles n'accompagnent pas toujours celles-ci comme le fait la couche de grès blanc supérieur, n° 5 de la coupe.

Les limites du terrain gypseux sont d'ailleurs beaucoup plus restreintes que celles du lias. On le retrouve, à la vérité, de loin en loin, dans nos contrées, à la base de la formation jurassique, toujours dans la même position et avec des caractères à peu près uniformes, quoique en général bien moins développés. Ainsi on le voit à l'autre extrémité de Larzac, dans la vallée de la Dourbie, près de St-Jean-du-Bruel; à Marnaves, dans le département du Tarn; à Varens (Tarn-et-Garonne), et l'on en retrouve des traces à la Bosque, près de Clairvaux, dans le bassin du centre de l'Aveyron. Mais dans tous ces lieux, où il est, comme nous l'avons dit, bien moins puissant qu'à Saint-Affrique, il n'occupe que des espaces fort peu étendus ; de sorte qu'il paraît plutôt faire partie accidentelle que partie esentielle du lias, et que son existence semble liée à des causes exceptionnelles limitées dans leur action et leurs effets, bien plutôt qu'à des phénomènes généraux , tels que ceux qui ont présidé au dépôt du terrain jurassique.

Telles sont, en un mot, les relations du lias avec la formation gypseuse, que celle-ci nous semblerait s'être déposée dans des bassins circonscrits et peu profonds, comme pour combler les inégalités qui pouvaient exister dans le lit du bassin marin qui devait immédiatement après recevoir le dépôt du lias. Refoulées par l'effet du soulèvement dont le grès rouge nous offre de nombreuses traces, les eaux se seraient retirées, et la contrée aurait été presque entièrement émergée, pendant que les grès et les marnes gypseuses se déposaient dans des lacs ou bassins circonscrits. Mais bientôt un nouvel envahissement des mers aurait changé les conditions du dépôt, et alors aurait commencé, sous l'influence de circonstances nouvelles, la formation du terrain jurassique, dont tout les caractères nous annoncent un sédiment formé sous une grande profondeur d'eau.

Ainsi s'expliquerait le défaut de continuité du terrain gypseux, et l'identité de position des dépôts de cette nature que nous avons indiqués, dépôts qui, étudiés isolément, semblent former à la base du lias une sorte d'anomalie locale, mais dont l'uniformité de caractère et de position démontre l'identité des circonstances géologiques sous l'influence desquelles ils ont été produits ; bien qu'ils semblent constituer autant de petits bassins distincts et indépendants les uns des autres.

Malgré ses rapports, sa liaison apparente avec le lias, la formation gypseuse se sépare donc de ce terrain, tout comme nous avons déjà vu qu'elle se détachait du grès rouge ; et cette circonstance nous fournit un nouveau trait de ressemblance entre les marnes irisées de l'Alsace ou du Jura et le terrain qui nous occupe : cette ressemblance ressort d'ailleurs avec la dernière évidence, lorsque l'on met en regard les caractères de ces deux terrains. Si nous nous reportons en effet à la description que M. Voltz a donnée de la formation des gypses supérieurs des environs de Vic, formation dont il a reconnu l'identité avec les marnes irisées de M. Charbault (1), nous voyons que dans la Meurthe comme aux environs de Saint-Affrique, le terrain gypseux offre, quand on l'étudie, en suivant les couches dans leur ordre de recouvrement, des grès à texture lâche de couleurs variées ; des marnes argileuses grises et irisées, avec gypse subordonné

(1) Notice géognostique sur les environs de Vic (Meurthe), *Annales des mines*, 1re série, tome VIII, page 236.

en amas, veines et rognons; des couches calcaires grises et jaunâtres, les unes fissilles, les autres tuberculeuses, alternant avec des marnes schisteuses rouges et vertes. Mais ce n'est pas seulement dans les caractères généraux de la formation, dans l'ordre successif, le nombre et la composition des roches constituantes, que l'analogie se fait remarquer entre les terrains gypseux de Saint-Affrique et les marnes irisées de la Meurthe. Cette analogie se retrouve, d'une manière plus frappante peut-être encore, dans les détails; ainsi le calcaire jaune tuberculeux, connu dans la Meurthe sous le nom de pierre *à crapaud*, et que M. Voltz cite comme un des éléments les plus caractéristiques de la formation gypseuse supérieure, offre, aux environs de Saint-Affrique, la même régularité qu'aux environs de Vic. Le silex disséminé en fragments amorphes dans les marnes des couches supérieures se trouve dans les deux localités avec les mêmes caractères et dans la même position, et il en est de même du calcaire gris fissile, du gypse et de tous les autres éléments de ce terrain.

D'après cet ensemble de faits, le gisement des plâtres de Saint-Affrique me paraît pouvoir être rapporté avec certitude aux marnes irisées, et plus particulièrement à la partie de ces marnes qui dans les départements de la Meurthe et de la Moselle contient les dépôts de gypse, supérieurs aux marnes salifères (1).

Considérées en elles-mêmes, ces marnes irisées n'offrent dans la contrée que nous étudions aucun fait nouveau : quant à leurs rapports avec les terrains contigus, l'on observe ici, comme dans l'Alsace et la Lorraine, une liaison directe souvent intime, avec le terrain de lias; mais ce qui forme un des traits distinctifs des marnes irisées de ce bassin, c'est leur séparation nette et bien tranchée d'avec les grès bigarrés : cette séparation est doublement marquée en effet, par la discordance de stratification et par l'absence d'une grande partie des dépôts intermédiaires, tels que le muschelkalk et le

---

(1) C'est ce même terrain que M. Voltz a décrit, dans le mémoire déjà cité, sous le nom de *muschelkalkstein*.

terrain salifère : elle prouve qu'il y a eu, comme nous l'avons dit plus haut, pendant la période qui a vu former le trias, une interruption dans les phénomènes sédimentaires, interruption dont nous trouvons la cause dans le soulèvement des couches du grès bigarré.

Tels sont, en résumé, les faits relatifs au gisement des dépôts gypseux de Saint-Affrique; il me resterait à parler de leur origine. De semblables questions ne doivent être abordées, je le sais, qu'avec une extrême prudence : qu'il me soit néanmoins permis d'émettre ici une hypothèse à laquelle les circonstances locales me semblent, *dans le cas actuel*, pouvoir prêter quelque appui.

Nous avons vu, page 311, qu'il existe dans le voisinage de la formation gypseuse de Saint-Affrique, un nombre assez considérable de sources minérales; que ces sources sont généralement en relation avec des failles qui s'étendent jusqu'au grès bigarré inclusivement sans pénétrer dans les marnes irisées, et qu'elles contiennent toutes des sulfates alcalins.

Il y a donc une certaine relation d'âge entre la production des failles et les dépôts gypseux; puisque ces failles ont dû nécessairement se former à l'époque qui a immédiatement précédé ce dépôt; et si l'on admet, comme cela me paraît probable, que c'est au voisinage de ces failles que les sources dont nous avons parlé empruntent leurs propriétés minérales, l'on se trouvera conduit à supposer qu'il existe aussi, en quelque sorte, une communauté d'origine entre les deux phénomènes qui nous occupent, la formation des failles et le dépôt du gypse. Ne peut-on pas admettre, en effet, que l'émission d'acide sulfurique dont la composition des eaux minérales d'Andabre, Prugnes, Sylvanès nous fournissent la preuve, à commencé, bien plus abondante peut-être qu'elle ne l'est aujourd'hui, aussitôt après la production des failles? Or, en faisant intervenir une telle émission d'acide sulfurique, libre ou combiné avec des sulfates alcalins, dans des bassins peu étendus et peu profonds, dont les eaux déjà chargées des éléments calcaires peuvent acquérir un degré de concentration suffisant, ne devons-nous pas avoir pour résultat nécessaire un dépôt de sulfate de chaux, de gypse?

J'émets cette hypothèse avec toute la réserve que m'im-

F

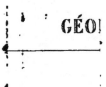

pris entre la

Monts

suivant la

loves

6°E.10°.N.

suivant la

6
5
4

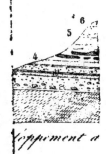

loppement a

pose la nature même de la question , et dont mon inexpé-
rience me fait d'ailleurs, plus qu'à tout autre, un devoir im-
périeux. Mais j'ai été frappé, je l'avoue, de cette coïncidence
remarquable d'âge et de position qui existe entre les failles
de grès bigarré et le gypse; de l'analogie chimique qui se manifeste entre les produits des eaux minérales subordonnées
aux failles , et le produit de la sédimentation gypseuse presque contemporaine de ces mêmes failles et formée dans leur
voisinage. Il m'a semblé, que dans ce triple rapport d'âge,
de position et de caractères chimiques qui relie entre eux
trois ordres de phénomènes si divers , il devait y avoir autre
chose qu'un simple jeu du hasard.

AD. BOISSE.

HISTOIRE ET STATISTIQUE

DE

LA VALLÉE DU TARN,

ARRONDISSEMENT DE MILLAU.

Première Partie.

CHAPITRE Ier.

DESCRIPTION GÉNÉRALE DE LA CONTRÉE.

Vers la limite orientale de l'ancien Rouergue, sur les bords du Tarn, et dans la vallée qui s'étend des confins de la Lozère jusqu'à Saint-Rome, s'élève une ville et une foule de villages qui semblent se presser par leur nombre, et se disputer à l'envi la possession d'un sol des plus heureux et des plus riches. C'est de l'histoire et de la statistique de ce beau pays que nous allons entretenir le lecteur. J'ose me flatter que ce petit ouvrage, fruit des moments de loisir que me laissait l'exercice d'une profession aussi utile qu'honorable, ne sera pas pour mes concitoyens sans quelque intérêt, comme aussi sans quelque charme.

Sous le rapport de la configuration générale du sol, la contrée qui nous occupe offre l'aspect d'un pays montueux, hâché dans toutes les directions par des ravins ou des vallées profondes et souvent creusées à pic. L'on ne voit autour de soi que de grands rochers escarpés comme des murailles : quelquefois ils sont arides ou ne portent que quelques buis d'une apparence tout-à-fait chètive; d'autres fois des forêts de pins et de chênes croissent à leurs bases, dans leurs fentes, et jusques sur leurs cîmes qui se perdent dans les nuages. De leur pied s'échappent des sources d'une délicieuse fraîcheur. En un mot, on se croirait transporté dans un des plus beaux cantons de la Suisse. Nul autre pays ne présente en effet plus d'incidents et de variétés, plus de contrastes imprévus, plus de sites pittoresque et d'effets admirables.

Tantôt c'est une vaste forêt sombre et majestueuse, qui nous rappelle ces bois sacrés où les anciens Druides offraient à d'horribles divinités le sang des victimes humaines (1).

Tantôt c'est un énorme rocher qui semble vouloir cacher dans les nues sont front sourcilleux et sa tête décharnée.

Ici c'est une plaine magnifique, complantée de mille espèces d'arbres fruitiers, parsemée d'agréables jardins, et revêtue dans la belle saison de prairies émaillées de fleurs. Au milieu coule, en serpentant, une rivière qui reçoit le tribut du Jonte et de la Dourbie, et dont les bords sont ombragés de saules, de vernes et de superbes peupliers : c'est le Tarn dont les poètes ont célébré la limpidité des eaux, et qu'ils ont appelé dans leurs poètiques expressions *un fleuve d'or* (2).

Sur la pente des collines, la vigne recouvre le côteau d'un tapis de verdure, et étale ses grappes de raisins, ou embaume la campagne voisine du parfum de ses fleurs ; tandis qu'au printemps et sur les mêmes lieux, l'heureux amandier revêt la nature de sa robe nuptiale, et le pêcher lui prête ses guirlandes de pourpre.

Si le spectateur élève ses regards sur la cîme des montagnes, quelquefois son front s'assombrit, son âme s'attriste, son cœur se resserre. Il y a là haut des ruines, des donjons, des châteaux-forts (3). C'est là qu'étaient jadis de preux et vaillants chevaliers qui dorment maintenant sous leur épaisse armure.

---

(1) Entre autres, la forêt de *Lugagnac*. On trouve aux environs plusieurs autels ou tombeaux celtiques. Nous en parlerons dans la suite.

(2) *Tarnis...* piscem *perspicuâ* gerens in *undâ...* meminet et *Tarni* fluvii auriferi.   (St-Sidoine Appollinaire.)

Auriferum post ponet Gallia *Tarnem*. (Ausonne.)

(3) Compeyre, Peyrelade, Caylus, etc.

Mais à ces pensées sombres succèdent bientôt des idées de bonheur et de paix. Les échos de la montagne répètent les airs que le tranquille berger essaie sur sa flûte ; ou bien, ce sont les cantiques ou les chansons de la tendre pastourelle qui charment ainsi ses heures de loisir.

CHAPITRE II.

CONSTITUTION GÉOLOGIQUE DE LA CONTRÉE.

Nature des roches ou terrains, ancienneté relative des couches ; cristaux, fossiles, dépôts de cailloux et de sable à une hauteur très-considérable du niveau du Tarn ; conséquences de cette découverte en géologique : le Tarn a-t-il roulé des paillettes d'or ?

Sauf quelque légère exception, ce pays ne présente aux yeux du géologue que deux espèces de terrains : le lias et le calcaire jurassique. Ces deux formations appartiennent à la classe des roches dites secondaires. Le lias se divise en deux parties bien distinctes. La partie inférieure est composée de strates nombreuses de calcaire argileux à différens degrés de consistance, et séparées par des veines d'*argile marneuse*. Ce calcaire, connu dans le pays sous le nom de *pierre bleue*, est employé souvent dans la maçonnerie : la plupart des maisons de Rivière en sont bâties. On remarque toutefois que les constructions de cette nature n'ont pas une grande durée, attendu que le calcaire argileux se détériore et se délite par l'effet de l'air et de l'humidité.

La partie supérieure du lias, qui est aussi la plus épaisse, est appelée vulgairement *Borrias* ou *Tioulou* : elle consiste en marnes bleues, contenant des bancs de marne endurcie ; des rognons ou des bancs irréguliers de calcaire argileux. Ce terrain est souvent traversé par des veines de carbonate de chaux cristallisé.

Le lias forme la base du calcaire jurassique. C'est par conséquent la formation la plus ancienne : elle renferme une grande quantité de pyrites (sulfure de fer). Le vulgaire prend ce minéral pour de l'or natif, à cause de son éclat métallique, et de la couleur jaune d'or qu'il affecte quelquefois selon les circonstances.

On rencontre dans le lias un grand nombre de débris fossiles de coquillages dont on ne retrouve plus les individus vivants dans nos mers, mais que leur structure semble rapprocher de la classe des mollusques céphalopodes et du genre des nautiles.

On peut ranger en première ligne ces coquilles en forme de cône très-allongé, qui portent le nom de bélemnites.

Viennent ensuite celles qui, enroulées sur elles-mêmes en une spire plus ou moins applatie ou allongée, ont été comparées aux cornes d'un bélier et nommées ammonites ou cornes d'Ammon.

Mais ce ne sont pas encore là les seules dépouilles de l'Océan : le lias contient aussi, mais en bien moindre quantité de lignite, des plantes, des pentacrinites, des peignes, des gryphées, des huîtres, des térébratules, et d'autres coquillages dont quelques-uns semblent n'avoir rien perdu de leur état primitif et naturel (1).

C'est particulièrement aux environs de Liaucous, de Rivière et de Millau que se montre à découvert le gisement de ces fossiles.

Au-dessus du lias apparaît le calcaire du jura d'où sont formées les montagnes et la plupart des collines de la contrée. Ce calcaire est dur et compacte, sans être oolitique. Ses couleurs les plus ordinaires sont le grisâtre, le gris jaunâtre et le bleuâtre. Il contient du silex et renferme des grottes ou cavernes. C'est la pierre que l'on emploie de préférence dans la bâtisse : les pétrifications sont en petite quantité dans cette roche. Celles qu'on y trouve sont dans les couches inférieures : ce sont pour l'ordinaire des empreintes de poissons. On rencontre dans ces mêmes couches de la houille (2) et quelques carrières de pierre de taille.

(1) Parmi ces dernières espèces, on peut citer les nucules, les cyrènes, les plicatules, les serpules ou tuyaux de mer, les orthocères, les trochus, les turritelles, les plagiostômes, les nautiles, l'évomphalus pentagulatus, le pleurotomaria conoïéda, le spirifer ondulatus et le pholadomya fidicula.

(2) Aux environs de Peyreleau.

Sur la pente des vallons, on voit aussi quelquefois des bancs
irréguliers de pierres calcaires unies par un ciment particulier. On leur donne le nom d'aggrégats et vulgairement celui
de *gyp*. Cette roche ne contient aucun fossile.

C'est dans les plaines, sur les côteaux, au fond des vallées
que reposent les couches d'alluvion ou roches tertiaires. Elles
ne sont que des dépôts produits par les débris que les eaux
ont entraînés. On peut les diviser en trois espèces: l'argile
ou terre glaise qui, dans les parties basses, forme la couche
inférieure de ces terrains; le gravier calcaire qui recouvre
nos côteaux, et qui dans les bas-fonds repose sur l'argile; le
sable et cet amas de cailloux que l'on rencontre sur les bords
du Tarn.

Le dépôt d'argile ou de terre glaise constitue la partie la
plus ancienne des dépôts d'alluvion; vient ensuite le gravier
ou terreau calcaire, qui tire son origine des montagnes et
côteaux circonvoisins, et que les eaux du ciel ont entraîné
dans les parties les plus basses. Le troisième dépôt est le sable ou les cailloux que le Tarn enlève chaque jour aux montagnes primitives qu'il rencontre dans son cours. Il y a souvent alternance dans ces deux derniers dépôts.

Sur la grand'route de Rivière à Boyne, non loin de Vignals, on trouve un banc de sable et de cailloux que le Tarn
a roulés, et dont l'origine remonte à une époque très-an-
cienne. Son élévation de 8 ou 10 mètres au-dessus du niveau
du Tarn et des autres atterrissements qu'il a formés, démontre d'une manière évidente que le lit de cette rivière a dû
subir, sur une grande largeur, un abaissement des plus considérables: ce qui suffirait pour détruire l'opinion généralement admise par les géologues, et qui suppose que le lit des
rivières s'exhausse au lieu de s'abaisser. Un pareil fait me
semble aussi très précieux pour la science, en ce qu'il explique, d'une manière toute naturelle, la formation des vallées (1), qui ne peut être due qu'aux eaux des rivières qui,
depuis l'origine du monde, ont chaque jour miné leurs bords,

_____

(1) On entend parler ici des vallées secondaires.

et se sont elles-mêmes creusé leur lit. Ce système n'est-il pas d'ailleurs plus vraisemblable que celui des courants sous-marins ?

Ici se rattache une question qu'il est curieux d'examiner.

S'il faut en croire Ausonne et St-Sidoine Appollinaire, le Tarn roulait jadis des paillettes d'or. Quoiqu'il en soit, il est certain qu'il ne jouit plus aujourd'hui de cette prérogative. A-t-il été déshérité ? Telle est la question qui se présente naturellement. Or, je crois la résoudre, en disant que le Tarn a toujours été ce qu'il est aujourd'hui, du moins depuis Millau jusqu'à sa source. J'ai fait des recherches à ce sujet, et je n'ai pu découvrir aucun atome d'or dans les divers dépôts d'alluvion que le Tarn a laissés, et dont plusieurs remontent ou sont antérieurs à l'époque où les auteurs en question l'appelaient un fleuve d'or (1). Toutefois il faut avouer que l'on découvre dans ces terrains une grande quantité de paillettes de mica, mêlées avec le sable, et qui proviennent des débris de cailloux de granite, et d'autres roches primitives que le Tarn a roulés : or, plusieurs d'entre elles sont analogues aux paillettes d'or. L'on aura donc confondu, ou, si l'on suit l'opinion de Bosc, le Tarn aura reçu dans ces poètes l'épithète de fleuve d'or, à cause sans doute des mines précieuses qui s'exploitaient alors sur ses rives.

CHAPITRE III.

PRODUITS AGRICOLES ET NATURELS DE LA CONTRÉE.

Le produit principal de la contrée consiste dans ses vignobles qui occupent la majeure partie des terres. Les céréales

---

(1) On trouve, non loin de Rivière, une couche de terre qui contient les débris d'une poterie romaine, et qui repose sur un dépôt d'alluvion que le Tarn a laissé. Il est donc évident que ce dépôt est antérieur à l'établissement des Romains dans le pays, ou lui est du moins contemporain. Or, on sait qu'Ausonne vivait vers le milieu du 4e siècle, et St-Sidoine à la fin du 5e, c'est-à-dire, à l'époque où ce peuple fut chassé du Rouergue par les Visigoths. Il est donc démontré que l'existence de ces deux écrivains est postérieure au dépôt en question, ou lui est tout au plus contemporaine.

n'y tiennent qu'un rang secondaire. Il est peu de propriétaires qui récoltent assez de blé pour leur usage. Plusieurs variétés de noyer y sont cultivées : leur produit est plus que
suffisant pour la consommation des habitans des campagnes,
qui n'emploient dans leur économie domestique que l'huile de
noix , l'huile d'olive étant regardée par eux comme un objet
de luxe. Les amandiers donnent un revenu casuel; toutefois
leur produit représente presque partout le montant de la contribution foncière. A Pinet et à La Cresse, il constitue une grande
partie du revenu (1). Les mûriers blancs, arbres précieux
dont la feuille nourrit les vers à soie, sont depuis longtemps
à Aguessac un objet de soins et d'attentions particulières. Dans
les autres endroits cette culture était généralement négligée;
mais aujourd'hui ce genre d'industrie commence presque partout à devenir de mode. C'est un pas vers le progrès que
nous aimons à signaler. Les autres arbres, tels que le pêcher,
le cérisier, le pommier, le poirier, etc, peuvent donner
dans leur ensemble un revenu d'une certaine importance,
mais chaque espèce prise à part ne constitue qu'un assez faible produit. Le figuier, selon l'expression de nos cultivateurs,
ne donne qu'un repas de gourmands.

On compte dans le pays trois variétés principales de raisins. Ceux qui produisent le meilleur vin et qui sont les meilleurs à manger, sont l'œillat noir et l'œillat blanc. Le raisin
qui fournit le vin le plus gros et le plus coloré, est celui que
nous nommons menustel. Celui qu'on appelle terret est le
moins sujet à pourrir, mais il est le moins agréable au goût,
et donne aussi le vin le plus froid et le plus grossier.

Nous ne parlerons pas de quelques autres variétés qui sont
généralement peu communes.

Les étrangers accusent nos vins d'un certain goût d'aristo-
loche ou fanterne. Ce reproche est peut-être fondé, puisque
cette herbe puante croît en abondance dans nos vignes. Toutefois l'habitude fait que les habitans du pays ne remarquent
pas ce mauvais goût. Il en est de même des habitans du

_____

(1) Il en est de même à Comprégnac et à Candas.

Causse et de la Montagne où se fait la principale consommation de nos vins.

Parmi les céréales on ne cultive, à proprement parler, que le froment, et surtout une variété de cette espèce, connue sous le nom de touzèle, que l'on fait venir de St-Affrique, et dont on renouvelle la semence tous les ans. Cette variété donne ordinairement des épis très chargés, mais sa paille est grossière et d'une qualité pour les bestiaux bien inférieure à celle du froment proprement dit.

Parmi les espèces ou variétés d'amandier, on distingue l'amandier commun, qui produit les amandes dures; l'*amandier des dames*, dont on peut briser facilement la coque entre les doigts; l'amandier *cannet*, qui n'est qu'une variété du second, mais dont la coque est moins tendre, plus petite et plus effilée, et que l'on nomme dans le commerce amande pointue. L'amandier commun est celui dont la fleur résiste le plus aux frimats tardifs de l'hiver, qui, dans la contrée, viennent même assez souvent interrompre les premiers beaux jours du printemps. L'amandier des dames est l'espèce la plus délicate; rarement il échappe aux gelées : aussi le plus souvent il ne donne de produit que tous les trois ou quatre ans. Ses amandes sont d'une préparation et d'un transport difficile : elles se brisent et font un déchet assez considérable; ce qui fait que dans le commerce elles sont moins estimées que les cannettes. L'amandier cannet est aussi très délicat, mais il ne fleurit que quinze jours environ après les autres; ce qui le rend peut-être le moins casuel de tous ; aussi est-il généralement préféré. Son introduction dans le pays est assez récente. Primitivement originaire du Languedoc, cette variété fut transportée, en 1765, de St-Rome-de-Tarn à Rivière (1) depuis elle s'est répandue dans toute la contrée.

Les pommes de terre sont cultivées dans le pays sur une assez grande échelle. Elles servent à la nourriture des animaux de basse-cour, comme dans les divers besoins de l'économie domestique. On en compte deux espèces principales, la pomme de terre blanche ou commune, et la pomme de

_____

(1) Dans un vignoble dit Mouret.

terre jaune. Cette dernière est généralement préférée, parce que sa fécule est plus farineuse, selon l'expression de nos ménagères. Nous ne parlerons pas d'une troisième espèce assez petite, dite rouge ou bleue, que l'on cultive aussi quelquefois dans nos jardins, et qui, sans contredit, est la meilleure et la plus délicate.

La pomme de terre, cette plante américaine, n'a été adoptée dans la contrée que depuis un demi-siècle.

Le chanvre est aussi parmi nous un objet de culture ; mais il ne s'en fait aucun commerce : on en fabrique des toiles pour la lingerie du ménage.

On découvre sur la lisière de nos montagnes des truffes qui sont très-estimées.

La rareté des herbages fait que les habitans du pays nourrissent peu de bêtes à laine : sept ou huit brebis composent, à peu près, tout le troupeau d'un propriétaire qui passe pour être aisé. On compte dans le pays trois espèces ou variétés de bêtes à laine, savoir : la race ou variété du Larzac, la race du causse qui se trouve sur le plateau de ce nom, aux environs de Bellas et d'Engayresque, et cette espèce ou race de haute taille qui nous vient des bords ou rivages de l'Aveyron du côté de La Panouse de Sévérac. M. Rodat donne le nom de race du causse à cette dernière variété. Il est toutefois dans l'erreur, lorsque, outre la race du ségala, il ne compte dans le département que deux espèces de bêtes à laine bien caractérisées. Il aurait dû y ajouter celle que nous appelons race du haut-causse et que l'analogie ne saurait rapprocher des autres espèces, parce qu'elle en diffère absolument, sous le rapport de la conformation et du lainage.

On trouve dans la contrée peu de bêtes à cornes. Celles qu'on y rencontre appartiennent à la race d'Auvergne et principalement à la belle race d'Aubrac.

Si les bœufs sont assez rares parmi nous, il n'en est pas de même des mulets qui nous viennent ordinairement du Poitou. Chaque propriétaire en nourrit un ou deux. Ils sont très utiles dans nos pays de montagnes. Non seulement on les fait servir au labourage, à battre les blés, à traîner des charrettes, mais on les emploie encore à porter des fardeaux et à transporter le vin et les autres denrées sur les montagnes ou les causses environnants.

St-Sidoine Appolpinaire parle du poisson du Tarn estimé de son temps pour sa chair ferme et délicate (1). Quant à moi, je donnerais la préférence aux bonnes truites du Jonte et de la Dourbie, et certes, je ne croirais pas trouver grand nombre de contradicteurs parmi les friands gastronomes qui en ont fait l'expérience. On voit donc que St-Sidoine est trop prodigue d'épithètes flatteuses : la vérité avant tout.

Le gibier était autrefois très-abondant dans le pays : il est aujourd'hui très-rare ; et je dirai qu'à ce sujet les plaintes des chasseurs sont mal fondées. C'est un malheur sans doute pour les appétits aristocratiques que la chasse soit devenue plébéienne ; mais il y aurait absurdité, par le temps qui court, de vouloir en faire le privilége des nobles à l'exclusion des manans ou vilains.

Egalité devant la loi : voilà le principe éternel de toute bonne société, et le premier article de notre charte constitutionnelle (2).

CHAPITRE IV.

HISTOIRE GÉNÉRALE DE LA CONTRÉE.

PÉRIODE GÉOLOGIQUE (3).

A une époque que les géologues appellent *secondaire*, c'est-à-dire avant la création de l'homme et des autres mammifères, la contrée que nous habitons servait de lit à l'Océan. Les êtres vivans qui peuplaient cette mer primitive étaient

---

(1) Tarnis... solido sapore pressum
  Piscem... gevens in undâ.

(2) Ce chapitre a été composé avant la promulgation de la nouvelle loi sur la chasse.

(3) Pour l'intelligence de cette partie de notre histoire, il est nécessaire d'avoir lu le 2e chapitre qui traite de la *constitution géologique* de la contrée : quelques notions de *géologie* et *d'histoire naturelle* sont en outre indispensables.

des *poissons*, des *polypes*, des *coquillages* et surtout des espèces de *nautiles*, vrais pirates de mer, qui, à la fois pilotes
et vaisseaux, lestaient leur navire, déployaient leurs voiles
et couraient à la chasse des autres mollusques naviga-
teurs. Bien des siècles furent témoins des rapines de ces féroces corsaires (1).

Durant ce long intervalle de temps, s'élevèrent du fond
des eaux nos collines et nos montagnes, qui sont le résultat
des dépôts que la mer entassait dans son sein. Toutefois, après
avoir comblé ses abîmes, elle dut alors se retirer (2).

Plus tard, mais à une époque *antédiluvienne*, des ours
d'une grosseur gigantesque avaient établi leur repaire dans le
creux de nos montagnes, et y régnaient en maîtres absolus
de la contrée (3).

PÉRIODE HISTORIQUE.

Mais l'homme n'avait pas encore paru dans ce pays. Longtemps après les Gaulois, nos ancêtres, vinrent y fixer leur
séjour. Il nous reste des monuments de ce peuple, dans les
Menhirs ou Peulvans (4), et dans ces constructions druidi-

(1) La plupart des géologues modernes pensent que le monde est de
beaucoup plus ancien qu'on ne le suppose communément, et que les
jours de la création dont parle Moïse n'étaient pas simplement des
jours de 24 heures, mais des époques de temps indéterminées. Cette
opinion n'est pas condamnée, et on peut la défendre sans blesser en
rien la doctrine orthodoxe. On peut en voir la preuve dans une conférence de *Fraissinous* intitulée : *Moïse, considéré comme historien des
temps primitifs*. Ce sentiment est du reste le seul qui puisse expliquer
les phénomènes que présente à l'observateur attentif la structure intérieure du globe.

(2) Les géologues modernes expliquent le retrait de la mer par des
soulèvemens partiels opérés dans la croûte du globe terrestre.

(3) On a découvert dans nos cavernes une tête d'ours fossile, d'un
volume énorme. Je l'ai vu moi-même à *Révéere*, entre les mains d'un
naturaliste : elle figure maintenant au musée de *Rodes*, avec l'indica-
tion du lieu où on l'a trouvée.

(4) *Menhir* est une dénomination composée de deux mots *men* et *hir*,
qui, dans la langue celtique, signifie *pierre longue*. Il en est de même
de *Peulvan*, formé de *peul*, pilier, et de *van*, qui a une signification
semblable à celle de *men*. Le menhir ou peulvan, appelé aussi *pierre*

ques, connues sous le nom de *Dolmen*, et que le vulgaire
appelle, à cause de leur masse énorme, les tombes des géants.
On n'a pas encore décidé si c'étaient des autels ou des tombeaux. Quoiqu'il en soit, ces monuments informes et ce qu'on
y découvre, fourniraient au besoin la preuve de la grossiè-
reté du peuple qui les éleva, de la barbarie de la religion
dont ils sont les débris (1).

Avant la conquête des Gaules par les Romains, ce pays
appartenait aux Ruthènes : comme on le sait, ses habitans
adoraient une idole nommée Ruth, dont le culte, semblable
à celui de Vénus, subsista jusqu'au 5e siècle de notre ère.

A cette époque, il existait au confluent du Tarn et de la
Dourbie, une ville Gauloise appelée Condatemag.

Située sur les confins de la Gaule Narbonnaise, et sur les
deux rives du Tarn qui, en 121 avant J.-C., en formait déjà
la limite septentrionale, le pays dut subir alors deux divisions. La partie qui se trouve sur la rive gauche du Tarn
fut soumise aux Romains et devint une portion des Ruthènes provinciaux, tandis que l'autre partie resta la possession
des Ruthènes Eleuthères ou indépendants.

Cet état de choses subsista jusqu'à l'entière conquête du

---

fichée, est un grossier monolithe ou obélisque brut, dédié par les Celtes
ou Keltes à la mémoire d'un guerrier mort sur le champ de bataille.
Il est implanté verticalement en terre et s'élève à une hauteur souvent
considérable, variant depuis quelques pieds jusqu'à 20 et au-delà. Deux
ont été signalés sur le plateau du Larzac.

(1) Les *Dolmen* ou *pierres levées*, généralement regardés comme
des monuments funéraires, et par quelques-uns comme des autels des
Druides, sont assez communs dans le pays. Ils se composent de deux pierres brutes posées de champ, qui en supportent une plus grande, également grossière et aplatie en forme de table. Quelquefois l'un des petits
côtés de la chambre résultant de cet assemblage, est formé par une
troisième pierre implantée comme les deux premiers supports. Il existe
un *dolmen* près de St-Germain, sur la route de Rodez à Millau. On
en trouve aussi plusieurs sur le Larzac, aux environs de Montjaux,
de Mostuéjouls, de Vérières, de Novis et de Vézouillac. On a découvert dans ces derniers des squelettes humains, des armes et plusieurs
ustensiles de ménage tels que des lampes et une fourchette à trois
pointes, le tout grossièrement travaillé.

Rouergue par Jules César, c'est-à-dire jusqu'à l'année 52 avant J.-C.

On présume que ce fut avant la venue de ce conquérant que les Romains bâtirent sur le Tarn un pont, qui a été l'origine de Millau, en latin *Æmilianum*; parce qu'on pense que ce fut en mémoire de Paul *Emile* qu'on en jeta les premiers fondemens. On doit du reste faire remonter à la même époque la construction de la voie militaire, allant de Millau à Nîmes, qui existe encore, en qui porte en partie le nom de côte *Romive*, côte du chemin de Rome, *Romæ via*.

Ce fut sans doute à partir de l'année 52 avant J.-C., que les Romains s'établirent sur la rive droite du Tarn. Ils y fondèrent plusieurs poteries dont on voit encore les débris aux environs de Rivière et de Boyne. Il en existait d'autres à la Graufesenque, près de Millau.

Ce peuple resta possesseur du pays durant plus de 500 ans. Habile dans les arts et surtout en agriculture, il dut y introduire l'industrie et la prospérité qui en est la suite. Les bois qui couvraient presque tout le territoire durent alors être défrichés et faire place à des prairies et à des moissons d'autant plus abondantes qu'elles venaient sur un sol pour ainsi dire vierge. Avant l'année 277 après J.-C., la vigne n'y avait pas été encore introduite; mais il est probable qu'avant la fin de la domination romaine dans la contrée, cette culture y avait pris un certain développement. C'est peut-être aussi de cette époque que date l'origine de la plupart de nos villages; il ne paraît pas du moins qu'elle soit antérieure (1).

Outre la route dont nous avons parlé, les Romains en pratiquèrent une autre qui se dirigeait de Condatemag vers Rodez. Ils exploitèrent aussi sur la rive droite du Tarn, au pied du Lévezou, des mines argentifères tellement abondantes, que, du temps de Tibère, au rapport de Tacite, elles enrichissaient les habitants de la contrée.

Mais non contents d'apporter leurs arts au pays vaincu, les Romains y introduisirent encore leur culte. C'est ce qu'atteste

(1) Ils ont presque tous une étymologie latine ; ce qui sera démontré dans la deuxième partie de cet ouvrage.

l'étymologie de certains lieux, tels que Montjaux (Mons Jovis), Alajou (Ara Jovis), Puech-de-Jou, sur le Larzac, laquelle annonce évidemment une ancienne consécration à Jupiter.

Cette destination des hauts lieux est établie d'ailleurs par d'autres faits. « A Rome, dit un historien du Rouergue, « les Dieux étaient adorés dans les temples, tandis que les « Gaulois, les druides les adoraient en plein air. Les romains « s'étant emparés des Gaules, il s'opéra une transaction entre « les deux cultes : les druides adoptèrent les Dieux Romains, « à condition de les adorer suivant le rite celtique. Les Ro-« mains satisfaits de voir leurs Dieux adoptés, ne se récriè-« rent pas sur les formes du culte. Les sacrifices de la religion « nouvelle n'eurent d'autre temple que les voûtes du cie (1)l. «

« Il fallut du temps, ajoute un autre écrivain, pour que « les Dieux des druides fissent place à ceux du Capitole ; et « lorsque ceux-ci eurent commencé à ébranler les croyances « des Gaulois, le christianisme, qui suivit de près dans notre « patrie le culte des divinités de l'Olympe, fit luire le flam-« beau de la vérité dans l'âme des vaincus et de leurs maî-« tres.

« La religion du Christ, en dissipant les illusions trom-« peuses du paganisme, eut seule la gloire de s'établir en « reine bienfaisante sur les débris des autels de l'impudique « Ruth et du sanglant Teutatès. »

Le pays suivit ensuite les destinées de la province dont il faisait partie : les Visigoths s'en emparèrent en 471 ; Clovis, en 507, après la bataille de Vouillé.

Durant une longue suite d'années, cette contrée se trouve comme enveloppée d'un voile sombre.

C'est seulement sous Charlemagne que nous voyons s'établir en Rouergue, sous le titre de *comtes*, des gouverneurs à vie chargés de la justice et de l'administration de la province.

Ces comtes ne tardèrent pas, sous les faibles successeurs de ce grand monarque, à devenir de *viagers*, héréditaires, et enfin presque souverains.

Ils rendaient la justice par eux-mêmes et par des vicaires

(1) De Gaujal.

ou viguiers ; et de là l'origine des vigueries de Millau et de Compeyre. (1)

Les comtes eurent aussi des lieutenants ou vicomtes, qui, à l'exemple des premiers, finirent par devenir à leur tour héréditaires et presque indépendants ; et c'est encore à ceux-ci qu'il faut attribuer l'établissement des vicomtats de Millau, et de Creyssels.

A la fin du 9e siècle, la féodalité se trouvait entièrement organisée. Une foule de seigneurs, vassaux les uns des autres, formaient déjà des hordes de tyrans qui, non contents d'opprimer le peuple, étaient toujours ennemis les uns des autres et se faisaient des guerres continuelles. De là sans doute l'origine de ces châteaux-forts qui couronnent le sommet de nos montagnes, et dont les imposantes ruines semblent encore commander au pays. Quelques savants présument qu'ils furent bâtis sous les rois de la première race et à l'époque de l'invasion des Maures (2). Quoiqu'il en soit, ce qui nous reste de ces monuments prouve assez qu'ils furent élevés dans ces siècles de fer et de ténèbres, où nos leudes et nos seigneurs déclaraient fièrement se bien battre et ne savoir signer. Partout des meurtrières, des tours crénelées, des pont-levis, des rochers inaccessibles, quelquefois même de triples enceintes ; nulle part aucune inscription, aucune date.

Nous venons de parcourir, en quelque sorte, la partie ténébreuse de notre histoire ; maintenant l'horizon commence à s'éclarcir et quelques rayons de lumière viennent percer l'obscurité des temps.

En 875, il existait déjà des viguiers à Millau. En 937, Bernard était vicomte de cette ville. C'est le premier dont il soit fait mention.

Vers le milieu du 11e siècle, l'un de ses successeurs], Richard II, se signale en Catalogne contre les ennemis du nom chrétien (3).

_____

(1) Les vigueries prirent plus tard le nom de bailliages.

(2) Il est fort possible que les deux opinions soient vraies, la construction de ces forts, dans le moyen-âge, ayant eu lieu peut-être à des époques différentes.

(3) A cette époque la vicomté de Millau, comprenait, avec la ville de

Quelques années plus tard florissaient Bernard et Richard de Millau, qui furent successivement abbés de la célèbre abbaye de St-Victor de Marseille, et qui obtinrent l'un et l'autre, par leur mérite, les insignes honneurs du cardinalat.

Mais voici l'époque des fondations pieuses, qui nous montrent la foi naïve et ardente de ces siècles peu policés mais croyants. Partout s'élèvent des églises, partout on bâtit des couvents. Prêtres et évêques, seigneurs et barons, tous s'empressent d'y faire fleurir la règle ou de les doter convenablement. En 1070 Bérenger II, vicomte de Millau, donne à l'abbaye de St-Victor l'église de Notre-Dame de l'Espinasse, fondée et dotée par ses ancêtres (1). Cinq ans plus tard, le même vicomte fait don à St-Gaubert de la montagne où fut élevé le monastère de Montsalvy (montagne de salut). Raymond de Mostuéjouls, Bernard de Pierrelève, Bertrand de la Tour et autres, offrent plusieurs domaines à l'abbaye d'Aniane, en Gévaudan. Enfin l'évêque de Rodez, charmé de la régularité des moines de St-Victor, leur soumet l'église de Lumenson, celle de Mostuéjouls et le monastère de Ste-Marie de Millau (1082).

Cette touchante sollicitude pour les fondations religieuses se renouvelle dans les siècles suivants, et compose, pour ainsi dire, la plus grande partie de leur histoire.

En 1158, Raymond Bérenger, autre vicomte de Millau, donne aux Templiers la petite ville de Sainte-Eulalie, sur le Larzac (2); et dans le même temps, une de ses parentes, du

nom; le Monna, La Roque, Compeyre, Roziers, Sévérac, Lapanouse, Saint-Grégoire, Sainte-Eulalie, Lacavalerie, Lacouvertoirade, Saint-Affrique, Caylus et Bournac. (C'est de Caylus près de St-Affrique qu'on entend parler.)

(1) Cette église fut depuis un monastère de bénédictins. Dans la suite le pape Adrien IV l'érigea en paroisse, et ordonna qu'elle serait desservie par quatre religieux, quatre conduchers et un capellán-magé ou curé.

(2) Elle devint, après la destruction de l'ordre du Temple, une commanderie de celui de St-Jean de Jérusalem. De cette commanderie dépendaient les bourgs de la Couvertoirade et Lacavalerie, que les templiers firent entourer de murs qui subsistent encore.

nom d'Imberte , fonde à Millau un hôpital, que le nombre de ses dépendances fait surnommer l'*hôpital - Mage* (1). Bientôt après, sous le titre de maladrerie de St-Thomas, s'élève une *léproserie* (2) , et enfin une foule de maisons de charité pour les pauvres, les enfans trouvés, les voyageurs et les pèlerins (3).

Mais si , comme tant d'autres, le 12e siècle atteste la piété, la bienfaisance, ou ce qu'on peut appeler la philanthropie de nos pères , il nous les montre aussi dans l'anarchie sociale la plus désordonnée, dans l'ignorance, dans la superstition et dans la barbarie la plus profonde.

En 1156 , des nuées de bandits ou pillards s'étaient abattues sur le Rouergue et s'y livraient à toutes sortes de brigandages. Les paysans, qui ne pouvaient porter d'autres armes que des bâtons (ainsi le voulaient les coutumes féodales), n'avaient d'autre ressource pour se défendre, que de chercher un refuge dans les villes ou dans les châteaux-forts. Aussi les dévastations s'accrurent à tel point, que l'évêque et le comte de Rodez, touchés vraiment de la misère et des souffrances de leurs serfs, assemblèrent les abbés, prévôts, archidiacres et seigneurs d'une grande partie de la province , et de concert avec eux ils établirent le *commun de paix* , dont l'objet était d'entretenir une milice contre les brigands (4).

(1) A cette époque, il existait sur le Larzac un autre hôpital fondé par le vicomte Gilbert , mort en 1108, et qui en 1174 fut uni par Alphonse, roi d'Aragon , au monastère de Notre - Dame de Cassan, dans le diocèse de Béziers. La fondation de cet hôpital fut probablement l'origine du village de l'Hospitalet, qu'on appelait d'abord l'Hopital Guibert.

(2) Elle était une dépendance de l'hôpital-Mage de Millau, et se trouvait placée sur la rive méridionale du Tarn : elle fut détruite durant les guerres de religion; mais sur l'emplacement d'une partie de son église , les administrateurs de l'hôpital firent bâtir, en 1664, une chapelle consacrée à St-Thomas, laquelle existe encore.

(3) C'étaient les établissements de Saint-Marc, de l'Ascension, de Ste-Catherine, de Dono-Guiraldo, l'hôpital du St-Esprit, et celui de St-Antoine de Vienne, lequel donna son nom au quartier où il était situé.

(4) Le commun de paix qui fut perçu dans tout le Rouergue était une

Ce moyen n'ayant pas obtenu l'effet que l'on devait attendre, on fut obligé, pour le maintien de la sûreté publique,
de défendre au moins de commettre aucune violence dans les
églises, et dans les lieux sacrés, sous peine d'être jugé comme
sacrilége; d'attaquer les clercs, les religieux, les religieuses
et les veuves; de saisir les animaux au-dessous de six mois;
et enfin de brûler les maisons des paysans et du clergé.

On établit aussi la *trève de Dieu*, institution non moins
singulière, qui semblait autoriser le crime, en réduisant à
certaines époques de l'année et à certains jours de la semaine,
le temps où l'homme cupide et vindicatif pouvait s'abandonner impunément à ses penchants farouches. (1).

Mais n'accusons que les mœurs indomptables de ce siècle
de fer. Dans le fond, la trève de Dieu, qui en fut l'expression
la plus fidèle, avait cela de bon, je dirai d'éminemment utile,
que tout en désespérant d'extirper les désordres dans leur
racine, elle voulait du moins en détruire les branches. Nous
voyons du reste les excommunications et les cris à Dieu lutter
sans cesse contre la fureur des brigands, et contre la tyrannie
du pouvoir féodal.

Ainsi, à côté du mal la religion s'efforçait toujours de placer
le remède : à la violence et à la rapacité, elle opposait sa
foudre et ses menaces; à l'indigence, à la vieillesse et à l'en-

espèce de capitation qu'on imposait sur les hommes et sur les animaux.
Cette taxe se levait par paroisse. Elle fut la première imposition régulière qui depuis la féodalité fut assise sur le peuple. Elle se maintint
jusques en 1789.

Le commun de paix qui fut confirmé par une bulle du pape Alexandre III, en 1170, était aussi une sorte de société d'assurance qui faisait
retrouver à celui qui avait payé sa quote-part les objets qu'on lui avait
volés, pourvu toutefois qu'il indiquât ou la personne qui avait enlevé ce
qu'il avait perdu, ou le lieu dans lequel les objets ravis avaient été
portés. S'il y avait force majeure, l'on ne restituait pas les effets mo-
biliers.

(1) La trève de Dieu défendait de commettre aucun acte d'hostilité
depuis le coucher du soleil du mercredi jusqu'à son lever du lundi de
chaque semaine de l'année; depuis le premier jour de l'Avent jusqu'à
l'octave de l'Epiphanie; depuis le lundi de la Sexagésime jusqu'au lundi
après l'octave de la Pentecôte; et enfin aux jours de certaines fêtes, du-

fance délaissée, elle donnait un asile et du pain ; et quand à
toutes les misères et à toutes les infortunes se fut jointe la
lèpre, elle seule n'eut point horreur d'un lépreux, et seule,
elle s'occupa de lui panser ses plaies.

C'est encore dans le 12e siècle qu'il est fait mention d'un
certain droit de *leude* que les seigneurs de Millau s'étaient
arrogé sur les marchandises étalées dans les foires et les marchés de cette ville. Ils percevaient en outre sur le pont vieux
un droit de péage. Ces impositions et autres du même genre,
formaient avec le revenu des terres personnelles du vicomte,
un produit annuel, évalué, en 1310, à 10,000 livres tournois, environ 188,100 fr. de notre monnaie.

Au milieu de cette opulence qui paraît excessive à l'auteur
des *Annales du Rouergue*, les vicomtes de Millau s'y étaient
fait construire un palais, ou plutôt un château magnifique,
encore dans toute sa splendeur en 1429. Non contents de le
fortifier et de le rendre pour ainsi dire inexpugnable, ils
voulurent encore ceindre la ville d'un mur épais, qui l'isolait
entièrement de la campagne.

En 1172, la vicomté de Millau passe aux rois d'Aragon (1).

Sous le gouvernement de ces princes, comme sous celui de
ses anciens vicomtes, Millau n'eut qu'à se louer de ses suzerains, parmi lesquels il compte plusieurs bienfaiteurs. Sans
parler encore de la fondatrice de l'hôpital, en 1208, la reine
douairière, Sanche de Castille, légua par son testament une
rente à la ville, pour y faire sonner expressément l'heure de
tierce et celle de l'audience de la cour royale (2). Mais celui

____

vant les quatre-temps, etc., sous peine à ceux qui violeraient la trève,
de réparer au double le dommage ou de se justifier dans l'église cathédrale par l'épreuve de l'eau froide. (De Gaujal.)

(1) En 1112, Douce Ire, fille de Gilbert, l'avait apportée en dot, à
son mari, comte de Barcelonne ; le roi d'Aragon, Alphonse II, descendant de Douce Ire, en hérita après Douce II, morte sans être mariée.

(2) Ce n'est que vers 1309 que les horloges sonnant les heures, furent
inventées. La cloche devait sonner en outre le feu, la retraite des travailleurs dans la campagne et la retraite de nuit. Cette rente devait être
prise sur la pierre foiral de la ville.

qui rendit aux Millavois les services les plus signalés, fut Alphonse II, qui, en leur accordant des priviléges et des coutumes, leur restitua leurs droits de citoyens et d'hommes
libres.

Avant cette époque la force était, j'oserais dire, le seul
droit reconnu et avoué. Nos ancêtres étaient divisés en deux
classes : les forts et les faibles, les oppresseurs et les opprimés ;
mais dès ce moment le passé fut effacé, la vie civile changea
de face : nos pères firent un grand pas.

Parmi les priviléges qui furent concédés à la ville, l'un
d'eux consistait à porter les armes d'Aragon et de Barcelonne.
Depuis sa réunion à la couronne, elle obtint d'ajouter à ses
armes un chef à trois fleurs de lis d'or sur un fond d'azur.

Mais il fallait à nos aïeux, qui n'étaient pas faits pour être
esclaves, quelque chose de plus qu'un vain armorial.

Aussi dans cette charte mémorable, qui leur fut octroyée,
nous trouvons « l'égalité des hommes devant la loi proclamée ;
« leur liberté individuelle garantie ; plusieurs impôts arbi-
« traires abolis ; le pouvoir de disposer de ses biens assuré ;
« des peines rigoureuses prononcées contre le vol, les injures,
« les excès, l'homicide, l'incendie, l'adultère, le faux ; des
« taxes modérées pour les frais de justice ; le droit d'élire des
« consuls, attribué à la commune elle-même, divers régle-
« ments relatifs à la police urbaine et rurale (1) ; enfin une
« protection spéciale accordée aux étrangers, soit qu'ils vin-
« sent habiter la ville, soit qu'ils se rendissent à ses foires ou
« à ses marchés. »

Ces coutumes furent à la vérité défigurées par la consécration de l'épreuve de l'eau froide, par la peine portée de la
perte du pied ou de la main qui avait servi d'instrument au
vol, et enfin par le supplice horrible de lier l'homicide au
cadavre de sa victime. Mais ne soyons pas injustes ; l'imper-
fection des lois que firent nos ancêtres ne prouve que la barbarie des temps où ils vivaient.... (2).

_____

(1) On veut parler de l'inspection régulière des marchés, des boucheries, des fours, des moulins, des poids et des mesures; de l'établissement
des gardes-champêtres sous le nom de *Banniers*.

(2) On peut en dire autant de cette disposition non moins barbare qui

Après la mort d'Alphonse, Pierre II, son successeur, engagea la vicomté de Millau à Raymond VI, comte de Toulouse et du Rouergue, et bientôt après il l'assigna pour dot à sa sœur Eléonore, qui, cette même année, devint la femme de Raymond (1204) (1).

Ce comte ayant fini ses jours excommunié, comme fauteur des Albigeois, son fils, Raymond VII, lui succède. Les habitants de Millau, qui regrettaient la domination des rois d'Aragon, écrivirent au prince régnant de cette famille pour le déterminer à envoyer un député à la conférence de Clermont, afin de demander au cardinal légat la restitution en sa faveur de la vicomté dont le pape s'était saisi (2). Le roi leur répondit qu'il s'en rapportait à leurs lumières, et en même temps il les autorisa à traiter pour lui : mais plus habile ou plus heureux que les Millavois, Raymond VII obtint la seigneurie de Millau, dont il resta possesseur. En 1226, il établit même un sénéchal, nommé Bérenger de Centulle, qui exigeait dans cette ville un droit de péage ; et comme les habitants se refusaient à le payer, ce sénéchal faisait fermer les portes, et ne permettait pas que l'on pût entrer ou sortir sans l'avoir acquitté. Ce fut là sans doute l'origine du droit appelé de l'Isside (de la sortie) ou de l'Ayrole.

Mécontents de ces procédés, les Millavois s'adressèrent encore au roi d'Aragon, pour l'engager à soutenir ses droits (3) sur la vicomté. Celui-ci profitant d'une occasion aussi favo-

consistait à imprimer sur le front du voleur la marque indélébile de son délit ou de son crime.

(1). Cette vicomté fut engagée conjointement avec celle du Gévaudan, moyennant la somme de 150,000 sous Melgoriens, valant 3,000 marcs d'argent.

(2) C'était par suite de la confiscation qui en avait été faite sur Raymond VI. On sait qu'alors les prétentions des papes n'étaient pas moins exorbitantes que ne le sont aujourd'hui celles de M. Dupin et de nos ministres qui s'imaginent que l'Etat est au-dessus de l'Eglise, et qu'en bonne forme nos évêques ne doivent être que des instrumens de règne, ou suivant une expression pittoresque, *des préfets en soutane.* C'est le cas de dire que les deux extrêmes se touchent.

(3) Nous avons vu que le comte de Toulouse n'en jouissait qu'en vertu d'un engagement.

rable, vint, en 1236, mettre le siège devant leur ville, et s'en rendit maître. Mais, l'année suivante, elle fut reprise par le comte de Toulouse, qui, pour s'attacher désormais l'affection et la reconnaissance de ses vassaux, confirma leurs coutumes et leurs priviléges (1239). On voit que Raymond n'eut qu'à se louer d'une conduite aussi sage que politique, puisqu'en 1243 ceux-ci se rendirent garants envers le roi de France de l'exécution du traité de Paris (1).

Le comte de Toulouse étant mort à Millau, Jeanne, sa fille, femme d'Alphonse, frère de St-Louis, lui succéda. Par un traité conclu en 1258, ce dernier se fit céder par Jacques, roi d'Aragon, tous ses droits sur Millau, qui fut par là réuni à la couronne. Dès cette époque, les rois de France conservèrent dans le château des vicomtes un capitaine-châtelain, qui devint dans la suite gouverneur de la ville.

Tandis que depuis longtemps Millau se glorifiait d'avoir des vicomtes, à ses portes mêmes, une simple bourgade fortifiée se montrait déjà sa rivale. Creyssels était devenu chef-lieu d'un vicomtat.

Le premier vicomte de Creyssels que l'on connaisse, fut Raymond d'Anduze-Roquefeuil, seigneur de Meyrueys. Il vivait vers le commencement du 13e siècle. Ayant, à cette époque, secouru les comtes de Toulouse contre Simon de Montfort, il fut en conséquence excommunié. En butte aux remords, ou plutôt effrayé des préparatifs du roi qui se disposait à passer en Languedoc, pour terminer la guerre des Albigeois, ce vicomte se rendit à Narbonne, où il jura devant l'archevêque de cette ville, de se soumettre désormais à tous les ordres du roi et du cardinal légat ; et, pour prouver qu'il tiendrait sa parole, il remit, entre autres châteaux, celui de Caylus sur le Tarn (1226).

Deux ans après, la vicomté de Creyssels fut réunie au comté de Rodez par le mariage d'Isabeau d'Anduze-Roquefeuil avec le comte Hugues IV (2) : elle passa plus tard dans une

(1) Ils s'obligeaient en même temps à donner assistance à l'église pour chasser les hérétiques.

(2) A cette époque la vicomté de Creyssels se composait des terres

branche cadette des *Armagnacs*, devenus dans la suite comtes de Rodez.

Une fois en possession de leurs droits, les Millavois en furent jaloux jusqu'à l'ombrage. Lorsqu'ils firent des libéralités à leurs vicomtes ou à leurs souverains, ils eurent toujours soin de stipuler que c'était sans préjudice pour l'avenir : c'est ainsi qu'ils agirent avec Alphonse, comte de Toulouse, en 1269 (1).

Mais, non contents de leurs anciens priviléges, qu'ils avaient à cœur de faire confirmer en toute occasion, ils s'efforcèrent d'en acquérir de nouveaux et de plus étendus. Ainsi, par un traité qui fut fait entre le roi de France et Raymond VII, il fut accordé à la ville de Millau, *à cause de son inviolable fidélité, un sceau rigoureux et attributif de juridiction,* qui donnait aux habitants le droit de contraindre par corps leurs débiteurs aux paiements de leurs créances; de les appeler et assigner de toute la France devant leur juge-bailli. Ce privilége fut confirmé dans la suite par Louis X, par le prince de Galles, par Charles VIII, par Louis XIII et Louis XV.

Ce fut durant les dernières années du 13e siècle, que l'on vit s'élever à Millau le plus grand nombre de ses établissements religieux. Les Carmes y furent établis, en 1271; les Dominicains, en 1279; les Carmélites, en 1291; l'*Arpajonie,* en 1277 et les Cordeliers, en 1300. Ces derniers y étaient alors si nombreux qu'on en comptait jusqu'à 150. C'était du

suivantes : Crayssels, Marzials, Roquetaillade, St-Rome de Cernon, Montclarat, La Panouse de Cernon, Cornus, Les Infruts, Peyrebrade, Rivière, Lugagnac, Le Bourg-Clauselles, La Cresse, Caylus et Pinet, Peyreleau, Montmejean et St-André-de-Vesines.

(1) Les habitants de Millau avaient fait au comte Alphonse un don gratuit de 1,200 livres tournois pour son second voyage à la terre sainte; ce qui démontre que, malgré le traité de 1258, le roi ne jouissait pas de la vicomté dont Millau était le chef-lieu. Les consuls et le conseil de Millau écrivirent en même temps au comte pour le prier de donner ses lettres patentes touchant la confirmation de leurs franchises et priviléges, et il donna, au mois de juin, une déclaration par laquelle il reconnaissait que le don qu'ils lui avaient fait, était de leur part une pure libéralité et qu'il n'entendait point qu'elle leur portât aucun préjudice à l'avenir. (Gaujal).

reste un temps d'exaltation pieuse où, pour gagner le ciel, d'innombrables cénobites fuyaient le monde et allaient avec joie s'ensevelir dans un cloître.

Depuis le 5e siècle, le pays avait été soumis à l'administration ecclésiastique des évêques de Rodez. L'année 1317, le pape Jean XXII démembra 130 paroisses de leur ressort, pour en former l'évêché de Vabres (1). St-Georges, Creyssels, Paulhe, La Cresse, Pinet, Caylus et Peyreleau firent partie de cet évêché jusqu'à sa réunion par le concordat à celui de Cahors. Toutes les paroisses ou les villages situés sur la rive droite du Tarn, restèrent sous l'administration ecclésiastique de Rodez, à l'exception de Boyne et d'une partie de Peyrelade qui composèrent, dans le diocèse de Vabres, la paroisse de St-Second (2). Par une bizarrerie non moins inexplicable, Carbassas demeura sous la dépendance des évêques de Rodez (3).

Il existait à cette époque plusieurs églises ou chapelles, aujourd'hui désertes et en ruines, ou dont on chercherait vainement les vestiges : telles sont l'église du *Truel* entre Boyne et le Bourg, l'église de St-Jean-du-*Clauselles*, celle de Saint-Pierre-de-*Trébans* et de St-Martin de Pinet ; la chapelle de St-Jacques de Caylus, celle de St-Christophe de Peyrelade et de St-Michel de Suéje (4).

Cette dernière chapelle avait été bâtie dans une grotte ou rocher de ce nom : l'église de Lumenson, celle de Pinet, de St-Hilarin, de St-Second et de St-Pierre de Mostuéjouls, qui formaient alors les principales églises paroissiales en dessus de Millau, étaient toutes situées sur les bords du Tarn, et à une distance plus ou moins considérable des villages ou des

---

(1) En 1610, l'évêché de Rodez était composé de 500 paroisses ou clochers, celui de Vabres de 219. (État de la France sous le règne de Louis XIII.) Vieux bouquin.

(2) Archives de St-Second.

(3) Carbassas est situé sur la rive gauche du Tarn.

(4) Nos ancêtres n'oubliaient jamais, à leurs derniers moments, de faire plusieurs legs à ces églises ou chapelles. C'étaient ordinairement des dons en huile qu'on appelait *luminaires* (luminaria). Archives de St-Second. Tous les actes testamentaires de l'époque.

hameaux ; comme si nos pères avaient deviné que la maison
de la prière et du sacrifice devait être placée dans la solitude
où, là seulement, l'homme se trouve seul en face de son
Dieu.

A l'entrée de l'église était toujours la demeure des morts ;
lieu tellement vénéré de nos aïeux que la consolation la plus
douce et la plus chère des mourants, comme aussi l'obligation
première qu'ils imposaient à leurs successeurs , était d'*être
enterré dans le cimetière de leur paroisse et dans le tombeau de
leurs ancêtres* (1).

A côté de la maison de Dieu s'élevait la maison du prêtre,
que l'on désignait sous le nom de *prieur*.

La fin du 12e siècle avait vu nos pères sortir de l'état de
barbarie. Bientôt le sort du peuple s'améliora ; ses lumières
s'accrurent: déjà , en 1271, les lois de Justinien étaient
adoptées et faisaient connaître aux habitants de Millau ce droit
romain si justement appelé la raison écrite. Vers le milieu du
14e siècle, le Rouergue comptait beaucoup de ses enfants
parmi les *troubadours* et les *gentils ménestrels* , qui, en
échange d'une place à la table et au foyer de nos châtelains,
portaient dans le pays *la gaie science,* en y chantant les guerriers et les belles. Ces chants d'amour et de gloire qui, depuis
le vicomte Gilbert retentissaient dans la contrée (2), enflam-

(1) Tous les testaments commençaient par cette disposition qui nous
peint toute la foi naïve de ces heureux temps. In primis siquidem com-
mendo animam meam et corpus meum in manibus altissimi Creatoris ,
Domini nostri Jesu-Christi qui mortem subire voluit corporalem in venerabili ligno sanctæ Crucis pro nobis peccatoribus redimendis, et beatissimæ virgini Mariæ ejus genitrici , totique collegio superorum, *deindè
eligo sepulturam corpori meo faciendam et volo sepeliri*, dum anima
mea à corpori fuerit separata , *in venerabili cimeterio meæ parochialis
ecclesiæ.... et in tumulo dominorum quondàm predecessorum meorum.*

(2) L'union de Gilbert de Millau , et de Gerberge d'Arles qui , à la fin
du 11e siècle , annexa pour 150 ans la vicomté de Millau à la Provence
que, suivant l'expression de Philippe Mouskes, « Charlemagne avait
donnée aux poètes pour leur servir de patrimoine », accrut les rapports
moraux aussi bien que les liens politiques de ces deux pays. On vit
bientôt après Stéphanie de Millau , fille de Gilbert et de Gerberge ,
devenue dame de Baux , présider en Provence des *cours d'amour,* et

mèrent les imaginations et les cœurs des passions les plus magnanimes. Ces sentiments chevaleresques s'unissant au sentiment religieux, furent la source de l'enthousiasme le plus sublime, des sacrifices les plus héroïques et des hauts faits les plus brillants. On vit nos seigneurs s'empresser de prendre la croix, et d'aller en Palestine combattre les infidèles, ou du moins d'y envoyer, comme ils le disaient, *un bon et vaillant guerrier* (bonum et idoneum bellatorem). Mais celui qui, parmi tous ces *preux*, devait se signaler à tout jamais, fut l'immortel *Dieudonné de Gozon*, qui, après avoir, dit-on, exterminé le dragon de Rhodes, devint un des plus illustres grands-maîtres de l'ordre de St-Jean de Jérusalem. Il vivait vers le milieu du 14e siècle, et l'on assure que, pour honorer la mémoire d'un si grand citoyen, Millau donna son nom à l'une de ses rues qui s'appelle encore la *rue des Gozons*.

Depuis sa réunion à la couronne, Millau n'avait pas été visité par ses maîtres. Philippe de Valois y passa en 1336. Ce roi s'occupa pendant son séjour de terminer certains différents qui s'étaient élevés entre plusieurs communes et divers seigneurs sur les limites de leur juridiction respective. Il transigea aussi avec le vicomte de Creyssels et l'ordre de St-Jean de Jérusalem, relativement au péage qui se percevait sur le pont de Millau (1).

Sept ans après les besoins de la guerre ayant forcé Philippe de créer divers impôts, et entre autres la *gabelle* (2), un grenier *à sel* fut établi dans cette ville, et y excita une vive opposition de la part des Millavois qui prétendaient en être exempts en vertu des privilèges qu'ils avaient obtenus d'Alphönse. Toutefois, quoique fondées sur la justice, leurs réclamations ne furent point écoutées, à cause de la guerre qui recommença bientôt entre la France et l'Angleterre.

---

faire servir l'empire de son sexe à adoucir les mœurs, à étendre le goût de la société, à répandre dans tous les rangs cette politesse attentive qui dèslors distinguait les Français (Gaujal).

(1) Nous verrons dans la 2me partie les détails de cette transaction importante.

(2) On sait que ce fut la Gabelle ou impôt sur le sel, qui fut cause que Philippe était appelé plaisamment par Edouard III, roi d'Angleterre, *l'auteur de la loi salique.*

Nous sommes arrivés à une époque désastreuse ; mais, du moins nous pouvons le dire avec un noble orgueil, dans notre vieille province, le malheur, en advenant, y appela la gloire.

En 1351, les Anglais paraissent en Rouergue, et à leur approche Millau se fortifie. Mais hélas ! c'était peine perdue. La bataille de Poitiers, la prise du roi Jean, et le déplorable traité de Brétigny allaient livrer nos pères au vainqueur.

Ce fut en vain que, pour contribuer à la rançon de leur souverain, les habitants de la province s'imposèrent librement 6,000 moutons d'or (1) ; ce fut en vain que le comte d'Armagnac et de Rodez assembla les états du Rouergue et des autres parties de la Guienne, et qu'il y fut décidé *qu'ils étaient Français*, et qu'ils ne voulaient point d'autre roi que le roi de France, dût ce dernier s'y opposer ; ce fut vainement enfin que plus tard Pierre Pollier et Guillaume de Garrigues renouvelèrent à Villefranche le sublime dévouement de Régulus (2). Il fallut céder, il fallut recevoir l'Anglais victorieux.

Toutefois, ce n'est qu'à la prière du malheureux monarque, hélas ! trop fidèle à sa promesse (3), que la plupart des villes

_____

(1) Environ 180,000 fr.

(2) Guillaume de Garrigues, juge-mage de la Province, et Pierre Polliet, premier consul de Villefranche, ne voulurent point reconnaître le prince de Galles, duc d'Aquitaine, pour souverain. Ces dignes citoyens auxquels le Rouergue devrait élever des statues, et qu'il connaît à peine, ayant été appelés devant le Prince Noir pour lui prêter serment au nom de leur ville, après la mort du roi Jean, osèrent refuser ce serment, disant que Villefranche ne leur avait pas donné un pareil mandat. Renvoyés devant leurs concitoyens, avec ordre de les exhorter à se soumettre, Pollier et son compagnon ne se retrouvèrent devant eux que pour les conjurer au nom du monarque, de l'honneur, de la patrie, de persister dans leurs nobles sentiments. Rassurés par l'enthousiasme qui éclata à leur parole entraînante, certains que pas un des habitants ne trahirait la foi due au souverain, ni la haine vouée au nom anglais, ils retournèrent calmes et courageux vers le Prince Noir, prêts à braver les supplices qui pouvaient devenir la récompense de leur patriotisme. (*Considérations sur le Rouergue au 14e siècle*, par M. P.-F. Cabantous, avocat.)

(3) Nous n'avons pas à nous occuper du motif secret du départ volontaire du roi Jean pour l'Angleterre. Quelques chroniqueurs l'ont trouvé dans une intrigue galante de cour ; ce qui ferait peu d'honneur au carac-

du Rouergue se déterminent à se soumettre. Ce qu'il y a même de remarquable, c'est qu'avant de subir le joug, les habitants de Millau veulent dicter des lois au vainqueur; et ce n'est qu'après avoir obtenu le serment qu'il respectera leurs franchises, qu'ils remettent les clefs de la ville au maréchal Boussicault, commissaire du roi de France, qui les remet lui-même d'après l'ordre formel de son maître à Chandos, délégué du roi d'Angleterre. Jean Chandos prit possession de Millau ainsi que de Compeyre, et il s'y fit reconnaître (1362).

Les Anglais restèrent maîtres du Rouergue durant l'espace de sept ans. Ils traitèrent notre patrie comme ils traitent de nos jours les pays qui leur sont soumis, c'est-à-dire en y exerçant les exactions les plus odieuses.

Mais l'Anglais n'était pas le seul oppresseur, ou le seul ennemi que l'on eût à craindre.

En 1367, le prince d'Aquitaine donna l'ordre à son sénéchal de la province, dans le cas où le château de Peyrelade serait repris sur ceux qui l'occupaient, de laisser jouir le seigneur de Sévérac de la portion que celui-ci disait lui appartenir. Il paraît par ces lettres que le château de Peyrelade avait été enlevé à ses légitimes possesseurs, mais que ceux qui s'en étaient emparés n'obéissaient pas aux Anglais.

Il est vraisemblable qu'il est ici question des routiers.

Ces bandes d'aventuriers, connus aussi sous le nom de *compagnies Anglaises*, mais composées réellement de soldats farouches de toutes nations, s'étaient sans doute emparés de Peyrelade, et de là, comme d'un repaire, ils portaient le ravage et la désolation dans les contrées environnantes.

« Ces troupes de brigands, ajoute un jeune écrivain, ap-
» pelés encore *quinze mille diables*, *trente mille diables*, *es-*
» *corcheurs*, *tard-venus*, s'étaient alors abattus sur le Rouer-
» gue, qu'ils pillèrent pendant plus de trente ans. Écumes des
» armées de tout pays, refuge des infortunés que la misère

tère de ce prince : quant à nous, nous préférons croire à la sincérité de cette parole tant citée de Jean repartant pour l'exil : si la bonne foi était bannie du reste de la terre, elle devrait se retrouver dans le cœur des rois.

» des temps poussaient au crime, ces bandes avaient ceci de
» particulier, que chaque excès qu'elles commettaient leur
» recrutait des soldats. Du reste, ennemies de tout le monde,
» elles ne servaient aucun parti, à moins qu'on ne les prît à
» gages. Maîtres de quelques châteaux, postes fortifiés, que
» réparaient les paysans enlevés dans ce but, Bernard de
» la Salle, les bâtards de Caupène et de Garlenc, leurs chefs,
» battaient la campagne, pillaient et rançonnaient les voya-
» geurs, incendiaient les manoirs comme les chaumières,
» faisaient du viol leur joie, du meurtre leur délassement, et
» affamaient la province en s'appropriant ou détruisant le bé-
» tail et les récoltes (1). »

Il est fait mention dans un ancien manuscrit de *guerres* et
de bandes armées qui à cette époque désolaient le pays, de
l'invasion du fort de Paulhe, de l'incendie de ses maisons
par les *routiers*, et de l'émigration presque générale de ses
habitans, qui par suite de l'état inhabitable de leur localité
furent forcés de se réfugier à Compeyre et dans les lieux li-
mitrophes (2).

Cependant aux sentimens de tristesse, de stupeur et de
désespoir qu'avaient d'abord produits tous ces genres d'excès, ne tarda pas à succéder dans le cœur des Rouergats la
ferme et généreuse résolution de briser leurs fers et de chasser leurs oppresseurs. Fatigués de l'insolence britannique,
n'écoutant que les sublimes élans de leur âme et la noble indépendance de leur caractère, ils jurèrent tous de devenir
Français, et de détruire par leurs armes un traité dont la
honte pesait déjà trop longtemps sur la France. A la voix de
Béranger de Nattes, Rodez donna le signal de l'insurrection.
Huit cents villes ou forteresses du Rouergue se hâtèrent
aussitôt de suivre son exemple. Seigneurs et vassaux, bourgeois et manants, tout s'arme, tout combat pour son pays
et pour la France : l'on vit même des moines pieux agiter la
torche incendiaire et brûler leur manoir, plutôt que de le
laisser au pouvoir de l'ennemi (3).

(1) M. Cabantous.
(2) Archives de Compeyre.
(3) Les moines de Bonnecombe.

Expulsées partout, vainement les garnisons Bretonnes se fortifient à Compeyre et à Millau : vainement, sous la conduite du farouche Thomas Walkesfare, elles empêchent pour quelque temps une partie de la Haute-Marche (1) de se joindre au soulèvement de la province entière : le 23 de juin 1369, Gui de Sévérac les assiége dans Compeyre et les force à une capitulation qui lui livre le fort de cette ville, dont il est établi gouverneur.

A cette époque, Millau n'avait pas encore reconnu l'autorité du roi ; mais il paraît qu'il ne tarda pas à imiter les autres places du Rouergue (2).

Quoiqu'il en soit, « la noble conduite de ces deux villes, dans cette crise mémorable, leur valut, dit un historien, « des priviléges étendus, honorables monuments de leur zèle et de leur fidélité. Ils constatent qu'ils furent glorieusement mérités et l'on aime à y lire que ces villes ne pourront désormais être séparées de la couronne, juste récompense des efforts que ce patriotique motif avait inspirés. »

Loin de rester en arrière de ce beau mouvement, lé vicomte de Creyssels, Jean d'Armagnac, servait alors à la tête de 300 hommes d'armes, sous l'autorité du duc d'Anjou. En reconnaissance des services signalés qu'il rendit à la cause royale et à l'indépendance du pays, le roi lui donna le péage du pont de Millau et le septérage de la sénéchaussée du Rouergue, dont il avait été nommé capitaine général. Il lui fit don en outre du lieu de Compeyre, qu'il avait déclaré comme faisant partie de son domaine inaliénable (1370).

Cette dernière libéralité du prince, qui, au préjudice des habitans de Compeyre, violait ouvertement une promesse solennelle, ne put jamais ébranler la fidélité de ces dignes citoyens. Ils surent à la vérité défendre leurs droits et rendre illusoire une donation qui avait été faite au mépris des

---

(1) La Haute-Marche était une division du Rouergue dont Millau était la capitale ou le chef-lieu.

(2) S'il faut en croire Froissard, après leur expulsion, les Anglais rentrèrent encore à Millau. Mais, assiégée selon lui, par le connétable Duguesclin, la ville se rendit à ses armes et s'empressa de reconnaître la souveraineté du roi de France (1371).

engagements les plus sacrés; mais ce fut après cette ingratitude ou, si l'on veut, cette infidélité du monarque, que leur patriotisme éclata plus ardent que jamais. C'est en effet en 1387, l'une des années les plus glorieuses de notre histoire, que l'on vit les gentilshommes de Compeyre et de Millau, s'ennoblir à jamais, en se soumettant aux taxes que payaient les autres citoyens, afin d'aider la cause nationale de leur or, tout en la faisant triompher par leurs armes.

Ce sacrifice généreux et patriotique que firent les nobles de leurs priviléges était d'autant plus opportun, que le Rouergue, épuisé de subsides, écrasé d'impôts, voyait encore les Anglais en possession de plusieurs de ses places. Par surcroît, les routiers étaient devenus si redoutables qu'on les comparait *à des nuées de pigeons volants qui s'abattent sur les terres.* Vainement les états de la Province s'étaient assemblés plusieurs fois à Rodez ou à Rignac, pour se débarrasser de ces bandes dévastatrices, qui, dans la contrée même, s'étaient emparées de Creyssels : les comtes de Rodez, plus occupés de leur querelle avec la maison de Foix que du sort de leur comté, ne s'en souvenaient le plus souvent que pour en tirer de l'argent qu'ils employaient à la guerre toute personnelle que leur ambition avait suscitée, ou pour acheter aux routiers une trève ou une paix que les armes auraient probablement donné plus sûre ou du moins plus honorable. On se lasse à compter les sommes énormes que la Province dut sacrifier à ce double motif.

Cependant le jour de la délivrance vint à luire enfin pour le Rouergue; et après l'expulsion définitive des routiers et des Anglais, le calme renaquit, et ce temps heureux fut sagement employé à réparer les brèches faites aux fortunes particulières et aux libertés publiques.

Vers l'an 1400, Géraud d'Armagnac, vicomte de Creyssels, voulant imiter l'exemple d'Alphonse, accorde aux syndics de La Cresse et Caylus les mêmes priviléges qu'avaient alors les consuls des villes royales (1). Il est probable que la

(1) Archives de La Cresse. Il leur permettait de tenir des assemblées toutes les fois que les besoins et les intérêts de la communauté

générosité de Géraud ne se borna pas au mandement de Caylus et qu'elle dut s'étendre également sur toutes les terres de
sa dépendance.

« Mais voici venir Bernard, le fier connétable, l'homme
de génie de sa race et le démon de la France et du Rouergue.
Celui-ci (nous empruntons encore le paroles de notre ami
Cabantous), celui-ci dédaignant les précautions que la pudeur
impose aux scélérats les plus puissants, marche au crime et
au crime le plus épouvantable! à front découvert et à la face
de tous. N'écoutant que l'ambition insatiable qui le dévore, un
des premiers actes de son pouvoir fut d'effacer avec le sang le
pacte de famille que trente ans avant les deux branches de sa
maison avaient conclu (1). Il s'empare violemment de Pardiac (2). Cette seigneurie, objet de la constante convoitise
des comtes de Rodez, appartenait à Anne de Montlezun,
femme de Géraud d'Armagnac, vicomte de Fézensaguet et de
Creyssels. Mais la possession est peu de chose pour Bernard,
si elle n'est assurée à tout jamais; rien ne lui coûtera pour
la conservation de son odieuse conquête. Deux ans plus tard

l'exigeraient. Ils étaient chargés de la vérification *des poids et mesures*,
de l'entretien et de la réparation des chemins vicinaux, etc. Ils avaient
en outre le droit d'élire quatre personnes des plus notables pour la répartition et la levée des tailles. En sortant de charge, ils devaient
rendre compte de leur gestion aux officiers de la vicomté commis à ce
sujet. L'élection des nouveaux syndics se faisait le lendemain de la
Pentecôte; ils étaient nommés par le peuple à la majorité des suffrages; et avant d'entrer en fonction, ils devaient promettre par serment
entre les mains du juge de la vicomté ou de son suppléant, de se conduire dans leur administration selon les règles de la justice et de l'équité.
Comme on le voit, la commune était alors partout constituée, et depuis
cette époque, c'est-à-dire depuis 445 ans, elle n'a pas fait un seul pas. Et
puis l'on dira que nous sommes aujourd'hui, on ne peut plus libres :
allons donc charlatans !...

(1) En 1373, Jean II et Jean, vicomte de Creyssels, chefs des deux
branches de la maison d'Armagnac, traitant pour eux, leurs héritiers
et successeurs, conclurent au château de Ségur un pacte par lequel
ils promettaient de se traiter en frères, comme sortis de la même maison, de s'aider dans leurs entreprises, de ne faire ni paix ni trêves,
soit avec le roi d'Angleterre, duc de Guienne, soit avec le comte de
Foix, que d'un commun accord.

(2) En 1401.

il assiège Géraud dans le manoir de Brussens en Bigorre, réussit à s'emparer du malheureux qu'il a totalement spolié (1), l'emmène en Rouergue et le laisse mourir de désespoir et presque de faim au fond d'une citerne du château de Rodelle. Cependant ce crime ne consolidait pas ses usurpations : sa victime avait laissé deux fils qui sans doute viendraient un jour lui demander compte du sang de leur père, et reconquérir leur héritage volé ; il ne fallait pas que cela pût arriver... D'ailleurs Géraud avait autrefois *tiré la dague contre lui ;* c'était une injure que sa mort n'avait pas suffisamment expiée. Pauvres enfans! la cupidité et la vengeance parlaient contre eux dans le cœur de Bernard !... Ils devaient mourir. Ne pouvant les attaquer ouvertement, le tigre se fait doux et repentant, entoure ses neveux d'hommes perfides qui par leurs conseils les poussent dans les bras d'un oncle si bon, si dévoué... Bernard les tient enfin !... Le plus jeune fut le plus heureux ; il mourut à l'aspect de la prison ou était mort son père. L'aîné fut enfermé au château de Brousses où le premier soin de son oncle fut de lui brûler les yeux avec un bassin ardent. Quelques temps après le jeune aveugle succomba sous la misère et les mauvais traitemens. Dès lors Bernard put dormir tranquille sur l'avenir de ses *nouvelles acquisitions.* Dès lors le comte de Rodez put en toute sécurité donner au second de sa race le titre de comte de Pardiac, bien certain que nul ne viendrait le lui disputer. »

La vie publique et privée des comtes d'Armagnac et de Rodez, appartient sans doute plutôt à l'histoire du Rouergue qu'à celle d'une petite fraction de cette province. Toutefois il est bon de jeter un coup d'œil rapide sur une maison qui ne s'est rendue déjà que trop célèbre et qui a fourni plusieurs vicomtes à Creyssels.

(1) Il s'était fait autoriser par le roi et le duc de Berri à prendre possession des terres de Géraud ; et tandis qu'il attaquait celui-ci dans le Pardiac, il donnait procuration le 8 août 1401 pour requérir le sénéchal de Beaucaire de le faire jouir de la vicomté de Creyssels, de la baronnie de Roquefeuil, etc., etc. Il les obtint en effet, et cette même année, il reçut comme vicomte de Creyssels, l'hommage de Pons de Luzençon (Gaujal).

À l'exception de Jean Ier, ce digne comte qui porta vaillam-
ment l'épée sous sept rois de France ; qui fut honoré par ses
sujets du titre de *bon*, et dont le patriotisme fut si utile à
l'indépendance de la province, cette famille d'Armagnac fut
certes une race bien despotique, bien cruelle, bien turbu-
lente, bien ambitieuse, bien détestable.

Aussi remarque-t-on ce Jean d'Armagnac, vicomte de
Creyssels, qui semble prendre à tâche de faire oublier ses
services, en exigeant de ses vassaux des comestibles, ou des
denrées que souvent il ne payait pas, ou qu'il ne payait
qu'en faisant emprisonner ses vendeurs ou en les livrant aux
routiers.

Après le comte Jean Ier, Jean II, dit le *gras et le bossu*,
commence à semer la défiance et la haine entre le roi et sa
famille, en déclarant dans plusieurs de ses lettres qu'il veut
être Anglais, et dans lesquelles il se qualifie insolemment
comte par la grâce de Dieu.

Vient ensuite Bernard que le lecteur connaît déjà, et pour
qui trois meurtres infâmes n'étaient qu'un essai, qu'un pré-
lude aux noyades, aux échafauds et aux gibets dont plus
tard il devait couvrir la France, lors de la lutte sanglante des
Bourguignons et des Armagnacs.

C'est ce Bernard qui, devenu l'âme de ce dernier parti, et
voulant s'assurer des appuis dans tous les camps, ne craignit
pas d'ouvrir des négociations avec l'Angleterre. Déclaré coupable de lèse-majesté, il fut banni de France et ses biens
confisqués. Cinq ans plus tard, il obtint non seulement sa
grâce, mais Charles VII voulut bien lui confier l'épée de connétable, naguère si glorieuse dans les mains pures et loyales
de Duguesclin. Loin d'être touché par la bonté du monarque,
d'Armagnac, fidèle à ses mauvais penchants, conserva ses relations criminelles avec l'Anglais, et quand il reçut des mains
du prince les insignes de sa nouvelle dignité, il ne trouva
dans cette cérémonie qu'une occasion de faire triompher son
excessif orgueil.

Tel fut Bernard, auquel on ne peut refuser de grands talents et un vaste génie militaire, mais qui résume en lui seul
presque tous les défauts et tous les vices de sa race.

Après la mort sanglante et méritée de ce comte, Jean IV,

son fils et son successeur, se voyant en butte à la haine et au mépris que son nom inspirait, se retire dans ses domaines, où d'abord il renonce en apparence aux affaires publiques. Mais plus tard, et comme s'il voulait se dédommager d'une feinte inaction, il s'empare d'une partie de Comminges, nouvel objet de l'ambition constante de sa famille, et non content de s'arroger un titre et des droits régaliens, il entretient des relations secrètes avec l'Angleterre, et attire ainsi sur ses états, sur sa famille et sur lui-même les armes et la colère du monarque dont il devient le prisonnier. Quelques années après il obtint son pardon et celui de son fils, le vicomte de Lomagne, qui avait pris part à sa révolte et dont la conduite aussi scandaleuse qu'effrénée devait plus tard le précipiter lui et les siens dans un abîme dont vainement ils essaieraient de sortir.

Vraiment, ce vicomte de Lomagne a quelque chose d'inconcevable, d'horriblement mystérieux dans sa vie. Il semble qu'en le frappant de vertige, la Providence ait voulu lui faire expier tous les crimes, toutes les scélératesses de sa race. Le dirai-je?... A peine assis sur le trône comtal de Rodez, ce monstre a l'audace de fabriquer de fausses dispenses de Rome, pour parvenir à épouser, le croira-t-on?... sa sœur... oui, sa sœur..., qui depuis longtemps était déjà sa concubine! Mais jetons un voile sur ces horribles turpitudes. Nous n'avons à nous occuper de cet indigne comte, dont la fin fut si tragique, que pour parler de son frère, Charles d'Armagnac, vicomte de Creyssels, et qui ayant partagé ses révoltes contre le roi, fut obligé de partager aussi ses malheurs et ses disgraces.

Ayant donc pris les armes contre Louis XII, il s'était rendu maître du château-fort de St-Véran, qui appartenait à Jean de Montcalm. En 1469, on se saisit de sa personne; il fut enfermé à la Bastille, et ses biens furent donnés à Catherine de Foix, sa femme, en représentation de sa dot, mais sous la condition d'indemniser de leurs pertes les gentils hommes dévoués au roi, et notamment le seigneur de Saint-Véran, qui devait rester maître, jusqu'à parfaite indemnité, de la vicomté de Creyssels et de la baronnie de Meyrueis. Il en jouit en effet jusqu'en 1481, époque où il transigea avec

Catherine de Foix. Mais trois ans après, Charles, ayant recouvré sa liberté, rentra dans ses états et dans ceux de son frère, dont il n'eut toutefois que la simple jouissance, et il mourut, en laissant pour héritier Charles d'Alençon, son petit neveu, qui ne pût en jouir que bien longtemps après.

Cependant Charles d'Armagnac laissait trois fils naturels et entre autres Antoine, sieur de Ségur, qui, à titre de descendant de la maison d'Armagnac, avait sans doute des prétentions à l'héritage de cette famille. Quoi qu'il en soit, en 1502 ou environ, il somma Guillaume Julien, seigneur de Roquetaillade, de lui rendre hommage. Sur le refus de Guillaume, Antoine d'Armagnac résolut de l'y contraindre par la force des armes.

Ayant donc rassemblé une petite armée d'environ 3,000 hommes, commandés par des chefs licencieux et d'une impiété reconnue, il part du château de Gages, lieu de sa résidence et se dirige vers Roquetaillade.

Il se proposait aussi d'aller soumettre plusieurs places situées le long du Tarn.

Dans sa marche il rencontre Marzials qu'il enlève de surprise. Il fait ensuite attaquer le château de Roquetaillade qui lui oppose la plus vive résistance.

Cependant d'Armagnac ne se rebuta point; il fit même plusieurs tentatives meurtrières pour s'emparer du château, mais inutilement. Le jeune seigneur, Guilhaume Julien, à peine âgé de 18 ans, défendit son petit fort à outrance; et comme il prétendait ne relever que du roi, en capitaine aussi prudent qu'habile, il avait eu soin d'instruire à temps le monarque des attaques de son rival. En effet, bientôt après arrive un messager de Louis XII, qui enjoint à d'Armagnac de se retirer à l'instant même, sous peine de se voir traduit *au ban de la couronne et déclaré traître et félon.*

Celui-ci, justement alarmé d'une menace aussi formelle, se hâta de lever le siége, mais avant la retraite, ayant lâché de dépit la bride à ses gens, cette bande perverse pilla le monastère avec l'église de Roquetaillade, et, dans sa fureur, elle mit le feu à ces deux édifices (1).

_____

(1) Archives du prieuré de Roquetaillade. Mémoires de la Société des Lettres, Sciences et Arts de l'Aveyron. Tome 2.

Ainsi finit le dernier rôle d'une famille dont la domination avait duré près de deux siècles (1) ; que sa puissance, son orgueil et ses crimes avaient condamnée à périr, et dont l'histoire, pleine de hauts enseignements, nous révèle une main invisible qui, tout en écrivant à chaque page l'arrêt terrible de sa destruction et de sa ruine déplorable, nous apprend enfin que celui qui punit les scélérats les plus puissants, peut fort bien aussi châtier les méchants les plus obscurs.

Durant tout le 15e siècle, la vicomté de Millau n'offre, dans l'ordre politique, qu'un petit nombre d'événements mémorables. Les faits les plus importants furent le passage à Millau du roi Charles VII (1437), et la donation de cette ville ainsi que de Compeyre, par Louis XI, à Jean de Foix, vicomte de Narbonne. Les habitants s'y opposèrent en vertu du privilége qu'ils avaient, de ne pouvoir être distraits du domaine royal. Pour soutenir ses prétentions, le vicomte arma des gens de guerre, laquais et autres étrangers (2); mais ce fut inutilement. Le roi convaincu, à la fin, du bon droit des habitants de Millau et de Compeyre, ordonna au sénéchal du Rouergue d'informer au sujet des violences commises par Jean de Foix (1475), et l'année suivante il révoqua le don qu'il avait fait à ce dernier. Toutefois, ce qui prouve que cette démarche de Louis XI n'était qu'un effet de sa politique astucieuse, c'est que bientôt après il donna la seigneurie de Compeyre à Frédéric d'Aragon, qui en jouit jusqu'à la mort du roi de France, arrivée en 1483. Il était digne d'un prince si peu scrupuleux observateur de sa parole, de se jouer ainsi d'un engagement dont il ne paraissait guère que l'auteur eût compris lui-même la gravité.

Cette pénurie de faits politiques que nous venons de signaler durant le siècle qui nous occupe, se manifeste encore dans une grande partie du suivant; et s'il était vrai, comme le dit

(1) On entend parler seulement de sa domination en Rouergue.

(2) Ces étrangers, appelés *laquais* dans les archives de Millau, étaient des *lansquenets*, ou pour mieux dire, des Lands-Knechten, mot dont on a fait *laquais* (Ganjal.)

Voltaire, qu'*heureux est le peuple dont l'histoire est courte et dont les fastes ennuyent le lecteur*, jamais peut-être, à aucune époque, les habitants de la contrée n'eussent été plus heureux. Il n'en fut pas pourtant ainsi. Les guerres continuelles du roi ou des seigneurs, les brigandages des compagnies avaient ruiné l'agriculture et tué le peu d'industrie que la civilisation renaissante aurait sans doute développée. Toutes les sources de la prospérité des peuples étaient détruites: de là les famines, les pestes et la dépopulation: c'est ainsi que dans l'espace de deux cent cinquante-un ans, de 1304 à 1555, on compte en Rouergue cinq famines, et onze pestes ou maladies contagieuses auxquelles, pour compléter le tableau, il faut joindre des tremblements de terre, des inondations et plusieurs années de stérilité (1).

« Mais s'il est vrai (nous citons M. Cabantous), que les bonnes mœurs soient la base la plus stable du bonheur public et individuel, il est vrai aussi qu'une longue série de malheurs fait naître tous les vices, fait surgir tous les crimes publics et

(1) En 1304, famine.

En 1310, famine et peste.

En 1348, peste de trois ans qui emporta le tiers de la population (elle fut générale en Europe).

En 1361, peste qui dura sept mois.

En 1373, famine et mortalité considérables; deux tremblements de terre.

En 1425, maladie contagieuse.

En 1426, mortalité, stérilité de la terre.

En 1473, peste suivie de famine.

En 1485, sécheresse extrême.

En 1490, inondation extraordinaire du Tarn.

En 1502, peste.

En 1510, peste qui dura six ans.

En 1525, peste.

En 1529, famine.

En 1547, peste de quatre ans qui enleva environ 4,600 personnes à Villefranche.

En 1555, tremblement de terre, accompagné de coups de tonnerre et d'une pluie excessive, le 22 avril.

M. de Gaujal résume ainsi l'histoire du Rouergue (environ deux siècles et demi de tranquillité et un de prospérité); voilà quels ont été pour le Rouergue les résultats de 1,400 ans de son existence.

privés. Pour le Rouergue, comme pour le reste de la France, comme pour toute l'Europe, les 14e, 15e et 16e siècles ont été l'époque des excès et des débordements de toute espèce. Le vol, l'empoisonnement, les débauches effrénées se pressent en foule dans ces tristes pages de nos annales. Après avoir avili les hautes classes, la démoralisation était descendue jusqu'aux derniers rangs de ce ramas d'individus que l'on n'ose appeler société. La probité, la conscience n'étaient plus écoutées. La foi jurée, ce lien des hommes à leur parole, n'était plus qu'une vaine formule et devenait le jouet du premier qui avait intérêt à la violer; les passions et quelquefois aussi le besoin étaient les seuls conseillers, le crime, la seule profession dans ces temps de perversité. »

Que faisaient alors les moines et le clergé pour ramener nos aïeux à ces mœurs honnêtes et patriarchales qui semblent être le partage des enfans du Rouergue ?... Hélas ! il faut le dire, à leur honte et à leur opprobre. Les prêtres, comme les religieux d'alors, n'étaient pas ce que sont les prêtres d'aujourd'hui. Au lieu de cette charité, de ce zèle, de cette vie pure et sans tache, de cet esprit évangélique, de cette indépendance, de ce patriotisme bien entendu, qui distingue le clergé de nos jours, et qui a fait dire à un publiciste célèbre (1) *qu'il est le seul défenseur de nos libertés publiques*, eh bien ! au lieu de tout cela, les prêtres et les religieux du moyen-âge n'offraient le plus souvent que le triste spectacle de l'égoïsme le plus étroit, des passions et des vices les plus honteux. Ainsi quand il fut question de l'affranchissement de la Province, à l'exception seulement des moines de Bonnecombe, tous les ecclésiastiques du Rouergue restèrent sourds à la voix de leur patrie; et malgré les ordonnances des rois, les édits des comtes, les mandements des évêques, ils refusèrent opiniâtrement de s'imposer le plus léger sacrifice, pour assurer son indépendance et son repos.

Et puis quelles mœurs ! grand Dieu !

En 1340, leur indiscipline occasionna de la part de l'é-

(1) M. de Cormenin, voyez son : *Feu ! Feu !*

vêque de Rodez un réglement sévère que provoqua le comte Jean Ier.

En 1408 le comte Bernard, qui malgré sa cruauté et son ambition était (chose étrange !) zélé pour les mœurs et la discipline , crut devoir reprocher à l'évêque Guilhaume d'Ortolan les abus scandaleux auxquels se livraient les ecclésiastiques de son siège : voici la réponse de l'évêque ; elle est en patois :

Sapias , mon très-car e redoutable signor quel es impossible causa que la siecta y lega sia deguedamén reformada in espiritual , ni en temporal bien ordonada per papa , ni cardinal , ni archevesqué , ni evesqué , si no se fa moyennan vostra gratia e bonna ordonanza ; car nos autres de gleya comptan mai perdre lo profiech del monde que la gratia de Diou et la salvatie de l'ama (1).

On lit dans la vie du bienheureux François d'Estaing , que ce digne évêque , qui apparaît dans le 16e siècle comme un phare consolateur, ayant voulu visiter l'abbaye de Conques, y fut horriblement excédé ; et ce qui paraît incroyable, c'est qu'ajoute le biographe, *l'après souper du jour même de Noël, ces moines qui l'avaient excédé en sa propre personne, le remirent sur le théâtre, et en la présence de beaucoup de gens qu'ils avaient invités, ils firent une comédie de l'action tragique du samedi précédent* (2).

Ce saint prélat , étant passé par St-Antonin , y excommunia quarante-cinq prêtres indûment ordonnés.

Ainsi chez les moines et le clergé, peu ou point de mœurs, point de désintéressement , oubli presque absolu de tous leurs devoirs.

Voilà ce qu'étaient , à cette époque , les prêtres du Rouergue ; voilà ce que devaient être malheureusement les nôtres, malgré le silence de l'histoire.

_____

(1) Sachez , mon très-cher et redoutable seigneur, qu'il est impossible que ni pape, ni cardinal, ni archevêque, ni évêque réforme au spirituel l'église de Rodez, ou y rétablisse l'ordre au temporel, si cela ne se fait par votre intervention et votre autorité; car nous autres gens d'église, nous craignons plus de perdre les profits de ce monde que la grâce de Dieu et le salut de l'âme.

(2) Vie du bienheureux François d'Estaing , par le père Beau.

Disons-le toutefois ; si l'on examine le degré d'instruction qui régnait alors , nous acquérons une nouvelle preuve de la vérité de cette maxime que la plus grossière ignorance, quand elle ne produit pas tous les vices, en est du moins la compagne inséparable.

Le mouvement civilisateur imprimé au 14e siècle par les croisades, les pèlerinages lointains, les institutions politiques, l'influence des troubadours et celle plus puissante encore des établissements religieux et des maisons d'éducation, s'était arrêté tout-à-coup à la première apparition des Anglais : et lorsque ces maîtres superbes eurent frappé le pays de leur sceptre de fer ; lorsque de concert avec les malandrins ou routiers, ils s'en furent partagé les dernières dépouilles, une nuit profonde que rien ne vient percer enveloppa la contrée avec le reste du Rouergue ; alors cessèrent les chants du ménestrel et du poète : l'épée et le poignard remplacèrent le luth ; et l'on n'entendit plus que des cris de désespoir et de mort qui, comme un concert lugubre, s'élevaient de toute la surface du pays.

« Ce n'est certes, dit M. Cabantous, ni par le goût, ni par l'aptitude pour les beaux-arts que brillent les habitants de nos montagnes : soit effet d'un rude climat, ou, ce qui est plus probable, par une suite de leur caractère réfléchi et tout positif, l'imagination et ses charmes exercent peu d'empire sur leur esprit. Cependant, sous la première famille des comtes , sous la domination des descendans des vicomtes de Millau (1) la douce poésie ne leur était pas inconnue (2).

(1) Nous verrons dans la suite que les premiers comtes de Rodez descendaient des vicomtes de Millau.

(2) Les comtes de Rodez, ajoute-t-il, se plurent à s'entourer de poètes, à favoriser les inspirations de ceux qui se croyaient appelés à le devenir, et l'on peut citer parmi leurs heureux protégés Dieudonné de Prades qui vivait en 1283. Hugues Brunenc , de Rodez, qui célébra la beauté d'Algageltes d'Escoraffles, l'aïeule de la séduisante duchesse de Fontanges , Raymond Jourdain, vicomte de Saint-Antonin, Raymond de Castelnau et tant d'autres. Les protecteurs eux-mêmes entrèrent quelquefois dans la carrière. Henri Ier ne dédaigna pas de lutter contre Hugues de St-Cyr.

Mais dès que le comté appartint à la maison d'Armagnac, aucun chant ne se fit plus entendre ; les troubadours se firent routiers ou ceignirent la *bande blanche*... Et c'était raison ! quelles douces paroles, quel chant d'amour aurait pu se faire entendre au milieu des cris de mort, ou des râles de l'agonie !... Quelle attention complaisante aurait pu prêter aux récits poétiques du ménestrel le seigneur qui n'avait d'autre occupation que de garder son manoir des attaques de l'Anglais et du Bourguignon, ou de la surprise des routiers ? et puis vraiment cette famille dont une ardente ambition, un sombre despotisme formait le caractère, devait peu s'embarrasser de favoriser dans ses vassaux l'essor de l'esprit et du cœur. Peu importait au farouche connétable que la volonté fût éclairée, pourvu qu'elle fût asservie.... D'ailleurs, pour vivre et grandir, les lettres ont besoin des doux loisirs de la paix et la contrée n'en jouit qu'après l'extinction de cette race.

Du reste, si l'on veut avoir une idée, je ne dis pas des lumières du peuple, mais de ceux qui, étant ses gouverneurs et ses maîtres auraient dû naturellement l'instruire et l'éclairer, la pièce suivante nous convaincra que s'ils savaient manier rudement une épée ou commander en braves téméraires à des soldats sans discipline, ils n'étaient guère propres à se faire les précepteurs de leurs sujets : On doit savoir que parmi les griefs que Bernard reprochait à Géraud, un des plus graves aux yeux du comte de Rodez, était d'avoir voulu l'*envoûter*, pour le faire mourir. Cette pratique superstitieuse, que personne ne connaît aujourd'hui, était alors en usage dans le Rouergue comme dans le reste de la France, et il paraît même qu'elle datait d'assez loin. Dans l'information qui eut lieu au sujet de l'accusation dirigée contre Géraud, l'un des témoins déposa que « celui-ci s'étant enfermé dans une chambre du château de la Plume, au mois de mai de l'année 1400, y avait fait tirer, *par ses écuyers*, d'une caisse bien fermée et couverte d'un drap vert, trois images de cire de trois différentes couleurs, dont l'une était longue et les deux autres plus courtes, enveloppées dans de la toile ; qu'après les avoir découvertes, il avait fait apporter un livre devant lui et que l'ayant pris en ses mains, il avait proposé à Guillaume de Carlat, licencié en droit de Rabastens, de jurer de le conseiller sur ce qu'il lui demanderait, Guillaume de Carlat, dit ce témoin, voulait excepter la maison d'Armagnac de ce serment; mais le comte de Pardiac ne le lui ayant pas voulu permettre, il jura de le conseiller envers tous et contre tous. Le comte de Pardiac lui promit sept mille francs d'or et lui dit: *Mossen Guillaume, vous êtes présentement sous mon serment. Je cherche la mort de celui qui se fait comte d'Armagnac, et je veux avoir ses biens, sa femme, ses enfans et ses nièces pour en disposer à mon plaisir; c'est pourquoi j'ai fait faire ces trois images à Milan en Lombardie, par des gens habiles, et je vous ordonne de les faire consacrer au château de Montlezun par Jean d'Astarac (vicomte d'Anville et docteur en droit civil et canon), qui demeure à Montgiscard, et qui a le livre consacré. Je suis assuré qu'il n'y a aucune chose au monde qu'il ne fasse. J'ai fait faire cette image brune contre Bernard d'Armagnac, et quand elle aura été consacrée et qu'il sera mort, nous viendrons aux autres comme nous jugerons à propos.* Ce témoin ajouta que Guillaume de Carlat, ayant porté cette image à Jean d'Astarac, avait prié ce dernier de ne rien entreprendre contre la maison d'Armagnac, que Jean d'Astarac l'avait promis, etc. » Jean d'Astarac confirma cette déposition.

Mais voici un usage non moins singulier, et qui est bien de nature à nous confirmer dans l'idée de barbarie que nous attachons au moyen-âge. Je veux parler des guerres privées qui, dans le Rouergue au XIV siècle, étaient bien loin de se faire avec toutes les formes des siècles civilisés.

Au lieu de lettres de défi qui pour le temps auraient été de véritables logogriphes, les seigneurs s'envoyaient par des hérauts des pailles rompues; quelquefois pour marque de mépris, ils s'envoyaient aussi de vieilles chausses usées.

Comme dans ce pays, ajoute Monteil, qui rapporte le fait, on était fort pauvre et fort économe, ce signe y était fort expressif. (1).

---

(1) Histoire des Français des divers états (histoire des troubadours.)
La fureur de ces guerres intestines était tellement enracinée dans les mœurs de l'époque que, malgré les précautions qu'on avait

La réunion temporaire du comité de Rodez et de la vicomté de Creyssels à la couronne, et durant le XVIe siècle la domination paternelle des maisons d'Alençon, d'Albret et de Bourbon, eurent sur la civilisation et la prospérité politique du pays une influence salutaire.

Voici du reste quel était le sort du peuple d'une partie de la contrée avant l'avénement de la famille d'Alençon.

En 1514 ou environ, les douze communautés de la vicomté de Creyssels députent chacune des syndics à leur métropole pour offrir leur hommage à leur nouveau vicomte, entre les mains de son commissaire.

A la reconnaissance les syndics ajoutent une supplique dans laquelle ils demandent la conservation de leurs libertés et priviléges comme le maintien du droit de chasse (1) et de pêche, et l'usage des bois communaux. Ils se plaignent amèrement des violences que leur juge ou bailli de Millau se permettait contre eux ou contre leurs mandataires pour les attirer à son ressort, et terminent en suppliant le duc d'Alençon, leur nouveau vicomte, d'établir un baillage dans la vicomté de Creyssels, d'y nommer des officiers intègres (2) et de leur donner un code de lois écrites (3).

Nous avons dit peu de bien de nos ancêtres : il serait im-

---

prises pour les prévenir ou les empêcher, le roi fut obligé, en 1316, de permettre aux nobles de la sénéchaussée du Rouergue, *de se faire la guerre après avoir défié leurs adversaires, huit jours avant que d'en venir à des actes d'hostilité.*

(1) Ce droit était alors plus étendu qu'il ne l'est aujourd'hui, puisque pour l'exercer on n'avait nullement besoin d'un *permis*, et que d'ailleurs nos légistes modernes n'y avaient pas encore mis ces restrictions légales qui tendent à faire de la chasse le privilége exclusif des grands teneurs de fonds.

(2) Il serait à désirer que les justiciables de certains cantons renouvelassent de temps en en temps cette supplique à M. le ministre de la justice. Ce serait peut-être le moyen de faire tenir ces juges de paix sur un *qui-vive* salutaire et respectueux du droit de tous. Convenons aussi qu'ils jouissent d'un pouvoir discrétionnaire un peu trop étendu. La loi ne doit pas seulement protéger le juge ; elle doit encore protéger les parties ; or c'est ce qu'elle n'a guère prévu, comme il nous serait facile de le prouver.

(3) Comme cette pièce offre certaines particularités curieuses, et

juste de taire les faits qui leur font éloge en celui du moins
d'une partie d'entre eux.

qu'elle peint d'ailleurs les mœurs du temps, nous croyons faire plaisir
à nos lecteurs de leur en citer quelques extraits.

« Par devant vous, nous très honoré et redoutable seigneur, Monsieur le commissaire, comis et desputé en cette partie par le roy, nostre seigneur et sa souveraine cour et parlement de Paris, à la requeste
du très-haut et puissant prince et seigneur, Monseigneur le duc d'A-
lençon, per de France, sur la délivrance des terres et seigneuries,
biens et droicts que tenoict, sa vie durant, feu Monseigneur Charles
d'Armagnac, comme visconte et seigneur de la visconté de Creyssels,
en Rouergue et ses appartenances.. Les pauvres syndics, manans et
habitans dudit chasteau de Creyssels et des autres lieux et chasteaux
de ladite visconté de Creyssels, disent et conviennent que par lesdits
prédécesseurs seigneur dudit chasteau et visconté iceux a esté donné et
octroyé plusieurs maintes belles libertés et franchises desquelles user
et jouir sont en possession et saisine, tant eux que leurs prédécesseurs
par tant de temps qu'il n'est mémoire.

» Au contraire et entre les autres... ont esté en possession et saisine,
liberté et franchise de soy exploiter libéralement et paisiblement les
eaux et rivières qui sont en ladite visconté et icelles pescher, et soy
approprier les poissons et tout ce que ils pouvaient prendre, excepté
toutefois les devois desdites rivières lesquels confessent et soy appartenir audit seigneur. »

Item, Sont et ont esté comme dessus en telle possession et saisine,
liberté et franchise de chasser par toute ladite terre dudit visconté, et
prendre et recevoir bois et pierres et tieules à leur volonté et icelles
aliéner, vendre et toutes autres choses à leurs profits en faire, sans
qu'il soient tenus en donner rien, ni contribuer audit seigneur, ni à ses
officiers, aulcun droict ni chose. »

Item, semblablement sont et ont constamment esté en telle possession
et saisine, liberté et franchise et quittes à faire garde de portes et guet
en lesdits chasteaux de nuit ou du jour, si non éminant péril de guerre
auquel cas s'offrent faire leur devoir.

Item, supplient humblement et requièrent à la bonne grâce de vous
dit seigneur le Cr mettre en ladite vicomté officiers conjuge, procureur, capitaine, notaire, baillis, sergents et autres de justice, qui
soient gens de bien, non corrompus et suffisants, gardant le bien,
honneur et profit de nous pauvres de oppression et qu'ils soient gens pour
nous soulager, et non nous faire injustice, exterslons ni oppressions,
ni permettant en faire.

Item, et pour ce que ledit seigneur et per de France, et pour ainsyn
peut jouir et user du droit de pariatge, lui plaise et à vous ordonner
que quand aulcune personne de quel estat ou condition qu'il soict, se
appellera d'aulcune sentence du juge ou officiers ordinaires dudit vis-

La longue domination des vicomtes de Millau, dont le gouvernement s'étendait sur la Provence ou le Languedoc avait introduit à Millau le goût de la littérature, des sciences et des arts. La situation agréable de cette ville, sur la rive droite du Tarn, dans une plaine délicieuse, environnée de côteaux plantés d'amandiers et de vignes, l'affabilité de ses habitans, sa sécurité parfaite, qui ne fut troublée, pour ainsi

conté, soict tenu de relever appel de séneschal dudit seigneur où son juge d'appeaux, et non aulcunement de juge et cour de Millau qui s'est attyrer à soy et à sa cour le ressort dudit visconté, et ce par grand force, *et bien que jamais n'est accoustumé ressortir à lui*; mais ce faisoit-il par aulcune importunité et malice constante contre nous pauvres manans et habitans dudit visconté et se voulant tous les jours faire constituer et mestre juge en ladite visconté à sa possession et voulloir, pour afin qu'il puisse mieux avoir et occuper ledit ressort : et vous prient et humblement supplient vous plaise de vos grâces mettre ordre et police que ledit juge ne vous oppresse plus, et nous voulant faire ressortir à lui et à sa cour; car si ce advenait nous vaudroit mieux de laisser *vous*, terres et seigneuries et ailleurs aller chercher de nouveaux patrimoines; car si nous faisoit ressortir à lui, il y auroit quatre instances; ce qui est prohibé de droict par la loi: *ne liceat ter appellare*, au code et aussi par les ordonnances royaux.

« Item, pour ce queslesdits feux viscontes dudit viconté auxquels Dieu absolude ont donné et octroyé au temps passé plusieurs autres libertés et franchises auxdits supplians et leur prédécesseurs desquels ils ont joui et usent pleinement et paisiblement depuis le temps de leur octroi, et en usent et jouissent au présent, plaise audit seigneur et vous, Mossieur le commissaire, confirmer et ratifier icelles libertés et franchises et autres que dessus, afin que nul autre empêchement ou desturbien leur soict donné au temps avenir, qu'ils et leurs succésseurs en puissent pleinement et paisiblement jouir et user selon leur forme et teneur ainsi qu'ils ont accoustumé d'ancienneté. »

« Item, des dispositions de droict escriptes et selon les ordonnances par le roi, notre seigneur; et car ainsin que les subjects sont tenus de prester à leur seigneur tous sermens de fidélité et vraye subjection, ainsin le seigneur doit jurer de conserver les subjects de toute sa terre et les défendre de toute force et violance; que ledit seigneur et ses officiers promettent et jurent de les conserver en toute vraye et bonne justice, et non permettre aulcunement leur estre faite aulcune iniquité, injustice, force et violence; et de tout ce dessus supplient très-humblement audit seigneur et à vous Mossieur le commissaire et, requièrent vous plaise octroyer auxdits supplians tout le contenu en la présente cédule. » (Archives de Rivière et de La Cresse.)

dire, que par l'invasion des Anglais ou la seule crainte des routiers, son commerce et la centralisation qu'elle s'appropriait depuis bien des siècles entre le Languedoc, les Cevennes, le Rouergue et l'Albigeois, en avaient fait un charmant séjour ; c'était la ville des nobles. Or, on sait que ceux-ci y maintinrent l'amour des beaux-arts et de l'urbanité, avant que les fiers montagnards n'en connussent encore les bienfaits. Non seulement il y avait à Millau, à une époque incertaine, des écoles pour le peuple, mais avant les guerres de religion, chaque couvent de moines y était devenu une espèce de faculté, où l'on enseignait publiquement la philosophie, la théologie et les belles-lettres.

Mais un usage qu'on ne doit pas laisser ignoré, parce qu'il a son origine dans l'estime qu'inspiraient les sciences et les hommes réputés savants, c'est celui qui a subsisté à Millau jusqu'en 1789.

Lorsqu'un habitant de la ville y revenait, après avoir été gradué dans quelque université, la grosse cloche prévenait ses concitoyens de son arrivée, qui était pour tous un jour de fête ; elle sonnait aussi pour son mariage et pour ses funérailles ; les docteurs en droit percevaient même une sorte de joyeux avènement. Ces priviléges, qui consacraient l'aristocratie du savoir et du talent, la seule naturelle et légitime, durent avoir leur source dans l'ignorance générale qui rendait les conseils constamment nécessaires, et dans le respect que la multitude attache naturellement à ceux qu'elle considère comme ses oracles.

Dans leurs démêlés avec les seigneurs ou les rois qui se disaient leurs maîtres, les Millavois n'écoutèrent pas toujours leurs intérêts particuliers; ils voulaient aussi la justice.

Ainsi, en 1369, avant d'expulser les Anglais, ayant des scrupules sur les droits de ces insulaires, ils prirent le parti de consulter à Bologne, Richard de Salicetto et d'autres fameux jurisconsultes qui décidèrent en faveur du roi de France : on sait que dès lors ils n'hésitèrent pas à reconnaître son autorité.

Nous devons dire pourtant qu'à Millau comme partout les abus et les désordres s'y étaient introduits. Dans les couvents la clôture religieuse y était si mal observée que l'ab-

liesse de Notre-Dame d'Arpajon alla de Millau à Rodez, suivie d'un nombreux cortége, présenter à l'évêque, François
d'Estaing, cinq novices pour qu'il eût à les bénir et leur donner le voile qu'elles reçurent dans la chapelle de l'évêché
(1515).

Comme on le voit, une réforme devenait nécessaire: le mal
était immense: Il fallait y apporter un remède prompt ; mais
un remède intelligent... Hélas ! au lieu d'élaguer les branches
sèches et le bois pourri ; on porta la cognée sur le tronc de
l'arbre et sur ses racines les plus vivaces: ce fut là l'origine
d'une suite effroyable de malheurs; et lorsque la disposition
des esprits, causée par l'inconduite et l'ambition du clergé, eut
divisé la province en deux camps, « lorsque, dit un historien,
» les dissensions eurent éclaté, lorsque l'épée fut une fois
» hors du fourreau, l'énergie extrême des habitans, l'indé-
» pendance de leur caractère se joignant au fanatisme et à
» l'animosité qu'il inspire, rendirent durable et terrible la
» guerre qu'il alluma. »

Ce fut, on le sait, un spectacle bien triste et bien doulou-
reux, que celui qui signala la fin du XVIe siècle, où, sous
prétexte de religion, des frères s'armaient du glaive et s'en-
tregorgeaient au nom d'un Dieu de paix !

Quelles furent les causes de cette immense révolution religieuse et sociale, qui, après avoir brisé la grande unité
catholique, bouleversa toute l'Europe, et fit ressentir de si
funestes secousses à notre malheureuse contrée ?...

Ce n'est pas ici le lieu de traiter cette haute question : ar-
rêtons-nous aux faits qui doivent seuls présentement nous
occuper (1).

Le XVIe siècle commençait à peine, lorsque un moine
orgueilleux leva l'étendard de la révolte contre le St-Siège.
En un clin d'œil la doctrine de Luther envahit l'Allemagne
et la livre aux dissensions intestines.

Calvin, en France, renchérit encore sur son maître : il

_____

(1) Nous expliquerons plus tard les causes locales de l'introduction
de la réforme dans la contrée.

24

traita d'idolâtrie le culte catholique et vint à son tour doter sa patrie des mêmes calamités.

Les opinions nouvelles ne tardèrent pas à se répandre dans le Rouergue, importées par les étudians en droit de Toulouse et les disciples de Calvin. Ce fut vainement que, dans l'intérêt d'une politique aussi lâche que cruelle, on employa les supplices contre les nouveaux sectaires; les supplices mêmes ne servaient qu'à les exaspérer, et comme dit un auteur contemporain, pour *une teste qu'on coupoit, il en sortoit sept ainsi que d'vn hydre.*

Cependant la réforme faisait toujours de grands progrès dans le Rouergue. Déjà, dès 1559, Louise de Roquefeuil, abbesse de Nonenque, avait quitté le voile et abjuré sa foi, pour contracter un mariage sacrilége; et tel était le nombre des calvinistes dans le midi de la Province que, le gouverneur de Creyssels, Arnaud de Mejanez, demandait aux consuls de Rodez des armes pour se défendre.

Il redoutait surtout les calvinistes de Millau, ville très forte alors et habitée par une foule de nobles qui, on doit le dire, ne furent pas les derniers à embrasser le dogme de Calvin, ni les moins zélés à lui donner des sectateurs.

Déjà le 26 septembre 1560 et nonobstant l'édit de Romorantin (1), le calvinisme était prêché publiquement à Millau; et le 6 octobre, un ministre de Genève, nommé Duval, y avait réuni quatre ou cinq cents disciples qui, le soir, après le sermon, parcouraient les rues en armes, *chantant en français les psaumes de David* (2).

_____

(1) Cet édit portait que la connaissance du crime d'hérésie appartiendrait aux seuls évêques et à leurs officiaux; mais en même temps qu'il défendait aux calvinistes de tenir des assemblées, il créait dans chaque parlement une chambre qui ne devait connaître que de ces cas là et que l'on nomma *la chambre ardente.*

(2) Voici ce que l'on lit dans Gaujal : « Ce ministre s'était introduit clandestinement par la porte de la *fon* (de la fontaine): le jour de son arrivée, il y eut des voies de fait exercées contre le *custode* du couvent des Cordeliers. On rendit compte de ce dernier évènement au parlement de Toulouse et au cardinal d'Armagnac, pour que celui-ci en instruisît le roi : en même temps il fut fait une information; l'on procéda contre les coupables et il fut fait défenses publiques de sortir en

Quelques jours auparavant une trentaine de gentilshommes calvinistes de la ville ou des environs, s'étaient réunis
et avaient envoyé à Genève Vaisse et Malet, pour recevoir
les ordres sacrés et les instructions convenables (1).

A leur retour, qui eut lieu bientôt après, ceux-ci firent en
chemin de nombreux prosélytes chez les seigneurs d'Arpajon et du Levezou; et à peine entrés à Millau, ils prêchèrent
le soir à la salle de l'école devant trois cents auditeurs et presque en face de l'église.

A cette nouvelle, l'évêque de Vabres, Jacques de Corneillan, partit avec quarante cavaliers, *en délibération de
tout foudroyer* (2). Les deux ministres furent pris avec cinq
de leurs disciples les plus opiniâtres, *lesquels furent si cruellement liés que le sang leur en sortait et menés à Rodez en
grand triomphe, le tambourin sonnant avec enseigne des-
ployée, là où ils furent fourrés en une haute tour de l'éves-
ché, avec gros fers aux jambes et bonnes gardes.* Mais dans
la suite, le cardinal d'Armagnac, ayant visité les prisonniers
et désespérant de les convertir, les fit secrètement évader (3).

A cette époque, on venait de fonder une église à Ville-

armes et de faire des assemblées ni de nuit ni de jour. Mais deux jours
après, il fut présenté aux consuls une requête pour qu'ils accordassent
un lieu à l'effet d'y faire prêcher l'évangile, et le lendemain plus de cent
personnes réunies vinrent demander la réponse. On répondit par des
défenses de prêcher sans la permission de l'évêque, et cinq jours plus
tard le lieutenant principal du bailliage, nommé Martini, se rendit
aux écoles vers huit heures du soir pour s'assurer si l'on y prêchait encore. Il trouva dans la salle haute le ministre en chaire et quatre ou
cinq cents auditeurs : il défendit au premier de prêcher et aux autres de
l'écouter; et il paraît en effet que ce ministre ne prêcha plus et partit.
Il s'appelait Jacques Duval, était originaire de Rouen et habitant de
Lyon.

(1) Cette réunion avait eu lieu à l'instigation d'un protestant de distinction appelée de Berthelaine.

(2) Le cardinal d'Armagnac, qui était alors à la cour, informé par
l'évêque de Vabres de ce qui se passait à Millau, dernière ville du diocèse de Rodez soumis à sa juridiction, lui avait envoyé ses pleins pou-
voirs. D'après Bonald, d'Armagnac s'y transporta lui-même. (Géraud.)

(3) Nous avons dit que c'était à Charles d'Armagnac ou à son fils Antoine que se termine le rôle politique des comtes d'Armagnac et de Ro-

franche. Le 2 septembre 1561, le synode de cette ville appela Vaisse et Malet, et nomma le seigneur d'Arpajon protecteur du calvinisme dans toute la province. Les deux ministres se rendirent à l'appel, et parcoururent le Rouergue *en dignes apôtres*, prêchant *l'évangile* avec succès. Malet se dirigea du côté d'Espalion où il réussit à fonder une église, qui n'eut qu'une existence éphémère. Vaisse parcourut le Vabrais, et fut reçu partout avec enthousiasme. Il érigea plusieurs églises, et notamment à St-Affrique, à Villeneuve, à Peyrusse, etc., et revint mourir à Millau d'une attaque d'apoplexie. Son successeur, Gilbert de Vaux, établit la réforme à Compeyre et à St-Léons.

Cependant, le 29 août 1561, un ministre s'était rendu du Languedoc à Millau, et son arrivée avait été le signal de graves désordres. La croix de la chapelle avait été brisée par une foule de fanatiques, qui bientôt après s'emparent de vive force des églises de St-Martin, des Carmes, des Dominicains et de l'église paroissiale, où ils font prêcher leur doctrine. La licence alors ne connaît plus de bornes. Les croix, les images, les statues des saints sont abattues, brisées ou brûlées. A la faveur du masque, des hommes s'introduisent dans le couvent des Carmes, où ils sont sur le point de massacrer les moines qu'ils ont dépouillés; et, chose triste à dire! deux religieux vont à St-Martin durant le prêche, quitter leur habit, et donner ainsi l'exemple de l'apostasie (1).

---

dez. Si nous voyons figurer ici le cardinal George d'Armagnac, issu d'un bâtard de cette maison, ce n'est qu'accidentellement; et seulement en vertu de son titre d'évêque de Rodez.

(1) Ce fut le 4 de septembre que les calvinistes s'emparèrent de l'église de St-Martin, annexe de la paroisse. On voulut informer à ce sujet, mais les dominicains auxquels on s'adressa, parce que leur couvent était vis-à-vis de l'église St-Martin, refusèrent de déposer. Le 7, fut ramené de Rodez par plusieurs personnes de marque, et notamment par le baron de Broquiès (Goyon de Conbret) le ministre Jacques Duval qui avait déjà paru à Millau en 1560 et qui s'étant depuis présenté à Rodez, y avait été emprisonné. Il prêcha le jour même de son arrivée, devant deux ou trois mille auditeurs, et l'autre ministre partit pour Villefranche et Montauban avec une escorte. Le 10, Duval fut emmené à Compeyre pour y prêcher; et, le même soir, il y eut à Millau une pe-

Jusqu'à présent la contrée n'a pas encore à déplorer du sang répandu, mais bientôt vont commencer la lutte, et les massacres.

trouille armée composée de trois ou quatre cents calvinistes. Il se faisait cependant encore, dans cette dernière ville, quelques cérémonies extérieures de la religion catholique, telles que des processions; mais elles n'étaient suivies que des officiers de justice, d'un consul et de la populace; toutes les personnes considérables professaient ou soutenaient le calvinisme.

Le 7 d'octobre, la religion catholique fut abandonnée par quelques-uns de ceux qui auraient dû être ses plus fermes soutiens. Le 17 du même mois, sept croix exposées en public furent brisées; le 20, celle du cimetière le fut aussi, et l'on tenta d'abattre celle qui était sur la place; dans tous les quartiers, des statues, des saints brisées. Ces excès prirent même le caractère d'une rébellion ouverte: le 23, les calvinistes s'étant mis sous les armes, firent la garde aux portes de la ville et refusèrent de laisser entrer une troupe de cavalerie au service du roi, qui venait de Rodez et allait en garnison à Béziers.

Le 7 de novembre, après s'être emparés de l'église des dominicains, ils firent toute la nuit suivante un grand feu d'artillerie du haut du clocher; et le 9, les images qui décoraient l'église du couvent des carmes furent brisées. Les officiers de bailliage essayèrent de faire une procédure contre les coupables; il ne se trouva point de témoins, et même il était aisé de voir que l'on ne procédait que pour la forme. Enfin, le 29 de novembre on s'empara de l'église paroissiale. Le 13, plusieurs effigies de saints furent brûlées, et l'on pendit un crucifix à une fenêtre! Le 16 les images qui étaient dans l'église des cordeliers furent brisées. Les grilles de la chapelle du pont-neuf ayant été enlevées. Du 20 au 21, les gens qui s'introduisirent dans le couvent des carmes, y causent un tel désordre que le lendemain quelques-uns des religieux, soit par suite de leur frayeur, soit que cette frayeur ne fût qu'un prétexte, quittèrent l'habit de leur ordre. Le 28, des dominicains vinrent exposer aux magistrats qu'ils avaient aussi été contraints de quitter leur habit, et qu'ils seraient forcés d'abandonner leur couvent.

Le 17 janvier 1562, c'est-à-dire le jour où fut rendu l'édit de St-Germain-en-Laye, furent brûlées à Milau, sur la place publique, les effigies de saints ramassées dans les églises; le lendemain on alla quérir celles qui étaient dans l'église de la Maladrerie de Saint-Thomas afin de les livrer aux flammes. Le jour d'auparavant le lieutenant principal Martini, avait été sommé de faire certifier par la cour du bailliage que dans la ville il n'y avait point eu de contravention aux édits du roi, mais il s'y refusa.

Le 28 de février, fut publié l'édit du 17 janvier. Loin qu'il produisît l'effet de calmer les esprits, ce jour-là même, les autels qui existaient encore dans la grande église paroissiale furent détruits. Enfin l'audace

L'arrière-ban du Rouergue est convoqué et la réforme cesse en plusieurs endroits. Néanmoins Millau, Compeyre, Creyssels, Cornus, etc., envahis l'année précédente, ne sont pas repris par les catholiques. Ces dernières places, ajoute Géraud, servaient de retraite aux protestans, d'où ils se jetaient sur les couvents et les églises voisines cherchant plutôt le butin que la gloire de Dieu, au rapport même de leur historien Théodore de Bèze.

Le parlement de Toulouse, qui avait déclaré coupable de lèze-majesté tous les calvinistes qui avaient pris part aux troubles de Millau, désigna cette dernière ville, et avec elle Compeyre comme leur refuge. Aussitôt le seigneur de Vezins vint assiéger Compeyre; mais ce fut sans succès, les protestans de Millau ayant secouru la place, sous la conduite de Peyre ou de Peygre, qui fut pris avec trente des siens et écartelé à Toulouse.

L'année suivante, Millau fut témoin d'une enquête singugulière, qui prouve combien les progrès de la réforme y avaient été rapides, et à quel point les calvinistes s'y étaient

des calvinistes s'accrut au point qu'ils sommèrent le juge-bailli d'assister au prêche le premier mars.

De Burie, lieutenant du roi en Guienne, instruit de ces voies de fait et de ces profanations, qui avaient été cause de l'interruption à Millau du culte catholique, se transporta à Villefranche, en compagnie de Monluc, son adjudant et à la tête d'une troupe de cavalerie. Il faut dire que dans cette dernière ville avaient eu lieu les mêmes scènes de désordre. La présence de Burie et de Monluc en Rouergue ranima le courage des catholiques de Millau, et le 8 d'avril, il fut enjoint par les magistrats aux prêtres de célébrer le service divin dans l'église paroissiale et aux consuls de faire réparer les autels. D'un autre côté Trellans et des Ondes y ayant apporté, le 19 du même mois, des lettres de la part de Burie et des états du pays, il fut arrêté que la messe se dirait. Mais comme il n'y avait pas des troupes pour appuyer cette résolution, elle resta sans effet et le calvinisme triompha. Le cardinal d'Armagnac croyant pouvoir réprimer ses sectateurs à Millau comme par l'intermédiaire de Burie et de Monluc, il l'avait fait à Villefranche, s'y transporta pour faire des procédures : il avait en même temps amené des ecclésiastiques, espérant que ceux-ci pourraient changer les dispositions des habitans, mais au contraire les ministres ameutèrent le peuple, et le cardinal fut obligé de se sauver avec sa suite. (Gaujal).

rendus redoutables. Il s'agissait de constater que personne
n'y réclamait l'exercice du culte catholique.

Parmi les habitans qui se présentent ainsi devant leur juge-
bailli, Raymond de Bonald, un se qualifiait jadis jacobin, et
présentement chantre de l'église réformée; deux, jadis carmes; six, jadis prêtres. Ils affirment ne savoir qu'aucune
personne de ladite ville ait requis ni demandé la messe être
dite en ladite ville, ni aux faubourgs d'icelle: les prêtres et
les moines susnommés ont dit et affirmé judiciairement, les
moines s'être volontairement *démoinés*, et les prêtres *dépré-
trés* (1).

(1) Voici une copie de l'acte d'enquête qui ne peut manquer de pi-
quer la curiosité du lecteur. Vu l'importance de cette pièce, nous allons la transcrire en entier.

*Copie comme tous les habitans de Millau se firent de la religion
réformée, en 1563.*

L'an mil cinq cents soixante-trois et du jeudi, troisième jour du mois
de juin en l'auditoire de la cour royale de Millau, par devant M. le
juge tenant l'audience, se sont présentés Durand Bouzès, sieur de la
Rouvière, Arnaud Artis, Jacques Cabanel, marchand et Laurens
Reynes, maître apothicaire, Germain Labro, chirurgien, Guillaume
Térondel, marchand, Pierre Vernhettes, Raymond Guirard, Louis
Mouton, Pierre Fugi, Odol Lubac, leurs conseillers ordinaires en la
maison consulaire dudit Millau, lesquels accompagnés aussi de plusieurs
habitans de ladite ville en nombre de 800 ou environ, auroient narré
comme la paix et articles d'icelle, auroit été publiée en la présente ville
par commandement du sieur Ste-Colombe commissaire à ce député, et
laquelle publication aurait été acceptée par tous les habitans de ladite
ville, qui auraient rendu grâces à Dieu et au roi, et parce que par
lesdits articles de la paix le roi se seroit résolu bailler lieu ou lieux pour
faire prêcher l'évangile dedans les villes esquelles l'évangile auroit été
préchée, comme serait ladite ville de Millau, ils nous auroient requis leur
vouloir permettre constituer syndic ou syndics pour supplier le roi son
vouloir être désigné lieu ou lieux commodes et capables dedans ladite ville
autre religion que la religion de l'évangile et que les habitans de ladite
ville pour continuer la prédication de l'évangile. Pareillement nous auraient requis vouloir sommaire prinze de chacun notaire avec les assis-
tans pour informer sa majesté comme depuis 18 mois n'a eu en ladite
ville sans aucun trouble, schisme ni division ont accepté et suivi la religion; et aussi comme présentement en ladite ville n'a aucun lieu commode pour continuer la prédication de l'évangile, excepté deux temples,
savoir est le temple assis à la place publique de ladite ville, lequel a été

En réponse à cette déclaration, des commissaires furent envoyés de la part du roi, pour régler ce qui était relatif à l'exercice du culte et au désarmement des habitans. Le cardinal d'Armagnac écrivit à Jean de Tauriac, seigneur de St-Rome, à Antoine de Tauriac, son frère, à Guérin et à Courtines, quatre des principaux calvinistes, pour les prier de

baillé par le prieur dudit temple audits consuls ou leurs prédécesseurs du consentement des prêtres de ladite ville, et un autre temple appelé des *Jacobins*, lequel a été délaissé libéralement par les jacobins, qui souhaitent être dans ledit temple pour y prêcher pareillement l'évangile; pour informer aussi le roi *comme les prêtres et moines de ladite ville auraient renoncé à la messe, déclarant vouloir vivre désormais selon la règle de l'évangile, laquelle déclaration auraient fait iceux moines et prêtres publiquement devant tout le public,* après laquelle réquisition M. Jean Combes, substitut du procureur du roi, établi en notre cour, auroit consenti et adhéré à la réquisition desdits consuls aux mêmes fins d'informer la majesté du roi de bailler, désigner lieux dedans ladite ville pour continuer la prédication de l'évangile, et par ledit sieur juge a été baillée permission auxdits consuls de faire créer, nommer syndic ou syndics tels que bon leur semblera aux fins susdites; suivant laquelle permission lesdits consuls auraient nommé et créé leurs syndics; savoir est le sieur de Citaux de Clausonne, le sieur de Viles absents comme présents, et chacun donner en leur absence ou occupations. M. maître Pierre Philippi docteur ès-droits de ladite ville de Montpellier aussi absent comme présent, spécialement pour remontrer ce dessus à la majesté du roi et icelle supplier très humblement vouloir désigner, établir et ordonner lieux de ladite ville tels qu'il plaira au roi pour continuer la prédication de l'évangile et faire autres requêtes et supplications qu'il plaira auxdits syndics et chacun disent faire à sa majesté royale, promettant tenir pour agréable ce que par lesdits syndics et chacun d'eux sera fait, dit et proposé; en laquelle constitution de syndics a été par ledit sieur juge interposé son décret et autorité judiciaire sauf le droit du roi et autrui. Néanmoins aurait fait sommaire prinse avec MM. Jean de Guérin père et fils, Laurens Cortines, Jean de Rochefort; Pierre Aldebert, Antoine Reynes, Durand Tranconis, Jean Lubac; Arnaud Cavalier, docteurs et licenciés advocats en notre cour; Guillaume Pégurier, Etienne Vergnettes, Jean Pascalis, docteurs en médecine; Jean de Tauriac, sieur de St-Roman, Antoine Cabusac, sieur de Latençon, Jean Verdelle, maître apotidaire, Antoine Mollinier, George Cabanel, Jean Affre, François Carboulier; Guillaume Mayran, Bernard Lacroix, Benoît Véragut, Urbain Aussinel, Antoine Guiraldenq et Me Jean Reynes, jadis jacobin et à présent chantre de l'église réformée, Pierre Genieis et Jean Bret, jadis carmes et à présent séculiers, MM. Pierre Roucouly, Pierre Galibou, Pierre Combes; Barthélemi Reynes, Guil-

tenir la main, afin que les commissaires pussent remplir
leur mandat; mais il fut impossible de rien faire à Millau qui
fût favorable à la religion de l'état.

A la vérité François de Chanuel vint démolir les fortifications, mais les soldats restaient, et les hostilités ne tardèrent pas à recommencer.

Jacme Mercier et Durand Puel, jadis prêtres et autres en nombre susdit et iceux interrogés, si depuis dix-huit mois l'évangile n'a été prêché publiquement en ladite ville sans aucun trouble, ni empêchement,
noise ni débat, depuis lequel temps n'ont été dites aucunes messes, et
si M. Louis de Montcan, prieur dudit Millau n'aurait quitté aux susdits consuls ou à leurs prédécesseurs les fruits et revenus de son prieuré
comme étant de la religion de l'église réformée, afin d'icelle faire prêcher
l'évangile et nourrir les pauvres, retenant la troisième partie pour son entretien, et si en ladite ville, y a aucuns autres lieux commodes et capables
pour continuer la prédication de l'évangile, s'il y a aucuns habitans de ladite ville, prêtres ou moines qui aient demandé et demandent la messe être
dite en ladite ville, lesquels à leur serment prêté ont dit et affirmé et attesté l'un après l'autre sur ce interrogés, être notoire comment depuis dix-
huit mois ou environ l'évangile a été prêché publiquement tant dehors
que dedans ladite ville mêmement dans ladite ville aux temples, l'un
nommé le *grand Temple* et l'autre des *Jacobins*, sans aucun trouble,
sédition, ni scandale. Ont dit aussi et attesté que dans ladite ville n'y a
lieux capables ni commodes pour prêcher l'évangile que lesdits deux
temples, esquels n'ont été dites aucunes messes depuis ledit temps,
ni en autre lieu dedans ni dehors la ville. Aussi ont dit et affirmé ne
savoir qu'aucune personne de ladite ville ait requis ni demandé la messe
être dite en ladite ville, ni aux faubourgs d'icelle, et que les temples
qui estaient hors des murs de ladite ville ont esté tombés et rasés à
cause des guerres; et les prêtres et moines dessus nommés ont dict et
affirmé judiciairement les moines s'être volontairement *démoinés* et les
prêtres *déprêtrés*, et qu'ils auraient renoncé à la messe, comme renon-
cent à présent. Ont aussi tous pareillement affirmé être notoire comme
le prieur de ladite ville aurait relaxé les fruits de son prieuré auxdits
consuls ou à leurs prédécesseurs pour faire prêcher en son temple l'évangile, nourrir et entretenir les ministres et pauvres, à lui réservée la
troisième partie des fruits pour son entretenement. D'avantage ont dit
et affirmé comme les habitans de ladite ville ont demeuré depuis ledit
temps en bonne paix, union et concorde, sans querelle les uns les autres, soubs l'obéissance du roi et de ses officiers en ladite ville establis
par ledit sieur, que la justice y a toujours esté administrée et que tous
les habitans ont dit et déclaré vouloir estre tous obéissans au roy, donner faveur, ordre et secours auxdits magistrats et employer leurs vies,
corps et biens pour administrer la justice et obéir à ce qu'il plaira au

Cependant un ennemi terrible se dirige sur Millau, pillant et *occisant* tous les calvinistes sur son passage : C'est Valshergues, ce farouche lieutenant de Montluc qui, après avoir égorgé vingt-six calvinistes de Villefranche et rebaptisé leurs enfans; livrait leurs filles et leurs femmes à la brutalité des soldats.

Le bruit de sa marche répand la terreur dans toute la ville, qui se hâte de se mettre sous la protection du comte de Crussol, chef des réformés en Languedoc. Celui-ci leur envoie le capitaine de Beaufort avec quelques compagnies de sol-

roi de commander, et aussi auxdits magistrats, officiers du juge, et ce dessus ont dit avoir esté et estre notoire en ladite ville de Millau et aux faubourgs d'icelle.

M⁰ Dominique Cassan, docteur ès-droits, syndic de ladite ville, et d'autant que la quatrième partie des manants et habitans d'icelle seraient absents au présent acte, requiert qu'ils seront commis et députés quatre des principaux de ladite ville et assemblée pour aller, de maison en maison de tous les habitans les sommer et requérir s'ils veulent, requièrent et entendent que la messe soit dite dans ladite ville ou faubourgs d'icelle; ce qui aurait été accordée et commis auxdits premiers et seconds consuls et M⁰ Durand Trauconis et Pierre Aldebert, licentiés. Appelé le greffier de la présente cour laquelle attestatoire lesdits consuls ensemble le substitut du procureur du roi ont requis acte qui leur a été concédé.

Du samedi 5 juin en la chambre du conseil pardevant M. le juge tenant l'audience du matin.

Sieurs Durand Bourzès, Arnaud Artis, consuls, Monsieur Durand Trauconis et Pierre Aldebert licentiés, commissaires susdits, ont remis leur rapport et relation par eux signé de telle teneur :

Nous soussignés commis et députés par vous, Monsieur le juge de Millau, pour aller de maison en maison interroger les habitants de ladite ville s'ils veulent et requièrent la messe estre dite en ladite ville, vous faisons rapport avoir suivi toute la ville de maison en maison, et avoir sommé, requis et interrogé les habitants d'icelles maisons s'ils veulent, requièrent et entendent que la messe soit dite dans ladite ville ou faubourgs d'icelle, comme jadis on soloit faire avant la prédication de l'évangile; et n'avoir trouvé aucune personne qui ait requis, ni demandé la messe, et ainsin l'attestons par le serment qu'avons à Dieu et au roi et nous sommes soussignés.

Nota. On assure que pour sceller cet acte d'union religieuse, le prieur des bénédictins épousa l'abbesse du couvent de l'Arpajonie.

dats. La lutte devient terrible : le Rouergue est tout en feu.
Une foule de fanatiques le sillonnent en tous sens, portant le
fer, la flamme et la désolation.

Un calme court succède à la tempête ; mais en 1567, les
protestants volent aux armes, et le pays est replongé dans la
guerre civile. Jean d'Arpajon s'empare de Compeyre, que les
catholiques avaient repris, et ne fait de cette ville qu'un tas
de ruines (1). Malgré la paix de Lonjumeau , les calvinistes
refusent de désarmer et de remettre entre les mains du roi
la Rochelle et Millau. Bientôt arrive même dans cette dernière ville d'Acier de Crussol, à la tête de 23,000 protestants,
levés en Rouergue et dans les provinces voisines, tous, comme
leur chef, ne respirant que meurtre et que pillage (2). Le
projet de cette armée n'était rien moins que de traverser en
propageant de gré ou de force les nouvelles doctrines, le
Rouergue , le Quercy et le Périgord, où elle devait se réunir
au prince de Condé. Chemin faisant , les croix sont abattues,
les églises pillées, le monastère de Nonenque réduit en cendres, St-Jean-d'Alcas traité de même, St-Rome-de-Tarn pris
d'assaut, 147 personnes de la ville passées au fil de l'épée,
un prêtre et les moines Augustins égorgés dans les champs,
l'église de Vabres et son palais épiscopal livrés aux flammes
et au pillage (3).

(1) Les maisons furent pillées et brûlées : les fortifications furent en
outre démantelées parce que sans doute , l'on n'espéra point pouvoir
garder la place. On assure qu'un gentilhomme du pays, nommé Duclaux,
y avait introduit les calvinistes par un aqueduc de sa maison (archives
de Compeyre. Bosc).

(2) Le cimier de son casque était une hydre, composée de têtes de
cardinaux et de moines , avec cette terrible inscription : *casso crudelis.*
(Géraud).

(3) D'après le journal manuscrit tenu par un bas-officier ou soldat de
cette armée, d'Acier partit d'Uzès le 23 de septembre, entra en Rouergue, le 29 du même mois, par Sauclières : une partie de ses troupes
coucha à St-Jean-du-Bruel. La compagnie du capitaine Celaric à Fi-
gueiroles (fougairol), hameau de quatre maisons; les autres compagnies
à Nant. Le jeudi, 30 de septembre, on monta beaucoup; on passa un
causse qui dura environ trois lieues et où l'on ne trouva point d'eau.
(C'était le Larzac que ces troupes traversèrent dans la partie la plus
aride et la plus couverte de rochers.) On descendit la montagne et on-

Les catholiques à leur tour n'étaient ni moins féroces, ni moins fanatiques, quand ils étaient les plus forts. On raconte qu'un laboureur, nommé Cabrol, à la tête de quelques pâtres, surprit un jour, près d'Olm des protestants qui célébraient la Cène. Le monstre, après avoir égorgé le ministre de sa propre main, se rêvet de la robe de sa victime et les condamne tous à être précipités du haut d'un roc dans la rivière. « Vous ne voulez pas faire maigre en carême, leur disait-il, eh bien! mangez du poisson. » Si quelque malheureux donnait encore signe de vie, les pâtres l'achevaient à coups de pierre ou d'a-viron. Mais c'était le temps des représailles; et le châtiment que l'infâme Cabrol avait infligé, l'attendait à son tour. Étant tombé, en 1568, entre les mains de quelques calvinistes de Millau, il subit, en roulant sur les bords escarpés du Tarn, le supplice qu'il avait indiqué lui-même en 1561.

Après quelque temps de trève; vint l'horrible massacre de la St-Barthélemy (1572). Heureusement il y eut un arrange-

arriva à Millau. Le vendredi, premier d'octobre, l'itinéraire indique le long du Tarn le village de Pierre-Pins (Peyre; peut-être alors entouré de pins), Compreignac et *Dauriac*: (Ce dernier nom ne peut guère s'ap-pliquer qu'à Auriac; mais alors il faut supposer que pendant que les troupes s'éloignaient de la rive droite du Tarn, on détacha un corps destiné à leur en assurer le passage le lendemain et qui devait à cet effet se porter au château d'Auriac, situé sur la rive gauche et dominant le pont de St-Rome.) Il était déjà nuit lorsqu'on arriva à *Rochetaillade* (Roquetaillade), près d'un bourg fermé nommé *Monjoux* (Montjaux), qui se rendit sans attendre le canon. Le dimanche, 3 d'octobre, après dîner, les troupes continuèrent leur marche le long du Tarn (et par con-séquent, revinrent presque sur leurs pas), et après avoir fait deux lieues, passèrent cette rivière sur le pont de St-Rome-de-Tarn. On as-siégea d'abord la ville: on *s'accosta* bientôt des murailles et après les avoir percées, on entra dans l'intérieur où l'on tua 147 personnes. Le dernier tué fut un prêtre nommé André, trouvé dans les champs, mené dans la ville et massacré par les soldats. D'autres compagnies allèrent assiéger Vabres. Le reste de l'armée partant de St-Rome-de-Tarn se rendit à Mauriac, traversa le Pont-de-Salars, et arriva enfin à Cende-nac, ville située sur une haute montagne, appartenant à d'Acier (Gaujal). Audoque prétend que d'Arpajon, Panat, Mouvans, Montlar et Montagut, joignirent l'armée des calvinistes à Millau avec 7,000 hommes, qu'à il fut tenu conseil à l'effet de décider quelle marche on tiendrait pour aller au camp des princes.

nenh entre les députés de Millau, Creyssels, Compeyre, Nant, St-Rome, St-Affrique, où les huguenots se trouvaient en grand nombre, et la St-Barthélemy ne fut point célébrée en Rouergue. Au contraire, et par un beau trait qui honore le caractère des habitants de Compeyre, ceux-ci ratifièrent leurs conventions toutes pacifiques à une époque où cette exécrable boucherie ne pouvait qu'être connue (1). Toutefois les bonnes dispositions des calvinistes ne tardèrent pas à se démentir; ils se réunirent plusieurs fois à Millau, pour délibérer en commun, et y élurent pour général Jean de Castelpers, vicomte de Panat. Ils chargèrent en outre Antoine de Tauriac de lever une compagnie de 120 arquebusiers, et envoyèrent même à la Rochelle des députés pour se concerter et former une sorte de confédération.

L'année suivante, le marquis de Villars s'étant présenté en Rouergue, devant Verfeil, le commandant de cette place l'oblige de se retirer, et lui tue une centaine de soldats. Cette expédition de Villars ayant fait mettre sur la défensive toutes les villes du Rouergue occupées par les calvinistes, celle de Millau se donna pour gouverneur, à défaut de Jean de Castelpers, Antoine de Tauriac.

Cependant les colloques se multiplient, et pendant que la Rochelle est assiégée, les généraux des calvinistes se partagent les gouvernements. L'amnistie du 6 juillet 1573 n'ayant pas été agréée, les chefs se réunissent à Millau, avec la permission du roi, pour délibérer sur l'urgence des affaires. Cette assemblée où s'étaient rendus les députés de la noblesse et du tiers-état de toute la France, était la plus nombreuse et la plus importante que les calvinistes eussent encore tenue. On voulait arriver à une pacification complète qui cependant ne put avoir lieu, et pas plus tard que l'année suivante, les calvinistes de Guienne, de Languedoc et de Dauphiné s'étant rassemblés de nouveau à Millau, nomment le prince de Condé

(1) Ce furent les marquis de Villars, qui avait succédé à Montluc, depuis 1570, dans le gouvernement de la Guienne, et de Caylus, sénéchal du Rouergue, qui favorisèrent cet accord que firent devant eux les députés des villes ou des lieux mentionnés.

gouverneur-général des églises de France, et confient le commandement du Languedoc à Damville, que Catherine de Médicis venait d'en dépouiller.

La guerre s'étant donc rallumée, l'année 1585, le roi de Navarre, devenu chef des huguenots, donna commission à Antoine de Tauriac de mettre sur pied 200 arquebusiers. Tauriac exécuta cet ordre et fut tué à La Liquisse, près de Nant, combattant à la tête de sa troupe. A cette époque, les calvinistes de Millau, non contents de s'être emparés des églises, les firent démolir, ne voulant point qu'il en restât de traces. Néanmoins ils eurent soin de bâtir un temple pour l'exercice de leur culte (1).

Cependant, la France se trouvait déchirée par trois partis: les huguenots, les ligueurs et les royalistes. Ces différentes factions agitèrent longtemps la Province et le pays. On sait que Millau formait un des boulevards du protestantisme.

Le roi de Navarre, connu plus tard sous le nom de Henri IV, avait nommé gouverneur et lieutenant-général en Rouergue, François de Coligny, seigneur de Châtillon: celui-ci se rendit à Millau, emmenant avec lui des renforts considérables, commandés par de très-bons officiers, parmi lesquels on remarquait Lavacaresse, St-Auban, St-Laurent, Valerose, Montmiral, Lussan et Pagési.

A peine eut-il fait son entrée dans Millau, qu'à l'instigation des habitans de cette ville, il vint mettre le siège devant Compeyre, à la tête de deux mille fantassins et de trois cents cavaliers. Bien que n'ayant à sa disposition que trois pièces d'artillerie, dès le premier jour, il emporta tous les faubourgs, à l'exception d'un seul. Ce succès semblait garantir la prise de la ville; car ces faubourgs « estaient de mauvaise advenue, bien fermez de bonnes et fortes murailles, flanqués de bonnes tours et garites; » mais quand il fallut bombarder le corps de la place, il n'y eut pas moyen: quoique les habitants de Millau eussent « promis merveilles, » ils ne pouvaient fournir pour le service de leurs canons que 60 à 80 boulets. « Les

(1) Ce temple, dont on voit encore la porte dans la grande-rue s'étendait jusqu'à la rue voisine qui a conservé le nom de la rue du Prêche.

« restes des balles, il fallait attendre, du jour à la journée que les fondeurs les eussent faites, desquelles, pour toute diligence, ils n'en faisaient que quatre tous les soirs, et les portoit-on comme cela de quatre à quatre. »

Sur ces entrefaites, Compeyre reçut un secours de 150 arquebusiers. Cette circonstance donna sans doute de l'activité soit aux calvinistes, soit aux fondeurs de Millau ; car il est dit qu'il fut tiré 400 coups de canon à la haute ville, où était le principal fort.

Mais les catholiques tentèrent de nouveau de secourir la place, au nombre de 800 fantassins et d'environ 200 cavaliers. Ces derniers, qui, pour la plupart, appartenaient à l'ordre de la noblesse, avaient à leur tête un fort brave gentilhomme, nommé M. de Vesin, vieux chevalier de ce pays-là. « Dès que ses troupes, dit St-Auban, furent à deux mille pas des nôtres, ils firent la cérémonie qui s'en suit ; c'est que les gens de cheval mirent pied à terre avec les huit cents arquebusiers, beurent et mangèrent ensemble, laquelle manducation ils appelèrent l'agneau pascal, levant les mains au ciel avec serment solennel : premièrement, de ne s'arrester qu'ils ne fussent à notre artillerie et qu'ils ne l'eussent gagnée; secondement, de ne sauver la vie à homme du monde d'entre nous qu'à M. de Châtillon, pour en faire un présent au roi; et sur cette résolution ayant ordonné de leur combat, ils marchèrent droit à nous, qui n'eumes avis de leur venue qu'environ peut-estre un demi-quart d'heure avant que de les voir venir... » Malheureusement le succès ne répondit pas à l'attente des catholiques. Ils furent forcés de descendre précipitamment la colline jusqu'aux bords du Tarn, et les huguenots les poursuivirent jusqu'à Rivière, après leur avoir tué de 40 à 50 gentilshommes.

Bientôt, un faux bruit s'étant répandu que Joyeuse envoyait du secours à Compeyre, Châtillon résolut d'aller au-devant de l'ennemi, afin de lui dresser une embuscade. Après avoir fait conduire à Millau l'artillerie et les bagages, pour les mettre à l'abri d'un coup de main, il donna l'ordre à son infanterie de ne pas bouger de sa position, et il prit avec lui sa cavalerie et autant d'arquebusiers qu'il put mettre à cheval.

« Mais à peine il fut en marche, que les soldats qu'il avait laissés brûlent les baraques qu'ils avaient construites pour le siège et se retirent, de sorte qu'à son retour, Châtillon ne retrouvant plus son armée, fut forcé de rentrer à Millau. Là, il tint une assemblée, sous le titre d'états du pays, qui s'occupa de lui nommer un conseil, et de lui fournir des subsides pour l'entretien de sa milice.

Pendant que ces choses se passaient, Joyeuse arrive du haut des Cevennes sous les murs de la ville, et s'étant emparé du château de Peyre, que son assiette faisait regarder comme imprenable, il se transporte à Rodez où il est reçu en triomphe.

Il se proposait de se rendre maître de Millau, et il y était déjà revenu pour l'attaquer, lorsque St-Auban, qui ce jour-là commandait la place, en l'absence de Châtillon, lui offrit de lui ouvrir lui-même la brèche qu'il voudrait. Effrayé de tant d'audace, Joyeuse abandonne le siège, et prend la nuit suivante la route du Levezou, dont il s'écarte ensuite pour côtoyer le Tarn jusqu'aux frontières du Rouergue, qu'il quitte enfin, en y laissant la peste.

Malgré les succès de Châtillon contre Joyeuse, la mésintelligence la plus profonde régnait entre lui et les habitants de Millau : ceux-ci se plaignaient entre autres choses, « que les gens de guerre à ses ordres commettaient dans la ville toute espèce de vexations et d'exactions ; que lui-même avait ordonné de convertir le château royal en citadelle, en le faisant réparer, gabionner de flancs, même du côté de la ville ; qu'il avait une porte donnant sur la campagne, par où ses gens sortaient et pillaient toutes les nuits ; qu'il voulait accumuler dans cette citadelle, toutes les armes des habitans à qui il les avait enlevées, et de plus, toutes les munitions de guerre ; qu'il n'avait qu'une garnison d'étrangers, et même de traîtres, qu'il voulait augmenter outre mesure ; qu'il ne voulait point de gens de la ville parmi ses soldats ; qu'enfin la principale tour de cette citadelle devait être garnie d'artillerie à l'effet de maîtriser les habitants. Toutes démarches, disaient-ils, contraires aux promesses et aux serments de M. de Châtillon, qui avait juré, devant les états, de garder les franchises, priviléges et libertés de Millau. »

Pour terminer le différend, il y eut des conférences et des propositions réciproques entre Châtillon et les consuls de la ville ; mais l'harmonie ne pouvant se rétablir, on eut recours à une assemblée des états.

Dans cette réunion, les consuls de Millau présentèrent une réclamation relative à la citadelle que Châtillon faisait bâtir à la porte de l'Ayrolle, et ils le sommèrent lui-même d'avoir à remettre cette partie du château dans l'état où ils étaient auparavant, ou du moins d'en confier la garde aux habitants. Sur le refus de Châtillon, l'assemblée se sépara sans rien conclure ; et peu de temps après, celui-ci quitta le Rouergue, ne laissant à Sévérac et à Millau que deux compagnies de fantassins, commandées par St-Auban. Mais à peine il était parti, que les habitants de Millau conçurent le dessein de se défaire de St-Auban, en le tuant au prêche, pour expulser ensuite la garnison. Heureusement pour lui, le jour où la conjuration devait éclater, il se rendit à St-Rome. Mais à son retour il trouva les portes de la ville fermées. Des habitants à l'aide d'un pétard s'étaient introduits dans l'arsenal qui était à la porte de l'Ayrolle, en avaient chassé la garde et démoli la citadelle. Le capitaine du château fut même pris au collet, et traité fort indignement. Du reste, il n'y avait plus dans la ville un seul soldat de la garnison.

Les catholiques firent semblant de poursuivre les auteurs de cette démolition qu'ils qualifiaient de séditieuse ; mais en même temps, ils supplièrent le roi de Navarre de l'approuver, et ils présentèrent une requête au juge de Millau, à l'effet de s'enquérir de ce qui s'était passé dans la ville de la part des soldats de Châtillon.

Depuis cette époque, il n'est point fait mention, durant plusieurs années, de troubles religieux dans la contrée. Toutefois la guerre civile continuait encore dans la province ; mais en 1593 eut lieu une trêve générale de trois mois et les états du Rouergue assemblés à Compeyre, délibérèrent, pour affermir cette trêve, de traiter avec les provinces voisines et notamment avec le Gévaudan.

Le règne de Henri IV, après sa conversion, fut pour le pays, comme pour le reste de la France, une époque de paix heureuse après tant d'orages. Toutefois le fanatisme religieux était encore loin d'y être éteint et le pillage et la ruine entière de l'Arpajonie, qui eut lieu en 1601, prouve assez que ce mauvais levain y fermentait encore.

En 1607, la vicomté de Creyssels fut réunie par édit à la couronne : cette adjonction avait eu lieu de fait, en 1559.

Six ans plus tard, un événement déplorable vint affliger la ville de Millau. Le jour de Noël, il y eut un soulèvement des calvinistes qui se portèrent aux derniers excès. Non contents de rompre les portes de l'église, ils battirent et excédèrent les habitants catholiques qui s'y trouvaient, brisèrent le crucifix, les croix et les autels, rompirent les reliquaires, et, ce qui ne peut s'écrire sans horreur, foulèrent le Saint-Sacrement aux pieds. Le rapport en fut fait à la reine-mère ; mais la faible régente usa d'une grande modération envers les coupables ; ce n'était plus le règne de Henri IV.

Comme on le voit, tout se disposait à de nouvelles hostilités, qui ne tarderont pas à recommencer.

Dès 1616, une ordonnance royale prononça la restitution des biens ecclésiastiques usurpés dans le Rouergue et le royaume de Navarre. A cette occasion, les huguenots mécontents se réunirent à Millau, et c'est au sein de cette ville que fut résolue la guerre qui éclata en 1621, et dont une partie du Rouergue fut un des principaux théâtres : dernier effort des calvinistes pour ressaisir une puissance politique qui leur échappait.

Cette assemblée délibéra d'abord sur l'état du Béarn, et s'engagea par serment à lui prêter son assistance. Des députés furent envoyés aux chefs les plus influents du parti calviniste ; au synode national d'Alais, aux principales provinces du midi, et enfin à la Rochelle, pour leur recommander le même objet. Lescun, l'un des membres, fit approuver un projet qui tendait à rendre maître son parti de la place des Navarreins, qui était regardée comme la clef du Béarn ; et à cet effet 500 hommes furent aussitôt levés, partie en Rouergue, partie en Languedoc. L'assemblée s'occupa ensuite de donner des chefs aux divers colloques, et la guerre fut résolue par un article secret auquel s'opposaient les députés de quelques villes. Pour subvenir aux frais, Millau offrit 6,000 livres ; il y eut en outre des dons particuliers immenses.

Toutefois ce n'étaient là que les préliminaires de l'assemblée générale de la Rochelle, qui, entre autres dispositions, divisa la France en huit cercles dont elle nomma les généraux, ordonnant à tous les calvinistes de prendre les armes. Mais les principaux chefs ayant reculé devant les menaces et les démonstrations énergiques du roi, le duc de Rohan, à qui avait été attribué le commandement du Haut-Languedoc et de la Haute-Guienne, lequel embrassait le Rouergue, fut le seul qui accepta courageusement les chances périlleuses de la lutte. Le but des calvinistes était de faire de la France une république fédérative; et si les autres chefs de ce parti avaient été aussi hardis et aussi capables que Rohan, c'en était fait de la monarchie française.

Cependant Louis XIII se transporte dans le midi de la France et y assiège plusieurs villes. Les églises du Haut-Languedoc et de la Haute-Guienne, alarmées, envoient aussitôt des députés à Millau. Ceux-ci délibérèrent de tenir des commissaires à Montauban, mais, vu la position critique de cette ville, les députés du Rouergue et du Querci se réunirent à St-Antonin.

Rohan, qui était alors en Languedoc, arrive à Millau, où, à titre d'emprunt, il impose sur les habitants une contribution de 18,000 livres pour lever des troupes destinées à secourir les villes de Clérac et de Montauban, menacées par Louis XIII. Avec cette somme, il leva en effet une armée de 4,000 hommes; et tandis qu'il s'en occupait, il prit possession de Creyssels.

Quelque temps après, voulant s'assurer la communication du Haut et du Bas-Languedoc, il résolut de s'emparer de tous les postes qui pouvaient la gêner et d'y établir des garnisons. En conséquence, le 29 août 1621, il alla, avec trois pièces de canon, mettre le siège devant St-Georges, défendu par le capitaine Mazars. Celui-ci ne tarda pas à se rendre, stipulant seulement que les officiers sortiraient avec leur épée et un pistolet, et les soldats une baguette à la main. Quant aux bourgeois, il n'en fut point question. Aussi dès que les calvinistes furent maîtres de la place, ils s'y livrèrent à toute sorte d'excès. Rohan prit ensuite le château de Entrençon; mais la nouvelle d'un échec que l'un de ses officiers venait d'éprouver, ne lui permit pas de former de nouvelles entreprises, et le rappela dans le Languedoc où le cadre de cette histoire nous empêche de le suivre.

Heureusement, en 1622, la paix fut signée entre les deux partis, à Montpellier, que Louis XIII venait de prendre. Il fut convenu que plusieurs villes calvinistes seraient démantelées; mais par un brevet particulier, Millau conserva la moitié de ses fortifications, et Rohan fut l'un des commissaires désignés pour veiller à la démolition de l'autre partie des remparts.

En conséquence, celui-ci se rendit en Rouergue, où il s'aboucha avec le sénéchal de la province et les autres commissaires, et il convint avec eux de la reddition des forts qui étaient au pouvoir des calvinistes, et du rétablissement du culte catholique dans les lieux où il avait cessé d'être exercé.

Toutefois il paraît que le duc s'acquittait assez mal de sa commission, puisque, le 7 de mars, le comte d'Ayen, sénéchal du Rouergue, enjoignait aux étages de Millau, de se rendre en toute hâte à Villefranche, et d'y rester jusqu'à ce que la démolition fût effectuée.

Bientôt le duc d'Epernon, gouverneur de Guienne, écrivit même à toutes les villes du Rouergue, occupées par les calvinistes, de lui envoyer des députés et de ne point procéder à l'élection des consuls avant d'avoir appris de sa bouche la volonté du roi. Mais Rohan qui se trouvait à Millau à l'époque de l'élection, ne tint aucun compte de cet avis, et fit élire les consuls qui furent tous choisis parmi les calvinistes. Ce ne fut qu'après cette élection que les députés furent envoyés au duc d'Epernon.

On voit par là que les huguenots étaient encore loin d'être soumis. Mais Richelieu venait d'entrer en pouvoir, avec le dessein bien arrêté de les réduire.

« Les calvinistes de leur côté ne manquèrent pas, dit Géraud, de se tenir sur leurs gardes, et Rohan, leur chef, non moins infatigable qu'habile, parcourant les montagnes du Languedoc, les Cévennes et le Rouergue, levant des troupes et ranimant son parti. En vain le parlement de Toulouse mettait-il sa tête au prix de 50,000 écus et faisait-il abattre

ceux qui l'assassineraient ; sa présence était partout respectée,
et ses partisans devenaient formidables. »

Mais on doit dire toujours à son éloge, que s'il savait faire
la guerre, il savait aussi, quand il fallait, faire la paix.

Le 25 d'octobre 1625, ayant appris que le roi serait favorable à de nouveaux arrangements, il tint à Millau une
assemblée des états de la Haute-Guienne, du Bas-Languedoc
et des Cévennes, qui tous ensemble firent un acte d'accepta-
tion de la paix, en y comprenant Soubise et la Rochelle, que
le roi voulait en exclure, et ils l'envoyèrent à la cour.
Louis XIII consentit à faire grâce à la Rochelle et à Soubise,
mais à des conditions qui ne furent point acceptées, ce qui
fit prolonger la guerre. Mais bientôt après Rohan indique
une nouvelle assemblée à Millau, toujours pour engager les
députés à ne point se séparer de la Rochelle. Sur quelques
observations que faisait le Languedoc, l'assemblée est transférée à Castres et le projet proposé par le duc est définitivement adopté. Le roi voulut bien l'agréer, et la paix fut publiée
en 1626.

Toutefois la tranquillité ne dura point. Richelieu ne pouvait souffrir que les calvinistes fussent une puissance dans
l'état, et Rohan s'était habitué à être chef de parti. Avec de
pareils hommes, la guerre était inévitable, et elle ne tarda
point à éclater.

En effet, en 1627, ce dernier, qui était alors dans les Cévennes, se dirigea vers Millau, à la tête de 4,500 fantassins
et de 200 cavaliers. Arrivé à Saint-Jean-du-Bruel, Guérin et
d'Altayrac, ses partisans, vinrent l'engager à suspendre sa
marche sur Millau, *alléguant qu'il y trouverait de la difficulté*,
jusqu'à ce que Castres et Montauban se fussent déclarés pour
lui.

« Le duc leur remontra qu'ils avaient grand tort d'être
« sortis de ladite ville, laquelle ils laissaient au pouvoir des
« mal-affectionnés ; que ce serait la ruine de ses affaires et un
« exemple à toutes les villes du Rouergue de lui fermer leurs
« portes ; qu'il ne pouvait commencer par Castres ni Mon-
« tauban, puisqu'il lui fallait passer par Millau pour y aller,
« et qu'il était résolu, avec toutes ses troupes, d'y entrer ou
« de ravager toute la campagne ; qu'il les priait de s'avancer

« pour leur en donner avis. Mais ils trouvèrent que leur ab-
« sence avait donné courage au parti contraire, qui ayant
« fermé les portes de la ville et celles des deux ponts qui sont
« sur la rivière du Tarn par où il faut nécessairement passer,
« ils ne purent entrer, et furent contraints de le venir trou-
« ver pour lui annoncer cette nouvelle, laquelle néanmoins
« ne l'arrêta point, voyant bien qu'il fallait tenter cette affaire,
« espérant toujours qu'à sa vue le peuple s'esmouvroit, ce qui
« arriva. Car ayant fait passer de ses gardes delà la rivière
« avec beaucoup de difficulté et de péril, à cause que l'eau
« était grosse, et attaquant les portes du pont (vieux) des
« deux côtés, elles furent enfoncées ; ce qui lui donna le libre
« passage jusques au faubourg (du pont), où étant il prend
« quelque cavalerie et ses trompettes, et en cet équipage,
« faisant le tour de la ville, il émeut le peuple de telle façon
« qu'à la faveur de la nuit, ils s'assemblent plus facilement
« avec leurs armes, contraignent les consuls d'ouvrir les
« portes, et le viennent chercher pour le faire entrer dans la
« ville. Ce succès lui donna l'entrée dans toutes celles du
« Rouergue et même de la montagne d'Albigeois. » (Mémoires
du duc de Rohan.)

Quelque temps après, c'est-à-dire à l'époque du siège héroïque que soutint St-Afrique contre le prince de Condé,
Rohan, qui assiégeait Meyrueis, accourt en toute hâte à
Millau. Les habitants de cette ville voulaient que le duc as-
siégeât Creissels, mais son armée, presque toute composée de
paysans qui désiraient faire la moisson, l'ayant engagé à différer, et Condé n'osant d'ailleurs l'attendre, il prit la route du
Languedoc. Bientôt il revint en Rouergue, amenant avec
lui, 4,000 hommes de pied, et 600 chevaux. Cette fois il se
décida à faire le siège de Creissels.

« Creissels, dit Rohan dans ses mémoires, est un lieu à la
« portée du canon de Millau, qui a trois enceintes de mu-
« railles, une à la ville et deux au château ; lesquelles il faut
« prendre l'une après l'autre parce que l'on ne peut attaquer
« ledit château que par la ville, à cause que par le dehors, il
« est bâti sur un roc bien élevé. Il est bien certain que les mu-
« railles de la ville, ne valent rien, et même qu'elles sont
« enfilées et vues par revers, étant une honte d'avoir été huit

« jours sans la prendre. Mais qui a affaire à un peuple qui ne
« trouve rien de difficile à entreprendre, et qui en l'exécution
« ne pourvoit à rien, se trouve bien empêché. Rohan donc
« mande son dessein à Alteyrac, gouverneur, et à Guérin,
« premier consul, afin que, secrètement, ils fissent préparer
« toutes choses, et ordonna audit Alteyrac qu'il bloquât le
« lieu un jour avant que ses troupes arrivassent pour le sur-
« prendre avec peu de gens de guerre, ce qu'il fit; néanmoins,
« il n'empêcha pas le secours d'entrer. »

A son arrivée, Rohan fit dresser ses canons, qui, dans
quelques volées, furent mis hors d'usage. Le temps se passa
à les raccommoder, et quand tout fut refait, on continua de
bombarder les murs de la place, mais on y mit tant de len-
teur, que les assiégés eurent le loisir de réparer la brèche; et
le gouverneur Crozat d'Arré, se défendit avec une telle opi-
niâtreté que dans cinq assauts inutiles, Rohan eût 200
hommes tués et autant de blessés.

Cependant le prince de Condé accourt dans le Vabrais, et
se joint à Montmorency, chargé d'observer Rohan. Leur
armée, dit Géraud, forte de 8,000 fantassins et de 600 cavaliers, vint camper à Saint-Georges de Luzençon. A la vue de
leur avant-garde apparaissant sur les collines qui dominent
ce village, Rohan leva précipitamment le siège, et rangea ses
troupes en bataille au-devant de Millau. Sur le midi, toute
l'armée royale campa près de Creissals, et renforça la garnison. Rohan n'ose pas sans doute tenir tête à ces deux généraux; car la nuit suivante, après avoir envoyé des troupes à
St-Rome-de-Tarn et à Saint-Affrique, il se rendit à Camarès
et de là en Languedoc (1).

----

(1) Voici une note curieuse, dans laquelle la plupart des événements
relatifs à cette époque, sont racontés en détail et dans un style naïf, par
des témoins oculaires.

RELATION DU SIÉGE DE CREISSELS,

Transcrite par GRANIER, *dudit bourg, en* 1664.

Le duc de Rohan, pair de France, prince de Lyon, qui se disait chef
des églises réformées de ce royaume et principalement en sa province du
bas et haut Languedoc et Haute-Guienne, s'étant emparé de la ville de

Le siège de Creissels fut la dernière expédition de Rohan en Rouergue; et bientôt le comte de Noailles reçut l'ordre d'investir Millau.

Millau sans coup férir, parce qu'il le plus grand nombre de ses habitants étaient huguenots. Il avait deux mille hommes avec lui. Il trouva la porte du pont vieux fermée qu'il enfonça; il fit le tour de la ville, dont on ne tarda pas à lui ouvrir les portes; il y entra avec ses gens, tambours, trompettes sonnantes; il en chassa les pauvres catholiques, les fit sortir de leurs maisons et quitter tous leurs biens, à la réserve de quelques-uns qui, n'ayant pas le courage de leur foi catholique, se firent protestants. Il y fit démolir plusieurs églises, croix, monastères, et tout ce qu'il trouva n'être pas de l'ordre de sa religion prétendue réformée.

Après, il se vint rendre maître de Creissels et du château, sous le bon plaisir de ceux qui le gardaient. Pour lors il fit abattre l'église de Saint-Julien, et faisait prêcher, et chanter les psaumes dans la salle de la maison consulaire, par un ministre nommé Joly. Plusieurs habitants huguenots de Millau y venaient pour l'entendre, avec les gens de guerre de M. de Rohan, et pour contraindre les habitants à y venir, mais comme ils n'étaient point accoutumé à cette sorte de religion, ils demeurèrent fermes dans le fond de leur cœur pour soutenir la religion de l'Église romaine; ce qui obligea les huguenots de Millau qui, par une grande impiété, voulaient éteindre la vraie religion pour en faire une à leur fantaisie, de s'en aller par les maisons dudit Creissels, sortir les pauvres familles pour les faire tenir entendre le ministre; les chassant dans les rues à grands coups de bâtons, en leur criant de furie. Allons, coquines, au prêche! jamais on ne dira plus messe dans ce lieu. Se voyant ainsi oppressés et ne pouvant résister à la force et à la malice de ces huguenots, quelques-uns par grande force, y furent conduits pour entendre prêcher le ministre. Ils demeurèrent sous cette persécution les années 1621 et 1622, pendant lesquelles M. Rohan, avec les huguenots de Millau allèrent assiéger Saint-Georges, qui ne résista que quelques jours, en chassèrent les pauvres catholiques; leur emportèrent tout ce qu'ils trouvèrent dans leurs maisons, et mirent le feu en la plus grande partie du bourg. Les habitants de Creissels voyaient passer tous les jours des mulets chargés des meubles des habitants de Saint-Georges. On peut dire que c'était une troupe de brigands et de voleurs qui, sous prétexte de religion réformée, ne faisaient que ravager le bien d'autrui. Il fallait loger les gens de guerre de M. de Rohan, lui payer de grands tributs et cotiser plusieurs sommes. Ils leur faisaient de grandes insultes. Il est impossible de raconter toutes les persécutions qui leur furent faites.

Ensuite il y eut une paix qui dura quelques années. Comme les habitants de Creissels avaient accoutumé demandé dans dire la messe en ce lieu, ils envoyèrent un habitant nommé Frayssines Solier, à Sainte-Eulalie trouver Mgr. de Vabres, où il s'était réfugié pour être en sûreté de la rage de ces Huguenots, pour avoir permission de dire la messe; ce qu'il

Il était déjà à Compeyre, lorsqu'il apprit que les calvinistes s'étaient emparés de Comprégnac, ce qui fit qu'il commença sa campagne par l'investissement de ce fort. Ce fait qui n'est nullement mentionné dans les annales du Rouergue, se trouve consigné dans une ordonnance de Noailles aux consuls de La Cresse.

[...]

[...] dans la salle de la maison consulaire, pour y faire le service divin, parce qu'on avait démoli l'église de St-Julien.

Pendant cette paix, les habitants de Creissels voyant qu'elle ne durerait pas longtemps, demandèrent une garnison au roi pour garder le château. M. de Noailles, gouverneur de la province, et les consuls de Montjaux, lui envoyèrent soixante hommes bien armés; ils arrivèrent à Creissels, le 26 juillet 1625, par le chemin du village de Peyre, le long de la rivière de Tarn, [...]

[...] Le 12 avril 1628 [...] à Creissels, [...] M. d'Épernon, gouverneur de la Province, [...] les habitants de Millau [...] de Creissels [...]

[...] dudit pont eût le courage de les poursuivre, et en firent bonne chère.

« Voici ce document dont nous allons rapporter le texte :

« Le comté de Noailles, lieutenant du roi en Auvergne, séneschal et gouverneur du Rouergue.

« Sur les advis certains que nous avons que les rebelles de la religion prétendue refformée se sont saisis du lieu et fort de Comprinhac, ou ils ont trouvé grande quantité de bleds, farines et lards, au moyen de quoi ils croyent pouvoir avitailler les villes de Millau, St-Affrique, St-Rome, Pont-de-Camarès et autres circonvoisines ; et qu'il est très important pour le bien du service de sa majesté d'empescher le transport desdits vivres, et à cest effet establir garnison de gens de pied en lieux de Peyre, Castelnus et

Les habitants de Creissels, voyant qu'ils avaient affaire à des ennemis sans quartier, songèrent à faire provision de munitions de guerre ; car pour de bouche ils en avaient assez, ayant mis tout en commun. Voyant que leur garnison de soldats n'était pas capable de se défendre, ils envoyèrent à M. de Valençay, qui commandait la citadelle de Montpellier, de leur envoyer de bons soldats, ce qu'il fit en leur envoyant une compagnie de cinquante hommes, sous la conduite de M. de Cébrounas, capitaine. Les huguenots de Millau, sachant qu'une garnison venait du côté de Montpellier, menèrent une embuscade à la côte Roumibe et à la côte de Las Fons, et une autre à la côte de Creissels. Nos gens furent avertis ; ils vinrent descendre à la côte d'Issis ; mais cela n'empêche pas que ceux de Millau ne vinssent les recevoir au chemin de Bardels et de la Peyrade, en venant du pont de Riaux. Cependant, nos gens avertis, se préparèrent pour se bien défendre. Comme il était déjà une heure après minuit, on commanda d'allumer la mèche des deux bouts pour faire paraître un grand nombre de soldats et de faire longue file. Ceux qui les attendaient, les voyant de loin, quittèrent leur poste et n'osèrent les attaquer.

La garnison étant dans le château, ils s'attendaient tous les jours à être assiégés, parce que les troupes de M. de Rohan allaient tous les jours à Millau. M. le prince qui était du côté d'Albi, étant averti, envoya M. d'Arné pour commander pendant le siège. Étant arrivé à Creissels, il visita les murailles et fit faire la revue à tous les soldats dans le pré de M. Ganjal. Ils se trouvèrent au nombre de quatre-vingts, tant soldats qu'habitants, en état de se bien défendre ; enfin après avoir tant attendu, le lendemain, 29 août 1628, ils se trouvèrent investis d'un grand nombre de soldats. On dressa une batterie de canons aux vignes de la Mendèze, qui étaient aux avenues de Millau. Un régiment campa au même endroit et un autre bataillon du côté de Bardels, qu'on appelait le régiment *de los ogassos* (pies), parce qu'il était habillé moitié de

» ...., ... à Com-
» pierre, armés de mousquet, poudre, plomb et mesche et payes
» pour quinze jours, sy mieux ils n'ayment payer la somme de
» trois escus pour chacun desdits soldats, et à ce faire seront
» contraints comme pour les propres deniers et affaires du
» roy, sauf à leur estre pourveu pour les rembourcer sur le
» général dudit pais du Rouergue. En foy et tesmoin de quoy,
» nous avons signé les présentes et faict apposer le seel de
» nos armes, icel faict cantresigner à nostre secrétaire. Donné
» à Compierre le onzième may mil six cens vingt-neuf.
Noailles. (Archives de La Cresse.)

blanc et moitié de noir, en signe de moquerie de nos religieux ; un autre
bataillon du côté de Calais ; là était le poste de M. de Rohan. M. d'Arré,
se voyant investi d'un si grand nombre d'ennemis, exhorta les soldats et
les habitants à se bien défendre, car ils voyaient qu'ils avaient à faire à
des gens sans quartier. M. le prince avait promis à M. d'Arré de lui envoyer du secours : c'est pourquoi il lui envoya un homme de Creissels
pour l'avertir que la place était assiégée et qu'il y avait un grand nombre
d'ennemis, et de lui envoyer du secours, lui promettant de faire tout
son possible pour défendre la place. Le lendemain du siège on commença
de tirer le canon du côté de la Mendèze, et les ennemis travaillèrent à
faire un chemin couvert du même côté, pour venir contre la muraille du
fossé sans être vus par les assiégés. Le huitième jour, le canon de la Mendèze commença à faire brèche à la muraille ; ce qui donna un peu d'é-
pouvante dans Creissels. Il y avait un prêtre nommé M. Louis qui, pendant le siège, tous les jours, revêtu du surplis, la croix à la main, par
les rues, sur les murailles, criait toujours : Courage, mes enfans ! je
vous promets de la part de celui qui est attaché à cette croix, et pour le
soutien de l'église duquel vous combattez, qu'ils n'auront pas la victoire
et qu'ils n'y entreront pas !

Les femmes, d'un autre côté, portaient toujours du vin aux soldats
sur les murailles. Le dixième jour, la brèche fut fortement augmentée ;
on travailla toute la nuit à la fortifier avec des bois, poutres, planches et
meubles des maisons, sans rien épargner. Cependant le secours ne venait
pas. Les ennemis faisaient un grand feu avec les canons, surtout celui
de Calais, qui endommageait fort les maisons.

Le onzième jour, les ennemis voyant que la brèche était assez grande,
et outre que les munitions de guerre leur manquaient, car aux deux
derniers coups de canon qu'ils tirèrent, ils mirent pour balle un contre-
poids d'un crochet, ils résolurent de donner l'assaut et d'emporter ce
jour-là la place. C'est pourquoi M. de Rohan avertit tous les principaux

Quelques jours après, on rendit une autre ordonnance dont voici la teneur :

« Il est ordonné aux consuls de *Caylus* d'envoyer, le vingt-sixième du présent mois, en la ville de *Compeyre*, deux gastadours, payés, pour un mois, sans casaque, armée de pics, pales, coignées, dailles, faucilles, pour servir à défést des bleds, émiols, vignes et arbres des environs de la ville de *Millau*, suivant le commandement qu'il a plu à sa majesté nous en donner. Fait à *Rodez* ce quinzième du mois de juin mil six cens vingt-neuf. » (Archives de La Cresse.)

de Millau de venir à Calais voir la destruction du pauvre lieu de Creissels. Mais avant que de le faire, il envoya trois tambours qui demandèrent à parler au gouverneur. M. d'Arré vint leur parler et voir ce qu'ils demandaient. Ils dirent qu'ils étaient là de la part de M. de Rohan pour lui dire que s'ils voulaient rendre la place on leur sauverait la vie. M. d'Arré leur fit une réponse fort courte et qui marquait un grand courage, en leur disant seulement : vous vous moqueriez de nous.

C'était vers les neuf heures du matin ; les tambours ayant porté cette nouvelle à M. de Rohan, il fit avertir tous les officiers et les soldats de se préparer, car il fallait donner un assaut sur les deux heures du soir et emporter la place. Cependant on se prépare pour bien se défendre. M. de Louis, le curé, leur fait une exhortation, ce qui leur donna un grand courage. M. d'Arré plaça tous les bons soldats à l'endroit de la brèche et mit les vieux habitants qu'il y avait, à l'endroit où on ne pouvait venir qu'avec des échelles.

Sur les deux heures après midi, tous les bataillons vinrent de tous côtés et principalement à l'endroit de la brèche, et des autres côtés avec des échelles, criant à grande force : Vive M. de Rohan ! et ceux de Creissels, vive le roi ! et tous ceux qui étaient à Calais passèrent la rivière, de sorte qu'on fit une décharge de coups de mousquets qu'il semblait qu'une grosse grêle tombât sur le village. M. d'Arré défendit de tirer jusqu'à ce qu'il le commanderait. Les ennemis étant venus à l'endroit de la brèche serrés l'un contre l'autre, alors M. d'Arré commanda de faire une décharge. On tira aussi un miraillon de pièce de fer. Cette décharge donna une grande épouvante aux ennemis, parce qu'il y en eut beaucoup de morts et de blessés. M. d'Alayre, commandant, fut le premier à la brèche, à cheval, avec sa cuirasse ; étant déjà venu aux mains avec nos soldats, il tomba de dessus son cheval de sorte qu'un habitant nommé Soller, le poussa avec sa hallebarde par le défaut de sa cuirasse. Sans être promptement secouru, il y serait resté.

Après deux heures de combat, les ennemis perdirent courage, ce qui leur fit tourner le dos, malgré la résistance des sergents et des officiers, qui les repoussaient toujours à la brèche en criant : Vive de Rohan !

Il paraît que l'investissement de Millau n'eut lieu en effet que vers la fin de ce mois; cette mesure et le dégât qui la suivit occasionnèrent quelques escarmouches, mais toute résistance était devenue inutile.

Bientôt le roi lui-même arriva à Nîmes où les députés de Millau, Cornus, St-Rome-de-Tarn, St-Affrique et Pont de Camarès allèrent implorer sa clémence. Il leur fut accordé une amnistie pleine et entière, mais à condition que leurs fortifications seraient rasées.

Quand les soldats virent qu'ils leur tournaient le dos, ils voulaient les poursuivre. M. d'Arré eut peine à les arrêter en leur disant : c'est bien assez d'avoir soutenu cet assaut.

Du côté de l'étang, on monta avec de grandes échelles, mais il se trouva au bout deux ou trois bons vieillards habitants, que M. d'Arré y avait placés avec de longues pertuisanes, qui les repoussèrent vivement. Les ennemis leur présentèrent de l'argent pour qu'ils les laissassent entrer; nos gens leur répondirent: Tirez-vous de là promptement autrement vous êtes morts. Les ennemis ayant fait tous leurs efforts et n'en pouvant plus, ils furent contraints de se retirer. Ils demandèrent de venir retirer les morts et les blessés, ce qui leur fut octroyé par M. d'Arré.

Tous les messieurs principaux de Millau étaient venus à Calais avec M. de Rohan pour voir donner l'assaut, croyant que leurs gens remporteraient la victoire. Ils furent bien trompés de voir notre résistance. On dit qu'en s'en retournant, ils étaient si tristes, qu'ils semblaient des visages de morts.

Cependant nous pensions qu'ils feraient un second effort le lendemain; mais ils n'osèrent nous attaquer. Nous travaillâmes toujours à fortifier la brèche. S'ils fussent retournés comme nous le croyions, nous avions mis sur les murailles des remparts de grosses poutres avec de grosses pierres dessus, pour les faire tomber à plomb de la muraille, ayant remarqué que lors de l'assaut les ennemis se réfugiaient dans le fossé au pied de la muraille, et qu'il nous était alors impossible de les voir. Nous avions aussi préparé de grandes chaudières pleines d'huile bouillante, une de chaque côté de la brèche, derrière les remparts qui restaient encore pour les leur jeter par le visage en cas qu'ils fussent revenus; cependant les ennemis s'étaient retirés.

Deux jours après, M. le prince (de Condé) vint avec un grand nombre de soldats pour nous donner des secours, comme il nous l'avait promis; mais il vint un peu tard, car les habitants n'avaient plus besoin de secours. Après avoir soutenu le premier assaut, ils étaient résolus à mourir plutôt que d'abandonner la place, et à soutenir leur religion, quoiqu'ils fussent en petit nombre à proportion des ennemis, dont on porte la force

Les troubles et les guerres religieuses, renouvelées sous le règne de Louis XIII dans le Rouergue et dans le midi de la France, faisaient sentir de jour en jour l'importance de ces châteaux-forts, situés dans l'intérieur du royaume, et qui pouvaient devenir dangereux entre les mains de leurs possesseurs. Le gouvernement, sous le ministère de Richelieu, avait pris pour maxime de les détruire afin qu'à l'avenir, il n'y eût ni prétexte, ni moyen de révolte. C'était d'ailleurs, dans les vues du grand ministre, porter à la féodalité le coup le plus terrible.

Par suite de cette mesure générale et de haute politique, avait été décrétée la démolition du fort de Caylus.

à quatre mille hommes, en comptant les troupes de M. de Rohan et ce que Millau avait fourni.

M. le prince vint devant le portail de la place avec grand nombre de ses gardes, et ses autres troupes montèrent sur le Larzac et parurent sur la montagne. M. d'Arré avec quelques habitants vinrent le saluer, M. le prince lui demanda : Qui est là ? — Eh ! monseigneur, vous ne me reconnaissez pas ! je suis Arré (parce qu'il était défiguré à cause de la grande fatigue). M. d'Arré lui fit voir six habitants qui l'accompagnaient. Vous voyez, monseigneur, de braves habitants, bons soldats, car je vous assure qu'ils ont bien joué dans la pièce. M. le prince donna un louis d'or à chacun. Il fit le tour de Creissels par dehors jusqu'à la brèche, et s'étonna comment un si petit nombre de gens avaient résisté si longtemps à un grand nombre d'ennemis si terribles.

Pendant le siège, il y avait des femmes de Millau qui nous chantaient mille injures, criant le matin ; Dîne ! dîne ! car tu ne souperas pas. Entre autres choses, une femme nommée Saissèle, qui portait une grande quantité de cordes, nous criait que c'était pour pendre tous les hommes de Creissels, tellement ils étaient outrés de voir qu'après être demeurés deux ans sous leur obéissance et celle de M. de Rohan, et fait les fonctions de leur religion de gré ou de force, nous nous fussions révoltés tout d'un coup ; et aussi de voir que M. de Rohan avait soumis tout ce pays, comme Millau, Saint-Georges, Saint-Rome-de-Cernon, St-Affrique, Vabres, tout le Camarès, le pays de Castres et autres villes, tandis que Creissels, un si petit lieu, ne voulait pas se soumettre à faire les fonctions de leur religion prétendue réformée.

La présente relation a été faite par Valentin, Jean, et Jean Viala, habitants dudit Creissels, présents et voyants ledit siège, et qui même y portaient les armes ; rapporté à moi, Pierre Granier, habitant aussi audit Creissels, qui ai écrit la présente, ce 25 janvier 1664, trente six ans après l'époque du siège.

Cet ordre, qui fut notifié le 26 de mai 1633, était ainsi conçu :

« François de Noailles, comte d'Ayen, capitaine de cinquante hommes d'armes des ordonnances de sa majesté, conseiller en ses conseils d'estat, mareschal de camp en ses armées, son lieutenant-général en Auvergne, séneschal et » gouverneur de Rouergue, à Me François Dumas, juge pour » le roy à Compière et à noble Jehan François de Grailhe, » sieur de Cilles, salut.

» Estant nécessaire pour le service de sa majesté de faire » procéder incontinant et sans deslay à l'entière démolition » et rasement du chasteau de Caylus et des masures qui y » restent, attendu l'imminant péril que s'y trame et les fré- » quens advis que nous avons de tous coustés que les re- » belles s'en veulent saisir, pour le fortifier et tenir toute la » rivière de Tarn en subjection : ce qui reviendrait au grand » préjudice du service de sa majesté et de la sûreté et repos » de ses subjets dans l'estendue de notre charge ; voulant à » ce pourvoir, nous vous avons commis et commettons par » ces présentes pour procéder à la démolition et rasement » dudit chasteau, en telle sorte qu'il n'en puisse arriver aucun » dommage ; mandons aux consuls et habitans de Peyrelade, » La Cresse, Rivière, Fontaneilles, Boyne et autres lieux » voisins de vous fournir promptement le nombre de per- » sonnes qu'il sera nécessaire, et vous obéir, entendre et » déférer en ce que vous ordonnerez sur le subject de vostre » dicte commission, à peine d'estre procédé contre les délin- » quans et défaillans, ainsin qu'il appartiendra, de quoy et » de ce que aurait faict, vous nous certifierez et rendrez » compte, de ce faire vous donnons pouvoir et mandement » spécial par ces présentes signées de nostre main et contre- » signées par nostre secrétaire et scellées du sceau de nos » armes (1). »

La démolition du fort de Caylus fut suivie de celle de Creissels et de Peyrelade, en 1633 ; et ce fut sans doute à peu

_____

(1) Archives de La Cresse.

près à la même époque que l'on vit tomber les fortifications de Compeyre et des autres forts de la contrée.

Ainsi furent détruites pour toujours les vieilles forteresses, qui furent le berceau de tant de gloire et sans doute aussi les tombeaux de leurs braves, qui plus d'une fois les mirent à l'abri des malfaiteurs, des chevaliers errants, des routiers anglais et des calvinistes : c'est là qu'ils ont ajouté la garde, qu'ils ont fait le guet et le service... Mais à présent la vie semble s'être retirée de ces vieux murs détruits par la main de l'homme ou rongés dans ce qui reste par le lierre et toutes les plantes parasites. Leurs beffrois sont muets ; le tocsin a cessé de retentir ; la cloche de l'ermitage ne les appelle plus à la prière. Tout se tait : c'est le silence des ruines et de la mort.

Nous avons dit que, suivant les clauses de la paix, les fortifications de Millau devaient être démolies. Or le 26 d'août 1629, les habitans de cette ville avaient écrit au cardinal de Richelieu pour lui annoncer que la démolition était effectuée. L'extrême diligence apportée à cette opération fit que le diocèse entier de Rodez contribua aux frais qu'elle avait occasionnés ; et c'est ainsi que finirent ces guerres déplorables dont le triste résultat fut la ruine entière de tout le pays, la désolation et le massacre de ses habitans (1).

Après une longue suite d'années de calme et de tranquillité intérieure, la révocation de l'édit de Nantes et les dragonnades qui en furent la suite, avaient exalté au dernier point l'ardeur religieuse des calvinistes des Cévennes, et un soulèvement s'y était déclaré. Organisés militairement sous le nom de Camisards, les réformés lassèrent les généraux de

(1) Dans les diocèses de Rodez et de Vabres, qui forment aujourd'hui le département de l'Aveyron, il fut levé en 31 ans, c'est-à-dire de 1550 à 1580, 33,402,000 livres dont 6,162,000 seulement étaient entrées dans les coffres du roi. 18,832 individus avaient été tués, soit les armes à la main, soit par l'effet des massacres ou d'exécutions, trois villages furent détruits, 1765 maisons furent incendiées ou rasées. Des documents certains prouvent que les pertes ne furent pas moindres de 1580 à 1628. Le commerce de la draperie fut perdu pour toujours. Millau vit le chiffre de sa population réduit à 4000 habitans.

Louis XIV, qu'ils amenèrent à traiter avec eux. Cette guerre devenait de jour en jour plus grave, et les insurgés envoyaient des émissaires dans le Rouergue pour y opérer un mouvement.

Ce fut à cette occasion que fut rendu le décret suivant :

« Sur les derniers avis qui nous ont esté donnez que plusieurs gens inconnues, venant des Cevennes passent de jour et de nuit, pour entrer en Rouergue par les barques qui sont sur la rivière du Tarn, sans que les barquiers et bateliers se mettent en soin de s'informer qui ils sont et d'où ils viennent, et les conduire aux consuls des lieux pour les interroger comme il a esté ordonné par Monseigneur l'Intendant, et que d'ailleurs il est important pour le service du Roy et la seureté du pays, d'oster aux révoltez des Cevennes la faculté des passages et de toute communication dans ce pays. »

« Nous, *subdélégué de l'intendant de Montauban à Millau,* ordonnons que toutes les personnes inconnues de l'un et de l'autre sexe qui passeront sur la rivière du Tarn, depuis Peyreleau jusques à Millau, sans passeports et bons certificats des juges ou consuls des lieux d'où elles viennent seront conduites par les barquiers aux consuls les plus proches, pour les interroger et les arrester, sy besoin est, à peine contre lesdits barquiers, bateliers et autres de confiscation de leurs barques et bateaux et de cent livres d'amende applicable la moitié au profit du Roy et l'autre aux dénonciateurs, et de plus grandes peines, sy il y écheoit. Deffendons auxdits barquiers et bateliers de passer sur ladite rivière de Tarn qui que ce soit depuis neuf heures du soir jusques au jour, et de tenir pendant la nuit, du costé du diocèse de Vabre leurs barques et bateaux, lesquels seront attachez avec de bons cadenats du costé du diocèse de Rodez, sous les mêmes peines ; »

« Enjoignons aux consuls des communautés situées sur la rivière de Tarn depuis Millau jusques à Peyreleau, de tenir la main à l'exécution de la présente ordonnance, laquelle à leur diligence sera signifiée à tous les barquiers, bateliers et autres personnes ayant esquifs, et *publiée au prône de leur paroisse,* et affichée partout où besoin sera ; dont ils nous certifieront dans trois jours à peine d'être responsable de tous les événements en leur propre et privé nom. Fait à Millau, le 6 mars 1703. Bance subdélégué (1). »

En 1721, la peste qui venait de désoler Marseille, avait étendu ses ravages dans le Gévaudan. A la Canourgue la mortalité fut affreuse.

Par les ordres du maréchal de Berwick, qui commandait en Guienne, des lignes de troupes furent échelonnées le long du Vivarais, du Gévaudan, des Cevennes, du Bas-Languedoc et autour de la Provence, c'est-à-dire en grande partie sur les frontières du Rouergue.

Antoine de Pardaillan-Gondrin, marquis de Bonas, commandait dans cette dernière province sous les ordres du maréchal Berwick (2).

Les soldats qui veillaient à la garde de nos frontières, appartenaient au régiment de Navarre (3).

Des garnisons furent établies à la Cresse, Rivière, Fontaneilles, Boyne, Mostuéjouls, Liaucous, etc.; et le cordon sanitaire que l'on avait formé dans le voisinage, passait par *Novis, Cèzes, Le Bet, Bellevieille, Peyreleau, le Mayniel et Veyreau* (4). On voit encore de nos jours quelques débris des barraques ou des corps-de-garde que l'on avait élevés sur la ligne (5).

Les plus sages précautions et les mesures les plus sévères présidaient à la garde du pays.

L'argent ou la monnaie venant du Gévaudan, n'était mise en circulation, qu'après avoir été purifiée dans le vinaigre bouillant (6).

Les habitans du pays ne pouvaient sortir de leur village et se présenter ailleurs, sans être munis d'un certificat de santé (7); il fallait en outre rendre un compte détaillé de

(1) Archives de La Cresse.
(2) Idem.
(3) Idem.
(4) Archives de La Cresse.
(5) Tradition.
(6) Archives de La Cresse.
(7) Nous allons donner un modèle de ces certificats :
« *Billet de sortie de...* Nous consuls de... scavoir faisons et attestons

toutes les étoffes de laine qu'on livrait au commerce (1).

Un ordre du marquis de Bonas portait ce qui suit :

« Les avis que nous avons reçus de M. Deveray, brigadier des armées du Roy, commandant pour son service à Chanac en Gévaudan, que plusieurs habitans de Marvéjouls, estaient sortis de cette ville, nous ont déterminé, pour éviter que ces gens ne se réfugient dans le Rouergue, et portent la contagion, malgré toutes les précautions que nous avons déjà prises pour leur en empêcher l'entrée de renouveler nos défenses sous des peines plus rigoureuses. »

« A cet effet, nous ordonnons à tous gardes qui sont postés le long de la ligne de tirer sur toutes les personnes qui se présenteront auxdits postes, venant du Gévaudan, tant sur ceux dudit pays que sur ceux du Rouergue qui pourraient en revenir, excepté ceux qui arriveront aux barrières, pour y porter des paquets pour nous et non d'autres et pour y demander des provisions. »

« Ordonnons à tous les maires et consuls et plus notables des villages auxquels la présente sera adressée de la faire afficher au corps-de-garde ; »

« Et comme nous avons été avertis que dans la plupart des villages où la garde se fait, il n'y a aucune arme propre à tirer, pas même ni poudre ni balles ; »

« Enjoignons à tous les maires et consuls et aux plus notables des lieux d'avoir à chaque corps-de-garde au moins quatre fusils bien chargés et en bon état, et qu'il y ait de la poudre et des balles, sous peine à ceux qui y manqueront

comme N... âgé de... taille de... visage... cheveux... part en bonne santé dudit lieu, où il n'y a aucune maladie contagieuse, Dieu grâces ; nous ayant déclaré vouloir aller à N... et autres lieux, pour vaquer à ses affaires ou commerce ; priant et requerant tous gouverneurs, maires, capitouls, échevins, jurats et consuls, et tous ceux qu'il convient prier, de le laisser passer et repasser sans aucun empêchement, ce que nous ferons en pareil cas ; le tout conformément aux ordres du Roy, et de Monseigneur l'intendant : en foy de quoy avons fait expédier le présent certificat, et fait contresigner par le secrétaire de ladite communauté. Fait à...

(1) Archives de La Cresse.

de punition corporelle tant contre les consuls que contre les plus notables des lieux qui y auront manqué ; défendons en outre à tous les habitans , *sous peine de la vie et leur maison rasée*, de donner asile et reffugier dans leurs maisons aucunes personnes de quelle qualité qu'ils soient venant du Gévaudan. »

« Mandons à messieurs les subdélégués de tenir la main pour l'exécution de la présente. Fait à St-Genies , le 19 aoust 1721. Bonas-Gondrin (1). »

Le 11 septembre de la même année , un autre ordre , émané du même, enjoignait aux habitans du pays et du Rouergue de faire fermer les granges *avec de fortes serrures* et dans le délai de six jours , afin que personne ne pût s'y réfugier , sous peine , s'ils manquaient à l'ordre, de 500 livres d'amende, *d'avoir leurs granges rasées* , et d'autres punitions (2).

De pareilles mesures ne pouvaient que produire d'heureux résultats : aussi le pays et le reste du Rouergue furent entièrement préservés du fléau ; et les lignes que l'on avaient formées sur les frontières de cette province , furent levées en 1722 (3).

Le souvenir de cet événement mémorable s'est perpétué jusqu'à nous ; et , le soir, autour de nos foyers , nos pères se plaisent encore à raconter à leurs enfans plusieurs traits de cette époque, qu'ils ont appris eux-mêmes de leurs aïeux.

(1) Archives de La Cresse.
(2) Idem.
(3) Idem.

FIN DE LA PREMIÈRE PARTIE.

HISTOIRE ET STATISTIQUE PARTICULIÈRE

DE

LA VALLÉE DU TARN,

ARRONDISSEMENT DE MILLAU.

(Partie septentrionale.)

Compeyre.

Compeyre, autrefois Compierre, tire son nom du mot latin *competrus*, formé de *cum*, *avec*, et de *petrus* qui, dans la basse latinité, signifie pierre ou éminence. D'après cette étymologie, Compeyre paraît avoir une origine gallo-romaine.

Cet ancien bourg, étagé sur le penchant d'une colline, domine un joli vallon, arrosé par le Tarn, à une lieue et demie de Millau. Du côté du nord s'élève une montagne en pain de sucre, sur laquelle était l'ancien fort d'Avaruéjouls, détruit depuis plusieurs siècles. Cet ancien fort, dont on ne voit aucun reste, est sans doute la cause pour laquelle on qualifie, dans quelques actes, la ville de Compeyre, d'une des quatre châtellenies du Rouergue (1).

Au fort d'Avaruéjouls fut substitué dans la suite celui de Compeyre, dans l'intérieur duquel on bâtit depuis l'église paroissiale et environ 200 maisons réduites à 25 (2), à cause

____

(1) Bosc.

(2) On n'entend parler ici que des maisons situées dans l'intérieur des remparts.

des troubles des religionnaires qui y firent de grands ravages (1).

Sur l'éminence dont nous venons de parler s'élèvent les ruines d'un antique ermitage. Un poète, originaire de Paulhe (2), s'est plu à nous en donner la description, embellie de tous les charmes de la poésie latine.

Les caves de Compeyre sont renommées pour leur fraîcheur. Ses vins sont estimés, et ses œillats ont un goût délicieux qui leur a valu depuis longtemps une très-grande célébrité.

Il existe encore plusieurs restes de l'ancien fort de Compeyre, et surtout vers le nord, où les murs subsistent presque en entier, et du côté oriental, où l'on voit encore une ancienne tour avec ses meurtrières. A différentes époques on avait fait diverses réparations à ce fort; d'abord sous la domination anglaise, et principalement du temps des guerres religieuses (3).

Dans le fort en question on trouve un puits qui passe pour le plus beau de la province. Il est taillé dans le roc à 35 mètres de profondeur (4). Les gens du pays croient qu'il fut

(1) Bosc,
(2) L'abbé Delmas.
(3) Archives de Compeyre.
A propos de l'occupation de Compeyre par les Anglais, on ne lira pas sans intérêt la pièce suivante qui se rattache à cette époque :
Amas que vos fan assaber dé la part les senhos consols del presen castel de Compière que touta persona de quelque estat ou conditio que sia, ajar far lo gach la nuech et garda le portal le jour.... Et far la manobra... Sur la peno dé tres sols de tornes per le désobéïssen, contradisen et rebelle à far la causas dessus dichas et applicades à la réparatio dels murs del castel de Compière, et que l'en li logara hun home à far soque la dicha persona recusan li sera per lo dich scudier mandat far. et la dicha persona recusan lo pagara quatque coste, et lo serven que fera la dicho execucio, n'aura quatre deniers de tournes (quatre deniers tournois). (Archives de Compeyre). Cet arrêté porte la date du mois d'octobre 1363.
(4) Ce puits n'est plus d'aucun usage. Son fond était autrefois défendu par un grillage en fer. Il est aujourd'hui recouvert de ruines et de décombres : triste témoignage du peu de zèle que met la commune de Compeyre à la conservation d'un monument aussi précieux !

creusé par les Anglais, lorsqu'ils étaient maîtres de Compeyre et du Rouergue, dans le 14e siècle (1).

Quoique vivant sous le régime communal, les anciens habitans de Compeyre étaient feudataires de plusieurs seigneurs des environs.

Non-seulement ils leur payaient des censives, mais en 1700, noble Jean de Mostuéjouls, seigneur de Lamanderie, percevait, comme acquéreur de Sa Majesté, un *droit de leude* sur tout le bétail à corne qui se vendait aux étrangers les jours de foires et marchés de Compeyre (2).

Ce même seigneur jouissait aussi d'un singulier privilége : c'était celui de prendre les langues de tous les bœufs, vaches et veaux, ainsi que les filets de tous les cochons et truies qui se tuaient dans les boucheries de Compeyre (3).

Cette ville possédait un scel à contract attributif de juridiction par exposition de clameur ; une pierre foiral ; trois foires, les jours de St-Vincent, de St-Roch et de St-Amans (4). Cette dernière foire a été transférée à Aguessac.

Il y avait encore à Compeyre une fraternité de prêtres,

(1) Bosc.
Cette opinion est d'autant plus vraisemblable qu'on trouve, aux archives de Compeyre, une ordonnance du Prince Noir, qui, dans la crainte d'une surprise, enjoignait aux habitans de détruire dans le plus bref délai les maisons, les fours et les fontaines qui se trouvaient hors des murs et de les transférer dans l'enceinte de la ville.

(2) Renseignements puisés dans un acte passé devant Me Jean Fabre, notaire à Millau.
Un pareil droit se percevait à Millau, d'après des lettres patentes de Philippe-le-Bel, données le mois de juillet 1311.

(3) Extrait de l'acte de Me Fabre.
Ce droit appartenait à Jean de Mostuéjouls, comme subrogé au décret général des biens du défunt M. Etienne de Malbois, seigneur de Boissans, en 1682. Celui-ci l'avait acquis le 8 mars 1650, d'Etienne Pailhas, fils et petit-fils d'Antoine et autre Antoine Pailhas, qui à leur tour l'avaient acheté à noble Louis de Roquelaure, le 3 décembre 1588. (Extrait de l'acte de M. Fabre.)

(4) Extrait de l'acte de M. Fabre.
Par lettres patentes, données à Blois, le mois d'octobre 1509, Louis XII y avait établi deux de ces foires et un marché par semaine. (Archives de Compeyre.)

une justice royale, depuis au moins 1309 ; un bailliage depuis au moins 1320, et un hôpital dont l'établissement remontait au moins à l'année 1318, et qui fut réuni par arrêt du conseil d'État à l'hôpital-mage de Millau, en 1725 (1). Compeyre n'avait d'abord que deux consuls ; mais après l'adjonction de Paulhe à cette commune, on en élut un troisième. Plus tard le nombre en fut porté jusqu'à quatre. Ces fonctionnaires étaient assistés de trente conseillers politiques, se réunissaient au son de la cloche, portaient chaperons partis du noir et d'écarlate (2), faisaient la répartition et la levée des deniers royaux, étaient patrons de l'hôpital, et nommaient annuellement les courtiers chargés de faire vendre le vin (3).

Vers le milieu du 14e siècle, Compeyre était une des villes les plus importantes du Rouergue, bien qu'il n'y eût que 105 feux (5).

Aujourd'hui, devenu bourg, il compte de six à sept cents âmes, et ne fait presque aucun commerce, hors le temps de ses deux foires qui jouissent, surtout celle de St-Roch, d'une réputation bien méritée. Il fut florissant aux époques désastreuses de l'anarchie féodale et des dissentions civiles. La force de ses remparts et de sa position attiraient un grand nombre d'hommes qui venaient s'y mettre à couvert de la violence. Il déchut, lorsqu'après le rétablissement de l'ordre, les crêtes des rochers et les lieux inabordables furent rendus aux oiseaux de proie. On peut prévoir que ce bourg ne relèvera jamais ses ruines. La force invincible des choses s'y oppose (5).

L'ère de 89 ou de 93 fut saluée avec enthousiasme par quelques habitans de Compeyre. Un club fut établi dans ce bourg,

---

(1) On m'a assuré que lors de cette réunion, on convint que l'hôpital de Millau nourrirait gratuitement et à perpétuité un certain nombre de pauvres appartenant à la communauté de Compeyre.

(2) C'était par lettres patentes du 27 avril 1493, que Frédéric d'Aragon leur avait permis de porter cette sorte de chaperon.

(3) Extrait de l'acte de M. Fabre.

(4) Dans la guerre de Gascogne, qui commença en 1341, Compeyre fournit un contingent de huit hommes ; ce qui lui donne le septième rang dans l'importance relative des communes.

(5) Monteils. Description de l'Aveyron.

qui devint le chef-lieu d'une *administration municipale*, et l'on y fit venir un prêtre-assermenté dont la vie ne serait pas édifiante, et qui depuis a fini ses jours d'une manière misérable (1).

Tout en rendant justice au vrai patriotisme de ceux qui dirigèrent le mouvement dans le pays, nous pourrions citer les séides du parti démagogique, et livrer surtout à l'exécration publique celui qui, traînant des prêtres la corde au cou, les attachait à une crèche, et pour toute nourriture, *leur présentait du foin.* Mais pourquoi réveiller les vieilles haines, et tirer du juste oubli qui les protége, des misérables odieux ou ridicules?

Il y avait autrefois, près de Compeyre, un monastère de Bénédictins, sous le nom de Notre-Dame-de-Lumenson; mais il n'existe plus depuis plusieurs siècles. Dès 1313, le cloître de ces religieux était habité par le curé et les pannetiers qu'on leur avait substitués. Ces bénéficiers, établis depuis longtemps à Lumenson, furent transférés à Compeyre par l'évêque de Rodez, en 1532 (2).

Le temps où les hommes n'ont pas même respecté les traces de cet antique monastère; et il ne reste aujourd'hui d'autre souvenir de ces anciens cénobites qu'un vieux missel qu'on voit aux archives de Compeyre, et qu'on peut regarder à juste titre comme un monument d'une rare patience et comme un modèle de la calligraphie de l'époque.

---

(1) Il est mort aux galères pour vol ou pour tout autre crime. On peut juger de la confiance qu'inspirait cet homme par le trait suivant : Se trouvant dans une réunion à l'église des Pénitens, à l'effet de nommer un électeur pour les élections départementales, il demande la parole. On lui répond qu'elle lui est accordée ; mais à l'instant une grêle de pierres tombe sur l'orateur et le met en fuite avec ses partisans, qui sont obligés de se réfugier dans des écuries ou des granges, ou dans les forêts du voisinage. Par suite de cette émeute les portes du club furent enfoncées, et tous les papiers qui s'y trouvaient mis en désordre. C'était alors le règne de l'anarchie.

(2) Bosc.

Aguessac.

Le nom d'Aguessac dérive peut-être du mot latin *aqua situs*, qui veut dire, situé sur l'eau ou près de l'eau. On sait, en effet, que ce village est placé sur le bord du Tarn qui vient battre ses murs et au confluent d'un ruisseau qui le baigne dans presque toute sa longueur.

Quelques plaisants donnent au mot Aguessac une toute autre origine. Ils disent qu'avant l'existence du village et du pont, on traversait le ruisseau sur une planche. Un mendiant venant à passer, laissa tomber son sac dans l'eau : ce qui valut depuis à cet endroit le nom d'Aguessac, ou mieux dans l'idiôme vulgaire, celui de Négossac ou Nogossac.

Je laisse à penser si c'est là la véritable étymologie de ce mot.

Situé dans un vallon resserré, mais des plus agréables, au milieu de l'embranchement de deux routes, ce charmant village, qui compte à peine 600 âmes, a l'air, le mouvement et la physionomie d'une petite ville. Ses habitans sont d'ailleurs les plus industrieux des environs. Quelques-uns s'adonnent au commerce; mais la cause principale de la prospérité d'Aguessac est dans ses capitaux, qu'on a le talent de faire fructifier.

Une autre cause de la richesse d'Aguessac consiste dans ses plantations considérables de mûriers, et dans ses produits séricoles qui en sont la suite et le résultat.

Une troisième cause est dans ses hôtelleries et son roulage. Pour être juste, il faut toutefois convenir que le roulage a été plutôt funeste qu'utile aux habitans d'Aguessac. Il en est résulté dans le ton, les mœurs et les manières des jeunes gens ou des hommes un certain air de rudesse qui caractérise les gens de cette profession, et qui contraste singulièrement avec la douceur et l'aménité que l'on y admire dans le sexe.

Aguessac est un des pays les plus civilisés de la contrée; rendons-lui cette justice : c'est en quelque sorte un faubourg de Millau. Mais il faut avouer cependant, qu'il serait à désirer que ses habitants n'adoptassent que le bon côté de la civilisation, et surtout que leurs relations, soit entre eux, soit avec les étrangers, fussent un peu plus amicales et moins indépendantes. Dans un ancien manuscrit de 1376, il est fait mention d'Aguessac, comme d'une dépendance du fort de Compeyre (1). Il paraît toutefois que cet endroit était alors bien peu de chose.

En 1427, Aguessac portait déjà le nom de village, *villagus Aguessaci* (2); ce qui prouve qu'à cette époque il avait acquis une certaine importance.

Ce fut en 1696 qu'on y fonda l'établissement des sœurs de l'Union Chrétienne. On sait que depuis quelque temps elles ont reçu certaines modifications dans la règle et dans le costume.

Il y a près d'Aguessac une source minérale ferrugineuse, connue sous le nom de fontaine de l'Abrézégue. C'est la seule eau potable qui soit à la disposition du public, à moins qu'il ne préfère celle du ruisseau ou de la rivière. Aussi depuis longtemps les habitans d'Aguessac réclament une fontaine. Je ne sais s'ils l'obtiendront. Toujours est-il qu'on peut dire que ce village est comme Tantale qui a soif au milieu de l'eau.

Tout cela n'empêche pas cependant que cet heureux rival de Compeyre, ne voie tous les jours sa population grandir et s'accroître, au point d'oublier qu'il n'était naguère qu'un petit hameau, et l'humble vassal d'un suzerain qu'il veut aujourd'hui soumettre à sa puissance.

L'église d'Aguessac est assez belle. Il n'en est pas ainsi d'un tableau que l'on remarque au maître-autel. Sous l'image de la Vierge Marie et des anges montant au ciel, on croirait voir des actrices qui étalent aux yeux du public leurs charmes profanes.

Il y a quelques années qu'on voyait, non loin d'Aguessac une mécanique de pointes : mais depuis elle a été détruite.

A l'extrémité du village qui touche la rivière du Tarn, on trouve quelques restes d'antiquités romaines, dont il serait difficile d'expliquer la destination, mais qui n'en sont pas moins l'ouvrage du peuple-roi. Ce sont deux espèces de bas-

(1) Archives de Compeyre.
(2) Vieux parchemin.

sins circulaires, dont l'un d'une profondeur de deux mètres environ, est formé de pierres unies par un ciment d'une ténacité si forte, qu'il semble avoir perdu son premier caractère pour prendre celui de roche. L'autre qui n'est formé que d'une seule pièce, et qui ne présente d'ailleurs que très-peu d'élévation, est composé d'un mélange de chaux et de brique pilée, mais d'une résistance qu'on ne saurait mieux comparer qu'à celle des aggrégats les plus durs. De chaque bassin s'échappaient des tuyaux en brique, destinés à donner passage à l'eau (1).

A cette époque d'effrayante mémoire, d'anarchie et de trouble, Aguessac, s'écartant de la ligne tracée par Compeyre et par un certain nombre d'habitants de Paulhe, donna des preuves de royalisme et se montra même contre-révolutionnaire.

Quelques habitants d'Aguessac se trouvant sur le pont, eurent certains démêlés avec quelques patriotes de Millau. Craignant les suites funestes de cette rixe, à une époque où il n'y avait d'autre loi que celle du plus fort, et d'ailleurs le bruit s'étant répandu qu'on allait faire subir à Aguessac le même sort qu'on fit subir plus tard à la Malène (2), tous les esprits sont dans l'alarme. Mais bientôt à la terreur succèdent le courage et l'énergie. On sonne le tocsin, on se réunit, on dépêche des courriers dans toutes les directions, on invite, on presse tous les villages voisins à leur prêter main forte. Cet appel n'est pas vainement entendu. Bientôt on voit accourir de toutes parts une foule d'hommes, d'enfants et de femmes, qui, se faisant une arme de tout ce qui leur tombe sous la main, arrivent à Aguessac, armés de pioches, de fourches, de haches, de fusils et de faulx renversées.

On avait déjà formé le camp. Des sentinelles avaient été placées aux avant-postes. On en voyait jusqu'à la Manne;

(1) Dans la couche de terre qui les recouvre en partie, on voit quelques débris de poterie romaine.
(2) On sait que ce village fut brûlé par les patriotes de Millau en 1795. Pour l'honneur du pays nous ne rapporterons pas les horreurs qui s'y commirent, ainsi qu'à La Pauouse.

en un mot, il allait y avoir un combat terrible, un combat
à mort entre la ville et les campagnes.

Sur ces entrefaites, un roulier venant à passer par Aguessac, arrive à Millau et sème partout le bruit que tous les
villages voisins se sont soulevés en masse, qu'à tous les ins-
tans on voit arriver des bandes de gens armés, que tous
les chemins en sont remplis, qu'il y en a déjà près de trois
mille à Aguessac, qu'en un mot ils ne tarderont pas à venir
fondre sur la ville et à la réduire en cendres.

Cette nouvelle qui fut bientôt confirmée jette l'épouvante
dans Millau. Les plus exaltés veulent qu'on aille à la rencontre de ces nouveaux ennemis; le plus grand nombre est
d'avis qu'il faut les ramener par la douceur. Ce dernier sentiment fut celui qui prévalut. On députa aux insurgés des
parlementaires, chargés de leur demander raison de tout ce
mouvement, et avec plein pouvoir de traiter de la paix aux
conditions qu'ils jugeraient les plus convenables. Ces envoyés
furent reçus à Aguessac par l'état major, assemblé dans une
salle avec tous les égards qui leur étaient dus, mais avec cette
froideur et cette contenance calme et fière qui annonce une
résolution ferme et énergique.

Après que les députés eurent exposé le motif de leur mission, on leur répondit par la bouche du capitaine (1), que
les habitans de Millau n'ignoraient pas que plusieurs d'entre
eux molestaient tous les jours les habitans des campagnes,
soit pour cause d'opinion politique, soit pour tout autre
motif aussi frivole; qu'en conséquence ils étaient résolus de
ne déposer les armes que lorsque justice leur serait faite, et
que, dans le cas contraire, ils viendraient à Millau se la
faire rendre.

Tout étant promis et accepté de part et d'autre, les habitans des campagnes se reti rèrent à la vérité sans coup férir,
mais toujours avec l'honneur d'avoir fait trembler leur métropole, et d'avoir fait sentir à ces misérables qui se disaient
patriotes, qu'ils n'étaient pas un vil troupeau prêts à se laisser égorger impunément.

_____

(1) C'était un ancien officier de la famille Pouvquéry du Bourg.

Les habitans d'Aguessac avaient autrefois leur église à Lumenson ; mais en 1809, ou même avant cette époque, elle
fut renversée par une inondation du Tarn ; et depuis elle n'a
plus été rebâtie : seulement les habitans d'Aguessac y ont encore leur cimetière qui servait aussi jadis et depuis un temps
immémorial à la sépulture des habitans de Compeyre. Que
de générations entassées dans ce petit espace !! Mais le Tarn,
qui tous les jours mine les bords de ce cimetière, en enlève
aussi tous les jours quelques débris sous les yeux d'une population indifférente. On est indigné du peu de respect qu'ici
l'on a pour les morts. Combien de fois n'a-t-on pas vu, là
sur la grève, confondus pêle et mêle les ossemens des hommes avec les ossemens des animaux !... Combien de fois,
heurtant du pied... quoi!... un crâne humain..., n'ai-je pas
été tenté de maudire ce peuple qui abandonne aux vents et
aux flots les cendres de ses aïeux et de ses pères !.. Combien
de fois aussi n'ai-je pas alors médité ces paroles célèbres d'un
grand homme et qui résument si bien la moralité de mes
écrits :

« Ils ont aussi passé sur cette terre ; ils ont descendu le
fleuve du temps ; on entendit leurs voix sur ces bords , et
puis l'on n'entendit plus rien...

« Où sont-ils ? Qui nous le dira ?... Heureux les morts qui
meurent dans le Seigneur !.. (1). »

Noyer gigantesque, Pailhas et ses environs.

À un kilomètre environ d'Aguessac, en remontant le Tarn,
on trouve sur le bord de la route un noyer (2) d'une grosseur énorme, et qui probablement est bien le doyen d'âge
de nos végétaux de cette espèce. Son tronc a pour le moins
six ou sept mètres de circonférence ; de sorte que trois hommes auraient bien de la peine à l'embrasser. Il n'est pas moins
remarquable par sa hauteur que par la régularité de sa forme.

(1) M. de Lamennais.
(2) Ce noyer est connu dans le pays sous le nom Noyer de Sarro.

Son produit moyen en noix est annuellement de 10 hectolitres au moins. Cet arbre séculaire conserve encore toute sa force et sa vigueur.

Un peu plus loin et toujours sur la route surgit dans une plaine charmante le petit village de Pailhas. Dans plusieurs actes anciens il en est fait mention comme d'une dépendance de la commune de Compeyre. Bien qu'on n'y compte qu'environ 16 maisons et 80 ou 100 habitans, ce village possède une église érigée depuis quelques temps en succursale. La fortune semble ici sourire à tout le monde. Aisance ou richesse, voilà le privilége exclusif des heureux habitans de ce pays.

On connaît assez la résistance courageuse, j'oserai dire héroïque, que montra la famille Fabre dans une attaque nocturne de la bande des *Meillous*, à l'époque de la révolution.

Voyant leur maison cernée par une vingtaine de ces bandits, armés de pied en cap, et qui cherchaient à s'y introduire pour la piller, les frères Fabre se saisissent chacun d'un fusil, et puis, faisant ouvrir la porte et les fenêtres ils leur crient qu'ils sont libres d'entrer. Une résolution si hardie déconcerte les brigands, qui se mettent aussitôt à l'écart et se contentent de tirailler contre la maison de ces messieurs. Ce fut alors que l'un des assaillants reçut une balle à l'épaule, et par suite, le reste de la bande se hâta de chercher une proie plus facile en s'introduisant dans la maison de M. Barascud, qui fut entièrement dévalisée.

A l'ouest de Pailhas s'élève, sur une éminence voisine, le hameau de Sou-la-Croup, qui, comme son nom l'indique, est situé sous la croupe ou sur le penchant d'un monticule. Son origine paraît assez récente : toutefois il en est fait mention dans un acte de 1376 (1).

(1) Archives de Compeyre.

Non loin de cet endroit, les brigands donnèrent encore une alerte à un fougueux patriote de Compeyre, leur ennemi juré. Celui-ci travaillait dans une propriété appelée la Lisside. Au moment où il prenait son repas, il est assailli par une trentaine de chouans qui l'enveloppent et le cernent de tous côtés. Il ne s'aperçoit du péril qui le menace que lorsqu'il entend la détonation d'une arme à feu qui le blesse à l'épaule.

Pailhas renferme le tombeau d'un poète dont le nom est devenu populaire dans tout le Rouergue : je veux parler de Peyrot, ancien prieur de Pradinas.

Né à Millau, en 1709, l'abbé Peyrot avait une imagination des plus ardentes. Aussi, dit le dictionnaire de Feller, il ne vit dans le commencement de la révolution que d'utiles réformes à opérer pour le bien de l'Etat, mais aussitôt qu'il se fut aperçu des tristes effets qu'elle produisait, il se retira au village de Pailhas, où il vécut dans la retraite jusqu'à sa mort, arrivée en 1795. Il était alors âgé de 86 ans.

Pendant son séjour à Pailhas, le prieur de Pradinas avait composé plusieurs pièces patoises (1), qui se rapportent aux événemens de l'époque, et dont le style piquant et plein de verve est bien loin de nous annoncer le vieillard octogénaire.

La fin de ce poète fut celle d'un digne favori d'Apollon et des muses. Son caractère facétieux et bouffon ne se démentit pas à son dernier moment. Il vit arriver la mort en riant ; et semblable au cygne harmonieux des anciens, il chantait encore à son dernier soupir (2).

Celui qui devrait avoir un mausolée, n'a pas même une

Alors il se retourne et voit un homme qui marche en se cachant derrière un mur. Il court aussitôt à son fusil et le décharge sur l'assaillant ; mais l'empressement qu'il mit dans cette action lui fit manquer le coup. Se voyant alors sans défense et pressé d'ailleurs par le reste de la bande, il prend le parti le plus sûr, qui était de se confier à la prestesse de ses jambes. Ce moyen lui réussit. Il se dirige, au milieu d'une grêle de balles, du côté de Pailhas, descend dans la plaine, traverse le Tarn et monte sur le plateau du Causse-Noir, d'où il put contempler à son aise ses ennemis mortels, qui ne le suivaient plus, et qu'il pouvait alors braver impunément.

(1) Ce sont, entre autres, les pièces suivantes, intitulées : la première, *Coumplimen d'un franc patriote à l'aoubré dé lo libertat* ; la seconde, *Lo besprado scoubertouse*, ou Dialogué entré Jonéto Mortrou, de Pailhas ; et la troisième, *Coumplamen fach à l'aoubré de lo fraternitet*.

(2) M. de Molinets, un des anciens et intimes amis de Pradinas, m'a raconté plusieurs fois dans mon enfance, qu'à l'exemple du poète Scarron, l'abbé Peyrot mourut en adressant à la mort une apostrophe burlesque en vers patois.

pierre sépulcrale sur laquelle on puisse lire : « Ci gît Peyrot ; passans, priez pour lui. »

Il est là cependant... : c'est lui, c'est son ombre qui ramène dans nos chaumières la joie, les jeux et les ris.

Allez, jeunes enfans et jeunes filles de nos villages , allez jeter des fleurs à pleines mains sur sa tombe. C'est lui qui , le soir, autour de l'âtre , déride le front soucieux de votre père ; qui charme l'humeur chagrine de l'aïeule grondeuse , qui fait sourire votre mère , qui rend votre tâche plus douce et vos fuseaux plus légers.

Et vous , habitans de la cité , vous ses concitoyens , n'oubliez pas qu'il manque à l'ornement de votre ville deux monumens consacrés à la gloire et au génie : l'un au Newton de la science politique (1) ; l'autre au rival de Goudouli.

Quésaguet, Le Palier et Rivière.

En remontant le Tarn , et toujours sur la route, on rencontre, à un kilomètre de Pailhas, une ferme isolée, connue sous le nom de Quésaguet, qui sert de limite entre la commune de Compeyra et celle de Rivière. Cette ferme appartenait autrefois au monastère de Bonneval. On y voit encore une chapelle dédiée à la Ste Vierge, et qui date de la fin du 14e siècle (2). A l'époque de la révolution, ce domaine fut vendu à vil prix à des gens du pays.

Avant d'arriver à Rivière, on trouve un petit hameau, qui n'est séparé de ce dernier village que par un ruisseau : c'est le *Palier*. Ce nom lui vient sans doute de ce qu'il n'était à son origine qu'une grange où l'on serrait la paille ou le foin. Vers le milieu du 14e siècle, il n'y avait qu'une seule maison (3); on en compte aujourd'hui jusqu'à cinq.

Rivière, en latin corrompu , *Ripperia* ou *Rippia* , est situé comme son nom l'indique sur le bord ou la rive du Tarn.

(1) C'est le titre qu'un illustre étranger , le prince Eline Mestcherki , décernait à M. de Bonald, le plus grand philosophe et le plus profond politique des temps modernes.

(2) Archives de St-Second.

(3) Idem.

Dans l'histoire du Rouergue il en est fait mention en 1082.

Jusque vers le milieu du 16e siècle il porta toujours le nom de hameau (mansus Ripperiœ) (1).

En 1480, Rivière ne comptait qu'une trentaine de familles (2) : il en possède aujourd'hui plus de soixante.

Le vallon de Rivière est l'un des plus ouverts et des plus beaux de l'arrondissement. On y jouit du coup-d'œil le plus pittoresque que puisse offrir la belle nature.

Dans la plaine, ce sont des terres d'alluvion, des vignes fertiles, de magnifiques jardins, des champs de plantes légumineuses, ou bien des prairies agréables, toujours arrosées par un canal, et près desquelles serpente le Tarn, au milieu d'une double bordure de peupliers, de saules et de vélices.

Sur les flancs de la vallée se montrent à nu des terres marneuses, ravinées en tout sens et dont la teinte sévère et la stérilité désolante contrastent admirablement avec la verdure riante d'une infinité de côteaux, chargés d'arbres fruitiers et de vignobles.

Au-dessus des collines, découpées de mille manières, se dressent de hautes montagnes, tantôt pelées et stériles, tantôt coupées à pic, tantôt couvertes d'épaisses forêts, tantôt hérissées de rochers énormes, autour desquels sont bâtis comme des nids d'hirondelle, des donjons, des forts redoutables que nous a transmis le rude moyen-âge avec ses souvenirs de désordre, d'ignorance et de barbarie.

Ces derniers objets arrêtent les regards et servent comme d'encadrement à ce magnifique tableau.

Rivière possède une très-belle église. Son genre d'architecture appartient à l'ordre Toscan.

C'est à l'un de ses concitoyens, à M. Molinets, que Rivière est redevable d'un immense bienfait, celui de la construction du canal, qui arrose une partie du vallon, et qui est devenu pour le pays une source de richesse et de fertilité.

(1) Vieux actes.
(2) Vieux cadastre.

Nous aimons à dire que cet homme en mourant a laissé des regrets universels.

Dans les jours mauvais de 93, où les ministres d'un Dieu de paix étaient proscrits comme de vils scélérats, Rivière, par le dévouement de son peuple, sut en dérober plusieurs aux regards des persécuteurs, et leur faciliter les moyens de continuer en secret, dans la contrée même, leur pieux et consolant ministère.

Un curé des environs, le prieur de Pinet, se tenait caché dans une maison de Rivière. Par hasard ou par suite d'une délation, des gendarmes entrent dans cette maison, se saisissent du prêtre et l'entraînent hors de sa retraite pour le conduire en prison ou plutôt à la mort. En un clin-d'œil le bruit de cette arrestation se répand dans le village. Les femmes qui sortaient du four accourent les premières, se rassemblent en foule autour du prêtre et barricadent tous les passages. Bientôt on sonne le tocsin, et les hommes se joignant aux femmes, on fait voler sur la force publique une grêle de pierres mêlée d'un tourbillon de cendres, qui les force à demander composition et à lâcher leur prise.

Les gendarmes se retirent, mais tellement maltraités qu'un de leurs chevaux tomba mort à quelques pas du lieu de l'événement.

Le lendemain le bruit courut que, par suite de l'émeute, les patriotes de Millau venaient brûler Rivière. Quelques coupables se hâtent de prendre la fuite avec les femmes et les enfans. Un grand nombre est d'avis qu'il faut opposer la force à la force, et qu'on doit se défendre jusqu'à la dernière extrémité. En conséquence, on organise une garde nationale et l'on expédie des courriers pour appeler les communes voisines au secours de Rivière. Pendant ce temps les gens du pays forment un camp dit le camp de la Glanière, où ils attendent de pied ferme un ennemi beaucoup trop supérieur en nombre. Rivière ne pouvait qu'être accablé. Heureusement les secours n'étaient pas encore arrivés, et le maire du village, qui avait placé des sentinelles pour avertir ses compatriotes de la venue des Millotins, ne les ayant pas prévenus à temps, cette poignée de braves fut enveloppée par cinq ou six cents hommes, tous bien armés, et traînant à leur suite plusieurs pièces d'artillerie, comme s'il se fût agi de marcher à une grande bataille.

Cette entreprise ridicule eut le dénouement que l'on devait attendre. On arrêta les chefs de la rébellion, qui bientôt après furent remis en liberté, et Rivière en fut quitte pour des menaces et des incursions faites dans ses poulaillers.

En suivant la route de Rivière à Boyne, on trouve un petit pont, bâti sur un ravin, et connu dans le pays sous le nom de pont de Merdalou.

Il donne passage sur l'eau d'un torrent qui, lors des grandes pluies, déborde avec fureur et se précipite avec une extrême impétuosité.

Au confluent du ravin en question, on trouve quelques débris d'une ancienne poterie romaine. Ces monumens de l'industrie du peuple-roi que le Tarn emporte tous les jours, suffiraient au besoin pour rendre témoignage de la perfection à laquelle il porta les arts. Tout est d'un travail exquis. Il n'est presque pas de test qui ne porte l'empreinte de quelques fleurs, de quelques animaux ou d'autres ornemens les plus gracieux. Je possède moi-même plusieurs échantillons de cette poterie; sur l'un on voit représenté une chasse au cerf; c'est un paysage plein de vie et d'intérêt. Sur un autre, c'est un lièvre ou un lapin qui broute le serpolet, et qu'un chasseur armé d'un arc et d'une flèche surprend à l'improviste. Sur quelques autres, on lit cette inscription latine: *Op. Nurra*, par abbréviation de *opifew Nurra*, et qui signifie sans doute que tout ce beau travail était l'ouvrage d'un ouvrier distingué qui se nommait Nurra.

Un de mes amis m'a dit avoir vu sur un échantillon une louve allaitant deux petits enfans qui paraissaient jumeaux. C'était, comme on le voit, l'histoire fabuleuse de Romulus et de Rémus.

En fouillant dans cette poterie un amateur découvrit, il y a peu d'années, au milieu des débris, le squelette d'un homme. C'était sans doute celui du pauvre potier.

Ainsi des ossemens et de fragiles test ont eu plus de durée qu'un empire qui avait absorbé tous les autres, et qui se promettait des destinées immortelles. *Contemporains de ce colosse*

quë écrasait l'univers; ils lui ont survécu, pour nous attester
son existence fugitive et sa grandeur évanouie (1).

Environs de Rivière, Villeneuve, Fontaneill-
les, Lugagnac et Suéje.

Au nord de Rivière s'élève, sur une éminence voisine, le
hameau de Villeneuve. On y compte cinq maisons et 20 ou
25 habitans. Il en est parlé dans un acte de 1355 (2).

Un peu plus haut, et sur la même direction, se trouve
placé Fontaneilles, qui tire son nom d'une petite fontaine qui
coule au-dessous du village. Il en est fait mention en 1303,
sous la désignation de hameau (*mansus de fontaneillas*) (3).
Depuis une quinzaine d'années, Fontaneilles a une église qui
fut érigée en succursale en 1838.

Au nord-ouest de Fontaneilles, entre le rocher de ce nom
et celui de Suéje, est une gorge ou défilé, que l'on appelle
Pas d'Entre-Monts, et plus souvent encore Pas des trois Dé-
mons. Ce dernier titre, qui n'est qu'une altération du premier,
semble bien justifié par le froid excessif qu'il y fait durant
l'hiver. C'est par là que le vent du nord se fraie un passage,
pour se répandre ensuite dans le vallon de Rivière et y faire
sentir toutes ses rigueurs.

En face de Fontaneilles et sur une haute colline qui lui
est opposée, s'élève le château de *Lugagnac*, antique manoir
seigneurial, flanqué de deux tours crénelées et massives,
mais d'une forme élégante. On voit dans un acte passé devant Cornéli, notaire, en présence de Jean de Gozon, damoiseau, et de plusieurs autres chevaliers, que le comte
Jean transigea, en 1363, avec Gui de Sévérac, au sujet
d'une forteresse que noble Pierre Guitard faisait bâtir à Lugagnac (4). Il paraît que cette forteresse n'est autre chose que
le château en question (5).

(1) Gaujal.
(2) Archives de St-Second.
(3) Idem.
(4) Bosc.
(5) On y remarque beaucoup de fenêtres dites à l'*anglaise*.

Le nom de Lugagnac dérive probablement du mot latin *Lucus*, bois sacré, et de *gnac*, qui, dans la langue celtique, veut dire village ou pays.

Les plus anciens seigneurs de Lugagnac portaient le même nom que celui dont nous venons de parler, et qui descendait probablement de Géraud Guitard de Sévérac, lequel intervint en 1132, à un traité entre Béranger, vicomte de Millau, et Guillaume, seigneur de Montpellier (1). Ils sont tous désignés sous le titre de militaires, de donzels ou damoiseaux (*milites, domicelli.*) (2).

Aux Guitard succéda, dans le 16e siècle, la famille des Pélamourgue, originaire du Quercy, et dont le dernier rejeton fut messire Jean-Félix de Pélamourgue, capitaine de dragons, qui mourut vers le milieu du 18e siècle.

Outre plusieurs droits féodaux, dont ils jouissaient dans le ressort de Peyrelade, de Caylus et de Compeyre, les Pélamourgue avaient aussi la seigneurie du Poujet, près de Rivière, et de Paulhiac en Bedène (3).

Après les Pélamourgue vint M. de Vaillosy, membre du parlement de Toulouse, qui devint acquéreur de Lugagnac et d'une partie de ses dépendances. Sommé de comparaître devant le tribunal révolutionnaire de Paris, en 1793, il y fut décapité par les ordres de Robespierre.

L'autorité des seigneurs de Lugagnac, au lieu d'être despotique, fut au contraire, à ce qu'il paraît, une autorité douce et toute paternelle. Du moins le peuple de la contrée n'a conservé d'eux que des souvenirs d'estime et de reconnaissance.

On a bâti près de Lugagnac une cave pour la préparation du fromage. On dit qu'elle rivalise à peu de chose près avec celles de Roquefort.

Non loin de Lugagnac, dans un champ appelé Gardèle, les brigands, connus sous le nom de *Meillous*, exécutèrent un horrible guet-à-pens. Un certain Pailhas de Soulacroup, dont

(1) Bosc.
(2) Archives de St-Second.
(3) Archives de Rivière.

ils avaient à se plaindre, était venu dans cet endroit prendre
des gerbes. Il y fit la rencontre des Meillous, qui n'osèrent
l'attaquer parce qu'il était muni d'une arme à feu. Mais le
lendemain y étant revenu sans défiance, au moment où il
chargeait son char, il se vit tout-à-coup environné par ces
bandits, qui viennent lui offrir leurs services, le couchent en
joue, et lui ordonnent de faire son acte de contrition, parce
que, disent-ils, il n'a plus que cinq minutes à vivre. Ils ne
tinrent que trop bien leur parole. Bientôt on entendit une
forte détonation, et le malheureux Pailhas tomba criblé de
coups.

Au nord de Lugagnac s'élève à quelque distance le hameau
de Suéje.

Le même jour et près de là, les Meillous vont se saisir, au
milieu d'une file de moisonneurs, d'un patriote de Compeyre,
qu'ils prennent à l'écart et sur lequel ils tirent presque à bout
portant. Celui-ci tomba sur la place et les brigands le crurent
mort. Toutefois pour s'en assurer, ils lui coupent une oreille
et se retirent. Mais quelque temps après, au grand étonnement des spectateurs, voilà le mort qui ressuscite et se relève
sans autre mésaventure qu'une oreille de moins.

Le mont ou rocher de Suéje est le point culminant de la
contrée. De son sommet la vue s'étend à un rayon de 20 ou
30 lieues. Aussi l'on aperçoit de là les montagnes des Cevennes
qui sont presque toujours couvertes de neige. Du côté du sud-
ouest, ce rocher ne présente que de vastes précipices et qu'un
mur d'une hauteur effrayante.

C'est là qu'on voit une caverne appelée la Grotte des Fées.
L'origine de ce nom se rattache à une croyance populaire qui
suppose que de prétendus génies, appelés fées ou fadarets,
en avaient fait autrefois leur séjour. On montrait encore, il
y a quelques années, au-dessus de la grotte, une ou deux
barres en bois, placées à une hauteur inaccessible, et où,
disait-on, les fées suspendaient leur linge pour le faire sécher (1). Aujourd'hui cette caverne a changé de destination.

_____

(1) On trouve fréquemment le long des rochers ces sortes de pieux ou
barres en bois. Partout on se demande par quel moyen naturel on a pu

Un habitant de Suéje l'a convertie depuis quelque temps en une cave ou cellier.

Outre la Grotte des Fées, il existe encore du même côté, mais en un endroit presque inaccessible, une autre caverne où était autrefois une chapelle dédiée à St Michel et dont il est fait mention dans plusieurs actes du moyen-âge. On assure qu'on y disait la messe tous les ans, et qu'elle était pour nos pieux ancêtres un lieu de pèlerinage et de dévotion.

Comme on le pense bien, il ne pouvait manquer de s'y opérer des miracles.

Aussi l'on raconte qu'un berger qui gardait son troupeau sur le roc en question, s'étant un peu trop approché du bord, laissa tomber par imprudence sa miche de pain. Tandis qu'il s'incline pour la ressaisir, il perd tout-à-coup l'équilibre et le poids de son corps l'entraîne dans le précipice. Sa mort était inévitable sans un secours du ciel. Mais il était dévot à saint Michel, et dans ce péril extrême, il avait invoqué le patron de la montagne. Sa pieuse confiance lui sauva la vie. Saint Michel le protégea dans sa chute ; et après avoir ramassé sa miche de pain, notre pâtre remonta sain et sauf sur la montagne, et alla raconter son aventure à un autre berger. Celui-ci fit l'incrédule : il refusa de croire au récit de son camarade. Pour le tirer de cette persuasion, il fut convenu que le premier tenterait une seconde fois le saut du rocher. Il le fit en effet ; mais cette fois, ayant oublié d'appeler saint Michel à son secours, il paya cher sa témérité. Le pauvre malheureux eut tout son corps mis en lambeaux, et il perdit ainsi la vie.

Le Bourg, Les Salés et Peyrelade.

Au nord-est du rocher de Suéje, dans un étroit vallon, se trouve le Bourg, en latin *Burgus*.

Le Bourg a le triste honneur d'avoir donné le jour aux

les fixer ainsi, et partout l'opinion populaire leur attribue un but et une origine féerique. Tous ces motifs et autres me porteraient à croire que ce sont là, comme les Dolmens et les Menhirs, d'anciens restes du druidisme. J'invite les savans à réfléchir sur ce sujet.

chefs de cette bande de brigands, appelés *Meillous*, et qui, vers la fin de la révolution, étaient devenus la terreur de la contrée.

Non loin de ce village, et au milieu de bois ou forêts recouverts de tombeaux druidiques, on aperçoit le hameau d'Arjaliès.

Mais revenons à Rivière.

Près de ce village apparaît sur une éminence le hameau des Sales (*mansus de Salis*). Les Sales possède un couvent de religieuses de l'ordre de St-Augustin ou de l'Adoration Perpétuelle, et dont la maison-mère est à St-Laurens-d'Olt.

Sur le sommet d'un mont qui domine au nord-est le vallon de Rivière, s'élèvent les ruines de Peyrelade.

Ce fort, jadis si puissant, appartenait d'abord à la maison d'Anduse-Roquefeuil. En 1174, Bernard d'Anduse le donna en fief à Gui de Sévérac; mais malgré cette donation, lorsque la vicomté de Creyssels fut devenue l'apanage de Hugues IV, comte de Rodez, celui-ci réclama ce château, et par une sentence arbitrale de 1240, son droit fut reconnu, ainsi que celui des seigneurs de Sévérac, et il fut décidé qu'ils en jouiraient successivement chacun durant trois mois. Ne pourrait-on pas comparer ces conventions à celles d'Etéocle et de Polynice dans la Fable?

Le spectacle pittoresque qu'offre encore Peyrelade, le rend digne d'être visité. Placé, comme son nom l'indique (*petra-lata*), sur un rocher très-étendu, et dont l'une des extrémités domine le Tarn, ce château était entouré d'une triple enceinte de murs occupant toute la largeur du rocher, lequel, dans le sens de sa plus grande dimension, présente des chemins couverts taillés au marteau; et à son extrémité du côté de la rivière, avait été élevé une chapelle (1), servant d'avant-poste. On entrait dans la première enceinte par deux grandes portes, l'une appelée le portail de la Fontaine, dont il ne reste plus aucun vestige (2), et l'autre le portail de Boyne, qui

(1) Cette chapelle était dédiée à saint Christophe. On en voit encore les ruines au milieu d'une forêt de chênes verts.

(2) Vieux cadastre.

subsiste encore en entier; et qui était fermé par un pont-levis. Des tours crénelées, dont deux sont encore debout, étaient placées dans le voisinage pour défendre l'entrée de la place. Dans la deuxième enceinte, on voyait un corps-de-garde, séparé par une épaisse muraille d'une vaste place d'armes qui se trouvait à côté. Indépendamment de l'immensité de ce fort qui exigeait pour sa défense de cinq à six cents hommes, ce qui lui donne un aspect formidable et tout à la fois extraordinaire, c'est que vers le centre et au-dessus du rocher qu'il occupe, s'en élève un autre (1) haut d'environ 50 mètres, formant un trapézoïde renversé, au sommet duquel il serait impossible d'arriver sans une tour qui y est adossée, et où l'on n'entre que par une seule porte, placée à la moitié de la hauteur, porte qui était également fermée par un pont-levis (2). Le plateau, entouré d'un mur qui couronne le rocher intérieur, était pour les assiégés un asile assuré. On y voit encore, outre un four et une citerne, les débris d'un second corps-de-garde et d'un beffroi, d'où une cloche d'alarme convoquait au moindre danger les habitans des campagnes voisines, ou demandait au besoin des secours aux châteaux de Caylus et de Lugagnac, placés en vue de Peyrelade (3).

Nous avons vu que ce fort était indivis entre les vicomtes de Creyssels et les seigneurs de Sévérac.

Il faut ajouter que les vicomtes de Creyssels virent toujours d'un œil jaloux ces derniers partager avec eux la jouissance d'un château, qu'ils auraient voulu sans partage. Or, comme la convoitise est souvent une mauvaise conseillère, il arriva qu'un beau jour, le vicomte de Creyssels, Jean d'Armagnac, eût assez d'adresse, disons mieux, de puissance, pour forcer le seigneur de Sévérac à renoncer à ses droits et à lui céder

(1) C'est ce rocher qui me ferait croire que le nom de Peyrelade pourrait dériver aussi de *Petra elata*, qui signifie pierre élancée ou élevée, et dont on a formé dans la suite et par élision, le mot *Petra lata*, qui voudrait dire pierre ou rocher large.

(2) Au fond de cette tour, il y avait un cachot où l'on enfermait les criminels. Ce cachot est aujourd'hui recouvert de ruines et de décombres.

(3) Ce passage est emprunté en partie à M. de Gaujal.

sa part de seigneurie (1). Toutefois les vicomtes de Creyssels ne jouirent pas long-temps de cette usurpation. Bientôt, Bernard d'Armagnac s'étant emparé de la vicomté, rendit à la maison de Sévérac une partie du château dont elle avait été dépossédée (1402).

À une époque antérieure, c'est-à-dire en 1132, il y eut un traité conclu entre Bérenger Raymond, comte de Gévaudan et marquis de Provence, et Guillaume VI, seigneur de Montpellier. Parmi les seigneurs qui jurèrent solennellement d'en soutenir l'exécution contre tous, on remarque Henri ou Ahenricy de Pierrelade (2).

En 1301, il est encore parlé d'un certain Pierre Ahenricy, seigneur de Montflour et co-seigneur de Pierrelade, qui fonde cette même année une chapelle dans l'église de St-Second (3).

Plusieurs reconnaissances de 1355 et 1356 font encore mention de deux seigneurs du même nom que le précédent, et fixent la résidence de l'un d'eux à Peyrelade et de l'autre à Montflour (4).

Depuis cette époque, il n'est plus question de cette famille : seulement en 1381, Pierre Guitard de Lugagnac rendait hommage à Jean, comte de Rodez et vicomte de Creyssels, pour un fief à Peyrelade, lequel il est dit avoir acquis de noble Pierre Ahenricy, mentionné comme ci-devant seigneur de Peyrelade (5).

Vers le milieu du XIVe siècle, il est fait mention d'un noble Bernard Gaufred, qui habitait le château de Peyrelade. Il paraît que ce Gaufred descendait d'un autre Gaufred de Compeyre, qui intervint, en 1256, dans un accord entre Pierre de Mostuéjouls, seigneur de Liaucous, et Bertrand et Hugues de Capluc (6).

---

(1) Il faut remarquer que le seigneur de Sévérac était tenu pour la jouissance de ce château de rendre hommage au vicomte de Creyssels.

(2) Histoire du Languedoc.

(3) Archives de St-Second.

(4) Idem.

(5) Archives de Rivière.

(6) Généalogie de la maison de Mostuéjouls.

A cette époque vivait au château de Peyrelade Jean Ricard, sous-archer *(subastator)*, qui devint la tige des Ricard, qualifiés damoiseaux et seigneurs de Montflour, et plus tard de Vignals et de Peyrelade (1). A cette famille succédèrent les Brunet, qui furent remplacés par les Puel, dont l'un d'eux épousa, en 1734, Marie-Anne-Charlotte de Mostuéjouls (2).

Jusqu'à la révolution, Peyrelade fut le chef-lieu d'un *mandement* de ce nom, qui avait les mêmes limites qu'aujourd'hui la commune de Rivière (3).

On montre encore à Peyrelade la place où se faisait l'élection des consuls ou syndics et la croix de pierre sur laquelle ils prêtaient le serment requis en cette occasion.

En 1480, Peyrelade comptait de 70 à 75 maisons habitées ou habitables, et 13 ou 14 masures, sans y comprendre une infinité de *crottes* ou casemates. (4).

Ces habitations étaient, dans les dangers pressants, un lieu de refuge pour les gens du pays. Il n'était presque pas de famille dans les villages ou hameaux environnans, qui n'y possédât une demeure pour se mettre à l'abri d'un coup de

---

(1) Archives de St-Second.

(2) Généalogie de Mostuéjouls.

(3) Au pied du rocher de Peyrelade et vis-à-vis la chapelle de St-Christophe était jadis l'église et le prieuré de St-Hilarin ; d'où dépendaient ce qu'on appelle aujourd'hui la paroisse de Rivière et celle de Fontaneilles moins le hameau de Suéje , qui était de la paroisse de Vézouillac. Il est parlé de cette église en 1082.

(4) A cette époque la juridiction de Peyrelade comprenait 178 taillables ou chefs de famille : ce qui suppose une population d'environ 890 habitans. Elle est aujourd'hui de 2,000 âmes au moins. Boyne comptait alors 39 taillables, Fontaneilles 36, Rivière 35, Peyrelade 21 et le Bourg 10.

Parmi les hameaux situés dans le mandement de Peyrelade et qui ont été détruits à une époque plus ou moins reculée, on doit citer la Gardie, le Bousquet et Bouissels aux environs du rocher de Suéje ; le Roux, le Mas, auprès du rocher de ce nom ; le hameau de *France* ou de la Viscelière entre Boyne et le Salin ; Montflour, qui devint à la fin du XIV⁰ siècle la résidence d'un seigneur de Peyrelade, et dont l'emplacement était, selon toute vraisemblance, aux environs de Duéjouls. (Archives de St-Second. Vieux cadastre.)

main. Aussi, si l'on considère qu'il en était ainsi des autres forts de la contrée, on restera convaincu que ces châteaux dont nous voyons les ruines sur nos montagnes, n'étaient ni des nids de brigands, ni des repaires de tyrannie, comme on le dit, mais bien d'utiles forteresses destinées à protéger le pays.

De cet immense fort, qui servit d'asile à nos aïeux, il ne reste aujourd'hui que quelques pans de muraille où croissent les mousses, les plantes grimpantes et les fleurs saxatiles.

Le temps et les hommes ont tout détruit.

Et cette chapelle, qui retentissait autrefois des hymnes et des cantiques d'une foule pieuse, ne répète plus aujourd'hui que la chanson du rouge-gorge ou les chants funèbres des oiseaux de nuit.

Et dans ces murs, animés jadis par le bruit du tocsin, par le tumulte des armes, par la voix de la sentinelle et par la présence de vaillants donzels, on n'entend plus que les cris de l'hirondelle et des éperviers qui volent en rond au-dessus de ces ruines; ou seulement, et par intervalle, les pas solitaires de quelque paysan qui sort, comme une ombre, d'une vieille masure.

Boyne, Mostuéjouls, Liaucous.

Au nord-est de Peyrelade, et non loin du Tarn, dans une gorge ou vallon resserré, mais agréable, au milieu de montagnes couvertes de chênes, on aperçoit le village de Boyne, en latin *Bozena*. Il en est fait mention en 1225 (1).

Les habitans de Boyne avaient autrefois leur église sur la rive gauche du Tarn, de sorte qu'ils étaient obligés d'aller à la messe en bateau. L'origine de cette église remonte au XIIe siècle; elle appartient au style byzantin de transition : on en voit encore les ruines au milieu d'une plaine arrosée par une source d'eau vive.

St-Second, le patron de la paroisse, jouit encore dans tous

(1) Archives de St-Second.

les environs d'une confiance illimitée. On assure qu'une messe dite en son honneur a la vertu toute puissante de guérir du rachitis. Aussi se passe-t-il peu de semaines sans que de plusieurs lieues à la ronde en n'apporte à Boyne des enfans atteints de cette maladie.

Il y a dans la nouvelle église de Boyne un cippe tumulaire, dont on a fait un bénitier. Les cippes étaient des pierres quadrangulaires que les Romains élevaient sur les tombeaux et qui portaient ordinairement des inscriptions et des figures sculptées (1).

Entre Boyne et le moulin de St-Pierre au point appelé la Bertacelle, sur la rive droite du Tarn et à 180 mètres ouest

(1) Sur la face antérieure du cippe de Boyne, on lit cette inscription latine ;

MARINIFA

BRITIGNAR

TVNVL

et qui probablement est une abréviation de cette autre :

Mariai

Fabritii

CONSULARIS

Tunul ou Tumul (*Tumulus*);

dont voici la traduction : tombeau de Marinus Fabritius, consulaire.

Sur la face postérieure on remarque une cavité de la grandeur et de la forme d'un décimètre cube, creusée de manière à recevoir un couvercle, et destinée sans doute à contenir les cendres du défunt.

Sur une des faces latérales, on y voit tracée la figure suivante.

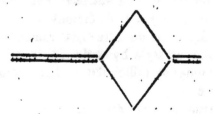

Ce cippe a un mètre quarante-six centimètres d'élévation. Sa largeur frontale est de 44 centimètres vers le milieu et de 55 centimètres à la base. Sur les faces latérales elle est dans la proportion de 34 à 38 centimètres.

du ravin des Laes, on trouve quelques débris d'une ancienne poterie. Voici ce que nous écrit à ce sujet un de nos amis.

« Ainsi que je vous le promis, je vous envoie les débris de pots cassés dont je vous avais parlé. Ces objets ont été trouvés à une profondeur de 1 mètre 50 environ par des ouvriers employés aux travaux d'ouverture et de construction du chemin vicinal de grande communication n° 9, qui traverse notre commune. On y a également trouvé le pommeau d'une romaine, des pièces de monnaie à l'effigie des empereurs romains et les ossements d'un corps humain à côté de cette poterie; et à une égale profondeur que les débris dont il s'agit. On ne voit aucune date sur les objets indiqués, mais bien des inscriptions telles que *ofcisi*, *secundo*, etc., que vous y lirez vous-même. On remarque avec étonnement la forme élégante de cette faïence, qui s'est conservée depuis la destruction de cette fabrique, sans éprouver la moindre altération. »

A quelque distance de cette poterie s'élève en amphithéâtre le village de Mostuéjouls, qui tire peut-être son nom du mot latin *Montejacere* à cause de sa position sur une éminence ou colline.

Ce qui frappe d'abord, c'est l'antique château du lieu, séjour d'une famille des plus honorables et des plus anciennes du Rouergue. Sa longue façade, ses tours carrées mais élégantes, tout cela badigeonné de blanc se voit de fort loin sur le fond verdoyant d'une allée d'ormes et de magnifiques platanes.

Il y a tout près de Mostuéjouls un monument du même genre que celui qu'on voit dans l'église de Boyne. Il sert de piédestal à une croix. En voici la description d'après M. H. de Barrau : « c'est une grande pierre de grès quadrangulaire, présentant sur sa face intérieure une niche dans laquelle sont trois personnages en pied vêtus à la romaine et sans coiffure. Elle est couronnée d'un petit fronton triangulaire où se trouve un fleuron. Ce monument, qui peut avoir un mètre en tout sens, était enfoui dans un champ voisin; il paraît avoir une origine chrétienne et dater du IVe ou du Ve siècle. »

A l'est de Mostuéjouls apparaît le village de Liaucous (1), assis aussi sur le penchant d'une colline, à l'aspect du midi, non loin du confluent du Jonte et du Tarn. Il se compose de soixante-dix maisons, groupées les unes sur les autres en forme d'amphithéâtre, dominées par les ruines d'un antique château et sa chapelle encore debout, qui sert aujourd'hui d'église paroissiale. Son architecture paraît dater du XIe siècle. Elle fut vendue, en 1207, à Raymond, comte de Toulouse, par Guillaume, comte de Rodez, et Irdoine son épouse.

Il existe sur le bord du Tarn une église érigée en l'honneur de St-Pierre, et qui était autrefois l'église paroissiale de Mostuéjouls et de Liaucous. Son origine remonte au XIIe siècle; comme St-Second de Begne elle est du style bysantin tertiaire ou de transition.

En 1062, Pons d'Etienne, évêque de Rodez, avait soumis cette église à l'abbaye de St-Victor de Marseille. Plus tard, c'est-à-dire, en 1256, un autre évêque de Rodez donna le prieuré de St-Pierre au monastère de La Canourgue, en Gévaudan, afin que les moines pussent recueillir du vin, parce que jusques là ils n'avaient point possédé de vignes. C'est alors que fut bâti à Mostuéjouls un cloître dont on voit encore les ruines qu'on appelle la Clastre. L'église aujourd'hui paroissiale de Mostuéjouls faisait partie de ce monastère. Lors de la sécularisation des religieux, elle devint la propriété du château qui la concéda à la paroisse.

L'histoire du pays se confondant avec celle de ses maîtres, nous allons donner une notice historique sur les principaux seigneurs de Mostuéjouls et de Liaucous.

Notice historique sur la maison de Mostuéjouls.

Parmi les familles qui florissaient en Rouergue dès le milieu du XIe siècle, celle de Mostuéjouls tenait un rang distingué.

---

(1) Le nom de Liaucous dérive probablement de *Lucus* ou plutôt de *Lucosus*, qui signifie endroit boisé.

La première charte qui la fasse connaître (1075), est celle de la fondation du prieuré du Rozier en Gévaudan, à laquelle on le voit concourir avec les premiers barons du Gévaudan et de l'Auvergne. Elle habitait dès lors le château de Mostuéjouls, château qu'elle a possédé sans interruption depuis 900 ans et qu'elle possède encore de nos jours (1).

Les ancêtres de cette famille appartenaient à l'ordre des bannerets. Leur domaine, que tout indique avoir été dans l'origine un franc alleu (2), avait une juridiction étendue, distincte et indépendante de la juridiction royale et comitale. Ils ont pris part aux croisades et aux guerres des comtes de Rodez dont ils étaient devenus feudataires. Plusieurs, parmi leurs descendants, ont marqué par les hautes dignités dont ils ont été revêtus. Deux frères entre autres, vers la fin du XIII⁰ siècle et le commencement du suivant, ont été l'un sénéchal du comté de Rodez, l'autre cardinal et évêque de St.-Papoul.

La famille de Mostuéjouls a eu sous sa dépendance un grand nombre de fiefs ou seigneuries. On peut citer entre autres

(1) Le nom de Mostuéjouls a éprouvé de nombreuses variations dans les actes : on le trouve écrit Mostojol, Mestojol, Mestujel, Mostigol, Moustuénghols, Moustuéjol, Moustuéjouls, Mostuéjol, Mostuéjols, Mostuéjolz, Mostuéjoulz et enfin Mostuéjouls, ortographe la plus généralement suivie et la plus conforme au nom en latin de *Mostuéjol*, *Mostuejolis*.

(2) C'est à cette possession en franc alleu qu'il faut rapporter la formule *Dei gratiâ*, que l'abbé Roy, dans son histoire du cardinal de Mostuéjouls, dit avoir remarqué dans plusieurs des anciennes chartes de cette maison. L'opinion commune, suivie par l'abbé Roy, ne considère cette formule dans les XI⁰, XII⁰ et XIII⁰ siècles, que comme une expression de gratitude envers Dieu ; mais cette interprétation est démentie par les chartes, car celles qui portent cette formule sont d'une grande rareté, tandis qu'elles eussent été très-communes dans ces siècles, si la formule *Dei Gratiâ* eût été à l'usage de tous possesseurs de fiefs. Au reste les prohibitions sévères de Charles VII et de Louis XI ont décidé cette question, et fait voir que cette formule toute politique était un signe d'indépendance que des familles puissantes ont pu seules s'arroger. On doit ajouter que les vassaux nobles du château de Mostuéjouls indiquaient dans leurs chartes quel était le seigneur de Mostuéjouls vivant à l'époque où elles étaient passées.

celle de Liaucous, de Pinet et de St-Rome-de-Tarn (1). Elle a contracté des alliances avec les familles les plus illustres et les plus puissantes du Rouergue et des provinces voisines (2). Les seigneurs de cette maison ont porté successivement les titres de chevaliers, de barons, de marquis et de comtes (3).

Parmi ces seigneurs, on remarque d'abord Raymond Ier, né dans les premières années du XIe siècle, et qui de concert avec ses fils fit don d'un mas en franc alleu qu'ils possédaient au village de Vors, pour la fondation du prieuré du Rozier.

Vient ensuite Guillaume Ier, qui vivait vers l'an 1225. Dans une information postérieure à sa mort, et qui avait pour objet de constater que le comte de Poitiers et de Toulouse n'avait aucune juridiction dans le château de Mostuéjouls, il est dit que la plupart des témoins déposèrent avoir vu ledit feu messire Guillaume de Mostuéjouls exercer différents actes de justice, et faire exécuter le jugement du fer chaud, pendre, brûler et fouetter tant hommes que femmes pour vols et autres crimes et délits commis dans le château de Mostuéjouls et son ressort.

Après lui, c'est Guillaume II, damoiseau, puis chevalier, et enfin sénéchal du comté de Rodez, qualifié noble et puissant homme.

En 1292, il fit hommage à l'évêque de Mende pour le château de Mostuéjouls. Il concourut aussi à une transaction passée en 1296, entre Henri II, comte de Rodez, et les con-

(1) On peut y ajouter les fiefs de Vors, de Ceadaze, de St-Marcellin, de Peyreleau, de Montbrun, de Castelbouc, de Roquevieille, de St-Georges-de-Lévézou, de Capluc, etc.

(2) Les principales alliances de Mostuéjouls sont avec les maisons de Buisson-Bournazel, de Cadoine-Gabriac, de Caissac, de Cardaillac, de Cazillac, d'Izarn de Fraissinet, de Landorre, de Lastic, de Lauriè res Thémines, de Levezou, de Vezins, de Lévis-Quélus, de Livrou, de Loubeyrat, de Mandagout, de Montferrand, de Montvallat, de Perusse d'Escars, de Rabastens, de Rochefort d'Aurouse, de St-Martial, de St-Maurice, de Saunhac, de Sévérac, de Solages, de Tournemine, de Toulouse-Lautrec, etc.

(3) Armes : de gueules, à la croix fleurdelysée d'or, cantonnée de 4 billettes du même. Couronne de comte ; supports : deux lys au naturel. L'écu environné du manteau de pair, sommé de la tooque de baron.

suls et habitans de Millau, relativement aux tailles que le comte prétendait sur les terres possédées par la commune de Millau en la vicomté de Creyssels.

Le samedi après la fête de la Magdelaine (1303), Guillaume de Mostuéjouls signa et scella du sceau de ses armes, avec Béranger d'Arpajon, damoiseau, l'acte d'adhésion des barons et des principales villes du Rouergue à l'appel du roi Philippe-le-Bel, au futur concile contre les entreprises du pape Boniface VIII. Guillaume de Mostuéjouls fit son testament le 5 janvier 1307. Il ordonna qu'au premier voyage d'outre-mer qui serait fait, son héritier choisît un bon et vaillant guerrier (*bonum et idoneum bellatorem*) pour aller combattre les Sarrasins et venger la mort de N. S. et la foi catholique, et qu'il lui fût payé 100 sous pour ses travaux et les dépenses de son voyage.

Plus tard il est parlé de Guillaume III, qui étant encore sous la tutelle du marquis de Mostuéjouls, son oncle, obtint du roi, en 1337, des lettres de sauvegarde pour sa personne, sa famille, ses châteaux et seigneuries. En 1347, il transigea avec les habitans de Mostuéjouls au sujet de quatre cas seigneuriaux, savoir : Pour la guerre, sa promotion à la chevalerie ; sa rançon, s'il était fait prisonnier, et le mariage de ses filles.

Enfin arrive Bertrand qui vit s'éteindre en lui la branche aînée de la maison de Mostuéjouls, et qui, en 1378, fit donation de son château à Gui de Mostuéjouls, l'un des descendans des seigneurs de Liaucous, dont nous allons nous occuper.

Seigneurs de Liaucous, puis de Mostuéjouls.

Le premier seigneur de Liaucous fut Pierre de Mostuéjouls, second fils d'Annéric Ier, seigneur de Mostuéjouls ; il vivait vers le milieu du XIIIe siècle.

Guillaume, l'un de ses successeurs, eut de vifs démêlés avec Pierre de Capluc, chevalier, et Richard Astorg et Gaucelin de Capluc, damoiseaux. Ayant assemblé ses amis et ses vassaux, il marcha, étendard déployé, vers le château de

Capluc, dont il s'empara de vive force, et où il fit arborer
son étendard sur le haut de la tour (1329).

Gui II, fils du précédent, est celui qui devint seigneur de
Mostuéjouls par suite de la donation que lui fit de ce château
Bertrand de Mostuéjouls, en 1378. Ce seigneur, qualifié de
noble et puissant homme, paraît avoir joué un rôle important
dans l'histoire de la Province. En 1382, il figurait parmi les
députés de la noblesse, lors de l'assemblée des trois Etats du
pays, qui se tint à Rignac, pour fournir au comte Jean II les
moyens de chasser du Rouergue les Routiers. Ces mêmes
Etats s'étant réunis à Rodez en 1384, et aux mêmes fins que
dans la précédente réunion, parmi les gentilshommes présens, on remarquait Gui, seigneur de Mostuéjouls, faisant
pour lui et le seigneur de Sévérac. Gui servit en outre dans
les guerres contre les Anglais, en la compagnie de Jean III,
comte d'Armagnac et de Rodez, et contribua sous ce prince
à l'extermination des compagnies de brigands qui désolaient
les provinces méridionales.

Sous Gui III, son fils, les habitans de Mostuéjouls reconnurent lui devoir chaque année deux journées, l'une de fos-
sagnas et l'autre de vendanges.

Gui IV, petit-fils du précédent, passa un accord, le 27
août 1503, avec les habitans qu'il déchargea des réparations
à faire à son château et forteresse de Mostuéjouls, sur le dé-
sistement du droit de refuge qu'ils avaient pour eux et leurs
biens dans le donjon ou forteresse de Mostuéjouls.

Gui V, dit Guion de Mostuéjouls, voyant en ce présent
royaulme la guerre ouverte, et prest à aller au camp, fit son
testament, le 2 février 1570. Dans un Mémoire que M. de
Fourquevaux adressa au roi, en 1574, sur la situation politique du Languedoc, il cite M. de Mostuéjouls parmi les principaux gentilshommes qui embrassèrent la cause des religionnaires. Il dut mourir peu après dans cette guerre funeste ;
car il est rappelé comme défunt, en 1576.

Longtemps après, c'est-à-dire en 1721, Jean Pierre,
marquis de Mostuéjouls, fut nommé lieutenant en second de
la compagnie de Langle, au régiment du roi, infanterie ; et
par lettres du 15 avril 1744, aide-de-camp du prince de
Clermont. Un certificat du duc de Byron, chevalier des ordres

du roi, lieutenant-général de ses armées, porte que M. de Mostuéjouls avait servi avec bravoure et distinction dans le régiment du Roi, et notamment à la bataille de Fontenay.

Le dernier représentant direct des seigneurs de Mostuéjouls est M. Charles-François-Alexandre, comte de Mostuéjouls, pair de France et fils du précédent. Jeune encore il entra aux pages de Madame, en 1788. Plus tard il fut nommé officier au régiment de Bassigny, dont son oncle, le comte de la Chapelle, était colonel (1788), puis au régiment de Champagne. Étant passé en Allemagne avec les officiers de son corps, il fit la campagne de 1792 comme aide-de-camp de son oncle, alors major général de l'armée des princes français. Il passa ensuite au corps de Condé, où il fit les campagnes jusqu'en 1796.

Il se retira à Vienne, en Autriche, alla à Moscou avec le maréchal comte de Rzewski, hettman de Pologne, et y assista au couronnement de l'empereur Alexandre, en 1801. Rentré dans sa famille en 1803, il épousa en premières noces Virginie de Montcalm-Gozon, morte sans enfans, en 1811. Il fut élu, en 1812, membre du conseil-général de l'Aveyron, et comme président chargé, en 1814, de porter aux pieds de Louis XVIII l'hommage et les félicitations de ce département. En 1820, le comte de Mostuéjouls fut élu membre de la chambre des députés et réélu successivement jusqu'en 1827. A cette époque, il fut appelé à la chambre des pairs, où il est resté jusqu'à la révolution de juillet 1830. Il avait été nommé chevalier de l'ordre de Saint-Louis en 1814; inspecteur des gardes nationales en 1816, et la même année chevalier de la Légion-d'Honneur. Il a épousé en secondes noces, en 1816, Edmée-Louise de Nanteuil, décédée aussi sans enfans en 1836. Le comte de Mostuéjouls se voyant sans postérité a appelé auprès de lui un fils de son frère Amédée.

Biographie des hommes illustres ou éminens de Mostuéjouls.

Après avoir parlé des principaux seigneurs qui ont gouverné ce pays, il nous reste à dire un mot sur les hommes qui en sont la gloire et l'ornement.

La famille de Mostuéjouls nous fournit plusieurs illustrations de ce genre.

Sans nous occuper encore de ce seigneur, qui fut sénéchal
du comté de Rodez, nous devons nommer Raymond de Mostuéjouls, cardinal de St-Eusèbe et abbé de Cattus.

Raymond de Mostuéjouls, cardinal du titre de St-Eusèbe,
premier évêque de St-Flour, puis évêque de St-Papoul, etc.,
était fils de Richard dit Englés, seigneur de Mostuéjouls. Il
naquit au château de Mostuéjouls et entra dans l'ordre de St-
Benoît, en l'abbaye de St-Guilhem-du-Désert, au diocèse de
Lodève. Il devint docteur en décret, chapelain du Pape
Jean XXII, prieur de St-Martin-de-Londres, au diocèse de
Maguelonne, puis abbé de St-Thibéri en 1316. D'après Ba-
luze, suivi par l'abbé Fleury, Raymond de Mostuéjouls était
aussi pourvu du prieuré de St-Flour, lorsque le Pape, ayant
fait de St-Flour le siége d'un nouvel évêché, l'en nomma
premier évêque au mois de juillet 1317. Il passa de ce siége
à celui de St-Papoul, au commencement de l'année 1319. Le
16 juillet de cette année, le Pape le nomma, avec Jean de
Comminges, archevêque de Toulouse, et Jacques Fournier,
évêque de Pamiers, pour juger Bernard-le-*Délicieux*, de l'ordre des Frères mineurs, l'un des principaux promoteurs du
schisme des *spirituels*, et qui par sentence des évêques de
Pamiers et de St-Papoul, assistés des évêques de Carcassonne,
de Mirepoix et d'Aleth, du 8 décembre 1319, fut dégradé des
ordres sacrés et condamné à une prison perpétuelle.

Raymond de Mostuéjouls s'occupa avec zèle des soins nombreux que réclamait l'évêché de St-Papoul, dont l'érection datait à peine de deux ans (1317). Les statuts qu'il établit pour ce
diocèse sont cités comme un monument de haute sagesse et
de charité pastorale. Il fit don à sa cathédrale d'une grande
croix et de plusieurs ornemens, et unit au grand prieuré de
son église le prieuré de Montferrand, situé dans son diocèse,
et qui dépendait de la collation de l'évêque. En 1325, il fonda
en l'abbaye de St-Guilhem-du-Désert, une châtellenie dont il
réserva le patronage à son neveu Aiméric de Mostuéjouls. La
même charte rappelle le père et la mère de ce prélat, Englés
de Mostuéjouls et Guillelmine, pour lesquels il fonda un anniversaire. Honoré par le Pape Jean XXII d'une haute es-

time pour ses vertus et ses lumières, il fut élevé par ce souverain pontife au cardinalat, le 18 décembre 1327. L'année
suivante, les religieux de St-Guilhem-du-Désert, qu'il n'avait
cessé de combler de bienfaits, établirent pour lui un anniversaire dans leur couvent. Il fit son testament en 1334.
Parmi nombre de dispositions pieuses, on remarque la fondation de six chapellenies dans l'église de Mostuéjouls, sous
l'invocation de la Ste-Vierge ; et le roi Philippe de Valois, par
lettres données à Chartres, au mois d'octobre 1335, lui permit d'affecter à la dotation de ces chapellenies jusqu'à cent
livres tournois de rente. Il mourut en la même année et fut
inhumé dans l'église de l'abbaye de St-Guilhem-du-Désert,
sous une tombe de marbre noir qu'on y voyait encore en
1788.

Claude-Charles de Mostuéjouls, homme d'un grand mérite,
né le 19 septembre 1725, prieur, seigneur de Cattus en
Quercy, sous-précepteur des enfans de France en 1760,
premier aumônier de Madame en 1772, place qu'il a remplie jusqu'en 1790, chanoine-comte de Brioude en 1775, abbé
commandataire de St-Vincent de Senlis, puis de St-Nicolas
d'Angers, chanoine du chapitre de St-Jean de Lyon, était
issu de Joseph-Honoré de Mostuéjouls, baron de Mostuéjouls,
et de Jacquette de Buisson de Bournazel. Pendant l'éducation
des princes, fils du Dauphin, l'abbé de Mostuéjouls fut
spécialement attaché à M. le comte de Provence (depuis
Louis XVIII). Ce prince l'honora toujours de sa confiance,
et continua de s'entretenir souvent avec lui de sciences et
de littérature qu'il avait cultivées avec ardeur et succès pendant tout le temps de son éducation. L'abbé Proyart, dans la
vie du Dauphin, père de Louis XVI, raconte que ce prince,
toujours attentif à donner, en présence des jeunes princes,
des marques de considération et d'estime aux personnes qui
avaient part à leur éducation, ayant lu un jour dans
l'Histoire Ecclésiastique que St-Flour avait été érigé en évêché en faveur d'un abbé de Mostuéjouls (Raymond qui fut ensuite cardinal), il fit venir le duc de Berry, et après lui avoir
fait lire l'article, il lui dit : vous voyez, mon fils, qu'il y a
longtemps que les talents et la vertu sont réunis à la naissance dans la famille de M. de Mostuéjouls, votre sous-pré-

cepteur. Celui dont il est ici question était un de ses grands
oncles.

Le Tindoul ou l'Abeng dé Canvrinos.

Non loin de Lioucous, on rencontre le fameux *Tindoul*,
connu dans le pays sous le nom de d'*Abeng di Canvrinos*.
Cette énorme crévasse, placée en plate campagne et toute
pratiquée dans le roc, présente une vaste ouverture d'envi-
viron 50 mètres de circonférence, et va toujours en se ré-
trécissant jusqu'au fond, qui paraît être à une profondeur
effroyable.

A quelques pas du Tindoul on voit une petite cabane, taillée dans le roc et également célèbre dans le pays. Elle a
servi de retraite au chef des brigands appelés *Meillous* et
voici comment :

Un jour de foire de Sévérac une partie de cette bande, au
nombre de quatre, s'était cachée dans un bois sur le chemin
du Bourg à Sévérac. Là ils attendaient les infortunés Bour-
quéry du Bourg, dont ils avaient résolu la perte. A peine
ces malheureux ont-ils commencé de paraître qu'une détonation se fait entendre, et l'un des cavaliers tombe baigné
dans son sang. C'était M. de Bourg, ex-lieutenant de dragons.
A cette vue son oncle, le vénérable prieur de Lorette, se retourne, saisi d'effroi ; il tend des mains suppliantes vers ces tigres
altérés de sang. On lui répond par un coup de fusil qui le renverse à côté de son neveu. Il ne restait plus parmi les victimes qu'un domestique intrépide, armé d'un fusil à deux
coups. Conservant tout son sang froid, il fait feu sur les assaillants ; l'un d'eux, Pierre-Jean Meillou, le redoutable chef
de la bande, est atteint à l'épaule par le premier coup : le second le frappe à la cuisse et le renverse. Jetant alors son
fusil, le courageux domestique court à toutes jambes donner
l'alarme à Sévérac. Pendant ce temps, les brigands s'emparent de l'un des chevaux abandonnés par la mort de leurs
maîtres, y placent leur blessé, et se dirigent à travers les
monts et les passages les plus scabreux vers le Tindoul dont
il vient d'être question. Arrivés là, pour faire disparaître
toute trace de leur retraite, ils précipitent le cheval dans

l'abîme, et vont placer le cavalier dans la cabane où le sujet nous ramène.

Cependant, la garde nationale du canton et des communes adjacentes se met aussitôt sur pied. On cherche, en fouille de tout côté et on découvre les traces du cheval que l'on suit jusqu'à l'endroit où il avait été précipité. Pensant alors que celui que l'on cherche ne doit pas être loin, on serre les rangs et on trouve bientôt le gîte de ce scélérat qui, muni d'un fusil, se disposait à faire feu, mais qui en fut empêché par la gravité de ses blessures. Conduit à Rodez, il devait y être jugé selon les formes, mais ce monstre prévenant le jugement sévère qui l'attendait, mit le comble à ses crimes en s'empoisonnant dans sa prison.

Le Rozier. Caplue. Peyreleau.

Au sud du Tindoul et non loin de Liaucous, le Tarn fait son entrée dans le département, à l'endroit même où le Jonte vient lui apporter son tribut. Des chaînes immenses de rochers semblent s'y réunir pour y former les sites les plus horribles comme les plus enchanteurs. D'abord dans le bassin qui sert de lit aux deux rivières, on ne rencontre que de l'ombrage, des eaux, de la verdure et des fleurs. Souvent même sur la pente rapide de la montagne la vigne et l'amandier s'élèvent à une hauteur prodigieuse, et vont jusqu'à la base de la roche disputer la place à la ronce ou à l'églantier sauvage. Mais au-dessus de cette limite que le chêne et le pin n'osent pas même quelquefois dépasser, ce ne sont que de vastes précipices, dont les revêtemens hérissés d'énormes rochers offrent tantôt le spectacle lugubre de tours antiques et de châteaux en ruine; tantôt celui de mille monstres horribles, qui semblent vous observer et vous attendre au passage... Le premier effet de cette illusion est un sentiment de tristesse, suivi d'un vague effroi. Mais soudain l'oreille est frappée du son d'un instrument champêtre, et sur un de ces rochers qui présentent mille formes bizarres, se tient assis un berger gardant son troupeau ; on dirait Pan qui joue de la flûte au milieu des Dryades, des Faunes ou des Satyres. Souvent des parties les plus élevées se détache à l'horizon

une roche énorme sous la figure d'un géant : vous croyez voir
Hercule soutenant le ciel de ses larges épaules.

C'est au milieu de ces belles horreurs de la nature qu'est
situé le petit village du Rosier, qui dans le XIe siècle portait le nom d'*Entraigues* (*inter aquas*). En 1075 on y voyait
un monastère. Ce fut probablement à cette époque qu'Entraigues prit le nom du Rozier (*Rosarium Rosetum*), à cause sans
doute de son site riant et de la multitude de rosiers que les
moines s'y plaisaient à cultiver.

Sur le sommet de la montagne qui domine au nord le Rosier, et qui fait partie du Causse-Méjan ou Mégier, on aperçoit Capluc (*caput lucus*), mot composé, qui signifie cîme et
bois, et non, comme on le dit, *campus lucis*, champ de lumière.

Capluc avait autrefois un château-fort dont il reste quelques pans de muraille et la chapelle qui sert aujourd'hui de
grange.

Le Jonte sépare la Lozère de l'Aveyron. Un pont jeté
sur la rivière joint, pour ainsi dire, le Rosier à Peyreleau.

Ce dernier village autrefois appelé Pierrelève (*Petra-
levis*), est situé comme son nom l'indique sur un tertre
ou légère éminence, dominée par un rocher sur lequel on a
construit une tour crénelée recouverte en partie de lierre.
C'est par corruption qu'on a fait de Pierrelève, Peyreleau,
dont le sens naturel serait *pierre* sur l'*eau* ou pierre et l'eau.

Le premier seigneur de Peyreleau que l'on connaisse fut
Bernard qui, en 1075, concourut à la fondation du monastère du Rozier. Plus tard, c'est-à-dire en 1288, nous voyons
Pierre de Mostuéjouls transiger avec Olric de la Chapelle
au sujet de leurs prétentions respectives dans le château de
Pierrelève. Dans la généalogie de la maison de Mostuéjouls,
il est encore parlé de noble Gaspard de Jou et de noble Antoine de Richard, seigneur de Monflor et de St-Genieis de
Verteillac, tous les deux co-seigneurs de Peyreleau vers le
commencement du XVIe siècle.

Mais de toutes les familles seigneuriales, celle qui devait
laisser dans le pays les traces les plus durables fut la famille
d'Albignac.

En 1140, il est fait mention d'un Pierre d'Albignac qui

était parti pour la Terre-Sainte, et dont les armoiries figurent dans la salle des croisades de Versailles. Le chef de cette illustre maison n'est donc nullement, comme on la prétendu, celui-là même qui en 1479 épousa Flore de Capluc et qui fit construire l'aile droite du château de Triadou.

La famille d'Albignac a donné naissance à deux hommes célèbres : je veux parler de l'évêque d'Angoulême et de Maurice Castelnau d'Albignac.

L'évêque d'Angoulême, appelé Philippe-François d'Albignac, naquit à Peyreleau en 1742 et fut sacré le 18 juillet 1784. Ce prélat a laissé une réputation fort équivoque. Il refusa la démission de son siège en 1801, et mourut à Londres en 1806.

Le comte d'Albignac, Maurice Castelnau, lieutenant-général et neveu du précédent fut page de l'infortuné Louis XVI, et devint officier à l'époque de la révolution ; il émigra et ne revint en France qu'après le 18 brumaire. Resté sans emploi jusqu'en 1806, il entra comme simple gendarme d'ordonnance dans la garde impériale, fit la campagne de Tilsit et y devint officier. Peu de temps après M. d'Albignac passa au service de Jérôme Bonaparte, roi de Westphalie, en qualité d'aide de camp, et devint son ministre de la guerre après avoir été fait son grand écuyer.

Il fut employé en 1809 contre le fameux partisan Schill, dont il parvint à détruire les bandes et qu'il força à se tuer pour ne pas tomber vivant dans les mains de Napoléon. Il rentra bientôt en France où il fut employé en qualité de chef d'état-major du sixième corps, sous les ordres du maréchal Gouvion St-Cyr, et peu de temps après sous ceux du prince Eugène, avec lequel il fit la campagne de Russie en 1812.

Après la seconde restauration, le général d'Albignac fut nommé secrétaire-général du ministère de la guerre sous le maréchal Gouvion St-Cyr, et ensuite gouverneur de l'école royale et militaire de St-Cyr, emploi qu'il remplit avec une rare habileté en faisant aimer leurs devoirs à ses jeunes élèves et en les soumettant sans efforts à la rigueur d'une discipline dont malgré ses infirmités il ne cessa de leur donner l'exemple. Il mourut quelques années avant la révolution de juillet (1).

Pinet, Caylus, La Cresse et Paulhe.

En descendant la rive gauche du Tarn et vis-à-vis les caves de Rivière, on voit s'élever le petit village de Pinet. Il tire son nom du mot latin *Pinetum* (bois de pins), par allusion à la forêt de pins qui croissent encore sur le côteau qui le domine et que couronne le fort de Caylus.

En 1335, Jean Ier, comte de Rodez, qui tenait du roi en plein fief le château et la terre de Pinet, les avait donnés à Marquès de Mostuéjouls. Celui-ci en fit don à Raymond de Mostuéjouls, son neveu, et depuis cette époque Pinet devint le patrimoine de la maison de Mostuéjouls.

Il ne reste aucune trace du château des anciens seigneurs de Pinet, mais on voit encore les ruines de son presbytère ainsi que sa vieille église romane, où l'on dit la messe tous les ans le jour de la fête de St-Martin, patron de la paroisse. L'éclat argentin de sa petite cloche fait encore l'orgueil des habitans de ce hameau ; et tout en les consolant de l'abandon et de la solitude de leur antique ermitage, il leur fait oublier peut-être que, dans ces mêmes lieux, le rouge-gorge a remplacé depuis l'ami du pauvre et l'homme de Dieu.

Sur un pic ou mamelon qui vous paraît se détacher du Causse-Noir (2) comme une sentinelle avancée, se dresse le fort de Caylus. L'étymologie de cet ancien château, en latin *Cay-lucius* semble indiquer d'une manière presque certaine que ce fort fut bâti par les Romains en l'honneur de Caïus et Lucius, fils d'Agrippa et petit-fils d'Auguste, morts jeunes, Lucius en l'an 2 et Caïus en l'an 4 de notre ère (3). Toutefois

(1) Extrait de la Biographie Universelle des contemporains, par MM. Rabbe, Vieille de Roisjolin et Sainte-Beuve ; t. 1, page 60.

(2) Le nom donné à ce plateau lui vient des immenses forêts de pins dont il était autrefois recouvert.

(3) Ce sentiment est d'autant plus vraisemblable que l'on voit les têtes de ces deux princes figurer sur les médailles d'or et d'argent au revers d'Auguste. (Voyez Mionnet et aussi le traité de Numismatique Ancienne, par Gérard, Jacob, tome 1er).

ce n'est là qu'une opinion plus ou moins probable , et l'architecture de Caylus dont les ruines existent encore , démontre
d'une manière incontestable, que ce fort fut toujours au moins
rebâti dans le moyen-âge.

En 1454, Caylus avait pour capitaine Jean de la Tour ,
seigneur du Cambon et co-seigneur de la Roque Ste-Margue-
rite. A l'époque de la destruction de ce fort, c'est-à-dire en
1628 , on n'y comptait que quatre maisons habitées et quelques vieilles masures qui attestaient déjà sa décadence.

A peu de distance de Caylus on trouve La Cresse , en latin *Cressia* , mot qui dérive peut-être de *crès* qui dans la langue du pays signifie gravier calcaire.

Ce village qui n'est qu'une agglomération de sept ou huit
hameaux , plus ou moins distincts et séparés, a fait dire au
peuple et aux mauvais plaisants que le diable le fit quand il
avait la F...

Quoiqu'il en soit de cette opinion , qui sans doute ne ren-
contrera pas beaucoup de partisans, il est toujours vrai de
dire que si le malin esprit n'a été pour rien à la fondation de
La Cresse, on ne peut pas lui contester du moins d'y avoir
établi son sabbat. Témoin , des centaines de curieux qui ,
allant s'initier aux secrets de cette noire et détestable magie,
l'ont vu dans un buisson, sous la forme d'une colombe ou d'un
enfant , d'un prêtre ou d'un évêque , jusqu'à ce que , sa dernière ruse épuisée , force lui fut de montrer ses griffes. Mais
laissons là les sortiléges et revenons à notre histoire.

A trois quarts de lieue de La Cresse et en face d'Aguessac
et de Compeyre, on voit le village de Paulhe. Il fut fondé
probablement par les Romains qui lui donnèrent le nom de
Paulus.

Paulhe faisait autrefois partie de la vicomté de Millau, et
formait à lui seul une commune jusqu'à son adjonction à celle
de Compeyre, dans le 14ᵇ siècle. On lit dans les archives de
ce bourg que les Anglais bâtirent à Paulhe un petit fort , mais
qui ne resta pas longtemps debout , attendu que bientôt après
il fut détruit par les Routiers ou compagnies , qui réduisirent
ce village en cendres et forcèrent ainsi ses habitans à se réfugier à Compeyre.

A l'époque des troubles religieux du 16ᵉ siècle, l'église de

Paulhe fut dévalisée, ainsi que son presbytère par les protestans qui s'étaient emparés de Compeyre, et qui en avaient fait un lieu de refuge (1).

On connaît les deux jolis vers de Pradinas sur les femmes de Paulhe :

> As bist de qu'ogné bon, quond biro dé cérieyros,
> Une fenno dé Paouillé orpento los corrieiros?

Paulhe a donné naissance au poète Delmas, père de l'oratoire et plus tard curé de la paroisse de St-Orens de Montauban. Il mourut avant la Révolution, laissant après lui la réputation d'un saint prêtre et d'un écrivain de mérite. Nous avons de lui une traduction en vers français de l'imitation de J.-C. Cet ouvrage, quoique bien éloigné de l'onction et de la grace de l'original, est encore assez estimé. Mais nous pouvons dire que le plus beau fleuron de la couronne poétique de Delmas, est son poème intitulé : *Ars artium, seu de officio pastorali.* C'est, comme l'annonce le titre, un ouvrage didactique en vers latins, et dans lequel le poète de Paulhe trace au clergé les devoirs du saint ministère. Malgré la sècheresse du sujet et le peu d'invention qui règne dans l'ensemble du poème, l'auteur a su racheter ses défauts par les charmes d'un style d'une élégance et d'une pureté toute *virgilienne.*

Les exemplaires de cet excellent livre étant devenus très-rares, le besoin d'une nouvelle édition se fait depuis long-temps sentir. Espérons que les Aveyronnais, si jaloux de leurs réputations littéraires, l'accueilliront avec plaisir, et que la presse départementale ne permettra pas que la presse parisienne vienne s'enrichir de nos dépouilles.

Nous devons dire toutefois qu'il serait bon que, tout en conservant la traduction française qui accompagne le texte, ont élaguât de l'ouvrage cette compilation de passages des pères ou autres auteurs et qui sont placés à la fin en forme de concordance. Ce travail pouvait être utile au temps de l'auteur; aujourd'hui, c'est un hors-d'œuvre, une superfétation. Le volume ainsi réduit, ne dépasserait pas 200 pages in-12.

_____

(1) **Archives de Compeyre.**

LÉGENDES ET TRADITIONS POPULAIRES DU PAYS.

Ou extraits de divers auteurs, servant de supplément à l'histoire et à la statistique de la vallée du Tarn.

Ire LÉGENDE.

Le Mariage du Diable.

Par M. le comte AMÉDÉE DE BEAUFORT.

Si vous avez voyagé dans les lieux aimés des touristes, si vous avez parcouru l'Italie, éternellement visitée, la Suisse, où les haltes sont traditionnellement notées ainsi que l'admiration, il a dû vous arriver quelquefois de vous lasser des récits que l'on débite banalement à tous les voyageurs. Pour moi, j'avoue que l'enthousiasme ne saurait m'enlever sur ses ailes d'or, s'il m'attend à heure fixe, à telle course prévue et de rigueur. J'aime les sites peu visités, où je n'ai à craindre ni l'insipide loquacité d'un cicerone mal appris, ni les points d'exclamation d'un compagnon de voyage qui n'admire que sur réputation faite et là où les autres ont admiré.

Si vous partagez avec moi cette indépendance, si vous voyagez pour voyager et non pour être revenu, suivez-moi sur les bords du Tarn, simple et modeste rivière qui coule dans les montagnes du midi de la France : je ne sache pas de route plus riche en beautés pittoresques et surtout originales. Ce ne sont pas les cîmes à perte de vue et les sommets éternellement glacés des Alpes, ce sont d'immenses blocs de rochers affectant les formes les plus bizarres et reflétant leurs riches couleurs dans une eau merveilleusement limpide. Cette nature a quelque chose de tendre et de mélancolique que n'a pas celle des Alpes et des Pyrénées.

Lorsqu'on remonte le Tarn, en partant de Millau, on marche quelque temps entre des pentes uniformes, coupées vers le milieu par une large ceinture de rochers. Au-dessous de cette ligne l'industrie a conquis le sol par une laborieuse culture ; au-dessus, et jusqu'à une seconde ligne de rochers qui forme le sommet de la montagne, croissent quelques chênes rabougris , au pied desquels les troupeaux paissent une herbe rare et de médiocre qualité. Cette ceinture de rochers entoure un riant vallon qui s'étend jusqu'au village de Boyne , sur une superficie d'environ trois lieues. A cet endroit la vallée tourne subitement , et le voyageur pénètre dans un bassin plus pittoresque encore que celui qu'il vient de quitter : c'est le vallon de Mostuéjouls.

Pour en saisir l'ensemble , il faut s'avancer jusqu'au delà d'une petite église abandonnée , dont le clocher roman , couronné de lierre , domine le rideau de peupliers qui borde les rives du Tarn. Cette église était autrefois la paroisse du village de Mostuéjouls. Son isolement lui fut fatal pendant les guerres de religion. Ceux qui se battaient pour leurs croyances ne respectèrent pas cet asile de la prière. Comme toujours la passion passe avant la logique, l'humble église devint plus souvent le théâtre de meurtres et d'incendies , que de cérémonies sacrées. Pendant ces guerres qui , malgré la différence des temps , pourraient peut - être se rallumer sous le prétexte de la politique , les seigneurs de Mostuéjouls admettaient leurs vassaux dans la chapelle du château. Quand ces temps furent passés , il n'y avait plus de seigneurs , et la petite église de la vallée était devenue inutile. Aujourd'hui elle ne sert plus d'asile qu'aux serpents qui se glissent dans ses murs lézardés et aux oiseaux du ciel qui viennent faire leur nid dans les arcades de son clocher.

Lorsqu'on a dépassé ces ruines, on a devant soi trois gorges de l'aspect le plus sauvage ; chacune vient apporter des eaux fraîches et limpides à la vallée. Deux de ces courans se réunissent au Tarn, qui sort lui-même d'une des gorges dont nous parlons. A gauche, de beaux bois de chênes couvrent une pente très-raide ; à droite le village de Mostuéjouls s'élève en amphithéâtre ; il est dominé par son château, qui n'offre , de ce côté, qu'une façade moderne ; plus loin , on distingue les ruines de Mostuéjouls-Liaucous. Sur le promontoire qui s'avance entre le Tarn et la Jonte, le Rosier élève ses quatre pignons inégaux : enfin , sur l'autre bord de la Jonte, on aperçoit la tour gothique de Peyreleau, couverte à moitié d'un vaste linceuil de lierre. Cette tour semble placée là pour servir de pendant à la petite église dont nous avons parlé. Débris l'une et l'autre d'un temps qui n'est plus, elles peuvent servir à montrer la distance qui sépare l'élément religieux de l'élément purement humain. L'habitant de la vallée se découvre encore avec respect devant la croix à moitié détruite de l'église; il passe indifférent et sans souvenir devant la tour gothique qui le faisait trembler autrefois.

Les rochers qui entourent cette vallée sont un cadre merveilleux pour le paysage qu'elle déroule aux yeux. Ils affectent dans leur forme une bizarrerie si pittoresque, qu'on les dirait groupés par la main d'un artiste. Les unes s'élèvent en plus aigus; les autres, coupés à la base, ont semé autour d'eux des débris que le temps a couvert de mousse. On dirait un nombre infini de clochetons gothiques, ou une forêt pétrifiée.

Le château de Montméjouls domine ce féerique aspect. C'est une des plus anciennes constructions du pays; s'il ne présente pas les lignes ordinaires d'un château gothique, c'est que, refait à plusieurs époques, il se compose de bâtimens de divers caractères; la masse en est pourtant d'un bel effet. Comme témoignage de son antiquité, il reste encore dans l'intérieur quelques vieilles salles qui datent de son origine. Les murs d'une d'entre elles sont couverts de peintures presque entièrement effacées par le temps. Une seule peut laisser entrevoir ce qu'elle représente : c'est le diable, sa femme et sa fille. Curieux de savoir quelle légende pouvait se rattacher à une aussi singulière conception, nous avons interrogé les vieux souvenirs du pays. Voici ce qui nous a été répondu : nous rapportons le récit tel qu'il nous a été fait dans toute sa simplicité et sa briéveté. . . . .

La terre était belle et les enfans des hommes se réjouissaient. C'était par une belle matinée du printemps, alors que la nature semble convier toutes les créatures au banquet de la vie. On aurait dit qu'il y avait fête dans le ciel; car le soleil regardait si amoureusement la terre, que ce devait être un reflet du sourire des anges. Les habitans de la vallée où coule le Tarn se promenaient en habit de fête, heureux de ce beau ciel qui leur souriait, de ces fleurs qui épanouissaient leurs pétales, de ce temps qui leur présageait une heureuse moisson.

Ce jour-là Satan traversait tristement la vallée où coule le Tarn. Cette nature en fête illuminait son front de lueurs plus sombres qu'à l'ordinaire ; cette joie qui s'épandait autour de lui enfonçait plus avant dans son cœur l'aiguillon de la rage. Les joies de la haine et du mal accompli lui paraissaient impuissantes et incomplètes. Oui, le mal ne lui suffisait plus, les larmes qu'il pouvait faire couler, le bonheur qu'il pouvait détruire, les âmes qu'il pouvait plonger avec lui dans les profondeurs de l'abîme enflammé, tout cela n'était rien auprès de cette immense torture à laquelle il était soumis, de cette lutte de l'orgueil et du regret qui le déchirait depuis tant de siècles. Alors il lui prit une de ces rages terribles qui, faute d'aliment, s'attaquent à lui-même, et c'est là son supplice le plus horrible ; las de maudire le ciel, les hommes, il se maudit lui-même. Devenu ainsi à la fois bourreau et victime, il voulut savourer à longs traits son supplice ; il voulut le nourrir de tout ce qui pouvait l'augmenter ; il s'abattit sur un des pics aigus des Cevennes, et là, il se mit à chanter, le malheureux, ou plutôt, pour être plus exact, il se mit à rugir cette immense malédiction :

Maudit soit l'éternel pardon qui ne s'est lassé que pour moi !

Périsse à jamais cette race qui peut aimer et prier ! Cette race qui a été rachetée de son premier péché !

Périsse tout ce qu'elle regarde comme un bonheur dans le temps et aussi dans l'éternité !

Périssent, et la terre, et le ciel, et les eaux, et les oiseaux du ciel, et les fruits de la terre !

Que le péché et la damnation règnent à jamais sur tous ces êtres que je maudis !

Et moi-même, que mon orgueil et ma force luttent avec l'Eternel, puisque je ne saurais partager sur cette terre et mes souffrances et mes malédictions !

Dieu entendit les plaintes de Satan ; il envoya un ange vers lui, qui lui dit :

Dieu t'accorde dix ans d'amour sur la terre ; il te permet de tenter toi-même une âme et de la lier à ton sort, si elle consent.

Satan pensa à la femme ; il ne désespéra pas.

Un peu moins d'un an s'était écoulé; le pays retentissait des débordemens du comte de Maltravers. Etranger à la contrée, il s'était montré tout-à-coup avec un faste auquel toutes les magnificences semblaient possibles. Présenté au vieux comte de Mostuéjouls, il n'avait pas tardé à obtenir la main de sa fille, la jeune Béatrix. Ce mariage, qui semblait réunir toutes les conditions du bonheur, avait été pourtant accompagné des plus sinistres présages. Les cierges de l'autel s'étaient éteints plusieurs fois pendant la cérémonie, et l'on s'était aperçu que le sire de Maltravers n'avait pas présenté l'eau bénite à sa jeune épouse en sortant de l'église. Depuis cette union, le château de Mostuéjouls avait changé d'aspect. Le comte de Maltravers avait rompu avec ses voisins, et avait introduit chez lui des compagnons de plaisir que nul ne connaissait. C'étaient de rudes et ardens débauchés qui ne reculaient devant aucun crime, quand ce crime était sur le chemin d'un plaisir.

La jeune Béatrix avait épousé par amour le sire de Maltravers. Mais ce n'est pas ainsi qu'elle avait rêvé le bonheur. Elle avait souhaité, dans une sainte union, les joies calmes et douces de la famille. Cependant elle se taisait; le comte paraissait l'aimer, quoique son amour revêtît toujours des formes sauvages et effrayantes.

La naissance d'un enfant changea la conduite du sire de Maltravers. Il devint encore plus sombre, mais il cessa d'exercer ses déprédations dans le voisinage. Béatrix crut qu'une nouvelle aurore de bonheur allait se lever pour elle, et l'amour qu'elle portait à son époux s'accrut de tout celui qu'elle eut pour son enfant. Elle espéra que le baptême de sa fille resserrerait les liens qu'elle avait vus sur le point de se rompre : elle en parla en tremblant au comte. — Il lui répondit avec rage, que jamais sa fille ne serait baptisée. Alors la pauvre dame vainquit sa timidité et se jeta à ses genoux. Maltravers la regarda avec une singulière expression, puis il se disposa à sortir. Tout-à-coup une pensée subite parut avoir traversé son esprit; il revint sur ses pas, releva Béatrix, s'assit à côté d'elle et lui parla ainsi.

— Béatrix, lorsque votre sort a été lié au mien, avez-vous pensé à tout ce que cette liaison pourrait avoir de fatal pour vous?

— Sire, répondit-elle, j'ai pensé que ma vie et mon amour vous appartenaient à jamais; je n'ai jamais perdu de vue cette pensée.

— Oui, vous avez été pour moi une épouse soumise et dévouée. Hélas ! cela n'est pas assez. Ne m'interrompez pas. Il y a telle vie dont le mystère est affreux; tout ce qui approche d'elle est soumis à un effrayant avenir. Il en est ainsi de la mienne : je ne puis vous révéler tout ce qu'elle a d'horrible pour vous; mais je vous aime Béatrix, et je voudrais que rien ne vous pût jamais séparer de moi. Il faut donc aujourd'hui que vous renonciez ici à ce que vous avez aimé et adoré dès votre enfance, à vos pieuses espérances de jeune fille, à ce que l'on vous a appris à regarder comme le devoir et le bonheur, la prière et la foi.

— Sire comte, s'écria Béatrix, ah ! ne blasphémez pas.

— Je ne saurais blasphémer, reprit Maltravers avec amertume; mais, vous le voyez, vous me repoussez, vous aussi.

— Et il se disposait à sortir, Béatrix le retint d'un regard. Le comte se rapprocha d'elle, et pendant une heure, il déploya toutes les séductions de l'esprit et du cœur, pour faire prononcer à Béatrix un horrible serment. Hélas ! Béatrix céda. Elle prononça les fatales paroles; elle se voua au sire de Maltravers corps et âme, elle et sa fille; elle jura de le suivre partout où il serait en ce monde, et en l'autre.

Depuis ce jour le château de Mostuéjouls devint plus triste que jamais. Les valets et les pages n'aimaient pas cette sombre demeure où rien ne paraissait naturel et de bon aloi. Le sire de Maltravers restait enfermé des jours entiers avec Béatrix, et quand ils se montraient, on les retrouvait toujours plus pâles et plus tristes. Cependant, malgré les ordres du comte, la petite Berthe avait été baptisée. Madeleine, sa nourrice, l'avait portée en secret au chapelain du village; car, au château il n'y en avait pas. A mesure que l'enfant grandit, on put remarquer en elle les grâces de sa mère et la sombre mélancolie de son père. Seulement Berthe était pieuse; et elle se cachait pour prier en secret. Cela dura dix ans. A cette époque, il se fit un changement dans le château. Le sire de Maltravers parla d'un long voyage, et il en fit tous les préparatifs; il régla tous ses comptes et nomma un tuteur à la jeune Berthe. Seulement, comme rien ne se faisait à Mostuéjouls comme ailleurs, ce tuteur ne fut point choisi parmi les hauts seigneurs de la contrée; il arriva un jour à l'improviste, et fut établi au château.

La dixième année allait expirer; Maltravers et Béatrix étaient seuls dans une des tours du château. Il faisait au dehors une tempête épouvantable, et ce temps semblait parfaitement d'accord avec les sombres pensées des deux époux. Tout-à-coup Maltravers se leva et s'approcha de Béatrix; la jeune femme recula de frayeur.

— Béatrix, lui dit-il, vous souvenez-vous de mes paroles, d'il y a neuf ans?

— Oh! si je m'en souviens!...

— Votre amour a-t-il mesuré le gouffre où je vous entraînais?

— Seigneur, j'ai cru que c'était un mauvais rêve; oui, un rêve: la réalité en eût été trop horrible.

— Béatrix! continua Maltravers sans répondre, Béatrix! mon amour vous a perdue.

— Oh! seigneur, grâce, s'écria-t-elle; non, je ne veux pas mourir, grâce!

— Béatrix, vous et ma fille m'appartenez à jamais.

— Et en disant ces mots, il s'avança vers la jeune femme. Il avait alors dépouillé cette forme charmante dont il était revêtu depuis dix ans. Quand Béatrix leva les yeux, elle ne vit plus devant elle que l'ange du mal, hideux et maudit, son amour de mère donna à Béatrix une énergie dont on l'aurait crue incapable, à la voir si pâle et si affaissée.

— Mon enfant! s'écria-t-elle, ma fille maudite est perdue pour moi!... jamais.

— Il en est pourtant ainsi, répliqua Satan. Dix ans d'un pacte juré par vous nous ont liés pour l'éternité. Vous êtes à moi, à moi pour partager cette couronne de feu qui me brûle, pour maudire et souffrir avec moi dans les flammes. Ne vous souvient-il pas que vous m'avez promis tout cela?

— Oui, répondit Béatrix, je le sais, je suis à vous; mais non pas Berthe, ma fille chérie: quel pacte a pu lier cette pauvre enfant?

— C'est vous qui me l'avez livrée en la refusant aux eaux du baptême. Mais hâtons-nous : l'heure va sonner.

Et il s'avançait vers la pauvre femme qui sanglottait, pliée sur ses genoux.

Au même instant la porte s'ouvrit, et Magdeleine parut conduisant Berthe d'une main, de l'autre elle montrait un crucifix.

— Berthe est à Dieu, s'écria-t-elle; Berthe vous sauvera.

En disant ces mots, elle jeta l'enfant dans les bras de la mère; et minuit sonna à l'horloge du château.

— Maudit! maudit! s'écria Satan; et il disparut par un pan de la muraille qui s'abattit devant lui.

Le jour levant surprit les deux femmes en prières. Berthe dormait à leurs côtés. Le sire de Maltravers avait disparu, on ne put jamais retrouver son corps.

Peu de temps après, la comtesse de Maltravers fonda un couvent dont elle devint abbesse. Sa fille Berthe ne voulut jamais entrer dans le monde; elle succéda à sa mère et mourut en odeur de sainteté.

DEUXIÈME LÉGENDE, PAR M. BALDOUS FILS.

Lou Pas dé Souci.

Situat ozun quart d'houro del bilatgé dé Les Vignos, communo dé Saint Préjet dé Tarn (Louzéro.)

Sus los ribos dé Tarn, en tiren d'aous so sourço,
En omoun del Rouzié siou dérigé mo courso,
L'ospèct d'oquel bolloun saoubatgé et ressorat
Me fo creiré sul cop qué n'és pas hobitat.
Mais lo curiousétat exciten mos idéïos
Oboncé, malgré tout, dins oquélos coutréïos,
Orribé o certen point ounté faou estotiou,
Et per fixa lous liocs ombé maï d'attentiou,
Mé posté sus un roc, oqui qué sou pas rarés,
Et mesuré deïs uels on dé regards obarés
Oquel poïs offrous, et bésé en premier lioc.
Un bilatgé bostit joust un énormé roc.

Oquel négré reduit s'oppélo Déglosinos ;
Lous paourés hobitans portou sus los esquinos ,
Dé faissés o benci lous azés de Colluq ;
Et lou bentré plé d'aïguo , oprès qu'un obéluq !
Oprès oburé fach uno ordento prièro ,
Suppliat lou Seignour d'olaougi lur miséro ,
Un quart d'hóuro pus luen bése leou espéli
Un ontiqué monoir titrat Saint-Morcéli.
Un saint qu'on y crei mort , de piouso mémoiro ,
D'oquel horré séjour fo l'hounóur et lo gloiro.
On remarquo bé pla qué lous saints altrés cops ,
Sé plosioou d'hobita los baoumos et lous rocs ,
Que per hounoura Dious d'un béritaplé culté
Dés moundains insensats fugissioou lou tumulté.
Un templé qu'on y bei ol Seignour counsoorat
Des chresties dé Liaucous excito lo piétat ,
Et quado on , ò tal jour , lou curat ò lo testo
Dé lur saint proutectour boou célébra lo festo.
Ojen tout bien fixat , countugné moun comi ,
Per ona , s'o Dious plai , ò los vignos dourmi.
Orribat ol Cembou , Fouquiol omai Saumadé
M'en aurioou bé sons douté ouffrit uno tossado ;
Mais l'un et l'aoutré monquou , et lur heustal désert
Dé miech pan dé bourroul mé douno lou dissert.
Bis-ò-bis d'oquel mas , dins uno baoúmo ontiquo ,
Un hommé ouriginal , d'hobitudo rustiquo ,
Y bibio paouromen , et countent dé soup sort ,
Quond ojet prou biscut , succoumbet ò lo mort.
En possen per oqui l'estrongié lon sounabo ;
Mais aro qu'és tibat , en pax siasquo soun âmo !

   O los vignos dintrat , ò quo dé Mounginou ,
Per esconti lou set , n'estifléré un cònou.
Quond oguère forcit jusqu'ol goûsté lo panso ,
Lécat et bolejat lou plat et lo pitanço ,
Et qu'oguéro finit dé moldre mous boucis ,
Quitté l'hosté , lou pagué , et baou dreçh ò Soucis.
Oqui baou contempla los hourrous los pus bellos ,
Et fa lou conobas dé mos rimos noubèlos.

Mous uels bésou d'obord d'un ébouzel offroux,
L'espectaclé esfrayent et los soumbros coulous ;
Un poïs désoulat daous pertout sé dessino ,
De rochs ò perto d'uel, d'aoutrés ménocen ruino.
Tout frappo moun esprit, lo masse et lou détal,
Et mé fo lou sutget d'oquesté loung trobal.
Ossétat sus un roch, qu'un coustat qu'enbisatgé,
D'un oridé désert tout présento l'imatgé,
Et n'ouffris en tout sens qu'uno apro nuditat
Qué ten qualqué moumen moun cur espoubentat.

Mais oquo n'es pas tout, perlen de la ribieire,
Qué dins lou flanc dés rochs marmuro prisonnieiro ;
Tout soun boulumé entié s'englontis dins lous traous,
Et d'y lonça dé bois s'on ère tont bodaouts
D'oquélos cobitats n'escoperio pas broquo ;
Bal maï dounc l'orresta debont qué sio ò lo Boquo.
M'és estat dich qu'un cop, un pus hordit qué gés,
Y fo dintra lou siou et qu'en quaro lovés.

Lou Tarn emprisonnat, per orronca ses bandés ;
D'oquel pas tout romplit dé crébassos proufoundos,
Disporés tout d'un cop entorrat joust lous rochs,
Ressuscito pus bas et sourtis ò bes flochs.
Countent d'ober quittat uno prisou to soumbró,
Dés ribatgés bésis s'en bo respira l'oumbro,
Et tal qu'un golérien dés bagnés escopat,
El filo per Millaou on lo fon de Forrat.

Encaro aï pas finit ; loissabé Roquo-Lourdo,
Qu'un patois courrumpat o titrat Roquo-Sourdo.
Disou qu'oquel ronquas toumbet sus l'insoulent
Qu'obio soubent destruit l'oubratgé d'un grond saint.
D'oquel ébénément baou rocounta l'histoiro,
L'aï dempieï qualques jours grabat dins le mémoiro ;
Monquoraï pas un mout d'oquélo traditiou ;
Daignas dounc m'occourda touto bostro ottentiou.

M'és estat rocountat per de gens dé counfienço,
Et mêm és aï légit dins un libré dé scienço
D'un autur existent dinq oquesté moumen ,
Qué dis pas blonc per négré et qué bo prudomen ,

Qu'ozun certen endrech qu'on oppélo Saint-Trémio,
On ount y o forço rochs et pas gairo bendémio,
Un homme bertueux, romplit de saintétat,
Dins lou huitième siècle y bibio sons peccat.
Un jour on lou béjet orriba, d'un toun graba,
Hobillat simplomen et d'un air bien suabe;
D'ount bénio?... Qual ou sap. Dégus lou counouïs pas,
Es l'enbouyat dé Dious, et proché d'oquel mas
Caousis l'excobotiou proufoundo d'une laïsso,
Y hobito paouromen et n'y mettio pas graïsso.
El fousquet dins paouc temps de toutés admirat,
Et los gens de l'endrech ressentiou so bountat,
Jutgeas qu'ogné bonphur n'obio pas lou bilatgé
D'oburé ol prés d'oquis un to saint bésinatgé!
D'offaires un sons fi lou saint occoplat,
Tout lou bo cousulta quond y o difficultat.
Dinq lou même bilatgé y sé ténio uno fieïro,
Et quond on orribabo ol bord de lo ribieïro,
Dins un pichot botéou qu'on oppélo berquot,
Qu'olio possa lou Tarn ou mouilla lou giguot,
Souben et bien souben lo trop grondo offluenço,
Y t'obio occosionnat dé rixos d'impourtenço:
Nostré saint gémissio d'un tont coupablé obus,
Un jour qué s'y troubet, y o bio d'indibidus
Prestés o s'ottropa, boumiguen dé blasphémés,
Lous pus hourriplés mouts, d'insoulents onothêmés,
Lou saint hommé rougis, lous préguo, ombé doucou,
De fini lo disputo et s'occourda ol millou.

   L'un d'élés respoundet, omb'un toun de couléro,
Que per qué tout onés de millouno manièro,
Diourio counstruiré un pont sons gaïre mal torda,
Ou quel diourio surtout ou bien persoda.

   Tout fousquen oppoïsat el sé met o l'oubratge,
Et s'és countrorizt rédouplo de couratgé,
Jetto lous foundomens, enimo lous oubriés,
Et pousso l'entrepreso omb'an hereus suroés,
Saints et saintos del ciel osquals el s'oboudabo,
Sé mettiou el trobal quond tout se repoousabo.
   Lou trobal grondissio, se poussabo omb'ordou,

Et nostré hommé countent bénissio lou Seignour.
El sé doutabo pas dé los peinos cruéllos
Qu'onabou l'occopla dé lurs transos mourtellos ;
L'énémic dé lo pax , del ciel et del solut ,
Lou traité sotonas toujours lin o'boulgut.
Poussat per un ésprit dé benjenço et d'embio ,
Dé destruiré oquel pont counçap l'horro monio ,
Et per uno nuech soumbro oquel tros dé bondit ,
Ombé sous ossouciats l'oubratgé o démoulit.
Dins qualqué biral d'uel oquel pont magnifiqué
S'escroulo ombé frocas jotl mortel sotonique.
Nosté saint désoulat, occoplat dé chogrin ,
O de tristes occents s'obondouno ò grond trin.
El bei soun espéranço hélas ! onéontido !
Ol moument ount soun obro és ò peino ocoumplido.
Mais, malgré tont d'esprobo el sé rebuto pas,
Et sus un nouvel plan éxerço lou coumpas.
Inspirat tout d'un cop d'uno sainto pensado ,
D'obord soun entrépréso és tourna coumençado ,
Et lous mêmes oubriés orribou sul chontié.
Lou mortel del Seignour quésap tout lou mestié
Jetto lous foundomens d'un pus bel édificé ,
Quadun de soun coustat fo qualqué socrificé.
Enfi , bref oquel pont sul cop sé rébostis ,
Et lou diaple dous cops dé ratgeo lou destruis.
Mais ol trousième cop el monquet soun offaire ,
Et perdét lou proucès omaï sio boun plojaïré.
Nostré saint , obertit d'un troisième dongié
Fo gardo nuech et jour et dourmis de laougié.
Més un ser , l'insoulent , qu'éro soun dorrio biatgé ,
Ben ombé sous mortels ébouzéia l'oubratgé ,
Mais l'hommé vigilent l'y té passo détras ,
Et lou diaplé ò fugi , morchabo maï qu'ol pas.
Lou saint toujours oprès , lo sainto Biergo enquaro ,
Jomaï n'oun séro bist pareillo guiro-garo ;
Ouirat ò cops dé pals , hurlabo coumo un bioou ,
Romplissio l'air dé crits de tont qué l'escoudioou :
Lous ferrés trosiœu fioc , quond passét ò *Fon-Mauro*
Et doumt maï dobolabo , ol maï menabo d'aouro ;

Mais ol pount d'éscopa, Dious coumondo, et sul cop,
Roquo-Lourdo sus el s'élonço ò grond golop.
Roqno-Gulho suspend so masso fourmidaplo,
Crido à soun coumpagnou qué lou pilo et l'occaplo,
S'o bésoun dé soun pés. — Noun aï, lou téné prou,
N'ai pas besoun dé tu, l'aï més ò lo rosou.
Nostré saint réjouit d'uno talo bictoiro,
Bénésis lou Seignour, fo rétonti so gloiro.
S'en tourno ò l'hermitgé et beï soun mounument
Coumo l'obio quittat; oquo lou rond countent.
Lou diaplé encodénat, tréfoulis, orpotéjo,
Sé pot pas déstoqua, mais n'és pas sons embéjo.
Joust un moulou dé rochs lou tentairé gémis,
D'oqui bèn (soi-disant) oquel noum dé soucis.
Otal ou m'oou bendut, otal bous ou récité.

. . . .

FIN.

NOTA. Nous avions déjà terminé ce travail, lorsqu'une découverte importante nous a mis en possession d'un manuscrit inconnu jusqu'à ce jour, et où sont racontées en détail et par un témoin oculaire toutes les guerres de religion qui eurent lieu en Rouergue et dans les provinces voisines. Il y est fait mention d'une multitude de combats, ou escarmouches, siéges, prises de villes ou de villages. Nous proposant de publier plus tard ce manuscrit, nous allons rapporter, en attendant, tout ce qui est relatif à la contrée qui vient de faire le sujet de nos études. Ces citations en forme de notes, et qui formeront un article séparé pour chaque bourg ou village, serviront de nouveau supplément à l'histoire de la localité.

NOUVEAU SUPPLÉMENT A L'HISTOIRE DE LA VALLÉE DU TARN.

Extraits du Livre de Mémoires Remarquables, *rédigé par un habitant de Millau de la religion réformée, et contenant tout ce qui s'est passé de marquant au sujet des guerres religieuses, depuis l'année 1560 jusqu'au 30 janvier 1582.*

Compeyre.

Prise de Compeyre par les Huguenots, le 2 juillet 1562.

Le cegond de juillet 1562, Compierre fut prins per ceus de la religion abitans de Millau et entrarent dedans le fort sans contrediction de personne, sans que personne feust bateu, ni aussi murtri et entrarent deux heures devant jorn. L'on lur balla un ministre per prescher l'Evangille, et le receurent amiablement et volontairemant la plus part, non pas tous ; car il y avoit de gens fort malins contre l'Evangille, mesmes les plus riches. L'on lur laissa guarnisons ; mès notés que les ministres ne i peurent demeurer, causant les larsins et briguandages que les soldats commétoient jornellemant. En la companie d'iceusi avoit un soldat que avoit esté Jacopin à Millau : s'en alla secrètement parler avec Mossurs de Vesins et Terlans que per lors estoient capitaines des Papistes de ce païs de la Haute-Marche de Rouergue, lequel soldat lur avoit prommis de les mectre dedans Millau, Compierre et Sévérac ; et moienant serteine somme per ses peines et labours, il lur atendroit se que lour a prommis ; et ce pendant le abillarent tout de neuf et le armarent. Mais al bout de quinze jorns, il vint à Compierre per exécuter ce que il avoit prommis. Mais l'on se aperceust de la trahison que ledit soldat voloit commettre, l'on le fist prisonnier et incontinant, qu'il eust confécé la chose et que la vérité feust conneue, sans délai le pendirent aus creneaus de la muralle.

Siége de Compeyre par M. de Vesin, Valsergues et Treillans,
le 21 septembre 1562. Les huguenots restent maîtres de la
place.

En ce dit mois de septembre 21 veille de sainct Mathieu,
les Papistes estant assemblés aus environs de Villefranche de
Rouergue per fere quelque grant entreprinse qu'ils avoient
en main, estant un grant nombre, tant à pié que à chival,
comme est mossur de Vesin, mossur de Valsergues et Ter-
làns, menans le nombre de cent soixante chevaus, et trois
cens arcabusiers, ils avoient prommis aus soldats de les fere
riches à jamais; mès leur entreprinse feut descoverte. Or
voiant cela per contenter les soldats, ils se pensarent donner
sus Compierre, pensans l'emporter; car tenoit per la religion.
Ils vindrent touts d'une trète jusques à Compierre que fust
sus l'aube du jorn, se pensant que Millau n'en fusse pas
averti; car sus là minuit en fusmes avertis mesmes dels papistes. Dont ils trevarent un jeune guarson de Compierre qui
venait avertir Millau : Mais le trevant sans délai le tuarent.
Estant avertis duement Mossur de Pierre de Millau, lequel
estoit capitaine de la ville, il fist mectre touts les abitans de
Millau en armes et lui mesmes aussi; tellement, que s'en
remplit de vin et s'en yvra. Or estant bien armé et les abitans de la vile le atendant à la plasse, il fit mectre tout le
peuble en batalle et les chivancheurs aussi à l'avance, i estant lui mesmes, estant touts tant à pié que à chival environ
deus cens cinquante, non pas que il y eusse deus cens bons
soldats; car il i en avoit de mal armés et gens inparfaits aus
armes Or estans tojorn en chemin, toutgorn marchant en
batalle, sans que les papistes en fucent avertis, car ils estoient
si laces du chemin qu'ils avoient faict qu'ils ne povoient plus;
car incontinant qu'ils furent venus aiant banqueté, les uns se
misrent au lict, tellement qu'ils estoient touts endormis, é ne
seurent rien jusques que ledit de Pierre fist sonner la trompète et le taborin, estant en Aguessac : car s'il n'eust sonné
mot, ils povoient copper la guorge à touts. Mais les papistes
estant avertis chescun se mist en armes. Estans touts estordis
de someill, les uns se misrent en fuicte et les autres fuioient à

grans troupes per les vignes et champs, Or cant toute la bande
de Millau feurent en Aguessac, que passoient le pont per
mónter à Compierre, une partie estoit ja montée avec un capitaine, nommé mossur de la Fermondie, lequel conduit
très-bien sa partie jusques dans le fort dudit Compierre,
toutgorn scaramoschant, lesquels se firent faire place aus papistes; et aiant beu une fois chescun sortirent scaramoschant
per le faux-borcx. Dont des papistes i eust la plus grant occi-
sion, et sortirent les papistes dehors tout le lieu. Or pendant
que touts montoient de front en bataille de catre en catre, voissi
venir le sergent de bande que laissa l'infanterie et se mist avec
les chivallers et i fist aler touts les conxvois et quelques trente
ou carante arcabosiers, les commandant de aler après la chivalerie de per le capitaine seigneur de *Pierre*; lesquels i alarent et plusieurs à lur grant regret; car si totz fussent mon-
tés, la plus part des papistes i fussent morts. Ledit de Pierre
toutgorn marchant devers le pont de *Barbade*, il voiant que
les chivallers papistes estoient desjà remassés et descendoient
la coste du *Périé* touts d'un front, ledict de Pierre se voiant
estre débille d'une part, et d'autre part faute de *guer* (cœur),
il feut tellement effraïé qu'il se mist à crier: *Vire visage; que
salve qui porra.* Tellemant que sela effraïa les soldats; car il
cria per deus fois et les papistes entandant sela, prindrent
corage; et les soldats que suivoient ledict de Pierre estoient
sens chef ni capitaine que les conduisse. Mès chescun fuioit
d'un costé o d'autre: Les uns passerent la revière, les autres
le grant chemin; la chivalerie se mist en fuicte vers Millau,
excepté mossur de Pierre lequel s'en feut tiran à Limenso
(Lumenson) et feut blessé que le tombarent dessus son chival
lequel se remist dans le temple de Limenso. Mais à la trasse
du sang le trevarent dedans lui et le sergent que costa la vie
de plusieurs; car s'il n'eust rompeu la bande touts montoient
à Compierre. Ils furent prisonniers touts deus et ce pendant
les autres faisoient la persuite aus Uguenaus fugitifs, et ne
tuarent desçà et delà l'aue (l'eau) de cens d'à pié; car les chivallers se salvarent touts. Vous assurant que les papistes ne
tuarent pas six hommes en combatant; mès les pavres gens
les murtrissoient en fuiant o bien estants rescots per les vignes,
et se treva per conte que de la religion en moreust environ 35

et des papistes quelques carante et pleusieurs de blesés que emmenarent vers Roudes et en moreust per les chemins. Mossur de Pierre et le sergent les menarent prisonniers à Roudes et i pendirent le sergent et ledit de Pierre menarent à Tholose, lequel justiciarent griefement; car lui couparent bras et gambes tout vif et la teste toute dernière, lequel morut constemant sens soi desnoier de la religion et morut martir. Mais la place demeura à ceus de la religion.

M. de Vesin prend possession de Compeyre, en 1567. Il en est chassé par les Huguenots qui reprennent la place et démantèlent ses fortifications.

Notés que durant les trobles de guerre je ai veu jouer de grans estratagèmes aus papistes, comme la chose est évidente en plusieurs endroits et plusieurs parts, mesmes à n'ous prochains voisins de Compierre; car per aucun moien ils ne povoient vaincre la religon sinon per trahison. Tellement que les messieurs de Compierre, afin que les abitans de Milhau ne se apersoussent de lur trahison le 20 de octobre en susdit ces messieurs de Compierre vindrent à Millau avec paroles fraudeuleuses per séduire les abitans dudit Millau le nombre cinq o six des principaux dudit Compierre, entre lesquels je i coneus mossur de Saliés, maistre Anthoine Palhas et un Pierres Pégurier, estans touts des principaux dudit lieu, lesquels en lur dire résultans que de volonte comme de faict, ils venoient en ceste ville au nom de touts les habitans dudit Compierre et cirtonvoisins que touts d'un commun accord et volonté volons vivre en paix avec ceste ville fraternèlement comme bons voisins, et que n'avons intencion de vous faire mal ni domage. Eins que nous susmes isi per faire pacte, acord et alience entra vous et nous, que ores et cant que personne nous viendroit molester de quelque religon que fust, vous nous prométés de nous donner toute faveur, aide et secours; ce que de faict et de volanté Milhau leur premist. Aussi dirent que cant à eus ne pertendoient que personne entrasse dens lur fort que fussent estrangers avec armes ni sens armes d'une religon ni d'autre. Mais cant à vous de Milhau vous povés entrer et sallir sens armes sehs

contradiction ; mais comme en vostre ville bien assurés. Mais
cant à nous aussi semblablement nous vous assurons et prom-
métons de nostre part que cant aucunnément personne vous
molesteroit ; nous vous donnerons toute faveur et secours de
nostre puiscence et dès à présent vous nous prenés en vostre
protection et sauve-guarde. Defaict aussi fesons nous à vous
et les uns envers les autres. Ainsi fust aresté entre deux parties.

Or pendent ceste conférence ces messieurs de Compierre
avoient déjà mandé à mossur de Vesin qu'il vinse le plus
tost à Compierre et que menasse avec lui de gendarmes per
guarder le fort de Compière, afin que Milhau ne se mist dedens. Car vous estes nostre sauveur, come aussi de vous nous
fions : Lesquelles menées firent secrètement. Tellement que le
susdit Vesin arriva eldit Compierre le sabmedi 23 dudit mois
de octoubre avec gendarmerie tant à pié que à chival. De faict
la foi de Compière fust rompue ; car frauduleusement feirent
cest accord et per bon droict et bonne raison de Milhau leur
firent le droict que à eus aperteneit. Notés que le lendemein
tenent 24 octoubre le gouverneur de Milhau que estoit mossur
de Taurines assembla su gendarmerie du nombre de cinq cens
comprenént une partie des abitans de Milhau, de sorte que
per se coup ne i entrèrent poinct, perce que mossur d'Arpajon i estoit, mossur de Mostuégols aussi, lesquels quatre
lavrons parlamentarent avec ledit Vesin. Je crei qu'ils en tirèrent quelque composition ; de sorte que ce soir ils devoient
seper ledit fort per entrer come l'on en estoit résolu. Mès ledit
d'Arpajon, Mostuégols, Taurines et Les Ribes, lieutenent
dudit Taurines se aconseilharent et incontinent feirent vuider
le camp heure tarde ; car fassilement fussent entrés, d'autant
que dens ledit fort ni avoit goté de vin ni d'aue, car l'on lur
avoict rompus les conduits des aues ; joinct aussi que les chi-
veus lur moroient de feis et de soif ; car toutes provisions de
gens et de bestes leur estoit failhis ; car touts vivres estoint
aus faux-borx : Tellement que per ceste cause tout le camp
vuide sens qu'il i eust grans mortres. Dont de la part de la
religion en i eust deus de morts et trois de blessés et des papistes en i eust cinc ó six de morts et autant de blessés ; car
ledit Vesin ne pevoit eschaper sens la vuidenge dudit camp ;

et per lers Mossur de Saliès fust blessé d'une arquebosade que lui persa une main et un genoilh (genou) estant sur la muralhe dudit fort. Mais de ces catre dessus nommés non obstant qu'ils batalhaient per la religon, siesse qu'ils estoient de grans tirans non tant sulement aus estrangers, mais aussi à seus de la religon ; tellement que touts veuci et plusieurs autres capitaines ils sont touts morts pavrement sens défence, sinon Taurines lequel morut au camp en batalhe.

Notés que le troisième jorn du mois de novembre le camp torna devant Compierre per le mandement de Taurines per le consentement de mossur d'Arpajon, et d'autant aussi que mossur de Vesin s'en estoit vuidé, car ils le susportarent. De faict estant ledit camp devant ledit Compierre, gens du païs de Foix eu Lauraguois, six enseignes, outre seus de Milhau eu du païs ; tellement que se fort ne se pevoit avoir sens que plusieurs en abondence n'y morussent ; tellement qu'ils le misrent à la seppe ; car il i avoict plusieurs soldats experts à se faire ; tellement que estant comencé à seper, ils demandèrent à parlementer. De faict vindrent à parlement ; de sorte qu'ils composarent et per ensemble que la noblesse que estoit dedens sortiroient du fort ensemble les soldats touts à bagues salves et lurs chivaus, sens prendre aucuns meubles, et que les prestres que estoient dedens sortiroient dedens ledit fort, vestus de lurs robes longues, et que les habitans dudit lieu porteroient la fole des soldats ; et cant al fort sela se estoibt mis à la description (discrétion) de mossur d'Arpajon, coronel per la religon. Tèlement que les prestres furent amenés à Milbau de deus à deus stachés avec cordes que en i avoit 22 ; tellement que quelques uns schaparent avec la ranson et d'autres que lur costa la vie avec la ranson. Or estant ledit fort vuidé des papistes, il fust tout pillé et saccagé ; les cloches furent vendues et touts les ernemens de l'idolàtrie per le paiement des capitaines et soldats, de sorte que tout ledit Compierre fust tout pillé et incontinent desmantelé.

Les catholiques s'emparent de Compeyre, en 1569, et le fortifient.

Ce 17 de juin les papistes se remparèrent du fort de Com-

pierre , lequel avoict esté ruinés les muralhes per les abitans
de Milhau. Dont sela fust faict per mossur de Saliès causant
une haine que mossur de Saliès portoit à la ville de Milhau,
d'autant que Milhau lui avoict faict ruiner son chasteau. Dont
ledit Saliès entra audict Compierre le sabmedi et le digmenche.
Ils comencèrant de bastir et trevalher nuict et jorn avec
abondence de maçons et force populace; et cant ils feurent
renforcés ils leisarent dedens guarnisons, lesquels lur faisoient
mille ennuits et facheries, nom obstant qu'ils fussent touts
papistes; siesse qu'ils traictoient fort rudement les abitans
dudit Compierre et mesmement aus fèmes; car cant ils n'en
povoient joir, les tormentoient à force de coups jusques à la
mort. Tèlement qu'il i eust de femmes que en morurent o de
coups o de facheries; de sorte qu'ils estoient désontés comme
de bestes; car les eussiés veus alor per les rues tenens leur
nateure honteuse aus mains; de sorte que la chose estoibt
abomminable à Dieu et aus hommes.

Diverses escarmouches entre les garnisons de Campeyrs
et les habitans de Millau.

En ce mois d'aoust les guarnisons de Compierre papistes
avoient délibération faicte de lever les bleds que estoient en
maturité apertenans à Milhau, tèlement qu'ils venoient ir-
riter la ville à tout prépaus; de sorte que oisivité ne nous
occupait pas. Tèlement que per ceste scaramoche il i en eust
des papistes blécés quatre et un aussi de la religon en la main,
dont n'en morenst poinct.

En ce dict mois les guarnisons de Compierre estant déli-
bérés de prendre touts les fruicts et bleds des environs de
Milhau, vindrent avec force mulés à bast per en apporter les
bleds des environs de tout le *Pui-Dondan*, estans lesdicts papistes du nombre de 80 o plus. Tèlement que estans advertis
du faict de la ville i alasmes environ 40 arquabosiers. Dont
ils furent persuivis si rudement que l'on les mist en fuicte;
desquels en i eust deus de morts et dix de blécés. Le capitaine que les conduisoibt estoibt mossur de Saliès , capitaine
de Compierre, et Belhargua, son beau fraire. Le capitaine
Valadier que nous conduisoibt feust blessé de l'arquebouse

sous la tetine gauche et en un getoilh, lequel moran unsé
jorns après. Mais vous asséurant que ces dictes guarnisons
graveient fort ladicte ville jornélement ; car le jorn per devant i eust autre scaramoche en laquélle mossur de Sainct-
Remmie de Milhau i perdit son chival que feust blessé de l'ar-
quebusade. Dont per lors il tua un soldat papiste, sens nul de
blessé de la religon

Or après que Milhau eust enduré plusieurs énnuis et fasche-
ries des guarnisons des environs papistes, tant de Compierre,
Creisel, Seinct-Beusile que autres liéus, l'on pensa de jouer
quelque subtilité per les surprendre. De faict le 21 de juin
1570, de ceste ville de Milhau firent une embuscade auprès
du rivage de *Barbade* dessous Compierre, tirant vers les molins de la Roque dens une maison telé qu'il i ay estans du
nombre de sincante soldats avec le capitaine Marmalron,
demurant coiement dens la dicte maison toute la nuict. Le
lendemain dous heures devant jorn de la ville sortirent environ sincante arcabosiers, lesquels s'en vindrent droit
Aguessac. De faict estans près d'Aguessac, l'on comensa de
persuivre sertains mulets que estoient chargés de foin, tirant
droit Compière, sans que l'on eust envie de les prendre. Tèlement que les guarnisons de Compierre sortirent et plusieurs
abitans touts en armes à la persuite contre nous, sonant grant
alarme à son de cloche. Tèlement que nous nous mismes en
fuicte jusques que les eurent mis à nostre port. De faict les
aïans sortis de Compierre jusques qu'ils eurent passé Aguessac, i estant mossur de Saliès et son beau-fraire Belhargua,
touts dus à chival, vous assurant que bien tost nous eussent
ataints, sine fust la fiance que l'on avoit de l'embuscade. Tèlement que voiant qu'ils nous persuivoient de si près, et que
les eusmes sortis de leur guarde, l'on lur balha doutse coups
d'arquebosade ; car tel estoit le signe du mot de guet, de sorte
que incontinent l'embuscade sortet, et nous virâmes visatge
contre heus ; tellement que l'on les mist entre deus de sorte
qu'ils se voiont enfermés, une partie se mist dedens le molin
de mossur de Claus, lesquels se défendoient vallemment.
Une autre partie s'enferma dens une maison qu'est vis-à-vis
du pont d'Aguessac et mossur Saliès avêques heus ; Bellargua
s'enfuit et les laissa. Or ledict se voiant enfermé, il volet es-

chapper à chival ; de sorte que l'on donna un coup d'arquebouse au chival que incontinent il tomba per terre et l'homme
et tout ; tellement que l'on lui donna un coup d'alebarde sus
sa teste qu'il ne se peut relèver. De faiet il volust donner deus
mille scuts et que l'on lui salvasse la vie ; mais cant il eust
doné le plein ventre de son chival plein d'escuts, il ne fust
pas eschappé : car il avoict faict mille maus et ennits à Millau ;
joint aussi qu'il avoict esté de la religon et per malicie avoit
esté révolté. Orès estant mort ledit Saliès, l'on mist le fu au
molin et à la maison ; de sorte qu'ils se voiant brusler, fust
forse qu'ils sortissent ; et l'on les mist touts au tranchent de
l'espée, que en i eust de morts terénte sept et plusieurs de
blessés en fuiant, et seus de la religon i en mocut sept. Bien
est verai que l'on en fist un prisonnier per récobrer La Pome
qu'estoit prisonier dens Compierre.

Or après que ceste scaramoche feust dónée audict Compierre,
les papistes se renforsèrent plus qué péravant. Bien est verai
qu'ils craignoient un peu devantage.

Prise de Compeyre par les huguénots, en 1573.

Le 9 dudict mois de mars Compierre feust prins per mossur
de Seinct-Romme de Millau une heure devant jorn per un
pertuis qu'ils firent el bout de la muralle. De faict estant
dedens, sens avoir aulcune intelligense de personne du fort
ils sonèrent l'alarme avec la trompète ; tellement que le capitaine dudict fort qu'estoibt mossur de Cabrieires se mist en
défence ; de sorte qu'il fust tué ; ensemble serteins habitans
papistes de Millau qu'estoient fugitifs dudit Millau ; de sorte
qu'en touts en i eust quelques vingt de murtris et plusieurs
prisonniers, lesquels eschapèrent avec la ranson. Vous assurant que les habitans dudict Compierre furent empêchés de
lurs déseins ; car ils avoient aresté que trois jorns après les
estats tenens, ils avoient conclcu et aresté à Roudes de mectre dens ledict lieu sincante soldats per tenir contre Milhau ;
de sorte que ledict de Seinct-Romme i mist sincante soldats
de la religon.

Bellargue, capitaine de Psyrelade, tente de suprendre Com-
peyre. Un soldat nommé Le Rein, se rend maître de cette
place, il en est chassé par M. d'Arpajon (1574).

Le 28 du mois de juin 1574 Belbargua estant en pocession
à Pierrelade, lui aient intelligence avec un soldat de Compierre per suspendre ledict Compierre; mais le soldat avoit
déclarée la cause al capitaine de Compierre. De faict ledict
Belbargua vint; tellement qu'estans dens un revelin, une
partie i estoient entrés entre deus portes; de sorte que en i
eust quatre de morts, cinc de prisonniers et dix de blécés,
lesquels s'enfuirent, que'estoient de dehores.

Or en ce dict mois que mossur de Seinct-Rome de Milbau
estoibt guoverneur de Compierre, i tenont per la guarde dudict lieu, mesmes, desdits habitans dudit Compierre, un
nommé Conducher se rendit maistre, disent que d'autant que
lui et ces compaignons estoient enfans dudit lieu de Compierre, c'estoibt bien chose plus que raisonnable que le fort
que ils tenoient, soibt tout per us, veu que le peuple dudict
lieu s'aiment plus demeurer soubs l'obéissance d'un habitant
que de tout autre, qu'est la cause que per la induicte desdicts
habitans, il s'estoibt rendeu maistre, comme ledit Conducher
proposoibt; mais la chose estoibt faulce; car lui et ses compaignons, l'avoient faict per anbition et un profit particulier
et per le conseilh d'un nommé le Rein, estant sergent de la
compaignie; tellement que ledite Le Rein se pença que ce fort
seroibt bon per lui; de sorte que le 22 de juin 1574, le susdict Conducher s'en estant alé jusques nou guières loin. Tellement que en son retorn que ledict Conducher voleipt entrer
le susdict Rein dict qu'il n'entreroit poinct et qu'il se retiresse
de là; de sorte que mossur d'Arpajon entendent que ce fort
de Compière estoibt en division et que ledict le Rein estoipt jà
prest à se révolter, et qu'il le voloibt rendre entre les mains
de Belbargua, ledict seigneur d'Arpajon s'i transporta, comme estant guoverneur per la religon de la Haute-Marche. De
faict ledict d'Arpajon sortit le Rein dudict Compière; tellement
qu'il se révolta lui et quelque quinsaine de soldats avec lui;
car voiant qu'il ne peult venir en son entreprinse, il se retira

avec Belbargua à Pierrelade, soldats soubs l'obéissance dudict Belbargua; dessorte qu'ils firent mille extortions despuis à Millau et à Compierre. Dont il i en avoict d'atjoints des enfens dudict Millau, lesquels ne visquèrent pas guières après; car furent murtris.

Compeyre pris de nouveau.

Au dernier de juillet 1575, Compière fut prins, nonobstant que un cappitaine de la religon le tenoit, siésse que un plus larron que lui le susprint et l'en sortit per envie de desrauber comme les autres.

Escarmouche entre les nouvelles garnisons de Compeyre et les habitans de Millau.

En ce mois 19 d'apvril 1577, Bellargua, cappitaine de Compierre, avoit faict enbuscade avec ses gens à pié et à chival per atraper des gens de Millau ou de Sofies, car Larcis si lenoit. Or donc l'embuscade estoit al bout de las Prades de Aguessac. De Millau furent avertis que ledit Bellargua attendoit quelques-uns en embuscade. De faict de Millau i alèrent vingt hommes à chival et sincante arcabosiers à pié. De faict ils se rencontrèrent si très-bien que de ceux de Millau i eust de blécés deus, dont là un moreut qu'estoit le capitaine Stergi, perce qu'il n'estoit pas armé et catre chivaux blécés; et de ceus de Compierre en i eust trèse de morts et quelques-uns de blécés. Vous assеurant que si les arcabousiers i feussent estés de bonne heure, que de ceus de Compierre en fussent bien peus échappés. Le choc feust donné au premier pré que l'on treuve sortant d'Aguessac que est des héritiers de fu Vairan de Compierre.

Rencontre entre la garnison de Compeyre et celle de St-Léons.

Le 4 de juillet 1580, entre les guarnisons de Compierre papistes, et la guarnison de Seinct-Léons se rencontrèrent estans 40 ou 50 tous à pié; du Compierre du nombre de plus de cent ausquels il i en avoit quelques dosaines à chival. Tellement que ceus de Seinct-Léons se défendirent, comme ils peurent. Toutesfois il en moreust de ceus de la religon quelques environ dixe-neuf, et des papistes le capitaine seulement, nommé Teulade, et quelque un o deus de blessés. Les papistes eurent toute la despouille et armes et huict corsélés.

Saliès.

En le mois de mai 1569, uns estats particuliers furent teneus dans Ville-franche du Rouergue, entre les papistes et dans lesquels il fust arresté et conclou, que afin de effamer les habitans de Millau, eus mettroient à Creissel 100 arcabosiens et cent hommes à chival en guarnison per battre l'estrade, et à Saliès 60 chivallers.

Or la ville de Millau estans advertis dudict conseilh, sive estats, l'on se assembla un beau nombre de soldats, lesquels s'en alarent droict à Saliès, tellement que per deus fois que les soldats i feurent, pillarent tout ledit chasteau et tombèrent une partie dudit chasteau à force de maçons, et l'autre partie misrent le fen, de sorte que ce feust cause que l'entreprinse des papistes faust enterrompue.

Le 30 du mois de mars 1577, les habitans de Millau sachant que de Roudés volaient mectre guarnisons à Saliès, ils s'en saisirent et i misrent Larcis qu'estoibt de la maison de Bussac; voiant ainsi que Bellargua, cappitaine de Compierre, faisoit grant mal aus habitans de Millau, tant en leurs corps que en luers biens; de sorte que entre ledict Bellargua et ledict Larcis so combattoient souvent, perce que le dict Bellargua lui foisoit chesque fois embuscade; de sorte que de coup en coup l'in tuoit des siens.

Aguessac.

En le mois d'aoust 1580 un déluge d'eau feust faict en Aguessac que emporta le pont d'Aguessac, et aussi les molins, et faisoit branler les vaiseaux pleins de vin dans les caves dudit lieu.

Vérières.

Notés que vers le mois de jenvier 1575, il i avoit un soldat nommé Colombet; lequel s'estoit révolté et s'estoit rendu papiste. De faict il s'empara du chasteau de Veirières et en sortit le seigneur qu'estoit dedans tellement qu'il print soldats à sa charge, lui faisant mille larsins et briguandages et d'extorcions innumérables à tout le peuple. Il prenoit femmes et filles per force tantes qu'en trovoit à son gré. De sorte que un jorn entre autres, il print une fille per force; tellement que lui moureust entre ses bras. Vous asseurant que en toute ceste terre n'i avoit femme ni fille qui ausast demeurer. Mais non obstant qu'il fust marié, siesse que encores il entretenoit deux o trois filles qu'il avoit desbauchées, lesquelles il faisoibt servir à sa propre femme. De faict la mère dudict Colombet qu'estoit avec lui le volsit reprendre de sa male conversation. Dont ce malvais guarnement la print et la pendit par ses pieds, que i demeura un temps, et puis l'aiant déseudue, la batit fort et puis la ne envoia (renvoya.) Il avoit acquis beaucoup d'or ou d'argent per les grans larsins et briguandages qu'il avoit commis. Or le sénéchal de Rouergue estant averti de ses maléfices, il manda au dict Colombet qu'il vuidesse le chasteau de Veirières et qu'il se retiresse soubs la charge de quelque cappitaine, se guardant de fere mal qu'il faisoit. Mossur de Vesin aussi comme général de la Haute-Marche per les papistes, lui manda semblables démonstrances comme le sénéchal. Mais cant l'on le disoipt audit Colombet, il s'en rioit, en se moccant d'iceux. De faict al mois de mars 1575 mossur de Vesin et Bellargua le prindrent, feignant le mener prisonnier à Roudés; tellement qu'estant devant *La Clau* d'un coup de Dague le tombèrent per terre; de sorte que avec leurs chivaux lui montèrent dessus, de faisson que lui crevèrent son ventre, que ses boiaux en sortirent per terre. Voilà le paiement de sa paillardise. Vous assurant que les femmes et filles furent éxentes de beaucoups de peurs que avoient de lui. Je ne usse pas escript seste istoire; car le personnage ne méritoit pas; mais je l'ai faict per signifier les cruautés qui régnoient en ce temps. (1).

(1) Ce lovelace où plutôt ce brigand se nommait Jean Blanc, et por-

Peyrelade.

Les catholiques s'emparent de Peyrelade.

Le 22 de février 1588, Pierrelade fust prins par les papistes; car furent trahis per mesmes les abitans dudict lieu et un prestre que guardoit le fort; car messur de Claus i estoit, parce qu'il y avait de bien là, et l'avoit faict fortifier, et ce prestre gouvernoit entièrement le bien dudict de Claux. Ils tuarent trois soldats, les autres se mirent à fuicte. Messar de Claus fust prisonnier et un messur de Luguans qui estoit avec lui; tellement que tout son meuble fust prins et pillé et armes aussi, et emmenèrent prisonniers ledit de Claus et Luguans à Roudés. De faict ne les voulurent point recevoir come prisonniers, dirent qu'ils estoient en lur bien, sans fère guerre à personne, mais guardant le fort estant dans sa maison; de sorte qu'ils furent eslargis, moiénant la somme de mille scuts par homme. Aussi firent prisonnier un ministre, lequel tindrent un temps dedans une cisterne et puis avec petite ranson eschapa.

Ils font des courses jusqu'à Millau.

Or le mois suivant les papistes que tenoient Pierrelade faisoient de cources jusques à Millau tant de nuict que de jorn, prenens bestial, les meubles des païsans, les emmenoient prisonniers, tellement que les faisoient ransonner,

tait le surnom de Colombat ou Colombet. D'après un ancien titre qui m'a été communiqué, il était à la tête des huguenots, lorsqu'il s'empara du château et du village de Vérières, sur lequel il imposa une contribution de 3,000 livres qui lui furent payées.

Plus tard, c'est-à-dire lors des dernières guerres religieuses les habitans de Vérières remirent la cloche et les vases sacrés au seigneur de Cabrières, afin de les préserver du vandalisme et de la rapacité des huguenots. Lors de la paix, ces objets ne furent rendus qu'après sommation, parce que le seigneur de Cabrières prétendait que les habitans de Vérières devaient contribuer aux frais employés à la garde de son château.

Aussi Milhau contre eus ; dessorte que de grans murtres se
faisoient d'une part et d'autre eugualement et de prisonniers,
de sorte que per lors toute équité bonne fust renversée et
justice folée sou les pieds ; car per lors les biens commensà-
rent estre communs aus lerrons et estoibt sage, fin valhant,
bien rensé que des jorns après se peveit guarder. Tèlemént
que nostre chen que s'apeloit consiende per ce temps fust né
(neyé) ; car qui voleit schaper de prison, falloit qu'il paiast
sa renson.

En ce temps fust enlargi mossur Soleil, ministre, et ce per
la somme de cent dix seuts sol patés par les abitans d'Aunnes-
sas en Savennes (Cevennes), estant lur ministre, lequel fust
prins à Pierrelade avec mossur de Claus.

*Les huguenots, sous la conduite de d'Acié de Crussol, essaient
de s'ampaner de Peyrelade.*

Sus la fin de septembre 1568, certaines compaignies s'en
alarent à Pierrelade que tenoit per les papistes ; mais né
peurent rien faire. De faict ils misrent le fu dans le village.
Dont i bruslarent plusieurs maisons. Le coronel de cette armée estoibt mossur d'Acié, duc d'Uzès, lequel el bout d'un
temps se révolta et fut papiste.

Les catholiques reprennent Peyrelade sur les Huguénots.

Le 6 de juin 1574, mossur de Vesin, Bellargua et plusieurs cappitaines estans papistes, accompaignés de deux
compaignies, tant à pié que à chival, vindrent à Pierrelade,
et ce per mectre ledit Bellargua dedens ; car il ne povoict
entrer autrement, si ne feust per le moien dudit Vesin,
comme estant guoverneur de la Haute-Marche per les papistes. De faict ledit Vesin manda serchar celui qui tenoict ledict fort, qu'estoibt un fis bastard de mossur de Sainct-Ge-
nieis, lequel ne fasoipt mal à personne. Ores estans devant
ledit Vesin, il lui dist que, comme estant guoverneur audit
pals, qu'il vouoit visiter per les papistes toutes forteréses
dudit pals et nomément Pierrelade, lequel fault que sòist en
teste à Milhàu et Compierre, villes rebelles au Roi, et l'aiant

veu et visité , je vous laiserai pocéseur , comme per avant.
Dont vous poues fier en moi; car je ne me veus pas tenir là.
De faict ledit traitre Vesin monta dans le fort et entre tout le
premier. Tellement que cant il eust tout veu , il s'en sortit.
De faict i laissa quatre soldats : et ne sortit selui qui estoibt
per avant. Dont la foi de Vesin est escript en diverses parts ;
de sorte que cant quelque un voldra jurer et tenir une foi
faulce , qu'en dise , à foi de Vesin en à foi de Graves. De faict
ledit Vesin laisa de dens ledit Belhargua per capitaine.

Les Huguenots s'emparent de Peyrelade.

Le 24 de mars 1580 , Pierrelade fust prins le lundi matin,
estant plejà grant jour per certeins enfans ou habitans de
Millau avec grand danger de leur vies, de sorte que un ser-
tents , nommé Genieis , lequel fist un acte héroïque , car il
mist son corps à l'aventure , et proiés que je ne sai si hragvant
ni vallant homme o capitaine, o soldat que le cœur ne lui
tremblasse , comme à la vérité dire , fesoit bien ledit Genies
precieur. Mais il eust le cœur si ardi et vallant qu'il mist sa
vie à l'asart , comme en désespoir. De faict estant entré dens
le réduit avec la troupe qu'esteict avec lui , il se mist à prier
Dieu et recommanda son âme à Dieu morir per une de dous
raisons : l'une cant l'homme (Pétard) crevaroit, doubtant
que quelque piesse le tuast , d'autre que sur l'entré dudict
fort , les soldats dudict fort le tuassent, en se défendant. Or
aiant prié Dieu et pansé son homme , dit Pétart , il eust asés
affaire de trever personne que le volsit segsonder. Enfin
il eust deus soldats que lui promisrent de ne le laisser jamais.
De faict il mist le feu au pétart , ledit Genies estant dessous ,
atendent la mort , télement que ledit Pétart se mist à plus de
cent pièces ; de sorte qu'il creva et rompit la porte de la tra-
pe, là ont l'on entre. De faict lui estant entré , les guardes
dudict fort lui rompirent une alebarde entre ses mains : mais
estant segtondé per ses deus soldats que lui avoient promis,
ils se rendirent maistre et tuèrent quelques sept qu'estoient
dens ledit fort et quelque un prisonnier ; de sorte qu'ils trouvèrent de dens plus de cinc cens larts sive batons que tous
les paisans i avoient aportés. Aussi i trouvèrent beaucoup de

meubles, d'abillemens d'hommes et de femmes, aussi d'or et
d'argent que tous les paisans dels environs i avaient aporté
per sureté, per se que c'est un lieu imprenable sens sur-
prinse. Or donc estans maistres du fort seulx de la religon,
(car les Papistes les tenoient per avant), puis vindrent à
créer entre heus un capitaine. De faict feust créé ledict Genieis, capitaine per la voix de touts. Dont l'ambition de quelque un le possa que per cautèles et finesses fist prisonnier
ledict Genieis. Mais per sela il ne gaigna pas le fort. Ils le menèrent prisonnier à Seinct-Léons bien extroictement Dont
ceste ambicion feust cause de plusieurs meurtres que l'énemic
Papiste filst à ceuls de la Religon. Dont cest emprisonnement
feust faict per l'apui de Mossur de Broquiès, homme subjet
à l'avaricie, soi disent estre général du païs de la Haulte-
Marche, païs de Rouergue, per la Religon, se qu'il n'es-
toiet pas advoué dudict païs tel. Vous assurent que per ceste
ambition en sortit beaucoup de mal.

Les catholiques essaient de se rendre maîtres de Peyrelade par surprise, en 1580.

Grans trobles en ces temps i avoiet per toute la Guaule;
car mossur de Biron faisoit grant guerre au païs de Carsi, le
capitaine Merle au païs de Givaudan, prenens viles, chas-
teaus et forteresses, les oiant prinses, amectoient tout à sac.
Dé faict en ces temps les thraïsons estoient fréquentes les uns
contre les autres. Dont faisoient à qui mieus et à qui pis. Nonobstant quelque bruiot de païx que feust per toute la Gaule,
comme ainsi feust faict à Pierrelade, car Bellargua, capitaine
de Compièrre se volent essaier de avoir le fort de Pierrelade
que ceuls de la religon tenoient per lors. Or adonc il i avoit
deus paisans dudict lieu, fréquentans, associans aldict fort.
Ils misrent Bellargua dens lur maison bien secrètement, accompagné de plusieurs de ses gendarmes, i estant per plusieurs jorns enfermés. De faict ces dus paisans fraudulasement
avec parolles blandissentes, ils vindrent au capitaine dudict
fort, nommé Geniées, disent : Capitaine, le paisans que avés
prins le bestial sont en ma maison; venés prendre argent,
venés le prendre et menés le sergent, afin de vous accorder

avec eus. Tellement que in continent qu'ils furent dedens ils furent bien trossés et extroitement garroutés. Dont ils voloient avoir les soldats l'un après l'autre per avoir le fort. Mais il i eust un laquei que avec finesse avertit les soldats. Dont sens sela ils estoient morts et le fort prins, tellement que la chose estant descoverte, se dit Bellargua emmena les prisonniers à Compierre et tua le sergent, nommé Rispet per les chemins. Ceci fust faict le 24 décembre 1580.

Or après que ledict Bellargua tint prisonnier ledict Genieis avant qu'il le volsit faire morir, il se pensa de plus tost aler parler avec mossur de Vesin, comme guoverneur du pais de Rouergue per les papistes qu'il en devoit faire. De faict estant en chemin aus environs de Veirières, le capitaine Rascalbin de Millau le rencontra, tèlement que de grant furie lui donna dessus ; de sorte que ledict Bellargua se mist en désroute et en fuicte. Dont laissa le chival et se saulva dens un bois mussé tout le jorn entre mi de ronces, sens que jamais l'on le peust trover, sinon son chival que fust vendu sept cents scuts. Le Capdet de Coins fust prisonnier per eslargir Genieis, et un o deus tués ; car tout le reste en fuiant se saulva.

Les catholiques prennent Peyrelade.

Le 25 de février 1581, un orfèvre de Millau, nommé la Boissieire, beau-fraire de Genieis, cappitaine de Pierrelade, estoit et tenoit ledict fort per ledict Genieis qu'estoit prisonnier. Cest Boissieire ne se sentant assés fort de tenir ledict fort, le bailla al capitaine Merle : car Genieis le lui avoit relauxé o bien vendu, avans qu'il fust prisonnier o bien promis, lequel Merle entra le susdit jorn au grant regret dels papistes et mesmement de Bélargua.

Le 29 apvril 1581 le fort de Pierrelade fust prins per trahison, estans en temps de paix. Mais nonobstant que ledict fort fust imprenable, la trahison est plus forte : car le capitaine Merle per la préservation dudit fort, il i tenoit un soldat auquel il se fioit avec autres sinc ou six soldats que comendoit la dedens au nom dudit Merle, lequel cedit jorn bailla voie aus soldats. A l'un dist : Va-t-en en un tel lieu per faire aporter de bois, aus autres, l'aun sescher des herbes per faire une

melade ou du vinaigre. Tellement sans que ce dict capitaine
pensast à la chose que devoit advenir. De faict pendant sela,
cest capitaine estant sulet avec un autre soldat dens ledict
fort. Or dens le vilage i avoit un autre soldat lequel estoit suspect et ne entroit pas al fort, nommé l'Espaignolet. Ce capitaine le invita. De faict ce traistre monta et une grosse cham-
brierasse avec ledict traistre, tèlement que ledict Spaignolet
estant dedens avec ladicte chambrieire se rendirent maistrots.
Tellement que tuèrent ce dict cappithaine et aussin le soldat ;
et le reste dels soldats qu'estoient dehors furent tüés per les
païsans. De faict le fort fust guaigné aus papistes, car Bellargua avoit esté caché dens de maisons dens le vilage per cinq à
six jorns que les païsans tindrent, comme tosiors sont estés
contre la religon. Tellement qu'estant maistres dudict fort,
cedict Bellargua i mist dedens 6 homes de ses soldats per le
guander ce dict fort. Le capitaine Merle estant adverti du
faict, comme lui estant prest de rendre Mende, ne le rendist
pas après quel mandement qu'il eusse, mais tant de gens qui
trevoit apertenens à mossur de Sainct... Ledict Merle les
faisoit morir sans nulle merci.

Reyne.

Le mois de mai 1568, un Boisset del Liancous fust martri
à St-Geniès-de-Rive-d'Olt per les abitans dudit lieu avec son
laquai, estans de la religon réformée. Ledict Boisset fut as-
somné de pierres et de coups de baston, lui invocant Dieu
en son afflietion et fin de ses jorns, lequel morut costement.
Tèlement que sa feme estant dens le chasteu de Lopiao, près
de Sévérac, manda à Milhau l'éxès que avoit esté faict contre son mari. Tèlement que le capitaine Monrosies i ala avec
une compagnie de soldats, lasquels demourarent un peu de
temps dens ledict chasteau. Dont en s'en retournant prindrent
le chemin droict à Boine. Dont trevèrent certeins soldats papistes, lesquels tuarent qui estoit le petit Breton de Compierre, et cedict jorn mesmes fust faict prisonnier le bastart
de Belhargua, lequel estant prisonier à Creisseilh qui estoit le
14 de mai 1568, lequel ne tarda pas long-temps que eschapa
des canses (prisons) dudit Creisel. Tellement que despuis

ledict Bellargua fist de grans maus contre la ville de Milhau jornèlement contre tous ; car la renson que ledict cappitaine Monrosier en print secrètement et d'autres, fust la cause de son mal ; de sorte que ses rensons lui costarent la vie ; car il prenoit argent et puis les relachoit.

Peyreleau.

En ce temps (1577), à Carse-Gordan (1) i avoit un capitaine, nommé Talaissac, papiste, le plus cruel homme que en ce temps conversasse sus le siècle de la terre. Dont il vint à Peiraleu (Peyreleau). Dont, aldit lieu se faisoient quelques nopses ; de sorte que sedict Talaissac coucha avec la fiancée la première nuict, volsit le fiancé o non, et en despit de touts ses parens. Tellement que le fiancé ne la volent prendre ni recevoir. De faict ce dict Talaissac voiant que le fiancé ne volent recevoir sa dicte fiancée, incontinent le fist pendre, que estoit de Peiraleu mesmes. Dont ledit Talaissac fust chassé par Bellargua dudict Peiraleu. Croiés que tous les jorns il exersoit de grans cruaultés, et inhumanités contre hommes, femmes et bestes aussi. Notés que un jorn il avoiet prins un pavre homme menant un asne, lequel homme estant pavre, n'aiant de quoi per paier la ranson qu'il lui demandoibt, de faict ledict Talaissac les mist tous deus en prison chescun à part, sens donner à manger ni à l'homme, ni à la beste per veoir lequel vivroit plus ; de sorte que la beste moreut plus tost que l'homme ; de faisson que ce cruel inhumain, voient que l'homme visquent plus que la beste, il le fist morrir cruellement. Dont un jorn ledit Talaissac fust prisonnier per mossur de Fraissinet de Nant, aussi papiste comme lui ; tellement qu'il le mist dens une cisterne sens lui donner jamais à manger ni à boire et moreut là dedens.

ARGELIEZ,
Expert-giomètre et professeur de mathématiques.

(1, Village près de la Couvertoirade.

DE LA PRÉEXISTENCE ET DE L'INVARIABILITÉ DES GERMES.

RÉPONSE A DEUX QUESTIONS QUI DOIVENT ÊTRE DISCUTÉES AU CONGRÈS SCIENTIFIQUE DE FRANCE (ANNÉE 1847).

Plusieurs systèmes ont été proposés dans le but d'expliquer l'origine des êtres que l'on rencontre à la surface du globe. Suivant les uns, tous auraient été créés à l'époque où la terre fut placée dans les conditions nécessaires au maintien de leur existence, et ces conditions s'étant perpétuées jusqu'à notre époque, la force active de la nature se bornait à propager les espèces qui reçurent à l'origine des choses l'existence avec la faculté de la transmettre.

Suivant d'autres auteurs, les créations seraient successives, et la puissance créatrice de la nature, se perpétuant à travers les siècles, nous rendrait à chaque instant témoins de la formation de nouveaux organismes prenant naissance sous l'influence de cette force créatrice, toujours agissante et sans cesse modifiée par les agents extérieurs.

Ce qu'il y a d'essentiel, dans cette dernière manière de voir, c'est qu'elle porte à admettre que les élémens organiques doivent se disposer d'une certaine manière et être soumis à certaines influences pour s'organiser et prendre vie. Cette disposition s'opère au sein d'organismes préexistans, et donne lieu à une formation première qui, tant qu'elle n'existe qu'à l'état d'ébauche, est soumise à l'action des agents extérieurs qui ont la plus grande influence sur la forme définitive de l'être créé, et par suite sur la place qu'il doit occuper dans l'échelle des organisations. Cet état d'incertitude, dans lequel se trouve placée la matière en travail d'organisation, ne cesse que lorsqu'une cause assez puissante vient imprimer à l'ébauche un caractère de fixité tel qu'elle ne saurait dévier de la direction qui lui a été imprimée par cette cause modifiante.

Comme les agents extérieurs capables de modifier les promiers rudimens de l'organisme sont nombreux, il résulte de cette théorie :

1° Que les êtres produits par l'influence des agens extérieurs doivent être aussi variés qu'il y a de causes modifiantes différentes ;

2° Que lorsqu'une matière organique s'est constituée à l'état d'ébauche au sein d'une substance organique préexistante, si les conditions extérieures viennent à changer, les êtres qui prennent alors naissance doivent différer dans leur nature et dans leur forme de ceux qui se seraient formés dans le cas où l'agent excitateur n'aurait pas varié; et cette influence est supposée assez efficace pour que dans certaines circonstances données l'ébauche, qui devait produire un animal, engendre un être organisé végétal.

Pour être en droit d'adopter une opinion entre deux systèmes défendus par des hommes du plus grand talent, il était nécessaire de recourir à l'expérience, et heureusement, dans le cas actuel, des expériences peuvent être faites de manière à ne laisser aucune incertitude dans l'esprit.

Les agents qui influent le plus directement sur la formation des organismes inférieurs, que l'on voit se développer là où rien n'annonçait que la vie dût se manifester, sont la chaleur et la lumière. Or, on peut soumettre à l'action de ces agents et les faire agir directement ou bien après les avoir modifiés, sur les substances dans lesquelles la vie se manifeste, afin de voir si à chaque condition différente surgissent des existences nouvelles.

Ces expériences ont été faites avec beaucoup de soin : on a exposé, à l'action d'une température et d'une intensité lumineuse que l'on a fait varier dans des limites très étendues, des vases renfermant de l'eau de puits, dans laquelle se développent avec facilité les organismes inférieurs, et, en fait de plantes, on a toujours trouvé les mêmes espèces, c'est-à-dire des globulines, des navicules, des oscillatoires, des cystodielles. Quant aux animaux, qui avaient pris naissance dans ces mêmes milieux, c'étaient des monades (Monas termo, Monas lens, Monas enchyloïdes); des kolpodes (kolpoda cosmopolita, kolpoda solea), des paramœcies, le cyclidium mutabile, le trinella hydrogéniphilia.

31

Les conditions de chaleur et de lumière, auxquelles on
a soumis le milieu dans lequel se formaient ces organismes
végétaux et animaux, ont été modifiées de différente manière. Ainsi on a successivement placé les liquides servant aux
expériences dans l'obscurité la plus complète, puis on les a
exposés à la lumière la plus vive, et cela à différentes époques de l'année, et l'on n'a remarqué aucun changement dans
la nature des êtres qui se sont développés. La seule différence
que l'on ait observée, c'est que la vie se manifeste avec beaucoup plus d'énergie sous l'influence de la chaleur et de la lumière que lorsqu'elle se trouve soustraite à l'influence de ces
agents; mais quant aux formes sous lesquelles elle se produit,
ce sont toujours les mêmes. C'est en vain qu'on a décomposé
la lumière et que l'on a soumis à son action ces liquides si fé-
conds en germes, en les plaçant dans des vases diversement
colorés qui ne laissaient passer que certains rayons; toujours
les résultats ont été les mêmes et les espèces n'ont pas varié.

En présence de tels faits, n'est-on pas forcé d'admettre que
si on voit des êtres se développer dans un milieu, c'est que
déjà ce milieu contient les germes qui n'attendent que des
circonstances favorables pour donner naissance à des êtres
semblables à ceux qui les ont procréés? Les expériences d'Eh-
renberg ne rendent-elles pas suffisamment compte de la présence de cette multitude de germes qui se trouvent dans les
liquides, puisque ce savant a pu constater que d'un seul infu-
soire (hydatina senta) pouvait provenir au bout de 11 jours
quatre millions d'individus; et est-il nécessaire d'après cela
d'avoir recours à une force créatrice agissant constamment,
lorsque la nature a doué ces petits êtres d'une puissance de
reproduction si énergique?

Mais si les agents extérieurs ne sont pas susceptibles de
créer à chaque instant de nouveaux organismes, ne sont-ils
pas capables de détourner les germes de leur destination et de
faire que la matière organisée, destinée au développement
d'un animal, devienne l'origine d'un végétal? Quelques savans ont en effet pensé que cette déviation pouvait avoir lieu,
et voici les faits sur lesquels s'appuie un savant micrographe
pour faire triompher cette opinion.

M. Turpin ayant soumis du lait à l'examen microscopique

vit qu'il était formé de globules nageant au milieu d'un liquide, et il fut conduit, par suite de ses études, à penser
que chacun de ces globules possédait une vie propre en vertu
de laquelle il absorbait une partie des fluides au milieu desquels il était plongé, et qu'il finissait par se développer sous
forme de végétal.

En examinant pendant longtemps les globules du lait, M.
Turpin crut en effet remarquer que lorsque ces globules ont
quitté le milieu animal dans lequel ils ont pris naissance, lorsqu'ils se trouvent livrés à eux-mêmes et placés dans des circonstances favorables à la continuité de leur existence, ils ne
tardent pas à se gonfler et à germer par plusieurs côtés à la
fois, de la même manière que germent les séminules vésicu-
leuses des conferves des mousses et des champignons. D'autrefois le globule vésiculeux du lait se rompt sur un ou deux
points pour laisser sortir des bourgeons qui, peu à peu, s'allongent et deviennent de petites tiges incolores et diaphanes,
articulées, rameuses, tubuleuses, et dans l'intérieur desquelles on aperçoit des globules et une fine granulation composée de globulins très ténus. Le long de ces tigelles, ordinairement couchées et enchevêtrées les unes dans les autres,
on voit s'élever de distance en distance d'autres tigellules très
écartées qui se terminent par un nombre variable de petits rameaux alternes très rapprochés et disposés en pinceau ouvert
ou en une sorte de petite ombelle. Ces rameaux terminaux
sont formés d'articles et de méritbales globuleux qui les rend
comme moniliformes ou en chapelets. Ces articles colorés en
vert glauque, qui ne sont que ceux de la tige devenus plus
écartés, se désarticulent facilement, et, en cet état d'isolement, germent et reproduisent l'espèce par un moyen secondaire.

Après cette description, qui ne laisse aucun doute sur la
formation dans le lait du *penicillium glaucum* végétal qui se
produit si rapidement et si généralement à la surface de toutes les matières organisées suffisamment humides, M. Turpin continue :

« Des globules organisés, formés sous l'influence de forces
» ordonnées et dans le laboratoire vivant de certains tissus de
» mammifères, des globules destinés à s'étendre, à germer

» et à se transformer en de véritables végétaux dès qu'ils
» changent de milieu , m'ont étonné et m'ont semblé une
» des choses les plus curieuses de l'organisation. Là se trouve
» une sorte de chaînon qui lie les deux grands embranche-
» mens du règne organique , comme déjà ce règne s'enchaî-
» nait à l'inorganique par la formation de nombreux cristaux
» de toute espèce que l'on observe dans le creux et dans les
» interstices des organes élémentaires des tissus végétaux et
» animaux. »

Cette transformation de la matière organique animale en
matière organisée végétale devait à juste titre étonner l'habile
observateur qui avait été le premier témoin d'une pareille
métamorphose ; et si , d'un côté , elle lui permettait de rendre compte du développement du *penicillium glaucum* partout où se rencontrent les globules de la matière organique ,
d'un autre côté , elle offrait une singulière dérogation aux lois
ordinaires de la nature qui n'est pas accoutumée à faire dévier de leur direction primitive les germes qu'elle a destinés
à la production des matières organisées animales ou végétales.

L'observation d'un fait que M. Turpin était loin de regarder comme une anomalie l'avait conduit à penser que le végétal parasite (Botrytis bassiana) qui s'introduit dans le corps
du ver à soie , résultait du développement des globules du
tissu intérieur des chenilles , et la carie des bleds (Urédo ca-
ries) le résultat de la transformation d'un grain de globuline
ou de fécule sous l'influence de certaines circonstances atmos-
phériques. Il attribuait encore à cette végétation des globules
du lait, la maladie que l'on désigne sous le nom *de poil* et qui
suivant lui proviendrait uniquement du développement *du
Penicillium glaucum* dans l'intérieur des mamelles des mammifères.

Certes, des conséquences aussi importantes méritaient
d'être confirmées, et c'est là ce qui nous a déterminé à reprendre les expériences de M. Turpin, afin de rechercher si réellement la matière organisée était susceptible de subir des modifications aussi profondes que celles qui étaient annoncées par
le savant micrographe.

En premier lieu nous avons cherché à constater si le développement du *penicillium glaucum* n'aurait pas lieu indépen-

démment des globules du lait. Pour cela nous avons pris du lait au sortir du pis de la vache, et après l'avoir porté à une température voisine de son point d'ébullition, nous l'avons fait coaguler en y versant une légère quantité d'eau acidulée par de l'acide sulfurique. Le coagulum qui s'est formé dans cette circonstance a été jeté sur un filtre au travers duquel est passé le petit lait, tandis que le caséum est resté sur le filtre. Le caséum renfermait tous les globules du lait qui se coagulent en se combinant à l'acide ajouté. Le petit lait que nous avons soumis à l'examen microscopique ne renfermait pas un seul de ces globules, tandis qu'il nous a été facile de les retrouver tous dans le coagulum en soumettant ce dernier à l'action d'une lessive de carbonate de soude qui a dissous le caséum et nous a permis de voir les globules nageant au milieu de la liqueur alcaline et dans le même état où ils se trouvaient dans le sérum du lait.

Le petit lait que nous avions séparé du caséum, et qui, ainsi que nous l'avons constaté à diverses reprises, n'offrait à l'observation aucun globule, a été abandonné à lui-même à une température qui a varié entre 18° et 22°, et nous avons suivi de jour en jour les transformations qui s'opéraient dans l'intérieur de sa masse.

Au bout de peu de temps, ce petit lait qui, immédiatement après la filtration, était clair et transparent comme de l'eau de roche, s'est troublé et a laissé déposer au fond du vase une matière blanche, et une fois ce dépôt effectué, la liqueur est redevenue limpide comme précédemment.

A la fin du second jour ce liquide a été examiné au microscope et on a commencé à y découvrir des globules qui offraient dans leur centre de petits points brillans, tandis que les globules du lait ne présentent pas cette particularité. Ces globules ne tardent pas à augmenter de volume, souvent ils conservent la forme sphérique, d'autres fois ils s'allongent et deviennent elliptiques; plusieurs paraissent vides, d'autres laissent voir au travers de leurs membranes transparentes une masse de petits globulins qui se trouvent irrégulièrement distribués dans leur intérieur.

En poursuivant de jour en jour l'examen de ces nouveaux globules, on ne tarde pas à apercevoir à leur surface de petits renflemens ; ce sont autant de points par lesquels le globule tend à s'allonger et à pousser des bourgeons : bientôt à la forme régulière et sphérique qu'il possédait succèdent les formes les plus variées. Des différens points du globule partent des ramifications, des espèces de tiges toujours closes à leurs extrémités et qui les unes sont vides, les autres remplies de ces globulins dont nous avons déjà eu l'occasion de signaler la présence dans la vésicule-mère.

Ce mode de développement de globules n'est pas le seul : en aperçoit encore les vésicules s'allonger sans émettre de bourgeons, puis, parvenus à un certain degré de végétation, elles se rapprochent les unes des autres, se soudent et forment ainsi par leur union des tiges moniliformes. Quoique réunies, les différentes parties de ces tiges éprouvent un développement individuel et la tige entière prend un accroissement en longueur tout en conservant les diaphragmes qui la divisent en un grand nombre de segmens.

Après un temps plus ou moins long et qui dépend de la température à laquelle s'est trouvé exposé le petit lait, on voit se développer dans l'intérieur même du liquide de petits végétaux qui, examinés au microscope, se présentent comme un assemblage des tiges que nous venons de décrire et dont l'ensemble forme de petites arborisations ; on dirait des touffes d'herbes nageant au milieu de l'eau.

Le développement de ces végétaux ne reste pas stationnaire, et l'on s'en aperçoit facilement, car peu à peu ils prennent de l'extension au point de recouvrir la surface entière du liquide d'une véritable pellicule. En examinant cette pellicule on la trouve formée par des utricules qui ne tardent pas à se gonfler aux extrémités d'un même diamètre, et ces renflemens servent de points d'attache à une série de globules et de petites tiges qui donnent à l'ensemble cette apparence dendroïde que nous avons déjà signalée. Ces nouveaux individus présentent un assemblage de globules, de tiges noueuses et quelquefois cylindriques formant un tout très hétérogène, dont les diverses parties paraissent se développer indépendamment de l'ensemble. En somme, les moisissures qui recouvrent la surface du petit lait sont de deux sortes : les unes constituées par des globules isolés, les

autres formés par la réunion de ces globules sous forme de
tiges.

A la longue, une partie du végétal pousse ses tiges en dehors du liquide et c'est alors qu'il est en pleine fructification,
car on constate que les extrémités de ces petites tiges sont
recouvertes d'une poussière fauve formée par l'accumulation
de petits globules qui sans aucun doute constituent les germes reproducteurs du mycoderme, et qui en raison de leur
excessive légèreté et de leur nombre immense doivent pouvoir se répandre dans tous les liquides (1).

D'après le détail des faits que nous avons observés, on ne
peut révoquer en doute le développement du *penicillium
glaucum* au sein du petit lait, et la présence de ce mycoderme ne saurait être attribuée à la végétation des globules
du lait, puisque tous ces globules sont entraînés par la coagu-
lation et séparés par le filtre, ainsi qu'il est facile de le constater.

Nous nous croyons donc en droit de dire que M. Turpin a
été induit en erreur par l'observation qu'il a faite d'un végétal mycodermique au sein d'un liquide contenant des globules, et qu'il a attribué à une transformation de matière organique, ce qui dans la réalité n'est que le développement naturel d'un germe répandu en abondance autour de toutes les
matières organisées, et qui ne commence à végéter dans le
lait que lorsque ce dernier est soustrait à l'influence de la vie
et qu'il a pris une réaction acide.

(1) La fructification du penicillium glaucum ne paraît pas avoir été
aperçue par aucun des savans qui ont étudié le développement de ce
mycoderme, et cela tient sans doute à ce que les observateurs ont examiné les diverses phases du développement de ce végétal en le maintenant entre des lames de verre, tandis que sa fructification ne peut s'o-
pérer qu'à l'air libre. Pour observer cette dernière période de la végétation du cryptogame qui nous occupe, il faut le laisser se développer dans un verre dans lequel on a placé du petit lait. Au bout de 8 à
10 jours, on aperçoit à la surface du liquide une bourre soyeuse formée par les tiges aériennes du penicillium, sur la surface desquelles on
observe de petits globules grisâtres qui ne sont formés que par la réunion
d'une immense quantité de sporules reproducteurs de ce cryptogame.
Chacun de ces globules grisâtres qui a tout au plus un centième de mil-
limètre de diamètre, contient des milliers de ces sporules.

D'après nous, le développement de tout végétal mycodermique à la surface des corps organisés ne peut avoir lieu que lorsque ces derniers sont soustraits à l'influence de la vie, ou lorsque ces corps se trouvent dans un état morbide et bien voisin de celui dans lequel toute force vitale est éteinte et par là-même incapable de lutter avec avantage contre la force de développement des germes végétaux, qui paraît d'autant plus active que la réaction du liquide au sein duquel elle s'exerce est plus acide.

De tous les faits exposés dans ce mémoire, il nous paraît résulter que tout être organisé provient d'un germe qui, pour se développer, n'a besoin que de circonstances favorables, et que ce germe ne peut dévier de la mission qui lui est assignée, laquelle est de reproduire un être semblable à celui qui l'a formé. Ainsi, d'après nous, il peut y avoir unité dans la nature des substances qui concourent à former les germes, mais en chacun d'eux réside une force variable avec leur nature et qui ne peut s'exercer que dans la direction qui lui a été assignée par le Créateur de tous les êtres.

BLONDEAU,
Professeur de physique au collége royal de Rodez.

ARMORIAL DU ROUERGUE.

INTRODUCTION.

Nous avons composé l'Armorial du Rouergue , parce qu'un recueil de ce genre est entièrement lié aux annales de notre province , et doit nécessairement en former le complément ; parce que ces insignes , ces écussons (du moins quelques-uns) sont l'expression d'un passé glorieux. Les fils ne doivent rien répudier de ce qui peut retracer les combats, les triomphes de leurs pères. Populariser les grands noms de notre histoire, beaucoup trop négligée , rappeler au souvenir les d'Estaing , les Bournazel , les La Valette , les Mostuéjouls , les Pollier , les Ricard et tant d'autres , c'est rappeler le patriotisme, l'ex- pulsion de l'Anglais , l'introduction des arts , les vertus , le désintéressement, la gloire militaire et civile. A ce titre , il nous semble que cette œuvre de patience et de recherche doit obtenir bon accueil.

En faisant précéder cet Armorial d'un traité du blason , nous voulons seulement rendre intelligible à tous ce recueil d'armoiries , et donner la signification des mots techniques qui forment la langue héraldique. Notre intention n'est pas de faire une étude sur l'origine de ces signes distinctifs qu'on nomme armoiries. Nous ne voulons pas non plus prouver l'utilité de la *science héroïque* (comme on disait autrefois). Cette preuve est faite depuis longtemps : l'immense impulsion don- née aux études historiques fait chaque jour ressortir davan- tage la nécessité de connaître le blason.

Nous le répétons , nous avons voulu seulement faire con- naître les expressions et les images du langage héraldique, si bizarres , si inintelligibles par fois , et nous avons tâché d'arriver à ce résultat avec le moins de mots et le plus de clarté possible.

TRAITÉ DU BLASON.

Les *armoiries* ou *armes* sont des signes, emblêmes ou marques de noblesse et de dignités régulièrement donnés ou autorisés (1) par un pouvoir souverain. Ces signes sont composés de couleurs et de figures fixes et déterminées qui servent à distinguer des familles , des sociétés , des corporations , des villes , etc.....

Les figures de différentes couleurs ou *émaux* sont représentées sur un fond ou *champ* , dont la forme et le contour rappellent le bouclier ou l'écu des armées antiques et du moyen-âge.

On divise les armoiries en huit classes , qui sont : les armoiries de *domaine* , de *dignité* , de *concession* , de *villes*, de *patronage* , de *prétention* , de *familles* et de *communauté*.

Les armoiries de *domaine* , vrais signes de la terre , sont celles qui appartenant à un pays le symbolisent , et sont prises par le prince régnant comme signe de souveraineté ou de suzeraineté.

Les armoiries de *dignité* consistent principalement dans les ornemens et font connaître les fonctions , les dignités , l'emploi dont on est revêtu. On les porte indépendamment de celles qui sont personnelles. L'empire français avait adopté ce mode en ajoutant toujours aux armoiries un quartier ou canton portant le signe indicateur du titre ou de l'emploi du titulaire.

Cette sorte d'armoiries se compose donc de signes intérieurs qui occupent le champ de l'écu , et de signes extérieurs qui accompagnent ou surmontent l'écu sans couvrir son champ.

Les armoiries de *concession* sont destinées à perpétuer le souvenir d'un service rendu au prince ou à la patrie. Le souverain concède souvent quelques signes ou pièces de ses

_____

(1) Souvent vendus.

armoiries comme récompense ; il est très rare qu'il les concède tout entières. Les armes de concession se placent ordinairement soit au chef, soit au point d'honneur (1) de l'écusson, rarement en quartier.

Les armoiries de *villes* sont les signes qui furent adoptés par les cités lors de l'affranchissement des communes, au moyen-âge ; et qu'elles firent graver sur leurs sceaux, peindre sur leurs bannières, sculpter sur le fronton de leurs hôtels-de-ville.

On dit ces armoiries simples quand elles sont telles qu'elles furent choisies par les jurés de la commune.

Elles sont de patronage ou composées quand elles portent en chef celles du prince, en mémoire de glorieuses défenses ou de services rendus.

Les armoiries de *prétention* sont celles de domaines sur lesquels celui qui les porte a, veut avoir ou croit avoir des droits, quoique ces domaines soient cependant entre les mains d'un autre possesseur.

Les armes de *famille* tiennent plus ou moins de celles déjà énoncées ; et se subdivisent en plusieurs espèces.

On les dit *pures* et *pleines* quand elles ne sont accompagnées d'aucun signe accessoire, quand ce sont les armes véritables et primitives de la maison. Les aînés des familles ont seuls le droit de les porter ainsi. Les cadets doivent les surcharger de quelques pièces qui les modifient pour se distinguer de leurs aînés. Ainsi variées, les armes s'appellent *armes brisées*.

Elles sont *chargées* par concession ou par substitution.

Les armes de *substitution* sont celles que l'on prend avec un nom étranger et qu'on substitue aux siennes propres, en vertu d'un titre quelconque qui l'ordonne ainsi. Alors les armes primitives disparaissent.

Les armes de *succession* sont celles que les héritiers ou légataires étrangers à la famille prennent en vertu des clauses testamentaires avec les fiefs et les biens du donateur.

Elles sont *parlantes* lorsqu'elles font allusion au nom de

---

(1) Voir plus loin l'explication de ces mots.

celui qui les porte. Elles sont parfaites quand leur ancienneté ne permet pas de savoir si c'est la famille qui a emprunté son nom aux armes, ou si les armes ont pris le nom de la famille.

Les armoiries sont *vraies* lorsqu'elles sont établies d'après les règles héraldiques et les usages de la nation.

Celles à *enquerre* ou à enquérir pèchent contre les règles de l'art, mais sont cependant légitimes, parce qu'en violant la règle on a voulu forcer à s'enquérir des causes de cette violation ; causes qui sont toujours honorables.

On appelle armoiries *diffamées* celles qui ont subi quelque modification injurieuse, quelque suppression du caractère le plus honorable des pièces par l'ordre du souverain et pour cause de crime.

Enfin, les armoiries de *communauté* appartiennent aux académies, chapitres, couvens, confréries, corps savans, corporations de marchands et d'artisans.

Les armoiries ont des émaux ou couleurs et des figures déterminées par des règles invariables.

Elles se composent de l'écu, dont la surface extérieure s'appelle *champ*.

Des émaux qui sont deux métaux : l'*or* et l'*argent* ; cinq couleurs : *gueules* (rouge), *azur* (bleu de ciel), *sinople* (vert) *sable* (noir), et *pourpre* (violet) ; on y joint la *carnation* et le *naturel*. Enfin, deux pannes ou fourrures, qui sont l'*hermine* et le *vair*, auxquelles on ajoute le *contre-hermine* et le *contre-vair*.

Elles se composent enfin de *figures* qui sont *héraldiques* ou *propres*, *naturelles* et *artificielles*.

Le *blason* est l'art d'expliquer en termes propres et méthodiques toute sorte d'armoiries. On l'appelle aussi *art héraldique*, des fonctions des hérauts d'armes, qui consistaient à décrire à haute voix les armoiries des gentilshommes qui concouraient aux tournois. Cela s'appelait blasonner.

Pour décrire convenablement les armoiries il faut connaître l'*écu*, les *émaux*, les *figures*, *pièces* et meubles. Viennent ensuite les *brisures* et les *ornemens extérieurs*.

DE L'ÉCU

L'*écu*, *scutum*, représente l'ancien bouclier ; chaque nation lui donnait une forme différente. Aujourd'hui il est à peu près partout de la forme d'un carré, long de huit parties sur sept de large, arrondi aux deux angles inférieurs et terminé en pointe extérieure au milieu de sa base. Les bannerets de Guienne et de Poitou, et généralement tous ceux qui avaient droit de bannière à l'armée, le portaient tout-à-fait carré. On le nomme écu en *bannière*. Les filles ou femmes le portent en losange.

Des partitions de l'écu.

Les *partitions* de l'écu sont les divisions résultant des lignes au moyen desquelles on partage le champ en plusieurs sections : Elles sont au nombre de quatre.

1º Le *parti* qui se forme en abaissant une ligne perpendiculaire passant par le centre de l'écu, de manière à diviser le champ en deux parties égales.

2º Le *coupé* qui divise également l'écu en deux parties égales, mais par une ligne horizontale.

3º Le *tranché* formé par une diagonale de droite à gauche.

4º Le *taillé* qui résulte d'une diagonale de gauche à droite.

De ces quatre partitions principales se forment toutes les autres qu'on appelle *repartitions*. Ainsi le *tiercé* se forme au moyen du parti ou du coupé, ou du tranché ou du taillé répété deux fois.

L'*écartelé* se forme du parti et du coupé.

L'*écartelé* en sautoir résulte des tranché et taillé.

Le *gironné* est le résultat des quatre partitions principales : parti, coupé, tranché et taillé.

L'écartelé peut être de quatre, de six, de huit, de dix, de douze, de seize quartiers et plus ; ainsi l'écu parti d'un trait, coupé de deux, forme six quartiers.

Le parti de trois, coupé d'un, donne huit quartiers.

Le parti de quatre, coupé d'un, donne dix quartiers.

Le parti de trois traits, coupé de deux, donne douze quartiers.

Le parti de trois, coupé de trois, donne seize quartiers.

Le parti de quatre, coupé de trois, donne vingt quartiers.

Le parti de sept, coupé de trois, donne trente-deux quartiers.

Ce dernier nombre est généralement le plus grand dont les héraldistes se servent. Il y a cependant quelques exemples de répartitions et d'écartelures plus compliquées.

L'écu porte quelquefois à son centre et sur la croisure un écusson que l'on appelle écu *sur le tout*, écusson *en cœur*. L'écusson sur le tout peut porter un autre écusson qui est alors *sur le tout du tout*.

L'écu a neuf *points* ou *positions* qui s'expliquent par leur énonciation même.

Le *premier*, le *second* et le *troisième* sont le *point* du chef, le *canton dextre*, et *senestre*; réunis ils forment le chef de l'écu; ils en occupent la partie supérieure d'un flanc à l'autre. Le point ou *lieu d'honneur* est immédiatement au-dessous du chef. Le milieu qui s'appelle *centre*, *cœur* ou *abîme*. Le point dit le *nombril* de l'écu est immédiatement au-dessous du centre. La *pointe* ou le bas de l'écu et les points *dextre* à droite, senestre à gauche. La droite de l'écu est toujours à la gauche du spectateur.

Au moyen de ces neuf points on peut toujours déterminer exactement le plan que les figures ou meubles doivent occuper sur le champ.

DES ÉMAUX.

On appelle *émaux* les métaux, couleurs et fourrures qui entrent dans la composition des armoiries. Chacune de ces couleurs a une signification et est l'emblême d'une idée ou d'une chose.

OR, *ou jaune.*

Ce métal signifie richesse, force, foi, pureté, constance; il est l'emblême des hautes vertus, telles que la justice, la clémence, la générosité, l'amour et l'élévation de l'âme (1).

---

(1) On pourrait, par le temps qui court, penser que cette signification donnée à l'or est d'aujourd'hui. Ce serait une erreur; les plus anciens auteurs en parlent. Les héraldistes avaient le don de lire dans l'avenir.

Ceux qui en portent dans leurs armes doivent, selon les vieux et naïfs auteurs, cultiver, plus que tous les autres, les vertus de la vraie chevalerie.

En gravure l'or est représenté par un pointillé.

ARGENT, *ou blanc.*

L'argent veut dire innocence, blancheur, virginité, beauté, franchise; la gravure le représente par un fond tout blanc, sans aucune hachure.

GUEULES, *ou rouge.*

Ghiul, en langue turque, signifie rose et généralement tout ce qui est rouge; les Croisés en firent le mot gueules. Cet émail indique le courage, la hardiesse, l'intrépidité, la vaillance et le carnage des combats, ainsi que le sang versé pour le service de l'Etat ou du prince. Les graveurs le figurent par des hachures verticales de haut en bas.

AZUR, *ou bleu de ciel.*

C'est encore en Orient qu'il faut aller chercher l'origine du nom de cet émail: il est tiré du mot arabe *azul* (bleu céleste). Cette couleur signifie royauté, majesté, beauté, sérénité, douceur, aménité, vigilance: quand elle couvre le champ de l'écu, elle représente le ciel.

Cet émail est figuré par des hachures horizontales d'un flanc de l'écu à l'autre.

SINOPLE, *ou vert.*

Le vert a été ainsi nommé en blason de la ville de Sinope en Paphlagonie. Les héraldistes considèrent cet émail comme l'emblême de l'espérance, de l'abondance, de la liberté, de la courtoisie, de la joie. La gravure le traduit par des hachures diagonales de droite à gauche.

SABLE, *ou noir.*

On n'est pas d'accord sur l'étymologie de ce mot sable, attribué à la couleur noire. Cette couleur était souvent adoptée par les chevaliers qui voulaient garder l'incognito. Elle désigne la science, la modestie, l'affection, le deuil, la prudence, l'humilité, le dégoût du monde. En gravure, elle est, figurée par des hachures verticales et horizontales croisées les unes sur les autres.

POURPRE, *ou violet*.

Rarement employé en armoiries, cet émail, pris indifféremment pour la couleur purpurine et le violet, n'a jamais été bien déterminé. Quelques héraldistes ont même pensé qu'il constituait une faute contre les règles du blason. Il signifie dignité, puissance, souveraineté. On la reconnaît à des hachures allant de gauche à droite.

HERMINE.

C'est la peau d'un animal dont la fourrure est entièrement blanche et que l'on a coutume de parsemer de petits lambeaux de peau d'agneau de Lombardie, dont le noir tranche sur l'hermine et en fait ressortir la blancheur.

Cette *panne* est représentée par un champ d'argent semé de mouchetures de sable.

Le *contre hermine* s'obtient en faisant le champ de sable et les mouchetures d'argent : on le dit aussi *poudré d'argent*.

Cette fourrure est toujours la marque d'une haute autorité. Les ducs, les chevaliers, les pairs en doublent leurs manteaux.

VAIR.

Le vair est un champ d'azur, chargé de petites pièces d'argent en forme de clochettes renversées.

Le vair et l'hermine signifient grandeur, autorité, empire.

Le *contre vair* est une fourrure formée de quatre rangs ou *tires* de cloches d'argent sur un fond d'azur, dont les pointes des cloches du premier rang sont appointées avec celles du second, ainsi que les pointes du troisième avec celles du quatrième ; de sorte que les bases du deuxième rang posent sur celles du troisième en ligne directe du coupé. C'est ce qui distingue cette fourrure ou panne du vair, proprement dit, dont toutes les cloches d'argent sont renversées.

Il peut arriver que les couleurs soient autres que l'argent et l'azur ; le contre vair devient *contre vairé* et on exprime les émaux en blasonnant. Le contre vairé se forme comme le contre vair.

Les Anglais ont de plus le *tané*, *l'orangé* et la *saguine*.

L'homme représenté avec sa couleur naturelle est dit de *carnation*.

Les animaux, les plantes, les fruits, dans le même cas, sont dits *au naturel*.

L'écu rempli d'un seul émail est dit *plein* : d'or plein, de gueules plein, etc.

On ne doit jamais poser métal sur métal, ni couleur sur couleur, à moins que ce ne soit dans le cas à *enquerre*. Contrairement à cette règle, les fourrures, la carnation, le naturel et le pourpre se placent indifféremment sur tous les émaux. Cependant fourrure sur fourrure n'est pas admis. Le *chef*, la *champagne* et la *bordure* et toute figure mouvante des bords de l'écu peut être de couleur sur couleur ou de métal sur métal ; ces pièces sont dites alors *cousues*.

Des figures, pièces ou meubles qui couvrent l'Écu.

On appelle *figures* ou *meubles* tous les objets qui se placent sur le champ de l'écu. Leur nombre est infini. Elles sont de quatre sortes : 1° *héraldiques*; 2° *naturelles*; 3° *artificielles*; 4° *chimériques*.

Les figures héraldiques se subdivisent en pièces honorables ou de premier ordre, pièces du second ordre et pièces du troisième ordre.

Pièces héraldiques du premier ordre.

Elles sont au nombre de douze ; savoir : le *chef*, le *pal*, la *fasce*, la *bande*, la *barre*, la *croix*, le *sautoir*, le *chevron*, la *bordure*, le *franc-quartier*, *l'écusson en cœur* et la *champagne*.

Elles sont presque toujours employées ; leur dimension est du tiers de l'écu, sauf pour le franc-quartier qui n'est que du quart à peu près.

LE CHEF.

Occupe horizontalement le tiers supérieur de l'écu ; il représente le casque du chevalier, le bourrelet, ou même la couronne qui couvre toujours sa tête.

LE PAL.

Il occupe le milieu de l'écu dans le sens vertical. Sa dimension est du tiers du champ. Il est le symbole de la lance du chevalier et du poteau surmonté d'armoiries que chaque baron faisait dresser devant sa tente ou devant le pont-levis de son manoir : c'était une marque de juridiction.

LA FASCE.

C'est la ceinture du chevalier. Sa dimension est du tiers de l'écu, dont elle occupe le milieu dans le sens horizontal.

LA BANDE.

Elle représente le baudrier du chevalier et se pose diagonalement de droite à gauche.

LA BARRE.

C'est l'écharpe du chevalier, disposée de gauche à droite ; adoptée comme signe de bâtardise, elle a donné lieu à cette expression : *né du côté gauche*, appliquée à un enfant illégitime. Dans ce cas elle est d'une moindre largeur. Celle qui occupe le tiers de l'écu ne peut être considérée comme marque de bâtardise.

LA CROIX.

Elle se forme au moyen du *pal* et de la *fasce*. Elle doit remplir de chacune de ses branches le tiers de l'écu quand elle n'est point cantonnée ou accompagnée. Signe de rédemption, les preux, aussi dévots que braves, durent l'adopter naturellement. La croix a varié ses formes à l'infini ; nous y reviendrons plus tard.

LE SAUTOIR.

On l'obtient au moyen de la *bande* et de la *barre*. Ses branches s'étendent aux angles de l'écu, et ont chacune deux parties des sept de la largeur du même écu. Quelques auteurs l'ont considéré comme figurant l'étrier ; mais il est probable que ce n'est qu'une variété de la croix ; ce qui prouve cette assertion, c'est qu'on l'appelle aussi *Croix de Saint-André* ou *Croix de Bourgogne*. Ses formes sont aussi variées que celles de la croix.

LE CHEVRON.

Le chevron est une pièce qui descend du chef de l'écu aux parties dextre et senestre de la pointe dont il est mouvant ; en d'autres termes, il a la forme d'un compas ouvert, dont la point de réunion des deux branches serait vers le chef de l'écu. Chaque branche a deux parties des sept de la largeur de l'écu, quand le chevron n'est point accompagné.

Il représente l'éperon ; on le dit encore l'emblème des toitures des châteaux, des machines de guerre et des tours de bois en usage dans les siéges.

LA BORDURE.

Pièce en forme de ceinture qui environne l'écu dont elle couvre le bord extérieur ; elle a un sixième de sa largeur. Si elle paraissait plus large, elle deviendrait le champ, et la pièce du centre serait un écusson. Elle est un symbole de faveur et de protection. Les souverains l'accordent comme récompense d'un service signalé, indiquant par là qu'ils défendent celui qui en est décoré.

LE FRANC-QUARTIER.

Cette pièce, que quelques auteurs nomment *franc-canton*, occupe un peu moins du quart de l'écu, et se place à l'angle supérieur à dextre. Souvent il sert de brisure.

L'ÉCUSSON EN COEUR.

Plus petit des deux tiers que l'écusson principal, il en occupe le centre au cœur ; on le dit aussi *écu en abîme*. Il est presque toujours une concession du souverain ou une marque d'amour de la part de celui qui le porte. Souvent, dans un tournoi, un chevalier plaçait ainsi au centre de son écu un signe, une couleur qui ne pouvaient être compris que de la dame de ses pensées.

LA CHAMPAGNE.

Cette pièce est rarement employée en armoiries ; cependant elle a été consacrée par Napoléon dans les armes qu'il a concédées, et elle figure au nombre des pièces honorables. La champagne occupe le tiers inférieur de l'écu, ce qui la distingue de la *plaine* qui ne tient qu'une partie de cet espace.

Figures héraldiques du second ordre.

Ces figures, d'une origine plus récente que les précédentes, sont aussi d'un usage moins fréquent. Elles sont au
nombre de huit : le *pairle*, le *canton*, le *giron*, l'*orle*, le
trechour, la *pointe*, la *pile*, le *lambel*.

LE PAIRLE.

Il se compose de trois rayons partant du centre de l'écu et
s'étendant vers les deux angles du chef et le milieu de la
pointe, ce qui lui donne la forme d'un Y grec. Chacune de
ses branches a en largeur deux parties des sept de la largeur
de l'écu. Quelques vieux auteurs croient voir dans le pairle
l'emblème de ces trois grandes dévotions du chevalier : *son
Dieu, son roi, sa dame*. Ce qu'il y a de plus clair, c'est que
le pairle est la réunion du pal, de la bande et de la barre,
chacun pour la moitié de sa longueur.

En pairle se dit : de trois pièces rangées dans le sens de
ce meuble.

LE CANTON.

Plus petit que le franc-quartier, il n'occupe que le neuvième de l'écu, et se place tantôt à l'angle dextre, tantôt à
l'angle senestre du chef, tandis que le franc-quartier occupe
toujours l'angle dextre supérieur.

LE GIRON.

Meuble en forme de triangle isocèle, c'est-à-dire dont les
deux longs côtés sont égaux. Il n'est autre chose qu'un des
quartiers du gironné, et s'entend ordinairement de celui qui
se meut de la partie supérieure du flanc dextre. Le giron a
deux parties de base et quatre parties de longueur des huit
de la hauteur de l'écu, ce qui le distingue de la *pile* et de la
pointe, qui sont plus longues.

Le mot giron signifie le dessus des robes des anciens, qui
étaient larges du bas et étroites vers la ceinture. (Voir Du-
cange au mot *Gyro*.)

L'ORLE.

Bordure réduite à la moitié de sa largeur ordinaire, et séparée des bords de l'écu de toute la partie retranchée. Le mot orle, selon Ménage, vient de *orlum*, qu'il fait dériver de *ora*, bord ou lisière. Selon quelques auteurs, il représente la cotte d'arme du chevalier.

On dit *en orle* des meubles de l'écu posés dans le sens de l'orle.

LE TRESCHEUR *ou* ESSONNIER.

On prononce *trekeur*. C'est un orle rétréci dans sa largeur. Il y a des trescheurs unis, il y en a d'autres fleuronnés et contre-fleuronnés. Quand les trescheurs sont doubles, triples, ils sont enclos l'un dans l'autre.

LA POINTE.

Pièce triangulaire occupant les deux tiers de la base de l'écu dont elle est mouvante, et montant en angle aigu jusqu'au chef, ce qui la fait ressembler à un obélisque. Quelquefois elle se meut du flanc de l'écu, et il faut l'exprimer en blasonnant. Elle doit nécessairement diminuer de largeur à sa base lorsque l'écu contient d'autres pointes.

LA PILE.

C'est la pointe renversée; elle est rare en armoiries. Ce mot vient du latin *pilum*. Les anciens appelaient piles les pièces de bois armées de fer, ainsi que les traits ou dards qu'ils décochaient aux prises des villes et dans les combats.

La pile peut être multipliée dans l'écu, et dans ce cas, de même que la pointe, elle diminue de largeur à sa base.

LE LAMBEL.

Pièce de longueur ou tringle ayant ordinairement trois pendans, un au milieu, deux aux extrémités. On n'exprime le nombre de pendans que lorsqu'il y en a plus ou moins de trois.

Le mot *lambel* vient du vieux gaulois *label*, qui signifiait un nœud d'étoffe que l'on attachait au casque et qui pendait en arrière; ce label servait à distinguer les enfans de leur père, car les hommes non mariés pouvaient seuls le porter, ce qui a donné occasion d'en faire la brisure des armoiries des aînés. En effet, cette pièce n'est ordinairement qu'une brisure que prennent les premiers cadets des grandes maisons.

Le lambel est rarement pièce de l'écu ; il se pose horizontalement en chef à une partie de distance du bord de l'écu qui est le huitième de toute sa hauteur.

Le lambel a trois parties de longueur, trois quarts de parties de hauteur, dont un quart pour la tringle, une demi-partie pour les pendans.

Figures héraldiques du troisième ordre.

On comprend sous ce nom certaines figures carrées ou rondes que l'on emploie en armoiries et auxquelles on a donné des noms particuliers. Ces pièces sont considérées comme héraldiques, parce que, à l'aide de certaines combinaisons, on peut en couvrir entièrement l'écu, et leur faire représenter ainsi une sorte d'émail.

LES BILLETTES.

Pièces carrées, un peu plus longues que larges et posées à plat sur l'écu. Ordinairement elles sont posées perpendiculairement. On dit qu'elles sont *couchées* quand elles sont mises horizontalement, ce qui est très-rare.

Les billettes étaient autrefois des pièces d'étoffe carrées, d'or, d'argent ou de couleur, plus longues que larges, que l'on plaçait sur les habits en guise d'ornement. Elles sont des marques de franchise, parce que les personnes libres pouvaient seules en porter.

Les billettes sont souvent seules dans l'écu ; quelquefois elles chargent ou accompagnent les pièces honorables.

LES CARREAUX.

On les rencontre fréquemment en armoiries. Ils ont la forme d'un carré parfait, et se posent à plat comme les billettes. Les carreaux sont un signe de juridiction.

LES LOSANGES.

Ces pièces ont la forme du rhombe, figure rectiligne qui a deux angles aigus et deux obtus, et dont les quatre côtés sont parallèles et égaux. Elle est ordinairement posée sur un de ses angles aigus.

LES FUSÉES.

Ce sont des losanges allongées ; elles ont deux parties de large sur quatre de hauteur, prises sur les dimensions de l'écu.

Plusieurs fusées accolées peuvent être mises en fasce, en bande, en barre, etc.

LES MACLES.

Losange percée dans le sens de ses côtés, c'est-à-dire que le vide au travers duquel on voit le champ de l'écu, a aussi la forme d'un losange. Le mot macle vient du latin *macula*, marque, maille en losange. Les macles représentent les mailles des cottes d'armes de l'ancien chevalier.

LES RUSTES.

Ce sont des macles percées en rond ; elles sont rares en armoiries. On fait venir ce terme de *raute*, mot allemand qui désigne un petit morceau de fer en forme de losange percée.

LES BESANTS.

Figures rondes, représentant les pièces de monnaie que l'on fabriquait à Bysance, et par cette raison ils sont toujours de métal.

LES TOURTEAUX.

Sont de même forme que les besants ; mais toujours de couleur ou de fourrure. Tourteau vient du latin *torta*, qui signifiait anciennement un gâteau ou pain propre aux sacrifices. Mais il semble plus probable que le tourteau est une imitation du besant, et qu'il tire, comme lui, son origine des Croisades.

BESANTS-TOURTEAUX.

Ces pièces sont moitié besant moitié tourteau, c'est-à-dire moitié métal et moitié couleur.

Dans les besants-tourteaux la partie métallique se trouve toujours à dextre ou en chef, et celle de la couleur à senestre ou en pointe. On reconnaît les besants-tourteaux en ce qu'ils se trouvent toujours sur un champ de couleur.

TOURTEAUX-BESANTS.

Ces pièces sont en tout le contraire des besants-tourteaux. Ils sont toujours placés sur un champ de métal.

Pièces héraldiques diminuées.

Ces pièces sont les mêmes que celles dont nous avons parlé précédemment; mais elles sont de beaucoup moins larges et prennent chacune un nom différent. On en compte douze, qui sont: le *comble*, la *vergette*, la *divise*, les *burèles*, les *jumelles*, les *tierces*, le *filet*, le *flanchis*, l'*étaie*, la *cotice*, le *bâton* et la *plaine*.

LE COMBLE.

C'est le chef diminué; il occupe le neuvième de l'écu. On le dit aussi *chef retrait*.

LA VERGETTE.

Pal diminué; elle ne doit avoir que le tiers de largeur de cette pièce, quand elle se trouve seule, et moins quand il y en a plusieurs dans l'écu.

LA DIVISE *ou* FASCE EN DIVISE.

C'est la fasce réduite au tiers de sa largeur. Elle est ordinairement posée sous le chef et paraît le soutenir. Ce chef est dit alors: *soutenu d'une divise.*

Elle est quelquefois dans l'écu quoiqu'il n'y ait point de chef. Dans ce cas elle est placée à deux partis et demi du bord supérieur. Si elle est au centre on doit l'exprimer en blasonnant.

LES BURÈLES.

La fasce répétée plus de quatre fois dans un écu prend le nom de burèle. Ordinairement elles sont au nombre de six, quelquefois de huit, mais en nombre pair. On dit l'écu *burelé* quand les espaces entre les burèles sont de même largeur qu'elles-mêmes.

LES JUMELLES.

Ce sont des fasces diminuées et posées deux à deux. La

jumelle n'est qu'une fasce formée de deux barrées et ne doit occuper dans l'écu qu'un espace égal à la fasce même.

LES TIERCES.

Fasces diminuées que se posent de trois en trois comme les jumelles de deux en deux.

LE FILET.

On appelle ainsi toutes les pièces honorables réduites à leur plus simple épaisseur. Dans ce cas la bordure prend le nom de *filière*.

LE FLANCHES.

Sautoir diminué et alésé qui meuble l'écu ou charge une pièce honorable.

L'ÉTAIE.

Petit chevron n'ayant que le quart de la largeur du chevron ordinaire.

LA COTICE.

C'est la bande réduite à la moitié de sa largeur. Elle se place indifféremment dans le sens de la bande ou de la barre; on n'exprime sa position que quand elle est dans ce dernier sens. Ordinairement les cotices ne sont qu'au nombre de cinq.

LE BATON.

C'est une cotice rétrécie. On le nomme aussi *traverse*; on le dit *bâton péri* lorsqu'il ne touche pas les angles de l'écu. Les branches cadettes le posent souvent en bande et en font une brisure. Les bâtards le posent en barre.

LA PLAINE.

C'est la champagne réduite au tiers de son épaisseur.

Rémoes ou rémantes partitions.

Ce sont des figures ou des combinaisons de figures qui couvrent entièrement le champ de l'écu, et se composent toujours d'un métal et d'une couleur alternés. On les appelle aussi *rebattemens*. Les principales de ces figures sont: le *fascé*, le *palé*, le *bandé*, le *barré*, le *chevronné*, le *vairé*; les *points équipolés*, l'*échiqueté*, le *losangé*, le *fuselé*, le *cantonné*, le *fretté*, le *papelonné*, le *plumeté*, le *flanqué*, le *chapé*, le *mantelé*, le *chaussé*, le *chape-chaussé*, l'*embrassé*, l'*émanché*, l'*un-à-l'autre* et l'*un-en-l'autre*.

LE FASCÉ.

L'écu fascé est entièrement couvert de fasces alternativement de métal et de couleur. Ordinairement le fascé est de six pièces, trois de métal, trois de couleur ou *vice versa*, et dans ce cas on n'en exprime pas le nombre. S'il y avait dix pièces, le fascé serait dit *burelé*.

LE PALÉ.

Ecu couvert de pals de métal et de couleurs alternés. S'ils sont au nombre de six on ne l'exprime pas; s'ils sont plus de huit, le palé devient *vergetté*.

LE BARRÉ ET LE BANDÉ.

Ecu couvert de barres ou de bandes. Si ces pièces sont au nombre de six, couleur et métal ou métal et couleur alternés, on ne le spécifie pas; lorsqu'elles sont plus de huit on dit *coticé*.

LE CHEVRONNÉ.

Se dit d'un écu divisé en six espaces égaux entre eux, de deux émaux alternés, dans le sens des chevrons. Lorsque le chevronné a plus ou moins de six pièces, il faut l'exprimer en blasonnant.

LE VAIRÉ.

Se dit de l'écu chargé de *vair*, composé d'autres émaux que l'argent et l'azur; cependant il peut y avoir l'un des deux.

LES POINTS ÉQUIPOLÉS.

L'équipolé s'obtient en divisant l'écu au moyen du parti de deux traits coupé d'autant, ce qui donne neuf carreaux égaux en forme d'échiquier et qui remplissent l'écu. Ceux des quatre angles et celui du milieu sont d'un émail, les quatre autres d'un émail différent, mais toujours les uns de métal, les autres de couleur. Il y a des équipolés qui ont plus de neuf carreaux, mais jamais plus de quinze.

L'ÉCHIQUETÉ.

Il s'obtient par le parti de cinq traits coupés d'autant, ce qui donne trente-six carreaux égaux, qui forment six *tires* ou rangées et remplissent l'écu. On doit exprimer en blasonnant le nombre des tires. Si le nombre des carreaux est inférieur à trente-six, on doit également l'indiquer.

Le premier carreau de l'échiqueté est à l'angle dextre de l'écu, et c'est l'émail de ce premier carreau que l'on doit d'abord spécifier. Les carreaux sont de métal et de couleur, ou de couleur et de métal alternativement.

Le mot échiqueté vient de l'échiquier ; il est souvent employé en armoiries comme signe hiéroglyphique du champ de bataille.

LE LOSANGÉ.

Se dit de l'écu couvert de losanges de métal et de couleur alternés ; on l'obtient par le tranché et le taillé huit sur huit. L'écu se trouve couvert de vingt-huit losanges entières et de seize demi-losanges.

LE FUSELÉ.

Le fuselé est le même que le losangé, seulement il faut disposer les traits de façon que les losanges soient très effilées. On doit toujours indiquer si le losangé ou le fuselé ont plus ou moins de trente-six points.

LE CANTONNÉ.

Se dit du sautoir, de la croix ou d'autres pièces posées dans le même sens, lorsque les portions du champ laissées visibles par ces pièces sont chargées de quelques meubles qui les garnissent.

Quand les quatre cantons ne sont pas tous chargés, la pièce au lieu d'être cantonnée se dit *accompagnée*.

LE FRETTÉ.

Se compose de bandes et de barres au nombre de six, et posées les unes sur les autres en forme de treillis, de manière à laisser entre elles des vides que l'on nomme *claire-voies*. Le fretté prend le nom de *treillis* lorsque les points de

réunion des bandes et des barres sont cloués d'un émail différent.

Lorsque le fretté a plus ou moins de six pièces, on doit en
exprimer le nombre ; cependant il ne peut y en avoir moins
de quatre ni plus de huit. S'il y en avait dix on se servirait
du mot *treillissé*.

LE PAPELONNÉ.

L'écu est papelonné lorsqu'il est couvert de pièces arrondies et placées les unes sur les autres comme des écailles de
poisson. Le bord seul des écailles est le papelonné, l'intérieur
représente le champ de l'écu.

LE PLUMETÉ.

Ce sont des bouts de barbe de plumes, jonchés et rangés
les uns à côté des autres, alternativement d'émail et de couleur.

LE FLANQUÉ.

On nomme ainsi les deux partitions produites par l'écartelé
en sautoir et qui meuvent de chaque flanc de l'écu.

LE CHAPÉ.

Se dit de l'écu divisé par deux diagonales jointes au milieu
de son bord supérieur et qui se terminent, l'une à l'angle
dextre, l'autre à l'angle senestre de son bord inférieur, de
manière que le champ paraît être un chevron rempli.

LE MANTELÉ.

Le mantelé est le même que le chapé, sauf qu'il couvre les
trois quarts de l'écu.

LE CHAUSSÉ.

C'est tout-à-fait le contraire du chapé.

LE CHAPÉ-CHAUSSÉ.

C'est la réunion dans le même écu du chapé et du chaussé.
On dit *vêtu* quand ils sont l'un et l'autre du même émail.

L'EMBRASSÉ.

On dit *embrassé à dextre* ou à *senestre* lorsque le chapé est
mouvant de l'un ou l'autre flanc de l'écu.

L'ÉMANCHÉ.

Se dit des partitions d'un écusson s'enclavant les unes dans les autres en forme de longs triangles. L'émanché peut se faire en pal, en chef, en pointe, en barre et en bande.

L'UN-A-L'AUTRE.

Se dit des pièces ou meubles de l'écu posés sur les partitions, les deux émaux étant changés alternativement.

L'UN-EN-L'AUTRE.

Différent de l'un-à-l'autre en ce que les pièces ou meubles ne sont pas sur les partitions, mais au centre des divisions, et qu'elles sont de l'émail d'une des divisions sur l'émail opposé.

On dit *contre-palé*, *contre-fascé*, *contre-bandé*, etc., lorsque les pals, fasces, bandes, etc., sont opposés les uns aux autres, c'est-à-dire couleur à métal et métal à couleur dans un écu palé ou coupé.

DES CROIX.

Les croix sont si variées en blason, qu'il est indispensable de leur consacrer un chapitre spécial pour en faire connaître les formes les plus usitées. Presque tous les attributs de la croix s'appliquent à toutes les pièces honorables ; il faut donc les bien remarquer, car ils renferment la plupart des mots de la langue héraldique.

Croix abaissée. Elle est dans une position plus basse que celle donnée habituellement à ce meuble.

Croix accompagnée. C'est celle qui a des pièces ou figures dans un, deux ou trois de ses cantons.

Croix aiguisée. Dont les extrémités se terminent en pointe.

Croix alésée. Dont aucune des extrémités ne touche le bord de l'écu.

Croix ancrée. Dont les extrémités sont divisées et se recourbent en crochet des deux côtés comme les ancres de vaisseau.

Croix anglée. Quand ses angles ont des traits qui en sont mouvans.

Croix anillée. Est celle qui est percée à jour et carrément au centre.

Croix bordée. Une croix est bordée lorsqu'étant d'un émail, elle a une bordure d'un émail différent.

Croix bourdonnée. Quand elle est façonnée à la manière d'un bourdon, c'est-à-dire avec deux pommes à chacune de ses branches, l'une aux trois quarts et l'autre au bout.

Croix brétessée. Elle a des créneaux des deux côtés qui répondent les uns aux autres.

Croix brochante. Quand elle paraît sur une ou plusieurs pièces.

Croix câblée. Quand elle paraît retorse à la manière des cables.

Croix de calvaire. C'est celle dont la traverse ou croisillon, au lieu d'être au milieu, est plus élevé. On la nomme aussi *croix haute, croix de la passion.*

Croix cannelée. Dont les bords sont échancrés à la manière des cannelures des colonnes d'architecture.

Croix chargée. Est celle sur laquelle il se trouve une ou plusieurs pièces.

Croix cléchée. Croix vidée, dont chaque branche s'élargit et forme à l'extrémité trois angles rentrans intérieurement, et autant d'angles saillans au-dehors qui sont terminés par de petits boutons.

Cette croix est dite cléchée parce que ses branches imitent les anneaux des clés anciennes.

Croix componée. Est divisée en un rang de carreaux de deux émaux alternés. On nomme le nombre des *compons* en blasonnant.

Croix coupée. Est divisée en deux émaux dans le sens du coupé.

Croix cramponnée. Dont les extrémités sont terminées par une demi-potence.

Croix à degrés. Est celle qui a, à l'extrémité de sa branche inférieure ou de ses quatre branches, des *degrés* ou marches d'églises. On les compte toujours en blasonnant.

Ces croix sont rares dans les armoiries françaises.

Croix dentelée. Quelques auteurs disent *denchée.* Elle est bordée de petites dents pointues, à intervalles creusés obliquement à la manière des scies.

Croix écartelée. Divisée dans le sens de l'écartelé.

Croix échiquetée. Divisée en deux ou trois rangs de carreaux d'échiquier. On compte le nombre des rangs en blasonnant.

Croix écotée. Paraît arrondie, avec des nœuds, comme si elle était faite de branches d'arbre sans feuilles. On la dit aussi *noueuse.*

Croix émanchée. Divisée dans le sens de l'émanche.

Croix engoulée. Dont les extrémités paraissent dévorées par des têtes d'animaux.

Croix engrêlée. Bordée de petites dents à intervalles creux et arrondis.

Croix enhendée. Est une croix ancrée qui, à chaque extrémité, entre les deux crochets, a une pointe en forme de fer de lance.

Croix entée. Se compose de pièces arrondies et emboîtées les unes dans les autres.

Croix équipolée. Composée de points équipolés.

Croix au pied fiché. Dont le pied est aiguisé en pointe pour être enfoncé en terre.

Croix florencée ou *fleurdelisée.* Dont les branches se terminent par une fleur-de-lis au *pied nourri.* Cette croix est toujours alésée, ce qui ne s'exprime pas.

Croix fourchée. Dont chaque branche se termine par trois pointes qui imitent une fourche.

Croix fourchetée. Ses branches se terminent en manière de fourchette à deux pointes recourbées, comme les fourchettes qui servaient anciennement à soutenir les mousquets.

Croix frettée. Chargée de six cotices entrelacées en diagonales, trois en bande, trois en barre; ce qui forme le fretté.

Croix fuselée. Composée d'un nombre de fusées indéterminé, parce que chaque extrémité mouvante des bords de l'écu ne laisse voir qu'un demi-fusé.

Croix gringolée. Ses branches se terminent en tête de serpent.

Croix guivrée ou *givrée.* Dont les extrémités se terminent par une tête de serpent qui paraît dévorer un enfant dont on voit la tête, les bras et le buste. Ce genre de croix est très rare.

Croix de Jérusalem. Est potencée et cantonnée de quatre croisettes du même émail qu'elle.

Croix de Lorraine. C'est une croix alésée, à double traverse, celle d'en bas plus longue que l'autre. On la nomme encore *croix des Templiers*, *croix Patriarchale*.

Croix losangée. Composée d'un nombre indéterminé de losanges.

Croix maçonnée. Divisée en carreaux qui imitent le maçonnerie.

Croix de Malte. Sorte de croix pattée, ayant à chaque extrémité une large échancrure angulaire semblable à celle des dents de scie.

Croix nébulée. Remplie de pièces rondes saillantes et creuses, alternativement rangées en fasce ou autrement, et qui imitent les nuées; on la dit aussi *croix nuagée*.

Croix nillée. Ses branches, au lieu d'avoir chacune en largeur deux parties des sept de l'écu n'en ont que le tiers. Pour qu'elle soit nillée il faut que la croix soit seule dans l'écu.

Croix ombrée. Dont les côtés opposés à la lumière sont couverts d'un émail différent pour marquer l'ombre, laquelle est si déliée qu'en doit voir la pièce au travers.

Croix ondée. Elle a des sinuosités curvilignes, concaves et convexes alternativement. On la nomme ainsi parce qu'elle imite les ondes.

Croix papelonnée. Remplie de traits circulaires imitant les écailles de poisson.

Croix partie. Divisée par une ligne perpendiculaire en deux émaux différens.

Croix pattée. Elle s'élargit aux quatre extrémités.

Croix pommetée. Ses extrémités se terminent par des pommes ou boutons.

Croix de potence. Elle a la forme d'un T; on la nomme aussi *taf* ou *tau* ou *croix de Saint-Antoine*.

Croix potencée. Ses extrémités se terminent en une potence.

Croix recercelée. Ressemble à la croix ancrée; mais ses huit pointes circulaires ont chacune deux circonvolutions.

Croix recroisettée. Ses quatre branches se terminent en une autre petite croix.

Croix remplie. Elle est d'un émail et son fond de l'autre.

Croix repotencée. Est la croix potencée, ayant à ses extrémités une petite traverse semblable à celle de la croix recroisettée.

Croix recercelée. Qu'il ne faut pas confondre avec la croix recercelée, est chargée d'un orle dont l'espace du bord à lui est égal à sa largeur. Cette croix est extrêmement rare.

Croix retraite. Est celle qui mouvant de la partie supérieure de l'écu ne s'étend pas jusqu'au bas et se trouve raccourcie. Quand elle est seule dans l'écu elle doit avoir les trois quarts au moins de sa longueur ordinaire.

Croix de Toulouse. Elle est cléchée, vidée et pommetée. On l'appelle ainsi parce qu'elle est semblable à la croix des anciens comtes de Toulouse, telle qu'ils la portèrent depuis la première croisade.

Croix tréflée. Ses extrémités se terminent en trèfles. Quelques-uns la nomment *Croix de Saint-Lazare.*

Croix treillissée. Elle est chargée de dix ou douze cotices entrelacées, moitié à dextre, moitié à senestre.

Croix vairée. Est chargée de vair.

Croix vidée. Se dit d'une croix percée à jour, en sorte que l'on voit le champ de l'écu à travers.

Croix vivrée. Est celle qui a des sinuosités angulaires formant des angles saillans et rentrans.

ARRANGEMENT DES FIGURES.

Une figure seule occupe le milieu de l'écu.

Deux se mettent en pal ou en fasce.

Trois se posent 2 et 1 ou en pal ou en chef.

Quatre se rangent 2, 2; on signale l'exception en blasonnant.

Cinq se disposent en croix ou en sautoir.

Six se posent 3, 2, 1, ou 2, 2, 2.

Sept se posent 3, 3, 1, ou 3, 1, 3, ou enfin 2, 3, 2.

Huit peuvent se mettre en orle.

Neuf se posent 3 , 3 , 3 , ou 3 , 3 , 2 , 1.

Dix se posent 3 , 3 , 3 , 1 , ou 4 , 2 , 4 , ou 4 , 3 , 2 , 1, ou en orle.

Onze se posent 4 , 3 , 4 , ou en orle.

Treize peuvent se poser 5 en pal de l'un en l'autre, accostées de 8 de l'un à l'autre.

Quand les pièces couvrent l'écu en grand nombre et que celles des bords sont coupées par la moitié , le tout est un *écu semé*.

Les besants et les tourteaux peuvent porter des croix ou d'autres figures : on les dit alors *croisés figurés* de tel émail.

En blasonnant il faut toujours avoir le soin de désigner l'ordonnance des figures quand elles n'ont pas celle que prescrivent les règles héraldiques.

FIGURES NATURELLES.

Les figures naturelles sont l'image de tous les corps qui appartiennent à la création. Elles sont d'un usage fort répandu en armoiries, et quelques-unes prennent des noms particuliers dans le langage héraldique. Ces figures étant nombreuses à l'infini nous ne rapporterons que les plus usitées.

Le soleil se représente par un cercle parfait, avec deux yeux , un nez et une bouche ; il est entouré de seize rayons, huit droits, huit ondoyans , posés alternativement. S'il y en a plus ou moins on l'exprime en blasonnant. Son émail particulier est l'or ; il y en a cependant de différens émaux. Quand il n'a aucun trait, ou même, selon quelques héraldistes, quand il est de couleur, il s'appelle *ombre de soleil.*

On le dit *soleil levant* quand il est mouvant de l'angle dextre du chef, *soleil couchant* quand il meut de l'angle senestre. Lorsqu'il paraît à un autre angle au bord de l'écu, on le dit *mouvant.*

Le soleil est le symbole de la lumière , de la richesse et de l'abondance.

Le croissant est posé *montant,* c'est-à-dire les cornes dirigées vers le chef de l'écu ; c'est la règle ; et cette position ne s'exprime pas : si ses cornes regardent la pointe il est *versé.* Le croissant dont les cornes regardent le flanc dextre est tourné ; il est *contourné* s'il est posé dans le sens contraire. Deux croissans sont *adossés* lorsqu'ils sont posés dos-à-dos, l'un sur l'autre, ou *rangés* l'un à côté de l'autre. On les dit *affrontés* quand leurs pointes se regardent.

L'arc-en-ciel se représente dans l'écu en fasce ou en bande bombée, tissue de quatre burèles d'or, de gueules, de sinople et d'argent ; c'est la règle et on ne l'exprime pas. S'il y a différence dans quelqu'un de ces émaux, on les nomme tous en blasonnant.

Les étoiles ont ordinairement cinq *rais* ou rayons dont un tend vers le haut, deux aux côtés et deux vers le bas de l'écu. Lorsque l'étoile n'a qu'un rais en bas on la dit versée ; lorsqu'elle a plus de cinq rais, on doit les compter en blasonnant.

Les étoiles souvent employées en armoiries sont l'emblême de la pénétration et de l'éternité.

Les comètes, étoiles à huit rais, dont un inférieur s'étend en ondoyant, se termine en pointe et doit avoir trois fois la longueur des autres rais. Lorsqu'elles en ont plus ou moins de huit, on doit en exprimer le nombre.

On les dit *coudées* quand leur queue ondoyante est d'un émail différent.

Les nuées imitent les nuages ; on les pose en bande, en barre, en fasce, etc., et elles ont des émaux qu'il faut spécifier.

Le feu paraît dans le blason sous forme de flammes, de flambeaux allumés, de charbons ardens, de bûchers. Il peut être de couleur ou de métal.

L'eau comprend les fontaines, les rivières, les ondes. Elle est le plus souvent d'argent ombrée d'azur.

L'homme est représenté en armoiries, ou par la *carnation* ou par les autres émaux du blason.

Les yeux paraissent ordinairement de fasce dans l'écu ; lorsqu'ils sont de profil on doit l'indiquer. S'ils ne sont pas des yeux humains on doit dire à quelle espèce d'animaux ils appartiennent.

On les dit *allumés* lorsque la prunelle est d'un autre émail que la paupière, ou qu'ils ne sont pas dits *au naturel* (1), excepté cependant pour les yeux du cheval et de la licorne qui sont dits *animés* dans la même signification.

Les yeux sont le symbole de la vigilance et de la pénétration.

Les bras. Le droit s'appelle *dextrochère*, le gauche, *senestrochère*; ils sont *nus*, *habillés* ou *armés* de *carnation* ou d'*émail*.

Les mains. La main est ordinairement posée en pal, montrant la paume, le bout des doigts en haut; on la dit alors *appaumée*, et cela ne s'exprime pas.

Lorsqu'une main montre le dos, ce qui est très-rare, on la dit *contre-appaumée*, et *renversée* quand les doigts sont en bas.

Deux mains jointes ensemble et posées en fasce, ou en bande se nomment *foi*. On désigne l'émail des manches s'il est différent de celui des mains.

Les mains employées dans les armes sont ordinairement dextres; si elles sont senestres on doit en faire la distinction.

La main est le symbole de la puissance, de l'autorité, de la conservation, de la franchise et de la vérité, puisqu'on la lève pour affirmer une chose.

Les jambes, les os entrent pareillement en armoiries.

Le lion est *rampant*, c'est-à-dire dressé sur ses jambes de derrière, de profil, ne montrant qu'un œil et une oreille; sa langue sort de sa gueule, recourbée et arrondie à l'extrémité; sa queue levée droite un peu en onde, le bout touffu et retourné vers le dos (2). C'est la règle et ne s'exprime pas; tout autre position est l'exception et il faut la spécifier.

Le lion est souvent seul; il peut y en avoir deux dans l'écu; s'ils sont trois on les dit *lionceaux*.

Il est *léopardé* ou *passant* lorsqu'il semble marcher la queue

(1) Quelquefois se serve du mot *carnation* pour désigner les parties du corps humain, telles que la nature les produit, on dit *au naturel* pour les yeux par rapport à leurs différentes nuances,

(2) On voit cependant sur beaucoup d'anciens sceaux le lion avec le bout de la queue tourné en dehors; c'est aujourd'hui le mode le plus fréquent.

tournée sur son dos, le bout retourné en dehors ; *posé* quand il repose sur ses quatre pieds ; *couronné* lorsqu'il a une couronne sur la tête : cette couronne est ordinairement à pointes ; *lampassé* et *armé* si sa langue et ses griffes sont d'un autre émail que son corps ; *morné* quand il n'a ni dents, ni langue, ni ongles ; *diffamé* s'il n'a point de queue ; *éviré* si la verge lui manque ; *vilené* quand sa verge est d'émail différent ; *dragonné* quand la partie inférieure de son corps est terminée en queue de dragon ; *mariné* lorsque cette même partie finit en queue de poisson ; *naissant* quand il ne paraît qu'à moitié sur le champ de l'écu, sa partie inférieure étant supprimée, ou quand il meut d'une fasce ou du bas de l'écu ; *issant* lorsqu'il paraît sur un chef, une fasce, mouvant de la pointe ou d'un des flancs de l'écu, et ne montrant que la tête, le cou, le bout de ses pattes de devant et l'extrémité de la queue ; *accroupi* s'il est assis sur le derrière ; *accolé* s'il a un collier ou une couronne passé autour du cou.

Quand il y a deux lions rampans dans un écu et que l'un est *contourné*, on les dit *adossés* : ils sont *affrontés* quand ils sont tous deux front à front ; *barroqués* ou *en barroque* quand ils sont couchés sur les quatre pattes.

Le lion peut être *burelé*, *bandé*, *coupé*, *parti*, *échiqueté*, *d'hermines*, *de vair*, etc. Ceci s'explique de soi-même.

Sa queue est quelquefois partagée en deux, on la dit alors *fourchée*. Dans ce cas elle est souvent *nouée* et *passée en sautoir*.

La *tête du lion* seule est *coupée*, c'est-à-dire tranchée nettement ou *arrachée*, c'est-à-dire déchirée en lambeaux.

Le *léopard* est représenté dans l'écu *passant*, la tête toujours de face, montrant les deux yeux et les deux oreilles ; sa queue est retroussée sur le dos, le bout retourné en dehors.

On appelle *léopard-lionné* celui qui est rampant (mais toujours la tête de face) parce qu'alors il est dans l'attitude du lion.

Le léopard peut être *lampassé*, *armé*, *allumé*, *couronné*, *diffamé*, *morné*, etc. Il peut enfin avoir toutes les variétés du lion.

Le *cerf* est toujours de profil et passant, très rarement courant ou couché.

On dit le cerf *élancé* quand il paraît courant ; *saillant* quand il est dressé sur ses jambes de derrière ; *au repos* s'il est couché ; *ramé*, *onglé* lorsque son bois et la corne de ses pieds sont d'un autre émail que son corps ; *sommé* ou *ramé* de tant de dagues pour exprimer le nombre de ses dagues.

On appelle *rencontre* de cerf la tête de cet animal détachée du corps et vue de front sur l'écu ; vue de profil avec une partie du cou, on dit *au cou et tête de cerf ;* la ramure seule attachée à une partie du crâne se nomme *massacre*.

On dit *chevillé* du rencontre, du massacre ou de la ramure du cerf, lorsqu'à chaque branche il se trouve plus ou moins de six dagues ou *cornichons*. Les perches de bois séparées s'appellent *cornes*.

On prend le cerf pour l'emblème du guerrier devant qui l'ennemi ne saurait tenir, ou d'un juge qui punit le crime avec rigueur, par le motif, dit-on, que le cerf de son souffle seul met le serpent en fuite, et qu'il se plaît à déchirer la vipère qui ne peut voir le jour sans être parricide (histoire naturelle *bien ancienne*).

Le cheval paraît dans l'écu de profil et passant.

On le dit *bardé*, *houssé*, *caparaçonné*, *bridé*, *sellé*, quand il porte ses harnais ; *courant* quand ses quatre jambes sont étendues, ayant l'air de galopper ; *effaré* ou *cabré* s'il est levé sur ses pieds de derrière ; *gai* s'il est nu, sans bride ni licol, paraissant se promener.

L'œil du cheval est *animé* quand il est d'un autre émail que le corps. En armoiries la tête du cheval est toujours de profil.

Nous ferons observer que le cheval a toujours quelqu'un des attributs dont nous venons de parler, et que souvent il en a plusieurs à la fois.

Le cheval est l'hiéroglyphe de la valeur et de l'intrépidité.

Le *bœuf* se présente en armoiries de profil et passant, ayant la queue pendante, et un floquet de poil sur le front.

Il est *accorné* et *onglé* lorsque ses cornes et ses sabots sont d'émail différens ; *clariné* s'il a une clochette au cou.

La tête du bœuf, seule dans l'écu et vue de front, se nomme *rencontre de bœuf ;* vue de profil elle reprend son nom simple ; elle est *bouclée* si un anneau passe dans le mufle. Le bœuf représente la douceur, le travail, la fertilité.

La *vache* est toujours vue de profil dans l'écu ; elle se distingue du bœuf par ses tétines et sa queue étendue le long de son flanc.

On dit la vache *accornée*, de ses cornes ; *onglée*, de l'ongle de ses pieds ; *colletée*, de son collier ; *clarinée*, de la sonnette qui y est quelquefois attachée, lorsque ces choses sont d'un émail autre que celui de son corps. On la dit *couronnée* lorsqu'elle a une couronne sur la tête.

Le *taureau* est de profil et passant, il a la queue retroussée sur le dos, le bout tourné à senestre, ce qui le distingue du bœuf dont la queue est pendante.

Il est *furieux* quand il est levé sur ses pieds de derrière.

Le taureau est le symbole de la force, du courage et de la fécondité.

Le *bélier*, distingué par ses cornes en spirale, est presque toujours de profil et passant.

On le dit *sautant* lorsqu'il est dressé sur ses pieds de derrière ; *accorné*, *onglé* quand ses cornes et ses pieds sont d'un autre émail que le corps.

La tête du bélier, vue de front, se nomme *rencontre de bélier*.

Cet animal était considéré par les anciens comme l'emblême de l'audace et de l'éloquence.

La *brebis* est toujours de profil et *paissante* ; cette position ne s'exprime pas, à moins que la terrasse sur laquelle elle semble paître ne soit d'un émail autre que celui de son corps.

La brebis indique l'opulence et la fécondité.

Le *chien* paraît dans l'écu de profil et passant. Il est dit *colleté* s'il a un collier au cou.

Le chien *lévrier* est un des plus communs en armoiries ; il paraît toujours *courant* et il a toujours un collier au cou, ce qui ne s'exprime pas, à la différence des autres chiens ; à moins que ce collier ne soit d'un autre émail que l'animal. Lorsque le lévrier est *passant* ou *rampant* on doit l'indiquer. Le collier est *bordé* et *bouclé* quand ses rebords et son anneau sont d'un autre émail que le collier lui-même.

Le lévrier est aussi quelquefois *lampassé*, *allumé* et *armé* d'un autre émail.

Le lévrier, comme tous les autres chiens, peut être *couché*, *assis*, etc.

Le *levron* (jeune lévrier) n'a jamais de collier, c'est la seule chose qui le distingue du lévrier, lequel, comme nous l'avons déjà dit, en a toujours un.

Le chien est l'emblème de l'obéissance et de la fidélité.

L'*éléphant* est dit *défendu* ou *armé* et *onglé* lorsque sa dent ou défense et ses pieds sont d'un autre émail que le corps.

La trompe, séparée de son corps et seule dans l'écu, se nomme *proboscide*; elle est très rare dans les armoiries françaises, on la voit seulement quelquefois usitée comme cimier. Elle se pose en pal, sous forme de 2, et porte les naseaux vers l'angle dextre supérieur de l'écu.

Le *sanglier* se distingue du porc domestique par ses deux longues défenses; il est ordinairement de profil et *passant*. Son émail particulier est le sable.

Si le sanglier est levé sur ses pattes de derrière on le dit *rampant*. Il est *miraillé*, *défendu*, *onglé* lorsque son œil, sa dent, son sabot sont d'un autre émail que le corps.

On le dit aussi *sanglé* quand il a au milieu du corps une espèce de ceinture d'émail différent.

Sa tête est toujours vue de profil et se nomme *hure*; son nez *boutoir*; sa dent, quand elle est détachée du corps, *défense*. Toutes ces parties ne s'expriment que lorsqu'elles sont d'un autre émail ou qu'elles se trouvent dans une position qui n'est pas l'ordinaire.

Le sanglier est l'emblème du courage et de l'intrépidité.

L'*écureuil* ou *écurieux* est distingué dans l'écu par sa queue hérissée qui paraît plus grosse que son corps.

Il indique la prévoyance et l'agilité.

Le *lapin* ou *connil* paraît courant et de profil dans l'écu: c'est la règle et ne s'exprime pas.

Il est le symbole de la fécondité.

L'*ours* paraît dans l'écu de profil et passant, ne montrant qu'un œil et une oreille.

Il est *assis* quand il paraît droit sur son derrière; *accroupi* quand il est sur son derrière, et que les deux pattes de devant touchent à terre; *en pied* s'il est dressé sur ses pattes de derrière; *rampant* quand il semble marcher sur ses pattes de derrière et qu'il a le corps incliné en avant.

On le dit *allumé*, *lampassé*, *armé* lorsque son œil, sa langue sortent de la gueule et ses griffes sont d'un autre émail que son corps.

Sa tête séparée est toujours de profil.

L'ours est l'emblème de la prévoyance.

Le *limaçon* paraît dans l'écu naissant de sa coquille et montrant les cornes.

Comme l'ours il est l'emblème de la prévoyance.

La *couleuvre* ou *bisse* paraît toujours formant plusieurs sinuosités ou ondes, posée en pal et la tête en fasce de profil. C'est sa position ordinaire et on ne l'indique pas; on ne l'exprime que si elle n'est point en pal.

On la dit *languée* quand sa langue est d'un autre émail que le corps.

Le *dauphin* est un poisson de mer qui ressemble au marsouin. Sa représentation ordinaire est d'être de profil et courbé en demi-cercle, son museau et le bout de sa queue tournés vers la dextre de l'écu; alors on le dit *vif*.

Le dauphin est *allumé* pour l'émail de l'œil, *lorré* pour celui des nageoires, *peautré* pour celui de la queue quand ces émaux diffèrent du reste du corps.

On le dit *pâmé* lorsqu'il est sans œil, sans dent, d'une seule couleur, la gueule béante comme s'il était près d'expirer; *couché* si la tête et la queue tendent vers la pointe de l'écu; *versé* quand elles regardent le chef.

Les *chabots*. Petits poissons de rivière, ayant la tête grosse à proportion de leur corps, qui va diminuant jusqu'à la queue. Ils paraissent en pal; montrent le dos et la tête en haut.

Le *bar* ou *barbeau* paraît de profil, un peu courbé, en pal et la tête en haut. On n'explique la position du bar que lorsqu'il n'est point dans sa représentation ordinaire.

Presque toujours ils sont deux et adossés.

Les *écrevisses* paraissent toujours posées en pal, la tête vers le haut de l'écu et montrant le dos. Leur émail particulier est le gueules.

Les *coquilles*. Ce meuble d'armoiries représente une coquille de mer, ombrée à gauche, montrant le dos. Celles qui font voir le dedans ou le creux se nomment *vannets*.

Les plus grandes s'appellent *coquilles de Saint-Jacques*, les petites, *coquilles de Saint-Michel*.

Elles désignent les voyages du Levant et les pèlerinages.

L'*aigle* est toujours du genre féminin en blason. Cet oiseau, un des plus communs en armoiries, est ordinairement représenté montrant l'estomac, le vol étendu, le bout des ailes vers le haut de l'écu et la tête de profil.

L'aigle est *essorante* si elle paraît prendre son vol ; elle est dite au *vol abaissé* lorsque le bout de ses ailes tend vers la pointe de l'écu.

Elle est *becquée*, *languée*, *membrée*, *armée* quand son bec, sa langue, ses jambes et ses griffes sont d'un autre émail que son corps. Elle est *couronnée diadémée* quand sa tête porte une couronne ou est entourée d'un cercle.

Il y a des aigles à deux têtes ; on les blasonne sous une dénomination particulière. (Voir *aigle éployée*).

L'aigle est le symbole de la royauté, de la grandeur, de la clémence, de la magnanimité et de la reconnaissance.

Les *aiglettes*. Quand les aigles sont plus de deux dans l'écu elles se nomment aiglettes. Celles-ci conservent, du reste, la forme et tous les attributs héraldiques de l'aigle.

Les *alérions* sont de petites aiglettes, sans bec ni jambes. Les alérions montrent l'estomac comme l'aigle ; ils ont aussi les ailes ouvertes, mais abaissées. Il y a presque toujours plusieurs alérions dans un écu ; ils chargent ou accompagnent les pièces honorables.

Le *vol* est deux ailes d'oiseau, adossées et jointes ensemble, dont les bouts s'élèvent vers le haut de l'écu.

Une seule aile s'appelle *demi-vol* ; deux ailes qui ne sont pas jointes sont deux *demi-vols*.

Le vol est dit *abaissé* quand les bouts des ailes tendent vers la pointe de l'écu, *fondant* quand il paraît renversé.

Le vol est l'hiéroglyphe de la vigilance dans les expéditions militaires.

Le *pélican*, oiseau aquatique, paraît toujours de profil sur son *aire* (1), les ailes étendues comme s'il prenait l'essor et

(1) Nid.

se becquetant la poitrine pour nourrir ses petits au nombre de trois.

Les gouttes de sang qui semblent sortir de sa poitrine, se nomment *piété* quand elles sont d'un autre émail que l'oiseau.

Le pélican est l'image de la tendresse maternelle.

Le *coq* se rencontre fréquemment en armoiries. Il est représenté de profil, la tête levée, la queue retroussée, dont les plumes retombent en portions spirales et circulaires.

On le dit *barbé*, *becqué*, *crêté*, *membré* lorsque sa barbe, son bec, sa crête, ses jambes sont d'un autre émail que le corps. On le nomme aussi *chantant* s'il a le bec ouvert; *hardi* s'il a la patte dextre levée.

Il est le symbole des combats et de la victoire.

Le *cygne*. Oiseau aquatique, remarquable par la blancheur de son plumage et la longueur de son cou. Son émail particulier est l'argent.

On appelle cygne *plongeant* celui dont la tête est enfoncée dans l'eau. On le dit *becqué*, *membré* lorsque son bec et ses jambes sont d'un autre émail que le corps.

Le cygne indique la candeur, la sincérité, l'amour.

La *grue*. Oiseau à long bec, est posée de profil dans l'écu; elle tient dans sa patte dextre, toujours levée, un caillou que l'on nomme *vigilance*, ce qui ne s'exprime que lorsque ce caillou est d'un autre émail.

La grue est l'emblème de la vigilance.

Le *paon* est représenté *rouant*, c'est-à-dire de front, et faisant la roue, la tête ornée de trois plumes en aigrette. Cette position ne s'exprime pas.

Quelquefois il paraît de profil, sa queue traînante, et l'on doit l'indiquer en blasonnant.

On dit le paon *miraillé* lorsque les marques ou taches rondes de sa queue sont d'un émail différent.

Le paon est le symbole de la vanité.

Les *canettes*, petites canes; elles sont de profil et ressemblent assez au canard.

Elles sont presque toujours en nombre dans l'écu, et peuvent être *armées*, *becquées*, *membrées* de différents émaux.

Les *merlettes* sont de petits oiseaux représentés de profil, sans pieds, ni bec. Leur émail particulier est le sable.

Les merlettes signifient les ennemis vaincus et défaits; si elles sont de gueules elles représentent l'ennemi tué sur le champ de bataille; de sable, c'est l'ennemi dans la captivité. Elles désignent encore les Croisades; leur bec et leurs pieds coupés marquent les blessures qu'on y a reçues.

Le *papillon* paraît de front et les ailes ouvertes. Il est dit *miraillé* quand ses ailes ont des marques rondes, imitant les miroirs et d'un émail différent.

Le papillon est le symbole de l'étourderie, de la legèreté et de l'imprudence (1).

Les *mouches* paraissent toujours la tête en haut et montrent le dos. On ne se sert du mot mouche que lorsqu'on ne peut pas désigner l'espèce que l'on veut blasonner.

Les *arbres* ont pour émail particulier le sinople; il y en a cependant de différents émaux. Les arbres sont posés en pal dans l'écu, les racines resserrées.

On les dit *arrachés* lorsque les racines sont étendues ou d'un autre émail; *ébranchés* quand ils n'ont point de branches; *écimés* quand leur cime paraît coupée; *fruités* lorsque leur fruit est d'un autre émail (2); *mouvants* quand ils paraissent mouvoir de la pointe de l'écu; leur racine ne paraissant pas; *ombragés* quand leurs feuilles sont d'un émail différent; *nourris* quand leur fût ou tige est coupé près de la racine; *terrassés* quand ils sont plantés sur une terre du même émail ou d'un émail différent; *futés* quand leur fût est aussi d'un autre émail; *écotés* quand les branches sont coupées; *effeuillés* ou *secs* quand ils n'ont pas de feuilles.

Il faut autant que possible désigner l'espèce de l'arbre.

Le lis de jardin. Son émail particulier est l'argent; il y en a cependant de divers émaux.

---

(1) Ceux qui ont commencé de porter des *paons* et des *papillons* dans leurs armes, ont voulu indiquer, sans doute, leur victoire sur un ennemi vain, léger, étourdi, imprudent. (*Voir St-Allais.*)

(1) Autrefois on disait *englandé* pour exprimer le chêne chargé de fruits ou glands; aujourd'hui on le dit simplement fruité, comme les autres arbres.

Le lis est *au naturel* quand il paraît, tel que la nature le produit, blanc et le calice rempli de fleurons jaunes.

La *fleur-de-lis*. On devrait sans doute la ranger parmi les figures artificielles; mais dans l'usage, le blason la considère toujours comme fleur naturelle.

Coupée par le bas, on la dit *au pied nourri*. On appelle, *florencée* une fleur-de-lis ayant des boutons entre ses fleurons, en quoi elle imite celle de Florence. Elle est rare en armoiries.

Un arrêt du conseil, du 19 mars 1697, enjoint aux commissaires généraux, dans la réception des armoiries, de n'admettre aucune fleur-de-lis d'or en champ d'azur, qu'il ne leur soit justifié de titres ou de permissions valables.

La *rose* paraît épanouie, avec un bouton au centre, quatre feuilles autour du bouton et cinq feuilles autour de ces quatre; entre ces cinq dernières feuilles elle offre cinq pointes qui imitent les épines. Le plus souvent les roses n'ont pas de tige; les gueules est leur émail particulier; il y en a cependant de divers émaux et notamment d'argent.

On appelle rose *tigée*, *feuillée*, celle qui a tige et feuilles; *boutonnée* celle dont le bouton du centre est d'émail différent; *pointée* celle dont les cinq pointes ou épines sont aussi d'un autre émail.

La *grenade*. Ce fruit en forme de pomme à couronne de pointes, est représenté ouvert au milieu, et laissant apercevoir les grains par cette ouverture oblongue; au-dessous elle offre une tige et quelques feuilles.

La grenade est *ouverte* lorsque son ouverture est d'un émail différent.

Elle est le symbole de l'union d'une famille, d'une société.

Les *ancolies* ou *fleurs d'ancolies*. Cette fleur est ordinairement penchée et a la tige vers le chef de l'écu.

Le *trèfle*, herbe commune et que le blason a rangé parmi les fleurs. Le sinople est l'émail qui lui est propre.

Placé dans un écu, il a toujours trois feuilles arrondies, une en haut et une de chaque côté de la tige commune à laquelle elles sont attachées.

Le trèfle annonce que celui qui la porte dans son écu, a eu soin de camper la cavalerie, dont il avait le commandement , dans des lieux propres à la nourriture des chevaux.

La tierce-feuille est un trèfle sans tige , ce qui la distingue de cette dernière fleur qui en a toujours une. L'espace entre chaque feuille est appelé *refente*.

La quarte-feuille est une fleur à quatre feuilles rondes, ou fleurons sans tige ; elle diffère de la rose en ce qu'elle n'est ni *boutonnée* ni *pointée*.

La quinte-feuille est une fleur de pervenche à cinq pétales arrondis, ayant chacun une pointe ; elle est percée en rond à son centre et laisse voir le champ de l'écu. Celle dont les feuilles sont arrondies sans pointe, se nomme *angènes*.

Les *coquerelles* ou noisettes dans leurs gousses, sont jointes ensemble au nombre de trois , et se dirigent une en haut et une de chaque côté, telles qu'on les voit sur les noisetiers.

Les coquerelles sont rares en armoiries.

Le créquier ou *cérisier sauvage* est semblable à un chandelier à sept branches. Il a des racines au bas de son fût ; six branches, —trois de chaque côté, —se dirigeant d'abord vers les flancs de l'écu et puis par une courbure vers le haut ; son fût continué jusqu'au chef de l'écu forme la septième. Chaque branche est terminée par un bouton rond et pointu.

Si le créquier a plus ou moins de sept branches, on doit les compter en blasonnant.

Les *glands* , fruits du chêne, se posent en armoiries avec leur gobelet ou calotte et une petite tige. Quand le gobelet et la tige sont en bas les glands sont dits *versés*.

FIGURES ARTIFICIELLES.

Les figures artificielles sont toutes le produit de l'art , et elles sont presque aussi nombreuses que les figures naturelles ; aussi ne parlerons-nous que de celles qui dans la langue héraldique ont reçu des noms particuliers.

Anilles. Fer qui servait à fortifier les roues d'un moulin. Elles sont représentées en armoiries par deux demi-cercles , ou crochets adossés et liés par deux listels. De cet assemblage il résulte un vide carré au centre de la pièce.

L'anille indique un droit de moulin banal.

Annelets. Ce sont des petits anneaux ou bagues, souvent ils sont en nombre sur un écu et d'autrefois ils chargent les pièces honorables ou les accompagnent. S'ils sont plusieurs et concentriques, les annelets prennent le nom de *vires.*

Les annelets représentent les anneaux des chevaliers et signifient grandeur, juridiction, noblesse.

Doloire. Hache sans manche.

Fermail ou agraffe, boucle garnie de ses ardillons, et servant à serrer la ceinture ou le baudrier.

Le fermail est ordinairement d'une forme ronde ; s'il est en losange on doit le désigner en blasonnant. Il doit être posé en fasce, la pointe de l'ardillon à dextre ; s'il est mis perpendiculairement on le dit *en pal.*

On nomme *fermail antique* celui qui est en losange.

Gonfanon, qu'on écrit aussi *gonfalon*, est une bannière à trois pendans ou manipules, nommés *fanons*, arrondis en demi-cercle.

Le gonfanon figure la bannière de l'armée des croisés, donnée par Urbain III en 1094.

Grillets ou *grelots.* On les voit seuls sur quelques écussons, mais le plus souvent ils sont attachés aux pattes des oiseaux de proie employés à la chasse.

Haméide. Figure composée de trois pièces mises en fasces l'une sur l'autre et alésées. Elle est rarement employée.

Selon quelques auteurs, l'haméide représente une barrière à jour de trois pièces, qui fermait les chemins, et aidait ainsi à faire payer les péages.

Herse. Barrière glissant dans une coulisse et destinée à fermer les portes des villes.

C'est un grillage de bois dont les montans qui posent à terre sont aiguisés.

Hie. Instrument propre à payer, en forme de fusée allongée, avec deux annelets taillans, l'un en haut, l'autre en bas. La hie est rarement employée en armoiries.

Houssettes ou *houseaux.* Ce sont des bottines éperonnées ; on les dit *éperonnées* lorsque son éperon est d'un autre émail.

Huchet. Petit cor de chasse servant à appeler les chiens ; il est sans attache dans l'écu, ce qui le distingue du cor. Cependant on observe peu cette règle.

Le huchet est *enguiché* pour désigner l'émail de l'embouchure, et *virolé* pour celui des cercles qui l'ornent quand ces émaux sont différens.

Maçonné. Un écu est maçonné lorsqu'il est divisé en carreaux imitant la maçonnerie. Les filets qui forment ces carreaux sont le plus souvent de sable.

On dit aussi maçonné des joints, des pierres figurées sur un château, un pont, une porte, un mur, etc., lorsque ces joints sont d'un autre émail que l'édifice.

Maillets. Instrumens de guerre en forme de marteaux, propres à rompre et à briser.

Manche mal taillée. Manche d'habit bizarrement coupée et d'une forme presque fantastique, ressemblant un peu à un M, dont les deux jambages du milieu et celui de gauche seraient plus courts que celui de droite, avec leurs bases recourbées légèrement en crochet vers les flancs de l'écu.

Manipule. C'est la main et le bras vêtus de l'ornement que portent les prêtres à l'autel, ornement qui s'appelle manipule.

Molette d'éperon. C'est une étoile à six rais, avec une ouverture ronde au centre, laissant apercevoir le champ de l'écu.

Quand la molette a plus ou moins de six rais, on doit en spécifier le nombre.

Les molettes représentent celles des anciens chevaliers.

Monde. Globe représentant le corps sphérique du monde. Il a toujours un cintre qui l'entoure en fasce; du centre de cette fasce s'élève un autre cintre qui s'arrête au bord supérieur du globe et est surmonté d'une croisette.

Il est *cintré* et *croisé* lorsque les cintres et la croix sont d'un autre émail que le globe.

Navire. Vaisseau dont on ne peut désigner l'espèce.

On le dit *équippé* ou *habillé*, *girouetté* lorsque les agrets et la girouette des mâts sont d'un émail différent de celui du navire; *flottant* ou *arrêté*, lorsqu'il est sur mer sans voiles et sans mâts; *voguant*, quand il semble voguer à pleines voiles.

Otelles. Ces figures ressemblent à des amandes pelées; d'autres croient y voir un fer de lance, et cette opinion est probablement la vraie.

Presque toujours elles sont en nombre dans l'écu ; leur position ordinaire est en pal, la pointe en haut. Si elles sont posées autrement on doit l'exprimer.

Patenôtre. C'est un chapelet.

Phéons. Fers de dard, aigus, dentelés. Il sont rares en armoiries.

Pignates. Pots ou vases à une anse sur le côté.

Pont. Il occupe toute la largeur de l'écu, et l'on doit toujours désigner le nombre de ses arches.

Rais d'escarboucle. Roue sans jantes, dont le moyeu est une pierre précieuse, percée en rond au centre, et laissant voir le champ de l'écu. Ses rayons sont au nombre de huit ; quatre en croix, quatre en sautoir ; ils sont souvent bourdonnés au milieu et aux extrémités ; il y en a aussi de fleur-de lisés.

On exprime le nombre de rais s'il y en a plus ou moins de huit.

Roc ou Roquet. Cette pièce ressemble assez à la tour du jeu d'échecs, seulement sa partie supérieure est divisée en deux, et recourbée à dextre et à senestre en forme d'ancre. L'Y grec, dont les deux jambages supérieurs seraient légèrement recourbés, représente assez exactement la forme du roc.

On nomme aussi cette pièce *roc d'échiquier.*

Tortil. Espèce de cordon, dont on entoure les têtes de Maure ; il est un peu large à la partie qui ceint le front, et se rétrécit derrière la tête, où il se termine par deux bouts en pointe noués et ondoyans.

Tour. La tour est ordinairement ronde ; si elle est *carrée* on doit le spécifier. Autour de la porte il y a des bossages ou pierres de refens ; au-dessus sont deux fenêtres carrées longues. Le sommet de la tour a toujours trois créneaux ; ce qu'on ne dit pas.

Elle est *donjonnée* quand elle supporte une autre tour appelée *donjon* ; s'il y avait plusieurs donjons on devrait en désigner le nombre en blasonnant.

On la dit *ouverte, ajourée, maçonnée* lorsque la porte, les croisées et le joint des pierres sont d'un émail autre que celui de la tour ; *couverte,* si elle a un toit ; *essorée,* si ce toit est d'un autre émail ; *hersée, girouettée* si elle a une herse, une girouette.

En armoiries, la tour signifie un château, une forteresse bien défendus par celui qui la porte dans son écu.

Triangle. Meuble en forme de triangle équilatéral; ordinairement il est posé sur sa base; si, au contraire, la base était vers le haut, on dirait le triangle *versé.*

Vertenelle ou *bris d'huis.* Bande de fer destinée à soutenir une porte et à la faire tourner sur ses gonds.

FIGURES CHIMÉRIQUES.

Les figures chimériques participent à la fois de l'homme et des animaux : ce sont les créations des peintres et des poètes.

Beaucoup ont été prises dans la mythologie antique. Le merveilleux de l'Orient doit également en avoir fourni un grand nombre aux croisés.

Aigle éployée. Quelques-uns la nomment aussi *aigle de l'Empire.* Elle a le cou et la tête ouverts et séparés en deux, ce qui lui donne l'air d'avoir deux têtes, dont l'une regarde à dextre, l'autre à senestre.

Amphiptère ou *amphistère.* Serpent ailé dont la queue se termine en un autre serpent; si elle se termine par plusieurs on la dit *gringolée,* et on exprime le nombre des serpens.

Centaure. C'est le monstre fabuleux que tout le monde connaît. Ordinairement il est armé d'une massue; s'il tire de l'arc on le dit *sagittaire.*

Chimère. Elle a le visage et la gorge de la femme, les jambes de devant d'un lion, le corps de la chèvre, les jambes de derrière du griffon, et la queue du serpent.

Dragon. Cet animal fantastique paraît de profil dans l'écu. Il a la tête et les pieds de l'aigle, le corps et la queue du crocodile; ses ailes étendues imitant celles des chauve-souris; sa queue, tournée en volute, a le bout élevé et terminé, ainsi que sa langue, en forme de dard. On le dit *langué,* si sa langue est d'un autre émail que le corps.

On dit le dragon *monstrueux* quand il a une tête humaine.

Givre ou *guivre,* serpent ou *bisse* qui paraît dévorer un enfant, dont on voit la tête, les bras et le buste sortant de la gueule de la givre. C'est ce qui la distingue de la *bisse.*

On appelle *issant* l'enfant dont le corps est d'un autre émail que celui du serpent.

La givre paraît toujours posée en pal dans l'écu.

Griffon. Aigle par la moitié supérieure du corps, et lion par l'inférieure. Cet animal fabuleux est toujours posé de profil et rampant.

Harpie. Tête et buste de jeune femme, et le reste du corps semblable à celui de l'aigle, dont elle a les ailes étendues au lieu de bras. La harpie est toujours posée de front.

Licorne. C'est le cheval ayant une corne droite sur le front, une barbe de chèvre, les pieds fourchus et la queue du lion.

Quand ses yeux, sa corne et ses ongles sont d'un autre émail que le corps, on la dit *animée*, *accornée*, *onglée*.

Elle est *saillante* quand elle se dresse sur ses pieds de derrière; *en défense*, lorsque sa tête baissée présente la pointe de sa corne; *accroupie*, quand elle est assise sur son derrière; *acculée*, quand elle est droite sur son séant, les pieds de devant levés.

La licorne paraît ordinairement de profil et passante.

Elle est le symbole de la pureté, de la chasteté et de la liberté.

Phénix. Oiseau fabuleux qui paraît de profil, les ailes étendues, sur un bûcher nommé *immortalité*. Le bûcher ne se désigne que lorsqu'il est d'un émail différent.

Le phénix est l'emblème de l'immortalité.

Salamandre. Espèce de lézard qui a le col long, la langue terminée en dard, et quatre pattes pareilles à celles du griffon. Elle est toujours représentée de profil, au milieu des flammes, le dos arrondi, la tête contournée, et la queue élevée sur le dos.

On ne doit désigner les flammes que si elles sont d'émail différent.

Sphinx. Etre fabuleux, avec la tête et le sein d'une femme, les griffes et la queue d'un lion, le corps d'un chien. Il paraît ordinairement *en repos*, c'est-à-dire couché et étendu sur ses pattes, la tête levée.

Sirène. Femme dont les membres inférieurs sont remplacés par une queue de poisson. Elle est posée de front ou de profil, et tient de la main dextre un miroir ovale, à manche, et, de la senestre un peigne. La queue de poisson est ordinairement simple, mais elle peut être double, et alors il faut l'exprimer. Lorsque la sirène paraît sur une mer, il faut également le mentionner en blasonnant.

Quand la sirène est représentée dans une cuve, elle prend le nom de *mélusine* ou *merlusine*.

La sirène, rare en armoiries, l'est beaucoup moins dans les ornemens extérieurs de l'écu.

DES BRISURES.

On distingue les branches d'une même famille par les changemens opérés dans les armes de la tige principale.

Ces changemens se nomment *brisures*.

La brisure peut avoir lieu :

1º Par le changement des émaux en conservant les pièces;

2º Par le changement des pièces en conservant les émaux;

3º En changeant la position des pièces, par la diminution ou l'accroissement de leur nombre;

4º Par l'addition de quelques pièces ;

5º Par les partitions ou écartelures;

6º Par un changement dans les ornemens extérieurs.

La meilleure manière de *briser* est celle qui altère peu ou pas du tout les armoiries primitives.

Le *lambel*, la *bordure*, le *bâton péri*, le *canton* sont les pièces dont on se sert le plus ordinairement pour brisure.

Les écus accolés et les écartelés sont d'usage pour les femmes mariées.

ORNEMENS EXTÉRIEURS DE L'ÉCU.

Ces ornemens se divisent en trois classes :

1º *Ornemens de dignité* ;

2º *De charges* ;

3º *D'hérédité.*

ORNEMENS DE DIGNITÉ.

Les ornemens de dignité sont les *casques* ou *heaumes*, les *couronnes*, les *pavillons* et *manteaux*.

Des Casques.

Le casque était l'arme défensive de la tête qu'il couvrait entièrement. Il avait une visière faite de petites grilles qui pouvait se baisser pendant le combat, et se relever pour prendre l'air en rentrant sous le front du casque.

Avant le XVe siècle, le casque, posé de profil sur la pointe gauche de l'écu penché, était un simple ornement; mais à partir de cette époque, des règles fixes donnèrent aux casques des signes distinctifs selon le rang des personnes.

Les rois et *les empereurs* ont le casque *d'or damasquiné, taré* (posé) *de front sur l'écu, la visière toute ouverte et sans grilles,* parce que le souverain doit tout voir et tout savoir. Ainsi taré, le casque est le signe de la toute-puissance, qui ne relève que de Dieu seul.

Les princes et *les ducs souverains* portent un casque semblable, mais moins ouvert.

Les ducs non souverains, les marquis, les grands-officiers de la couronne tels que les *chanceliers, les maréchaux, les amiraux* portent le *casque d'argent, taré de front, à onze grilles d'or, damasquiné et bordé de même.*

Les comtes, vicomtes et *vidames* ont un casque *d'argent, taré au tiers, à neuf grilles d'or, les bords de même.*

Les barons portent le casque *d'argent, à sept grilles d'or, les bords de même, taré à demi-profil.*

Le gentilhomme ancien qui était chevalier, ou que le souverain avait revêtu de quelque charge importante, avait le casque *d'acier poli, à cinq grilles d'argent, bordé de même et taré de profil.*

Le gentilhomme de trois races paternelles et maternelles portait son casque *d'acier poli, taré de profil, la visière ouverte, le nasal* (1) *relevé et le ventail abaissé, montrant trois grilles à sa visière.*

(1) *Le nasal* est la partie supérieure de l'ouverture du casque. Le nasal tombait sur le nez du chevalier quand il l'abaissait dans les tournois et combats.

Le ventail était la partie inférieure de l'ouverture, et se joignait au nasal quand on voulait la fermer.

Les nouveaux annoblis timbraient leurs écus d'un casque de fer ou d'acier poli, *taré de profil*, *sans grilles*, *le nasal et le ventail entr'ouverts*.

Les bâtards portaient le casque aussi d'*acier poli*, *la visière entièrement fermée*, *taré de profil et tourné à senestre*, en signe de bâtardise.

On ne met guères plus de casque sur les écus; ils sont remplacés par les couronnes.

DES COURONNES.

Les couronnes indiquent la souveraineté et le titre des personnes. Autrefois nul ne pouvait couronner ses armes s'il ne possédait un fief ou dignité qui lui en conférât le droit (1). Mais cette loi n'était rien moins que suivie, et l'on voyait alors comme aujourd'hui, une foule de barons sans baronnies, de comtes sans comtés. Chacun timbrait (2) ses armes de la couronne qui lui convenait le mieux. Cet abus est devenu si général de nos jours, que la couronne n'est plus qu'un vain ornement.

Voici cependant les règles héraldiques que l'on devrait suivre.

La couronne du Pape est triple et prend le nom de *tiare*. C'est un haut bonnet ou toque d'or, cerclé d'une triple (3) couronne de même, sommé (surmonté) d'un globe cintré et surmonté d'une croix. Elle laisse pendre deux cordons semés de croisettes.

La tiare est aussi appelée *regnum*.

La couronne des empereurs est une sorte de mitre, ouverte à la persanne; elle présente au milieu un diadème qui soutient un globe d'or sommé d'une croix de perles.

(1) Un arrêt du conseil, à la date du 18 août 1663, fit défense de se qualifier barons, comtes, etc., et d'en prendre les couronnes, sinon en vertu de lettres patentes vérifiées, à peine de 1,500 livres d'amende.

(2) On appelle *timbre* tout ce qui se met sur l'écu; *timbrer* un écu, c'est mettre quelque chose dessus; couronne, casque, mortier, etc., etc.

(3) La seconde couronne fut ajoutée par Boniface VIII, et la troisième par Benoît XII.

La couronne de Napoléon était un cercle d'or enrichi de pierreries, relevé de six fleurons d'où partaient six diadèmes aboutissant à un globe cerclé, sommé d'une croix. L'aigle impériale occupait les intervalles des demi-cercles.

La couronne du roi de France, couverte et fermée, était un cercle d'or surmonté de huit fleurs-de-lis au pied nourri, supportant des diadèmes perlés qui aboutissaient à une fleur-de-lis double, *cimier* (1) des rois de France.

La couronne du roi des Français est un cercle d'or, enrichi de pierreries, couvert de huit hauts fleurons d'où partent huit demi-cercles aboutissant à un globe d'or cerclé et sommé d'une croix de même (2).

Les couronnes des autres puissances sont pareilles à celle du roi des Français.

La couronne d'Angleterre offre des croisettes pattées au lieu de fleurons, et de plus elle porte un léopard couronné d'or pour cimier.

La couronne du grand-duc de Toscane est relevée sur son cercle de plusieurs pointes semblables à celles des couronnes antiques, mais recourbées et surmontées, une sur deux, de fleurs-de-lis au pied nourri. On y ajoute deux grandes fleurs-de-lis de Florence.

La couronne du dauphin de France était une couronne royale, mais offrant seulement quatre diadèmes. Chacun de ces diadèmes était formé par un dauphin en demi-cercle. Depuis Louis XIV les dauphins portaient la couronne fermée.

La couronne des fils de France était un cercle d'or, enrichi de pierreries et rehaussé de huit fleurs-de-lis ; elle n'avait pas de diadèmes.

La couronne des princes du sang n'avait que quatre fleurs-de-lis et quatre fleurons.

La couronne de l'archiduc est un cercle à huit fleurons au-

---

(1) Voir plus loin l'article des cimiers.

(2) La forme de cette couronne est ainsi fixée depuis une ordonnance rendue le 16 janvier 1831, à la suite des troubles de Saint-Germain-l'Auxerrois. Cette ordonnance, contresignée Mérilhou, exclut les fleurs-de-lis de la couronne et du sceau de l'État. Depuis ce sceau et les armes royales sont d'azur, aux tables de la Charte d'or.

tour d'une toque d'écarlate, et un demi-cercle dessus, de dextre à senestre, garni de perles et portant un globe cintré surmonté d'une croisette.

La couronne des princes et des *électeurs du Saint-Empire* est un bonnet d'écarlate, rehaussé d'hermines, diadémé d'un demi-cercle d'or couvert de perles, surmonté d'un globe sommé d'une croisette.

Le doge de Venise portait sur ses armes et sur sa tête, les jours de cérémonies, *une toque d'étoffe d'or avec quelques rangs de perles.* On le nommait *corne.*

En France :

La couronne de duc est un cercle d'or, enrichi de pierres précieuses et de perles ; rehaussé de huit grands fleurons refendus, dits *feuilles d'ache.* Elle ne se place sur l'écu qu'autant qu'il est environné du manteau ducal.

Les ducs, princes ou de maison princière, placent leur couronne sur une toque de velours rouge, terminée par une perle, une houppe, une croix, etc.

La couronne de marquis est un cercle d'or, à quatre fleurons à feuilles d'ache, alternés chacun par trois perles portées sur une même pointe et réunies en forme de trèfle.

La couronne de comte n'a point de fleurons ; elle est rehaussée de dix-huit grosses perles, dont neuf seulement sont apparentes et portées chacune sur une pointe ; le cercle est d'or, enrichi de pierreries.

La couronne de vicomte est un cercle d'or, rehaussé de quatre grosses perles, dont trois seulement sont visibles, posées sur des pointes et séparées par quatre plus petites dont deux seulement s'aperçoivent.

La couronne de vidame est un cercle d'or garni de pierreries et rehaussé de quatre croisettes pattées.

La couronne de baron est un cercle d'or émaillé, sur lequel se trouvent, en six espaces égaux, des rangs de perles trois à trois, en bande.

La couronne de chevalier n'était qu'un cercle d'or, orné de perles, dont les chevaliers bannerets timbraient leurs armes.

La couronne murale destinée à surmonter les armoiries des villes, est formée de murailles, sommées de créneaux.

PAVILLONS ET MANTEAUX.

Le pavillon qui couvre et environne les armoiries des empereurs et des autres souverains, est composé de deux parties : du comble qui est son chapeau en forme de dôme, et des courtines qui forment le manteau.

Les rois de France et les autres princes de la maison de Bourbon le portent de velours azur, semé de fleurs-de-lis d'or.

Le roi des Français le porte de pourpre, semé d'étoiles d'or, doublé d'hermine.

Les rois des autres nations le portent également couleur de pourpre.

Le manteau n'a que les courtines : c'est en cela qu'il diffère du pavillon.

Les ducs, princes souverains, mais relevant d'une autorité supérieure, ou nommés à l'élection, ne prennent que le manteau ; ils en relèvent les courtines de chaque côté et le surmontent de leur couronne. Tous ces manteaux sont de pourpre et doublés d'hermine.

Les grands dignitaires des Etats, tels que les ducs titrés et les princes de l'Empire ont aussi le droit de porter le manteau de pourpre.

Le grand chancelier de France portait le manteau de drap d'or ; aujourd'hui le manteau de chancelier est de pourpre.

Le premier président au parlement le portait écarlate, doublé d'hermine ou de petit-gris.

Les pairs de France portent aujourd'hui le manteau bleu foncé, doublé d'hermine, bordé d'une frange d'or et brodé de même. On rattache la partie supérieure des courtines à une houppe d'or, qui forme toque d'azur et fait ainsi du manteau une sorte de pavillon. Les pairs entourent cette houppe de la couronne indiquant le titre attaché à leur pairie (1).

(1) Une ordonnance du 15 août 1817 a réservé aux pairs de France le droit exclusif de placer l'écu de leurs armes sur un manteau. — C'est le plus fréquent et à peu près le seul emploi qu'on fasse aujourd'hui en France du manteau héraldique.

ORNEMENTS DE CHARGES.

Les ornements de charges sont ceux qui distinguent les personnes revêtues de quelques charges de la couronne ou de quelques dignités ecclésiastiques. Nous allons tâcher de les faire connaître.

Le pape, outre la tiare, porte encore derrière son écu deux clefs passées en sautoir, l'une d'or, l'autre d'argent.

Le grand aumônier de France porte au-dessus de l'écu de ses armes un livre, recouvert de velours rouge, et brodé aux armes de France, le tout est environné du cordon bleu du Saint-Esprit, au bout duquel est suspendue la plaque de l'ordre.

Les cardinaux surmontent la couronne qui timbre leur écusson, d'un chapeau de gueules à large bord, accompagné de cordons d'où pendent des houppes, aussi de gueules. Ces cordons sont entrelacés et ont cinq rangs de houppes de chaque côté, dans cet ordre 1, 2, 3, 4, 5.

Les cardinaux placent sous le chapeau et derrière l'écu une double croix tréflée d'or.

Les archevêques ont le chapeau de sinople et quatre rangs de houppes de même. Ils ont, comme les cardinaux, la double croix tréflée sous le chapeau et derrière l'écu.

Les évêques ont également le chapeau de sinople, mais il n'est accompagné que de trois rangs de houppes du même de chaque côté.

Les évêques placent une croix simple sous le chapeau et derrière l'écu; ou bien la mître et la crosse tournée à dextre.

Les abbés mîtrés et *les protonotaires* portent un chapeau de sable, avec deux houppes de même de chaque côté.

Les abbés ont comme les évêques la mître et la crosse, mais celle-ci est contournée à senestre.

Les chantres placent un bâton ou masse debout, derrière l'écu.

Les prieurs et *les abbesses* entourent leurs armes d'un pâtenôtre ou chapelet de sable, avec la crosse contournée à senestre, ou le bâton pastoral fait en forme de bâton de pèlerin.

Les chevaliers de Malte, comme membres d'un ordre religieux , environnent leur écu d'un chapelet de corail ou d'argent.

Ils placent généralement dans leur écu , un chef de gueules , chargé d'une croix d'argent. On l'appelle *de la religion.*

Les commandeurs ont une épée haute derrière l'écu.

Les grands-maîtres ont la couronne de prince.

Les chevaliers des autres ordres posent leur écu dans le collier ou cordon de leur ordre , dont ils laissent pendre la croix au-dessous.

Le grand-maître de France portait deux bâtons garnis d'argent vermeil doré, dont les bouts en haut se terminaient par une couronne royale. Ces deux bâtons étaient passés en sautoir derrière l'écu de ses armes.

Le grand-panetier disposait à côté de son écusson , la nef d'or et le cadenas que l'on mettait pour le couvert du roi.

Le grand-échanson ou *le grand-bouteiller* portait à côté de son écu , deux flacons d'argent vermeil doré, sur lesquels étaient gravés les armes de France.

Le grand écuyer tranchant plaçait au-dessous de ses armes un couteau et une fourchette passés en sautoir, les manches émaillés d'azur et semés de fleur-de-lis d'or et terminés par une couronne royale.

Le grand maréchal-des-logis indiquait sa charge par une masse et un marteau d'armes, passés en sautoir derrière l'écu.

Les quatre capitaines des gardes-du-corps Français et Ecossais avaient pour marque de leur charge, deux bâtons d'ébène , à pomme d'ivoire , passés en sautoir derrière leur écusson.

Le capitaine des cent-suisses , se distinguait par deux bâtons noirs passés aussi en sautoir.

Le capitaine des gardes-de-la-porte , deux clefs en pal , une de chaque côté de l'écu.

Le grand-prévot , deux faisceaux de verges d'or , passés en sautoir, liés de cordons d'azur avec la hache d'armes que les Romains nommaient consulaire.

Le grand-veneur , deux cors de chasse , avec leurs attaches, un de chaque côté de l'écu.

Le grand fauconnier , deux leurres d'azur, semés de fleurs-de-lis d'or , une de chaque côté de l'écu.

Le grand-louvetier, deux rencontres de loup, une de chaque côté.

Le grand-maître des cérémonies passait en sautoir, derrière son écusson, deux bâtons de cérémonie, couverts de velours noir.

Le grand-chancelier portait sur le casque dont il timbrait ses armes, un mortier rond, de toile d'or, brodé de même et rebrassé (rehaussé) d'hermine. Au-dessus de ce mortier, et comme cimier, il plaçait une figure de reine, représentant la France, tenant de la main dextre le sceptre, et de la gauche les grands sceaux du royaume. Deux masses d'argent vermeil doré étaient passées en sautoir derrière l'écu. Le tout (sauf la figure de la France) était environné du manteau de drap d'or dont nous avons déjà parlé.

Le garde-des-sceaux portait les mêmes ornements et les mêmes attributs que le grand-chancelier.

Le surintendant des finances se distinguait au moyen de deux clefs, l'une d'or, l'autre d'argent, posées en pal de chaque côté de l'écu.

Le premier président au parlement timbrait de la couronne de sa noblesse, surmontée d'un mortier de velours noir, rehaussé de deux larges galons d'or. Il environnait en outre l'écu du manteau d'écarlate, doublé d'hermine, signe de sa dignité que nous avons déjà fait connaître.

Les présidents à mortier timbraient aussi d'un mortier de velours noir, mais il n'avait qu'un seul galon d'or.

Le connétable plaçait de chaque côté et au bas de l'écu, un dextrochère armé, sortant d'un nuage et portant une épée nue, la pointe en haut.

Les maréchaux de France accolaient autrefois leur écu d'une épée et d'une hache d'armes ; mais depuis longtemps, ils passent en sautoir ou derrière leurs armoiries deux bâtons d'azur, semés de fleurs-de-lis, d'aigles ou d'étoiles d'or, selon les diverses époques.

Le grand-maître de l'artillerie portait deux canons sur leurs affûts, placés sous l'écusson.

Le grand-amiral portait deux ancres d'or, aux strabes (1)

(1) Le *strabe* est la traverse qui est au haut de la tige de l'ancre.

d'azur, semées de fleurs-de-lis d'or, et passées en sautoir derrière l'écu.

L'amiral d'un grade inférieur ne porte qu'une ancre.

Le général des galères avait un grappin (1) posé en pal derrière l'écu.

Le grand-chambellan, deux clefs d'or, dont l'anneau se terminait en une couronne royale, passées en sautoir derrière l'écusson.

Le grand-écuyer plaçait de chaque côté de ses armes, une épée royale à garde d'or, semée de fleurs-de-lis de même, dans son fourreau et avec le baudrier de velours d'azur, également semé de fleurs-de-lis d'or, les boucles du ceinturon de même.

Le colonel-général des suisses posait en sautoir derrière l'écu six drapeaux des couleurs du roi, blanc, incarnat et bleu.

Le colonel-général de la cavalerie portait derrière l'écu et de chaque côté du cimier, quatre cornettes blanches, ou petits drapeaux blancs fleurdelisés d'or.

Le mestre de camp-général de la cavalerie, quatre cornettes des couleurs du roi.

Le commissaire-général de la cavalerie, deux cornettes des couleurs du roi.

Le colonel-général de l'infanterie portait quatre drapeaux, deux blancs et deux d'azur, disposés comme les cornettes du colonel-général de la cavalerie.

Le colonel-général des dragons de France, six étendards des couleurs du roi.

ORNEMENTS DE DIGNITÉ ET DE CHARGES
SOUS L'EMPIRE.

Lorsque Napoléon crut devoir constituer une nouvelle noblesse, et entourer son jeune trône d'empereur de comtes, de barons et de grands dignitaires, il concéda des armoiries

---

(1) Ancre à quatre pointes ou becs.

à tous ceux qu'il trouva bon d'honorer de ces distinctions. Tout ce qu'il touchait devait porter l'empreinte de sa main puissante, les petites comme les grandes choses ; il modifia quelques règles principales du blason. Ces modifications furent profondes, surtout en ce qui touche les ornements qui nous occupent, et nous pensons devoir les faire connaître quoique l'usage ne les ait pas maintenues.

Aux couronnes de la noblesse titrée, Napoléon substitua des toques surmontées de plumes blanches ou d'argent dont le nombre indiquait la dignité de celui qui les portait. Il plaça également dans l'écu des insignes et figures qui désignaient de suite et au premier coup d'œil la qualité de celui à qui ces armes appartenaient.

PRINCES GRANDS-DIGNITAIRES.

Toque de velours noir, *retroussée de vair*, avec porte-aigrette d'or *surmonté de sept plumes blanches ou d'argent, accompagnées de six lambrequins* (1) *d'or*. Le tout entouré d'un manteau d'azur, semé d'abeilles d'or, doublé d'hermines, sommé d'un bonnet d'honneur, de forme électorale, à calotte d'azur, retroussé d'hermine. — Chef de l'écu : *d'azur semé d'abeilles d'or*.

DUCS.

Toque de velours noir ; *retroussé d'hermines*, porte-aigrette d'or, *à sept plumes d'or et d'argent ; accompagnée de six lambrequins d'or*. Le tout entouré d'un manteau doublé de vair. — Chef : *de gueules, semé d'étoiles d'argent*.

COMTES-SÉNATEURS.

Toque de velours noir, *retroussée de contre-hermines*, porte-aigrette or et argent, *surmonté de cinq plumes blanches ou d'argent*, accompagné de *quatre lambrequins, les deux supérieurs d'or, les deux autres d'argent*. — Franc-quartier à dextre : *d'azur, au miroir ovale et à manche d'or, après lequel se tortille et se mire un serpent de même*.

(1) Voir à la suite l'article *lambrequins*.

COMTES-ARCHEVÊQUES.

Toque semblable à celles des comtes-sénateurs, *même nom-bre de plumes*, *même lambrequins*, surmontée du chapeau de gueules à large bord, avec les cordons de soie de même, en-trelacés l'un dans l'autre, pendants aux deux côtés de l'écu et terminés par cinq houppes chacun, comme dans l'ancien blason. — *Franc-quartier à dextre :* *d'azur, à la croix patté d'or.*

COMTES-MILITAIRES.

Toque pareille à la précédente. — *Franc-quartier à dextre : d'azur, à l'épée haute en pal d'argent, montée d'or.*

BARONS-ÉVÊQUES.

Toque de velours noir, *retroussée de contre-vair*, porte-aigrette d'argent *surmonté de trois plumes de même ; accom-pagné de deux lambrequins aussi d'argent*, et surmonté du chapeau de sinople qui distingue les évêques dans l'ancien blason. — *Franc-quartier à senestre : de gueules à la croix alésée d'or.*

BARONS-MILITAIRES.

Toque comme la précédente. — *Franc-quartier à senestre: de gueules à l'épée haute en pal d'argent.*

CHEVALIERS.

Toque de velours noir, *retroussée de sinople, surmontée d'une aigrette d'argent.* — *Pal de gueules, chargé de la croix de chevalier légionnaire.*

BONNES VILLES.

Premier ordre. — *Couronne murale à sept créneaux d'or,* sommée d'une aigle naissante pour cimier, traversée d'un ca-ducée auquel sont suspendues deux guirlandes, l'une à dextre de chêne, l'autre à senestre d'olivier, le tout d'or, nouées, attachées par des bandelettes de gueules. — *Chef de gueules, à trois abeilles d'or posées en fasce.*

Second ordre. — *Couronne murale à cinq créneaux d'ar-gent* pour cimier, traversée d'un caducée contourné du même, auquel sont suspendues deux guirlandes l'une à dextre d'olivier, l'autre à senestre de chêne, aussi d'argent, nouées et attachées par des bandelettes d'azur. — *Franc-quartier à dextre, d'azur à un N d'or, surmonté d'une étoile rayonnante du même.*

Troisième ordre. — *Corbeille remplie de gerbes d'or* pour cimier, à laquelle sont suspendues deux guirlandes, l'une à dextre d'olivier, l'autre à senestre de chêne de sinople, nouées et attachées par des bandelettes de gueules. — *Franc-quartier à senestre: de gueules à un N d'argent, surmonté d'une étoile rayonnante du même.*

Les comtes avaient des signes distinctifs intérieurs, selon les emplois qu'ils occupaient. Ces signes toujours placés au franc-quartier à dextre étaient, pour les

Comte-ministre. — D'azur, à la tête de lion arrachée d'or.

Comte-conseiller d'État. — Echiqueté d'azur et d'or.

Comte-président du corps législatif. — D'azur, aux tables de la loi d'or.

Comte-officier de la maison de S. M. l'empereur. — D'azur, au portique ouvert à deux colonnes surmontées d'un fronton d'or, accompagné des lettres initiales D. A. du même.

Comte-ministre employé à l'extérieur. — D'azur, à la tête de lion arrachée d'argent.

Comte-officier des maisons des princes. — D'azur, au portique ouvert à deux colonnes surmontées d'un fronton d'or, accompagné en cœur des lettres initiales D. J. de même.

Comte-préfet. — D'azur, à la muraille crénelée d'or, surmontée d'une branche de chêne du même.

Comte-maire. — D'azur, à la muraille crénelée d'or.

Comte-président du collège électoral. — D'azur, à trois fusées d'or, rangées en fasce.

Comte-membre du collège électoral. — D'azur, à la branche de chêne d'or posée en bande.

Comte-propriétaire. — D'azur, à l'épée d'or, en pal.

Les barons avaient leurs signes intérieurs distinctif placés au *franc-quartier à senestre.*

Baron-officier de la maison de S. M. l'empereur. — De gueules au portique ouvert à deux colonnes surmontées d'un fronton d'argent, accompagné des lettres initiales D. A. de même.

Baron-officier de la maison des princes. — De gueules, au portique ouvert à deux colonnes surmontées d'un fronton d'argent, accompagné en cœur des lettres initiales D. J. du même.

Baron-ministre employé à l'extérieur. — De gueules, à la tête de lion arrachée d'argent.

Baron tiré du conseil d'Etat. — Echiqueté, de gueules et d'or.

Baron-préfet. — De gueules, à la muraille crénelée d'argent, surmontée d'une branche d'olivier de même.

Baron sous-préfet. — De gueules, à la muraille non-crénelée d'argent, surmontée d'une branche d'olivier de même.

Baron - maire. — De gueules, à la muraille crénelée d'argent.

Baron-président et procureur-général de la cour de cassation. — De gueules, à la balance d'argent.

Baron-président et procureur-général de cour impériale. — De gueules, à la toque de sable, retroussée d'hermines.

Baron-officier de santé attaché aux armées. — De gueules, à l'épée en barre, la pointe basse d'argent.

Baron-président de collège électoral. — De gueules, à trois fusées d'argent rangées en fasce.

Baron membre de collège électoral. — De gueules, à la branche de chêne d'argent, posée en bande.

Baron tiré des corps savans. — De gueules, à la palme d'argent posée en bande.

Baron-propriétaire. — De gueules à l'épi d'argent en pal.

Les chevaliers portaient la croix de la Légion-d'Honneur sur une des pièces honorables de leur écu.

ORNEMENS D'HÉRÉDITÉ.

Les ornemens d'hérédité sont ceux qu'un père transmet à ses enfans avec ses armes. Ce sont *les lambrequins, volets, mantelets, bourrelets, cimiers, tenants, supports, cri d'armes ou de guerre et devises.*

LAMBREQUINS.

Les Lambrequins, appelés aussi autrefois *Lamequins*, sont des morceaux d'étoffe découpés en feuillage. Ils ombragent le *heaume* ou casque, et descendent aux deux côtés de l'écu. On donne aux lambrequins la forme de longues feuilles d'acanthe.

L'origine de cet ornement est très ancienne ; elle vient d'une coiffure de tête appelée *volet*, parce qu'elle flottait au gré du vent. Les chevaliers en couvraient leur casque pour l'orner et empêcher l'acier de s'échauffer à l'ardeur du soleil. Quelques-uns portaient le *mantelet*, qui était plus ample, plus étoffé que le volet. Cette coiffure fixée au sommet du heaume, l'enveloppait entièrement et couvrait les épaules. Souvent un chevalier revenait de la mêlée avec son volet ou mantelet tailladé, haché de coups d'épée et comme pendant en lambeaux, honneur qu'on lui enviait puisque c'était la preuve qu'on s'était trouvé au fort de la bataille. On appela, dit Palliot, ces ornemens lambrequins, car plus ils étaient en *lambeaux*, plus ils étaient glorieux à porter.

Aujourd'hui, grâce au talent des peintres et des graveurs, les lambrequins sont devenus un des plus gracieux ornemens des armoiries.

Le fond des lambrequins doit toujours être du même émail que le champ de l'écu ; leurs bords ou extrémités se composent des émaux formant les pièces qui chargent le champ. C'est la seule règle à suivre.

Sous Napoléon, les lambrequins furent constamment d'or ou d'argent contrairement aux prescriptions de l'art héraldique.

BOURRELETS.

Le bourrelet, nommé aussi *fresque*, *torque* ou *tortil*, est un tour de livrée passé au sommet du casque ; il sert d'attache aux lambrequins et forme un cercle rempli de bourre, cordonné des émaux de l'écu et des figures principales.

Son but était primitivement d'amortir les coups portés sur la tête.

CIMIERS.

Le cimier est la partie la plus élevée dans les ornemens de l'écu, et se pose à la *cime* des casques.

Le cimier était une plus grande marque de noblesse que les armoiries même, parce qu'on ne le prenait qu'à l'occasion des tournois, où l'on ne pouvait être admis sans avoir fait ses preuves généalogiques.

L'usage le plus fréquent est de prendre pour cimier des plumes ou panaches (alors on le dit *plumail*) : des vols d'oiseau, des animaux, des monstres chimériques, des sirènes, des dextrochères armés, ou quelque figure empruntée aux pièces de l'écu : telle est la double fleur-de-lis, qui est le cimier des rois de France. On doit remarquer cependant que les pièces honorables de l'écu ne servent jamais de cimier.

Les anciennes famille de France ont souvent des *cornes* (1) pour cimier ; *les ducs de Bretagne* et plusieurs autres princes souverains en ornaient leur casque. Dans l'*Armorial du Rouergue* on les trouvera servant de timbre aux armes d'*Arpajon*. Les chevaliers qui avaient assisté à deux tournois les adoptaient ; c'était une preuve que la noblesse de celui qui les portait était suffisamment reconnue, puisqu'elle avait été deux fois *blasonnée*, c'est-à-dire annoncée à son de trompe par les hérauts.

Quand le cimier est héréditaire dans une famille, les branches cadettes le changent et brisent ainsi leurs armoiries.

Les cimiers étaient ordinairement en carton ou en cuir bouilli, recouverts de peinture et de vernis pour les orner et les rendre imperméables.

TENANTS.

Les tenants sont des figures célestes, idéales ou humaines, comme anges, génies, sirènes, femmes, hommes, maures, chevaliers, moines, etc. Vulson de La Colombière dit qu'on les appelle tenants, parce que ces figures semblent tenir l'écu avec leurs mains.

(1) Dans l'antiquité *les cornes* étaient un signe de puissance.

Les tenants se placent de chaque côté de l'écu qu'ils soutiennent. Il y a des exemples d'un seul tenant.

L'origine de ces ornemens vient des tournois, où les chevaliers faisaient porter leur écu par des valets ou des écuyers
accoutrés d'une manière bizarre.

SUPPORTS.

Les supports sont des figures d'animaux ou d'êtres fantas-
tiques, qu'on place aux côtés de l'écu qu'elles ont l'air de
garder ou de supporter.

Il y a des supports de sirènes, de lions, de lévriers, de
griffons, d'aigles, de léopards casqués, colletés, rampants,
en barroque, etc. Des paons à tête humaine, des cygnes, etc.
On représente ordinairement les supports dans une attitude
fière et hardie, comme voulant inspirer la terreur.

L'hérédité des tenants et supports n'est pas absolue, elle est
même assez rare, car les familles les ont généralement pris,
modifiés, changés à volonté. Souvent ils sont personnels à
celui qui en orne son écu et représentent un événement qui
lui est particulier. Cependant beaucoup de familles prennent
pour supports ou tenants des pièces de leurs armes ; alors ils
doivent être du même émail que ces pièces. Hors ce cas on
les représente avec leur couleur naturelle.

Les familles revêtues d'une haute autorité avaient seules
primitivement le droit d'avoir des supports ou tenants ; aujourd'hui ces ornemens sont employés par tout le monde.
Quand ils sont réellement héréditaires les cadets brisent leurs
armes en faisant quelques changemens à ces figures.

CRI D'ARMES *ou* DE GUERRE.

Le cri d'armes ou de guerre se prend pour certains mots
qu'une nation, une ville, une maison illustre portaient écrits
sur leurs bannières. Ils servaient jadis de signal, soit pour se
reconnaître dans la mêlée, soit pour livrer combat. Dans les
tournois, chaque gentilhomme avait son cri particulier; mais
les chevaliers bannerets s'en servaient seuls en campagne.

Les cris étaient de différentes sortes : il y en avait d'invocation, de résolution, d'exhortation, de défi, de terreur ;

enfin, beaucoup de familles criaient leurs noms ou les noms des maisons d'où ils étaient sortis.

Le cri composé du nom de la famille appartenait à l'aîné ; si les puînés le prenaient, ils devaient y ajouter le nom de leur seigneurie.

Le cri se place ordinairement au-dessus du cimier, dans un *listel* ou ruban ondoyant aux couleurs de l'écu.

DEVISE.

La devise est une sentence composée de peu de mots ; elle rappelle un nom, une action mémorable, l'ensemble d'actes d'éclat, un espoir, une pensée morale ou religieuse.

Le mot devise comprend les chiffres, les rébus, les sentences et les proverbes.

Les devises sont composées de signes symboliques ou de termes figurés, le plus souvent des uns et des autres.

Pour faciliter l'explication de la devise, on introduisit peu à peu des lettres ou des mots au-dessous de la figure ; ces mots formèrent l'*âme* ou *légende* de la devise, dont le corps fut la figure elle-même.

La devise écrite ou *héraldique* proprement dite, est ordinairement conçue en termes ingénieux qui font allusion, soit au nom de la famille, soit à la composition de ses armes, soit à quelque vertu ou à quelque pensée morale. Enfin, il y a des devises —et ce sont les plus honorables—qui se composent de mots historiques et rappellent un grand événement.

Autrefois les princes donnaient des devises aux seigneurs de leur cour, quand ils les attachaient à leur personne.

La devise héréditaire, qui se confond avec le cri d'armes, se place toujours au-dessus des armoiries, dont elle fait pour ainsi dire partie. Un très-grand nombre d'anciennes maisons ont des devises héréditaires tirées des noms de famille.

La devise se place ordinairement dans un listel, au bas de l'écusson ; le listel de couleur, les lettres de métal pris l'un et l'autre dans les émaux de l'écu.

ARMORIAL DU ROUERGUE.

Noms des Familles et Armoiries.

A

ABRAN. — D'argent, au tourteau d'azur chargé d'une étoile d'or.

ABZAC. — Ecartelé, aux 1 et 4 d'or, à la fasce de gueules, accompagnée de six fleurs-de-lis d'azur, qui est de BARRIÈRE; aux 2 et 3 de gueules, à la fasce d'or, qui est de VALS ; sur le tout d'argent, à la bande d'azur, chargé d'un besant d'or, à la bordure d'azur, chargée de neuf besants aussi d'or, qui est d'ABZAC; couronne de marquis; supports : deux gantes ou paons monstrueux à face humaine couronnées; ayant leurs ailes armoiriées aux armes d'ABZAC; cimier : un buste de reine tenant le sceptre de la main droite, et de la gauche les rênes qui sont attachées au cou des gantes.

ABZAC DE LA DONZE. — D'argent, à la bande d'azur, chargée au milieu d'un besant d'or, et une bordure d'azur, chargée de neuf besants aussi d'or.

ADHEMAR DE LOMBERS DE VILLELONGUE. — Mi-parti d'azur, semé de fleur-de-lis d'or, qui est de FRANCE-ANCIEN, et de gueules à la croix vidée, clichée et pommetée d'or, qui est de TOULOUSE, et sur le tout d'or à trois bandes d'azur. Couronne de comte. Cimier : un lion issant du timbre et portant une lance, au fer de laquelle est attachée une banderolle portant cette légende : *Lancea sacra.* Devise : *Plus d'honneur que d'honneurs.*

AGEN. — De gueules, semé d'étoiles d'or, au lion de même, brochant sur le tout.

AGENS.—D'argent, au chevron d'azur, accompagné en pointe d'une hache de sable.

AGENS ou LOUPIAC.—D'azur, au lion d'or, armé, couronné et lampassé de gueules.

ALARY.—De gueules, à un chevron d'or, accompagné en pointe d'un vol d'aigle d'argent.

ALAUX.—De sinople, au chevron d'argent, accompagné en pointe d'un vol d'aigle d'or.

ALBIGNAC.—D'or, à deux fasces de gueules, et au lion d'argent, brochant sur le tout.

ALBIGNAC.—Ecartelé, aux 1 et 4 d'azur à trois pommes de pin d'or, au chef de même, aux 2 et 3 de gueules au lion d'or ; Devise : *Nihil in me nisi valor.*

ALBIGNAC du TRIADOU de PEYRELEAU.—D'azur, à trois pommes de pin d'or, au chef de même.

ALBIS.—D'azur, au cigne passant d'argent, accosté en chef de deux étoiles de même, et surmonté d'un croissant aussi d'argent.

ALBOY de MONTROZIER.—D'azur, au chêne d'argent, fruité de sinople, accompagné à dextre d'une main de carnation, tenant une épée d'argent garnie d'or.

ALBUSQUIER.—D'or, à un fusil de gueules posé en pal.

ALCOUFFE.—De sable, à trois arches de pont d'argent, posées 2 et 1.

ALDEGUIER.—De gueules, frété d'or, à un pal d'azur brochant sur le tout.

ALINGRIN.—D'argent, à un cœur de gueules, percé de deux lances de sable passées en sautoir.

ALINGRIN.—D'argent, au chevron de sable, chargé à la pointe d'une étoile à six rais d'argent, et accompagné de trois mouchetures d'hermine de sable, posées 2 en chef, 1 en pointe.

AMAT.—D'or, à trois cœurs de gueules posés l'un sur l'autre.

AMAT.—D'or, au lion de sable, au chef d'azur, chargé de deux cœurs d'argent.

AMIEL.—D'azur, à la croix d'or, cantonnée de quatre mouches à miel de même.

ANDRIE DE ROUSAIROUX.—De sable, au chevron d'argent, chargé de trois aulx de sinople.

ANDUZE-ROQUEFEUIL DE CREYSSELS. — Ecartelé, aux 1 et 4 de gueules, à trois étoiles d'or, qui est d'ANDUZE; aux 2 et 3 de gueules, à la cordelière d'or passée en sautoir, qui est de ROQUEFEUIL.

ANGLARS.—D'argent, à trois fascés de gueules, surmontées d'un léopard d'azur.

ANNAT.—D'or, à un *agnus castus* de sinople, fleuri d'argent.

APCHIER, *aliàs* APCHER DE VABRES.—D'or, au château à trois tours de gueules, celle du milieu supérieure, à deux haches d'armes adossées de même, issantes des deux autres tours.

ARDENNES.—D'argent, à une fasce de gueules chargée d'une flèche d'or.

ARIAT DE SENVENSA.—De sable, au pairlé d'or, accompagné en chef d'une coquille de même.

ARJAC DU CAILAR.—D'azur, au pairlé d'argent, accompagné en chef d'une molette d'éperon d'or.

ARMAGNAC.—Ecartelé aux 1 et 4 d'argent, au lion de gueules qui est d'ARMAGNAC; aux 2 et 3 de gueules au léopard lionné d'or, qui est de la COMTÉ DE RODEZ, tenant deux vieillards vêtus à la royale, couverts d'un bonnet surmonté d'une couronne antique; cimier: une gerbe sortant d'une couronne antique, rehaussée de fleurons.

ARMAGNAC DE CASTANET. —Ecartelé, aux 1 et 4 d'argent, au lion de gueules, qui est d'ARMAGNAC; aux 2 et 3 de gueules au léopard lionné d'or, qui est de la COMTÉ DE RODEZ.—Couronne de marquis, l'écu posé sur un cartel.

ARNAUD, *aliàs* ARNAL. — D'azur, à la bande d'or, chargée de trois losanges de gueules, et accompagnée en chef de trois étoiles d'argent posées en bande. — Supports: deux aigles.

ARPAJON.—De gueule à la harpe d'or, cordée de même.

1319. Ecartelé, aux 1 et 4 d'ARPAJON ; aux 2 et 3 de gueules à la croix vidée, clichée et pommetée d'or, qui est de TOULOUSE-LAUTREC.

1414. Ecartelé, au 1 de TOULOUSE, aux 2 et 3 d'argent, à quatre pals de gueules, qui est de Sévérac ; au 4, d'AR-PAJON.

1522. Ecartelé, au 1 de gueules, à la croix vidée, clichée et pommetée d'or, qui est de TOULOUSE-LAUTREC ; au 2 de SÉVÉRAC ; au 3 d'ARPAJON ; au 4 d'azur, à trois fleurs-de-lis d'or, posées 2 et 1 ; un bâton de gueules, l'écu brisé d'une barre de gueules brochant sur le tout, qui est de BOURBON-ROUSSILLON ; et sur le tout, de gueules à la croix d'argent, qui est de MALTE ; couronne de marquis. —Cimier : deux cornes ; supports : deux lions. —L'écu de Malte depuis le 30 mai 1645.

ARRIBAT. —De sable, à deux pals d'or, à deux fasces d'azur, brochant sur le tout.

ARRIVET. —D'argent, à la bande d'azur, accompagnée de trois étoiles de gueules, posées 2 en chef, 1 en pointe.

ARSAT DU CAYLA. —D'argent, à cinq barrils de sable, posés en barre, avec une traînée de même.

ARZAC, *alias* ARAZAC. —D'azur, à la bande de gueules, chargée de trois fleurs-de-lis d'or, et accompagnée au chef de trois étoiles de même rangées en fasce, et un mouton d'argent, passant sur une terrasse de sinople, mouvante de la pointe de l'écu.

ATQUIÉ. — De sable, à une fasce d'argent accompagné en pointe d'un roc d'échiquier d'or.

AUBEPEYRE. — D'or, à une poire d'azur.

AUDIBERT. —D'argent à un chevron de gueules accompagné en pointe d'un chêne de sinople, et un chef d'azur chargé de deux étoiles d'or.

AUDOUIN. — De sinople à trois pals d'or.

AURIOLE. —D'argent, au figuier d'azur, chargé d'une auriole d'or.

AYMAR. — D'or, au pal de gueules accosté de deux écrevisses de même.

AYMAR de GREALOU. — De gueules, à un chevron renversé d'argent, accompagné en chef d'une tête de loup de même.

AYRAL. — D'or, au chevron d'azur, au chef de sinople, chargé d'une tour d'argent.

AZEMAR. — D'or, à trois fasces de gueules.

AZEMAR. — De sable, à un nom de Jésus d'or.

AZEMAR. — D'azur, ou bien d'or et au chien d'argent affrontés; au chef de sinople chargé d'une brebis paissante d'argent.

AZEMAR. — D'azur, au chevron d'argent, accompagné d'une tête d'âne de même.

AZEMAR. — D'or, au marteau de sinople, accompagné de trois clous de sable posés 2 en chef 1 en pointe.

AZEMAR de BRUSQUE d'AISSENNES. — D'azur, à la bande d'argent, chargée de trois croissants de sable, et surmontée d'un lion d'or armé et lampassé de gueules.

AZEMAR de MONTREAL. — Ecartelé; au 1er d'argent; à la bande de gueules chargée de trois étoiles d'or qui est d'URRE; au 2 d'or à quatre pals de gueules qui est de CARCASSONNE; au 3 d'azur à trois fleurs-de-lis d'or posées 2, 1, au chef de même qui est d'ESTAING; au 4 d'azur semé de fleurs-de-lis d'or, à la tour d'argent maçonnée de sable qui est de la TOUR-D'AUVERGNE; sur le tout, d'azur, à la bande d'argent chargée de trois croissants de sable, surmontée d'un lion d'or, armé et lampassé de gueules qui est d'AZEMAR.

AZEMAR de PANAT. — D'or, à trois fasces de gueules.

B

BADERON de MANSSAC. — De gueules à trois pals d'or.

BADUEL. — D'or, à quatre pals d'azur.

BALAGUIER. — D'or, à trois fasces de gueules.

BALDIT. — D'argent, coupé d'azur à l'âne d'or.

BALESTE. — D'or, à trois arbalètes de gueules.

BALSAC de **GLEISENEUVE.** — D'azur, à trois flanchis d'argent au chef d'or, chargé de trois flanchis d'azur.

BALZA, *alias* **BALSAC.** — De gueules au pal d'or, chargé d'une plante de beaume de sinople.

BANCALIS. — Ecartelé, aux 1 et 4 d'or à la croix recroisetée de sable; aux 2 et 3 d'azur à deux chevrons d'or.

BANCALIS d'**ARAGON.** — Ecartelé, aux 1 et 4 d'azur à l'aigle d'or qui est de BANCALIS; aux 2 et 3 d'azur au chevron d'or accompagné de trois étoiles d'argent qui est de MAUREL. — Couronne de marquis; — supports, deux griffons.

BANCE. — D'azur, au chevron d'or acocompagné en chef de deux molettes d'éperon d'argent; et en pointe d'une foi de même.

BAR. — D'argent, à deux faces de gueules.

BARBOTAN. — De sinople à trois canards barbotans d'argent en bande.

BARRAU. — D'argent, au lion de gueules rampant, armé et lampassé du même sous un chevron d'azur; au chef d'azur chargé d'un croissant et de deux étoiles d'argent. L'écu timbré d'un casque d'argent, posé et tarré de côté, montrant les deux tiers de la visière et à 5 barreaux.

Supports : deux lions, dont l'un est rampant et l'autre posé et contourné, ayant la moitié du corps derrière l'écu.

BARRE. — D'azur, à la barre d'hermine.

BARRE. — D'hermine, à la barre de gueules.

BARREAU de **MURATEL.** — Barré d'argent et de pourpre.

BARRES d'**ESPLEGNAT.** — Barré d'or et d'hermine.

BARRIÉ. — Fascé d'argent et de sable, à l'étoile de sable accostée de deux sautoirs de même sur la première fasce d'argent en chef.

BARRIÈRE. — D'or, à deux fasces de gueules accompagnées de six fleurs-de-lis d'azur.

BARROQUIEZ. — De sable, au sautoir d'or accompagné de quatre perles d'argent.

BARS. — De gueules, à deux pals d'or chargés chacun de

trois roses du champ au chef cousu d'azur chargé de deux bars d'argent en fasce.

BARTHE. — De gueules à trois barbes d'argent.

BARTHE (LA). — Ecartelé, aux 1 et 4 d'or à trois pals de gueules, aux 2 et 3 d'argent à trois pals flamboyants de gueules.

BARTHÉLEMI DE **FLORAC.** — De gueules, à cinq haches d'argent posées 2, 2 et 1.

BASTIDE. — D'azur, au fort à quatre bastions d'or.

BASTIDE. — De sable, au fort à quatre bastions d'or.

BAULAC. — De gueules, à la bande d'or accompagnée en pointe d'un lion de même.

BANCLAUS. — De sable, à trois macles mal ordonnés d'argent.

BEAUREGARD. — D'azur, à deux yeux d'argent mis en fasce.

BECAY DIT **TOURRIS.** — De sable, à trois coqs d'or becqués, crétés et membrés d'azur.

BEDUER. — Bandé d'argent et de gueules.

BEGON. — D'azur, au chevron d'or accompagné en chef de deux roses, et en pointe d'un lion de même.

BELCASTEL. — D'azur à la tour d'argent sommé de trois donjeons de même, crénelés, ajourés et maçonnés de sable.

BELCASTEL D'**ESCAYRAC.** — Ecartelé, aux 1 et 4 de BELCASTEL; aux 2 et 3 de gueules à trois lances en pal d'or qui est de MONTVAILLANT. — Supports : deux lions d'or lampassés de gueules.

BELFORT. — D'azur à la tour d'argent.

BELLE-ISLE. — Ecartelé, aux 1 et 4 d'argent à l'écureuil de gueules qui est de FOUQUET; aux 2 et 3 d'or à trois chevrons de sable qui est de LEVIS.

BELMON. — De gueules à la montagne d'argent chargée d'une plante de romarin de sinople.

BELOU. — D'or au chevron de sable, accompagné en pointe d'un bélier de même.

BELOT des CARS. — De gueules au chevron d'or accompagné de trois étoiles de même.

BELREGARD. — De gueules, au chevron d'or, accompagné en chef de deux yeux d'argent.

BELSONIE. — De sable, à la tour d'or, au chef d'argent.

BENAVENT-RODEZ. — Ecartelé; aux 1 et 4 de gueules au lion léopardé d'or qui est de rodez; aux 2 et 3 d'argent à trois bandes de gueules au chef d'azur, chargé d'un lambel d'or.

BENECH. — D'or, à la croix d'azur, cantonnée de quatre trèfles de sable.

BENOIST. — De sable, au bénitier d'or.

BENOIST. — D'argent, au bénitier de gueules.

BENOIT. — De sable, à l'ancre d'or, accosté de deux trèfles d'argent.

BERAIL. — D'argent, au chevron d'azur chargé de deux clefs d'or.

BERAIL. — Parti, émanché d'argent et de gueules.

BERAIL de MAZEROLES. — Parti, émanché d'argent et de gueules.

BERAIL de SAISSAC. — Parti, émanché d'argent et de gueules.

BERMOND du CAYLAR. — Ecartelé, au 1 d'or, au loup de sable; au 2 de gueules, à la croix de Toulouse d'or; au 3 de gueules, au lion d'or qui est de saint-bonnet; au 4 d'or, à trois fers de cheval de gueules, cloués d'or qui est de montferrier; sur le tout d'argent, au lion de gueules, qui est de bermond.

BERENGUIER. — Barré d'or et d'azur.

BERNARD. — De sable, à la croisette d'argent en cœur, accompagnée de trois autres croisettes d'or, 2 en chef 1 en pointe.

BERRY. — Barré d'argent et d'azur.

BESSAIRIE de PONS. — De sable, à la fasce abaissée d'or chargée d'un vol d'aigle de gueules.

BESSIÈRE-BASTIDE. — De sable, au chevron chaussé d'hermine.

BESSODES. — D'azur, à la fasce de gueules, accompagnée en chef d'un casque fermé, panaché, taré de profil d'or, accosté de deux molettes d'argent, et en pointe d'un lévrier assis, soutenu d'argent.

BESSUÉJOULS. — D'argent, à l'arbre terrassé de sinople, soutenu de deux lionceaux de gueules.

BEYNAC DE LA VALADE. — Burelé d'or et de gueules.

BIGOT. — D'or au chapelet d'azur.

BILHOT D'AZINIÈRES. — De sable, au chien passant d'argent portant un billot de gueules attaché à son collier d'azur.

BINNAC. — D'or, à l'ours de gueules, au chef d'azur.

BLANC. — D'argent, à la bordure d'hermine.

BLANC DE GUIZARD. — Ecartelé, aux 1 et 4 d'azur, au griffon d'or rampant; au 2, de gueules au charriot d'or; au 3, d'azur à 6 cotices d'or. L'écu surmonté d'un casque de front grillé.

BLANCHEFORT, DE SAINT-CLÉMENT, *aliàs* BLAN-QUEFORT, BLANCAFORTS. — D'or, à deux lions léopardés de gueules. — Couronne de duc.

BLANQUEFORT. — Contrefascé d'or et de gueules de quatre pièces.

BLANQUEFORT-ROQUEFEUIL. — Contrefascé d'or et de gueules de quatre pièces, un nœud de cordelière de gueules sur chaque demi-fasce d'or et un nœud de cordelière d'or sur chaque demi-fasce de gueules.

BODERT. — De gueules à la croix d'argent, cantonnée de seize alerions de même.

BOISSE. — D'argent, au chevron de gueules, accompagné en pointe d'une tasse de même.

BOISSIÈRE. — D'or, à trois tourteaux de sinople.

BOISSIÈRE. — De gueules, à sept anneaux d'or 3, 3, 1.

BOISSIÈRE (LA). — De sinople, à trois boisseaux mal ordonnés d'or.

BOISSIÈRE DE LA SELVE. — D'argent au buis de sinople, le chef d'azur chargé d'un demi-cercle fleurdelisé d'or.

BOISSONADE (DE LA). Écartelé ; aux 1 et 4 d'or au bélier de sable acorné d'argent, le chef d'azur chargé de trois étoiles du champ qui est de la BOISSONNADE ; au 2 de gueules à la tour d'argent ; au 3 d'or à deux merlettes l'une sur l'autre de sable ; les 2 et 3 quartiers sont d'ORTY.

BONAL. — D'or, à l'aigle éployé de sable, surmonté de trois étoiles de gueules.

BONAL. — D'azur, à l'ours d'argent, la tête couverte d'un bonnet carré de même.

BONAL. — D'azur, à la fasce d'or chargée d'un bonnet carré de sable.

BONALD. — Écartelé, aux 1 et 4 d'azur, à l'aigle d'or ; aux 2 et 3 d'or, au griffon de gueules. — L'écu environné du manteau de pair. — Couronne de comte sur l'écu, et de baron sur le manteau. — Supports : deux lions affrontés.

BONHOMME. — D'or, à l'homme de carnation, vêtu de gueules, portant une hotte de sable, dans laquelle est une femme aussi de carnation, vêtue d'argent.

BONNEFOUS. — D'azur, à trois rocs d'échiquier d'argent.

BONNEFOUS-PRESQUES. — D'azur, à la bande d'or.

BONENFANT. — De sable, à la guivre d'or, tenant un enfant de gueules.

BONNES. — De gueules, à la bande d'or, chargée d'un ours de sable.

BONNET. — D'hermines au chevron d'azur, chargé d'un bonnet carré d'or.

BONNEVAL. — D'azur, au lion d'or, lampassé et armé de gueules.

BONNEVIALLE. — De sable, fretté d'or, à la bande d'azur brochant sur le tout.

BOUTET. — De sable, à la bande d'or, accompagnée de six merlettes de même.

BORCINHA. — De gueules, à la bordure d'argent, chargée de dix merlettes d'azur.

BOBIES.—De sable, à la bordure d'hermines.

BORNE-SAINT-ETIENNE DE SAINT-SERNIN.—D'or, à l'ours rampant de sable, armé et allumé de gueules.—Couronne de marquis.

BOSC (DU).—D'argent, à trois arbres de sinople.

BOSC DE LOUPIAC.—D'argent, à trois fasces d'azur, au chêne arraché, de sinople, brochant sur le tout, traversé en pointe de loup de sable.

BOUCHET.—D'or, à la tête de cheval, de front de gueules.

BOUFARD. — De sable, au chef d'argent, chargé d'un massacre de bœufs, de gueules.

BOUILLAC.—D'argent, à la fasce de gueules, chargée d'une tige de trois chardons du champ, et accompagnée de trois tiges chacune, de trois chardons de gueules.

BOULEZ.—D'or, à la fasce de gueules, accompagnée de six boules de même; 3 en chef, 3 en pointe.

BOUQUIEZ.—D'azur, à trois chênes d'or, surmontés de trois étoiles de même.

BOURCIGNAC. — D'or, au sautoir de sinople, chargé d'un trèfle d'argent en cœur.

BOURGADE (LA).—D'azur, au chevron d'or, accompagné de trois étoiles de même, et surmonté d'un croissant d'argent.

BOURZES.—D'azur, à deux chevrons d'or au lion de sable, brochant sur le tout.

BOUSQUET. — D'azur, à l'arbre de sinople, accosté de deux lions, de gueules, le chef d'azur, chargé d'un croissant d'or, accosté de deux étoiles de même.

BOUSQUET.—De sinople, à dix aiglons d'or, posés en orle.

BOUTEILLE.—De sinople, à la bouteille d'or.

BOUVRAN.—D'argent, au refouloir et à la lanterne d'artillerie de sable, passés en sautoir.

BOYER.—D'azur, au rozier au naturel.

BOYER DES PONTETS.—D'azur, au chien aboyant d'or.

BOZÉ. — D'azur, à la fasce d'or, chargée d'une massacre de bœuf de sinople.

BRANDOUIN DE FREGEFONT. — D'or, au baril de gueules, accompagné en chef de deux molettes d'éperon de même.

BRANDOUIN DE LA MOLIÈRE. — D'or, au baril de gueules, accompagné en chef de deux molettes d'éperon de même.

BRAS. — De gueules ; au bras armé d'argent, mouvant du flanc senestre de l'écu, tenant une épée de même, posée en pal.

BRAS. — D'or, à la fasce de gueules, chargé d'un bras d'argent.

BRASSAT. — De sable à deux bras d'or, posés en sautoir.

BRASSIER-SAINT-SIMON-VALLADE. — D'azur, au chevron d'or, accompagné en chef de deux merlettes affrontées de même, et en pointe de trois larmes malordonnées d'argent. — L'écu timbré d'un casque taré de front et orné de ses lambrequins d'or, d'argent et d'azur. — Supports et cimier : trois lions.

BRENGUES. — D'argent, à la fasce d'azur, chargé d'un soufflet d'or.

BRETON DU FRAISSE. — D'azur, à trois colombes d'argent, 2 en chef affrontées, 1 en pointe, le chef d'or chargé d'un lion naissant de sable.

BRIANNE. — D'azur à trois bandes ondées d'argent.

BROUZES. — D'or, à la fasce d'azur, chargée d'un mouton d'argent.

BROUDE. — D'azur, à trois rocs d'échiquier d'or.

BROUZES. — D'azur, à trois brosses malordonnées d'or.

BRUNEL. — D'azur, à l'œil d'argent, pruneté de sable.

BRUNET. — D'or, au lévrier rampant de gueules, à la bordure composée d'argent et de sable.

BRUNET DE CASTELPERS DE LEVI. — Écartelé, au 1 d'argent, à la fasce de gueules, le chef d'azur, chargé d'une croix d'or, au 2 de sable, à la tour d'argent ; au 3 de gueules, au chevron d'or ; au 4 de sinople, au sautoir d'or ; et sur le tout d'or au lion de gueules.

BRUNIL. — De gueules, au loup d'or, le chef d'hermine.

BRUNIQUEL, *alias* BURNIQUEL. — Ecartelé; aux 1 et 4 de gueules, à la croix vuidée, clichée et pommetée d'or, qui est de TOULOUSE; aux 2 et 3 de gueules, à la croix pattée d'argent.

BUFFANIER. — De sable, à deux têtes de bœufs, affrontées d'argent.

BUISSAC. — De sable, au tonneau d'or, accompagné de trois molettes d'éperon d'argent, 2 en chef, 1 en pointe.

BUISSON (DU). — D'or, à l'arbre ou buisson de sinople. — Devise : *Semper virens.*

BUISSON. — De gueules, à la fasce d'or, chargée d'un buisson de sinople.

BUISSON. — Parti d'argent et de sinople, au buisson de l'un en l'autre.

BUISSON D'AUSSONNE. — D'or au buisson de sinople.

BUISSON DE BEAUTEVILLE. — D'or, au buisson de sinople.

BUISSON DE BOURNAZEL. — D'or au buisson de sinople, le chef cousu d'argent chargé d'un lion de sable lampassé de gueules issant du buisson.

Aliàs. — Ecartelé; aux 1 de gueules au lion d'or; au 2 d'azur; à 3 coquilles d'argent; au 3 d'argent, au buisson de sinople; au 4 d'argent, à trois chevrons de gueules.

BURNE. — Burelé d'or et de gueules, au lion d'hermines, brochant sur le tout.

BUSCAREET. — De gueules, au bœuf, passant d'or, accorné et clariné de sinople.

C

CABANEL DE LA BARTHE. — D'azur, à l'agneau pascal d'or.

CABANES. — De gueules, à la licorne furieuse d'argent.

CABRIERERES. — De sable, au danseur de corde, la tête de carnation, la chemise d'argent, les chausses et les bas de gueules, tenant un balancier d'or, et posés sur une corde tendue, en fasce de même.

CABRIÈRES. — D'or, à la fasce de gueules, accompagnée en pointe d'un bouc de même.

CADILHAC. — D'argent, au chevron de sable, accompagné de trois tiges de chardon de sinople.

CADOLLE. — De gueules, en croissant d'argent renversé accompagné en pointe d'une étoile d'or.

CADRIERES. — D'argent ; à trois heaumes de gueules.

CAHUZAC. — D'azur, le chef cousu de gueules, chargé de trois lionceaux d'or.

CALMETTE. — De sinople, à la fasce d'argent, chargée d'une fleur-de-lis de sable.

CALMETTE-COURTOIS. — De sinople, à la fasce d'argent, chargée d'une fleur-de-lis de sable.

CALMONT de COLOMBIER. — D'argent, au lion de sable.

CALMONT d'OLT. — D'argent, au lion de sable.

CALSAT. — D'azur, au caleçon d'argent.

CALVAYRAC. — D'or, à trois melons de sinople, mis en bande.

CALVET. — D'argent, à la pomme de gueules, tigée et feuillée de sinople.

CAMBEFORT. — De gueules au lévrier rampart d'argent colleté d'or.

CAMBEFORT de CONQUES. — D'argent, au pal de sable, accosté de deux tours de même.

CABEILLES de la ROQUE. — D'azur, à trois roues d'or.

CAMELS. — De gueules, au chevron d'or, accompagné en pointe d'un chameau d'argent.

CAMPMAS. — D'azur, à la gerbe d'or.

CAMPMAS. — De sinople, au mât de vaisseau d'argent, accompagné en pointe d'une coquille de même.

CAMPMAS-GARIBAL de SAINT-REMY. — De sinople, à deux mâts de vaisseau d'argent, accompagnés en pointe d'une coquille de même.

CAMPORIES. — D'azur, à trois balances d'or.

CANALS DE LASTRONQUES. — De sinople, à la bande d'argent.

CANCERIS. — De gueules, au chevron d'argent, accompagné en pointe d'une écrevisse d'or.

CANILLAC. — D'azur, au lévrier rampant d'argent armé et colleté de gueules, à la bordure crénelée d'or.

CANTOBRE. — Ecartelé, aux 1 et 4 d'azur au lion d'or; aux 2 et 3 de gueules à la tour d'argent, maçonnée de sable, et sommée de trois petites tours de même.

CAPDENAC. — De gueules, au buste d'homme de carnation, posé de front, paré d'azur, ayant la barbe et les cheveux d'or.

CAPRAISSE-BUISSON. — D'azur, à la fasce d'argent, chargée d'un buisson de sinople.

CARCENAC. — D'argent, à deux chaines de sable, posées en fasce.

CARDAILHAC. — De gueules, au lion couronné d'or, accompagné de treize besants d'argent en orle, et PAR CONCESSION ROYALE : le lion, revêtu d'une cotte d'armes, d'azur, semée de fleurs-de-lis d'or, qui est de FRANCE-ANCIEN.

CARDAILHAC DE MALLEVILLE DE PRIVEZAC. — De gueules, au lion couronné d'or, à treize besants de même, en orle.

CARLA D'ARJAC. — D'or, à la fasce de gueules, accompagnée de deux macles de même, 1 en chef 1 en pointe.

CARLE. — D'or, au chevron de gueules, accompagné de trois étoiles d'azur, le chef de sinople chargé de trois étoiles d'argent.

CARRENDIÉ. — D'or, au chevron d'azur, accompagné en pointe d'un chapeau de sable.

CARRIÉ-DELDUC. — D'azur, à l'écusson en cœur échiqueté d'argent et de sable de quatre tires.

CARRIÈRE. — De sinople, au puits d'argent à la roue dentée de gueules brochant sur le tout.

CARRINDIE. — De gueules à neuf fusées d'argent posées 3, 3, 3.

CASSAIGNES. — D'azur, au lion d'or armé et lampassé de gueules à la cotice de même brochant sur le tout.

CASSAN DE VEYRIERES. — D'azur au verre, sans pied d'argent.

CASTAN. — D'azur, à six cœurs d'or posés 3, 2, 1.

CASTANET. — Ecartelé ; aux 1 et 4 de gueules au lévrier d'argent colleté du champ bouclé et cloué d'or surmonté de deux faucons d'argent à la bordure crénelée de huit pièces aussi d'argent : aux 2 et 3 d'argent à la cotice de pourpre, à la bordure crénelée de six pièces de gueules.

CASTANET DE CAMBAYRAT. — D'argent, à deux paires de castagnettes de gueules rangées en fasce.

CASTANET DE LA GRESIE. — D'argent, à deux paires de castagnettes de gueules rangées de fasce.

CASTELNAU. — D'azur, au château d'argent.

CASTELNAU - BRETENOUX. — Ecartelé ; aux 1 et 4 d'or au château de gueules qui est de CASTELNAU ; aux 2 et 3 d'argent, au lion de sable qui est de CALMONT. — Devise : DIEX AYDE AULX SECONDS CHRESTIENS.

CASTELPERS-PANAT. — D'argent au château de trois tours de sable.

CAULET. — De gueules au lion d'or à la fasce d'azur chargée de trois étoiles d'or brochant sur le tout.

CAULET DE COMBRET. — De gueules, au lion d'or à la fasce de sable chargée de trois étoiles d'argent brochant sur le tout.

CAUMONT. — D'azur, à trois léopards d'or l'un sur l'autre.

CAUMONT LA FORCE. — D'azur, à trois léopards d'or l'un sur l'autre, lampassés, armés et couronnés de gueules. — Cri : FERME, LA FORCE.

CAUSSADE. — Ecartelé ; au 1 d'azur au croissant d'argent, au 2 d'argent à la levrette de sable ; au 3 de gueules à la tour d'argent ; au 4 d'azur à deux chevrons d'or.

CAVAIGNAC-D'AYRES-D'OSBLEISSES. — De gueules, à la fasce d'argent chargée d'une tête de cheval d'azur.

CAVALERIE. — Del sable, à la main senestre d'argent mouvante, de la dextre de l'écu tenant une girouette découpée et ondée d'argent ; le chef d'argent chargé de trois étoiles d'azur ; parti d'or au vaisseau de sable sur une mer d'azur ; le chef cousu d'argent, chargé de trois étoiles d'azur.

CAVALIER. — D'or, au cheval contourné de sinople.

CAYLA (DU). — De gueules à trois laitues d'argent.

CAYLAR (DU). — D'or, à trois bandes de gueules, le chef cousu du champ chargé d'un lion naissant de sable, le chef soutenu d'une divise aussi d'or chargée de trois trèfles de sable.

CAYLUS. — D'or, au lion de gueules, accompagné de dix étoiles de même en orle.

CAYLUS DE LA CAUSSADE. — D'or, au lion de gueules, accompagné de dix étoiles de même en orle.

CAYRAC. — D'argent, au chevron d'azur accompagné de trois roses de gueules.

CAYREL. — De gueules, à la fronde d'argent dans laquelle est un caillou de sable.

CAYRON. — D'or, à trois chevrons de gueules.

CAYRON DE PACHINS. — De sable, à trois cages d'argent.

CEREDE. — De sinople au cerf d'argent.

CESTRIES. — D'argent à l'étoile de sable.

CHABBERT. — D'argent à la montagne de sinople, le chef d'azur chargé d'un croissant d'argent, accosté de deux étoiles de même.

CHALUS. — D'azur, à trois grenouilles d'or, parti d'argent à deux rameaux de pervenches en forme de couronne de sinople passés en sautoir par le bas.

CHALUS. — Echiqueté d'or et de gueules.

CHATEAU-RENDAN. — De gueules, au château d'or.

CHATEAUNEUF. — De sable, au lion d'or.

CHATEAUNEUF - BRETENOUX. — De sable, au lion d'or.

CHATEAUNEUF-LIVINHAC. — De sable, au lion d'or.

CHATEAUNEUF - RANDON. — D'or, à trois pâls d'azur, au chef de gueules. — Supports : deux lions. — Légende : vmo JUVANTE.

CHAUCHARD. — D'argent, au bas de gueules.

CHAUCHARD. — De sable, au chevron d'or, chargé sur la pointe d'une chauve-souris de sable.

CHAUCHARD. — Tranché de sable et d'argent, au moine de l'un en l'autre.

CHAUMELZ. — D'argent à cinq entonnoirs de sable posés 2, 2, 1.

CHAUMONT. — D'azur, à trois huchets ou cornets d'argent.

CHAUSIT. — D'argent au pin de sinople, parti de gueules au chef d'argent.

CINQ (LE). — D'azur, à cinq trèfles d'or posées 3 et 2.

CINQPEYRES. — D'argent, à cinq poires de sinople posées 3 et 2.

CIRON. — D'hermines, à l'écusson d'or en cœur chargé de trois cirons (moucherons) de sable.

CLAIN DE MONTEL. — D'argent au chevron d'azur, accompagné en pointe d'une écritoire de sable.

CLAUSEL DE COUSSERGUE. — Parti au 1 d'azur, au lion d'or, au chef de même, chargé de trois étoiles en fasce du premier; au 2 de gueules à la tour d'argent, ouverte, ajourée et maçonnée de sable; le tout soutenu d'une champagne de gueules.

CLAUZEL. — D'azur, à la croix pattée d'or, cantonnée en chef de deux merlettes de même.

CLAVEL. — D'azur, la fasce d'or, chargée de deux clefs de sable.

CLÈDES. — D'azur à la bande d'or.

CLOS DE SAINT-HIPOLITE (DU). — D'or, à cinq arbres de sinople posés en sautoir, à la bordure de gueules.

CLUZEL. — D'or, à trois portes de sable, verrouillées d'argent.

CLUZEL (DU). — D'azur, au pin de sinople, au cerf de gueules brochant sur le tronc de l'arbre.

COCURAL DE REQUISTA. — D'azur, au massacre de cerf d'argent accompagné au centre de la ramure d'une couronne ducale d'or.

CODEREX. — D'azur, au coq d'argent, le chef cousu de gueules, chargé d'un croissant d'or, accompagné de deux étoiles d'argent.

COLIT. — D'or, à trois colliers d'azur.

COLOMB. — De gueules, à trois colombes d'argent.

COLOMBIE (DU). — De sable, au pigeon d'argent, becqué et membré de gueules.

COLOMBIER. — D'azur, à trois colombes d'argent.

COLONGES. — De sinople, à trois colonnes en pal d'or.

COLONGES DE LAURIERE. — D'azur, à la colombe d'argent perchée sur une branche d'or.

COLLONGES. — De sable, à trois bandes d'or, au lion couronné de gueules, brochant sur le tout, le chef cousu d'azur, chargé de trois étoiles d'or.

COMBARIEU. — D'azur, à deux lions d'or l'un sur l'autre, parti d'azur à trois bandes d'or.

COMBE (LA). — Parti d'or et de gueules, au lion naissant de l'un en l'autre.

COMBORN. — D'argent, au lion de gueules, lampassé, armé de sable et couronné d'azur; l'écu posé sur un cartel. — Couronne de vicomte. — *Aliàs* : de gueules, à deux lions léopardés d'or.

COMITIS. — D'or, au chef de gueules, chargé d'un chat d'argent.

CONDAT. — D'argent, au coq de sable, crêté, becqué et membré d'or.

CONSTANS. — D'argent, à deux colonnes de gueules passées en sautoir.

CONSTANS. — D'or, à deux chevrons de gueules, à la colonne d'argent brochant sur le tout.

CONSTANS D'ELSEGUY. — D'or, à deux chevrons de gueules à la colonne d'argent brochant sur le tout.

CORN - D'ANGLARS -- DE SONNAC -- DE CAPDENAT.

—D'azur à deux cors de chasse d'or, liés en guichés et virolés de gueules, et contre-posés ; le chef bandé d'argent et de gueules-tenant : à dextre un chevalier soutenant de son épée une couronne royale ; à senestre, un ange portant une croix. — Cimier : un château flanqué de deux tours carrées, celle à dextre sommée d'une tourelle de gueules d'où sort un étendard aux armes de l'écu, derrière lequel deux autres étendards sont passés en sautoir, l'un à dextre d'azur à deux cors de chasse d'or ; l'autre à senestre bandé d'argent et de gueules. Couronne de marquis sur l'écu. — Devise : DIEU EST TOUT.

CORNEILLAN. — Ecartelé ; aux 1 et 4 d'or, à trois corneilles de sable ; aux 2 et 3 de gueules à la croix tréflée d'or.

CORCORAL MAS-GRANET. — D'argent, au chef de gueules chargé d'un coq d'or.

COSTE. — De gueules, au lion d'argent accosté de deux trèfles de même.

COSTE. — De sable, à l'épée d'argent mise en pal, accostée de deux fleurs-de-lis d'or.

COSTE-MARTIALS (LA). — De sable, au pal d'or, accosté de deux heaumes d'argent.

COUR (LA). — De sinople à la main de justice d'argent posée en bande.

COURONNE. — D'azur, à la couronne d'or.

COURTINES. — De sinople, à la fasce d'or surmontée d'une main d'argent tenant un pavillon ou courtine de même, et accompagnée de deux étoiles d'or en chef et d'un monde d'or soutenu par un croissant d'argent en pointe.

COUSTAN. — De sable, à trois couteaux d'argent mis en bande.

COUSTOU. — De gueules, à la fasce d'or, chargée de deux couteaux de sable, posés en pal, la pointe en bas.

CRAISSAC. — D'or, à trois croissants renversés d'azur.

CREATO DE CALSINS. — D'argent, à trois crêtes de coq de gueules.

CRESPON. — De sinople, au lion d'or, le chef cousu de gueules, chargé de trois étoiles d'argent.

CRESPON DE MELJAC DE LA RAFFINIE. — De sinople,

au lion d'or, le chef cousu de gueules, chargé de trois étoiles d'argent.

CROS (DU).— D'or, au sanglier de sable, armé d'argent.

CROS DU BERAIL DES ONDES (DU). — D'azur, au lion couronné d'or.

CROZATS DE LA CROIX D'ARRÉ. — De gueules, au chevron d'argent, accompagné de trois étoiles de même.

CRUGY, *aliàs* CRUZY DE MARCILLAC. — Ecartelé; aux 1 et 4 d'azur, à trois roses d'argent qui est de CRUZY; au 2 et 3 d'or, à trois fasces de gueules qui est de GOUT, *aliàs* GOTH. — Devise : *Numquam marcessent.*

CRUSSOL SAINT-SULPICE. — Ecartelé; aux 1 et 4 fasce d'or et de sinople, qui est de CRUSSOL; parti d'or à trois chevrons de sable qui est de LEVIS; aux 2 et 3 contre-écartelé aux 1 et 4 d'azur à trois étoiles d'or en pal, aux 2 et 3 d'or, à trois bandes de gueules qui est de GENOUILHAC, et sur le tout de gueules à trois bandes d'or qui est D'UZÈS.

CURIERES. — Ecartelé; aux 1 et 4 d'azur, au lévrier d'argent colleté d'or, aux 2 et 3 de gueules à trois molettes d'éperon d'or.

D

DAÏGNA.— De sable, à trois fontaines d'or.

DAILAUX. — De gueules, au chevron d'argent, accompagné de trois aulx de même.

DALIEZ. — D'or, à trois tourteaux rangés en fasce, celui du milieu d'azur, les deux autres de sable.

DALLET. — D'or, au vol d'aigle de gueules.

DALMAS. — Ecartelé; aux 1 et 4 d'argent, à la croix ancrée de gueules; aux 2 et 3 d'azur, au daim passant d'or, au chef d'or, chargé d'une couronne muraillée de sinople.

DALMAS-LANDES. — D'azur, au mouton d'argent.

DALMAYRAC. — D'argent, au lion de gueules, au serpent d'or, posé en fasce, brochant sur le tout.

DALMAYRAC. — D'or, au chevron de sable, chargé sur la pointe d'une moucheture d'hermines d'argent.

DANDIERE. —De sable, au pal d'or, accosté de deux épées d'argent.

DANDRÉ. — D'or, à la fasce d'azur, accompagné en chef d'un éventail de gueules.

DANNAC. — D'azur, au sabre d'argent, la poignée d'or, posé en pal, la pointe en haut.

DARDINE. — Pallé d'or et de sinople de huit pièces, à la bande de gueules brochant sur le tout.

DARRIBAT. —De gueules, au chef abaissé d'or, chargé d'une coquille d'azur.

DAYDOU. — D'argent, au pal d'azur, chargé en cœur d'un trèfle d'or.

DEGROS DE PERODIL. — De gueules, au lambel de trois pièces d'argent.

DELAMOTTE. — De gueules, à l'arbre d'or, sur un tertre d'argent.

DELOIN. — De gueules, à la lunette d'approche d'argent, posée en bande.

DELPECH DE RAVAILLE. —De sable, au lion d'or, à l'épée de gueules, mise en pal, brochant sur le tout.

DELPECH DE VILLEFRANCHE. —D'argent, au rocher de sable, au chef d'azur, chargé d'un croissant d'argent, accosté de deux étoiles d'or.

DELPUECH. — De sable, au lion d'or, à l'épée de gueules, mise en pal, brochant sur le tout.

DELSALEZ DE LA BONNANDIE. —Parti; au 1 d'argent au saule de sinople; au 2 fascé d'or et de sable de quatre pièces.

DELSALEZ DE LA DONANDIE. —De sable, à la salière d'argent.

DELTRIOU. — De sable, à la tour d'or, accompagnée de trois trèfles d'argent, 2 en chef, 1 en pointe.

DELVAL. — D'azur, au chien naissant d'argent.

DELVAT. — Coupé, aux 1 d'argent, à la tour d'azur, au 2 de gueules.

DESBRUGERES. — D'or, à trois plantes de fougère malordonnées de sinople.

DESBRUYERES. — D'or, à la tige de fougère de sinople.

DESELVES. — De gueules, à trois pals d'or, à la bordure d'hermines.

DESTICOLAS. — D'or, au chef de sable, chargé de deux rames d'argent passées en sautoir.

DEVÈZE. — D'argent à trois vases d'azur.

DEVEZE DE LACALM. — D'argent à trois vases d'azur.

DIERNAC. — D'argent, à la fasce de gueules, chargée d'un cœur d'or.

DIJOLS. — De sable, à l'épée d'or, la garde et la poignée d'argent.

DINTILHAC DE CABANNOS. — De sable, à la fasce d'or, accompagnée de trois dents d'argent, posées 2 en chef, 1 en pointe.

DENTILHAC DE CASSANUS. — De sable, à la fasce d'or, accompagné de trois dents d'argent, posées 2 en chef 1 en pointe.

DOMERGUE DE GRIOUDAS. — De gueules, à l'église avec un dôme d'argent.

DONNADIEU. — D'azur, au calice d'or, soutenant une hostie d'argent coupée d'or, à trois cœurs de gueules.

DORELLY. — Ecartelé, au 1 d'or, au lion de gueules, armé et lampassé de sable, à la bordure de gueules ; au 2 d'argent, au chevron de gueules, accompagné en chef de deux hirondelles en vol, affrontées de sable, et en pointe d'un arbre de sinople ; au 3 d'azur, au lierre de jardin, à trois fleurs d'argent, grené d'or et tigé de sinople mis en pal ; au 4 d'argent, au héron en vol de sable, becqué et membré de gueules, posé en bande ; le chef de gueules chargé d'un croissant d'argent, accosté de deux étoiles d'or.

DOSILIS. — De gueules, à la bande d'or, chargée de trois oiseaux de sable.

DOUMERGUE. — D'or, à deux barres d'azur, à l'aigle d'argent brochant sur le tout.

DOUSIECH. — De sable, à l'agneau d'or.

DOUSIECH. — De sable, à trois moutons d'argent.

DOUX (LA).—D'azur, à trois aiguilles d'argent.

DREVAN.—D'hermines ; à l'enclume de sable.

DRULH.—D'or, à la fasce d'azur, accompagné en pointe d'une autruche de gueules.

DUBRUEL.—D'azur, à la fasce d'argent, accompagné en chef de deux rouelles de même.

DUCHESNE.—De gueules, au chevron d'or, au chef cousu d'azur, chargé de trois étoiles d'argent.

DUFEVRIER.—D'azur, à deux lions affrontés d'or.

DULET.—D'azur, à trois faucons d'argent.

DUMAS.—De sable, au vaisseau d'argent, mâté de deux mâts de gueules.

DUMAS-CORBIÈRES DE SAINT-GENIEZ.—De gueules, à la fasce d'argent, chargée d'une hure de sanglier de sable, accostée de deux corbeaux affrontés de même.

DUNOSERINES.—D'or, à la fasce de sinople, accompagnée en chef de deux coquilles d'azur.

DUPUY.—D'or, au puits de sable.

DUPUY.—D'azur, à trois montagnes d'argent, surmontées d'un soleil d'or.

DURAND.—D'azur, à la colonne d'or.

DURAND.—D'or, à trois fasces de gueules, à l'enclume d'argent, brochant sur le tout.

DURAND.—D'azur, au chevron d'argent, accompagné de trois rochers d'or, le chef cousu de gueules, chargé d'un croissant d'or, accosté de deux étoiles de même.

DURAND.—D'argent, au rocher de sable, dans une mer de sinople.

DURAND-BONNAL.—Ecartelé, aux 1 et 4 d'azur, à deux clés, l'une d'or, l'autre d'argent, passées en sautoir ; aux 2 et 3 d'or ; au monde d'azur, surmonté d'une croix de même.

DURE, aliàs DURRE DE MEZERAC.—Ecartelé ; aux 1 et 4 d'azur, au lion d'argent ; aux 2 et 3 d'or, à deux truites de sable, posées en fasce l'une sur l'autre ; le chef d'azur, chargé d'un croissant d'argent, accosté de deux étoiles de même.

Aliàs : Ecartelé ; aux 1 et 4 d'azur, à deux poissons d'argent, posés en fasce l'un sur l'autre ; aux 2 et 3 d'azur, à deux lévriers d'argent passant l'un sur l'autre ; et, pour le tout, le chef cousu de gueules, chargé d'un croissant d'argent, accosté de deux étoiles d'or.

DURIF.—De sinople, au chevron d'or, accompagné en pointe d'une pomme de pin d'argent.

DURRIEU.—D'or, à l'enclume d'azur, accompagné en chef de deux marteaux de même.

DURRIEU.—D'azur, à la fasce d'argent, chargée d'une tortue de gueules.

DURRIEU DE PERS.— De gueules, au pairlé d'or, accompagné en chef d'un enclume d'argent.

DUZILLIS.—D'azur, au pied de lis, à trois bouquets d'argent, l'un d'eux chargé d'un chardonnet de même, le chef cousu de gueules, chargé d'un croissant d'argent, accosté de deux étoiles de même.

E

EBLES.—D'argent, au lévrier de sable, colleté d'or.

EBRARD DE SAINT-FÉLIX.—D'argent, à la fasce de sinople, chargée d'un bras d'or.

EBRARD, *aliàs* HEBRARD DE SAINT-SULPICE.—Parti d'argent et de gueules.

ENJALBERT.—D'azur, au croissant d'or, accompagné de six merlettes de même, posées 3 en chef, 3 en pointe.

ENTRAIGUES.—D'azur, au chevron d'argent, accompagné de trois griffons d'or, 2 en chef affrontés, 1 en pointe.

ESPARRON, *aliàs* ESPARROU.—D'or, au pal de gueules, chargé d'une bisse de sable, entravaillée à une épée d'argent dans son fourreau de sable, la pointe en bas.

ESPINASSE DE LA BEGONNIE.—D'argent, à la couronne d'épines de sinople, les pointes ensanglantées de gueules.

ESTAING.—D'azur, à trois fleur-de-lis d'or, qui est de FRANCE, au chef aussi d'or.

Anciennement, avant Charles V, roi de France : d'azur, semé de fleur-de-lis d'or, qui est de FRANCE-ANCIEN, au chef d'or.

ESTRESSES, *alias* ROQUET. —D'azur, au chevron d'or, accompagné de trois fers de lance de même.

F

FABRE.—De gueules, à trois marteaux d'argent emmanchés d'or.

FABRE.—D'argent, au chevron de gueules, surmonté d'un croissant d'azur, accompagné de trois molettes de sable.

FAGES DE SILVANÈS.—Fascé d'or et d'azur, au cheval de sable, brochant sur le tout.

FAJOLLE.—D'azur, à la fasce d'argent, chargé d'un croissant de gueules, accosté de deux étoiles du champ.

FARAMONT ou FRAMOND. — De gueules, au lion d'or, le chef cousu d'azur chargé de trois étoiles d'or.

FARAMON DE CONDOLS.—D'azur, à trois crapauds d'or.

FARAMON DE JOQUEVIEL. D'argent, fretté de sable au franc quartier de gueules.

FARGUE (LA). —D'or, à deux fasces de sable, à l'aigle éployée d'argent, brochant sur le tout.

FARGUE DE LA DEVÈZE (LA)---D'argent, à la rivière de sinople mise en barre.

FAU (DU) — De gueules, au chêne d'or.

FAU (DU). — D'or, au chevron d'azur, accompagné de trois faucilles de sable.

FAU (DU). — De gueules, à la croix d'or, cantonnée de quatre faucilles d'argent.

FERAL. — De sable, à la barre d'or, chargée de trois fers de cheval de gueules.

FERRIÉ. — D'argent, au fer de cheval de sable, entouré de deux palmes de sinople, liées de gueules.

FERRIÈRES. — D'argent, au pal de gueules, à la bordure denticulée de même.

FERRIÈRES. — D'argent, à trois fers de cheval de gueules, cloués chacun de six clous d'or.

FÉVRIER. — De gueules, au fer de cheval d'or.

FINIELZ. — D'azur, à trois cloches renversées d'argent, bataillées de sable.

FLEIRES DE BOSOUL. — Barré d'or et de gueules.

FLORY DE LAVAL. — D'argent, à dix roues de gueules posées en orle.

FLOTTES. — D'azur, au navire d'argent, le chef cousu de gueules, chargé d'une étoile d'or.

FOCCAS. — D'argent, à la faulx de gueules.

FOLQUIER. — D'argent, à la faulx de sable.

FOLQUIER DE PANAT. — D'argent, à la faulx de sable.

FONBESSE DE LAVAUR. — De sable, à la fontaine d'or, entourée de huit molettes de même en orle.

FONTANGES DE PANAT. — De gueules, au chef d'or, chargé de trois fleurs-de-lis d'azur ; tenans : deux anges ; devise : TOUT AINSI FONTANGES.

FOULQUIER. — De gueules, à quatre faulx d'or posées 2,2.

FOULQUIER. — De gueules, à trois pilons d'or.

FOURNOL. — D'or, au four de sable.

FRAISSINES. — D'hermines, au sautoir de gueules, le chef de même.

FRAISSINET DE LA VALETTE. — De sable, à la fasce ondée d'or, accompagnée en pointe d'un lion d'argent.

FRANQUES. — D'azur, au chevron d'argent, semé de billettes de gueules.

FRANTGONS. — D'azur, au chevron d'or, accompagné de trois têtes d'hommes de front d'argent.

FRAUST. — D'azur, à trois faulx d'argent.

FRAYEMOUX-DELPUECH. — D'argent, à la charrue de gueules.

FRAYSSINOUS. — Ecartelé ; aux 1 et 4 d'or, au lion de

sable, armé et lampassé de gueules; aux 2 et 3 d'argent, au frêne arraché de sinople.

G

GABRIAC. — De gueules, à sept losanges d'or, posés 3, 3, 1.

GACHES DE BELMONT.—D'azur, à deux léopards affrontés d'argent.

GAIGNABET DE LA TAILHE.—D'argent, au trèfle d'azur, accompagné de trois cœurs de sable, 2 en chef 1 en pointe.

GAILLAC DE BROUZELS. — De sinople, à la fasce d'argent, chargée d'un massacre de bœuf d'azur.

GAILLARDY-DURBAN DE VILLEFRANCHE. — D'or, au turban de sinople.

GAIRAUD DE LA BORIE-BLANQUE.—De gueules, à la fasce d'or, accompagné de trois glands de même, 2 en chef, 1 en pointe.

GALONNIER. — D'or, au chevron brisé d'azur, accompagné de trois roses de même.

GALTIÉ.—De sable, fretté d'argent à l'éléphant d'azur, brochant sur le tout.

GALTIÉ.—D'azur, à la fourchette à quatre fourchons d'argent, posée en pal.

GALTIÉ DE LA FREMONDIE.—D'argent à la fasce de gueules, au balais emmanché de même, posé en pal, brochant sur le tout.

GALTIER. — D'or, au calice d'azur.

GALTIER.—De gueules, à la bande d'argent, accompagnée de six glands de même, 3 en chef, 3 en pointe.

GARCEVAL.—D'azur, à quatre rais cantonnés d'or. Couronne de comte; tenants : deux sauvages.

GARDE (LA). — D'azur au chef d'argent..

GARRIGUES. — D'or, au chêne de sinople.

GARROUBE DE L'HOSPITAL. — D'or à deux jumelles d'azur à la bordure de même.

GARSABAL DE ROUCOULES. — D'azur, à quatre rocs d'échiquier d'or.

GASC. — Ecartelé; aux 1 et 4 d'argent au chêne de sinople; aux 2 et 3 d'or à l'aigle éployée d'azur.

GASE. — D'or, au lion léopardé de sable sur une terrasse de sinople mouvante de la pointe de l'écu.

GASTON (DU). — D'argent, à la cage de sable au chef de même.

GASTON DE POLLIER. — D'argent, à trois fasces de gueules accompagnées en pointe d'une corneille de sable au chef d'azur chargé de trois étoiles d'argent. — Couronne de comte.

GAUBERT. — De sinople, à huit coquilles d'argent posées 3, 3, 2.

GAUJAL. — D'azur, au chevron abaissé d'or accompagné en chef de deux œuillets d'argent, et en pointe de trois roses malordonnées de même, boutonnées de sable; le chef de gueules chargé de trois étoiles d'or.

GAUJAL D'ISSIS. — De gueules, au chevron d'argent accompagné en chef de deux étoiles d'or, et en pointe d'un souci de même.

GAULEJAC. — Parti d'argent et de gueules.

GAUSSERAN DE BRANDELAC. — D'azur, à deux chenets d'argent l'un sur l'autre.

GAUTHIER, *alias* **GAUTHIER DE SAVIGNAC.** — Ecartelé; aux 1 et 4 d'azur, au château de trois tours carrées d'argent, celle du milieu plus exhaussée, coulissée d'un avant-mur avec un portail fermé, accosté d'une fenêtre croisière à dextre et d'une demi-fenêtre croisière à senestre, le tout maçonné de sable : aux 2 et 3 d'argent à 3 fasces d'azur.

GAY. — D'azur, à la bande d'or accompagnée de six trèfles d'argent, 3 en chef, 3 en pointe.

GERMAIN. — D'azur, à la fasce d'argent accompagnée en chef de deux épées de même passées en sautoir.

GIEISSE. — D'azur, à trois molettes d'argent posées en barre.

GINESTI. — D'azur, au chevron d'argent accompagné de trois massacres de chat de même.

GIRBAL. — D'argent, à l'écusson de sinople et chargé d'une gerbe d'or mis en cœur.

GIRELS. — D'argent, à l'écusson gironné d'or et d'azur mis en cœur.

GIRMA. — De gueules, à trois oignons d'argent germés de sinople.

GIRONDE. — D'argent, au sautoir d'azur à la bordure de gueules.

GISCARD DE CAVAGNAC. — D'argent, à la bande de gueules.

GOUDAL DE LA PRADELLE. — D'or, à deux fasces d'azur à la tour donjonnée d'argent brochant sur le tout.

GOUDAL DE ROUCOULES. — De sable, au lion d'argent, le chef cousu de gueules chargé de trois étoiles d'or.

GOUTANT DE CABRÈRES DE CARBONIALS. — L'écu en bannière écartelé d'or et de gueules. — Couronne de duc. Supports : deux griffons. — Devise : *perit sed in armis*.

GOUTANT-SAINT-GENIEZ DE CAMPAGNAC. — L'écu en bannière écartelé d'or et de gueules à la bordure d'azur chargée de six tours d'or.

GORSE (LA). De sable, à la fasce d'argent chargée d'une fasce de gueules.

GOULARD. — D'azur, au lion couronné d'or à la bordure de même.

GOURDON. — De sable, à deux gourdes d'or rangées en fasce.

GOURDON DE CANCES DE CAMGRIS. — De sable, à deux gourdes d'or rangées en fasce, le chef d'argent.

GOUT, *aliàs* GOTH DE LIVIGNAC. — D'azur, à trois fasces d'argent.

GOZON. — De gueules, à la bande d'azur bordée d'argent à la bordure componée d'argent.

GRACH. — D'or, au griffon de sable.

GRANDSAIGNES. — D'azur, au bras d'argent posé en fasce arraché de gueules.

GRANIER. — D'argent, à deux rameaux de pervenche, en forme de couronne de sinople passés en sautoir par le bas, parti de gueules à la tour d'argent maçonnée de sable ouverte et ajourée du champ.

GRANIER. — De gueules, au chevron d'argent accompagné en pointe d'une grenade d'or ouverte et grenée de gueules.

GRANIER. — D'argent, au chevron de gueules accompagné en pointe d'un rat de même.

GRATECAP. — D'azur, à la tête d'homme d'argent accompagné en chef d'un peigne de même.

GREZIE (LA). — Fascé d'or et de sable à la bande d'argent chargée de trois fleurs-de-lis de gueules et brochant sur le tout.

GRIFOUL (LA). — De sable, coupé d'argent au griffon de l'un en l'autre.

GRIMAL. — D'argent, à l'aigle éployée de sable, le chef d'azur chargé de trois étoiles du champ.

GUALY, *aliàs* GALY. — D'or, à la bande d'azur chargée de trois roses d'argent et accompagnée de dix losanges de sable rangées en bande 5 en chef, 5 en pointe, posées 2, 3; 3, 2.

GUERS DE CASTELNAU. — D'or, au croissant versé de gueules.

GUIARD DE SAINT-CHERON. — De gueules, au gui de chêne d'or, le chef cousu d'azur, chargé de trois roses d'argent boutonnées de sable.

GUIBERT. — D'azur, au chevron d'or chargé d'une feuille de chêne de sinople.

GUILHERMY. — De gueules, à la barre d'or chargée d'une guitare d'azur.

GUIRBALDY. — D'azur, à la bande d'argent accompagnée de six glands d'or, 3 en chef, 3 en pointe.

GUITARD. — Ecartelé; au 1 d'azur à l'étoile d'or; au 2 d'argent à la tour de gueules; au 3 de gueules au lion d'or; au 4 d'or à trois bandes de sable.

GUY. — De gueules, au château à trois tours d'or.

H

HAUTERIVE. — D'argent, à la croix engrelée d'azur, cantonnée de quatre rencontres de bœuf de gueules accornés d'or.

HERAIL DE LUGANS. — D'or, au chêne de sinople.

HUMIERES DE LOUBEJAC. — D'argent, fretté de sable.

HYA (L'). — D'azur, au croissant d'argent accompagné de trois étoiles de même.

I

ICHER. — De sable, au pairle d'or accompagné en chef d'une fleur-de-lis de même.

ICHER DES ANGLES. — D'argent, à la guivre d'azur à l'issant de gueules.

ICHER DE VILLEFORT. — Coupé, au 1 de gueules au lion issant d'argent ; au 2 d'or à l'aigle de sable.

ISLE (L'). — D'azur, à trois lis fleuris d'argent boutonnés de sable, feuillés et tigés de sinople.

ISLE. — De sinople à la rivière en bande d'argent, formant une île du champ.

ISNARD DE FRAISSINET. — D'azur, au sautoir d'argent, accompagné de quatre molettes d'or.

ITIÉ. — De sable, au pairle d'argent, le chef cousu d'azur.

J

JALENQUES DE SAINT GENIEZ. — D'argent, à la bande d'azur chargée en chef d'une rose d'or.

JOLY DE LA BANNE. — D'argent, au cœur de gueules enflammé de même percé d'une flèche de sable mise en bande.

JOLY DE CABANOUS. — D'azur, au chevron accompagné de trois fers de lance renversés, celui de la pointe accompagné de trois étoiles, le tout d'or.

JOLY-FRAISSINET. — D'azur, au chevron accompagné de trois fers de lance renversés, celui de la pointe accompagné de trois étoiles, le tout d'or. — Supports : deux aigles au naturel portant dans leur bec une branche d'olivier de sinople.

JOUERY. — De gueules, à trois cornets malordonnés d'argent.

JOUERY. — Palé d'or et de sinople de huit pièces.

JOUR (DU). — D'azur, au soleil d'or soutenu de deux étoiles de même posées l'une sur l'autre en pointe.

JULIA DE LA SALLE. — De gueules, à trois besants mal ordonnés d'or à la bordure de même.

JULIEN. — De gueules, à la gerbe d'argent, parti d'argent au buisson de sinople.

JULIEN. — D'azur, à la plante de millet menu d'or accosté de deux fleurs de jasmin d'argent mises en fasce.

JULIEN. — De gueules, au franc-quartier d'or fretté de sable.

JULIEN. — De sable, à la fasce d'or accompagnée de deux raquettes d'argent, 1 en chef, 1 en pointe.

JULIEN. — D'or, à la fasce de sinople chargée de deux lunes d'argent.

JULIEN DE PEGAYROLLES. — Ecartelé, aux 1 et 4 d'azur à trois molettes d'éperon d'or, le chef de même ; aux 2 et 3 coupé, émanché d'or et d'azur sur le tout d'azur à la gerbe d'or surmontée de deux étoiles de même.

JULIEN DE VALSERGUES. — D'or, à trois roues de gueules, parti d'or au lion issant de sable, coupé, gironné d'argent et de sable.

JUOUX. — D'argent, à l'aigle de sable becqué et membré de gueules.

L

LABOUREL. — De gueules, au lion d'or, le chef cousu d'azur, chargé d'un croissant d'argent accosté de deux étoiles de même.

LABRO. — D'argent, à deux balances de gueules posées l'une sur l'autre.

LACROIX. — De gueules, à la croix fleuronnée d'or.

LADOUX. — D'or, à la bande de gueules, chargée en chef d'une hure de sanglier d'argent.

LAFAJOLLE DE COMBETTES. — Ecartelé; aux 1 et 4 d'or à l'arbre arraché de sinople; aux 2 et 3 d'azur au lévrier courant d'argent colleté de gueules, et sur le tout d'azur à la croix d'argent, le chef d'or.

LAGARRIGUE. — De gueules, à l'écusson en cœur d'or fretté d'azur.

LAGENTIÉ. — D'argent, à la fasce de gueules accompagnée en pointe d'un lion d'azur.

LALO. — Palé d'argent et d'azur à l'épée d'or mise en fasce brochant sur le tout.

LAMIC. — D'azur, à la tête d'homme de front d'argent, accosté de deux lézards d'or.

LAMO. — De sable à trois lames d'épée d'argent.

LANDORRE DE CADARS. — De gueules, au lion d'or.

LARQUE D'ALZONNE. — D'or, à la main de gueules mouvante de la dextre de l'écu, tenant une chandelle d'argent allumée de gueules couchée en barre; parti de sable au lion d'argent et pour tout l'écu le chef d'azur chargé de trois étoiles d'or.

LASTIC. — De gueules, à la fasce d'argent.

LASTIC DE GABRIAC. — De gueules, à la fasce d'argent.

DE LASTIC DE SAINT-JAL. — D'azur, à trois pommes de pin d'or, le chef de même.

LAURET. — De..... à l'arbre de..... accosté de deux étoiles de.....

LAURIERE. — D'azur, à trois tours d'argent maçonnées de sable et surmontées d'un lion léopardé d'or lampassé et armé de gueules.

LAUZIERE S. — D'or, à l'yeuse de sinople.

LAUTREC DE SAINT-ANTONIN. — De gueules, au lion d'or.

LAVAL. — D'azur, au verre renversé d'argent.

LAVERNHE. — D'argent, à l'arbre de sinople.

LAVERNHE. — D'or, à trois pals d'azur, à la fasce d'hermines brochant sur le tout.

LAYRAC. — D'azur, au lambel de cinq pendants d'or le chef de même.

LENTILHAC DE SALVAGNAC. — De gueules, à la bande d'or.

LESCURE. — D'or, au lion d'azur.

LESTRADE. — De gueules, à trois bandes d'or entrelacées d'un serpent de sable en pal.

LEVEZOU, aliàs LE VEZON, LEVEZOU, LE VEZOU. — D'azur, au lion couronné d'or allumé, armé et lampassé de gueules.

LEVEZOU DE VEZINS. — Ecartelé ; au 1 de LEVEZOU ; au 2 d'azur à trois rocs d'échiquier d'argent, à la bordure engrelée de même qui est de CASTELNAU ; au 3 de gueules à trois clefs d'or qui est de VEZINS ; au 4 d'argent à la tour de sable accompagnée au premier canton d'une croix fleuronnée et fichée de même qui est de ROQUEFORT.

LEVIS DE CARCENAC DE PRADINES. — D'or, à trois chevrons de sable.

LIQUIER. — D'argent, au chevron de gueules accompagné en pointe d'une balance de même.

LISSORGUES. — De gueules, au jeu d'orgues d'argent.

LOMBARD. — De gueules, à trois macles d'argent à la bordure de même.

LOSTANGES. — D'argent, au lion de gueules lampassé, armé et couronné d'azur, accompagné de cinq étoiles du second émail en orle. — Cimier : un ange.

LOUBENS. — D'azur, au loup d'or.

LOUPIAC DE LA DEVESE. — D'argent, à trois fasces d'azur au chêne arraché de sinople brochant sur les fasces au loup de sable passant au pied du chêne et brochant sur le tout.

LOUPIAC DE LOUPIAC.—De sable, à trois têtes de loup d'or.

LUCAS. — D'azur, au bœuf d'or, à la bordure engrelée d'argent.

LUCHON. — Palé d'argent et de gueules de huit pièces, le chef d'azur chargé de trois clefs d'argent.

LUDET. — De gueules, au luth d'or posé en bande.

LUNEL. — De gueules à la lune d'argent.

LUNET DE COURRY. — D'azur, à trois croissants d'argent, dont 2 en pointe et 1 en chef.

LUR-LONGA. — De gueules, à trois croissants d'argent le chef d'or. — Couronne de marquis. — Supports : deux lions.

LUSTRAC DE SAINT-SERNIN. —Ecartelé ; aux 1 et 4 de gueules, à trois fasces d'argent ; aux 2 et 3 d'azur, au lion couronné d'or, lampassé et armé de gueules.

LUZECH — Ecartelé ; aux 1 et 4 d'azur, au croissant d'argent qui est de CREISSAC ; au 2 et 3 d'argent, au griffon d'azur, langué et armé de gueules qui est de LUZECH. — L'écu timbré d'un casque de profil orné de ses lambrequins et sommé d'une couronne antique à fleurons et à pointes alternés. — Cimier : une tour surmontée d'un croissant.

M

MADRIÈRES. — De gueules, au chevron d'or chargé de trois tours de sable.

MADRIÈRES. — D'azur, à la fasce d'hermine.

MAFFITES. — De sable, à la massue d'argent en bande.

MAFFRE DE SOULAGES. — De gueules, le chef cousu d'azur chargé de trois croissants d'argent.

MAILHANE. — D'azur, à trois molettes d'or, un annelet de même en cœur.

MAILLAC. —D'argent, à trois montagnes de gueules mouvantes du bas de l'écu, chacune sommée d'un oiseau de sable. — Supports : deux chèvres. — Devise : *fides mea salvum fecit.*

MAILLOLE. — De gueules, à cinq maillets d'or posés 3, 2.

MAIRNIHAC. — D'azur, à la molette d'éperon à huit raies d'or.

MAJOUL. — D'or, à trois maillets de gueules en bande.

MALEMORT. — Fascé d'argent et de gueules.

MALEVILLE. — D'azur, à trois molettes d'éperon d'or.

MALROUX. — De..... à trois maillets de....

MALROUX-ROUMEGOUX. — De gueules, à trois pommes de grenade d'or.

MAMEGLISE. — D'argent, à la main d'azur.

MANCIP, *aliàs* MACIP. — D'azur, à trois coquilles d'argent.

MANDENS. — D'or, à deux étoiles de sable posées en fasce.

MARC. — D'argent, à deux lions affrontés de gueules.

MARC D'AMPARE. — D'argent, à deux lions affrontés de gueules.

MARCILLAC DE MONTALÈGRE. — Burelé, d'argent et d'azur à trois chevrons de gueules brochant sur le tout.

MARCOURELLES. — De sable, à quatre oreilles d'âne d'argent posées 2, 2.

MARIE. — D'argent, au nom de JÉSUS-MARIA d'azur environné de deux palmes de sinople liées de gueules.

MARMIESSE. — Taillé de deux traits ; au 1 d'or, au 2 de sable, au 3 d'argent.

MARQUES. — D'argent, au sautoir de gueules accompagné en flancs de deux aiglettes de même.

MARRAST. — D'azur, à trois dauphins malordonnés d'argent.

MARSA. — D'azur, à la tête de lion de front d'hermine.

MARSA DE SAINT-MICHEL. — D'azur, à la tête de lion de front d'hermine.

MARTIN. — D'argent, à trois merlettes malordonnées de sable.

MARTIN. — De sable, au chevron d'argent, accompagné en pointe d'un marteau d'armes de même.

MARTRES. — De gueules, à la martre d'hermine.

MARTRES. — D'azur, à deux martres d'hermine passantes l'une sur l'autre.

MARTRIN. — De gueules, à l'aigle éployée d'or couronnée d'argent.

MASMEJAN de BOUAT. — D'argent, au chevron de gueules accompagné en pointe d'un bœuf de sable.

MASSAL. — De sable, à la massue d'or en barre.

MASSEBUAU. — D'hermines, au chevron d'azur accompgné en pointe d'un massacre de bœufs de gueules.

MASSON. — De sable, à la fasce d'argent accompagnée de deux truelles de même 1 en chef 1 en pointe.

MATHERON. — D'azur, à dix macles d'argent posées en orle.

MATHIEU. D'azur, à la tête de bœuf de profil, d'argent.

MATHIEU. — De gueules, au bœuf ailé d'hermines.

MATHIEU de la REDORTE. — Burelé d'argent et de sinople, le chef de gueules chargé de trois étoiles d'or. — L'écu environné du manteau de pair. — Couronne de comte sur l'écu. — Couronne de baron sur le manteau.

MATRAS d'AUBIN. — De gueules à la fasce d'or, accompagnée de six macles de même 3 en chef 3 en pointe.

MAURAT. — D'or, au chevron de sinople, accompagné en chef de deux têtes de Maures de sable tortillées d'argent.

MAUREL. — De sable, à la bande d'or, chargée de trois têtes de Maures du champ.

MAURY. — D'or, à trois têtes de Maures contournées de sable tortillées d'argent.

MAYNIAL. — D'or, à la main d'azur.

MAYNIC d'ALBOUZES. — D'argent, fretté de gueules, à trois mains d'or brochantes sur le tout.

MAYNIER d'ALOT. — De sable, à la main d'argent accompagnée en chef de deux étoiles de même.

MAZARS de la CASELLE. — D'or, à la main de sable.

MAZARS de MAZARS. — D'or, à la main de sable.

MAZARS DE RIBANTE. — D'or, à la main de sable.

MAZERAN. — Ecartelé ; aux 1 et 4 d'azur, à la main d'argent soutenant un casque d'or ; aux 2 et 3 de gueules , à trois coquilles d'argent.

MAZERAN DE FABRÈGUES. — Ecartelé ; aux 1 et 4 d'azur , à la main d'argent soutenant un casque d'or ; aux 2 et 3 de gueules , à trois coquilles d'argent.

MEDAL DE PARIZOT. — De sable , à la médaille d'or suspendue à une chaîne de même.

MEDICIS (1). — D'or, à cinq tourteaux de gueules , posés 2, 2, 1, ET PAR CONCESSION ROYALE : Ces tourteaux surmontés d'un autre tourteau d'azur chargé de trois fleurs-de-lis d'or.

MEJANES D'AJARS. — De gueules , à l'arbre d'argent.

MEJANES-FLAVIN. — D'or , au chevron de gueules accompagné de trois étoiles de même.

MEJANES DE RANDAN. — D'argent , au chevron de sable accompagné de trois étoiles de même.

MEJANES DE VEILLAC DE PELLOR D'ESCOMBETTES. — D'azur, au chevron d'or accompagné de trois étoiles d'argent.

MERCADIEZ. — D'azur , à trois balances romaines d'argent.

MERCIER. — De sable , à la balance d'argent.

MERVIEL. — D'argent, à onze merlettes de gueules posées en orle.

MERVIEL. — De gueules , au sautoir d'argent chargé de cinq merlettes de sinople.

MESCLAJOC DE MONTET DE LA MOLIÈRE. — Ecartelé : aux 1 et 4 d'azur à trois pals d'or, le chef cousu de gueules qui est de MESCLAJOC ; au 2 et 3 d'azur, au phénix d'or regar-

(1) Voir dans Gaujal le récit de la découverte d'un tombeau ; découverte d'après laquelle il paraîtrait que les Médicis sont originaires du Rouergue.

dant à dextre un soleil de même et senestré d'un globe de sable cintré et croisé d'or qui est du MONTET.

MICHAUD DE LA COSTE. — D'azur, au lion d'or accompagné en pointe d'une épée d'argent la pointe en bas; le chef cousu d'azur chargé de trois étoiles d'or.

MICHAUT. — D'argent, à la tour de gueules accostée de deux lions affrontés de sable.

MICHAUT DE LACAM. — De sable, au lion d'or accompagné en chef de trois étoiles de même.

MICHEL. — D'azur, au griffon d'or, le chef d'argent semé de roses de gueules.

MILLAN. — D'argent, à trois maillets d'azur posés en bande.

MIRABEL. — Ecartelé d'or et de gueules à la cotice d'hermine en fasce brochante sur le tout.

MIRAMONT. D'or, au lion de gueules.

MOISSETTI. — D'azur, à la maison d'argent accompagnée en chef de deux gerbes d'or.

MOLINERY. — De sable, le chef d'or chargé de deux meules de moulin de gueules.

MOLINIER. — De sable, à la fasce d'argent accompagné en pointe d'une meule de moulin de même.

MOLINIER DE FABREGUES. — D'azur, au tau d'argent.

MOLINIER DE LAS VIALETTES. — D'azur, au tau d'argent.

MOLIS. — De gueules, à trois meules de moulin d'argent.

MOLY. — D'azur, au franc-quartier d'or chargé d'une meule de moulin de gueules.

MOLY. — De sable, à cinq molettes d'éperon d'argent posées 2, 2, 1.

MONESTIER. — De.... au lion de....

MONMEJAN, *aliàs* MOMMEJAN. —D'argent, à deux lévriers de gueules colletés d'argent; le chef d'azur chargé de trois étoiles d'or.

MONPEYROUX DE ROQUEFEUILLE. — D'or, au poirier de sinople, fruité d'argent, planté sur une montagne de sinople.

MONT (du). — D'azur, à la croix d'or cantonnée de quatre étoiles de même, le chef d'argent chargé de deux tourteaux de sable.

MONTAL. — De gueules, à trois léopards l'un sur l'autre d'or.

MONTBLANC de la CAPELLE. — De gueules, à la montagne d'argent surmontée d'une chapelle de même.

MONTBLANC de SAUSSES. — De gueules, à la montagne d'argent surmontée d'une chapelle de même.

MONTBRUN. — D'azur, à la bande d'or chargée de trois mouchetures d'hermine de sable.

MONTCALM. — Ecartelé; aux 1 et 4 d'azur à trois colombes d'argent becquées et membrées de gueules; au 2 et 3 de sable à la tour d'argent sommée de trois tourelles de même.

MONTCALM-GOZON. — Ecartelé; aux 1 d'azur à trois colombes d'argent becquées et membrées de gueules; aux 2 et 3 de sable à la tour d'argent sommée de trois tourelles de même; aux 4 de gueules à la bande d'azur bordée d'argent à la bordure componée de même qui est de GOZON.

MONTCALVY. — De gueules, à la montagne d'argent parti d'or à la coquille de sable.

MONTEIL de MARCILLAC. — De sinople, à trois montagnes malordonnées d'argent.

MONTEILS de GORSSE. — D'or, à la montagne à deux coupeaux d'azur portant chacun un arbre de sinople.

MONTEL D'AUGELAS. — De sable, à la montagne d'or, surmontée d'une tête d'aigle de même.

MONTEL de la DIGNAC. — De sable, à la montagne d'or surmontée d'une tête d'aigle de même.

MONTFERRAND. — D'or, à quatre pals de gueules.

MONTFERRIER. — D'or, à trois fers de cheval de gueules cloués d'or.

MONTLAUR. — D'or, au lion couronné de vair.

MONTLAUZER. — Tranché d'or et de sinople à la montagne de l'un en l'autre.

MONTOLIEU. — Fasce d'or et d'azur.

MONTROZIER. — D'azur, au chêne d'or senestré d'une main d'argent tenant une épée de même.

MONVALAT. — D'azur, au chevron d'or accompagné de trois couronnes de laurier de sinople.

MONTVALAT d'ENTRAGUES. — D'azur, au chevron d'or accompagné de trois couronnes de laurier de sinople liées de gueules. — Couronne de comte.

MORET de PEYRE. — Ecartelé ; aux 1 et 4 d'or à la hure de sanglier de sable, accompagnée de cinq mûres de gueules 3 en chef 2 en pointe, qui est de MAURAT : au 2 gironné d'or et de sable chargé en cœur d'une couronne d. . . . . . . qui est de GROLÉE-VIRIVILLE, au 3 d'argent à l'aigle éployé de sable qui est de PEYRE.

MORLHON. — De gueules, à onze merlettes d'argent mises en orle.

MORLHON, *aliàs* **MOURLHON-LAUMIERE.** — D'azur, au lion d'or accompagné de trois besants de même. *Aliàs* d'argent, au lion de sable.

MORLHON-VALETTE. — Parti, au 1 de gueules au gerfaut d'argent la patte dextre levée qui est de VALETTE, au 2 de gueules au lion d'or, lampassé et armé d'argent qui est de MORLHON.

MOSTUÉJOULS, *aliàs* **MOUSTUEJOULS, MONSTUE-JOULS.** — De gueules, à la croix fleurdelisé d'or cantonnée de quatre billettes de même. — L'écu environné du manteau de pair.— Couronne de comte sur l'écu, couronne de baron sur le manteau. — Supports : deux lis au naturel.

MOSTUEJOULS-LIAUCOUS. —De MOSTUEJOULS, à la bordure componée de huit pièces d'argent.

Aliàs de MOSTUEJOULS, à la bordure d'or; *aliàs* d'azur.

MOTHE-MONLAUSAN (LA). — D'or, à trois arbrisseaux de sinople chacun sur un tertre de même.

MOULY. — Coupé d'or et de sable, à deux meules de moulin de l'un en l'autre posées 1 en chef et l'autre en pointe.

MOURET de MONTARNAL — D'azur, au chevron d'or, accompagné de trois mouches à miel de même.

MOURLHON. — D'or, à la fasce crénelée de sinople.

MOURLHON. — De gueules, au sautoir d'or chargé de cinq merlettes de sable.

MURAT de POMMEROLS. — D'azur, à trois fasces d'argent crénelées, la première de cinq, la deuxième de quatre et la troisième de trois créneaux, ouverte en porte au milieu.

N

NAJAC. — D'azur, au château à trois tours d'argent, celle du milieu supérieure, maçonnée de sable et surmontée d'une aigle éployée de même.

NALY-PEYRUSSE. — D'argent, au loup de sable.

NATES de la COLMONTIE. — De sable, au lion naissant d'argent, à la bordure d'hermines.

NATES de VILLECOMTAL. — D'or, au chevron de gueules, accompagné en pointe d'un lion naissant d'azur.

NATTES. — De gueules, à trois nattes d'or.

NAYRAC de MELAGUES. — De gueules, à la bande ondée d'or, chargée d'une épée du champ.

NEGRE. — D'argent, au nègre de sable, tenant de sa main droite une flèche et de l'autre un arc de gueules.

NEGRET. — D'argent, au nègre de sable, tenant de ses deux mains une massue de sinople passée en barre sur son épaule gauche.

NOISENS. — D'azur, à trois noisettes d'or tigées et feuillées de sinople.

NORMANT (le). — D'or, au chevron d'azur, accompagné de trois merlettes de sable.

NORMANT de BUSSY (le). — D'or, au chevron d'azur accompagné de trois merlettes de sable.

NOUVEL. — D'or, à la bande de gueules, le chef de même chargé de deux fleurs-de-lis d'argent.

NOYER. — D'azur, à trois fasces d'argent, au noyer de sinople brochant sur le tout.

NOZIER de FARREYROLES. — D'azur, à trois bandes d'or, au noyer de sinople brochant sur le tout.

O

OLIER. — D'azur, à trois artichauts d'or.

ORTHOLEZ. — D'argent, à trois ortolans de sable posés en fasce sur une branche feuillée de sinople.

ORTOLANIER. — D'azur, à trois ortolans d'argent, perchés sur un rocher de même, 1 en chef 2 au flanc.

ORTY. — Ecartelé; aux 1 et 4 de gueules, à la tour d'argent; au 2 et 3 d'or, à deux merlettes de sable posées l'une sur l'autre.

P

PACHINS DE PUECH. — D'azur, à la tête de loup d'hermines.

PAGES. — D'argent, à deux pals de sable, accompagnés de trois roses de gueules mises en fasce.

PALHASSE DE SALGUES. — D'or, à trois chevrons d'azur.

PALLOQUE DE LA SALVETAT. — D'azur, au paon d'or soutenu d'une cloche d'argent.

PALOT. — Palé d'hermines et de sable.

PALUS. — De gueules, au bouquet de trois fleurs de souci d'or, tigées et feuillées de sinople, le chef cousu d'azur chargé de trois pals d'argent.

PALY. — D'azur, à trois pals d'argent, le chef cousu d'azur chargé de trois colombes du second.

PANOUSE (LA). — D'argent, à cinq cotices de gueules. — Tenants: deux anges.

PANOUSE DE LA CALMETTE (LA). — De gueules, à la fasce d'or chargée d'un tourteau de sable.

PARAYRE. — D'argent, à deux jumelles de sinople.

PARRA. — D'argent, au parasol de gueules.

PASCAL. — D'or, au mouton de gueules coupé de sinople.

PASCAL. — De gueules, au cœur d'or chargé J et d'un P de sable et surmonté d'un 4 de chiffre d'argent au pied fiché dans l'oreille du cœur.

PASCAL. — D'azur, à deux bourdons d'or passés en sautoir, accompagnés en chef d'une étoile d'argent.

PASCAL DE SAINT-JUERY. — D'azur, à deux bourdons d'or passés en sautoir, accompagnés en chef d'une étoile d'argent.

PASTOUREL. — De sable, à la houlette d'or posée en bande.

PAU DE LA BAUME. — Palé de gueules et d'hermines.

PAULHE. — De gueules au cygne d'argent le col passé dans une couronne d'azur.

PECH (DEL). — De sable, à l'aigle d'or à l'épée de gueules brochant sur le tout.

PECHOLIER. — D'azur à l'Y et au P d'argent, accompagnés en chef de trois étoiles de même, et en pointe de deux flèches aussi d'argent passées en sautoir.

PELAMOURGUE. — De gueules, au lion d'or.

PELEGRI, *alias* PELEGRIN. — LA ROQUE. — De gueules, au bourdon posé en pal d'argent accosté de deux coquilles de même.

PENE. — Ecartelé; aux 1 et 4 d'or à l'aigle éployée de sable; aux 2 et 3 de gueules, à trois rochers d'argent.

PENEVAYRE. — D'argent, à la plume de paon d'azur.

PERRIN. — D'argent, au chevron de gueules accompagné en pointe d'un perroquet de sinople.

PERSONNE (LA). — De gueules, au villebrequin d'or mis en pal.

PERSONNE DE BEDETES. — De gueules, à l'homme de carnation vêtu d'argent.

PESTELS. — D'or, à la bande de gueules accompagnée de six flanchis de même en orle.

PEYRABESSE. — D'or, au puits d'azur surmonté de deux étoiles de gueules.

PEYRE. — De sable au pal d'or.

PEYRIERE. — D'azur, au pierrier de vaisseau d'or.

PEYRIERE. — Ecartelé; au 1 d'argent au poulet de sable membré et becqué de gueules; au 2 d'azur à la fontaine à deux bassins d'or, le chef d'argent chargé de trois roses de gueules; au 3 d'azur au navire d'argent ; au 4 d'or à trois flèches de sable et sur le tout, d'azur, au chevron d'or, le chef de gueules chargé de trois croisettes d'argent.

PEYRIERE (LA). — Parti : au 1 d'argent, à trois pals de gueules, le chef d'azur chargé de trois étoiles d'or qui est D'ANTEJAC : au 2 coupé d'azur, au château à trois tours d'argent qui est de la PEYRIERE, et de gueules, à trois fasces d'or qui est de ROCHE-BARON.

PEYRONNENE DE SAINT-CHAMARAN. — De gueules, le chef d'argent chargé d'un perroquet de sinople.

PEYROT. — De sable, à deux fasces ondées d'or, au poirier de sinople brochant sur le tout.

PEYRUSSE. — D'or, à la sphère de gueules.

PEYRUSSE. — D'argent, au lion de gueules, le chef d'azur chargé de trois étoiles d'or.

PEYRUSSE DU REPAIRE DE LACAZE. — D'argent, au lion de gueules, le chef d'azur chargé de trois étoiles d'or.

PEYTAVIN. — De sable, à la bande d'or, le chef cousu de gueules.

PHARAMOND. — D'argent, fretté de sable, au franc canton de même.

PICAPER. — De gueules, au rozier d'argent, le chef de même chargé d'un poisson de sable.

PIERRE DE LA VALADE. — D'azur, à la bande d'or accompagnée en chef d'un lion de même, armé et lampassé de gueules.

PIGNES. — D'argent, à deux piques d'azur futées d'or passées en sautoir.

PIN (DU). — Coupé d'argent et de gueules, à deux pommes de pin l'une en chef l'autre en pointe de l'un en l'autre.

PLANARD. — D'azur, à la planète ou étoile d'argent coupée de gueules à trois triangles d'argent.

PLANOZES. — D'or, à l'aigle d'azur planant devant un soleil de gueules à dextre.

PLEGAVEN. — De sable, à la chaise d'or.

PLEINE-CHASSAGNE. — De gueules, au sautoir d'argent chargé de..... coquilles de.....

POLIER. — D'argent, au coq de sable, becqué, crêté et membré de gueules. — Cimier : un casque surmonté d'un coq aux ailes éployées. — Supports : deux licornes. — Devise : *et Phœbi et Martis.* L'écu entouré de l'accolade de l'ordre du coq qui est suspendu à un ruban couleur feuille-morte et noire.

POMARÈDE. — D'argent, à la pomme de pin d'azur.

POMAYROL. — D'or, à l'arbre de sinople, posé sur une terrasse de même, au lion léopardé d'argent, brochant sur le tout.

POMAYROL DE GRAMONT. — D'argent, à trois pommiers malordonnés de sinople fruités de gueules.

PONS. — D'azur, au croissant renversé d'or, accompagné de huit roses d'argent posées en orle.

PONS. — D'argent, au pont de sinople.

PONS DE SOULAGES. — De sable, au soulier d'argent.

PONT (DU). — De gueules, au sautoir d'or, cantonné de deux étoiles d'argent ; un croissant d'or en chef, un crequier en pointe de même.

POPIE (LA). — D'or, à la bande de gueules.

PORLIER, *alias* POLIER DE GOUPILLIERS, plus tard POLIER seulement.

Écartelé ; aux 1 et 4 de POLIER ; aux 2 et 3 d'azur, à l'aigle éployée d'or, surmontée d'une trangle d'argent chargée de trois mouchetures d'hermines de sable, et trois hures de sanglier d'or en chef.

PORTAL DE BOUQUIEZ. — D'or, à deux portes de sable, posées l'une sur l'autre.

POUGET DE NADAILLAC. — D'or, au chevron d'azur, accompagné en pointe d'un mont de six coupeaux de sinople. Couronne de marquis ; tenants ; deux sauvages de carnation, armés de leurs massues. Devise : *Virtus in hæredes.*

POUJOLS, *alias* PUJOL. — D'azur, aux ciseaux d'or, renversés et attachés à une chaîne de même.

POURQUERY. — D'azur, à l'aigle couronnée d'argent, chargée sur l'estomac d'une croix pattée de gueules et accompagnée en pointe à dextre d'un porc-épic d'argent, à senestre d'un lion d'or.

POUTREL.—D'argent, à deux ponts de gueules, posés l'un sur l'autre.

PRADEL.—D'argent, à la fasce de sinople, accompagné en chef d'un massacre de bœuf de même.

PRADEL.—D'or, à la fasce de sinople, chargée d'une vache d'argent.

PRADINES.—D'or, au loup de sable, coupé d'azur à la rose d'argent.

PRADINES DE LIMAYRAC.—D'argent, à la fasce de sinople, chargée de trois roses d'or.

PRADINES DE LIMAYRAC.—D'or, à l'arbre de sinople, au lièvre passant de gueules, brochant sur le tout.

PRAT.—D'argent, au pal de sinople, chargé d'un massacre de bœuf d'or.

PRÈS (DES).—D'or, à trois bandes de gueules, le chef d'azur chargé de trois étoiles du champ.

PRESQUE.—Fasce d'argent et de sable, au lion de sinople, brochant sur le tout.

PREVENQUIÈRES.—Ecartelé; aux 1 d'argent à deux branches de pervenche de sinople en forme de couronne; au 2 de FRANCE, au bâton d'or perlé en bande; au 3 d'azur, semé de fleurs-de-lis et de besants d'or à la tour d'argent, maçonnée de sable, à la cotice de gueules, brochant sur le tout : au 4 de gueules à trois besans d'argent.

PREVINQUIÈRES-MONTJAUX.—D'azur, à deux rameaux de pervenche d'or, passés en double sautoir.

PRIAN DE LAUSSAC.—D'hermines, au sautoir de sinople.

PRIVAT.—D'azur, au bassin d'argent.

PRIX DE L'ESTANG DE SAINTE-MARIE.—De gueules, le chef d'hermines chargé d'un lion d'azur.

PRUDHOMME DU CAYLA.—D'azur, à trois tours d'argent maçonnées de sable.

PRUYNES DE LA BESSIÈRE. — De sable, au pal d'argent chargé d'un prunier de sinople fruité d'azur.

PUEL (DU). — D'argent, à l'arbre de sinople.

PUEL D'ELBESSET. — D'or, au pal de sinople, chargé en chef d'une rose d'argent.

PUEL DE PARLAN. — D'argent, à l'arbre de sinople.

PUEL DE SAUMIÈRES. — D'argent, à deux pals de gueules, accompagnés de trois roses de même en fasce.

PUICHOTTES. — D'azur, à trois puits d'argent.

PUJOL DE ROUCATTE DE CASSANHES. — D'argent, au puits de gueules, accosté de deux chats affrontés de sable.

R

RABASTENS DE CAMPAGNAC. — D'azur, au lion d'argent lampassé et armé de gueules.

RAFFANEL DE LA BESSIÈRE. — De gueules, à trois cordons d'argent, 2 en   1 en

RAFFIN, *alias* RAFIN. — D'azur, à la fasce d'argent, surmonté de trois étoiles d'or rangées en fasce.

RAFFINIE DE LA GRILLIÈRE (LA). — D'argent, à deux raves de sinople posées en pal, le chef d'azur.

RAFFINIE DE LA JOULINE. — D'argent, à deux raves de sinople, posées en pal, le chef d'azur.

RAMOND. — Ecartelé en sautoir, les quartiers séparés par un sautoir d'or; aux 1 et 4 d'azur; aux 2 et 3 d'or, à la flamme à cinq pointes de gueules mouvantes des flancs de l'écu; un monde cintré, croisé d'une croix de calvaire pattée d'argent; brochant sur le tout.

RAMONDENQ. — D'argent, au balai de sinople, emmanché de sable en bande.

RANDON. — D'or, à l'arbre d'azur, au renard d'argent, brochant sur le tout.

RASTINHAC. — D'argent, au rateau de sable.

RATOBOULP. — D'or, à trois parasols de gueules.

RAVERSAC. — De sable, au lion d'or, armé, lampassé et couronné d'azur, le chef cousu de sinople.

RAYNAL.—D'or, au renard de gueules, accompagné de trois grenouilles de sinople, 2 en chef, une en pointe.

RAYNAL.—De sable, à l'étoile à six raies d'argent.

RAYNAL.—D'argent, à trois grenouilles de sinople posées en bande.

RAYNAL.—Ecartelé; au 1 d'argent au lion de sable, le chef de gueules chargé de trois étoiles d'or; au 2 de gueules à la rose d'argent tigée de sinople à la cotice d'or brochant sur le tout; au trois de sable au cerf d'argent; au 4 d'azur au lion d'or la tête contournée, le chef cousu de gueules, chargé d'un croissant d'argent, accosté de deux étoiles de même.

RAYNALDY.—D'hermines, au renard d'azur.

RAYNALDY.—D'argent, au renard rampant de sable.

RAYNALDY DE RULHE.—D'azur, à trois étoiles à six raies d'or.

RAYNIÉ.—De sable, au filet de pêcheur d'or.

RAYNIÉ.—D'argent, à la fasce de gueules, chargée d'un limaçon d'or.

RECH.—De sable, à trois rapes à tabac d'argent.

RECH.—De gueules, à cinq macles d'hermines posés 2, 2, 1.

RECH.—Ecartelé; de gueules et d'argent à la croix de l'un en l'autre.

REFREGÉ.—D'azur, au lion d'or rampant contre un rocher d'argent.

REGIS.—De sable, à la fasce d'or, accompagné en chef d'un sceptre de même posé en pal.

REILLAC DE MOMMEJA.—De gueules, à trois oreilles d'argent.

RESOLIÈRES.—D'argent, à huit roses de sinople boutonnées d'or, posées en orle.

RESSEGUIER.—D'or, à l'arbre de sinople sur une terrasse de même, mouvante de la pointe de l'écu; le chef cousu d'argent, chargé de trois roses de gueules. Couronne de marquis; supports : deux lions.

RESSEGUIER DE POUPAS DU POUGET.—Ecartelé; au

1 d'or à l'arbre de sinople ; le chef d'azur chargé de trois quintes-feuilles d'argent ; au 2 d'azur au lion d'argent, accompagné de trois étoiles d'or, 2 en chef, 1 en pointe ; au 3 d'or à trois barres de sable, au lion couronné de gueules, brochant sur le tout ; le chef d'azur chargé de trois étoiles d'or ; au 4 de gueules à la bande d'or, chargées de trois tourteaux de gueules à la bordure engrelée d'or.

REVERDIN. —De gueules, à sept roses d'argent boutonnées, tigées et feuillées de sinople posées 3, 3, 1.

RIBAUSSIÈRE DE LA PLANQUE. —D'azur, à trois rabots malordonnés d'argent.

RICARD. —Coupé ; au 1 d'azur à l'épée d'argent, garnie d'or, parti d'or ; au lion d'azur, à dextre en chef d'une étoile de même ; au 2 de sable au trophée de sept étendards de gueules d'argent et d'azur. Couronne de marquis ; supports : à dextre un lévrier, à senestre un léopard lionné, et couronné d'une couronne de comte. Devise : A LA VIE ET À LA MORT.

RICARD. —De gueules, à la licorne passante d'argent, accornée et onglée d'or, le chef cousu d'azur, chargé de trois étoiles d'or.

RICARD. —D'or au griffon de gueules.

RICARD DE RIOLS. — De gueules, à la licorne passante d'argent accornée et onglée d'or, le chef cousu d'azur chargé de 3 d'étoiles d'or.

RICOME DE GAJA. —D'argent, à la fasce de gueules chargée d'un gril d'or.

RICOMES. —De sable, à trois rames d'or posées en bande.

RIEU (DE, alias DEL). —D'argent, à trois fasces ondées d'azur ; le chef de même chargé de trois fleurs-de-lis d'or. —Couronne de comte. — Supports : deux lions la tête contournée.

RIEU (DU). — De sinople à deux pals d'argent à deux fasces de gueules brochant sur le tout.

RIGNAC, alias RINHAC. — D'azur, au lion d'or accompagné de cinq oiseaux d'argent en orle.

RIGNAC. — D'azur, à deux pals d'or chacun chargé de trois roses de gueules.

RIOLET. — D'argent, au chevron de sable accompagné de trois grenouilles de sinople.

RIVES DE SOLACROUP. — D'argent, à la rivière de sable posée en barre.

ROBAL. — D'azur, à trois rocs d'échiquier d'argent.

RODAT. — D'or, à la roue de gueules.

RODAT. — D'or, cinq roues de gueules posées 3, 2.

RODAT DE LASSAIGNE. — De sable, à la fasce d'argent accompagnée en chef d'une roue d'or.

RODE. — D'azur, à la roue d'or.

ROGERY. — De sinople, au heaume renversé d'or.

ROGERY — D'azur, à six roues d'argent 3, 2, 1.

ROGERY. — De gueules au rocher d'argent à la bordure engrêlée d'or.

ROGET, *alias* ROUGET. — Ecartelé; aux 1 et 4 de gueules au roc d'échiquier d'or; aux 2 et 3 d'azur à la rose d'argent boutonnée d'or.

ROGIER. — D'or, à trois pals ondés d'azur.

ROGIER DE BEAUFORT. — D'argent, à la bande d'azur, accompagnée de six roses de gueules en orle.

ROGOGRES (DU). — De sable, au rocher d'or accompagné en chef de trois champions d'argent.

ROLLAND. — D'azur, au léopard lionné d'or couronné d'hermine; tenants : deux hommes d'armes tenant chacun d'une main une épée haute d'argent la poignée d'or avec ces mots latins sur chaque bras portant l'épée à l'un, *servat*; à l'autre *tuetur*; et tenant de l'autre main l'écusson des armes. Cimier : un léopard lionné d'or tenant de la patte dextre un sabre recourbé d'argent la garde d'or menaçant de frapper, posé sur un casque de trois quarts de front. Devise : *nomine magnus, virtute major.*

ROLLENDES. — D'azur, à la colombe d'argent sur un roc de même tenant dans son bec un rameau de sinople.

ROMIGUIERE (LA). — D'azur, à trois rocs d'échiquier d'or.

ROQUE (LA).—D'azur, au sautoir d'or.

ROQUE-TOIRAC (LA.) — De gueules, à trois rocs d'échiquier d'argent.

ROQUEFEUIL. — De gueules à trois cordons d'argent.

ROQUEFEUIL. — D'azur, à la cordelière d'or passée en sautoir. — *Alias* échiqueté d'or et de gueules.

ROQUEFEUIL-ROQUEFEUIL. — D'azur, à la cordelière d'or.

ROQUEFEUIL DE LA BESSIÈRE. — D'argent, au roc d'échiquier de gueules accompagné de trois feuilles de chêne de sinople, 2 en chef 1 en pointe.

ROQUEFEUIL DU BOUSQUET. — D'argent, au roc d'échiquier de gueules, accompagné de trois feuilles de chêne de sinople, 2 en chef, 1 en pointe.

ROQUEFEUIL D'ENDER. — D'or, au roc d'échiquier de sable accompagné de trois feuilles de chêne de sinople, 2 en chef 1 en pointe.

ROQUEFEUIL LA ROUQUETTE. — De gueules, écartelé par un filet d'or à douze cordelières de même, 3 dans chaque quartier.

ROQUEFORT. — D'argent, à la tour de sable, accompagnée au premier canton d'une croix fleuronnée et fichée de même.

ROQUELAURE. — D'azur à trois rocs d'échiquier d'argent.

ROQUES. — De gueules, à sept rocs d'échiquier d'or posés 2, 2, 2, 1.

ROQUEVAIRE. — D'azur, à trois auriols d'or.

ROSCLAUSE. — D'or, à la rose de gueules tigée et feuillée de sinople, accostée de deux boutons de rose de même issants de la même tige.

ROSSET DE ROCOZEL. — Ecartelé, au 1 d'argent au bouquet de trois roses de gueules tigées et feuillées de sinople qui est de ROSSET; au 2 de gueules au lion d'or qui est de LASSET; au 3 contre-écartelé; aux 1 et 4 d'argent; aux 2 et 3 de sable qui est de VISSEC de la TUDE; au 4 d'azur, à trois rocs d'échiquier d'or qui est de ROCOZEL, et sur le tout d'azur à trois roses d'or qui est de FLEURY. — L'écu environné du manteau de pair surmonté d'une couronne ducale.

ROSTAING. — D'azur, à la roue d'or surmontée d'une fasce ou trangle de même.

ROUBERT DE NAUSSAC. — D'azur, à deux roues d'or posées en fasce.

ROUCH. — De gueules, à deux pipes d'argent passées en santoir.

ROUERGUE (COMTE DE LA 1re RACE). — De gueules au lion d'or.

ROUERGUE (ANCIEN COMTE DU). — De gueules, à la croix vidée, clichée et pommetée d'or qui est de TOULOUSE.

ROUFFIAC. — D'argent, à trois bandes de pourpre.

ROUGET. — D'argent, à trois rougets (poissons) de gueules rangés en fasce.

ROUQUETTE. — D'azur, au rocher d'argent accompagné de trois feuilles de requette de même.

ROUQUETTE. — De gueules, au rocher d'argent accosté de dxu lions d'or.

ROUQUETTE (LA). — De sinople, à la raquette d'argent.

ROUQUETTE (LA). — Palé d'or et de gueules, à la bande de gueules brochant sur le tout.

ROUQUIÉ. — De sable contre-herminé d'argent à la roue de gueules.

ROUQUIER. — D'argent, à trois roues d'azur posées en bande.

ROUSSINHOL. — D'or, à la fasce de gueules, accompagnée de trois rossignols de sable.

ROUX. — De gueules, à la fasce d'argent chargée de deux têtes de cheval de champ.

ROUX (LE). — D'or, au cheval de gueules, le chef de même chargé d'une étoile d'argent.

ROUZIER. — Parti de deux traits, au 1 de gueules à la rose d'or, au 2 d'or à la rose d'azur; au 3 d'azur à la rose d'or.

ROZIER. — D'or, au rosier arraché au naturel chargé de trois roses aussi au naturel; le chef de gueules chargé d'un croissant accosté de deux étoiles d'argent. — L'écu posé sur un cartel.

RODAT D'OLEMPZ. — De gueules, à la lime d'or en barre.

RUDELLE. — D'azur, à trois limes d'argent emmanchées d'or.

RUDELLE. — D'or, au chevron d'azur chargé de trois limes d'argent.

RUDELLE. — D'or, à trois limes de sable posées l'une sur l'autre en fasce.

RUFFY, *aliàs* ROUX. — D'azur, à trois étoiles d'or, le chef cousu d'azur chargé d'une branche de laurier fleuri au naturel.

S

SABARD. — D'or, à la croix alaisée de gueules entourée d'une couronne d'épines de sable.

SABATÉRY. — D'or, à la fasce d'azur chargée d'un sabot d'argent.

SABATIÉ. — D'argent, au chevron de gueules chargé d'un sabot d'or.

SABATIER. — D'or, au sabot de gueules.

SABATIER. — De sable, à trois sabots d'or, posés l'un sur l'autre.

SABATIER DE MOUVILLE — De gueules, à la fasce d'argent, accompagnée d'un sabot de même.

SAGNIER DIT COURNIER. — De gueules au chevron d'argent, accompagné de trois couronnes d'or, 2 en chef 1 en pointe.

SAINT-ASTIER. — D'argent, à trois aiglettes de sable en chef 2 et 1, et trois cloches de même bataillées d'or en pointe 2 et 1.

SAINT-AUBIN. — D'argent, à l'écu en abîme de sable, surmonté de trois merlettes de même.

SAINT-EXUPERI. — Ecartelé; aux 1 et 4 d'or au lion de gueules; aux 2 et 3 d'azur à l'épée d'or en pal, qui est de PRAISSE.

SAINT-GENIEZ. — Ecartelé ; aux 1 et 4 de gueules au lion d'or; aux 2 et 3 d'argent à trois fasces de gueules.

SAINT-GÉRY. — De gueules à la croix d'or.

SAINT-JOUÉRY. — Palé d'or et de sinople de huit pièces.

SAINT-MARTIN. — De gueules au sautoir d'or.

SAINT-MAURICE. — D'azur, au paon passant d'or , surmonté de trois étoiles d'argent.

SAINT-PAUL. — D'argent, à trois pals de gueules , chargés d'une croix de Malte de sinople.

SAINT-SALVADOU. — De sable, au lion d'or, lampassé, armé et couronné de gueules.

SALES. — D'or, à un saule de sinople, parti d'azur à trois barres d'or.

SALLES DE LESCURE. — D'or, au saule de sinople, parti d'azur à trois barres d'or.

SALGUES. — D'azur , au lion d'or.

SALICIO , *aliàs* SALEZIO. — Ecartelé; au 1 et 4 de...... au saule de.... aux 2 et 3 de.... à trois besaces de.....

SALIS. — D'azur, à trois bandes d'argent; au lion d'or brochant sur le tout.

SALLES. — D'azur , au lion d'or lampassé de gueules ; au chef cousu de même chargé de trois étoiles d'argent.

SALLET. — D'azur, au sautoir d'argent, au chef cousu de sable.

SALTEL. — D'argent, au sautoir de sinople, cantonné de quatre têtes de bouc de même.

SALVAN. — De gueules au sautoir d'or cantonné de quatre croisettes d'argent.

SALVAN. — D'argent, au bois de cerf de gueules.

SALVI. — D'argent au perroquet de sinople accompagné de trois molettes d'éperon d'azur, 2 en chef 1 en pointe.

SAMBUCY DE LINAS ET DE LUZANÇON. — D'or au sureau de sinople fleuri d'argent mouvant d'un croissant de sable, au chef d'azur chargé d'un soleil d'or.

SAMBUCY DE **MIERS** DE **COMPEYRE.** — D'or au sureau de sinople fleuri d'argent, mouvant d'un croissant de sable, au chef d'azur chargé d'un soleil d'or.

SAMBUCY DE **SORGUES.** — D'or au sureau de sinople fleuri d'argent, mouvant d'un croissant de sable, au chef d'un soleil d'or. — Couronne de marquis. — Supports: deux levrettes.

SANGUIRAT. — D'or au dragon de gueules.

SARRET. — D'azur, à deux lions affrontés d'or, armés et lampassés d'argent, soutenant une étoile qui est posée sur un rocher le tout de même, mouvant de la pointe de l'écu.

SARRUS. — D'or, à la fasce d'azur chargée d'un soc de charrue d'argent.

SARTIGUES. — D'azur à deux chevrons d'or accompagnés de trois étoiles d'argent, 2 en chef 1 en pointe; celles du chef surmontées d'une fleur-de-lis d'or. — Devise : *Lilium pro virtute.*

SAUNHAC. — Coupé au 1 d'or au lion de gueules; au 2 de gueules au lion couronné d'or.

SAUNHAC DE **BELCASTEL.** — D'or, au lion de sable, armé, lampassé et couronné de gueules; accompagné de douze carreaux de même posés en orle.

SAUVAGE (DU). — De gueules au lion d'or, au chef cousu d'azur, chargé de trois étoiles d'or.

SAUX. — De gueules, à deux bandes d'or, au pal d'hermines brochant sur le tout.

SAUZET DE **BELFORT.** — De gueules à six fusées d'argent en fasce surmontées de quatre cannettes de même.

SAVIGNAC. — De sable à trois feuilles de vigne d'or rangées en fasce.

SAVIGNAC. — D'or à la rose de gueules, tigée et feuillée de sinople, au chef d'azur chargé de trois étoiles d'or.

SCORAILLES, *alias* **ESCORAILLES** DE **BOURAN.** — D'azur à trois bandes d'or. — Supports: deux anges de caration vêtus d'azur. — Cimier : une queue de paon au naturel, naissante d'un timbre d'or, couronné d'une couronne de duc de même.

SEGON. — D'azur, à deux bandes ondées d'argent, au lion contourné de gueules brochant sur le tout.

SEGONDS DE LA BROUSSE (des). — D'or à la scie de sable posée en bande.

SEGUI DE RAISSAC. — D'azur à la fasce d'argent chargée d'une scie de sable.

SEGUIER DE MONSALES. — D'azur à la coquille d'or.

SEGURET DE SAINT-GENIEZ. — D'or, au tronc d'arbre de gueules posé en bande, traversé d'une scie de sable.

SEGUY. — D'or à la scie d'azur.

SEGUY DE GINOUILLAC. — D'or à la scie d'azur.

SEGUY DE PACHINS. — D'azur à la coquille d'or ; au chef cousu de gueules chargé de trois étoiles d'argent, parti d'argent au chevron de sable, accompagné en pointe d'un lion de gueules.

SELGUES. — D'azur au chevron d'or accompagné en chef de deux roses de même et en pointe de trois besans mal ordonnés d'argent.

SENARET. — D'azur, au bélier paissant accorné et claviné d'or.

SENERGUES. — D'azur au pairle d'argent accompagné en chef d'une merlette d'or.

SENVENSA. — D'azur, au pairle d'argent accompagné en chef d'une merlette d'or.

SERE. — D'argent à la fasce d'azur, accompagné de trois forces de sable 2 en chef 1 en pointe.

SERRE, *alias* SERRES DE COMBRET DE MONTLAUR. — D'or, à la montagne de sinople ; au chef d'azur chargé de trois étoiles du champ. — Couronne de comte. — L'écu entouré du manteau de pair.

SERRES. — De gueules, à la bande d'argent, accompagnée de deux serres d'aigle d'or, 1 en chef 1 en pointe.

SERRET. — De sinople à la fasce d'or, chargé d'une tenaille de gueules.

SEVERAC. — D'argent à quatre pals de gueules.

SICARD. — D'argent, à la maison de sable, surmontée de trois tours crénelées de gueules, accompagnée en pointe d'un lion d'azur.

SICARD DU CROS. — D'azur à l'aigle naissante de sinople.

SIMANEL. — D'argent au bûcher allumé de gueules chargé d'une salamandre d'or.

SIRVEN. — D'azur, au chevron d'or accompagné de trois grappes de raisin de même.

SOLAGES. — Ecartelé : aux 1 et 4 d'azur au soleil agissant d'or qui est de SOLAGES ; aux 2 et 3 d'azur aux trois rocs d'échiquier d'argent qui est de ROBAL. — Couronne de marquis. — Tenants : deux sauvages de carnation, ceints et couronnés de laurier, chacun sur un monticule de sinople, appuyés sur leurs massues. — Devise : *Sol agens*.

SOLAGES DE SAINT-JEAN D'ALZAC. — D'azur, au soleil d'or ; *aliàs* : de gueules au soleil d'or.

SOLAGES DE ROUFFIAC DE MANSENS. — D'or, au soleil de gueules. — Devise : *Sol agens*.

SOLANET. — Taillé d'or et de gueules, au soleil de l'un en l'autre.

SOLANET. — De sable, au chevron d'argent accompagné en pointe d'un soleil d'or.

SOUBIRAN DE CALVAYRAC. — D'or, à la bande d'azur accompagnée en pointe d'une étoile de gueules.

SOULAGES. — De gueules au bélier paissant d'argent, au chef cousu d'azur chargé de deux étoiles d'or.

SOULANET DE LAVAL. — Ecartelé ; aux 1 et 4 d'azur au lion d'or ; au 2 de gueules au soleil d'argent ; au 3 échiqueté d'argent et de sable.

SOULAQUES. — D'argent au chevron de sable, chargé en chef d'une patte de lion d'or.

SOULATGES. — D'or à la fasce de gueules, accompagné en chef de deux roses de sinople.

SOULEIL. — D'argent au soleil d'azur.

SOUTOULI. — De sable à trois souliers d'argent posés en bande.

TAIRACY. — D'or, au monticule de trois coupeaux de sable.

TALON. — D'or, au soulier de sable taloné de gueules.

TARGAS. — D'argent, à la gerbe de gueules, épiée et liée d'or.

TARRISSE. — De gueules, à trois arbres d'argent sur des tertres d'or.

TARRON DE CREISSAC. — D'or, au chevron d'azur, accompagné de trois roses de gueules; au chef d'azur.

TAULAN. — D'or, à l'étoile de gueules.

TAURIAC. — D'azur, au taureau d'or. — Supports : deux hommes d'armes. — Devise : *Nil timet*.

TAURINES. — D'azur, au taureau d'or.

TERRIDE. — D'argent, treillissé d'azur.

TERRIEUX. — D'argent, au chevron d'azur, accompagné en pointe d'un lapin de sinople.

TEULE. — Coupé d'or et de gueules, à deux bandes de l'un en l'autre.

TEULIER. — D'or, au sanglier de sable, au corbeau de même perché sur sa hure.

TESAN DE PUJOLS D'OLARGUES. — Ecartelé; d'or et de gueules. — Supports : deux aigles.

TOUR (LA). — De gueules, à la tour d'argent crénelée de trois pièces.

TOUR (LA). — De gueules à la tour d'argent aportée de sinople et ajournée de gueules.

TOUR DE SAINT-IGEST (LA). — D'azur à la tour d'argent maçonnée de sable, ajournée et ouverte de même.

TOUR DE St-PAUL (LA). — De gueules à la tour d'argent crénelée de trois pièces.

TOUR DE SAINT-PAUL DU CROS (LA). — De gueules à la tour d'argent.

TOURLONG. — De gueules, à la tour d'or, entourée d'une muraille basée et crénelée de même; le tout maçonné de sable.

TOURNEMIRE. — D'or, à trois bandes de sable au franc canton d'hermines; à la bordure de gueules chargée de onze besants d'or.

TOURS (LAS). — Parti d'or et d'azur à trois tours de l'un en l'autre.

TOURS (DES). — D'argent, à huit tours d'argent posées en orle.

TREBOSC. — Parti d'argent et de sinople, à trois arbres de l'un en l'autre.

TREDOLAT. — D'argent, à trois tridents de sable.

TREDOULAT-D'ELBAC. — De gueules, à deux dauphins d'argent, parti d'argent, à la bande d'azur chargée de trois étoiles d'or.

TREILHE (LA). — D'or fretté de sinople.

TREILHE (LA). — De sinople au cep de vigne d'argent, fruité de gueules, rampant autour d'un échalas d'argent; l'écu timbré d'un casque de profil (1).

TREMOLIERES. — D'argent, à trois meules de moulin de sinople.

TREMOLIERES. — Parti d'or et de gueules, à trois meules de moulin de l'un en l'autre.

TREMOUILLES. — D'or à la crémaillère de sable.

TRENQUIER. — D'azur au château renversé d'argent, surmonté d'un pélican d'or, accompagné de trois autres petits pélicans aussi d'or, en pointe.

TUBIERES (DU). — D'azur à trois molettes d'éperon d'or, au chef de même.

TUBIERES-GRIMOARD DE PESTELS DE LEVIS. — Ecartelé; au 1 d'argent à la bande de gueules, accompagnée de six flanchis de même, au 2 qui est de pestels au 2 d'or, à trois chevrons de sable qui est de LEVIS, au 3 de gueules,

(1) Anobli en juillet 1723.

à l'écu couché de quatre pièces d'or, mouvante du chef qui est de dambian; au 4 d'azur; à deux lions affrontés d'or, soutenant une flamme de gueules qui est de CAYRES; sur le tout de TURIERES.

TURENNE D'AUBEPEYRE. — De sable, à quatre tours d'argent posées 2, 2, à la bordure de gueules.

TURNIS DE SAINT-COME. — D'or, au chevron de sable, chargé de trois tours d'argent.

TUSET. — D'or, au chevron de gueules, chargé d'un champignon d'argent.

U

URRE. — D'argent, à la bande de gueules, chargé en chef d'une étoile d'argent.

URRE-GRANÉ. — D'argent, à la bande de gueules chargée de trois étoiles d'or.

V

VAILLAC. — D'azur, à la montre d'or pendue à une chaîne de même.

VAISSETTES. — De sinople, au vaisseau d'argent, accompagné en chef de deux croissans de même.

VAISSIÈRE (LA). — D'azur, au cédrier d'or, à la bande de gueules brochant sur le tout.

VAISSIÈRE DE SAINT-MARTIN. — De gueules, au vaisseau d'argent, au chef cousu d'azur, chargé de trois étoiles d'or.

VALADY. — D'or, au chien passant de gueules, au chef de même.

VALENTIN-COSTY. — D'argent, à l'arbre de sinople, accosté de deux lévriers affrontés de sable.

VALESTE. — De gueules, à deux lévriers d'argent passant l'un sur l'autre; celui de la pointe contourné.

VALETTE. — D'azur, au cheval d'or, au pal de sable brochant sur le tout.

VALETTE (LA). — Ecartelé, au 1 échiqueté d'or et de gueules ; chaque carreau du second émail chargé d'une tour d'or, qui est de POITIERS-ANCIEN ; au 2 de gueules, à la croix vidée, cléchée et pommetée d'or, qui est de TOULOUSE ; au 3 de gueules, au léopard lionné d'or, qui est de RODEZ ; au 4 de gueules, à la croix ancrée d'or, qui est de SAINT-ANTONIN ; sur le tout parti, aux 1 de gueules, au gerfaut d'argent, ayant la patte dextre levée, qui est de LA VALETTE ; au 2 de gueules de lion d'or, lampassé et armé d'argent, qui est de MORLHON ; l'écu posé sur la grande croix de l'ordre de Saint-Jean-de-Jérusalem, environné d'un manteau de gueules, fourré d'hermine et sommé d'une couronne de marquis. Supports : deux griffons au naturel, couronnés d'or, ayant chacun un collier de perles au cou, suspendant une croisette d'or et soutenant deux bannières ; celle de dextre sur le tout de l'écu, celle de senestre de gueules à une croix de Malte d'argent. Cimier : un dextrochère tenant un poignard et portant un bouclier écartelé aux 1 et 4 de gueules, au château d'or sommé de trois tours de même, qui est de CASTILLE aux 2 et 3 d'argent au lion de gueules, qui est de LION. Devise : *Plus quam valor Valetta valet.* Cri de guerre : *Nos æs, sed fides.*

VALETTE-CORNUSSON (LA). — De gueules, au gerfaut d'argent ayant la patte dextre levée.

VALETTE-MORLHON. — Parti ; au 1 de gueules, au gerfaut d'argent ayant la patte dextre levée, qui est de LA VALETTE ; au 2 de gueules au lion d'or, lampassé et armé d'argent, qui est de MORLHON.

VALETTE-PARISOT (LA). — De gueules, au gerfaut d'argent, ayant la patte dextre levée.

VALSERGUES. — De sinople, à la montagne à deux coupeaux d'or.

VASSAL. — D'azur, au vaisseau d'or, accompagné en chef d'une lune d'argent.

VASSAL DE RIGNAC. — D'azur, à la bande d'argent remplie de gueules, chargée de trois besants d'or et accompagnée de deux étoiles de même, 1 en chef, 1 en pointe. Couronne de marquis ; supports : deux lions.

VATTAS.—De sable, à la bande dentelée d'argent, accompagnée de deux étoiles de même, 1 en chef, 1 en pointe.

VAZENS.—D'argent, à la salamandre de gueules, dans un feu de même.

VEDELLY.—D'azur, au sautoir d'or, accompagné en chef d'un œil d'argent.

VIEILLARD.—D'or, à la fasce de sable, accompagnée de trois hures de sanglier de même.

VENTADOUR.—Echiqueté d'or et de gueules. Couronne de vicomte, l'écu posé sur un cartel.

VERDALLE-LOUBENS.—D'azur, à l'ours d'or posé en bande.

VERDIER.—D'argent, à cinq roses de sinople, posées 2, 2, 1.

VERDIER DE PEYRABESSE.—D'argent, à cinq roses de sinople, posées 2, 2, 1.

VERGNETTE.—D'azur, au chevron d'argent, chargé de trois étoiles de gueules, et accompagné de trois étoiles d'or, 2 en chef, 1 en pointe.

VERGNETTE D'ALBAN.—D'azur, au chevron d'argent, chargé de trois étoiles de gueules et accompagné de quatre étoiles d'or, 3 en chef, 1 en pointe.

VERNE DE LA GRIFFOULIÈRE.—De vair, à la fasce de gueules.

VERNÈDE DE CORNEILLAN.—Ecartelé; aux 1 et 4 d'or, à trois corneilles de sable; aux 2 et 3 de gueules, à la croix tréflée d'or.

VERNET.—De gueules, au heaume de vair.

VERNHE (LA).—D'argent, à la tour d'azur, à la bordure de sinople.

VERNHES.—D'or, à l'arbre de sinople.

VERNHES.—D'or, à l'arbre de sinople.

VERNHES.—Vairé d'argent et de gueules de huit pièces.

VERNHES DE CASTELMARY.—D'or, à l'arbre de vernhes, arraché de sinople, au chef de gueules, chargé d'une bande d'argent , accompagnée de six besants de même en orle.

VERNHETTES DE LA BARTHE.—D'or, au chêne de sinople , tortillé au pied d'un vert d'argent.

VERNIÈRE.—D'argent ; au chevron de sinople , accompagné en pointe d'un perroquet de même.

VERNIÈRES DU BOUSQUET.—D'azur, au trèfle d'argent, accompagné de deux autres trèfles d'or en chef.

VERNINAC.—De vair, à l'aigle de gueules.

VERNINAC.—De vair, à la fasce de gueules, chargée de deux fleurs-de-lis d'argent.

VERNINAC.—D'azur, à quatre pals de vair.

VESSIÈRE DE CANTOINET.—D'azur, au chevron abaissé d'hermines.

VEZINET.—De sinople , à la croix ancrée d'argent, chargée d'une étoile de sable en cœur.

VEZINS.—D'azur, à la fasce d'or, accompagnée de deux étoiles de même , 1 en chef, une en pointe.

VEZINS.—D'argent, au calice d'azur.

VEZINS, *alias* VESINS.—De gueules, à trois clés maldonnées d'argent, les deux de la pointe adossées.

VIALA.—D'azur, à trois violons d'argent.

VIALETES D'AIGNAN.—De gueules , à la montagne d'or, accompagnée en chef de deux violettes au naturel ; au chef d'argent , chargé d'un émanche de trois pièces du champ, mouvante de la partie supérieure.

VIC.—D'azur, au cabestan de vaisseau d'or.

VIDAL.—D'argent , au muid défoncé de sable.

VIDAL DE LA COSTE.—D'or, à la fasce d'azur, accompagné de deux têtes d'aigle de sable en chef.

VIGNES.—De sable, au chevron d'or accompagné en pointe d'une feuille de vigne d'argent.

VIGOUROUX DE GUYON DE SAUNHAC DE VILLELONGUE.—D'or, au lion de gueules , coupé de gueules au lion contourné d'or.

VILARET. —D'or ; à croix tréflée d'azur, cantonnée de quatre branches de laurier de sinople.

VILARET DE LA CALSADE. —De sable , à la tour d'or, apostée de gueules.

VILLEMUR. —Ecartelé ; aux 1 et 4 d'or , à trois pals de gueules ; aux 2 et 3 de gueules, au lion armé et lampassé d'or.

VILLENEUVE. —De gueules , à l'épée d'or en barre.

VILLENEUVE-TRANS. —Ecartelé ; au 1 contre-écartelé : au 1 et 4 d'or à trois pals de gueules ; qui est de FOIX ; au 2 et 3 d'or à deux vaches passantes l'une sur l'autre , de gueules accolées et clarinées d'azur , qui est de BÉARN ; au 2 de gueules à la chaîne d'or, posés en sautoir en fasce et en pal, qui est de NAVARRE ; en 3 , contre-écartelé ; aux 1 et 4 d'or à trois pals de gueules, qui est de BARCELONNE-ANCIEN, aux 2 et 3 d'argent à l'aigle de sable , qui est de SICILE , au 4 d'azur à la bande componée d'argent et de gueules à 8 pièces, accostée de deux fleurs-de-lis d'or, qui est d'ÉVREUX ; sur le tout de gueules , fretté de six lances d'or , semé d'écussons du même dans les claires-voies , qui est de VILLENEUVE ; sur le tout d'azur, à la fleur-de-lis d'or, par CONCESSION ROYALE. Tenans : deux sirènes ; tenant chacune un pavoneau d'or à quatre pals de gueules ; au chef de gueules chargé d'une croix d'argent, qui est de MALTE.

VINTRON. —Ecartelé , d'argent et de gueules en sautoir.

VIRENQUE. —D'or, à trois chevrons de sinople ; celui du milieu chargé de trois coquilles d'argent.

VOLONZAC. —D'argent , à trois tours de sable crénelées d'azur.

W

WAROQUIER DE COMBLES. —D'azur à la main d'argent.

Y

YZARN. —D'azur, à trois arcs d'or, posés en fasce 2, 1.

YZARN. —De sable , au pairlé d'or.

YZARN DE FRAISSINET.—D'azur, au lévrier courant d'argent, au chef de même, chargé de trois étoiles de gueules.

YZARN DE FRAISSINET VALADI.—D'azur, au lévrier d'argent, au chef de même, chargé de trois étoiles de gueules. Couronne de marquis; supports: deux griffons.

YZARN DE VILLEFORT.—D'azur, à la fasce d'argent, accompagné en chef de deux besans de même, et en pointe d'un croissant d'or.

YZARN DE VILLEFORT-CORNUS.—D'azur, à la fasce d'or, accompagnée en chef de trois besans, et en pointe d'un croissant de même.

YZARN DE VILLEFORT DE MONTJEU.—De gueules au lion d'or.

VILLES DE ROUERGUE.

ROUERGUE.

De gueules, au léopard d'or.

BRUSQUE.

D'or, à deux chevaux affrontés de sable.

COMPEYRE.

D'azur, à trois P capitaux d'or, surmontés de trois fleurs-de-lis d'or rangées en chef.

CONQUES.

De gueules, à une perle d'argent, accompagnée de trois huîtres de même, 2 en chef, 1 en pointe.

ESPALION.

D'or, au lion de gueules, tenant en sa gueule une épée de même.

MALLEVILLE.

D'or, à trois cloches d'azur.

MILLAU.

D'or, à quatre pals de gueules, au chef d'azur chargé de trois fleurs-de-lis d'or.

NAJAC.

De gueules, à la tour d'argent, au chef cousu d'azur, chargé de trois fleurs-de-lis d'or.

NANT.

D'argent, à une rivivière de sinople, posée en bande chargée de trois batelets d'or.

PEYRUSSE.

D'argent, à trois poires de sinople, tigées et feuillées de même.

PONT DE CAMARÈS.

D'azur, au pont d'argent, surmonté de trois fleurs-de-lis d'or en chef.

RODEZ.

De gueules, à trois besants d'or. — *Aliàs* : De gueules à trois roues d'or. — LÉGENDE: *civitas Ruthena Deo fidelis et regi semper.*

RIEUPEYROUX.

D'or, à sept tourteaux d'azur posés 2, 3, 2.

SAINT-AFFRIQUE.

D'or, à la croix fleurdelisée d'azur, coupée en pointe d'un croissant de même; au chef d'azur chargé de trois fleurs-de-lis d'or.

SAINT-ANTONIN.

Parti, au 1 de gueules à trois fleurs-de-lis malordonnées d'argent ; au 2 de sable au pont de trois arches d'argent sur une rivière de même, soutenant trois tours crénelées de trois pièces aussi d'argent ; le chef d'azur pour le tout chargé de trois fleurs-de-lis d'or. — *Aliàs* : de gueules à la croix ancrée d'or.

SAINT-JEAN-DU-BRUEL.

De gueules, au Saint-Jean de carnation assis sur un rocher d'or, couvert et chevelé d'argent, tenant en sa main senestre une longue croix d'argent de laquelle pend une liste voltigeant de même chargée de ces mots de sable : *Ecce Agnus Dei*.

SAINT-ROME-DE-TARN.

De gueules, au lion d'or.

SALVETAT-PEYRALÈS (la).

D'or, à la bande d'azur à deux jumelles de sable brochant sur le tout.

SAUVETERRE.

Ecartelé ; aux 1 et 4 d'azur, au lion d'or armé et lampassé de gueules ; au 2 de gueules, à la tour crénelée d'argent maçonnée de sable ; au 3 de gueules à la croix de Malte d'or. — *Aliàs :* de sable, à trois fasces d'argent, au loup rampant de gueules brochant sur le tout

VABRES.

D'azur, à trois fleurs-de-lis d'or qui est de FRANCE.

VAREN.

De sable, à la bande de vair.

VERFEUIL.

D'argent, à dix nèfles de sinople posées en orle.

VILLEFRANCHE.

D'or, à quatre pals de gueules ; le chef d'azur chargé de trois fleurs-de-lis d'or. — *Aliàs :* de gueules à la croix pommetée, vuidée et clichée d'or qui est de TOULOUSE ; le chef d'azur chargé de trois fleurs-de-lis d'or.

VILLENEUVE.

D'azur, à cinq losanges d'or posées en barre.

COUVENTS, COMMUNAUTÉS ET CONFRÉRIES RELIGIEUSES.

Abbaye d'Aubrac.

Marque de l'ordre. — Une croix à huit pointes de taffetas bleu.

Abbaye de Saint-Sernin de Rodez.

De gueules, à la bande d'or.

Chapitre collégial de Saint-Affrique.

D'or, à la crosse d'azur posée en bande.

Chapitre de Saint-Antonin.

De gueules, à la fasce d'or, chargée de deux clochettes d'azur.

Chapitre régulier de Saint-Augustin de Belmont.

D'argent, au chevron d'azur accompagné de trois croissants de gueules.

Chapitre de Belmont (Ordre de Saint-Augustin).

De gueules, à la montagne d'or surmontée de deux étoiles de même en chef.

Chapitre de Saint-Christophe.

D'azur, à un Saint-Christophe d'argent, portant sur les

épaules un enfant Jésus de même et tenant en sa main droite
un bâton aussi d'argent.

Chapitre de Conques.

D'or, à la fasce d'azur, chargée de trois perles d'argent.

Chapitre du Mur-de-Barrez.

De gueules, à trois barres d'argent, à la fasce crénelée de
sable brochant sur le tout.

Chapitre régulier de Nant (Ordre de Saint-Benoît).

D'or, à la croix de gueules, chargée en cœur d'une mitre
d'argent.

Chapitre de Rodez.

De gueules, à la Vierge et à l'enfant Jésus de carnation
vêtus d'or.

Chapitre collégial de Saint-Sernin.

D'azur, à la feuille de vigne d'argent, accompagnée de
trois grappes de raisin de même.

Chapitre régulier de Sylvanès (Ordre de Cîteaux).

De sable, à une Notre-Dame assise, portant un petit Jésus,
le tout d'argent.

Chapitre de Vabres.

De gueules, à la croix clichée, vuidée et pommetée d'or
qui est de TOULOUSE.

Chapitre de Varen.

D'argent, à trois burelles de sinople, au lion d'or brochant
sur le tout.

Chartreuse Saint-Sauveur de Villefranche.

D'azur, au chevron d'or, accompagné de trois demi-vols
de même; parti de gueules à la croix vuidée, cliché et pommetée d'or, qui est de TOULOUSE, coupé d'azur à la levrette
passante d'or accolée de même.

Chartreux de Rodez.

D'argent, à la croix haussée de sable.

Couvent des religieuses de l'Annonciade de Rodez.

D'azur, à l'annonciation de Notre-Dame d'argent.

Couvent des religieuses de Beaulieu.

De sable, à la tour d'argent, le chef de même chargé d'une croix d'azur.

Couvent des religieuses de Sainte-Claire de Granairac.

D'or, au chevron d'azur, chargé en pointe d'un œil d'argent.

Couvent des religieuses de Costejean de Saint-Antonin.

Ecartelé; aux 1 et 4 d'argent à la croix de sable; aux 2 et 3 de sable à la croix d'argent.

Couvent des religieuses de Notre-Dame de Rodez.

D'azur, à la Notre-Dame avec l'enfant Jésus entre ses bras d'or.

Couvent des religieuses de Saint-Dominique de Rodez.

D'azur, à un Jésus Marie-Joseph d'or.

Couvent des religieuses de Sainte-Ursule de Villefranche.

De sinople au calice d'or, soutenant une hostie d'argent.

Fraternité des prêtres de Saint-Côme.

Tranché d'or et de gueules à l'ours de l'un en l'autre.

Fraternité des prêtres d'Entraygues.

De sable, à trois enteterrés d'argent posés en fasce l'un sur l'autre.

Fraternité des prêtres obituaires de Marcillac.

De sable, à cinq larmes d'argent posées en bande.

Fraternité des prêtres obituaires de Villefranche.

D'argent, semé de larmes de gueules.

Fraternité des prêtres obituaires de Villeneuve.

De gueules, à la fasce d'argent semée de larmes de sable.

Fraternité de Rieupeyroux.

De gueules, à la foi d'argent.

Jacobins ou Frères prêcheurs de Rodez (Ordre de Saint-Dominique.)

Devise. — *Laudare, benedicere, prædicare.*

Monastère de Loc-Dieu (Ordre de Cîteaux).

D'azur, au crucifix d'argent.

Monastère de la Visitation de Sainte-Marie de Villefranche.

D'or, au cœur de gueules, percé de deux flèches du champ empennées et fibrées d'argent passées en sautoir au travers du cœur chargé du nom de JÉSUS d'or, enfermé dans une couronne d'épines de sable ensanglantées de gueules ; à la croix de sable au pied fiché dans l'oreille du cœur.

Prieuré-Cure de Saint-Christophe.

D'argent au cormier, ou arbre de sinople, au cœur de gueules attaché au tronc et un oiseau de même fondant dessus.

Prieuré de Mélagues.

D'argent, à la croix recroisetée de gueules.

Séminaire de Notre-Dame de Villefranche.

D'azur, à cinq tours d'argent 2, 2, 1.

BANNIÈRES DES CORPORATIONS.

Communauté des apothicaires de Rodez.

De sable, à la seringue d'argent posée en bande.

Communauté des chirurgiens de Villefranche.

D'argent, à la boîte de sable, coupé de gueules à la lancette d'argent.

Confrérie de Saint-Crépin (cordonniers) de Villefranche.

De sinople, le chef d'or chargé de deux souliers adossés de gueules.

Confrérie de Sainte-Croix de Rodez.

De gueules, à la croix fleuronnée d'argent.

Confrérie de Saint-Éloi (bijoutiers, forgerons) *de Rodez.*

D'or, au soufflet de sinople accompagné en chef de deux marteaux de même.

Confrérie de Saint-Eutrope (tisserands) *de Villefranche.*

D'or, à la bannière d'azur.

Confrérie des tisserants de Rodez.

De gueules, au Saint Eutrope d'argent.

P.-F. CABANTOUS, *avocat.*

FAUT-IL CROIRE A LA BAGUETTE ?

Si j'adresse cette question aux bons habitans de nos campagnes, la plupart, je crois, me donneroient une réponse affirmative. Les uns vous montrent de belles sources qu'ils disent avoir été découvertes par la vertu de cet instrument; les autres se glorifient de posséder l'heureux privilége de le sentir tourner entre leurs mains et vous invitent à être les témoins de leur adresse. Vous auriez beau chercher à leur prouver le contraire, à tous vos raisonnemens ils opposent des faits et toute votre logique est perdu. Il faut dire cependant que parfois on en trouve quelques-uns moins disposés à croire; ils savent ce que leur a coûté une confiance trop légèrement accordée à ces industriels qui parcourent souvent nos campagnes, et entre les mains desquels la verge divinatoire n'est qu'un instrument lucratif de duperies. Mais si des essais infructueux leur ont appris à ne pas se fier à des coureurs qui exploitent la crédulité publique, d'un autre côté, ils ne savent trop que répondre à un voisin plus heureux, qui, par ce même moyen, a arrêté dans ses terres une belle source, qui couloit autrefois dans les propriétés d'autrui. Je n'interrogerai pas nos savans, ils n'habitent guère nos campagnes. Il suffit d'ailleurs, pour quelques-uns, qu'une opinion soit accréditée parmi le peuple, pour qu'ils ne daignent pas même la soumettre à un examen. Mais ce dédain ne peut rien contre des faits s'ils sont d'ailleurs constatés. Pendant longtemps aussi, on s'est moqué de ceux qui prétendaient avoir vu des pierres tombées du ciel, ce qui n'a pas empêché les aérolithes de visiter de temps en temps notre globe. Nos incrédules ont fini par concevoir quelques doutes, et puis enfin, convaincus par l'évidence, ils se sont empressés à l'envi de nous expliquer leur origine, qui n'en est pas restée moins inconnue. Que croire, au milieu de tant d'opinions si diverses? Je ne prétends pas le décider et impo-

ser mon sentiment à qui que ce soit ; je veux seulement exposer ce qui me paraît faux comme ce qui me paraît possible
parmi tant de prodiges attribués à un morceau de bois,
qu'on n'a pas craint de décorer du glorieux titre de verge
d'Aaron. Je commencerai même par faire au charlatanisme
sa bonne part et je ne craindrai pas de lui attribuer le plus
grand nombre de ces merveilleuses découvertes, qu'ont van-
tées ou que vantent encore tous les jours des gens intéressés
à entretenir la crédulité des simples. Je ris, en effet, de bon
cœur, lorsque je vois courir dans les champs un homme,
souvent à la face sinistre, la baguette à la main, pour distinguer une pierre-borne de celle qui ne l'est pas ; ou que je
l'entends me vanter sa prétendue adresse pour discerner un
objet volé de celui qui est encore chez le légitime possesseur
et pour découvrir l'auteur du crime. On a fait des volumes
de toutes les fables puériles qui ont été sérieusement débitées
et même crues sur cette matière. La réfutation la plus chari-
table de toutes ces absurdités, c'est de souhaiter un peu plus
de bonne foi à ceux qui les débitent et du bon sens à ceux
qui les croient. Faut-il beaucoup d'esprit, en effet, pour voir
que la vertu de la baguette, si elle existe, ne peut dépendre
de l'intention de celui qui l'emploie, et que si elle tourne sur
une pierre-borne, elle tournera encore lorsque la pierre sans
changer de place aura perdu cette propriété ?

Mais s'il est absurde d'admettre des faits que la raison repousse, doit-on pour cela rejeter ceux dont la possibilité peut
être démontrée et dont il n'est besoin que de constater l'existence ? Et lorsqu'on voit la verge devinatoire transmise, pour
ainsi dire, de main en main par les générations qui se succèdent depuis plusieurs siècles, bravant le dédain de la science
et le mauvais accueil de la religion qui l'a toujours suspectée,
ne serait-il pas permis de se demander d'où peut provenir
cette persistance à attribuer à une branche d'arbre une propriété dont elle ne présenterait pas le moindre indice, et de
rechercher si parmi tant de faits merveilleux qu'on raconte,
il n'y en aurait pas quelques-uns que l'on peut expliquer par
les données de l'état actuel de la science, et à l'ombre desquels se seraient accrédités tant de comptes ridicules. Quelques personnes, trop disposées à voir du surnaturel dans les

moindres phénomènes qui sortent de l'ordre habituel , ont voulu faire intervenir une puissance occulte. A Dieu ne plaise que je veuille nier la trop grande influence qu'excercent dans ce monde les génies du mal! Mais faut-il pour cela les voir partout même dans les choses les plus indifférentes en elles-mêmes et qu'aucune loi ne défend ; lorsque d'ailleurs il s'agit de faits qui peuvent avoir leur cause dans les lois de la nature, ou même tant qu'on ne voit pas d'une manière claire qu'ils sont en dehors de ces lois? Or le mouvement de la baguette entre les mains de certaines personnes, non seulement n'a rien d'opposé aux principes de la physique , mais semble en découler dans quelques circonstances. Je vais essayer de le démontrer.

Tout le monde ne possède pas la propriété de faire tourner la baguette, et je ne suis pas moi-même du nombre de ces heureux privilégiés, entre les mains desquels elle devient un précieux instrument de découvertes. Mais si je n'ai pu devenir expert, ce n'est pas faute d'essais, et si je n'ai pas senti la baguette tourner entre mes mains malgré mes efforts pour la retenir, j'ai cru m'apercevoir, et toute personne qui tentera le même essai s'apercevra aussi que , pour la faire tourner, il suffit de la moindre déviation des doigts ou de la main. Par la manière dont on la tient, elle forme un ressort tendu toujours prêt à partir, et si on n'en est prévenu, le seul mouvement du corps de la personne qui marche en la tenant entre ses mains, suffit pour lui imprimer la rotation et faire croire à une vertu qui n'existe pas. Il n'est pas rare de trouver des personnes à qui cette observation suffit pour les tirer d'une illusion dans laquelle elles se berçaient, tant il est facile de donner occasion à ce mouvement, même d'une manière involontaire. Cette remarque nous expliquera comment la baguette peut tourner dans certaines mains , malgré les précautions, et conduire à des découvertes. Il ne s'agit plus que de chercher si, dans quelques circonstances, il n'existe pas une cause naturelle qui, agissant sur des personnes avec plus de force que sur les autres , puisse leur imprimer un mouvement irrésistible par lequel les mains se rapprochant ou s'éloignant l'une de l'autre, laisseraient à la verge la liberté d'agir d'après son élasticité.

Ici nous serons obligé d'entrer dans le domaine de la science, et mon lecteur me permettra de l'introduire un instant dans un cabinet de physique pour lui faire remarquer quelques-uns de ces phénomènes curieux, très connus de ceux qui ont fréquenté les maisons d'éducation. Si jamais vous êtes entré dans un de ces cabinets, le professeur, pour peu complaisant qu'il se soit montré, n'aura pas manqué de vous offrir un plat de sa façon, et d'ordinaire c'est à goûter son électricité qu'il invite. Cette matière ne lui coûte pas cher, et au moyen d'un instrument assez connu, il peut à peu de frais vous en servir jusqu'à satiété. Mais gardez-vous d'en prendre trop ; c'est un mets perfide qui vous ferait bientôt sentir sa funeste influence par une douloureuse secousse et qui pourrait même devenir dangereux. Méfiez-vous surtout de ses amabilités, si au lieu de faire tourner la roue de sa machine, il vous présente à tenir deux cylindres auxquels aboutissent des fils métalliques plongeant par les autres deux extrémités dans un liquide qu'il a préparé ; vous seriez pris aux lacets, et vos mains agitées par des crispations pénibles, ne pourraient sans un secours étranger déposer le perfide instrument qu'elles presseraient de plus en plus. Eh bien ! c'est là que j'irai chercher la cause qui fait tourner la baguette entre les mains de certaines personnes, et voici de quelle manière.

Si vous demandez au professeur l'explication des phénomènes dont il vous rend témoin, il vous répondra qu'ils sont dus à une substance invisible, appelée fluide électrique, qui se dégage toutes les fois qu'il fait jouer convenablement ses machines ; mais n'allez pas croire que cette substance soit sa propriété exclusive et qu'il puisse, quand il lui plaît, la renfermer dans son cabinet. Découverte d'abord dans l'ambre dont elle tire son nom, elle a été retrouvée plus tard dans toute la nature. L'air en est rempli ; la terre en est un vaste réservoir et elle se développe surtout là où s'opèrent des compositions ou des décompositions chimiques. Mais parmi les agents que la science connaît, il n'en est pas de plus universels que l'eau, appelée par les anciens le grand dissolvant de la nature. Puisez dans la première source qui se présente ; ce serait un cas exceptionnel si son eau ne renfer-

mait en dissolution une ou plusieurs de ces substances étran-
gères, connues sous le nom générique de sels. Ceux-ci sont
formés par divers métaux combinés avec les acides. L'eau,
les rencontrant sur son passage, les dissout et nous arrive
ainsi chargée de fer, de cuivre, de souffre, de chaux et d'autres substances qu'elle dépose ensuite à la surface de notre sol.
Il y a donc décomposition dans le trajet de ces sources ; la
nature y opère constamment et sur une vaste échelle, ce que
le physicien fait en petit dans son laboratoire ; et partout où
il y a de ces dissolutions, il y a aussi dégagement d'électricité.
Mais la science a trouvé le moyen de concentrer ce fluide sur
un seul point, en disposant convenablement certains métaux, tandis que, dans les opérations de la nature, il se perd
dans la vaste étendue de l'espace ou va se condenser
sous les nuages pour former ces grandes batteries électriques
qui portent si souvent l'effroi dans nos cœurs.

Il y a donc un dégagement continuel d'électricité sur le passage des sources, laquelle se disperse avec les vapeurs qui se
dégagent toujours de la surface des eaux. Sa faible intensité
la rend insensible à la plupart des hommes. Mais peut-on dire
qu'elle doive l'être pour tous, et ne peut-il pas exister des
personnes d'un système de constitution assez impressionnable
pour en ressentir certains effets ? On sait jusqu'à quel point
la sensibilité de nos organes peut être portée dans des individus, et on a vu des hommes pour qui l'ouïe et l'odorat devenaient un supplice là où les autres ne se doutaient pas même
de la cause qui exerçait sur les premiers une si vive action.
Cette différence de sensibilité est d'ailleurs constatée tous les
jours dans les expériences même sur l'électricité, et il suffit
d'avoir été quelquefois dans un cabinet de physique pour
s'être aperçu que les impressions produites par les mêmes
courants sur divers individus sont bien plus vives chez quelques-uns que chez les autres. Si vous supposez que la cause
qui les produit va en s'affaiblissant, vous serez forcé d'admettre que ces impressions seront encore sensibles pour les
premiers, tandis qu'il n'en restera pas de trace pour les seconds. Un courant électrique peut agir sur les uns sans agir
sur les autres. Revenons maintenant à notre baguette, et
voyons si l'individu qui la tient se trouve dans les conditions

voulues pour déterminer ce courant qui ; par les commotions plus ou moins fortes, produites sur ses mains, seraient la cause du mouvement de rotation.

Quelle est la cause de toute commotion électrique? Si nous le demandons à M. le professeur, qui s'amuse parfois au depens des personnes trop confiantes, voici quelle sera sa réponse : « Il y a deux sortes d'électricités : l'une appelée élec-
» tricité positive, et l'autre électricité négative. Ces deux
» fluides, quand ils sont séparés, tendent avec force à se
» réunir, et si on les met en communication par un corps
» quelconque qu'ils puissent parcourir, ils se précipitent l'un
» sur l'autre; de là, l'étincelle et la secousse que vous éprou-
» vez, lorsque cette réunion a lieu en un point de votre
» corps. Cette secousse n'est qu'instantanée, si la quantité
» du fluide qui la donne est limitée, comme dans la bouteille
» de Leyde ou sur un condensateur. Mais si à ces instrumens
» vous substituez la pile de Volta, on obtient alors aux deux pô-
» les un courant non interrompu des deux électricités, con-
» densées sur un des fils conducteurs, et si vous les mettez en
» communication en prenant dans vos mains les deux bouts,
» la commotion devient continue ; vous éprouvez des crispa-
» tions plus ou moins fortes, selon la puissance de la pile.
» Lorsqu'on la réduit à quelques faibles élémens, on n'é-
» prouve que quelques légères sensations, qui cessent même
» si le courant devient trop faible. »

Eh bien ! je prends cette explication qu'on me donne, et je l'applique à ma thèse. Il y a, me dit-on, agitation nerveuse toutes les fois que la réunion des deux électricités s'opère en un point du corps de l'homme; cette agitation aura donc lieu dans celui qui cherche une source ou tout autre objet, si aux approches de cet objet il se trouve dans les conditions requises; c'est là précisément ce qui me semble exister. En effet, si j'ouvre le premier traité de physique qui tombe sous ma main, voici ce que j'y lis : « Le corps de l'homme peut rem-
» plir les fonctions de tout conducteur relativement à l'élec-
» tricité. »

Et un peu plus loin : « L'état électrique de la surface de la
» terre, inverse de celui de l'atmosphère, est prouvé par
» plusieurs faits.

De toutes ces données, il est facile de déduire les conséquences suivantes :

L'homme, appuyé par ses pieds sur le sol, est en contact
avec le réservoir de l'électricité terrestre, et par la partie supérieure de son corps il est plongé dans l'électricité atmosphé-
rique, et ces deux électricités de nature diverse tendent sans
cesse à se réunir; d'un autre côté, son corps est bon conducteur de l'électricité; il doit donc servir de point de réunion. Mais, dans ce cas, d'après ce que nous avons dit, il
doit éprouver une suite de commotions électriques plus ou
moins fortes, comme lorsqu'il saisit les deux fils d'une pile
voltaïque, et ces commotions doivent augmenter en raison
de l'intensité électrique du réservoir qui les produit. Notre
corps est toujours comme le point de réunion des deux pôles
d'une pile : il est traversé par des courants continuels. Qui
sait s'ils ne sont pas le principe de beaucoup de phénomènes
vitaux ? Notre habitude et leur faiblesse les font passer ina-
perçus dans les circonstances ordinaires. Mais lorsque, développés par quelque cause favorable, ils prennent plus de force,
ils peuvent alors devenir sensibles aux personnes, du moins
les mieux disposées à recevoir leur action, et par suite oc-
casionner quelques mouvemens involontaires qui suffiront
pour détendre la baguette, dans un moment surtout où les
mains sont dans une position anormale, et les nerfs dans
un état de tension assez forte.

Ce ne serait donc pas par un mouvement à elle propre, que
la baguette tournerait, mais ce mouvement lui serait imprimé
par la main qui la tient, et qui serait elle-même agitée par
un courant électrique. Il serait difficile, en admettant une
force motrice dans la baguette même, d'expliquer la cause
de cette force, telle, si on en croit les rapports de certaines gens, que l'instrument se brise entre les mains de celui qui veut l'arrêter; mais, dans notre hypothèse, ce phénomène même s'explique très bien; car, dans ce cas, les efforts que l'on fait pour la retenir ne servent qu'à augmenter
la trépidation des mains, et par suite le mouvement de la
verge, qui se tord et se brise même par son propre ressort.

Mais, dira-t-on peut-être, à quoi sert la baguette dans
cette supposition : son secours n'est-il pas inutile ?

Aussi, si ce que l'on rapporte est vrai, on voit des personnes pour qui cet instrument devient superflu, et qui ne consultent, dans leurs recherches que les sensations quelles éprouvent ; mais, dans tous les cas, s'il n'est pas d'une absolue nécessité, il peut toujours devenir très utile, indispensable même pour ceux en qui la sensibilité n'est pas assez développée, soit parce que les muscles des bras, tendus par sa force élastique, deviennent plus impressionables ; soit encore parce que la baguette, formée d'un bois vert, et par conséquent très bon conducteur, peut favoriser l'écoulement de l'électricité, et même attirer peut-être ce fluide des couches ambiantes de l'atmosphère.

L'action électrique des substances enfouies dans le sein de la terre une fois reconnue, on se rend aisément raison des circonstances accessoires de leur découverte : comme d'en prédire la profondeur et la quantité. Pour lui en rendre l'intelligence plus facile, mon lecteur me permettra de rappeler à sa mémoire une observation qu'il a dû faire souvent, sans y attacher aucune importance. Il n'est personne, en effet, qui n'ait vu quelquefois la vapeur qui s'exhale de la surface d'une eau bouillante ou que produisent les matières en combustion. Lorsqu'elle s'élève par un temps calme, elle prend la forme d'un cône renversé dont le sommet est appuyé sur le foyer d'où elle émane, et qui va se développant de plus en plus à mesure qu'il s'en éloigne, jusqu'à ce qu'elle disparaît à nos regards, à cause de l'excessive expansion qu'elle acquiert. Si l'on fait l'observation sur une eau chaude et errante, le même phénomène se reproduit dans tout son cours, et la fumée qui s'échappe de la surface monte en se dilatant de plus en plus jusqu'à ce qu'elle se dérobe à nos yeux. Ce phénomène, connu en physique sous le nom de *dilatation des gaz*, a lieu, quoique d'une manière inaperçue, dans toutes les circonstances où se trouve l'eau ; la plus froide émet encore même à l'état de glace des vapeurs qui s'élèvent, en suivant toujours cette même loi, jusqu'à ce qu'elles se soient mises en équilibre dans l'étendue de l'espace.

Prenons maintenant une source dans son cours souterrain. Partout elle laisse des vapeurs qui s'infiltrent dans les couches supérieures qu'elle traverse, et ces vapeurs se dilatent de plus en plus à mesure qu'elles s'éloignent du liquide qui les produit, se chargeant dans le trajet d'électricité terrestre qu'elles entraînent avec elles au dehors. Si cette source ne coule qu'à quelques décimètres de profondeur, ses vapeurs arrivent à fleur de terre sans avoir pris trop de développement, et celui qui traverse perpendiculairement son cours ne peut être soumis aux impressions dont il est susceptible, que pendant un très court trajet. Mais si l'on suppose cette même source à plusieurs mètres de profondeur, les vapeurs qu'elle donnera auront acquis bien plus d'expansion en arrivant à la surface, et le sujet restera soumis, pendant un plus long chemin, à l'action qu'elles ont sur lui. Tout se réduit donc à un calcul, dont l'expérience seule peut fournir les données. Il s'agit seulement de savoir quel rapport existe entre cette expansion qu'acquiert la vapeur en s'éloignant de l'eau qui la produit, et la profondeur où se trouve cette même eau. Si j'ai remarqué, par exemple, dans mes premières découvertes, que lorsque la baguette tournait dans une longueur de trois pas, la source se trouvait à deux mètres de profondeur, je puis en conclure que cette même source est à quatre mètres au dessous du sol, lorsque je sens le mouvement dans une distance de six pas et ainsi de suite. Ceci suppose que le chercheur marche dans une direction perpendiculaire au courant de l'eau, et cette direction pourra toujours être trouvée après quelques essais.

D'après les principes posés, non-seulement il est possible de découvrir la profondeur de la source, mais on pourra même, dans beaucoup de cas, prédire son volume. En effet, les vapeurs étant toujours en raison directe de la surface d'eau qui les émet, une source abondante les produira en quantité plus considérable et par suite elles agiront plus fortement sur la personne, à cause de la plus grande densité qu'elles conserveront dans un espace donné. Pour faire mieux comprendre, supposons deux sources à une égale profondeur, mais dont l'une, par son plus grand volume donne deux fois plus de vapeurs que l'autre. Les vapeurs arriveront à la surface de la terre avec une dilatation presque égale pour les deux sources et occuperont, à peu de chose près, la même largeur sur le terrain. Mais celles qui émanent de la première source étant deux fois plus denses produiront une plus forte impression ; par laquelle un homme déjà exercé dans ces sortes de découvertes pourra juger d'une manière approximative de la quantité d'eau qui coule sous ses pas.

J'ai dit dans beaucoup de cas : car ces effets doivent varier avec la qualité du terrain et la température de l'eau, qui est d'autant plus élevée, que la source a son origine plus profonde. La chaleur favorisant le dégagement de l'électricité, une eau thermale doit exercer une toute autre influence que l'eau d'une source froide. Mais la qualité du terrain doit encore plus contribuer à la modifier ; car tous les métaux ne sont pas également propres à dégager le fluide. Bien plus, si notre hypothèse est vraie, et elle est du moins possible d'après ce qui a été dit, l'opérateur sera souvent exposé à des erreurs dans ses recherches et pourra annoncer une source là où se trouvera une mine métallique plus ou moins attaquable par les acides, à moins qu'une grande expérience ne lui ait appris à discerner l'une de l'autre par quelques particularités différentes dans les deux cas.

On emploie souvent la baguette pour chercher des trésors. D'après ces mêmes principes, cette recherche ne pourrait avoir de vrais résultats que dans les cas où l'objet cherché serait un métal et qu'il se trouverait dans des circonstances favorables à un dégagement d'électricité.

Telle est l'explication qui me paraît la plus propre à rendre compte de faits admis par beaucoup de personnes, et rejetés comme absurdes par bien d'autres. J'ai exposé les principes de physique qui peuvent permettre de les regarder comme possibles. Quant à leur réalité, je la laisse au jugement du lecteur.

Notre sujet nous emmène ici à dire un mot sur un homme déjà connu dans toute la France par sa merveilleuse adresse à découvrir les eaux souterraines. Il y a peu de personnes dans notre département qui n'aient entendu parler de l'abbé Paramelle. Cet ecclésiastique, originaire du diocèse de Cahors, où il exerça d'abord les fonctions de curé, parcourt aujourd'hui nos diverses contrées, faisant jaillir, pour ainsi dire, l'eau sous ses pas, et laissant ainsi comme témoin de son habileté, des sources inappréciables pour les propriétés,

les villages et les villes même. Mais le procédé de ses découvertes n'a rien de commun avec celui dont nous avons parlé
jusqu'à présent. L'abbé Paramelle agit en habile géologue et
n'est conduit à ses résultats que par l'inspection des terrains.
On dit qu'il doit la connaissance de son talent et l'origine de
sa célébrité aux efforts qu'il fit pour procurer de l'eau à une
partie de sa paroisse où ce besoin se faisait sentir. Sa réputation s'étendit bientôt dans les environs, passa dans les départements voisins et les journaux apprennent aujourd'hui ses
découvertes dans toutes les parties de la France. Il ne se rend
dans un endroit que sur l'invitation d'un certain nombre de
propriétaires. Arrivé sur les lieux, il jette un œil scrutateur
sur la surface du pays, et déclare bientôt avec la plus grande
assurance si ce pays renferme des sources ou s'il n'y en a pas.
Dans le premier cas, il circonscrit un espace toujours très
limité dans lequel il ordonne de faire les fouilles, donnant en
même temps le volume d'eau et la profondeur à laquelle il
doit se trouver. Ses indications sont presque toujours suivies
du succès.

Cette science est sa propriété exclusive et on n'a jamais dit
qu'il l'eût communiquée à quelqu'un ; il évite même avec soin
de rien dire qui puisse trahir son secret. On ne peut donc faire
que des conjectures sur les moyens qu'il emploie pour arriver
à ses fins. En voici quelques-unes que nous croyons pouvoir
hasarder, d'après ce que nous observâmes dans une courte
excursion dans laquelle nous eûmes le plaisir d'accompagner
notre hydroscope.

La première question ou même la seule qu'il adresse, dans
les cas douteux, c'est de demander s'il y a des terres de
transport dans le lieu où l'on désire trouver la source. Il ne
faut pas que la main de l'homme ait dérangé l'œuvre de la
nature et il n'opère que sur un sol tel que l'ont fait les divers
cataclysmes qu'il a subis. Ceci une fois établi, il examine
l'inclinaison des couches des terrains environnants et c'est
cette dernière observation, à ce qu'il nous a paru, qui est
toute la base de son système. Quelques mots d'explication
vont faire comprendre notre pensée.

Il n'y a presque personne qui, dans ses voyages, ou même
dans ses promenades, n'ait remarqué la disposition de cer-

tains terrains divisés par couches tantôt horizontales, tantôt inclinées dans un sens et dans l'autre, quelquefois même dans une direction opposée à la pente extérieure du sol. Ceci devient surtout apparent dans les lieux où, pour tracer une route, on a été obligé de couper des roches de stratification, telles que les grès ou les calcaires. Ces couches, que recouvre la terre végétale, se trouvent sur la plus grande partie du globe et à des profondeurs qui varient à chaque localité. Quelquefois elles conservent une même direction dans une assez grande étendue de pays ; d'autres fois, elles forment des plans brisés dont l'inclinaison varie à chaque instant. Eh bien ! ce sont ces couches, dont un géologue exercé aperçoit au premier coup d'œil la direction, qui semblent fournir à l'abbé Paramelle les moyens de ses découvertes, par un système de combinaisons tout-à-fait basé sur la nature ; voici les raisons sur lesquelles il doit s'appuyer :

D'après le sentiment généralement admis par nos géologues modernes, toutes les sources sont formées et entretenues par les eaux de pluie qui, arrivées à la surface du sol, disparaissent par trois voies différentes. La plus grande partie s'écoule sur cette surface et, grossissant nos torrents et nos rivières, occasionne parfois ces inondations qui causent tant de désastres. Une seconde portion se réduit de nouveau en vapeur et remonte dans l'atmosphère, pour en redescendre encore, lorsqu'une température assez basse l'aura condensée. Mais une grande quantité s'infiltre à travers les pores de la terre qu'elle féconde, et se dirige vers son centre, tant qu'elle ne trouve pas d'obstacle sur son chemin. C'est cette dernière portion que nous allons suivre, jusqu'au moment où elle sera rendue en tout ou en partie aux usages de l'homme. La terre s'en imbibe d'abord comme une éponge et la retient plus ou moins de temps par sa capillarité ; mais bientôt, la quantité augmentant, et entraînée d'ailleurs par son propre poids, elle descend jusqu'à ce qu'elle rencontre sur son chemin une de ses couches imperméables, qui tôt ou tard lui forme une barrière et change sa direction. Qu'arrive-t-il alors ? Ce que nous voyons se passer tous les jours sous nos yeux lorsque la pluie tombe dans nos rues ou sur nos toits. Si la couche que l'eau rencontre lui présente une surface horizontale, elle se répandra dans tous les sens, par sa tendance à prendre le niveau, jusqu'à ce que, arrivée aux limites de l'obstacle, elle en dégouttera avec plus ou moins d'abondance, à l'extérieur ou à l'intérieur du sol, pour reprendre sa première marche. Mais il est bien rare que les couches imperméables offrent une surface de cette nature. Le plus souvent elles font un angle avec l'horizon dans des directions diverses et présentent tantôt une surface concave, tantôt un plan incliné ou même des plans brisés qui déversent vers un même point.

Dans le premier de ces cas, les eaux glissant suivant la ligne de la plus grande pente vont se réunir au fonds de la concavité. Là, si elles ne trouvent point d'issue, elles se ramassent et élèvent leur niveau jusqu'à ce qu'elles puissent se frayer une voie au dessus de la couche qui les arrête. Si ce niveau demeure inférieur à celui des terres ou détritus qui ont encombré le bassin, il formera des nappes d'eau souterraines et stagnantes, et quelquefois de ces terrains mouvants et dangereux. Un puits creusé dans de telles données serait abondant, lors même qu'il ne serait pas conduit jusqu'à la terre ferme. Quelquefois, lorsque le bassin n'est pas entièrement encombré, l'eau s'élève dans la partie vide et forme des mares et même des lacs d'une certaine étendue, dont les eaux sont toujours limpides, parce qu'elles se renouvellent sans cesse par des issues souterraines (1).

Mais le cas le plus ordinaire est celui où les couches se présentent sous une certaine pente. La pluie qui tombe sur le terrain qui les couvre s'infiltre jusqu'à leur rencontre; puis elle suit leur direction, augmentée sans cesse dans son trajet de l'eau que fournit l'espace déjà parcouru, et par suite, grossissant à chaque instant son volume. Mais comme le plan sur lequel elle coule n'est jamais parfait et que ces couches présentent diverses faces inclinées les unes vers les autres, toute l'eau, tombée dans une certaine étendue, se réunit le long des lignes d'interception formées par ces différents plans, donne d'abord un filet qui croît sans cesse jusqu'à ce qu'elle

_____

(1) C'est ainsi, selon toutes les apparences, que se sont formés les lacs que nous rencontrons sur nos montagnes.

trouve une issue hors de terre, ou que par des conduits sou-
terrains elle se jette dans les fleuves ou dans les mers, si
avant elle ne s'est déjà perdue dans ces vastes réservoirs dont
on profite aujourd'hui pour former ces fontaines jaillissantes
connues sous le nom de puits artésien.

Quelqu'un qui serait assez habile pour reconnaître, à la
seule inspection d'une localité, la direction que prennent les
eaux qui s'infiltrent dans son intérieur, les lignes de plus
grande pente que forment par leur interception les divers
plans sur lesquels elles coulent, pourrait facilement indiquer
les sources que renferme cette localité. Eh bien! c'est en cela,
selon toute apparence, que consiste la science de l'abbé Paramelle. Son œil exercé a bientôt saisi les divers caractères
extérieurs du sol qui peuvent indiquer l'eau qu'il cache. Et
en effet si l'on fait attention à ce qui a dû arriver ou qui se
passe encore à la surface des terres sous lesquelles doivent
couler les sources, l'on reconnaîtra qu'il est difficile qu'elles
n'y laissent quelques indices de leur existence. En voici quelques-uns que l'expérience et l'exercice peuvent faire discerner sans beaucoup d'efforts.

1° L'inclinaison des couches et par suite la direction que
doivent prendre les eaux est souvent visible à l'extérieur; il
suffit d'une tête de roche qui sort de terre, d'un ravin, d'un
éboulement, pour la rendre apparente. Une terre dont la
pente sera en sens inverse de celle des bancs qui la composent possèdera peu de sources, et celles qu'elle peut donner seront d'ordinaire peu abondantes. Mais ce signe négatif pour
ce lieu devient positif pour l'endroit vers lequel ces bancs
se dirigent, et souvent les pluies qui tombent sur le flanc
d'une montagne vont alimenter les sources du versant opposé.

2° Le cours des eaux souterraines dépend de la position
donnée aux roches intérieures par les divers bouleversements
qu'à subis le globe. Dans certains lieux, ce sont les volcans
qui ont travaillé le sol et ont soulevé des contrées entières,
tandis que, au contraire, dans d'autres, le terrain s'est affaissé, et des pays d'une vaste étendue se sont mis au-dessous
de leur premier niveau. Mais ces grands mouvements n'ont
pu s'opérer sans laisser à ces terrains des traces de leur existence et la surface a dû suivre, dans leur nouvelle position,

les roches et les couches intérieures. Si, dans beaucoup d'endroits, des alluvions sont venus plus tard couvrir de leurs décombres ces marques extérieures des révolutions qui les avait précédés, le plus souvent les contrées conservent, même à l'extérieur, des signes non équivoques de leur conformation extérieure.

3° Les eaux elles-mêmes, par leurs courants intérieurs, doivent à la longue donner à l'extérieur des signes de leur existence. Car partout où il y a un cours d'eau, il y a érosion du terrain qui l'environne. Une source tend sans cesse à élargir le conduit dans lequel elle coule, en transportant au dehors les matières dont elle se charge. Il se forme un vide que le terrain supérieur vient remplir en s'affaissant. Il faut du temps, sans doute, pour que cet affaissement soit sensible, mais dans la suite des siècles il doit le devenir, et il ne s'agit alors que de distinguer les caractères particuliers qui en font connaître la cause et servent à le discerner des autres accidents semblables avec lesquels on pourrait le confondre. C'est encore ici le fruit de l'expérience et d'un talent particulier que l'on retrouve développé dans l'abbé Paramelle.

DALLAC, *professeur au petit séminaire
de Saint-Pierre.*

APERÇU CHIMIQUE
Sur la confection des Engrais
DANS L'AVEYRON

La confection des engrais est généralement regardée , dans l'Aveyron surtout , comme une chose si simple , si facile , j'oserais dire si insignifiante , qu'on ne s'en occupe presque pas. S'il est cependant un département qui , par l'aridité du sol , l'étendue de plusieurs de ses domaines , la pauvreté des cultivateurs , et le peu de matières premières propres à fournir une masse de fumier , ait besoin d'y conserver du moins toute l'action fertilisante , c'est assurément le nôtre.

Parcourez néanmoins les maisons rurales ; entrez dans les étables : les litières y manquent , les animaux sont couchés sur leurs déjections , les urines y croupissent et y répandent une odeur infecte. Pénétrez dans les bergeries, vous y respirerez une odeur ammoniacale à laquelle l'odorat et les yeux ne résisteront pas longtemps. Vous y ressentirez une chaleur suffoquante , causée autant par la fermentation putride de la litière que par l'encombrement des bêtes à laine. Ces fumiers ont déjà perdu une grande somme de leurs principes fertilisants, par l'imbibition des liquides, et plus encore par la déperdition des gaz. Qu'en fait-on cependant ? Ils sont entassés au milieu de la cour qui s'en trouve embarrassée, et dont l'air est vicié par leur présence, ou ils sont portés au-dehors, exposés à toutes les intempéries des saisons. Brûlés et desséchés par un soleil ardent , lavés et lessivés par les longues pluies de l'hiver , ils achèvent de perdre , par la première cause , les élémens volatils auxquels ils doivent leurs propriétés fertilisantes , et la seconde leur enlève toutes les matières , tous le sels solubles. Ils ne conservent plus alors que ce qu'on n'a pu leur enlever. C'est dans cet état d'appauvrissement qu'on les porte au champ, sur lequel ils restent souvent longtemps divisés en petits tas avant d'être enfouis, comme si l'on craignait que ces engrais eussent encore trop d'énergie, comme pour leur enlever le peu qui leur reste.

Voilà comment on traite en général, et dans nos contrées surtout, cette partie si essentielle de l'agriculture, les engrais, sans lesquels il n'y a pas de produits soutenus; les engrais, base de toute la science agricole. On l'a dit avec raison : « Au point de vue où est l'agriculture en France, c'est la « science et la théorie des fumiers qui manquent principale- « ment et jusques à ce que ce point ait été convenablement « traité, instruit, et qu'il soit devenu vulgaire, il n'y a au- « cune espérance à former (1). »

Etudions donc, dans l'intérêt de notre pauvre sol, la théo- rie de ces engrais si négligés et néanmoins si utiles, si néces- saires. Mais, vu l'étendue de la question, nous ne la consi- dérerons que sous le point de vue chimique des fumiers ordi- naires, laissant de côté les amendemens, l'humus propre- ment dits, les compost, etc.

Avant de commencer cette étude, dont les résultats sont si importans, il est nécessaire de voir en peu de mots quels sont les principes fertilisants, d'en connaître la formation, le mode d'être, le développement et l'action dans l'économie agricole. Ce n'est pas ici le cas de faire la chimie des atomes; ce n'est pas avec cette précision que peuvent agir les habitans de la campagne. Se conduire avec intelligence, opérer avec connaissance de cause, traiter en grand, améliorer les en- grais; montrer les conséquences d'une fausse pratique, voilà ce qu'on se propose.

L'azote est le principe constituant des matières animales, comme le carbone est celui des matières végétales. Mais de même que les premières empruntent, si je puis employer ce terme, le carbone au règne végétal, l'azote se trouve aussi dans quelques parties des végétaux. Celles-ci se rapprochent du premier ordre; leur constitution participe de tous les deux; elles sont, pour ainsi dire, animalisées. Remarquons que les parties des végétaux les plus azotés sont généralement

_____

(1) M. le comte de Montlauzier, pair de France.

destinées à la nourriture de l'homme ou des animaux, et que plus la matière soumise à la digestion contient de l'azote, plus elle renferme de principes nutritifs.

L'humus fournit à la végétation le carbone qui, uni à l'oxigène, produit l'acide carbonique, forme sous laquelle il est absorbé par les racines comme par les feuilles. L'oxigène étant rejeté par l'expiration, le carbone reste seul et produit le ligneux. L'azote es t aussi assimilé par les racines et par les feuilles sous la forme d'ammoniaque libre ou combiné. Ce gaz, prodigué aux plantes par l'atmosphère, constitue la base des engrais les plus riches, et produit les principes azotés contenus dans les végétaux (1). D'après cela, il est évident que plus un engrais renfermera de carbone et surtout d'azote, plus il sera propre à produire une belle végétation, puisque ces deux élémens sont la base de tous les engrais.

Nous voici naturellement amenés à nous demander qu'elles sont les matières, soit animales, soit végétales, les plus riches en azote. Il y a entre elles des gradations telles qu'il n'est pas inutile de les spécifier.

Les légumes, les semences en général renferment une quantité de matière azotée qui en explique la vertu nutritive. Les tiges des légumineuses sont plus chargées de ce principe que la paille des graminées. Ainsi, les tiges de genêts, de trèfle, de lupin, de vesces, de haricots, etc., produisent un engrais très supérieur à la paille de froment, de seigle, d'avoine. Les feuilles des arbres, les tourteaux de graines oléagineuses dont on a extrait l'huile, le marc de raisin contiennent une assez grande quantité d'azote.

Mais c'est surtout dans les matières animales qu'on le trouve en plus grande abondance. Les urines, les excrémens, les peaux, les plumes, les cornes, la laine, le sang, et la chair musculaire surtout, ces substances en sont si pour-

---

(1) Il faut donc employer pour chaque culture le genre d'engrais qui lui convient : celle des légumineuses, des graminées exigera un fumier azoté (animal); d'autres, la vigne par exemple, préféreront les fumiers carbonés (végétaux), ou du moins ceux dont la décomposition n'est pas trop prompte et qui fournissent l'azote lentement et en petite quantité à la fois, comme la corne, le poil, la laine, etc.

vues qu'elles peuvent, sous un petit volume, remplacer une grande quantité de végétaux. MM. Boussingault et Payen, ayant obtenu par l'analyse le titre exact de l'azote contenu dans diverses matières, nous emprunterons à leur tableau un extrait qui parlera plus haut que tous les raisonnemens, et qui facilitera la comparaison des engrais.

Dans la première colonne se trouve le nom de la matière; dans la seconde, la quantité d'azote renfermée dans mille parties; la troisième indique le nombre de kilogrammes à employer pour la fumure d'un hectare, ou en d'autres termes, l'équivalent.

TABLEAU

Des équivalens des engrais.

Substances.	Azote pour 1,000 parties.	Equivalent.
Fumier de ferme..............	4,0	10,000 kil.
Paille de — pois.............	17,9	2,223
Paille de — millet...........	7,8	5,128
Paille de — sarrasin.........	4,8	8,333
Paille de — lentilles........	10,1	3,960
Paille de — avoine..........	2,8	14,285
Paille de — orge............	2,3	17,390
Paille de — seigle..........	1,7	23,529
Paille de — froment, inférieure.	4,1	9,750
Paille de — froment, supérieure	13,5	300
Fane de pommes de terre......	5,5	7,272
Genêts...................	12,2	8,278
Feuilles de chêne (d'automne)...	11,7	2,777
Feuilles de peuplier..........	5,3	7,434
Racines de trèfle............	1,6	24,800
Marc de raisin..............	18,3	2,185
Tourteaux de lin............	52,0	769
— de colza...........	49,2	813
— de graisse..........	35,4	1,130
Excrémens solides du cheval...	5,5	7,270

Substances.	Azote pour 1,000 parties.	Équivalent.
Excrémens solides de vache....	3,2	12,500 kil.
Urines de cheval..............	2,6	1,530
Excrémens mixtes de porc....	6,3	6,240
— — de mouton...	11,1	3,600
— — de chèvre ...	21,6	1,850
Colombine................	83,0	480
Litière des vers à soie.........	32,90	1,215
Poudrette	35,0	1,020
Suie de houille.............	13,5	2,962
Suie de bois..............	11,5	3,478
Chair musculaire sèche........	130,4	306
Poisson sec................	168,0	237
Sang soluble...............	121,8	328
Sang liquide	27,1	1,474
Sang coagulé pressé	168,6	237
Sang insoluble sec...........	148,7	269
Plumes.................	153,4	260
Poils de bœuf.............	137,8	290
Laine.................	179,8	222
Râpure de corne............	143,6	278
Os gras.................	62,1	643
Os humides..............	53,1	574
Noir animalisé.............	10,9	3,669

Il n'est besoin que de jeter un coup d'œil sur ce tableau pour reconnaître l'aveuglement de ces fermiers stupides qui ramassent avidement quelques pailles éparses, et rejettent comme inutiles les cadavres entiers de leurs animaux, lorsqu'un seul d'entre eux égalerait en azote dix voies de son fumier ordinaire.

Un fait utile à signaler, c'est que plus on approche de la semence, plus la tige est azotée; ainsi, dans la paille du blé, le tiers supérieur contient 13,5 d'azote, lorsque les deux tiers inférieurs n'en contiennent que 4,1. Cet azote, destiné à la fructification qu'il n'a pu réaliser, est resté sur la voie qui l'y conduisait. Cette observation démontre l'avantage qu'il y aurait, si la hauteur de nos blés le permettait, de moissonner le blé à moitié tige, pour faire manger aux bestiaux la partie de la paille la plus riche en azote, tandis que la partie inférieure servirait pour la litière.

D'après cet exposé, il est clair que l'azote étant la valeur commerciale des engrais, ceux-ci ont une valeur fort inégale si on en proportionne le prix à la quantité de matière fertilisante qu'ils renferment. Il est encore démontré qu'on doit les répandre sur le sol en proportion de ce même agent fertilisateur.

Il ne suffit pas de savoir que l'azote est l'agent par excellence de la végétation, et quelles sont les matières qui en contiennent le plus : il faut encore l'y conserver. Il arrive souvent qu'après avoir rempli les conditions que l'on a cru nécessaires pour avoir de bons engrais, lorsque le moment es venu de les utiliser, on ne porte sur les champs qu'une matière inerte, propre seulement à entretenir l'humus. Voyons donc ce qui se passe pendant la fermentation des fumiers· Supposons un mélange de matières organiques animales et végétales, paille, feuilles, matières fécales, urines, etc.

Sous l'influence de cette fermentation l'eau se décompose : son oxigène se fixe sur les parties solides et son hydrogène est mis à nu en même temps que l'azote. Ces deux derniers éléments se combinent immédiatement et produisent un gaz participant de l'un et de l'autre : savoir l'ammoniaque (alcali volatil). L'oxigène en se combinant avec le carbone produit le gaz acide carbonique qui se dégage en même temps que l'ammoniaque. Ces deux gaz dont l'un est acide et l'autre alcalin se saturent, se neutralisent immédiatement, s'ils sont en proportions égales, et produisent le carbonate d'ammoniaque. Si cette condition n'existe pas, c'est-à-dire s'il y a plus d'ammoniaque que d'acide carbonique, le gaz alcalin en excès est facilement reconnaissable à l'odorat. Si c'est au contraire le gaz acide carbonique, celui-ci après avoir saturé le peu d'ammoniaque avec lequel il a été en contact, se dissipe sans tomber sous nos sens, mais la perte n'en est pas moins réelle. Le carbonate d'ammoniaque produit par la combinaison énoncée plus haut est un sel alcalin très volatil : aussi le séjour dans le fumier ou dans l'atmosphère qui l'environne n'en est pas de longue durée. Peu après qu'il est formé il est entraîné par l'air où il va se dissoudre et se perdre à jamais.

Voilà en résumé la théorie de la fermentation azotée : en d'autres termes il se forme cinq gaz tous très volatils, dont deux se combinent et produisent un composé volatil comme eux.

Il est aisé maintenant de voir la perte énorme qu'aura éprouvée ce tas de matières diverses, tandis que, en saine pratique, elles auraient dû être rendues tout entières à la terre qui les avait produites. La plupart des principes nutritifs ont disparu, il ne reste pour ainsi dire que le squelette de l'engrais, que l'humus, et cependant celui-ci ne devrait être qu'accessoire.

Que faire donc pour fixer ces corps si fugaces, ces gaz qui tendent continuellement à s'échapper? La chimie les dénature, elle en forme de nouveaux composés fixes, tous éminemment propres à la végétation.

Des divers systèmes, le pire de tous est la confection des fumiers en plein air : on a déjà vu pourquoi. On croit avoir beaucoup fait, disons mieux, on croit avoir atteint la perfection lorsqu'on les a mis sous un hangar, à l'abri des intempéries des saisons. Cependant ce n'est qu'un pas, il en reste encore beaucoup à faire.

Il est indispensable, pour qu'il conserve l'intégrité de ses éléments, que le fumier soit renfermé dans un lieu construit de manière à ne permettre aux gaz que le moins d'issue, que le moins de ventilation possible. Ces principes ne laisseront pas que de subir les mêmes réactions, mais ils pourront être plus aisément fixés et privés de leur volatilité par plusieurs moyens.

1° Le carbonate d'ammoniaque ou l'ammoniaque lui-même et le sulfate de chaux (plâtre) ne peuvent être mis en contact sans se décomposer : on n'aura donc qu'à répandre de temps en temps sur le fumier du plâtre pulvérisé. Le carbonate d'ammoniaque et le sulfate de chaux produiront, en double décomposition, du carbonate de chaux et du sulfate d'ammoniaque, sel fixe et inodore.

2° L'acide sulfurique affaibli dont on arrosera le fumier

lorsque l'odeur ammoniacale se développera , produira encore le sulfate d'ammoniaque (1).

3° Quelques aspersions d'acide chlorhydrique sur le fumier et dans les bergeries surtout, seront un excellent moyen pour fixer l'ammoniaque. Dès que cet acide sera répandu on verra un nuage blanc assez dense se former dans l'atmosphère et se déposer peu à peu. C'est le chlorhydrate d'ammoniaque qui se condense après s'être produit par la combinaison des atomes de l'un et de l'autre gaz. Ces deux corps ont entre eux une affinité telle que leur action réciproque est , pour ainsi dire , instantanée et que l'odeur ammoniacale est détruite subitement. Une assiette contenant de l'acide chlorhydrique et placée sur le tas de fumier ou dans la bergerie, sera remplie , après quelques jours , de cristaux de chlorhydrate d'ammoniaque (sel ammoniac).

4° Le chlorhydrate de chaux liquide produira encore dans les mêmes cas un excellent résultat. On obtiendra facilement ce produit en mettant dans un vase en terre ou en bois, une comporte , par exemple , un ou deux kilogrammes d'acide chlorhydrique, dont le prix est si modique, étendu dans vingt ou ving-cinq litres d'eau et en ajoutant dans ce liquide de la pierre calcaire jusques à ce qu'il ne se manifeste plus d'effervescence (dégagement de gaz , ébullition). Le chlorure de chaux liquide remplirait le même but , mais le prix en est plus élevé.

5° A défaut de toutes ces substances , la chaux seule répandue en poussière dans les bergeries ou dans les étables et sur le fumier , lors d'un trop grand développement d'ammoniaque , absorbera en partie cet alcali et produira du salpêtre dont le fumier sera enrichi. Il est sans doute plus avantageux de produire ce sel que de le laisser perdre , mais le plâtre est infiniment préférable et l'action en est beaucoup plus prompte et plus efficace. On ne doit employer la chaux

(1) Les maraîchers de Paris connaissent si bien la vertu fécondante de ce sel , qu'ils l'emploient pour hâter leurs primeurs et surtout pour les couches de champignons.

les saupoudrer de temps en temps de plâtre, les asperger d'acide sulfurique affaibli (un kilogramme sur 20 ou 25 litres d'eau), tenir dans l'intérieur une assiette avec de l'acide chlorhydrique ou du chlorure de chaux, etc. Avant de répandre la paille dans la bergerie, on n'enlève pas chaque fois la litière précédente, ce serait peut-être trop exiger ; mais avant cette opération, quelques kilogrammes de plâtre répandus à volée sur l'ancienne litière y conserveront l'ammoniaque et en préserveront les animaux. Ces moyens produiront ainsi un double résultat et un double bénéfice. Ils sont d'ailleurs à la portée de toutes les fortunes, de toutes les intelligences, et, répétons-le encore, ce sera de l'argent placé à gros intérêt.

En second lieu, autant il me paraît essentiel, comme il a été proposé, de clôre le plus possible le local destiné à renfermer le fumier, autant il est indispensable d'aérer les étables, les bergeries, pour permettre à l'air de se renouveler non-seulement pour chasser les gaz méphitiques que les désinfectants n'auraient pas neutralisés, mais encore afin de procurer une issue au gaz acide carbonique produit par la respiration et de le remplacer par un air plus pur.

Ces observations sont assez importantes ; elles touchent de trop près les intérêts des agriculteurs pour que je n'insiste pas sur l'utilité de ces pratiques. Le plâtrage des engrais azotés, des étables, des bergeries devrait être aussi répandu et serait plus utile que le plâtrage des prairies artificielles. Celui-ci en effet ne sert qu'à obtenir une plus grande masse de fourrages, tandis que le premier a pour résultat l'assainissement des maisons rurales, la santé, la conservation des bestiaux, l'amélioration des engrais et du sol, et par conséquent une augmentation proportionnée de toutes les récoltes.

St-Affrique, août 1847.

LIMOUZIN-LAMOTHE, *pharmacien.*

TABLE

DES MATIÈRES CONTENUES DANS LE VIe VOLUME.

TABLE.

ERRATA

Du Ve volume des Mémoires de la Société.

Page 268, ligne 22, XVIe siècle, *lisez* XIVe siècle.
Page 270, ligne 11, vers le commencement du XVIe, *lisez* vers la fin du XVe.
Page 272, ligne 27, leur nom, *lisez* leur nombre.
Page 353, ligne 4, et on l'attribue à un, *lisez* et on attribue sa reconstruction à un évêque de Mende.

VIe volume.

Page 8, ligne 15, cour, *lisez* tour.
  Ibid. ligne 20, domination, *lisez* dénomination.
Page 14, ligne 23, *lisez* Vaccaysiols, les Vaysseries.
Page 32, *effacez* les lignes 7, 8, 9, 10, 11 et 12. Les forfaits qui y sont rapportés sont l'œuvre de Jean IV d'Armagnac et non de Bernard. Bosc, tome 2, page 168, nous avait induit en erreur.
C'est par erreur encore qu'on a donné à Amalric de Sévérac, le titre de duc d'Arpajon.
Page 33, lig. 37, 38, DCCC, *lisez* DCCCC; CXI, *lisez* CXL; XXIIM, *lisez* M. C. II.
Page 47, ligne 7, du de Bar, *lisez* duc de Bar.
Page 49, ligne 17, féodataires, *lisez* feudataires.
Page 63, ligne 16, le 28 octobre, *lisez* le 2 octobre.
Page 64, ligne 24, six, *lisez* sept.
Page 65, ligne 21, 1790, *lisez* 1789.
Page 95, ligne 24, *lisez* quatre cent un an.
Page 109, ligne 24, Gramonds, *lisez* Framonds.
Page 115, ligne 27, au sacristain 1100 livres, *lisez* 100.

Page 119, ligne 18, depuis 1348, *lisez* 1343.

Page 122, ligne 28, 1842, *lisez* 1841.

Page 126, ligne 10, peser, *lisez* poser.

Page 167, ligne 34, 35, *effacez* de, *lisez* Bailli.

Page 169, ligne 16, Lebrun, *lisez* Lesueur.

Page 183, ligne 18, et de Saint François, *lisez* et à Saint François.

Page 203, ligne 15, où il était envahi, *lisez* où il avait été...

Page 212, ligne 31, de l'Albigeois, *lisez* des Albigeois.

Page 215, ligne 9, *desponsata*, lisez *desponsatæ*.

Page 219, ligne 11, *effacez* décédé en.

Page 226, ligne 38, *ajoutez* : c'est ainsi que M. Amable Frayssinous honore la mémoire de son vénérable oncle.

Page 230, ligne 30, Bernard d'Arpajon, *lisez* Gui II de Sévérac. Ligne 35, *effacez* Bernard d'Arpajon.

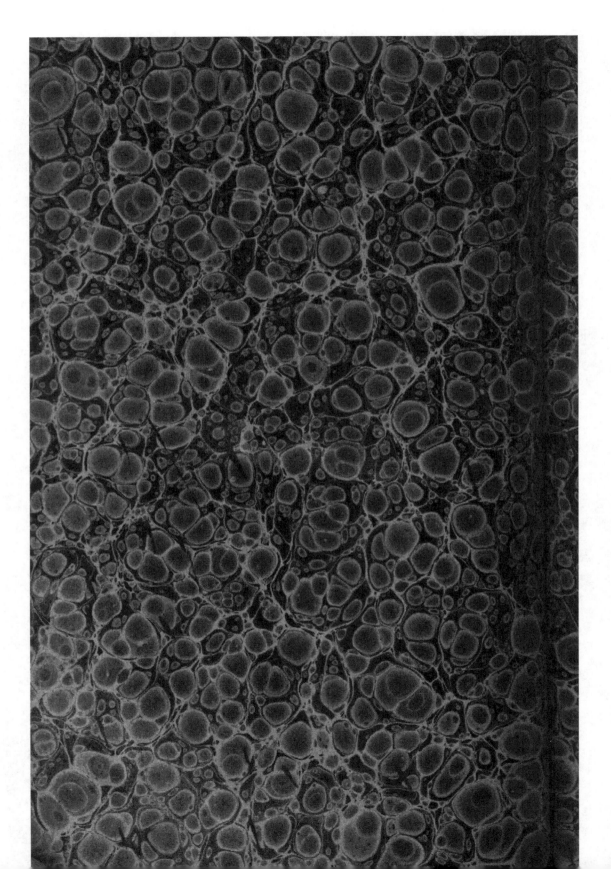

CPSIA information can be obtained
at www.ICGtesting.com
Printed in the USA
LVHW102001250321
682477LV00006B/232